Göttinger Universitätsschriften

Serie A: Schriften

Band 1

V&R

*Vandenhoeck & Ruprecht
in Göttingen*

Theologie in Göttingen

Eine Vorlesungsreihe

Herausgegeben
von Bernd Moeller

Mit 44 Abbildungen

V&R

Vandenhoeck & Ruprecht
in Göttingen

CIP-Kurztitelaufnahme der Deutschen Bibliothek

Theologie in Göttingen: e. Vorlesungsreihe /
hrsg. von Bernd Moeller. –
Göttingen: Vandenhoeck und Ruprecht, 1987.
(Göttinger Universitätsschriften: Ser. A,
Schriften; Bd. 1)
ISBN 3-525-35830-0

© Vandenhoeck & Ruprecht, Göttingen 1987
Printed in Germany. – Das Werk einschließlich aller seiner Teile
ist urheberrechtlich geschützt. Jede Verwertung außerhalb
der engen Grenzen des Urheberrechtsgesetzes ist ohne
Zustimmung des Verlages unzulässig und strafbar.
Das gilt insbesondere für Vervielfältigungen, Übersetzungen,
Mikroverfilmung und die Einspeicherung und Verarbeitung
in elektronischen Systemen.
Gesetzt aus Baskerville auf Linotron 202 System 3
Satz und Druck: Gulde-Druck GmbH, Tübingen
Bindearbeit: Hubert & Co., Göttingen

Vorwort

Die in diesem Buch veröffentlichten Vorlesungen von Göttinger Professoren der Theologie über die Geschichte ihrer Fakultät wurden an den Mittwochabenden des Wintersemesters 1985–86 gehalten, vom 23. Oktober 1985 bis zum 13. Februar 1986. Die Vortragsreihe gehörte zu den Veranstaltungen, mit denen die Georg August-Universität die Feier ihres 250jährigen Jubiläums vorbereitete.

Das Buch, das wir vorlegen – und in das zusätzlich die Antrittsvorlesung der Privatdozentin Frau Dr. Inge Mager vom 6. Mai 1986 aufgenommen wurde, da sie es sinnvoll ergänzt –, bildet nicht eine Fakultätsgeschichte. Es enthält zugleich weniger und mehr als der bekannte Aufsatz von *Johannes Meyer**, an den man sich, wenn man eine solche sucht, nach wie vor halten sollte und der doch von Eigenart und Rang der Göttinger Theologie nur ein blasses, wenig ausgestaltetes Bild vermittelt. In unserm Buch geht es, indem einzelne Personen und Fächerzusammenhänge, Konstellationen und Konflikte geschildert werden, vor allem um das Profil der 250jährigen Geschichte dieser Fakultät, so wie es sich uns, ihren heutigen Vertretern, darstellt, wir haben ausgewählt und Akzente gesetzt und Lücken ebenso in Kauf genommen wie gelegentliche Überschneidungen. Dem Text der Aufsätze liegt überall derjenige der Vorlesungen zugrunde, zum Teil ist auch der Vortragsstil unverändert geblieben; im Umfang des beigegebenen wissenschaftlichen Apparats bestehen zwischen den einzelnen Beiträgen Unterschiede.

Was wir vorstellen, ist keine Heldengalerie. Erkennen läßt sich, in wie starkem Maß in der Theologischen Fakultät der Georgia Augusta zu jeder Zeit die historischen Disziplinen und insbesondere die Bibelwissenschaften vorgeherrscht und wie weit sie ausgestrahlt haben, während in den systematischen Fächern zumindest bis zu Ritschl nur verhältnismäßig wenige Impulse von Göttingen ausgegangen sind – die Fakultät fügt sich damit dem Bilde der Universität ein, der sie zugehört. Daß mit den bedeutenden wissenschaftlichen Leistungen zuzeiten auch Merkwürdiges, Abseitiges, ja Abstoßendes verbunden war, ist nicht übersehen, das Leiden, ja Scheitern an der Theologie, das es in Göttingen, nicht anders

---

* JOHANNES MEYER: Geschichte der Göttinger theologischen Fakultät. Zs. d. Gesellsch. f. niedersächs. Kirchengesch. 42, 1937, S. 7–107.

als anderswo, gegeben hat, nicht vergessen. Nach dem Urteil der Initiatoren ist der bedauerlichste Mangel des Buches, daß ein ursprünglich geplanter Beitrag über Göttinger Theologiestudenten nicht zustande gekommen ist; so kommt möglicherweise nicht genügend zur Geltung, wie sehr die Fakultät den Protestantismus zumal des deutschen Nordwestens in zweieinhalb Jahrhunderten mitgestaltet hat.

Die beiden letzten Aufsätze, die das 20. Jahrhundert behandeln, haben in dem Buch eine Sonderstellung und erfordern eine besondere Anmerkung. Wir haben hier den Vorzug wahrgenommen, daß der Fakultät zwei Kollegen angehören, die aus eigener Erfahrung über die beiden Glanzzeiten, die die Göttinger Theologie erlebte, die frühen zwanziger Jahre und die Jahre nach dem Zweiten Weltkrieg, berichten konnten. Gewissermaßen umkreisen sie die düstere Periode des Dritten Reiches, für die uns ein unmittelbarer Augenzeuge nicht zur Verfügung stand.

Für die Förderung der Vorlesungsreihe und ihrer Veröffentlichung haben wir vor allem dem Präsidenten der Universität, Herrn Professor Dr. Norbert Kamp, freundlich zu danken. Der Herausgeber schuldet Elke Brzezinski besonderen Dank für ihre Mithilfe bei den Redaktionsarbeiten, zumal für die Herstellung des Registers.

B. M.

Inhalt

BERND MOELLER
    Johann Lorenz von Mosheim und die Gründung der Göttinger
    Universität 9

INGE MAGER
    Die theologische Lehrfreiheit in Göttingen und ihre Grenzen:
    Der Abendmahlskonflikt um Christoph August Heumann 41

RUDOLF SMEND
    Johann David Michaelis und Johann Gottfried Eichhorn –
    zwei Orientalisten am Rande der Theologie 58

JOACHIM RINGLEBEN
    Göttinger Aufklärungstheologie – von Königsberg her gesehen. . . . 82

CHRISTOPH BIZER
    Der wohl-unterrichtete Student um 1800. Das Amt des Pfarrers
    in der Göttinger theologischen Lehre 111

DIETZ LANGE
    Der theologische Vermittler Friedrich Lücke 136

LOTHAR PERLITT
    Heinrich Ewald: Der Gelehrte in der Politik 157

HANS WALTER KRUMWIEDE
    Kirchliches Bekenntnis und akademische Lehrfreiheit. Der Streit
    zwischen theologischer Fakultät und Landeskirche im
    19. Jahrhundert....................................... 213

EKKEHARD MÜHLENBERG
    Göttinger Kirchenhistoriker im 19. Jahrhundert 232

JÖRG BAUR
    Albrecht Ritschl – Herrschaft und Versöhnung 256

ROBERT HANHART
    Paul Anton de Lagarde und seine Kritik an der Theologie 271

RUDOLF SMEND
    Wellhausen in Göttingen 306

GERD LÜDEMANN
    Die Religionsgeschichtliche Schule   325
WOLFGANG TRILLHAAS
    Der Einbruch der Dialektischen Theologie in Göttingen und
    Emanuel Hirsch   362
EDUARD LOHSE
    Theologiestudent in Göttingen 1946–1950   381

Abbildungsverzeichnis   398

Register   405

BERND MOELLER

Johann Lorenz von Mosheim und die Gründung der Göttinger Universität

Die Vorlesungsreihe »Theologie in Göttingen« mit den Anfängen anfangen zu lassen, ist nicht bloß normal – es hat seinen besonderen Sinn: Die Entstehung dieser Universität ging unter geschichtlichen Umständen vor sich, die schon die Anfänge, das Zusammenkommen von Universität und Theologie, spannungsvoll machten und ihnen eine ungewöhnlich weitreichende Perspektive gaben. In gewissem Maße ist Mosheim, der erste bedeutende Göttinger Theologe und einer der Mitbegründer der Georgia Augusta, bis heute in ihr wirksam.

I.

Die neue Universität[1] trat 1737 mit mächtigen Ambitionen, erheblichem Aufwand und barocken Gebärden ins Leben. Das schien erforderlich; denn Universitäten gab es genug in Deutschland – überall im Reich fanden sich solche, die aus Mangel an Studenten dahinsiechten. Der Plan der Regierungen in Hannover und London und die Ansprüche des Universitätsgründers, des Staatskanzlers und überragenden ersten Kurators

---

1 Das wichtigste Werk zur Gründungsgeschichte der Universität ist, vor allem durch die Mitteilung reichen Quellenmaterials, das Buch von E. F. RÖSSLER: Die Gründung der Universität Göttingen, 1855. Weitere beachtliche Quellenbeiträge bieten: E. BODEMANN: Zur Gründungsgeschichte der Universität Göttingen. Zs.d.hist.V.f.Nds. 1885, S. 198–265. – W. EBEL, Hg.: Die Privilegien und ältesten Statuten der Georg-August-Universität zu Göttingen, 1961. Eine gute Darstellung der Gründungsvorgänge: G. v. SELLE: Die Georg-August-Universität zu Göttingen 1737–1937, 1937, S. 5ff. Über deren Einbettung in die Universitäts- und Geistesgeschichte des 18. Jh. insgesamt: N. HAMMERSTEIN: Jus und Historie. Ein Beitrag zur Geschichte des historischen Denkens an deutschen Universitäten im späten 17. und im 18. Jh., 1972. – DERS.: Die Universitätsgründungen im Zeichen der Aufklärung. In: P. Baumgart-N. Hammerstein, Hg.: Beiträge zu Problemen deutscher Universitätsgründungen der frühen Neuzeit, 1978, S. 263–298. Die Verfassungsfragen behandelt: E. GUNDELACH: Die Verfassung der Göttinger Universität, 1955. Zur Frühgeschichte der Theologischen Fakultät: J. MEYER: Geschichte der Göttinger theologischen Fakultät. Zs.d.Ges.f.nds.Kirchengesch. 42, 1937, S. 7–107.

Gerlach Adolf Freiherrn von Münchhausen, gingen dahin, in Göttingen etwas ganz Großes und weithin Neues zu schaffen, »das zukunftsweisende Modell einer modernen und eleganten Universität«, wie der moderne Historiker es ausdrückt[2], eine »Evangelische Universität«, die »ein hoch schätzbahres Kleynod eines Evangelischen Etats« sein sollte, wie eine Denkschrift der Regierung es formulierte[3]. Selbst das ein halbes Jahrhundert zuvor gegründete und bedeutend aufgeblühte Halle sollte noch übertroffen werden.

Das waren hohe Ziele, denen freilich nicht geringe Hindernisse im Wege standen, beispielsweise solche, die mit der Stadt und ihren Bürgern zusammenhingen. Böse Gerüchte wiesen andernorts auf das salpetrige Wasser und »die Grobheit der Göttingischen Einwohner« hin[4], und genüßlich meldeten die Abgesandten der von der neuen Gründung besonders betroffenen niedersächsischen Nachbar-Universität Helmstedt von den Inaugurationsfeierlichkeiten im September 1737: »Die Bürgerschaft, so sich guten Theils von Ackerbau und Viehzucht nehret, scheinet einen beständigen Wiederwillen gegen die Universität und derselben Verwandten zu bezeigen.«[5]

Auch zehn Jahre nach jener feierlichen Inauguration war die Sorge, das Weltereignis Göttingen könnte den Alltagswidrigkeiten Südniedersachsens zum Opfer fallen, noch nicht behoben, die »Aufnahme« der neuen Gründung noch nicht gesichert. Es mußte entscheidend darauf ankommen, ob auch die inneren Vorzüge der jungen Georgia Augusta sich als überlegen erwiesen und ob es gelang, sie dem interessierten Publikum hinreichend bekanntzumachen. So waren jene Briefe »an einen vornehmen Herrn im Reiche«, die nach 1746 in mehreren Auflagen gedruckt wurden und über den »gegenwärtigen Zustand der Göttingischen Universität« berichteten, ein charakteristisches Dokument der ersten Phase der Universitätsgeschichte.

Im Jahre 1748 konnte der anonyme Verfasser, der Juraprofessor Johann Christian Claproth, folgendes melden: »Nechstdem haben Ihro Majestät eine ganz neue und bey dieser Universität noch ungewöhnliche Ehrenstelle anzuordnen geruhet. Sie ist mit einem Canzler, daß ist, einem Manne versehen worden, dessen besondern Vorsorge das gemeine Beste derselben empfohlen ist... Die Universität ist so glüklich, diese wichtige Station dem Hochwürdigen Hn. Johann Lorenz von Moßheim, welcher

---

2 N. HAMMERSTEIN: Die deutschen Universitäten im Zeitalter der Aufklärung. Zs.f.hist. Forsch. 10, 1983, S. 73–89 (79).
3 Rescript des Königs an die Calenbergsche Landschaft, Jan./Febr. 1733, bei Rößler (wie Anm. 1) S. 51.
4 Bodemann (wie Anm. 1) S. 257; Rößler (wie Anm. 1) S. 183.
5 Rößler (wie Anm. 1) S. 407.

so lange die Zierde der Helmstädtischen hohen Schule gewesen ist, anvertrauet zu sehen. Was soll ich von diesem großen Manne sagen, das Ew. Gnaden unbekannt seyn könnte?« Der Autor zählt einige Bücher Mosheims auf und beruft die »Ehrfurchtsvolle Empfindung«, »die jeder Kenner seiner unvergänglichen Schriften« allein schon fühlt, wenn man seinen »verehrungswürdigen Nahmen« ausspricht. Endlich heißt es: »Darf ich noch hinzusetzen, was mich in den Schriften und dem Charakter dieses großen Mannes besonders rührt? Es ist die edle Unpartheilichkeit, die sanfte Bescheidenheit, und welches alles vorhergehende erhebt, die seltene Gabe, subtil zu seyn, ohne dunkel zu werden, angenehm zu seyn, und zugleich zu nützen... Geruhen Ew. Gnaden hieraus zu schließen, wie sehr der vorher schon frölige Prospect dieser Universität durch diesen neuen Vortheil aufgeheitert seyn müsse? Und wieviel Zuwachs man sich mit Recht davon verspreche? Der Hr. Canzler lieset, seiner anderen Geschäfte ungehindert, dennoch täglich drey bis vier Stunden, und wer von seinem vortrefflichen Vortrage Nachricht hat, der weis zugleich, daß es ihm an großem Zulauffe nicht fehlen könne«[6].

Claproths Buch ist ein barocker Panegyricus und eine Art Werbebroschüre. Doch enthält sein Text über Mosheim ein so treffendes Bild von diesem Mann, oder besser: von den Umständen und Aussichten seines Amtsantritts in Göttingen und damit von dem in ihm sich gewissermaßen verkörpernden Zusammenkommen der neuen Universität und der Theologie, daß wir von hier unseren Ausgang nehmen können. So fragen wir also zunächst: Wer war das, Johann Lorenz von Mosheim?

II.

Um mit den äußeren Daten anzufangen[7]: Er war, als er im Herbst 1747 nach Göttingen kam, ein gestandener Mann von 54 Jahren, von denen er insgesamt 24 als Professor der Theologie in Helmstedt verbracht hatte. Ein Mann mit reicher Lebens- und Universitätserfahrung – nach dem Tode von zwei Ehefrauen seit einigen Jahren zum dritten Male verheiratet, jedoch im Klagen über das herannahende Alter nicht ungeübt, und

---

6 Anon. (J. C. CLAPROTH): Der gegenwärtige Zustand der Göttingischen Universität, in Zweenen Briefen an einen vornehmen Herrn im Reiche, 1748, S. 50–52.
7 Für alles Folgende ist das Grundbuch das Werk von Karl HEUSSI: Johann Lorenz Mosheim. Ein Beitrag zur Kirchengeschichte des achtzehnten Jahrhunderts, 1906 – ein sorgfältig gearbeitetes, das weitgestreute Material in positivistischer Nüchternheit auswertendes Buch; der Versuchung zu historiographischer Phantasie hat sich der Verfasser mit Erfolg widersetzt, was ihm die angemessene Deutung und Würdigung seines Helden erschwert hat.

allerdings ein höchst berühmter Mann – unter den deutschen akademischen Theologen der Zeit wohl der berühmteste.

Dies hing nicht zuletzt mit seiner ausgebreiteten gelehrten Schriftstellerei zusammen; weit über 100 einzelne Schriften lagen zum Zeitpunkt seiner Berufung nach Göttingen von ihm vor[8] – schon eineinhalb Jahrzehnte früher, 1731, hatte er ein Verzeichnis des bis dahin Erschienenen drucken lassen, das nicht weniger als 87 Seiten umfaßte[9]. Und fast über die gesamte Breite der Theologie erstreckte sich dieses Werk; neben den kirchenhistorischen Schriften, auf die ich noch kommen werde, gehörten neutestamentliche Kommentare ebenso dazu wie eine umfangreiche »Sitten-Lehre der Heiligen Schrift«, also eine Ethik, die am Ende, mit einer nach Mosheims Tode durch seinen Schüler Miller »nach der mosheimischen Art« angefügten Fortsetzung, alles in allem neun Bände umfassen sollte. Posthum erschienen später auch noch ein Kompendium der Dogmatik und ein Lehrbuch des Kirchenrechts; 1747 aber lagen bereits vor und bildeten nicht die schwächste Quelle seines Ruhms die insgesamt sieben Bände seiner »Heiligen Reden«, also eine Predigtsammlung, die in immer neuen Auflagen erschien und von der gleichfalls noch die Rede sein wird. Einen theologischen Enzyklopädisten könnte man ihn nennen, wie es in diesem Zeitalter freilich noch viele gab, da der Universitätsunterricht noch keineswegs eine strenge Trennung der Fächer kannte; auch in seinen Vorlesungen war Mosheim abgesehen vom Alten Testament[10] in allen theologischen Disziplinen tätig und versiert.

So gab es denn neben der Breite seiner Schriftstellerei auch noch weitere Gründe für sein Ansehen; wir suchen ihnen näherzukommen, indem wir Mosheims gesellschaftliche Stellung definieren. Sie war dadurch eigentümlich bestimmt, daß Mosheim den ganz bürgerlichen Beruf des Professors als Adliger ausführte. Die Universitätsgründung in Göttingen fällt noch in das Zeitalter, in dem »die Grenzlinie zwischen Adel und Nichtadel ... die im Prinzip festeste, nicht wirklich in Frage gestellte soziale Schranke in Deutschland« war[11]. Noch war ja dieses Zeitalter der beginnenden Aufklärung durchaus nicht ein bürgerliches Zeitalter, noch war die Überzeugung von der Überlegenheit der gesellschaftlichen Kultur der Höfe ganz verbreitet, noch entstanden die die Welt bewegenden Werke dort, was in diesem Jahr ein bloßer Hinweis auf Mosheims unmittelbare Zeitgenossen Bach und Händel hinreichend belegen mag. Dieser adlige Professor also vertrat und verkörperte in seiner Person die beiden

---

8 Hierzu Heussi (wie Anm. 7) S. 11f.
9 Heussi (wie Anm. 7) S. 136.
10 Nach Ausweis der Vorlesungsverzeichnisse hat Mosheim in Helmstedt einmal, im Wintersemester 1727–28, Historia ecclesiae Veteris Testamenti gelesen.
11 R. VIERHAUS: Staaten und Stände (Propyläen Geschichte Deutschlands 5), 1984, S. 209.

Bereiche der höheren Kultur, die es gab, die höfische, die noch im Flor stand, die bürgerliche, die im Aufbruch war, zugleich und auf einmal.

Es war für Mosheim während seiner Helmstedter Jahre regelmäßige Gewohnheit gewesen, an den Hof, also nach Wolfenbüttel oder Blankenburg, befohlen zu werden, was ihm von seinen Kollegen an der Universität geneidet wurde und ihn dort isolierte. Die meisten seiner Bücher hatte er fürstlichen oder im fürstlichen Dienst stehenden Personen gewidmet, die meisten seiner Predigten hatte er vor der Hofgesellschaft gehalten[12]. Das alles aber geschah von der Voraussetzung aus, daß er seiner Herkunft nach dazugehörte. Soweit wir erkennen können, war jenes maßgebliche soziale Besitztum der Zeit, das man die »Hofmanier« nannte, Mosheim gänzlich zueigen. Die alte Welt des Hofes und die neue der »Gebildeten« vereinigten sich in ihm – eine beinahe singuläre soziale Situation, zumal für einen Theologen. An keiner der Universitäten, an denen Mosheim tätig war – Kiel, Helmstedt und Göttingen –, gab es seinesgleichen.

Allerdings muß an dieser Stelle hervorgehoben werden, daß Mosheims adlige Herkunft allem Anschein nach nicht ohne Blessuren war. Er selbst hat sich 1743 in einem Brief an seinen gelehrten Freund und späteren Göttinger Kollegen Heumann als Nachfahren einer wohlbekannten, alten österreichischen Freiherrenfamilie bezeichnet[13], und tatsächlich hat er spätestens seit 1729 deren Wappen geführt[14]. Allerdings war diese Familie katholisch und überdies zu diesem Zeitpunkt möglicherweise bereits ausgestorben. Von Mosheims früh verstorbenem (oder verschwundenem) Vater sind zuverlässig nicht viel mehr bekannt als der Name und der Beruf, der wiederum in die Welt des Hofes führt – der Vater war Ballmeister, also eine Art Zeremonienmeister. In St. Marien zu Lübeck, wo der Sohn Johann Lorenz am 10. Oktober 1693 getauft wurde, ist der Vater im Taufbuch als »Fremder« eingetragen, und übrigens ohne Adelstitel[15]. Noch weniger als den Namen weiß man von Mosheims Mutter; sie ist uns, genau genommen, nur im Tode ein wenig greifbar und bleibt auch da verschleiert: Sie starb, als der Sohn bereits 39 Jahre alt und längst

---

12 Auch eine Predigt, für die das nicht galt, diejenige an die Bürger von Braunschweig am Huldigungstag 1731 (J. L. v. M.: Heilige Reden, Die bey außerordentlichen Fällen und Gelegenheiten sind gehalten worden, ²1751, S. 219ff.), ist ganz höfisch-obrigkeitlich orientiert.
13 Nachweis bei Heussi (wie Anm. 7) S. 16 Anm. Vor allem ist in dieser Frage zu vergleichen der Aufsatz von K. HEUSSI: Zur Lebensgeschichte Johann Lorenz von Mosheims. Zs.d.Ges.f.nds.Kirchengesch. 10, 1905, S. 96–123, der jedoch in seinen Schlußfolgerungen nur bedingt zu überzeugen vermag.
14 Heussi, Lebensgesch. (wie Anm. 13) S. 113; das »von« begegnet bereits in einem Brief M.s von 1717 (ebd.), ein Siegel mit Adelskrone, jedoch ohne Wappen in der Kieler Zeit (S. 114). Das von M. geführte Wappen findet sich auch auf seinem späten Porträt als Göttinger Kanzler, das wir als Abb. 1 zeigen.
15 Heussi, Mosheim (wie Anm. 7) S. 15.

beruflich und gesellschaftlich etabliert war, 1732 in einem Dorf in Holstein[16]. Alle diese Umstände lassen es als möglich erscheinen, daß dem kurz nach Mosheims Tod, wenn auch unter dubiosen Begleitumständen, in der Wolfenbüttler Hofgesellschaft kolportierten Gerücht, der große Mann sei der Liaison eines Prinzen von Schleswig-Holstein-Plön mit einer Wäscherin entsprossen, ein Wahrheitsmoment innewohnen könnte[17].

Mag dem sein, wie ihm wolle – augenscheinlich ist jedenfalls, daß der aristokratischen Herkunft Mosheims, auch wenn diese selbst wohl nicht in Frage steht[18], doch irgendein Schönheitsfehler anhaftete. Wollte man sich auf das freilich höchst unsichere Gebiet der historischen Psychologie begeben, dann könnte einem in diesem Zusammenhang auffallen, mit welchem offenkundigen Ehrgeiz der junge Mosheim seine Studien an der Universität Kiel, wo er seit 1715 immatrikuliert war, betrieben hat – vier Jahre lang habe er, so berichtet er später, jeweils abwechselnd eine Nacht geschlafen und die nächste gearbeitet[19]. Interessenten an den pikanten Begleiterscheinungen des höfischen Zeitalters hingegen könnten registrieren, daß der junge Mann in seiner gelehrten Karriere durch eine Prinzessin von Schleswig-Holstein-Plön auffallend gefördert worden ist; sie wurde später Herzogin von Braunschweig-Wolfenbüttel und hat als solche auch Mosheims Berufung nach Helmstedt und dessen Dienst bei Hofe maßgeblich betrieben[20] – aus was für Gründen auch immer.

Wir ziehen es vor, diese Gefilde nunmehr zu verlassen, nicht ohne allerdings einen Eindruck festzuhalten: Für Mosheims wissenschaftliche Produktion zumindest in den späteren Jahren ist die gelassene Souveränität und ruhige Unbefangenheit charakteristisch, mit der er die ihm begegnenden Probleme anging und löste. Es ist, denke ich, nicht zu weit hergeholt, dies auch mit der gesellschaftlichen Sicherheit in Verbindung

16 Ebd. S. 151 f.
17 Ich urteile also vorsichtiger als der Anm. 13 genannte Aufsatz Heussis.
18 Nach Heussi, Lebensgesch. (wie Anm. 13) S. 118, ist die noch bei J. Lampe: Aristokratie, Hofadel und Staatspatriziat in Kurhannover, 1963, S. 282; S. 537 Anm. 432, nach älteren Handbüchern wiederholte Behauptung, M. sei 1748 in den preußischen Adelsstand erhoben worden, erweislich falsch.
19 Heussi, Mosheim (wie Anm. 7) S. 47.
20 Es handelte sich um die Prinzessin Elisabeth Sophie Marie von Holstein-Sonderburg-Norburg (* 1683), die in erster Ehe, bis zu dessen Tode 1704, mit dem Erbprinzen Adolf August von Holstein-Sonderburg-Plön verheiratet gewesen war und im Jahr 1710 den von 1714 bis 1731 regierenden Herzog August Wilhelm von Braunschweig-Wolfenbüttel heiratete. – Dem jungen Ehepaar Mosheim wurde 1725 ein Knabe von unsicherer Herkunft durch die Herzogin zur Erziehung übergeben, für die beträchtliche Pensionszahlung von 45 Rth. jährlich (Heussi, Lebensgesch. [wie Anm. 13] S. 123 Anm. 3). 1731 fiel M. bei der Herzogin in Ungnade (Heussi, Mosheim S. 150), doch widmete er ihr 1739 den 6. Band seiner »Heiligen Reden«.

zu sehen, die ihm die Zugehörigkeit zu den beiden dominierenden sozialen Lebenskreisen der Zeit, die wir vermerkt haben, trotz allem brachte.

III.

So haben wir Mosheim nun als Gelehrten zu würdigen. Da mag einem zunächst auffallen, daß sein schriftstellerisches Werk, so voluminös und vielgestaltig es war, doch die Grenzen der Theologie so gut wie nirgends überschritt. Mochte Mosheim ein theologischer Enzyklopädist sein – er war dabei doch ganz auf die *Theologie* konzentriert, ja er war ein leidenschaftlicher Theologe. Was heißt das im frühen 18. Jahrhundert?

In der 1756 posthum erschienenen »Kurzen Anweisung, die Gottesgelahrtheit vernünftig zu erlernen«, dem neben den beiden Ketzergeschichten anziehendsten Buch Mosheims, das ich kenne, liest man folgendes: »Ein Theologus unserer Zeiten, der solchen Namen mit Recht führen will, stellet eine sehr schwere Person vor. Zu den Zeiten unserer Väter war es weit leichter, die Würde eines Theologen mit Ehren zu bekleiden. In unseren Zeiten wird die Religion fast durch alle Arten menschlicher Wissenschaften bestritten, und daher muß ein Theologe unserer Zeiten fast von allen Theilen der Gelehrsamkeit etwas wissen, damit er die Einwendungen des Unglaubens abweisen und die Religion schützen kann«[21].

In seinem Selbstverständnis als Theologe war Mosheim, wie sich in diesen Sätzen zeigt, hochgemut und angefochten in einem: Er hält die Religion sowohl für gefährdet als auch für unerschütterlich. So hatte die theologische Gelehrsamkeit Mosheims ein apologetisches Grundmotiv. Es sind, mit anderen Worten, Stimmungen der deutschen Frühaufklärung, die den Hintergrund seines Werkes bildeten, jenes Zeitalters, in dem, wie er sagt, »die elende Thorheit der Religions-Spötter« sich ausbreitet[22] und »die Freigeisterei ... so entsetzlich um sich (frißt), daß schon die Laqueien anfangen, Freigeister zu werden«[23]. Bereits als junger Helmstedter Professor hatte Mosheim sich mit einer umfangreichen Streitschrift gegen den englischen Deisten John Toland einen Namen gemacht, dessen Theorien über das Neue Testament er mit kühler und im großen und ganzen sachlicher Überlegenheit wissenschaftlich widerlegt

---

21 J. L. v. M.: Kurze Anweisung, die Gottesgelahrtheit vernünftig zu erlernen, in academischen Vorlesungen vorgetragen, hg. von C. E. v. Windheim, 1756, S. 170. Zu diesem Buch ist zu vergleichen der lehrreiche Überblick von R. Mau: Programme und Praxis des Theologiestudiums im 17. und 18. Jh. Theol. Versuche 9, 1979, S. 71–91, der freilich M. nicht behandelt.
22 J. L. v. M.: Heilige Reden 2, ^{6}1747, S. 144 ff.
23 Kurze Anweisung (wie Anm. 21) S. 150.

hatte[24]. »Der Verstand und Witz eines Theologen kann nie zu groß seyn«, so lautete das Resümee des aristokratischen Professors[25].

Was dieser damit empfahl, war ein neuer Stil der Apologetik. Er bedeutete, daß der Verteidiger sich mit dem Bestreiter gewissermaßen auf dasselbe Niveau begab und ihm so weit wie möglich mit vernünftigen Gründen statt mit dogmatischen Urteilen begegnete. Nicht ihn zu verketzern, sondern man könnte sagen: ihn umzustimmen, war das Ziel.

Bezeichnenderweise wies Mosheim auch der *Predigt*[26] vorrangig einen apologetischen Zweck zu. Sie ist, wenn sie gedruckt wird, »eine Abhandlung von einer Glaubens- oder Lebens-Lehre in einer etwas aufgeweckteren Schreibart als diejenige, der man sich in anderen Büchern bedienet«[27]. Der Prediger soll »ordentlich und deutlich seyn... Man muß richtig und gründlich beweisen, was man saget«[28]. Dabei ist ganz unangefochten vorausgesetzt, daß sich die christlichen Grundwahrheiten (etwa der göttliche Ursprung der Heiligen Schrift) beweisen lassen; Gottes Offenbarung mag die Vernunft überschreiten, aber sie widerstreitet ihr nicht[29]. Von daher ist das doppelte Ziel, das der Predigt nach Mosheim zukommt, »Aufklärung« und »Erbauung«, beinahe ein und dasselbe; die Hörer sollen »zugleich in der Religion unterrichtet, für Irrtümer bewahrt und zu Sachen, die der Natur höchst verdrießlich sind, zur Buße und zur Nachfolge Jesu Christi und zur Tötung ihrer irdischen Lüste, aufgemuntert und bewogen werden«[30]. Für Mosheim hängen Denken und Leben unmittelbar zusammen; in seinen Predigten vor der Hofgesellschaft bildet die Polemik gegen den höfischen Lebensstil ein durchlaufendes Motiv[31]. Noch konnte diese Predigttheorie von der Voraussetzung ausgehen, daß jedermann den Gottesdienst besuchte; auch jene Religionsspötter saßen doch noch unter Mosheims Kanzel[32].

Vielleicht beeindruckte er sie sogar mit seinen Predigten. Jedenfalls waren diese es, die, wie ich schon sagte, Mosheims Ruhm begründet haben. Es wird berichtet, gelegentlich habe man, wenn er predigte, die

---

24 Dazu Heussi (wie Anm. 7) S. 52ff.; E. HIRSCH: Geschichte der neuern evangelischen Theologie 2, 1951, S. 359.
25 Kurze Anweisung (wie Anm. 21) S. 173.
26 Über M. als Prediger grundlegend: M. PETERS: Der Bahnbrecher der modernen Predigt, Johann Lorenz von Mosheim, in seinen homiletischen Anschauungen dargestellt und gewürdigt, 1910.
27 Heilige Reden 1, [7]1747, Vorrede an den Leser.
28 Ebd.
29 Hirsch (wie Anm. 24) S. 361: Die Bibel enthält »Übervernünftiges«, aber nicht »Widervernünftiges«.
30 Zitiert bei Peters (wie Anm. 26) S. 35.
31 Peters (wie Anm. 26) S. 86. Besonders deutlich in Heilige Reden 2, [6]1747, S. 97ff.: »Barsillai Verachtung der Wollüste des Hofes«, nach 2.Sam 19,34f.
32 Vgl. z. B. Heilige Reden 5, [2]1744, S. 150f.

Kirche zur Aufrechterhaltung der Ordnung mit Soldaten besetzt; »und dennoch mußte man ihn fast auf die Kanzel tragen, so stupende voll ist alles gewesen«[33]. Es gab Übersetzungen Mosheimscher Predigten bis hin zum Polnischen und Spanischen[34]. Und noch Lessing hat ihn gegen Wieland herausgestellt: Die »so schwere Verbindung des Gründlichen und Pathetischen ist es, die unserm Mosheim, nach meinem Bedünken, einen sehr großen Vorzug vor allen französischen Predigern giebt«[35].

»Unser« Mosheim: Er war das für Lessing wie für viele seiner gebildeten Zeitgenossen – ich erinnere an den Panegyricus des Göttingers Claproth[36] – nicht zuletzt deshalb, weil dem berühmten Professor als Predigtverfasser wie in seiner sonstigen theologischen Schriftstellerei nun allerdings eine Betätigung ganz fremd und zutiefst zuwider war: das theologische Eifern, der dogmatische Streit. Gewiß – Freigeister und sog. »Atheisten« sollten ebenso wie »die Römisch-catholischen« abgewiesen werden; im übrigen jedoch galt der lapidare Satz: »Die Streittheologie scheinet ein Diener des Evangelii am allermeisten entbehren zu können«[37]. Sowohl in Helmstedt 1723 als auch in Göttingen 1747 machte Mosheim dies zum Thema seiner Antrittsvorlesung: De Theologo non contentioso – De odio Theologico, so hießen die Titel[38]. Es war wie die Eröffnung eines neuen Zeitalters der Theologiegeschichte: Orthodoxer ebenso wie pietistischer Wahrheitseifer bekamen da nun den Anstrich des Unmoralischen, ja des Gottlosen. Jeweils legte Mosheim dar, den Theologen sei wie allen Christen geboten, Liebe und Frieden zu suchen und der pietas nachzueifern. Jeweils berief er sich auf die Reformatoren als Wahrheitszeugen in dieser Sache, wobei Melanchthon in den Vordergrund rückte[39]. Verworfen aber wurde das allzu genaue Ergründen der mysteria divina – ein Fehler der menschlichen Natur sollte das sein, ja die Ursünde selbst, das Seinwollen wie Gott; in der späteren, im Ton deutlich verschärften Rede steht der

---

33 Zitat bei Heussi (wie Anm. 7) S. 115f.
34 Ebd. S. 117 Anm. 1; Heilige Reden 3, ⁴1741, Vorrede an die Leser: »Auch viele von denen, deren Vorfahren unsere Väter von sich ausgestossen, haben den Unterricht eines Ketzers nicht ganz verworfen. Und gewisse Grosse, die mich in ihrem Vaterlande gegen ein bekanntes Blut-Gerichte nicht würden schützen können, haben nicht ohne Beyfall meine Ermahnungen in einer fremden Sprache gelesen.«
35 G. E. Lessing: Sämtliche Schriften, hg. von K. Lachmann-F. Muncker 8, 1892, S. 30f. (Briefe, die neueste Litteratur betreffend, 1759).
36 S. o. S. 10f.
37 Kurze Anweisung (wie Anm. 21) S. 144f.
38 J. L. M.: Dissertationes de Theologo non contentioso seu De officio theologi circa controversias, ³1726 (27. 9. 1723); De odio theologico, o.J. (1. 11. 1747).
39 S. Körsgen: Das Bild der Reformation in der Kirchengeschichtsschreibung Johann Lorenz von Mosheims, Diss. phil. Tübingen 1966. – C. Augustijn: Das Bild der Reformation bei Daniel Gerdes und Johann Lorenz von Mosheim. Ned. Archief voor Kerkgesch. 64, 1984, S. 79–90.

schöne Satz: Quod inter animalia ferae sunt, id inter homines esse Theologos[40].

Mosheim stellte sich, indem er diese Position vertrat, deutlich in eine theologische Tradition hinein; es war der sog. »Synkretismus« des alten Helmstedters Calixt, der ihm bereits durch seine Kieler Lehrer vermittelt worden sein dürfte[41] und den Mosheim nun ein Jahrhundert später in Calixts einstiger Universität fortführte. Doch waren es wesentlich neue Motive und Gründe, die bei ihm selbst ins Spiel kamen: Es waren insbesondere Einsichten des Kirchenhistorikers, die ihn an dieser Stelle leiteten und die seine Überzeugungskraft ausmachten.

Denn dies muß trotz aller anderen Interessen und Leistungen Mosheims in Theologie, Kirche und Universität hervorgehoben werden: Eigentlich war der theologische Enzyklopädist Fachmann in einem einzelnen Fach, gewissermaßen im Hauptberuf war er *Kirchenhistoriker*[42]. Und zumal als solcher hat er denn auch Epoche gemacht; mag man ihn auch noch den »Erasmus des 18. Jahrhunderts«[43], den »deutschen Demosthenes«[44], den »eigentlichen Schöpfer der modernen Predigt«[45] und sonstwie nennen – der treffendste Name dürfte jener sein, der ihm schon seit

---

40 De odio (wie Anm. 38) S. 7. – Der Briefwechsel mit Gottsched zeigt freilich, daß hiermit nicht theologische Prinzipienlosigkeit gemeint war; 1734 tadelte M. den Leipziger Kollegen, dieser vertrete in seiner Praktischen Philosophie den »klaren Molinismus«, und beanspruchte die Freiheit, dieses ›Urteil‹ abzugeben, ohne indessen Gottsched, als einen ›Weltweisen‹, zu ›verdammen‹: TH. W. DANZEL: Gottsched und seine Zeit, 1848, S. 25f.

41 I. MAGER: Georg Calixts theologische Ethik und ihre Nachwirkungen, 1969, S. 170. – Über die geschichtlichen Zusammenhänge der Kieler Studienzeit M.s zuletzt: J. ALWAST u.a.: Schleswig-Holsteinische Kirchengeschichte 4, 1984, S. 161 ff.

42 Vgl. zum folgenden: J. HEUSSI: Die Kirchengeschichtsschreibung Johann Lorenz von Mosheims, Diss. phil. Leipzig 1903. – F. CHR. BAUR: Die Epochen der kirchlichen Geschichtsschreibung, 1852, S. 118ff. – N. BONWETSCH: Mosheim als Kirchenhistoriker. In: Festschr. zur Feier des hundertfünfzigjähr. Bestehens der königl.Ges.d.Wiss. zu Göttingen, 1901, S. 237–261. – F. COHRS: Johann Lorenz von Mosheim, Institutiones Historiae ecclesiasticae von 1726. Zs.d.Ges.f.nds.Kirchengesch. 32/33, 1927/28, S. 1–49. – W. NIGG: Die Kirchengeschichtsschreibung, 1934, S. 100ff. – P. MEINHOLD: Geschichte der kirchlichen Historiographie 2, 1967, S. 11ff. – KÖRSGEN (wie Anm. 39). – K. WETZEL: Theologische Kirchengeschichtsschreibung im deutschen Protestantismus 1660–1760, Diss. theol. Mainz 1983 (dazu J. WALLMANN in Theol. Lit.Ztg. 109, 1984, Sp. 899–902). – H. W. KRUMWIEDE: Geschichte der evangelischen Kirche von der Reformation bis 1803. In: H. Patze, Hg.: Geschichte Niedersachsens 3/2, 1983, S. 1–216 (187ff.)

43 A. HARNACK: Lehrbuch der Dogmengeschichte 1, ³1894, S. 26.

44 Beyträge zur Critischen Historie der Deutschen Sprache, Poesie und Beredsamkeit, hg. von Einigen Mitgliedern der Deutschen Gesellschaft in Leipzig 15. Stück, 1736, S. 489.

45 P. DREWS: Die Predigt im 19. Jh., 1903, S. 8.

dem 18. Jahrhundert immer wieder gegeben wird: Mosheim war »der Vater der neueren Kirchengeschichte«[46].

Was heißt das? Für Mosheims eigenes Bewußtsein bestand die Neuerung, die er bewirkte, darin, daß er die in der allgemeinen Geschichtswissenschaft[47] schon erprobte sog. »pragmatische Methode« auf die Kirchengeschichte anwandte. Schon in der Vorrede seines ersten großen Kirchengeschichtswerks, der Institutiones historiae ecclesiasticae von 1726, formulierte er seine Zielsetzung knapp und eindrücklich: In narrandis rebus inter Christianos gestis ad hanc potissimum incubui curam, ut eventus cum caussis suis coniunctos sisterem[48]. In der späteren Definition in der ersten Ketzergeschichte heißt es etwas ausführlicher: »Eine Geschichte ist eine an einander hangende, fliessende und dabey lebhafte Erzählung gewisser Begebenheiten, worin die Thaten aus ihren Ursachen, so weit als es geschehen kann, hergeleitet, die auftretenden Hauptpersonen nach ihren Neigungen, Gaben und Sitten abgebildet, und alle dinge so geordnet und vorgestellt werden, daß die gelehrten so wol als ungelehrten Leser nicht nur dadurch ergötzet, sondern auch in dem Erkenntnisse ihrer selbst so wol als der Welt und in der wahren Klugheit unterwiesen werden können«[49].

Die Pointe dieser Definition liegt in dem, was in ihr nicht vorkommt: In der Kirchenhistorie geht es nach Mosheim nicht um die Fragen, die die Theologen bis dahin hauptsächlich beschäftigt und an der Sache interessiert hatten – die Wahrheitsfrage und die Frage nach dem Einwirken Gottes. Die Kirchengeschichte bietet sich bei ihm nicht dar als der irdische Schauplatz des ewigen Ringens zwischen Gott und dem Teufel, wie in allen älteren Darstellungen, aber auch nicht als ein Verfallsprozeß von den Zeiten des Urchristentums an bis zu Luther und wiederum seither, wie in der protestantischen Tradition. Im Sinne Mosheims ist die

---

46 Zu diesem Namen Heussi (wie Anm. 7) S. 222. – Über M. als Kirchenhistoriker vgl. auch den Beitrag von E. Mühlenberg in diesem Band unten S. 232ff.
47 Über diese: Hammerstein, Jus (wie Anm. 1). – P. H. REILL: The German Enlightenment and the Rise of Historicism, 1975. – DERS.: Die Geschichtswissenschaft um die Mitte des 18. Jh. In: R. Vierhaus, Hg.: Wissenschaften im Zeitalter der Aufklärung, 1985, S. 163–193. – Über die Kirchenhistorie im 18. Jh. vgl. neben der in Anm. 42 genannten Literatur: K. VÖLKER: Die Kirchengeschichtsschreibung der Aufklärung, 1921. – E. C. SCHERER: Geschichte und Kirchengeschichte an den deutschen Universitäten, 1927. – G. A. BENRATH: Evangelische und katholische Kirchenhistorie im Zeichen der Aufklärung und der Romantik. Zs. f. Kirchengesch. 82, 1971, S. 203–217. – M. SCHMIDT: Das Geschichtsproblem in der Aufklärung und seine theologische Bedeutung. In: Denkender Glaube. Festschr. f. C. H. Ratschow, 1976, S. 70–100.
48 J. L. M.: Institutiones historiae ecclesiasticae Novi Testamenti, 1726. Dazu Cohrs (wie Anm. 42).
49 J. L. M.: Versuch einer unpartheiischen und gründlichen Ketzergeschichte, 1746, S. 35. Weitere Definitionen: Meinhold (wie Anm. 42) S. 14ff.

Kirchengeschichte ein innerweltlicher und insoweit durchschaubarer, eben pragmatischer Geschehenszusammenhang. Dabei liegt ihm historischer Relativismus durchaus fern; die göttliche Weltlenkung und die Wahrheit der lutherischen Kirchenlehre stehen ihm als solche außer Zweifel[50]. Dergleichen historisch aufweisen zu wollen, erscheint ihm jedoch verfehlt. Überhaupt besteht das Geschäft des Kirchenhistorikers nicht darin, zu beweisen, zu bewerten und zu bestreiten, sondern zu erzählen, wobei er sich nicht auf die bloßen Ereignisse beschränken, sondern deren Gründen nachgehen soll. Wenn er das tut, leistet er, was in diesem Zeitalter als höchster Wert menschlicher Arbeit galt – er bringt Nutzen, indem er das Urteilsvermögen schärft und die Klugheit fördert[51].

Die neue Aufgabenbestimmung hatte eine ganze Reihe bedeutsamer Konsequenzen. In Mosheims Sinn war die wichtigste, daß der Kirchenhistoriker sich der strengsten »Unparteilichkeit« zu befleißigen hatte. Das war ein Begriff, der bereits eine Generation vor Mosheim von dem Pietisten Gottfried Arnold aufgebracht worden war[52], doch wurde er erst jetzt in der Bedeutung verwandt, die ihm innewohnt: Nicht wie bei Arnold ein Parteiwechsel von den Kirchen zu den Ketzern, den heiligen Seelen, wurde dem Kirchenhistoriker auferlegt, sondern allseitige Gerechtigkeit des Urteils, Umsicht, Neutralität jedenfalls in dem Maße, das ihm möglich ist[53].

50 Zutreffend E. SEEBERG: Gottfried Arnold, 1923, S. 581: »Von einem historischen Relativismus findet sich keine Spur.« Vgl. etwa die gegen die alte, melanchthonische Theorie von der Kette der Wahrheitszeugen gerichtete Argumentation in der Vorrede der ersten Ketzergeschichte: »War unsere Kirche vor Luther nicht da, so war doch unser Glaube da. Er stand in den Büchern der Propheten und Apostel, die kein Papst verwerfen kann. Hat es der Herr erlaubt, daß dieser Glaube mit der Schrift eine geraume Zeit ist vergraben worden und keine sichtbare Anhänger gehabt hat, so hat er es sonder Streit aus heiligen und gerechten Ursachen erlaubt. Von uns kann es Niemand, als ein Unsinniger, fordern, daß wir von Gottes Wegen und Regierung Rede und Antwort geben sollen«: Versuch (wie Anm. 49) S. 30.

51 J. L. v. M.: Institutiones Historiae ecclesiasticae . . Libri quatuor, 1755, S. 6: Nudam enim qui tradit Historiam, is memoriam tantum instruit et oblectet lectores. Caussas vero qui rebus gestis addit, is prodest etiam, et cum iudicandi facultatem acuit, tum prudentiam perficit . . Eventuum vero caussas exploraturo . . humanae naturae cognitio multum proderit. Mortalium enim ingenia, studia, libidines affectuumque humanorum vim et impotentiam qui non ignorat, is multarum rerum, olim susceptarum et gestarum, rationes facile inveniet. Non minorem ad hoc institutum utilitatem afferet morum et opinionum, quibus homines, de quibus agitur, studuerunt, notitia. Id enim plerumque gloriosum et pulcrum existimetur, quod cum sententiis et moribus congruit a maioribus traditis.

52 Über M.s Verhältnis zu diesem unterrichtet zusammengefaßt und höchst lehrreich das Anm. 50 genannte Buch von Seeberg, S. 579ff.

53 Auch für ihn gilt die Einschränkung: »Ein jeder liebet den Glauben, den er selber bekennet, und hasset die Meinungen, die demselben zuwider sind. Ein Theil dieser Liebe und dieses Hasses wird auf die Personen fortgepflantzet, die mit uns in der Lehre entweder übereinstimmen oder anders lehren als wir«: Versuch (wie Anm. 49) S. 22.

Auch im Hinblick auf das Thema der Kirchengeschichte verweigerte Mosheim damit Arnold die Gefolgschaft. Es ging da für ihn nicht um die »historia sanctissima der vom Geist geleiteten Gotteskinder«[54], sondern eindeutig um die Geschichte der Kirche, freilich nun in einem vergleichsweise kargen, fast technischen Sinn. Uralte und bisher ganz unentbehrliche Begriffe wie die »wahre« oder die »unsichtbare« Kirche spielten bei Mosheim kaum noch eine Rolle; wenn er den Stoff gliederte in die Historia ecclesiae externa und interna, dann war damit nichts weiter gemeint als die Unterscheidung der die Kirche von außen betreffenden Geschehnisse von denjenigen, die in ihr selbst vor sich gehen.

Entsprechend karg fielen die Definitionen der Kirche selbst aus, an denen die Darstellung sich orientierte. In der Vorrede zur abschließenden Ausgabe der Institutiones von 1755 heißt sie einfach societas hominum, cui nomen a Christo est[55], was in dem posthumen Lehrbuch des Kirchenrechts so ausgeführt wurde: »Die christliche Kirche ist nichts anderes als diejenige Gesellschaft, die sich freywillig verbunden hat. . ., Christum gesellschaftlich zu ehren, damit sie ihre geistliche und ewige Glückseligkeit durch den Glauben an Christum und durch die Lehre der Gottseligkeit erlangen möge«[56]. Also, wie man so sagt, eine Definition der Kirche »von unten her«, gewissermaßen nach dem Vereinsrecht, freilich im Dienst der historischen (oder im zweiten Fall der juristischen) Wissenschaft, zum »pragmatischen« Gebrauch.

So wie die Kirche sich für Mosheim aus den einzelnen Individuen konstituiert, so treten diese auch im konkreten Vollzug der Darstellung ihrer Geschichte stark hervor. Unter den causae des Geschehens, die besondere Beachtung finden sollen, spielen neben den politischen und kulturellen Zuständen und den Einflüssen von Natur und Klima die Charaktereigenschaften der Akteure die wichtigste Rolle. Auch hierbei geht es für unsern Geschmack und Horizont oft reichlich platt, schematisch und simpel zu[57], freilich selten ohne daß wenigstens ein Bemühen um ein abgewogenes Urteil erkennbar wäre[58].

Das charakteristischste und man darf wohl sagen gelungenste Beispiel seiner »unparteiischen« Kirchengeschichtsschreibung bot auch Mosheim bei der Schilderung eines Ketzers, oder vielmehr eines exemplarischen

---

54 G. A. BENRATH: Geschichte/Geschichtsschreibung/Geschichtsphilosophie (16. bis 18. Jh.). Theol. Realenzykl. 12, 1984, S. 630–643 (633).
55 Institutiones 1755 (wie Anm. 51) S. 3.
56 J. L. v. M.: Allgemeines Kirchenrecht der Protestanten, hg. von C. E. v. Windheim, 1760, S. 14 f.
57 Vgl. in dem Beitrag von E. Mühlenberg (unten S. 249) das Zitat über Franz von Assisi.
58 Das simple Urteil Spittlers über Franz von Assisi, das Mühlenberg ebenda zitiert, hebt sich von dem seines Lehrers M. denn doch ab.

Konflikts von Kirchenmann und Ketzer, in dem 1748 erschienenen Buch über Calvin und Servet. Da wird das dramatische Geschehen des Jahres 1553 fast auf die Ebene der griechischen Tragödie gehoben[59], wenn es am Ende der Vorrede – es ist die erste, die in Göttingen abgefaßt wurde[60] – in einer fast schon Lessingschen Sequenz folgendermaßen heißt: »Zween Männer, die zu den gelehrtesten und scharfsinnigsten ihrer Zeiten gehören, die beyde von Eifer um die Wahrheit und um die Gottseligkeit brennen, übertreten in ihrer Hitze die ersten Regeln der Wahrheit und die vornehmsten Pflichten der Gottseligkeit. Der eine suchet die verlohrne Wahrheit und wird ein Träumer. Der andere streitet für die geschimpfte Wahrheit und wird ein Todschläger. Welch ein klägliches! welch ein lehrreiches Trauerspiel! Ich wünsche, daß es die Zuschauer nicht weniger unterweisen als rühren möge«[61].

Emanuel Hirsch hat über den Kirchenhistoriker Mosheim das Urteil gefällt, dieser habe »die Kirchengeschichte bewußt aus der Theologie herausgelöst«[62]. Ich halte diese Aussage nicht für zutreffend, jedenfalls nicht bei einem hinreichend weiten Begriff von Theologie. Mir scheint vielmehr die eigentliche Leistung Mosheims darin zu bestehen, daß er auch als Kirchenhistoriker der leidenschaftliche Theologe blieb, der er war[63]. So sicherte er das Verbleiben des Faches in der Theologie, konkret: in der Theologischen Fakultät[64], indem er ihm zugleich die Kategorien und Regeln zumutete, die es als eine historische Wissenschaft im Sinne der Zeit legitimierten.

Es war so etwas wie ein Pathos der vernünftigen Mäßigung, mit dem Mosheim der Kirchenhistorie der Zukunft Maßstäbe setzte, wenn er etwa sich selbst in der eben zitierten Vorrede folgendermaßen darstellte: »Da ich die Feder ergriff, fesselte ich mich so strenge, als sich jemand fesseln kann, der feste entschlossen ist, der Gerechtigkeit, der Unpartheylichkeit, der Wahrheit beständig Gehör zu geben. Ich befahl dem Hasse, der Verachtung, und allen denen Bewegungen, die eine Arbeit von dieser Art verderben können, auf das ernstlichste, sich weit von meinem Gemühte zu entfernen. Dieses Gesetz ward so oft wiederholet, als ich mich niederließ, das angefangene Werk fortzusetzen; und niemals ward es nachdrücklicher wiederholet, als wenn ein Stück sollte ausgearbeitet werden, das mich versuchen konnte, es zu übertreten«[65].

---

59 Reill, Enlightenment (wie Anm. 47) S. 164.
60 Datiert 12. 3. 1748.
61 J. L. v. M.: Anderweitiger Versuch einer vollständigen und unpartheyischen Ketzergeschichte, 1748, Vorrede S. 28.
62 Hirsch (wie Anm. 24) S. 355.
63 Ähnlich Körsgen (wie Anm. 42) S. 143f.
64 Über dessen lange Zeit schwankende Plazierung vgl. Scherer (wie Anm. 47).
65 Anderweitiger Versuch (wie Anm. 61), Vorrede S. 17.

Nach 250 Jahren gibt es viele Gründe, Mosheims historiographische Grundsätze für unzulänglich zu halten, geschichtsphilosophische ebenso wie theologische. Daß sie zu ihrer Zeit epochemachende Bedeutung und weitausstrahlende Wirkungen hatten, erscheint dennoch nachvollziehbar und (wenn es erlaubt ist, so zu reden) gerechtfertigt. Mißt man den Erfolg des Kirchenhistorikers Mosheim an der Auflagenhöhe seiner Bücher, dann war er allerdings, überraschenderweise, am größten jenseits der deutschen Grenzen, und zwar in den verschiedenen Übersetzungsausgaben, die die Institutiones von 1755 in England und Nordamerika erfuhren. Sie wurden in der angelsächsischen Welt für die folgenden eineinhalb Jahrhunderte geradezu ein Bestseller, das heißt sie wurden hier ein Standardlehrbuch der Kirchengeschichte – bis 1892 erschienen nicht weniger als 71 Auflagen[66]. »Mit diesem Werk errang ... die deutsche Wissenschaft auf dem Gebiet der Kirchengeschichtsschreibung die Hegemonie gegenüber dem Auslande«, so formulierte, in der Sprache des Wilhelminischen Zeitalters, Mosheims Biograph Karl Heussi im Jahre 1906[67].

IV.

Und nun also: Mosheim in Göttingen. Der gelehrte Mann hatte in seinem Leben den Ort nur selten gewechselt. Er hat nie in einer Hauptstadt gelebt, ja nie eine gesehen außer in jungen Jahren das bescheidene Kopenhagen. Zwar konnte er über die elenden Zustände Helmstedts beweglich klagen[68], doch hat er ehrenvolle und einträgliche Berufungen an glanzvollere Örter wie Leipzig und Danzig[69] stets abgelehnt. Freilich war ihm das Leben dort durch mannigfaltige Gunstbeweise des Wolfenbüttler Hofes versüßt worden, zumal solange die geborene Prinzessin von Schleswig-Holstein Herzogin war. Öffentliche Aufgaben wie das Amt eines Generalschulinspektors des Herzogtums waren ihm zugefallen[70], zumal aber hatte er 1727 zwei Abtswürden, wie sie im Lande Braunschweig für Theologieprofessoren und hohe kirchliche Amtsträger zur Verfügung

---

66 Wetzel (wie Anm. 42) S. 375. – Über die weiteren lateinischen und deutschen Ausgaben s. u. S. 400f.
67 Heussi, Mosheim (wie Anm. 7) S. 223.
68 Ebd. S. 73 u. ö.; vgl. z. B. auch den Brief an Gottsched vom 3. 5. 1740 bei Danzel (wie Anm. 40) S. 182. – Nach frdl. Auskunft des Stadtarchivs Helmstedt bewohnte M. dort von 1723 bis zu seinem Weggang das Haus Bötticherstr. 51.
69 Berufungen nach auswärts: Heussi (wie Anm. 7) S. 91; 121; 169; 191 Anm. 3.
70 Ebd. S. 124. Die von Heussi unterlassene (ebd. S. 2 Anm. 1) Untersuchung von M.s Tätigkeit in diesem Amt ist auch heute noch ein Desiderat. – Mehrfach behauptet M., er habe für sein Universitätsamt nur den fünften Teil seiner Zeit zur Verfügung: C. A. KLOTZIUS, Hg.: Joh. Laur. Moshemii atque Joh. Matthiae Gesneri Epistolae amoebaeae 1770, S. 149; Bodemann (wie Anm. 1) S. 263.

standen, empfangen, diejenigen der einstigen Zisterzienserklöster Marienthal bei Helmstedt[71] und Michaelstein bei Blankenburg[72], wohldotierte Pfründen, mit denen geringe Pflichten und reichhaltige Bequemlichkeiten verbunden waren. Als er 1732 über den Tod seiner ersten Frau trauerte[73], erwog er, der kirchenhistorische Verächter des Mönchtums[74], sich ganz ins Kloster zurückzuziehen: »Mein Michaelstein ist mir lange schon viel angenehmer als die Welt gewesen. . . Ich werde daselbst wie ein einfältiger und bußfertiger Mönch und Einsiedler mit meinen Brüdern die horas singen und an die Welt so dencken, wie Leute, die vergnügt sind, an ihr überstandenes Leiden sich zu erinnern pflegen«[75]. Der berühmte Mann, der mit Gelehrten in ganz Europa korrespondierte, Bücher aus dem Italienischen und Englischen übersetzte oder herausgab[76] und in seinen eigenen Werken vorzugsweise ausländische Literatur zu zitieren pflegte[77], hatte für sich selbst nur einen kleinen Lebenskreis.

Mit seinem Übergang nach Göttingen trat Mosheim in seinen späten Jahren noch einmal in größere Räume und großzügigere Verhältnisse ein. Man wird das schon von seinen Lebensumständen sagen dürfen. Zwar war auch Göttingen, als die Universität gegründet wurde, nicht gerade eine Weltstadt – Proben dafür, daß es eher auch nur ein elendes Nest war, haben wir bereits erhalten –, und die Reise von Helmstedt nach Göttingen war ja auch nicht eine Weltreise. Jedoch bezog Mosheim immerhin 1750 ein neu erbautes, stattliches Haus, das sog. Gevertsche Haus, heute Prinzenstraße 2[78]; da steht jetzt das üppige Gebäude der Commerzbank,

---

71 M.s Predigt bei Antritt dieses Amtes in Heilige Reden 5, S. 301 ff.
72 Heussi (wie Anm. 7) S. 124 f. Über diese Klosterämter neben J. BESTE: Geschichte der Braunschweigischen Landeskirche, 1889, S. 238–241, und P. ZIMMERMANN: Der Braunschweigische Kloster- und Studienfonds. Braunschw. Heimat 12, 1921, S. 2–34, die Mitteilungen von M. selbst in Heilige Reden 3, ⁴1741, S. 450 f.
73 Sie starb mit 27 Jahren und war eine Frau gewesen »von vielem Verstande, gereinigter Vernunfft und angenehmem Wesen, die ich fast mehr angebetet als geliebet . .«; »sie war allem Putze feind, und sie liebte nichts als die Reinlichkeit«; »die Gottes-Furcht war bey ihr ungemein gründlich und rein, und ihr Hertze wuste von keinem Aberglauben«: Heussi (wie Anm. 7) S. 152 Anm. 2. Ähnlich sprechende Äußerungen über die beiden späteren Frauen, die beide adlig waren, ebd. S. 155; 183 f. Anm. 9.
74 Dazu vgl. etwa Körsgen (wie Anm. 42) S. 42.
75 An Gottsched 7. 11. 1732, bei Heussi (wie Anm. 7) S. 153. Äußerungen des Behagens über das Leben in »seinen« Klöstern durchziehen M.s Briefwechsel. Einige weitere Beispiele nach Heussi S. 149; 168 Anm. 3.
76 Ebd. S. 56; 132; Hirsch (wie Anm. 24) S. 360; Peters (wie Anm. 26) S. 195.
77 Vgl. bereits die Zusammenstellung bei Cohrs (wie Anm. 42) S. 40 ff. für die Institutiones von 1726 sowie Bonwetsch (wie Anm. 42) S. 252.
78 Über die Errichtung dieses Hauses eine Reihe von Mitteilungen in der Personalakte M.s im Univ. Archiv Göttingen, 4 II b 13. M. konnte es, dank eines ihm zusätzlich gewährten jährlichen Zuschusses von 60 Rth., »größten Theiles« selbst finanzieren (Mitteilung vom 9. 8. 1751).

Abb. 1. Johann Lorenz von Mosheim als Kanzler der Universität Göttingen, ca. 1751

das Mosheim noch nicht kannte, doch war, wie alte Photos zeigen, schon der Vorgängerbau zwar nicht annähernd so prächtig, wohl aber groß, so daß man es in diesem Sinne verstehen kann, wenn Mosheim berichten konnte: »Wenn das Haus, das ich jetzt bewohne, in Wolfenbüttel, Braunschweig oder Lübeck stände, würde es ein kleiner Pallast heißen können. Hier ist es nur ein Haus, das viele seines Gleichen hat. Wenn die Sachen noch 20 Jahre so fortgetrieben werden, wird Göttingen, Hamburg ausgenommen, die schönste Stadt in Niedersachsen seyn«[79].

Auch erhielt Mosheim in Göttingen ein hohes Amt, das des Kanzlers der Universität – wir kommen darauf zurück –, und damit kam ihm bei Gelegenheit die große Welt ins eigene Haus. Ganz war ihm diese ja – ich muß es einräumen – auch in Helmstedt und Wolfenbüttel nicht verschlossen gewesen; immerhin hatte er 1733 bei der Trauung des Kronprinzen von Preußen, der einmal Friedrich d. Gr. werden sollte, mit der Braunschweiger Prinzessin Elisabeth Christine in Salzdahlum die Traupredigt gehalten[80]. Jetzt jedoch, in Göttingen, war Mosheim, als 1748 Georg II., König von England und Kurfürst von Hannover, die nach ihm benannte neue Universität erstmals zu besuchen geruhte – reichlich spät, wird man sagen dürfen[81] –, als Kanzler beinahe der Gastgeber; er beherbergte den englischen Außenminister, den mächtigen Herzog von Newcastle, in seinem Haus[82], und »der König soll zu keinem Professor viel gesagt haben als zu Herrn von Mosheim und Herrn Haller«[83]. In einem ganz und gar von der »Hofmanier« bestimmten Bericht, der als Prachtdruck erschien[84], hielt Mosheim als Kanzler die Erinnerung an die großen Ge-

---

79 An Overbeck 1751: Heussi (wie Anm. 7) S. 207 Anm. 1.
80 In dem Anm. 12 genannten Band der Heiligen Reden S. 291 ff. abgedruckt. Vgl. in demselben Band auch die beiden anderen, übrigens beachtlichen, Predigten vor den hohen preußischen Gästen des Wolfenbüttler Hofes aus demselben Jahr.
81 Immerhin hielt er sich in der Mehrzahl der Jahre nach 1735 den Sommer über in Hannover auf: vgl. Lampe (wie Anm. 18) S. 137 Anm. 193.
82 Beschreibung (wie Anm. 84) S. 29. Es dürfte sich noch um das »Schaedelersche« Haus, d.h. die damalige »Londonschenke«, das heutige »Michaelishaus« gehandelt haben, wo M. offenbar nicht bloß seine Vorlesungen hielt, sondern zunächst auch wohnte. Vgl. I. HAKEMEYER: Das Michaelis-Haus zu Göttingen. In: DIES.: Kleines Universitätsmosaik, 1960, S. 7–54, deren Angaben zu M. (S. 14) jedoch nicht ganz korrekt sind; frdl. Mitteilungen hierzu verdanke ich auch Herrn Heinz Kelterborn, Göttingen. – In der »Beschreibung« findet sich S. 56 f. die Schilderung der kuriosen Szene, in der der Herzog von Newcastle sich den Titel eines Göttinger juristischen Ehrendoktors verschaffte.
83 So berichtet der Schweizer Isaac Iselin; vgl. F. SCHWARZ: Isaac Iselin in Göttingen (1747–48). Basler Jb. 1916, S. 101–193 (186).
84 Anon. (J. L. v. M.): Beschreibung der grossen und denckwürdigen Feyer, die bey der Allerhöchsten Anwesenheit Des Allerdurchlauchtigsten ... Herrn George des Anderen ... auf Deroselben Georg Augustus hohe Schule in der Stadt Göttingen ... begangen ward, 1749.

Innvendiges aussehen der Universitaets Kirche in währenden Feyerlichkeiten

A. J. Königl. Maj. GEORG der II
B. Die beyden Prorectores bey der Uebergabe der Insignien
C. Vier Herren Grafen bey dem Tische worauf die Insignien liegen
D. Zwey Herren Grafen die die Zepter J. Kön. Majestaet, darbieten
E. Die Sämtlichen Professores
F. Die Candidaten G. Die Marschälle

Abb. 2. Die erste Universitätskirche, die Paulinerkirche, bei der Feier der Übergabe des Prorektorats in Gegenwart des Königs Georg II. 1. August 1749

schehnisse für die Nachwelt fest – überzeugt, daß »deren Früchte sich nicht nur auf uns und unsere Nachkommen, sondern auch über ein grosses Theil der gelehrten Welt ergiessen werden«[85].

In seinen späten Jahren also konnte Mosheim von seinem Ruhme ernten, und er gab, wie uns schon Johann Christian Claproth zeigte, dem Institut, dem er nun angehörte, der jungen Georgia Augusta, Anteil an diesem Ruhm. Dies hatte ja für den Kurator von Münchhausen zu den Maximen der neuen Gründung gehört: »Wenn die neue Academie sich für andern herfür thun soll«, so hatte er bereits 1733 in dem ersten Memorandum zur Sache, das wir von ihm haben, ausgeführt, dann sei es notwendig, »die Professiones denen berühmtesten und geschicktesten Männern« anzuvertrauen[86]. Zumal sollte das für die theologische und die juristische Fakultät gelten, die in durchaus traditioneller Weise als der eigentliche Kern der Universität angesehen wurden. So war es ganz natürlich, daß Mosheims Name bereits in den frühesten Planungen, die wir kennen, vorkam[87]; das eben genannte Memorandum Münchhausens rühmte ihm nach, »er besitze ein überaus gutes Judicium et Ingenium, er schreibe sehr gut teutsch und latein, und seine Hauptabsicht ginge in seinen Schriften dahin, die Wahrheit der christlichen Religion wider die sogenandten Freydencker zu befestigen, die Moral zu beßern und die Menschen durch vernünftige Vorstellungen auf einen guten Wandel zu führen und über dem die dunkeln Stellen der heiligen Schrift ex antiquitatibus ecclesiasticis, worin er was besonderes praestiret, zu erleutern«[88].

Die Versuche, ihn zu gewinnen, waren allerdings zunächst auf lauter Enttäuschungen hinausgelaufen. Berufungsverhandlungen hatten im Herbst 1734 begonnen, waren aber bald steckengeblieben. Von der sich in diesem Zusammenhang entwickelnden Korrespondenz zwischen Münchhausen und Mosheim sind uns leider nur die Briefe des letzteren lückenlos überliefert, die die Absagen, nicht die Briefe des ersteren, die die Angebote enthalten[89]. Auch so noch ergibt sich jedoch ein lebhaftes Bild,

---

85 Beschreibung (wie Anm. 84) S. 61. Vgl. auch die Dankesrede M.s, ebd. S. 43–47.
86 Memorandum vom 16. 4. 1733, bei Rößler (wie Anm. 1) S. 33.
87 In dem Entwurf des hannoverschen Hofrates Gruber vom Herbst 1732 zusammen mit Rambach und Walch (Rößler [wie Anm. 1] S. 9), in dem Gutachten des hallischen Juristen J. H. Böhmer vom 30. 3. 1733 zusammen mit Rambach, Feuerlein und Klug (Bodemann [wie Anm. 1] S. 253), in dem Memorandum Münchhausens zusammen mit Pfaff und Rambach (Rößler S. 34). – Die erste Erwähnung der bevorstehenden Universitätsgründung in M.s eigener Korrespondenz finde ich im Briefwechsel mit Gesner am 23. 4./11. 5. 1733, wo der letztere bereits das in Leipzig umlaufende Gerücht, M. werde berufen werden, weitergibt: Klotzius (wie Anm. 70) S. 102f.; 107f.
88 Rößler (wie Anm. 1) S. 34.
89 M.s Briefe sowie einige Briefentwürfe Münchhausens aus der Zeit vom 20. 11. 1734 bis 22. 9. 1735 ebd. S. 163–220, aus dem Zeitraum 10. 8. 1735 bis 4. 1. 1750 in den

das auf der Seite des Kurators den zielstrebigen, auch vor Tricks und Zumutungen nicht zurückscheuenden Politiker, auf der Seite Mosheims den skrupulösen, umständlichen, verletzbaren Professor farbenreich zu Gesicht bringt[90]. Mehrfach setzte Münchhausen an, bis ins Jahr 1736 hinein kamen neue Vorschläge. Mosheim aber blieb fast durchgehend bei seiner von Anfang an eingenommenen Position: Er wies auf die beträchtlichen Annehmlichkeiten seiner Helmstedter Stellung hin, die er als Wohltaten und Gnaden Gottes anzusehen habe, auf seine hierdurch begründete Pflicht zur Dankbarkeit gegenüber dem Wolfenbüttler Hof, auf sein Ruhebedürfnis – »das Feuer ist verraucht; ich tauge vielleicht, ein kleines und schon eingerichtetes Wesen zu erhalten. Zu der Einrichtung einer neuen, weitläufftigen und großen Verfaßung scheine ich nicht mehr stark genug zu seyn«[91] –, sodann auf das Fehlen eines unverkennbaren Zeichens der Berufung durch Gott – »hat die Vorsehung des Herren es beschlossen, der ich mich völlig überlasse, daß ich heute oder morgen diesen Ort verlassen soll, so wird Sie alles so vermitteln, daß ich ihren Finger deutlicher als bißhero sehen kann«[92] –, endlich auf sein Gewissen – »die Geld- und Ehr-Sucht rahten mir, ... meine Dienste in Wolfenbüttel aufzugeben. Allein mein Gewißen und die Grosmuth widersetzen sich«[93]. Allenfalls zu einer zeitweiligen Tätigkeit von ein bis zwei Jahren in Göttingen war er schließlich bereit, auch dieser Plan jedoch blieb, da der Hof die Zustimmung versagte, unausgeführt. So wurde die Theologische Fakultät mit drei anderen Professoren besetzt, Feuerlein, Oporinus und Kruse, die jedoch alle drei vergleichsweise farblos blieben[94] – sie war in der ersten Phase der Universitätsgeschichte ein unbedeutendes Institut[95].

Jene ersten Göttinger Theologieprofessoren waren zum Teil von Mosheim selbst empfohlen und jedenfalls akzeptiert worden. Er nämlich blieb in der Folge trotz der Enttäuschungen, die Münchhausen mit ihm erlebt

    Handschriftenbänden Cod.hist.litt. 83 und Cod.Philos. 132 in der Staats- u. Univ.-bibl. Göttingen; vgl. Bonwetsch (wie Anm. 42) S. 238f.
90 Einzelheiten bei Heussi (wie Anm. 7) S. 158ff.
91 So in dem wichtigen Brief vom 29. 12. 1734, Rößler (wie Anm. 1) S. 176.
92 20. 10. 1735, Cod.hist.litt. 83, Bl. 875ff.
93 22. 9. 1735, Rößler (wie Anm. 1) S. 219.
94 Vgl. im einzelnen v. Selle (wie Anm. 1) passim; J. Meyer (wie Anm. 1).
95 Die Tatsache, daß die Theologische Fakultät schwach besetzt war, sollte nicht, wie das in der Lit. öfters geschehen ist, auf eine Absicht der Universitätsgründer zurückgeführt werden; verfehlt ist zumal die neueste Darstellung von C. HAASE: Die ersten Stufen der Entwicklung der Georgia Augusta. Gött. Gelehrte Anz. 236, 1984, S. 271–289, der geradezu von einer »Abwendung der Georgia Augusta von der Theologie« spricht (286). M. wird ebenso wenig erwähnt wie die ganze, in der neueren Forschung herausgearbeitete Tendenz zum »Polyhistorismus« (Ausdruck von Hammerstein, Jus [wie Anm. 1] S. 15); stattdessen behauptet der Vf.: »Göttingen war die erste Universität der Welt, die allein im Zeichen der Erfahrungswissenschaften gegründet worden war« (S. 272).

hatte, dessen einflußreicher Berater in den Fragen der Neugründung[96] – sehe ich recht, so sind von keinem anderen der zahlreichen Gutachter, die Münchhausen heranzog, so viele Denkschriften und Entwürfe zu so vielen Gegenständen in den Universitätsakten überliefert wie von Mosheim. »Das Universitätenwesen ist mir ziemlich bekant«, so empfahl er sich bei Gelegenheit selbst; »allen Fehlern und Mängeln kann man bey einer solchen Gesellschafft gelehrter Köpfe, die ihre besondern Fehler haben, unmöglich vorbeugen. Man muß zufrieden seyn, wenn es nur einigermaßen ordentlich aussiehet«[97]. In der Tat bestätigen seine Texte im großen und ganzen den hier in Anspruch genommenen Realismus; es lohnt sich, die wichtigsten davon durchzugehen.

Bereits zu einem frühen Zeitpunkt seiner Korrespondenz mit Münchhausen und damit wahrscheinlich überhaupt als erster[98] schlug Mosheim die Gründung einer »gelehrten Gesellschafft unter Ihr. Königl. Maj. Schutze« vor, die der Universität selbst »einverleibet« sein sollte, »in welche aber auch Fremde können aufgenommen werden«[99]; »ich sehe das gantze Werk von Weitem an und baue eine Stadt in Gedanken«, so fiel er sich selbst ins Wort[100] – doch ist sein Vorschlag tatsächlich in der Folge verwirklicht worden; während überall sonst in Europa seit dem 17. Jahrhundert *Akademien* als Einrichtungen der Forschung den Universitäten, also den Lehranstalten, entgegentraten, kam es in Göttingen erstmals zu der für die Zukunft der Wissenschaftsorganisation höchst fruchtbaren Verbindung beider Institutionen, die noch heute fortbesteht[101].

Auch eine andere, noch heute existierende Einrichtung hat Mosheim erstmals in die Diskussion gebracht, eine in der Universität selbst erarbeitete *Rezensionszeitschrift*, mit der »gleichsam ein gelehrtes Tribunal aufgerichtet (werden sollte), für dem sich die Bücher-Schreiber fürchten müssen«. In den seit 1739 erscheinenden »Göttingischen Zeitungen von Ge-

---

96 M. widmete dem Kurator die 1737 erschienene zweite Ausgabe seiner Institutiones (Inst. historiae Christianae antiquioris) mit einer freilich recht förmlichen, unpersönlichen Vorrede.
97 11. 1. 1735, Rößler (wie Anm. 1) S. 182.
98 So Bonwetsch (wie Anm. 42) S. 240.
99 Rößler (wie Anm. 1) S. 189 (7. 2. 1735); vgl. ebd. S. 203 (25. 4. 1735).
100 Ebd. S. 202 (30. 3. 1735).
101 Dazu K. Müller: Zur Entstehung und Wirkung der wissenschaftlichen Akademien und Gelehrten Gesellschaften des 17. Jh. In: H. Rößler-G. Franz, Hg.: Universität und Gelehrtenstand 1400–1800, 1970, S. 127–144. – U. Im Hof: Das gesellige Jahrhundert, 1982, S. 119f. – R. Toellner: Entstehung und Programm der Göttinger Gelehrten Gesellschaft . . In: R. Vierhaus, Hg.: Der Akademiegedanke im 17. und 18. Jh., 1977, S. 97–115. Vgl. auch R. Smend sen.: Die Göttinger Gesellschaft der Wissenschaften. In: Festschr. zur Feier des zweihundertjährigen Bestehens der Akad. d. Wiss. in Göttingen 2, 1951, S. V–XIX. Zu M.s (weniger erfolgreicher) Mitwirkung bei der eigentlichen Gründung der Akademie 1751 vgl. Bonwetsch (wie Anm. 42) S. 240ff.

lehrten Sachen«, dem Vorläufer der heutigen »Göttingischen Gelehrten Anzeigen«, kam auch dieser Plan Mosheims zur Ausführung[102].

Ich erwähne im Vorbeigehen, daß der Helmstedter Theologe auch an der Findung des *Namens* der neuen Universität, Georgia Augusta, zumindest beteiligt gewesen ist[103], daß er jedoch mit einer weiteren Idee nicht durchzudringen vermochte: Das »Collegium von Adjunctis der Academie oder legitimierten Magistris«, in dem sozusagen der wissenschaftliche Nachwuchs der Universität zusammengeführt, wirtschaftlich gesichert und durch gemeinschaftliche Tätigkeit herangebildet werden sollte[104] – eine noch in unseren Zeiten höchst wünschenswert erscheinende Einrichtung – kam nicht zustande.

Dagegen fiel der Vorschlag, in Göttingen eine *»Deutsche Gesellschaft«* zu schaffen, die wie diejenige Gottscheds in Leipzig »auf die Ausbeßerung unserer Sprache siehet und die Aufsätze der jungen Leuthe in gebundener und ungebundener Sprache übersiehet, verbeßert und poliret«[105], wenigstens in der Form auf fruchtbaren Boden, daß Mosheims Freund, der Professor der Eloquenz Johann Matthias Gesner, seit 1738 ein wenn auch nur kurzlebiges Unternehmen dieser Art begründete[106]. Immerhin war dies eine Mosheim in besonderem Maße naheliegende Initiative. Die Leipziger Deutsche Gesellschaft hatte dem Verfasser der »Heiligen Reden« nämlich bereits im Jahr 1732 das Ehrenamt des Präsidenten übertragen[107], er stand mit Gottsched in vertrautem Briefwechsel[108] und hat in seinen Schriften den Theologen die Pflege des Deutschen unermüdlich empfohlen: »Die Wissenschaft der deutschen Sprache ist itzo sehr hochgetrieben. Ein Geistlicher muß sie vor allen andern wissen und nicht nur ohne Fehler, sondern auch zierlich dieselbe reden und schreiben können... Wir werden aber am leichtesten zu einer Fertigkeit gelangen, wenn wir solcher Männer deutsche Schriften fleißig lesen, welche für

---

102 M. knüpfte offenbar an eine in Helmstedt bestehende Einrichtung an. Vgl. zum ganzen G. ROETHE: Göttingische Zeitungen von gelehrten Sachen. In: Festschr. 1901 (wie Anm. 42) S. 569–667; M.s Gutachten ebd. S. 668 ff.
103 Daß er auf M. zurückgehe (so Bonwetsch [wie Anm. 42] S. 239), geben die Texte (Rößler [wie Anm. 1] S. 192–196), genau genommen, nicht her. Vgl. hierzu auch v. Selle (wie Anm. 1) S. 346 f.
104 Rößler (wie Anm. 1) S. 20–27.
105 Ebd. S. 189. Vgl. ebd. S. 191; 202 f. sowie die bei Danzel (wie Anm. 40) S. 176 ff. mitgeteilten Briefe M.s an Gottsched.
106 Dazu P. OTTO: Die deutsche Gesellschaft in Göttingen (1738–1758), 1898. – F. FRENSDORFF: Gottsched in Göttingen. Zs.d.hist.V.f.Nds. 82, 1917, S. 173–226.
107 Heussi (wie Anm. 7) S. 143.
108 Vgl. dazu neben Danzel (wie Anm. 40) vor allem E. KROKER: Zweihundert Jahre Deutscher Gesellschaft. Mitt.d.Dt.Ges. zur Erforsch. Vaterländ. Sprache u. Altertümer in Leipzig 12, 1927, S. 7–27. – M. WEHR: Johann Christoph Gottscheds Briefwechsel, Diss. phil. Leipzig (masch.) 1965, S. 91 ff.

classische Schriftsteller in der deutschen Sprache angesehen werden«[109] – zeitlose Wahrheiten!

Die umfangreichsten und anspruchsvollsten seiner Gutachten widmete Mosheim der *Universität* als ganzer und der Einrichtung ihrer *Theologischen Fakultät*. Das in zwei Teilen vorgelegte Universitäts-Memorandum umfaßt insgesamt 38 einzelne Punkte und behandelt eine Fülle von Fragen, von der Berufung der Professoren bis zu den »Ceremonien-Klaydern«, die diese »bey öffentlichen Solemnitäten und in den Consistoriis« tragen sollen[110]. Auch hier liest man einige höchst beachtliche und zukunftsweisende Vorschläge. Zum Beispiel: »Kein Professor darff in seinen Lectiones des andern Meynung durchziehen, wiederlegen oder seiner unglimpfflich erwehnen bey willkührlicher Straffe. Es wird dieses doch geschehen; aber das Gesetz ist dem ohngeachtet nöthig«[111]. Oder: Es wäre »der Academie rühmlich« und »der studierenden Jugend sehr zuträglich, ... wenn ein jeder Professor angehalten würde, einen ordentlichen und kurtzen Plan seiner lectiones, die er lesen will, herauszugeben. Diese Arbeit braucht desto weniger Mühe, weil doch ein jeder den Abriß dessen, was er vortragen will, im Kopffe haben muß und dieselbe nur einmahl darff verrichtet werden«[112]. Oder: Die Professoren der Philosophie sollen bei ihrer Profession bleiben und nicht in die Oberen Fakultäten (also die Theologische oder Juristische) versetzt werden; »dagegen aber muß man sorgen, damit die Philosophie (sowohl ratione honoris als emolumentorum) denen Oberen Fakultäten gleich kommen und die Päbstliche reliquie von dem Unterscheid der Facultäten völlig abgeschaffet werde«[113].

Vor allem mit diesem letzten Vorschlag berührte Mosheim die Interessen seiner eigenen, der Theologischen Fakultät. Für diese hat er eine in 5 Kapiteln und 138 Einzelbestimmungen fertig ausgearbeitete, umfangreiche Satzung vorgelegt[114], die allerdings, wie ich leider gegenüber der gesamten Literatur zur Göttinger Universitätsgeschichte bemerken muß, nicht zur Grundlage der endgültigen Statuten gemacht wurde, sondern gänzlich in der Versenkung verschwand[115]. Dennoch lohnt sich die Lek-

---

109 Kurze Anweisung (wie Anm. 21) S. 78f.; vgl. auch Peters (wie Anm. 26) S. 107.
110 Das Gutachten ist, soweit ich sehe, ungedruckt und nicht zu verwechseln mit demjenigen zugunsten der »Adjunktenakademie«, oben Anm. 104. Es findet sich in der Staats- und Univ.bibl. Göttingen, Cod.hist.litt. 83, Bl. 929–983.
111 Ebd. Bl. 942f. Der Punkt ist in § 38 des General-Statuts der Universität jedenfalls teilweise aufgenommen: Ebel (wie Anm. 1) S. 58f.
112 Cod.hist.litt. 83, Bl. 966f.
113 Ebd. Bl. 946.
114 Über diese Vorlage vgl. die Briefe vom 25. 1., 7. 2., 13. 2. und 15. 5. 1735, bei Rößler (wie Anm. 1) S. 186; 189; 191; 206f.
115 M.s Text (Rößler S. 270–297) und die endgültigen Statuten (Ebel [wie Anm. 1] S. 84–

türe – es handelt sich um ein charakteristisches Dokument des eigentümlichen theologischen Standpunkts Mosheims zwischen Pietismus und Aufklärung. Nur auf einige Punkte kann ich in diesem Zusammenhang hinweisen. In einer im Rahmen solcher Texte[116] ungewohnt geistlichen Diktion und Argumentation ist das Ganze gehalten. Wie ein Cantus firmus zieht sich die Ermahnung zur brüderlichen Einigkeit hindurch, die die Professoren untereinander, aber auch »mit der übrigen Evangelischen Kirche« halten sollen[117], »damit nicht nur die Studiosi Theologiae an ihrem Beyspiel lernen mögen, wie sie sich dereinst in ihrem Leben und Wandel zu verhalten haben, sondern auch die übrigen Glieder der Academie (Universität) auf sie als Fürbilder sehen können«[118]. »Alle Professores Theologiae haben sich als Väter anzusehen, welche die dem Dienste Gottes gewidmete Jugend weise und rechtschaffen erziehen und ... an ihnen bey aller Gelegenheit väterliche Treue, Sanfftmuth, Mitleiden, Freundlichkeit und Leutseligkeit erweisen« sollen[119]. Die Theologie besteht »nicht im bloßen Wißen und disputieren, sondern am meisten in einem lebendigen Glauben und einer thätigen Gottseligkeit«. Dem soll der Unterricht entsprechen[120], dem dient aber auch die Bestimmung, daß jeder Professor »alle 14 Tage des Morgens von 9 biß 10 eine Predigt in der Academischen Kirche ... halten (soll), damit die Studiosi sowohl Muster haben mögen, wornach sie sich zu halten, als auch zu einem gottseligen Wandel erwecket werden mögen«[121].

Eine Bestimmung von Mosheims Statutenentwurf hat eine gewisse Berühmtheit erlangt – Punkt 27 des I. Kapitels, wo der Fakultät jegliche Zensur über die Meinungen oder Schriften der übrigen Universitätsangehörigen untersagt wurde. »Wer sich dieses unterstehet, soll willkührlicher Straffe unterworffen und als ein Friedens-Stöhrer betrachtet werden«[122]. Man hat diesem Satz geradezu »weltgeschichtliche Bedeutung« zugeschrieben[123] – ein großes Wort, das indessen auch durch unsere Feststel-

---

111) haben so gut wie nichts miteinander zu tun; die letzteren sind ein Werk von Heumann, Oporinus und Kruse; vgl. Cod.hist.litt. 83, Bl. 1332 (5. 12. 1735).
116 Zum Vergleich s. etwa die Breithauptschen Statuten der Theologischen Fakultät von Halle, bei W. SCHRADER: Geschichte der Friedrichs-Universität zu Halle 2, 1894, S. 398–408. Dagegen erscheint die Ähnlichkeit des M.schen Statutenentwurfs zu A. H. Franckes seit 1712 oft aufgelegter Idea Studiosi Theologiae auffallend. Zum ganzen der oben Anm. 22 zitierte Aufsatz von Mau.
117 Rößler (wie Anm. 1) S. 279.
118 Ebd. S. 279.
119 Ebd. S. 292.
120 Ebd. S. 282.
121 Ebd. S. 290.
122 Ebd. S. 275.
123 v. Selle (wie Anm. 1) S. 41.

lung, daß der Entwurf in dieser Form gar nicht in Kraft getreten ist[124], nicht ganz entkräftet wird. Immerhin entsprach ihm nämlich die Bestimmung des allgemeinen Universitäts-Privilegs, es solle jeder Göttinger Professor »zu ewigen Zeiten vollkommene unbeschränckte Freyheit, Befugniß und Recht haben, öffentlich und besonders zu lehren«[125]. Eine Ordnung, die seit Bestehen der Universitäten gegolten und die soeben noch, in der jungen Universität Halle, zu den schwersten Konflikten geführt hatte, fiel in Göttingen dahin, der Vorrang, die Kontrollfunktion der Theologie. Ich denke allerdings, es verdient hervorgehoben zu werden, daß dieser Verzicht der Theologie hier nicht abgerungen, sondern daß er von ihr selbst angeboten wurde[126].

Trotz aller Bemühung, Fleiß und Kosten ist »die Hoffnung, die theologische Fakultät in Aufnahme und Flor zu bringen, bishero verfehlt« – dieses Eingeständnis des Göttinger Kuratoriums von 1740[127] bezeichnet ein schwerwiegendes Dilemma, vor dem die Gründer der Universität standen, seitdem Mosheim nicht hatte gewonnen werden können. Ihr zweifellos aufrichtiger Wunsch, das Gewicht der Theologischen Fakultät demjenigen der Juristischen nicht unterzuordnen[128], war durch die Umstände vereitelt worden[129].

So läßt sich leicht verstehen, daß das Ministerium in Hannover, als sich im Jahre 1747 die Möglichkeit abzeichnete, Mosheim doch noch zu

---

124 S. o. Anm. 115. Der Punkt fehlt in den endgültigen Statuten.
125 Ebel (wie Anm. 1) S. 29. Zur Bedeutung dieses Satzes vgl. Hammerstein, Universitätsgründungen (wie Anm. 1) S. 296.
126 Vgl. dazu W. SPARN: Vernünftiges Christentum. Über die geschichtliche Aufgabe der theologischen Aufklärung im 18. Jh. in Deutschland. In: Vierhaus, Wissenschaften (wie Anm. 47) S. 18–57, vor allem 57. – In dem vom 5. 12. 1735 datierten Gutachten Heumanns findet sich noch eine Bestimmung über die Zensur der Theologen: Cod. hist.litt. 83, Bl. 1335 f.
127 Zit. bei Meyer (wie Anm. 1) S. 16.
128 Vgl. hierzu oben Anm. 95. Auch Krumwiede (wie Anm. 42) S. 192, hebt diesen Sachverhalt mit Recht hervor.
129 »Deutschland ist so fruchtbar an Gottesgelehrten als Frankreich an Weinstöcken reich ist. Und jetzt, da nur ein Mann, nicht eben der größte, sondern nur ein mittelmäßiger Held, soll gefunden werden, der an dieser Akademie wo nicht arbeitet, doch nur Ordnung hält, ist alles verschlossen;« Haupturschache sei: »Es soll weder ein Pietist noch gar zu orthodox seyn, und wo sind die Herren von dieser Art?«: An Gottsched, 27. 4. 1735, Danzel (wie Anm. 40) S. 178. – Festzuhalten ist, daß es sich bei dem neben M. in der ersten Phase der Universitätsgründung am lebhaftesten umworbenen Gießener Theologen Johann Jacob Rambach (vgl. Anm. 87) um einen eindeutigen, wenn auch wissenschaftlich hochangesehenen Pietisten handelte; über ihn zuletzt R. MACK: Die Obrigkeit und der Pietismus in der Landgrafschaft Hessen-Darmstadt (1675–1750). Jb. d. hess. kirchengesch. Vereinigg. 34, 1983, S. 29–52 (47). Vgl. auch C. BIZER, in diesem Band S. 111 ff.

berufen, rasch und in der großzügigsten Weise zugriff[130]. Irgendeine uns nicht mehr genauer erkennbare Kränkung des Professors durch den seit einiger Zeit in einen »kleinstaatlichen Absolutismus«[131] verfallenen Wolfenbüttler Hof, eine heftige Verstimmung aufseiten des empfindlichen Helmstedter Professors waren die Ursachen dafür, daß dieser seine frühere Loyalitätspflicht für erledigt hielt. Die letzten Entscheidungen fielen rasch. Noch am 28. August schrieb Mosheim aus Helmstedt, die Lage sei keineswegs geklärt[132], bereits am 12. Oktober meldete er aus Göttingen, er sei »gestern Abend allhie wohl und gesund angelanget«[133].

Daß Münchhausen ihm an der Universität eine ganz extraordinaire Stellung zugewiesen hatte, war sicherlich ein Grund für Mosheims Entschluß gewesen. Ihm war, wie schon erwähnt, das Amt des Kanzlers übertragen und eine Position ohne Fakultätsbindung eingeräumt worden. Bisher hatte es das Kanzleramt in Göttingen nicht gegeben[134], doch war dessen hoher Rang anderswo, zum Beispiel durch Veit Ludwig von Seckendorff in Halle, erwiesen[135]. Die Universität beständig und in ihrer Gesamtheit zu vertreten, war seit jeher die Aufgabe eines Kanzlers gewesen, die Mitwirkung an den Promotionen dessen wichtigste Befugnis.

Allerdings hat Mosheim dem Amt in Göttingen nicht viel Glanz zu geben vermocht[136]. Es gab sogleich Widerstände, die zwar vielleicht nicht direkt ihm, der sich der Universität mit der Antrittsrede De odio Theologico vorteilhaft vorstellte, galten[137], wohl aber die inzwischen erlangte Autonomie der neuen Gründung demonstrierten. Nicht bloß wünschten die Fakultäten, in ihrem Promotionsrecht ungeschmälert zu bleiben, sondern auch die die Universität schmückenden, studierenden Grafen drohten mit Abreise, falls ihnen »in öffentlichen processionibus et programmatibus« der Kanzler sollte vorangehen dürfen[138]. Mosheim kämpf-

---

130 Zum folgenden Heussi (wie Anm. 7) S. 193 ff. – Die erste Verhandlung fand im April 1747 statt; ein bei dieser Gelegenheit angefertigtes Gutachten der Regierung notiert: »Der allein wird mehr nützen als viele andere, daher ihm allenfalls zweyer Salarium zu geben seien« (20. 4. 1747; in der Personalakte [wie Anm. 78]).
131 Vierhaus, Staaten u. Stände (wie Anm. 12) S. 317.
132 An Heumann, bei Bodemann (wie Anm. 1) S. 264 f. Vom selben Tag datiert jedoch M.s Zusage in der Personalakte: »Ich selbst stehe reisefertig und werde mich dahin verfügen, wohin die göttliche Vorsehung mich rufet.«
133 An Münchhausen, Cod. Philos. 132 (wie Anm. 89) Bl. 52.
134 Es war M. aber bereits 1734 angeboten worden. Heussi (wie Anm. 7) S. 164.
135 L. BOEHM: Cancellarius Universitatis. Chronik der Ludwig-Maximilians-Universität München 1964/65, S. 186–204.
136 Gundelach (wie Anm. 1) S. 51 ff.; Boehm (wie Anm. 135) S. 201 f.
137 S. o. S. 17. Am 19. 10. 1747 argumentierte die Medizinische Fakultät: ». . . daß, weilen dem Hr. Canzler die Medica so genau nicht bekandt, Sie von denen profectibus Candidatorum zu urtheilen nicht allerdings im Stande seyn würden« (Personalakte, wie Anm. 78).
138 Heussi (wie Anm. 7) S. 199 ff.

te nicht um die Stellung, er räumte sie. Am Ende konnte er nur erklären, »er habe zwar als Kanzler einen guten Gehalt und auch ansehnlichen Rang, aber nichts Rechtes zu thun, sondern sei nur eine Ehrenperson«[139]. Nach Mosheims Tod hat Münchhausen das Amt neben anderen noch einmal mehreren Theologen (Baumgarten in Halle, Jerusalem in Braunschweig, Pfaff in Tübingen) angeboten; als sie alle jedoch absagten, wurde es eingestellt[140].

Mosheim war, als er nach Göttingen kam, nach seiner eigenen Einschätzung bereits ein alter Mann. Dennoch hat er hier wissenschaftlich noch einmal Wesentliches geleistet. Nicht nur konnte er sein Hauptwerk, die Institutiones historiae ecclesiasticae, in der Ausgabe, die dann durch die Welt gehen sollte, vollenden[141], sondern er las sogar noch ein neues Fach, das Kirchenrecht[142]. Ja, hier kam er als Vertreter der sogenannten Kollegialtheorie[143], wie es scheint, noch einmal zu vertieften theologischen Einsichten, indem er, dem Hofleben nunmehr fernergerückt, den jener Theorie einwohnenden antiabsolutistischen Zug[144] besonders deutlich herausstellte: Es ist den Fürsten, so liest man da, verwehrt, die Kirche, die eine besondere Gesellschaft ist, »schlechterdings nach ihrem Sinne und Gutdünken« zu regieren[145].

---

139 Zit. ebd. S. 205.
140 v. Selle (wie Anm. 1) S. 353.
141 S. o. Anm. 51.
142 Nach Ausweis der Vorlesungsverzeichnisse zweimal, im Sommer 1748 und im Winter 1753/54; allerdings habe ich nicht sämtliche Vorles.-Verz. der Helmstedter Periode M.s überprüfen können, da die Reihen sowohl der Landesbibl. Hannover (C 4556:1) als auch der Hz.-August-Bibl. Wolfenbüttel (Yq 2 Helmst. 4°) lückenhaft sind. – Von der ersten der Göttinger Kirchenrechtsvorlesungen M.s ist eine Nachschrift des bekannten schweizerischen Aufklärungspolitikers und -historikers Isaac Iselin erhalten: U. IM HOF: Isaac Iselin, 1947, S. 67; 424 f.; 586. Vgl. auch Schwarz (wie Anm. 83) S. 154 f.
143 K. SCHLAICH: Kollegialtheorie. Kirche, Recht und Staat in der Aufklärung, 1969. – Über M.s Kirchenrechtslehre: J. STROUP: The Struggle for Identity in the Clerical Estate. Northwest German Protestant Opposition to Absolutist Policy in the Eighteenth Century, 1984, S. 50 ff. 64 ff.
144 Schlaich (wie Anm. 143) S. 133: »Kollegialismus meint Antiabsolutismus!« Anders K. BARTH: Die protestantische Theologie im 19. Jh., 1952, S. 66.
145 Allg. Kirchenrecht (wie Anm. 56) S. 15 f. Nähere Ausführungen dazu ebd. S. 426 ff.; 502 ff. – Stroup (wie Anm. 143) führt eine ganze Tradition der theologischen Aufklärung in den welfischen Territorien, die für die eigenständige Stellung der Kirche innerhalb von Staat und Gesellschaft eintrat, auf Einflüsse zumal von M.s Kirchenrecht zurück. – Vgl. auch DENS.: Protestant Churchmen in the German Enlightenment. Lessing Yearbook 10, 1978, S. 149–180. – Noch im Jahr 1800 erschien eine Neuausgabe von M.s Kirchenrecht, veranstaltet von dem Helmstedter Juraprofessor C. A. Günther: Stroup (wie Anm. 143) S. 184 ff.

An Hörern fehlte es Mosheim in Göttingen nicht[146], und er bediente sie souverän: »In seinen übrigen Lehrveranstaltungen wird er sich den Bedürfnissen und Bequemlichkeiten der studentischen Jugend anpassen« – so oder ähnlich ließ er jeweils ins Vorlesungsverzeichnis setzen[147]. Schwer machte er es ihnen nun allerdings auch – man konnte klagen, »daß er ganz terrible schreyt, und kommt dieses sein grausames Schreyen daher, weil er sehr harthörig ist, welches ewig schade«[148].

Knapp acht Jahre waren Mosheim in Göttingen noch vergönnt. Er starb nach längerem und qualvollem Leiden 61-jährig am 9. September 1755. Es wird berichtet, am Ende habe er keine Bücher mehr gelesen, nur noch die Heilige Schrift[149]. Sein Epitaph findet sich noch heute in der Nikolaikirche, unserer Universitätskirche, an hervorgehobener Stelle[150].

V.

Ich komme zum Schluß und möchte, was ich Ihnen geschildert habe, in fünf Punkten zusammenfassen und ein wenig ins Allgemeine erheben.

1. In der gegenwärtigen Geschichtsforschung ist die Meinung verbreitet, in der Mitte des 18. Jahrhunderts oder kurz danach habe sich in der europäischen Geschichte ein tiefgreifender Wandel der Mentalitäten, ein »Modernisierungsschub« ereignet, der Europa in der Folge aus dem Ancien Régime herausgeführt und die moderne Zeit eröffnet habe. Stellt man sich die Frage, an welche Stelle bei einer solchen Sicht der Dinge Mosheim zu stehen kommt, so dürfte deutlich sein, daß er im Wesentlichen noch vor diesen Umbruch, noch vor die »Sattelzeit« (Koselleck), gehört. Er war gesellschaftlich vorwiegend ein Mann des Ancien Régime und hielt auch wissenschaftlich bestimmte, wichtige Grenzen ein. Das Neuheitspathos und den spezifischen »Patriotismus«[151] der Aufklärung

---

146 Vgl. Heussi (wie Anm. 7) S. 208. In der Personalakte heißt es unter dem 28. 5. 1748, des Herrn Kanzlers »Leese-Stunden« seien »so besetzt. . , daß die auditores in ihrem privat-auditorio keinen Platz haben und dahero dieselbe auf ein auditorium publicum reflectieren.«
147 Wintersemester 1748: His ea addet, quae desideriis et commodis studiosae iuventutis congruere aut ipse sentiet, aut ex aliis intelliget. Ähnliche Formeln bereits in den Helmstedter Vorlesungsverzeichnissen; sie waren auch sonst nicht ganz ungebräuchlich.
148 Zit. bei Heussi (wie Anm. 7) S. 209 Anm. 2.
149 Ebd. S. 228.
150 J. Döring: Grabmäler des 18. Jh. in Göttingen. Göttinger Jb. 32, 1984, S. 99–206 (174).
151 Im Sinne von R. Vierhaus: »Patriotismus« – Begriff und Realität einer moralisch-politischen Haltung. In: R. Vierhaus, Hg.: Deutsche patriotische und gemeinnützige Gesellschaften, 1980, S. 9–29.

findet man bei ihm noch nicht, und theologisch machte er an entscheidender Stelle, vor der Einbeziehung von Bibel und Dogma in die allgemeine Historisierung von Mensch und Welt, noch halt[152].

2. Freilich bahnte Mosheim mit seiner »pragmatischen« Auffassung und Darstellung der Kirchengeschichte wichtige Wege zu jenem Umbruch hin. Die totale Historisierung der Kirchengeschichte kündigte sich zumindest an, und er trieb sie nicht nur wissenschaftlich voran, sondern auch in ihrer literarischen und damit gesellschaftlichen Vermittlung: »Die Geschichte ist eine Schule aller Menschen, die nicht unvernünftig sind. Und man thut übel, wenn man dieselbe nur den Gelehrten öfnet«, so heißt es in der Vorrede zur ersten Ketzergeschichte[153]. Wenn bemerkt worden ist, das Zeitalter habe den Schritt »vom gelehrten zum gebildeten Interesse an der Geschichte« getan[154], und der Aufschwung der Geschichtsschreibung gehe in Deutschland mit demjenigen der schönen Literatur zeitlich, ideell und sprachlich zusammen[155], dann bietet für beides das Werk Mosheims eindrucksvolles Anschauungsmaterial.

3. Mit alledem nun paßte Mosheim in die Anfänge der Universität Göttingen aufs genaueste hinein. Auch deren Gründung gehört, so möchte ich urteilen, aufs ganze gesehen noch vor jenen Umbruch, wofür sich manches Argument anführen ließe, vielleicht auch dies, daß bei ihr einem Theologen ein so weitgehender Einfluß, geradezu die Stellung einer Hauptperson eingeräumt wurde, was eine Generation später wohl kaum möglich gewesen wäre. (Ich bemerke in Parenthese, daß die Dinge sich allerdings im weiteren so fügten, daß zwei Generationen später, bei der nächsten spektakulären Universitätsgründung in Deutschland, erneut ein Theologe maßgeblich beteiligt war, Schleiermacher in Berlin im Jahr 1810[156]. Aber da war bereits wieder eine neue Zeit angebrochen.) Mosheim, der aristokratische Professor, war auch gesellschaftlich, trotz seines Konflikts mit den Grafen, in der »kavaliersmäßigen Hochschule«[157], die in Göttingen gegründet worden war, kein Fremder, und erst recht nicht in seinen wissenschaftlichen Anschauungen. Denn Göttingen war von Anfang an auf das moderne, das »historische« Verständnis der Wissenschaf-

---

152 Hirsch (wie Anm. 24) S. 361f.
153 Versuch (wie Anm. 49) S. 38f.
154 R. VIERHAUS: Geschichtsschreibung und Literatur im 18. Jh. In: K. Hammer-J. Voss, Hg.: Historische Forschung im 18. Jh., 1976, S. 416–431 (420).
155 Ebd. S. 422.
156 U. MUHLACK: Die Universitäten im Zeichen von Neuhumanismus und Idealismus: Berlin. In: Baumgart-Hammerstein, Beiträge (wie Anm. 1) S. 299–340. – E. MÜHLENBERG: Der Universitätslehrer. In: D. Lange, Hg.: Friedrich Schleiermacher 1768–1834, 1985, S. 24–46.
157 Hammerstein, Universitätsgründungen (wie Anm. 1) S. 279.

ten hin angelegt[158] – »diese Universität hält es sich vor eine Ehre, daß sie von einigen die Historische genennet worden«, schrieb Gesner[159]. Vor allem in der Juristischen Fakultät, in den Staatswissenschaften breitete sich diese Auffassung unaufhaltsam aus – bald sollte die Gruppe der Göttinger Staatshistoriker, der Pütter, Gatterer, Schlözer, wie eine Phalanx in der wissenschaftlichen Welt in Erscheinung treten[160]. Mosheim aber, der große Mann der ersten Göttinger Generation, sorgte durch seine Mitwirkung an der Organisation der Universität dafür, daß diese Entwicklung von der Theologie her nicht gestört wurde, ja er sorgte mit seinen eigenen wissenschaftlichen Arbeiten dafür, daß auch die Theologie oder wenigstens die Kirchenhistorie sie zu ihrer eigenen Sache machte.

4. Jedoch brachte Mosheim die Theologie mit nach Göttingen. Ein etwas kryptischer Satz, den ich zu entfalten versuchen muß. Seit ihren ersten Anfängen um 1200 gehörte zur Universität maßgeblich die Theologie. Diesen Zusammenhang hatte die Reformation noch gesteigert. Man könnte das reformatorische Werk Luthers in dem Satz zusammenfassen, dieser habe die Kirche auf die Theologie hin umgebaut, indem er gewissermaßen jedem Christen zumutete, ein kleiner Theologe zu werden. Das hatte zur Folge, daß im Protestantismus, im wesentlichen Unterschied zur Kirche des Mittelalters, alle Pfarrer Theologie studieren mußten, und zwar an der Universität. Damit behielten und erhielten die Universitäten einen festen Platz innerhalb der protestantischen Gesellschaft, und in ihnen die Theologische Fakultät. Die Besonderheit und Bedeutung dieser Entwicklung wird erkennbar, wenn man ihr diejenige im nachtridentinischen Katholizismus gegenüberstellt. Dort wurde zwar im Trienter Konzil gleichfalls das Theologiestudium für jeden Pfarrer obligatorisch, aber dabei war nicht an die Universität, sondern an das vom Bischof kontrollierte Priesterseminar gedacht[161]. So wanderte in den katholischen Ländern Europas die Theologie vielfach aus den Universitäten aus, und diese verloren nicht zuletzt hierdurch an Bedeutung und Stabilität in der Gesellschaft. Im 18. Jahrhundert war die Entwicklung so weit fortgeschritten, daß die Universitäten in Süd- und Westeuropa in eine tiefe Krise geraten waren – in Frankreich sollten sie in der Revolution sogar aufhören zu bestehen –, während sie sich in Deutschland mächtig regenerierten, wofür Göttingen das Musterbeispiel ist. Sie wurden in Deutsch-

---

158 N. HAMMERSTEIN: Der Anteil des 18. Jh. an der Ausbildung der historischen Schulen des 19. Jh. In: Hammer-Voss, Hist. Forschung (wie Anm. 154) S. 432–450.
159 Zit. nach Hammerstein, Jus (wie Anm. 1) S. 316.
160 Das hat Hammerstein in dem Anm. 1 genannten Buch lehrreich dargestellt. Zu Göttingen ebd. S. 309ff.
161 H. TÜCHLE: Das Seminardekret des Trienter Konzils und Formen seiner geschichtlichen Verwirklichung. Theol. Quartalschr. 144, 1964, S. 12–30 = R. Bäumer, Hg.: Concilium Tridentinum, 1979, S. 522–539.

land reformiert oder neugegründet, nicht dagegen ausgetrocknet und ersetzt – sie bildeten das intellektuelle Zentrum des Aufklärungszeitalters, wie in den katholischen Ländern die Akademien oder die Salons. Nach Lage der Dinge mußte es unter diesen Umständen zu einer Schlüsselfrage werden, welche Stellung die Theologie an den erneuerten Universitäten einnahm und erhielt, und diese Frage mußte sich in Göttingen besonders zuspitzen, und damit an der Person Mosheims. Indem er für die Integration der Theologie in diese Universität plädierte, sorgte und einstand, wirkte er maßgeblich daran mit, daß auch in der weiteren Zukunft in Deutschland Universität und Theologie beieinanderblieben und sich jener Unterschied zwischen Deutschland und Westeuropa ausprägte, den Mme. de Staël fünfzig Jahre nach Mosheim folgendermaßen beschrieb: »Während in Frankreich der philosophische Geist über das Christentum spottete, machte man in Deutschland einen Gegenstand der Gelehrsamkeit daraus«[162]. Bis heute gehört in Deutschland die Theologie normalerweise an die Universität, und zur Universität gehört normalerweise die Theologie. Wir alle finden uns in diesem System vor – mit allen Vorzügen und Problemen, die es hat[163].

5. Ein abschließendes Wort zu Mosheim als Kirchenhistoriker. Mit der großen Entscheidung, die ich eben skizziert habe, war die kleinere verbunden, daß die Kirchenhistorie in Deutschland und im Protestantismus bei der Theologie blieb. Auch das war keineswegs selbstverständlich, ebenso wenig wie der Zusammenhalt von Theologie und Universität – in Frankreich und Italien gibt es Kirchenhistorie in unserem Sinne nicht; vielmehr wird das Fach dort auseinandergerissen zwischen den Universitäten, wo die theologisch ausgebildeten Historiker, und den kirchlichen Lehranstalten, wo die historisch ausgebildeten Theologen fehlen[164]. Bei uns gehören Kirchenhistorie und Theologie zusammen, und zwar – trotz aller Lasten und Spannungen, die ich nicht bestreite – doch wohl letzten Endes zum Nutzen der gemeinsamen Sache. Auch hierfür hat Mosheim Entscheidendes geleistet – wir räumen ihm das letzte Wort ein: »Die Kirchengeschichte ist eine nützliche, aber zugleich sehr weitläufige, mühsame und kostbare Wissenschaft«[165].

---

162 Tandis qu'en France l'esprit philosophique plaisantoit sur le christianisme, on en faisoit en Allemagne un objet d'érudition: Germ. de STAËL: De l'Allemagne, hg. von Comtesse J. de Pange 5, 1960, S. 40, 4–6.
163 Vgl. hierzu etwa: G. EBELING: Zur Existenz theologischer Fakultäten an staatlichen Universitäten. In: G. Ebeling: Wort und Glaube 3, 1975, S. 164–169. – DERS.: Theologie in den Gegensätzen des Lebens. In: J. B. Bauer, Hg.: Entwürfe der Theologie, 1985, S. 71–93 (74).
164 Vgl. dazu die temperamentvolle, brillante Studie von E. COCHRANE: New Light on Post-Tridentine Italy. Cath.Hist.Rev. 56, 1970, S. 291–319.
165 Kurze Anweisung (wie Anm. 21) S. 152.

INGE MAGER

Die theologische Lehrfreiheit in Göttingen und ihre Grenzen: Der Abendmahlskonflikt um Christoph August Heumann

Auf dem 1747 vor dem Weender Tor – dem heutigen Theologicum gegenüber – neu angelegten Bartholomäusfriedhof[1] befindet sich zwischen zwei auffälligen Grabkapellen eine schlichte Sandsteinplatte mit den noch lesbaren Personalien der Eheleute Maria Catharina Winicker und Christoph August Heumann[2]. Dieser – letzter Rektor des hiesigen Pädagogiums, das gerade jetzt sein 400jähriges Bestehen feiert, und erster theologischer Extraordinarius an der 1734 ins akademische Leben getrennten Georgia-Augusta in Göttingen[3] – starb 83-jährig im Frühjahr 1764, nachdem ihm seine ein halbes Leben lang gelähmte Gattin schon 1750 vorausgegangen war. Daß Stein und Aufschrift noch nach mehr als 200 Jahren so gut erhalten sind, ist allerdings entgegen bisherigen Vermutungen weniger den 100 Talern zu verdanken, die der kinderlose Gelehrte der Universitätskirchendeputation[4] zur Grabpflege vermachte[5], als vielmehr dem Umstand, daß die ursprünglich an der Stelle errichtete Gruft 1898 wegen Baufälligkeit abgerissen und durch die genannte Steinplatte unter Berücksichtigung des Epitaphientextes ersetzt wurde[6]. Immerhin dokumentiert das – freilich zunächst nicht angenommene – Geld den

---

1 Vgl. J. DÖRING: Geschichte der Göttinger Friedhöfe, Göttinger Jb. 31, 1983, S. 103–106.
2 Abgedruckt bei J. DÖRING: Grabmäler des 18. Jahrhunderts in Göttingen, Göttinger Jb. 32, 1984, S. 169.
3 Über sein Leben vgl. die aus autobiographischen Niederschriften zusammengestellte »Ausführliche Lebensbeschreibung des um die gelehrte Welt Hochverdienten D. Christoph August Heumanns«, hg. v. G. A. Cassius, Kassel 1768; ADB 12, S. 327–330; RGG³ 3, Sp. 306f.; NDB 9, Sp. 42f.
4 Vgl. E. GUNDELACH: Die Verfassung der Göttinger Universität in drei Jahrhunderten, 1955, S. 48 u.ö.
5 Lebensbeschreibung (wie Anm. 3), S. 237. Vgl. auch die Akten im Universitätsarchiv: Kirchendeputation K 42 u. im Stadtarchiv Gött.: AA Begräbnis- u. Friedhofssachen Nr. 5.
6 Döring, Grabmäler (wie Anm. 2) S. 170. Vgl. auch schon W. GRESKY: Göttinger Jb. 15, 1967, S. 93.

Wunsch des Verstorbenen nach angemessener Gedächtniswahrung. Da er keine Nachkommen hinterließ und die Verwandtschaft in der thüringischen Heimat lebte, mußte er zu finanziellen Mitteln greifen.

Geld spielte überhaupt mehrfach in seinem Leben eine entscheidende Rolle. Da er ursprünglich »keine Lust« hatte, von Eisenach nach Göttingen zu kommen, hoffte er, die Berufung zum Inspektor des Gymnasiums durch die überhöhte Gehaltsforderung von jährlich 250 Talern verhindern zu können – wurde dann aber doch genommen[7]. Und als der bekannte Polyhistor mit 77 Jahren in den Ruhestand treten mußte – normalerweise blieben Professoren bis zum Tode im Amt –, drang er auf die Fortzahlung seiner bisherigen Bezüge, ja er weigerte sich schließlich sogar, versehentliche Überzahlungen zurückzuerstatten[8]. Heumann war ein ungemein fleißiger Arbeiter mit dem nicht zufälligen Wahlspruch 1.Kor 15,10[9] und wußte um den Zusammenhang von Leistung und Lohn. So sammelte er ein ansehnliches Vermögen, wovon seine testamentarischen Verfügungen, ein nach seinem Tode hergestelltes 17-seitiges »Inventarium«[10] des Nachlasses und vor allem seine 3000-bändige Bibliothek zeugen[11].

Der 1681 in Allstedt geborene Sohn eines Diakons Christoph August Heumann, der sich als Neuorganisator und origineller Lehrer des Göttinger Gymnasiums von 1717–34 große Verdienste erwarb und nach der Ernennung zum Universitätsprofessor als Philosoph, Philologe, Historiker und Theologe zu einem der beliebtesten Lehrer der Göttinger Anfangszeit wurde, mußte sich 1758 vorzeitig pensionieren lassen, weil er öffentlich die reformierte Abendmahlslehre vertrat und deshalb auf einer lutherischen Universität nicht mehr tragbar war. Früher und anderswo hätten ihm Entlassung und Ausweisung gedroht. In Göttingen begnügte man sich mit der weniger Aufsehen erregenden, dem hohen Alter zugeschrieben Emeritierung und ließ sich von dem Abweichler lediglich ein mündliches Schweigeversprechen geben[12].

Göttingen war die erste deutsche Universität, auf welcher die Professo-

---

7 Lebensbeschreibung (wie Anm. 3), S. 147; Zeit- und Geschicht-Beschreibung der Stadt Göttingen, Buch IV, 1738, S. 127.
8 Universitätsarchiv: Ag XLV, 31.
9 Lebensbeschreibung (wie Anm. 3), S. 225. Vgl. auch die Bemerkung in einem Brief an Joh. Christoph Harenberg v. 15. 2. 1751 (Universitätsbibliothek Gött.: 2⁰Philos. 143, Bl. 264v): Exspecto igitur vocationem patris coelestis vel in coelum vel ad longiorem huius vitae laborem. Si enim hanc vitam diutius me vivere iusserit, hoc ipso me iubebit in hac vinea laborare diutius.
10 Universitätsarchiv: D LXIII, 4.
11 Vgl. Heumann an G. A. v. Münchhausen v. 31. Aug 1758 (Universitätsarchiv: Theol. Fak. Nr. 5: Acta betreffend Heumanns »Irrglauben de sacra coena« 1758; unpag.).
12 Lebensbeschreibung (wie Anm. 3) S. 194.

Abb. 3. Christoph August Heumann, 1740

ren aller Fakultäten bloß auf »die Wahrheit der evangelischen Religion«[13] verpflichtet wurden und allein die Theologen geloben mußten, lediglich in den »Fundamentallehren . . . nicht von der Hl. Schrift, den drei ökumenischen Symbolen, der ungeänderten Augsburgischen Konfession und den übrigen in der ganzen lutherischen Kirche angenommenen symbolischen Schriften« zu weichen[14]. Auch die bis dahin übliche Vorrangstellung der theologischen Fakultät war gebrochen; sie besaß nur noch ein Zensurrecht über die theologischen Veröffentlichungen von Angehörigen anderer Fakultäten[15]. Für die Theologen selbst bestand zumindest auf dem Papier Lehr- und Schreibfreiheit[16]. Gerlach Adolf v. Münchhausen, der führende Kopf im Hannoverschen Geheimen Ratskollegium und erste Universitätskurator, hatte diese liberalen Prinzipien nach Helmstedter Vorbild bereits im Vorfeld der Gründung in die bei der Berufung von Theologen zu berücksichtigenden Kriterien einfließen lassen. Nach seiner Meinung sollten keine Atheisten, keine herrschsüchtigen Orthodoxen und keine Enthusiasten auf Göttinger Kathedern lehren, sondern solche, die »libertatem conscientiae samt der Tolerantz« achteten[17]. Die Ausblendung von Extremen, die Lockerung des Bekenntniszwanges und seine Beschränkung auf die Fundamentallehren verlangte indessen moderate, vermittelnde und um Ausgleich bemühte Professoren, was neben einigen bedauerlichen Absagen ein Grund für die trotz aller Fortschrittlichkeit konturenlose Blässe und »Greisenhaftigkeit« der Göttinger theologischen Anfänge war[18]. So fiel es bis zum Eintreffen des berühmten Helmstedter Kirchenhistorikers Lorenz von Mosheim (1747) dem hausberufenen Heuman neben den einflußloseren Kollegen Feuerlein, Cruse, Oporin und Cotta zu, der theologischen Fakultät wenigstens etwas Anziehungskraft zu verleihen[19]. Er tat es als fächerübergreifender, seine »drei summa bona« Theologie, Philosophie und Philologie[20] vertretender Forscher und Lehrer und entsprach damit voll Münchhausens Vorstellun-

---

13 Vgl. W. EBEL, Hg.: Die Privilegien u. ältesten Statuten der Georg-August-Universität zu Göttingen, 1961, S. 58f. (Generalstatuten, § 37). Vgl. hierzu und zum Folgenden auch den Beitrag von B. Moeller, in diesem Bande oben S. 9ff.
14 Ebd., S. 90f. (Statuten d. theol. Fak. I, § 15). Vgl. auch den theol. Doktoreid ebd., S. 106f.
15 Ebd., S. 94f. (Statuten d. theol. Fak. I, § 26).
16 Ebd., S. 96f. (Statuten d. theol. Fak. II, § 3f.).
17 Vgl. d. Gutachten Münchhausens v. 16. April 1733 für die Geheime Ratssitzung i. Hannover (abgedruckt bei E. F. RÖSSLER: Die Gründung der Universität Göttingen, 1855, Teil B, S. 33f.).
18 Vgl. J. MEYER: Geschichte der Göttinger theologischen Fakultät. Z.d.Ges.f.nds.KG 42, 1937, S. 13–17.
19 Vgl. E. HIRSCH: Geschichte der neuern evangelischen Theologie, Bd. 4, 1952, S. 90.
20 Vgl. Zeit- u. Geschicht-Beschreibung (wie Anm. 7) S. 127.

gen, der keine »theologi absque philosophia, linguis et aliis ornamentis« als Dozenten wünschte[21]. Trotzdem konnte der liberale Kurator ihn am Ende nicht halten.

Seine akademische Bildung hatte Heumann auf der Universität Jena erlangt, deren theologische Besetzung in dieser Zeit bis zur Berufung von Johann Franz Buddeus i.J. 1705 jedoch nur mittelmäßig war[22], so daß der begabte Studiosus sich eifrig als Autodidakt betätigte. Buddeus wurde für ihn nach seiner Rückkehr von einer halbjährigen Bildungsreise in die Niederlande durch seine zwischen Orthodoxie, Pietismus und Aufklärung vermittelnde Art bis in die Göttinger Lehrtätigkeit Vorbild und Orientierungshilfe. Sowohl auf dem Gymnasium als auf der Universität legte er seinen dogmatischen Lehrveranstaltungen neben dem Kompendium des Calixt-Schülers Johannes Heinichen wiederholt die Institutiones theologicae Dogmaticae des Buddeus von 1723 zugrunde. Da Heumann aber im Unterschied zu diesem wegen seiner gelegentlich scharfen Bibelkritik keine Aufstiegschancen in Jena hatte, ging er 1709 als Leiter des theologischen Seminars nach Eisenach und folgte dann im Reformationsjubiläumsjahr 1717 dem Ruf des Magistrats nach Göttingen, wo er sich als Lehrer, Organisator und Schriftsteller in zunehmendem Maße profilierte. Den Höhepunkt seiner voruniversitären Laufbahn stellte das Jahr 1728 dar, in welchem die von ihm konzipierte neue Schulordnung in Kraft trat[23] und er in Helmstedt mit einer Disputation über den Aberglauben des katholischen Reliquienkultes, der zu Unrecht aus dem Neuen Testament erhoben sei, zum Dr. der Theologie promoviert wurde[24]. Kurz darauf legte er in einer Schulsemesteranfangsrede ein weiteres Zeugnis seiner entschiedenen Lutheranhängerschaft ab, indem er die Zöglinge des ehemaligen Paulinerklosters als »rechte Pauliner« bezeichnete, weil sie – mehr als die mönchischen Ureinwohner – die von Luther wiederentdeckte Paulinische Lehre von der Glaubensgerechtigkeit verträten[25]. In Heumanns Pädagogiarchenzeit fielen übrigens auch seine Schule machenden Überlegungen zu pragmatischer Geschichtsbetrachtung[26].

In der Planungsphase der Universität stand der erfahrene Schulmann in engem Kontakt mit Münchhausen, dem er neben zahlreichen praktischen Ratschlägen insbesondere für alle künftigen Professoren eine nur durch das Wohl von Kirche und Staat begrenzte »liberalis libertas in

---

21 G. A. v. Münchhausen an G. Chr. Gebauer v. 12. Aug. 1734 (Rössler, Gründung [wie Anm. 17] Teil B, S. 96).
22 Vgl. K. Heussi: Geschichte der theol. Fakultät zu Jena, 1954, S. 145 ff.
23 Zeit- u. Geschicht-Beschreibung (wie Anm. 7) S. 128.
24 Dispvtatio Inavgvralis De Svperstitione verae fidei innocve admixta, Helmstedt 1728.
25 Programma De Secta Pavlinorvm, Göttingen 1728.
26 Prolegomena Historica, Göttingen 1723, in: Poecile to. III, lib. III, Halle 1730, S. 434 ff.

profitendo eo, quod verum esse« empfahl, weil nach seiner Meinung die Gängelung des Geistes der Tod der Wissenschaft sei[27]. Hatte er sich doch selbst in Jena vom Pfarrerberuf als Studienziel abgewandt, weil er nicht alles »simpliciter glauben und bona fide nachbeten« könne[28]. Gleichwohl zählte er in der Rückschau die Hinwendung zur Theologie – neben der richtigen Lebensgefährtin – zu den größten ihm von Gott erwiesenen Wohltaten[29].

Heumann selbst brauchte Denkspielraum und gemäß der Unterscheidung von fundamentalen und nicht fundamentalen Glaubenswahrheiten die Freiheit, in bezug auf die letzteren auch einmal in Widerspruch zur offiziellen Lehrmeinung zu geraten. Als Exeget, der nach dem mönchischen Prinzip »Ora et labora«[30] das ganze NT übersetzte[31] und anschließend in 13 Bänden kommentierte, war er davon überzeugt, die Augen für immer neue Einsichten und Zusammenhänge geöffnet zu bekommen, aber auch ständig der Gefahr des Irrtums ausgesetzt zu sein. Ihm war nichts mehr zuwider als unbelehrbarer »Pilatismus«, der über den Grundsatz: »Was ich geschrieben habe, das habe ich geschrieben« (Joh 19,22), nicht hinauskommt[32] und sich unkritisch nur einer Autorität verschreibt. War ihm Eklektizismus die angemessenste Haltung für einen Philosophen[33], so galt ihm der Paulinische Grundsatz: »prüfet aber alles, und das Gute behaltet« (1.Thess 5,21), in noch höherem Maße für den Theologen und Exegeten[34]. Und wie er die Bibelübersetzung zu den größten Leistungen des Reformators zählte[35], war ihm die Exegese der »rechte Schlüssel zu der ganzen Theologie«[36]. Dabei wandte er neben der

---

27 Heumann an Münchhausen v. 9. Apr. 1733 (abgedruckt bei E. BODEMANN: Zur Gründungsgeschichte der Universität Göttingen. Z.d.Hist. Vereins f. Nds. 1884, S. 211). Erwähnt sei aber auch die im Zusammenhang mit der Ausarbeitung der theologischen Statuten gemachte Bemerkung Heumanns in einem Gutachten v. 5. Dez. 1735 (Universitätsbibliothek Gött.: Cod. Ms. hist. lit. 83, Bl. 1335): »Die Professores Theol. sollen nicht nur befugt, sondern auch schuldig seyn, wenn einer derer Professorum irreligiosa Principia heget oder äußert oder ein ärgerliches Leben führet, denselben amice und modeste, zugleich auch privatissime ad meliora et docenda et facienda zu ermahnen.«
28 Lebensbeschreibung (wie Anm. 3) S. 26f.
29 Ebd., S. 217.
30 So in der Vorrede zu seiner Erklärung des Neuen Testamentes, Teil I, Hannover 1750.
31 Hannover 1748. ²1750.
32 Dispvtatio logica De Pilatismo literario, Göttingen 1730.
33 Einleitung zur Historica Philosophica (= Acta Philosophorum, St. 1, Halle 1715) S. 20: »daß keiner den Nahmen eines Philosphen verdiene, der nicht ein Eclecticus ist«.
34 Ebd., St. 4, S. 610.
35 Vgl. Untersuchung, welches unter denen guten Wercken des sel. Lvtheri das allerbeste gewesen sey, Göttingen 1717.
36 Nachricht von seinen Sommer-Lectionen dieses 1735. Jahres, S. 6.

grammatischen, rhetorischen und prophetischen mit Vorliebe die historische Methode an, indem er ein Bibelwort aus dem Kontext unter Zuhilfenahme von Parallelüberlieferungen zu deuten suchte[37]. Angesichts der »Prozeßhaftigkeit« des biblischen Verstehens war sich Heumann aber gleichwohl der damit verbundenen Gefahr des Propagierens neuer, möglicherweise von der gültigen Schulmeinung abweichender Sätze bewußt. Als gelehriger Schüler Melanchthons, dessen meisterhaft zwischen Milde und Wahrheit angelegte Confessio Augustana[38] er als ein Musterbeispiel von prudentia, der christlichen Grundtugend überhaupt, immer wieder pries[39], war er davon überzeugt, daß man nicht alles, was man für wahr hält, jederzeit öffentlich vertreten dürfe, weil es einfache Christen verunsichern, Unruhe in Kirche und Gesellschaft stiften, die eigenen weiteren Wirkungsmöglichkeiten beeinträchtigen und – das war für den scharfen Rechner wohl das Wichtigste –, ihm »die nöthigsten Lebensmittel nehmen« könne. Deshalb plädierte er bei abweichenden nichtfundamentalen Glaubenseinsichten für schweigende Zurückhaltung[40]. Hatte er doch schon in Jena seine Zweifel an der Erstarrung von Lots Frau zur Salzsäule[41] mit dem Abbruch seiner Universitätslaufbahn bezahlen müssen. Dadurch klug geworden, vertraute er in seinem späteren Leben nicht alles, was er dachte, der Feder an, sondern behielt manches – Johann Salomon Semlers Unterscheidung von privater und öffentlicher Religion vorwegnehmend –[42] still für sich oder erörterte es gesprächsweise und brieflich mit Vertrauten. Ihm deshalb »Mangel an Charakterfestigkeit und theologischer Lehrbestimmtheit«[43] vorzuwerfen, greift zu kurz und übersieht, daß eine solche Haltung von Münchhausen selbst empfohlen

---

37 Dissertatio De Exegesi Historica Scriptvrae Sacrae, Göttingen 1742.
38 Vgl. Dispvtatio Jvbilaea de Confessionis Avgvstanae lenitate, Göttingen 1717.
39 Der Politische Philosophus, Das ist Vernunfftmäßige Anweisung zur Klugheit im gemeinen Leben, Frankfurt² 1724.
40 Lebensbeschreibung (wie Anm. 3) S. 213 f. u. De Orebitarum pia erga Eliam beneficentia, in: Dissertationum Sylloge, to. I, pars IV, Göttingen 1750, § 8: Si videlicet inusitata tua interpretatio hoc affert damnum ecclesiae, vt, si eam proferas, exuaris facultate multas alias easque multo maioris momenti veritates tradendo et illustrando inseruiendi commodis ecclesiis, tum tuam sapientiam pectori inclusam retinere debes, duobusque e malis minus eligere. Si item maximo tibi damno futura est noua exegetica veritas et vel famem vel infamiam vel vtramque paritura etiam tunc concedo tacendum esse, nisi forte eius generis est veritas, quam etiam tanto cum periculo profiteri iusserit DEVS.
41 Dissertatio De Fato vxoris Loti, Jena 1706, in: Poecile to. II, lib. II, Halle 1726, S. 256–318.
42 Joh. Sal. Semler: Versuch einer freiern theologischen Lehrart, Halle 1777. Vgl. auch Hirsch, Geschichte (wie Anm. 19) S. 69 ff.
43 RE 8, S. 24.

worden war: »Denken mag jeder in Religionssachen . . ., wie er will, aber alle seine Gedanken darf er nicht öffentlich vortragen«[44].

Wie kam es nun im einzelnen zu Heumanns Konflikt zwischen Bekenntnisbindung und Lehrfreiheit?

Die realpräsentische Deutung der neutestamentlichen Einsetzungsworte scheint Heumann seit seiner Hollandreise 1705 zweifelhaft geworden zu sein. Insbesondere ging ihm die Mahnung des reformierten Mystikers Pierre Poiret nach, Christus werde ihn später nicht fragen, ob er geglaubt habe, daß sein wahrer Leib im Brot sei, sondern ob er gemäß dem Motto gelebt habe: »Was ihr getan habt einem unter diesen meinen geringsten Brüdern, das habt ihr mir getan« (Mt 25,40)[45]. Die von Heumann gegen Ende seines Lebens niedergeschriebene und postum veröffentlichte Versicherung, schon 1704 voll erkannt zu haben, »daß die Reformirte Erklärung der Worte von dem Heil. Abendmahle die rechte sey«[46], läßt sich heute nicht einmal mehr durch seine über 1000 Briefe zählende Korrespondenz[47] erweisen. Vielmehr ist wohl mit einem allmählichen Klärungsprozeß zu rechnen. Denn 1717 rügte Heumann noch Melanchthons eigenmächtige Veränderung des 10. Artikels der Confessio Augustana[48]. Allerdings hielt er den dogmatischen Dissens zwischen Lutheranern und Reformierten in der Abendmahlsfrage schon 1714 für nicht fundamental[49] – und das sollte folgenreich sein! Doch erst in den vierziger Jahren, als er sich mit dem zur anglikanischen Kirche übergetretenen Franzosen Pierrre François Le Courayer[50] beschäftigte[51], scheinen die alten Zweifel neu genährt worden zu sein. Denn Courayer lehnte in der Rechtfertigung seiner Konversion die leibliche Realpräsenz ebenfalls ab und entwickelte einen innerprotestantischen Unionsplan unter der Voraussetzung der Preisgabe des absoluten Prädestinationsdekrets auf reformierter und des realistischen Abendmahlsverständnisses auf lutherischer Seite[52]. Wie sehr Heumann dieser auf der Basis von prudentia

---

44 Abgedr. bei Rössler, Gründung (wie Anm. 17) S. 475.
45 Lebensbeschreibung (wie Anm. 3) S. 67.
46 D. C. A. HEUMANNS Erweiß, daß die Lehre der Reformirten Kirche von dem Heil. Abendmahle die rechte und wahre sey, Eisleben und Wittenberg 1764, S. 79.
47 Aufbewahrt in der Landesbibliothek Hannover: Chr. Aug. Heumanns Correspondenz MS XLIII, 1915. Da überwiegend die Briefe anderer erhalten sind, werden die Nachforschungen nach Heumanns eigenen Äußerungen erheblich erschwert. Mit H. S. Reimarus z.B. hat er so gut wie keine theologischen, sondern ausschließlich literarische Fragen erörtert.
48 Disp. Jvbilaea (wie Anm. 38).
49 Der Politische Philosophus (wie Anm. 39) S. 294.
50 Vgl. LThK 6, Sp. 872, u. sein Werk Relation Historique et Apologétique des sentiments et de la conduite du P. LE COURAYER, 2 Bde., Amsterdam 1729.
51 Programma de Theologia Cvrayeriana, Göttingen 1745.
52 Ebd., S. 10f.

Christiana stehende Entwurf einer evangelischen Einigung, für die er auch schon von der Helmstedter Tradition her vorbereitet war[53], beschäftigte, zeigt eine sehr mutige briefliche Äußerung an Münchhausen aus eben dieser Zeit. Darin appelliert er an die libertas sentiendi für Reformierte und Lutheraner ohne persönliche und berufliche Nachteile, damit die kontroversen Punkte vorurteilsfrei neu überdacht werden könnten. Auf diese Weise würden nach Meinung des verkappten Unionsmannes »viele Reformierte in kurzer Zeit zur Lehre von der allgemeinen Gnade sich bekennen, und viele der unserigen würden urteilen, in der Lehre de s. coena sey Melanchthon scharfsichtiger als Lutherus gewesen«[54]. Diese Stellungnahme, die nicht zufällig aus der Zeit der Ernennung Heumanns zum theologischen Ordinarius stammt, läßt an Eindeutigkeit eigentlich nichts zu wünschen übrig. Heumann heuchelte gerade bei seinem vollen Eintritt in die theologische Fakultät keine falsche Orthodoxie. Aber Münchhausen hielt das ganze wohl für eine reine Gedankenspielerei und wies den Ireniker in die Schranken des menschlich nur erreichbaren äußeren Friedens zwischen den Reformationskirchen[55].

Zu völliger, der Öffentlichkeit nicht mehr vorzuenthaltender Klarheit über das Abendmahl gelangte Heumann jedoch erst während der Exegese der Einsetzungsworte im Zusammenhang mit der schon genannten Erklärung des NT[56], an der er in seinen beiden letzten Lebensjahrzehnten arbeitete, und die sein bedeutendstes theologisches Opus in seinem 400 Titel zählenden Gesamtwerk[57] darstellt. Überging er die Problematik in den synoptischen Berichten über das letzte Mahl Jesu mit seinen Jüngern[58], so war ihm dies in dem für die Abendmahlskontroverse seit dem 16. Jh. so wichtigen 6. Kap. des Johannesevangeliums nicht mehr möglich. Allerdings gelang ihm doch noch einmal ein vordergründiger Aufschub des status confessionis dadurch, daß er das ganze Kapitel in

---

53 Vgl. vor allem G. Calixt und H. Conring u. in bezug auf das Abendmahl die Briefe des letzteren: Conringiana Epistolica, hg. von Chr. H. Ritmeier, Helmstedt 1708, S. 107 f., worauf sich Heumann später auch berief (Erweiß, wie Anm. 46, § LXXVIII).
54 Heumann an G. A. v. Münchhausen v. 14. Juni 1745 (abgedr. bei Bodemann [wie Anm. 27] 1884, S. 241 f.). Vgl. auch De prvdentia Christiana, pars II, Göttingen 1763, S. 28 f.: »Qui scilicet in doctrinis fundamentum fidei non labefactantibus dissentiunt, eos feramus placide nec scribamus contra eos.«
55 Vgl. H. an v. Münchhausen v. 28. Juni 1745 (abgedr. bei Bodemann [wie Anm. 27] S. 241 f.).
56 Vgl. Anm. 30; 12 Teile, 1750–1763.
57 Vgl. die Zusammenstellung bei CHR. G. HEYNE: Memoria Christophori Avg. Hevmanni, Göttingen 1764, in: Biographia selecta, ed. S. Mursinna, Halle 1782, S. 148–168.
58 Erklärung des Neuen Testaments, Teil I, S. 436 (zu Mt 26), S. 677 (zu Mk 14), Teil II, 1751, S. 410 (zu Lk 22).

Übereinstimmung mit Luther[59] nicht auf das Abendmahl, sondern auf die Fleischwerdung des göttlichen Logos in Christus bezog. Allein die christologischen Gründe für die nicht sakramentale Deutung von Joh 6,51–63 ließen seine symbolische Abendmahlsauffassung schon zwischen den Zeilen deutlich werden: Christus könne, wenn er sagt (V 51): »Das Brot, welches ich geben werde, ist mein Fleisch, welches ich für das Leben der Welt geben werde«, nicht vom Essen seines Leibes im Abendmahl gesprochen haben, da er als vom Himmel Gekommener dorthin zurückkehren und seinen Leib mitnehmen werde. Und zur Erläuterung des umstrittenen Wortes V 63: »Der Geist ist dasjenige, das lebendig macht, das Fleisch über nützet nichts«, heißt es, Jesus habe seinen Jüngern klar machen wollen: »Aus der Himmelfahrt meines Leibes könnet ihr ja schliessen, daß ich nicht von dem natürlichen Essen meines Fleisches habe reden können, sondern von einem geistlichen Essen. Das geistliche Essen giebet euch das Leben und erhält es in Ewigkeit; wenn aber mein Leib solte zerstücket und einem jeden ein Stück davon zu essen gegeben werden, das würde nichts helfen. So erkennet demnach, daß die Worte, die ich jetzt geredet habe, einen geistlichen Verstand haben und ein Essen anzeigen, welches das wahre und ewige Leben bringet. Sie zeigen nemlich an, daß ihr mich mit dem Munde des Glaubens essen müsset, der ich mich zum Heile eurer Seelen in den Tod geben werde.«[60] Trotz der Schutzbehauptung, Joh 6 beziehe sich nicht auf das Abendmahl, schimmert doch jetzt – 1751 – schon in den christologischen Implikationen des Himmelfahrtsverständnisses sowie in der Betonung der geistlichen Dimension dieses Textes eine die leibliche Realpräsenz ausschließende Abendmahlsanschauung durch. Daß Heumann selbst seine Ausführungen so gemeint hatte, geht klar aus seinem postum veröffentlichten reformierten Abendmahlsbeweis hervor, in welchem es heißt: »Meine, wie ich nicht zweifele, vernünftige und zugleich Schriftmäßige Lehre von dem Heil. Abendmahle hatte ich schon vorgetragen in der Erklärung des Evangelii Johannis bey Cap. VI.«[61] Heumann nennt hier als Garanten für seine Meinung die beiden Instanzen Vernunft und Offenbarung. Wegen des seit der Himmelfahrt der Erde entrückten Leibes Christi[62] muß die Annahme seiner

---

59 De captivitate Babylonica ecclesiae, 1520 (WA 6,502); vgl. H. GOLLWITZER: Zur Auslegung von Joh 6 bei Luther und Zwingli, in: In Memoriam E. Lohmeyer, 1951, S. 143–168. Heumann zitiert die Luther-Stelle in seiner Erklärung des NT, Teil III, 1751, S. 313.
60 Ebd., S. 318f.
61 Erweiß (wie Anm. 46) § XVIII.
62 Ebd., § VIII: »Der Leib Christi ist am Creuze zerbrochen worden. Itzt aber ist sein Leib in dem Himmel. Wir sehen hieraus auf das kläreste, daß der wahre Leib Christi bey dem Heil.Abendmahle nicht ausgetheilet werde und daß folglich die Lutherische Lehre von dem Heil.Abendmahle nicht die rechte und wahre sey, sondern diejenige, welche in der Reformirten Kirche vorgetragen und vertheidiget wird.«

leiblichen Anwesenheit in den Elementen Brot und Wein vernunftwidrig sein, obgleich es in der Theologie durchaus die Vernunft übersteigende Wahrheiten gebe, wie z. B. creatio ex nihilo oder die Auferstehung Christi. Hierin stimmt er mit Hugo Grotius überein, daß die Theologie nicht widervernünftig, wohl aber übervernünftig sei[63].

War der kluge Bekenner somit schon 1751 als Verfechter der reformierten Abendmahlsdeutung öffentlich, aber doch unerkannt hervorgetreten, so wurde die Situation sieben Jahre später bei der Interpretation von 1. Kor 10,16 und 11,23–35 unausweichlich. Heumann gab nun unumwunden zu, daß die »Geheimniß-Lehre« Luthers von der leiblichen Realpräsenz, deren transsubstantianische Variante sein »Glaubens-Magen« ohnehin nicht »verdauen« konnte[64], ein Irrtum war, da die Anwesenheit des im Himmel zur Rechten Gottes befindlichen Leibes Christi im Abendmahl ebenso »absurd«[65] sei wie die Vorstellung von dessen siebzehnhundertjähriger Zerstückelung in unzähligen Sakramentsfeiern. Außerdem könnten die Jünger am Gründonnerstag unmöglich Jesu wirklichen Leib gegessen haben[66]. Vielmehr hätten sie die Stiftungsworte geistlich im Sinne von Joh 6,51 ff. verstanden, welche Worte, obgleich vor der Abendmahlseinsetzung gesprochen, Heumann jetzt doch ausdrücklich entsprechend seiner historischen, die Parallelüberlieferung heranziehenden exegetischen Methode zum Verstehensmaßstab erklärt[67]. Gleichzeitig stützt er sich noch auf den Konsens der alten Kirche bis Tertullian und Augustin, um die These zu erhärten, »daß die Lutherische Lehre von dem H. Abendmahle nicht die rechte und wahre sey, sondern diejenige, welche in der Reformierten Kirche vorgetragen und vertheidigt wird«[68].

Kaum hatte dieses nun in keiner Weise mehr mißzuverstehende Votum die Göttinger Druckpresse verlassen, empfand Heumann als Theologieprofessor, der sich doch in bezug auf die Fundamentalartikel auf die lutherischen Bekenntnisschriften verpflichtet hatte, ernsthafte Skrupel und wandte sich, um Schlimmstes zu verhüten, am 31. August 1758 in einem offenherzigen Schreiben an den Kurator v. Münchhausen. Zunächst warb er um Zustimmung zu seinen einzig vernünftigen Überlegungen zum Abendmahl, bat aber gleichzeitig, die Weigerung voraussehnend, inständig darum, doch nun nicht abgesetzt, sondern nur wieder der philosophischen Fakultät zugeordnet zu werden. Als mildernden Um-

---

63 Vgl. Disp. Grotianarvm tertia De veritate religionis Christ., Göttingen 1726, Th. VI.XIII.XXI.
64 Erklärung des Neuen Testaments, Teil X, 1759, S. 379 (vernichtete ursprüngliche Druckbogen Aa, Bb, Ff im Universitätsarchiv: Theol-Fak. Nr. 5, wie Anm. 11).
65 Ebd., S. 385.
66 Ebd., S. 464.
67 Ebd., S. 464, u. Diss. De Exegesi Hist. (wie Anm. 37) th. VII. XX.
68 Erklärung, Teil X, S. 385.

stand für sich führte er das anglikanische Bekenntnis des fürstlichen Rektors, also des Königs, ferner die reformierte Glaubensrichtung Albrecht von Hallers und die Tatsache an, daß viele zeitgenössische Lutheraner ihm beipflichten würden, wenn ihnen dadurch keine beruflichen Nachteile erwüchsen. Zuletzt bekannte er feierlich: »Ich bleibe auch ein Lutheraner und werde auch ferner in unsrer Kirche zum H. Abendmahle gehen.«[69] Von einem förmlichen Rücktritts- bzw. Emeritierungsgesuch, wie es mit Rücksicht auf den Ruf der Universität in den offiziellen Dokumenten heißt, hat sich in den Originalakten nichts erhalten. Heumann wollte im Gegenteil durch sein zuvorkommendes Geständnis Strafmaßnahmen oder für ihn nachteilige Reaktionen verhindern.

Das Argument des reformierten Rektors war übrigens nicht neu. Schon 1730 hatte der stets zu Festreden aufgelegte Pädagogiarch in einem Geburtstagsprogramm für Georg II. die Verbindung der englischen mit der kurfürstlich-hannoverschen Krone als ein besonderes Zeichen der göttlichen providentia für die lutherische Kirche bezeichnet[70] und damit die dogmatischen Differenzen zwischen Anglikanismus und Luthertum, die noch im 16. Jh. alle Bündnisversuche Elisabeths I. mit lutherischen deutschen Fürsten zum Scheitern verurteilt hatten[71], indirekt für gegenstandslos erklärt. Die Georgia-Augusta trotz ihrer in den Statuten niedergelegten Liberalität konnte ihm hierin nicht folgen. Als 1749 ein Engländer den theologischen Doktorgrad erwerben wollte, wurde ihm dies mit Rücksicht auf den hiesigen Bekenntnisstand verweigert. Ebenso wurde der Versuch eines Extraordinarius in der philosophischen Fakultät, über reformierte Dogmatik zu lesen, 1755 abschlägig entschieden[72].

So konnte Münchhausen natürlich auch jetzt nicht zulassen, daß die reformierte Abendmahlslehre »auf einer Lutherischen Universität von einem auf die Lutherisch-Evangelische Lehre verpflichteten Professore der Gottes-Gelahrtheit öffentlich gelehret und im Drucke vertheydiget« werde[73]. Gleicher Meinung war der zu kollegialen Verhandlungen mit Heumann ausersehene Jurist Georg Christian Gebauer, der die

---

69 Universitätsarchiv: Theol. Fak. Nr. 5: »Da ich nun habe zeigen müßen, daß die Reformirte Kirche hierinnen die wahre Lehre habe, so können doch Ew. Excellenz mir die Gnade erzeigen und mit der Absetzung mich verschonen.«
70 Programma De Providentia Christi, Regis Ecclesiae, Electoratvm Germanicvm coniungentis cvm Regno Britanniae (9. Nov. 1730), in: Diss. Sylloge I, 1, 1743, S. 83f.
71 Vgl. H. HEPPE: Der kirchliche Verkehr Englands mit dem evangelischen Deutschland im 16. Jahrhundert, London/Marburg 1859.
72 Vgl. J. Meyer, Geschichte (wie Anm. 18) S. 24. Bereits am 8. Aug. 1747 hatte die theol. Fakultät die Doktorierung von Theologen, die sich nicht zur CA bekennen, abgelehnt.
73 Geheime Räte aus Hannover an Prof. Gebauer v. 3. Sept. 1758 (Universitätsarchiv: Theol. Fak. Nr. 5).

Korinthererklärung als Abweichen »von der sana doctrina« und als öffentliche Verteidigung eines »error fundamentalis« brandmarkte[74], den 78jährigen Nonkonformisten im übrigen aber schonungsvoll und fair behandelte, so daß dieser widerspruchslos in die Umarbeitung und nach einigem Hin und Her auch in die Auslieferung der zur Vernichtung bestimmten drei letzten Druckbogen willigte[75]. Die ärgerlichen Kosten für den Umdruck von 30 Talern hatte er selbst zu tragen[76]. Und alles, was er in Zukunft in die Presse gab, unterlag der geheimen, nur mit dem Drucker verabredeten Zensur Gebauers, eines Nichttheologen.

Nunmehr zeigten sich die Grenzen der bei der Gründung der Universität propagierten Lehrfreiheit. Nur der privaten »Gedenkungs-Arth« eines Professors sollte kein Zwang angetan werden[77]; die offizielle Lehre mußte in bezug auf die Fundamentalartikel doch mit den lutherischen Bekenntnisschriften konform gehen. Und die Abendmahlslehre war im Urteil der theologischen Fakultät wie des Hannoverschen Ratskollegiums nach CA VII ein Fundamentalartikel. Folglich hatte Heumann grob gegen die Universitätsstatuten verstoßen. Es blieb ihm deshalb, wollte er glimpflich davonkommen, Pension und Dienstwohnung behalten, nichts anderes übrig, als die Ausführungen zu 1.Kor 10,16 und 11,23ff. zu revidieren. Um sich aber nicht selbst zu widersprechen und gegen sein Gewissen zu verstoßen, tat er es mit den Worten anderer[78]. Er ersetzte seinen früheren Beweis für die Spiritualpräsenz nunmehr durch realpräsentische Zeugnisse von Luther, Aegidius Hunnius, Johann Gerhard, Johann Franz Buddeus und aus der Konkordienformel. Das ehemalige Traditionsargument für die reformierte Position kehrte er kurzerhand ins Gegenteil um, indem er jetzt davor warnte, die Menge der Irrenden als Stütze für die Wahrheit zu nehmen[79].

Parallel mit den Revisions- und Umdruckarbeiten liefen die Verhandlungen um Heumanns vorzeitige Dienstenthebung, die einen willkommenen zusätzlichen Grund in seinem Verstoß gegen § 38 der Generalstatu-

---

74 Gebauer an Hannoversche Räte v. 7. Sept. 1758 (Universitätsarchiv: Theol. Fak. Generalia 4 II a 21).
75 Die Korrespondenz darüber ebd.
76 Lebensbeschreibung (wie Anm. 3) S. 195f. Heumann zögerte mehrmals, hielt das, was er hatte drucken lassen, für »Gotteswort«, während Gebauer es als »Einfälle der verblendeten Vernunft« verurteilte (Universitätsarchiv: Theol. Fak. Generalia 4 II a 21).
77 Hannoversche Geheime Räte an Gebauer v. 3. Sept. 1758: »So wenig Wir die Absicht haben, eines Jeden Gedenkungs-Arth, so lange er selbige nicht eusert, zwang anzuthun...« (Theol. Fak. Nr. 5).
78 Erklärung des Neuen Testaments, Teil X (endgültige Fassung), S. 379–465.
79 Ebd., S. 464. Der letzte stehengebliebene Satz des überarbeiteten Abschnittes suggeriert allerdings wieder den alten Sinn: »Tantus consensus est signum euidentiae« (S. 465).

ten fanden, in welchem das öffentliche Polemisieren gegen Universitätskollegen verboten ist[80]. Heumann hatte nämlich 1757 ein Eherechtsgutachten der theologischen Fakultät zusammen mit eigenen kritischen Anmerkungen gegen den Hauptverfasser Feuerlein publiziert[81]. Danach erschien es der Hannoverschen Regierung mit Rücksicht auf den akademischen Frieden und das Wohl der lutherischen Georgia-Augusta unumgänglich, den theologisch unzuverlässigen, mit zunehmendem Alter unberechenbarer werdenden Heumann am weiteren Dozieren und unkontrollierten Publizieren zu hindern. Um diese Maßnahme nach außen hin nicht als Strafe oder Folge eines Lehrzuchtverfahrens zu deklarieren, wurde sie durch Vermittlung Gebauers als auf eigenen Wunsch wegen »abnehmenden Kräfften und hohen Alter[s]« geschehene Emeritierung charakterisiert. Der 77jährige durfte nun nicht mehr lesen, verlor auch alle seine akademischen Rechte und Pflichten, bekam aber seine vollen Bezüge, konnte die Zimmerflucht im »Konzilienhause« an der Stelle der heutigen Universitätsbibliothek weiterhin bewohnen, behielt seinen Platz in der Universitätskirche, durfte in Zukunft auch zu akademischen Feiern erscheinen und im Vorlesungsverzeichnis seine literarischen »Ausarbeitungen« anzeigen[82]. Als Gegengabe für diese Großzügigkeit sollte Heumann nur fernerhin über seine Abendmahlsauffassung schweigen.

Dieser Preis war für ihn, der schon jahrelang der Spannung zwischen Denken und Reden standgehalten hatte, nun doch zu hoch[83]. Allerdings schob der gedemütigte Greis das Brechen des Schweigeversprechens unter Berufung auf die Clausula Petri (Act. 5,27)[84], und dem Gebot der Klugheit folgend, bis nach seinem Tode auf, indem er 1762 bei dem mit ihm befreundeten reformierten Berliner Hofprediger August Friedrich Sack (1703–86) ein postum zu veröffentlichendes Manuskript in Sicherheit brachte, das den aufregenden Titel trug: »Erweiß, daß die Lehre der Reformirten Kirche von dem Heil. Abendmahle die rechte und wahre sey.« Aufregend war ein solcher Titel nicht an sich, sondern deshalb, weil er von einem lutherischen Theologieprofessor stammte.

Die theologische Fakultät versuchte, die Veröffentlichung des Manuskriptes zu verhindern. Allein Sack fühlte sich trotz der Abneigung gegen den polemischen, für diejenigen, »die in der Religion selbst denken«, obsoleten Duktus der Schrift doch wegen des Heumann gegebenen Ver-

---

80 Ebel (wie Anm. 13) S. 58.
81 Bedenken über die Ehe mit des Schwiegervaters Schwester (v. 10. März 1757), abgedr. in: Brem- und Verdische Bibliothek, Bd. IV, Hamburg 1758, S. 1035–1056. J. Meyer, Geschichte (wie Anm. 18) S. 25, stellt diesen Vorgang ganz falsch dar.
82 Königliches Reskript v. 28. Okt. 1758 (Universitätsarchiv: 4 II b/2, Bl. 47r).
83 Lebensbeschreibung (wie Anm. 3) S. 197: »Id tamen, vt perpetuo fascerem, a me impetrare non potui.«
84 Erweiß (wie Anm. 46) § XX.

sprechens gebunden und rechtfertigte die Herausgabe als interessantes Beispiel für die »Offenherzigkeit eines so grossen Lutherischen Theologen und berühmten Schrift-Auslegers«[85].

Heumann stützte seinen »Erweiß« wieder exegetisch und traditionsgeschichtlich, indem er früher Gesagtes wiederholte, prägnanter hervorhob, grob-polemisch formulierte und durch zweifelhafte Zeugnisse für die Spiritualpräsenz von Lutheranern wie U. Rhegius, Martin Butzer, David Chytraeus, Philipp Jakob Spener, Johannes Musaeus und sogar Johann Franz Buddeus ergänzte[86]. Dabei ging er allerdings so unredlich und unkritisch vor, daß dieser umfangreichste Teil der Schrift in der Tat kaum diskussionswürdig ist und den Protest der Universität in den Göttingischen Anzeigen von Gelehrten Sachen vom 5. Juli 1764 gegen den Altersschwachsinn und die Großmannssucht des Verfassers für den Außenstehenden rechtfertigen konnte[87]. Trotzdem verursachte Heumanns Infragestellung der lutherischen Abendmahlslehre in der Folgezeit eine Flut von Gegenschriften, unter denen die ernsthafteste wohl aus der Feder des zwischen biblischer Strenge und rationaler Liberalität ausgleichenden Leipzigers Johann August Ernesti[88] stammt, so daß wegen dieses Nachspieles vom »Heumannschen Abendmahlsstreit« gesprochen wird, den wir hier aber nicht weiter verfolgen wollen.

Sowohl durch die Emeritierung Heumanns als auch durch die Zurückweisung seines postumen Pamphlets hatte die Göttinger Universität sich erfolgreich – wenn auch auf Kosten der Wahrheit – gegen einen unbequemen, von der Lehrnorm Abweichenden zur Wehr gesetzt. Zwar durften Reformierte in anderen Fakultäten lehren[89], doch wurde trotz des Anfalls reformierter Gebiete an das Königreich Hannover infolge des Wiener Kongresses den Bemühungen um ein offizielles reformiertes Lehrangebot

---

85 Ebd., Vorrede.
86 Erweiß, § LXXV, folgert Heumann aus Äußerungen von U. Rhegius aus dem Jahre 1526 eine spiritualistische Abendmahlsauffassung. Demgegenüber betont der neueste Rhegius-Forscher M. LIEBMANN: Urbanus Rhegius und die Anfänge der Reformation, 1980, S. 188: »Nirgends, in keinem einzigen seiner Traktate hat Rhegius die zwinglische symbolische Deutung des ›est‹ der Einsetzungsworte als ›significat‹ interpretiert.«
87 Götting. Anzeigen von Gelehrten Sachen 80, 1764, S. 641–648 (v. 5. Juli 1764). Diese Charakterisierung Heumanns steht allerdings in Spannung zu der Todesmeldung des Prorektors nach Hannover v. 30. 4. 1764, wo es heißt: »Die hiesige Universität hat diesen alten Greiß als einen Mann von großen Verdiensten um dieselbe hochzuschätzen, der auch in seinem hochgestiegenen Alter nicht zu arbeiten aufhören wollte, da ihn die Leibes-Kräffte schon gar merklich zu verlassen schienen« (Universitätsarchiv: 4 II b/2, Bl. 63v).
88 Brevis Repetitio et Adsertio sententiae Lvtheranae de praesentia corporis et sangvinis I.C. in Coena Sacra, in: Opusc. Theol., Leipzig 1773, S. 135–186. Vgl. auch den Sammelbd. UB Gött.: 8° Th.th.II, 574/19.
89 Z.B. A. v. Haller 1736–53 in der philosophischen Fakultät.

in der theologischen Fakultät[90] bis zur Berufung Karl Barths zum Honorarprofessor im Jahre 1921[91] hartnäckig widerstanden. Das ist allerdings vielleicht nicht nur als Enge und anachronistischer Konfessionalismus zu werten, sondern auch im Zusammenhang mit der Sorge um die studentische Frequenz und um den Auftrag der Universität zu sehen, künftige Pastoren und Lehrer für die lutherische Landeskirche des Kurfürstentums bzw. späteren Königreichs Hannover auszubilden.

Ich komme zum Schluß und fasse zusammen: Heumann zählte die Präsenzfrage im Abendmahl zu den nichtfundamentalen Glaubenslehren, während alle anderen Beteiligten ihr den Rang eines Fundamentalartikels zubilligten. Seitdem Johann Gerhard in Anknüpfung an scholastische Reflexionen den Begriff »Fundamentalartikel« in die orthodoxe Dogmatik eingeführt hatte, war man damit beschäftigt gewesen, die zu doctrinae erstarrten Glaubenswahrheiten in die Kategorien des Heilsnotwendigen und Nichtheilsnotwendigen einzuteilen, ohne am Ende zu übereinstimmenden Ergebnissen zu gelangen[92]. Weil die Kriterien für Fundamentallehren weder im allgemeinen noch in den Göttinger Universitätsstatuten eindeutig waren, mußte es in Heumanns Falle kommen, wie es kam. Im übrigen sind die Schwierigkeiten an dieser Stelle bis zum heutigen Tag geblieben, wie die nicht umproblematische Unterscheidung von »Grund« und »Ausdruck« des Glaubens, die hinter dem Leuenberger Konkordienkompromiß von 1973 steht[93], zeigen kann.

Während die Namen der übrigen ersten Göttinger theologischen Ordinarien samt ihren Grabstätten in Vergessenheit gerieten, hat Heumann bis heute seinen Platz sowohl auf dem Bartholomäusfriedhof als auch in der Wissenschaftsgeschichte behauptet. Wenn eine jüngst erschienene italienische Historie der Philosophiegeschichtsschreibung ihn auf gut 40 Seiten ausführlich würdigt[94], mag es gerechtfertigt sein, ihm auch als Theologe wieder einmal nachzuspüren, zumal die näheren Umstände seines Konfliktes zwischen Bekenntnisbindung und Lehrfreiheit noch niemals quellenmäßig untersucht und infolge tendenziöser Berichterstattung meist unrichtig dargestellt worden sind[95]. Die theologische Fakultät

---

90 Vgl. J. Meyer, Geschichte (wie Anm. 18) S. 48. 67 f.

91 Vgl. J. F. G. GOETERS: Reformierter Lehrstuhl und Studienhaus in Göttingen, in: Die Ev.-ref. Kirche in Nordwestdeutschland, 1982, S. 268–278.

92 Vgl. O. RITSCHL: Dogmengeschichte des Protestantismus, Bd. 4, 1927, S. 323 ff., u. M. KELLER-HÜSCHEMENGER: Das Problem der Fundamentalartikel bei Johannes Hülsemann, 1939.

93 Vgl. W. LOHFF: Grund und Grenze der Kirche. Ev. Kommentare 3, 1970, S. 16; T. MANNERMAA: Von Preußen nach Leuenberg, 1981, S. 54 ff.

94 G. SANTINELLO: Storia delle Storie Generali della Filosofia, Bd. 2, Brescia 1979, S. 437–476.

95 Am nächsten den Tatsachen kommt W. BUFF: Gerlach Adolf Freiherr von Münchhausen als Gründer der Universität Göttingen, 1937, S. 42 f.

braucht sich im Blick auf Heumann ihrer blassen Anfänge nicht zu schämen. Versteckte Anerkennung konnten auch die betroffenen Zeitgenossen, für die hier der Hannoversche Hofprediger und Konsistorialrat Gabriel Wilhelm Götten stehen mag, nicht versagen. Während er der Universitätsdeputation wegen der Hochschulräson einerseits empfahl, die apologetische Bemerkung ins Leichenprogramm zu setzen, daß »Heumanns Verstand in den letzten Jahren abgenommen und man höhern ortes derwegen ihn des exercitii seiner Profession entladen müssen«, fuhr er andererseits fort: »Indessen ist He. Heumanns Exempel ein abermahliger Beweis, wie wenig es radtsam sey, bey theologischen Professionen mehr auf brillirende genies, als auf ein gutes iudicium und reine Lehre zu sehen, wo man nicht das seltene glück hat, ingenium und iudicium vereinigt zu finden.«[96]. Mosheim, mit dem sich dieses seltene Glück nach Münchhausens Meinung zum ersten Male einstellte[97], war zu diesem Zeitpunkt schon fast zehn Jahre tot. Die weitere Geschichte der Göttinger theologischen Fakultät hat aber noch eine ganze Reihe solcher seltenen Glücksfälle aufzuweisen und wird sie hoffentlich auch in Zukunft aufzuweisen haben. Ob nach unserem Urteil Heumann nicht ebenso einer war?

---

96 Götten an die Universitätsdeputation v. 6. Juni 1764 (Universitätsarchiv: Theol. Fak. Generalia 4 II a 21). Vgl. auch die gediegene Würdigung Heumanns durch Chr. G. Heyne, Memoria (wie Anm. 57) S. 143–147.

97 G. A. v. Münchhausen hatte Mosheim schon 1733 »ein überaus gutes Judicium et Ingenium« nachgerühmt und ihn deshalb für Göttingen zu gewinnen gesucht (vgl. Rössler, Gründung, Teil B, S. 34, sowie oben S. 28).

Rudolf Smend

Johann David Michaelis und Johann Gottfried Eichhorn – zwei Orientalisten am Rande der Theologie

Die beiden Männer, von denen die Rede sein soll, haben der Göttinger theologischen Fakultät nicht angehört. Trotzdem ist das Thema »Theologie in Göttingen« ohne sie nicht denkbar. Für den Klang, den ihr Name unter den Zeitgenossen hatte, brauche ich keinen Zeugen aus der zweiten Reihe zu bemühen, sondern kann gleich Goethe zitieren. Er nennt in »Dichtung und Wahrheit« den Altphilologen Christian Gottlob Heyne und eben Michaelis als Professoren, um derentwillen er gern in Göttingen studiert hätte – was ja sein Vater nicht zuließ: auf ihnen »ruhte mein ganzes Vertrauen; mein sehnlichster Wunsch war, zu ihren Füßen zu sitzen und auf ihre Lehren zu merken«[1]. Zu Eichhorn, der als Jenaer Professor jahrelang sozusagen sein Nachbar war, kam Goethe in ein näheres Verhältnis, das er in den »Noten und Abhandlungen zu besserem Verständnis des West-östlichen Divans« rückblickend einen »dankbaren Lebensbezug« nennt; er habe damals aus Eichhorns Mund »gar manches Heilsam-Belehrende« vernommen und sei auch nach Eichhorns Weggang nach Göttingen »die ganze Zeit über ... seinem Lehrgange im stillen gefolgt«[2]. Den »Divan« schickte er 1819 an Eichhorn mit folgenden Versen:

> Vor den Wissenden sich stellen,
> Sicher ist's in allen Fällen!
> Wenn du lange dich gequälet,
> Weiß er gleich, wo dir es fehlet;
> Auch auf Beifall darfst du hoffen,
> Denn er weiß wo du's getroffen.[3]

---

1 Hamburger Ausgabe IX, S. 241.
2 Hamburger Ausgabe II, S. 246f.
3 Das Gedicht wurde 1827 in den Text des Divan aufgenommen (Hamburger Ausgabe II, S. 39f.).

Es ist in Deutschland nicht die Regel, daß der Professor beim Dichter solchen Respekt genießt. Umso mehr haben wir Anlaß, uns dieses Professors und seines Vorgängers zu erinnern. Wer waren die beiden Orientalisten am Rande der Theologie?

I.

Der ältere von ihnen, Johann David Michaelis, lebte von 1717 bis 1791[4]. Es gibt in Göttingen noch ein ziemlich pompöses Denkmal für ihn, nämlich das Haus, das er ein Vierteljahrhundert lang besaß und bewohnte, am Ende der Prinzenstraße, mit einer Front zum Leinekanal. Es war schon das dritte Haus, das er in Göttingen kaufte. Zumal wenn man bedenkt, daß es damals noch nicht die etwas erdrückende jetzige Staats- und Universitätsbibliothek zum Gegenüber hatte, dann demonstriert es ganz eindrucksvoll den gesellschaftlichen Anspruch seines Besitzers. Er hat diesen Anspruch auch auf andere Weise erhoben und eingelöst. Die Gedenktafeln an seinem Haus, die an dortige Aufenthalte von Benjamin Franklin und Thomas Young erinnern – sie ließen sich so sehr vermehren, daß die Fassade wie eine Briefmarkensammlung aussähe –, geben wenigstens eine kleine Andeutung von seinen internationalen Beziehungen, die bis auf die königlichen Throne reichten. Und dann hängt da auch eine Tafel für seine Tochter Caroline, später Frau Schlegel, noch später Frau Schelling, dem lesenden und klatschenden Publikum schon bald erheblich interessanter als der Vater. Einer der vielen Studenten, die im Hause Michaelis verkehrten, es war Alexander v. Humboldt, fand es »sehr angenehm« und rühmte den »freien ungenierten Ton«, der dort herrsche. Das lag wohl vor allem an den Damen. Am Hausherrn fiel Humboldt als »sonderbarer Zug . . . seine Liebe zu Krieg und Militär« auf; er lebe ganz in der preußischen Rangliste[5].

Michaelis war eine der Gaben der Hallenser Universität an die junge Georgia Augusta. In Halle, wo er geboren wurde, wirkten sein Vater Christian Benedict Michaelis und sein Großonkel Johann Heinrich Michaelis – davor hieß die Familie schlicht Michel – als Theologen und Orientalisten. Ihr Beispiel schreckte ihn nicht ab, sondern bestimmte ihn

---

4 Die Hauptquelle ist J. D. MICHAELIS: Lebensbeschreibung von ihm selbst abgefaßt, mit Anmerkungen von Hassencamp. Nebst Bemerkungen über dessen litterarischen Charakter von Eichhorn, Schulz – und dem Elogium von Heyne, 1793. Vgl. ferner außer den Lexikonartikeln RUDOLF SMEND: Johann David Michaelis. Festrede im Namen der Georg-Augusts-Universität, 1898. Nützliches Material bei I. HAKEMEYER: Kleines Universitätsmosaik, 1960.
5 A. v. HUMBOLDT: Jugendbriefe an Wilhelm Gabriel Wegener, hg. von A. Leitzmann, 1896, S. 65.

zum gleichen Beruf. Beim Vater, der ihn offenbar zu seinem Nachfolger heranbilden wollte, hörte er schon als Schüler einige, als Student alle Vorlesungen über Biblisches und Orientalisches. 1739, also 22jährig, promovierte er und begann selbst zu dozieren, 1741/42 hielt er sich anderthalb Jahre in England auf, 1745 ging er, einem Angebot des Universitätsgründers und Kurators Münchhausen folgend, nach Göttingen, zunächst als Privatdozent (der sich mit Übersetzungen schöner Literatur aus dem Englischen Geld verdiente), aber dann schnell zum außerordentlichen und ordentlichen Professor aufsteigend (1746, 1750). Über den Ortswechsel hat ein unverdächtiger Zeuge, der in Halle verbliebene Johann Salomo Semler, später gesagt: »Halle hat ... unläugbar seines gleichen nicht wieder bekommen; und das große, so große so fruchtbare Feld der orientalischen Philologie, hat durch diesen Verlust so viel bei uns gelitten, als Göttingen durch diese Eroberung gewonnen hat.«[6]

Schon bevor er ein berühmter Mann geworden war, errang Michaelis in der Göttinger akademischen Welt eine Schlüsselposition, zunächst als rechte Hand Albrecht von Hallers, nach dessen Weggang durch eigene Drähte nach Hannover. Er nahm bestimmenden Einfluß auf Berufungen und manches sonst, leitete die Akademie (damals »Societät«) der Wissenschaften, einige Jahre auch die Universitätsbibliothek und hieß nicht ganz zu Unrecht »der Regent von Göttingen«. Beliebt und auf die Dauer erfolgreich war er in dieser Rolle nicht. Zwar besaß er Fleiß und Menschenkenntnis, Geschick und Energie, aber Diskretion und Uneigennützigkeit gingen ihm ab. »Gut Geld zählen« und »regnet Louisd'ors« schrieb Carl Friedrich Bahrdt, enfant terrible der damaligen Theologie, in seinem »Kirchen- und Ketzer-Almanach« neben den Namen Michaelis[7]. Dem ließe sich manche weitere negative Charakteristik aus zeitgenössischer Feder, sogar aus der dramatischen und der Romanliteratur, anfügen[8]. Es überrascht nicht, daß Michaelis nicht nur Mißfallen, sondern auch Widerstand fand und seine Regentenstellung immer mehr durch Heyne besetzt sehen mußte, der einen anderen Stil hatte[9].

Berühmt wurde Michaelis nicht als Universitätspolitiker (der übrigens seine Beobachtungen und Ansichten auf diesem Felde in einem umfang-

---

6 Joh. Salomo Semler: Lebensbeschreibung von ihm selbst abgefaßt, I, 1781, S. 86.
7 1781 beim 6. April, 1787 beim 7. September.
8 Die bei Götz v. Selle: Die Georg-August-Universität zu Göttingen, 1937, S. 92 Anm. 1 angeführten Sätze Lichtenbergs (»... ein abscheulicher Mensch«) beziehen sich allerdings nach G. Ch. Lichtenberg: Briefwechsel, hg. von U. Joost und A. Schöne, II, 1985, S. 116 eher auf Michaelis' Sohn Christian Friedrich.
9 Die Vorgänge in Akademie und Bibliothek sind dargestellt bei Ferdinand Frensdorff: Eine Krisis in der Königlichen Gesellschaft der Wissenschaften zu Göttingen. Nachrichten von der Königlichen Gesellschaft der Wissenschaften 1892, S. 53–104, und Richard Fick: Michaelis und die Krisis des Jahres 1763. In: Beiträge zur Göttinger Bibliotheks- und Gelehrtengeschichte, 1928, S. 40–54.

reichen Werk niederlegte[10]), sondern als Gelehrter. Der war er in einem damals gerade noch möglichen erstaunlich weiten Sinn. Ich veranschauliche das, indem ich die Titel der Abhandlungen aufzähle, die er 1766/69 in zwei Bänden »Vermischte Schriften« zusammenstellte: Zerstreute Anmerkungen über das Gedächtniß; Vorschlag, wie man die Frage untersuchen könnte: Ob die Einbildungskraft der Mutter einen Einfluß in die Gestalt der Frucht habe? Von der Zeit, da die Völker die Kunst noch nicht gehabt haben, Feuer anzuzünden; Von dem Alter der Brenngläser, oder der Brennkrystalle, desgleichen von einigen andern Mitteln, Feuer hervorzubringen; Nöthige Aufmerksamkeit, die man bey Vorschlägen zu Anlegung guter Witwen-Cassen beobachten muß; Von der herumziehenden Schafzucht der Morgenländer, bey Gelegenheit eines von der Spanischen Schafzucht geschriebenen Briefes; Von dem Alter der Hebräischen Vocalen, und übrigen Punkte; Von Wittwencassen; Einige Zweifel und Erinnerungen, so mir bey der Calenbergischen Wittwenverpflegungs-Gesellschaft beygefallen sind. Man sieht, ein »Fachidiot« war er nicht. Er legte auch Wert darauf, Professor der Philosophie (oder noch besser: der Weltweisheit) zu heißen und nicht Professor der orientalischen Sprachen, obwohl deren Lehre seine eigentliche Aufgabe war[11]. Die Themen seiner Philosophie gingen, wie die angeführten Beispiele zeigen, schnell ins Ethische und Praktische. Ihn interessierte alles Reale, er studierte faktenhungrig die Journale und ließ sich von den Kollegen anderer Fächer orientieren, mündlich und brieflich. Sowohl in seinen Veröffentlichungen als auch in seinen Vorlesungen konzentrierte er sich oft sehr wenig und kam schnell vom Hundertsten ins Tausendste. Ihn zu lesen ist kein Genuß, ihn zu hören war ein Erlebnis, aber keins nach jedermanns Geschmack. Ich zitiere aus dem Bericht eines hannoverschen Landpfarrers, der ihn glühend verehrte: ». . . Ritter Michaelis – das war der Mann, bei dem man Alles fand, was man suchte. . . Ein Mann von vortrefflicher Leibesbildung, als Cavalier gekleidet, mit besetzten Kleidern, gestiefelt und gespornt, den Degen an der Seite, pathetisch in seinem Gange, eine hohe Miene, die einen großen Geist und zugleich Muth verrieth, mit feurigen Augen, die so scharf blickten, daß man ihm nicht gern lange ins Angesicht sahe – so tritt er ins Auditorium, die Bibel unter dem Arme. In dem Hörsale dieses Mannes wurden mir Stunden zu Minuten. Man konnte es merken, daß es einem jede Stunde, die man daselbst zubrachte, heller im Kopfe ward. Er führte seine Zuhörer so ganz den Gang des Forschungsgeistes. Sein Vortrag hatte unglaublich viel Einnehmendes. Er war voll Leichtigkeit, Witz und Anmuth, wiewohl oft sein Witz fast zu sehr überströmte. Die wahre Suade saß auf seinen Lippen. Er hatte kein

---

10 Raisonnement über die protestantischen Universitäten, 1768–76.
11 Lebensbeschreibung (wie Anm. 4) S. 43.

Katheder, sondern saß an einem kleinen Tische ganz nachlässig, bald sich mit seinem Stuhl herumwerfend, bald hinter seinem Stuhle stehend und sich lehnend, bald pathetisch im Auditorium auf- und niedergehend – alles so genau grade der Sache angemessen, von welcher er sprach. Als Schauspieler würde er jede Rolle vortrefflich gespielt haben... Als er den 126. und 137. Psalm erklärte, ward jeder bis zu Thränen gerührt... Bei ihm hörte man eine ganz andere Moral, als in den Hörsälen der Theologen... Unter den Studirenden der Theologie hatte Michaelis viele Feinde, und viele, die ihn verkannten. Die Ursache davon war bei Verschiedenen verschieden. Einige haßten ihn, weil man ihm ohne Gnade pränumeriren mußte [d. h. die Vorlesungsgebühren vorher bezahlen]... Andre waren seine Freunde nicht, weil er viele witzige Einfälle hatte, und manchmal Minuten lang scherzte... Manche bigotte junge Leute bildeten sich ein, es schicke sich nicht, daß ein Bibelerklärer ein witziger Weltmann sei. Andern waren seine Materien nicht recht: die wollten nur etwas haben, was unmittelbar für die Kanzel brauchbar wäre... Andere waren zu arm an Vorbereitungswissenschaft und zu schwach am Verstande, um mit einem Michaelis fortdenken zu können; andere hielten ihn für heterodox und wurden dadurch abgeschreckt. Dessenungeachtet war Michaelis Auditorium, ein sehr großer Saal, immer gepreßt voll, so daß man oft nicht mehr zum Sitzen gelangen konnte.«[12] Ich stelle daneben den – kürzeren – Bericht des Schaffhausers Johann Georg Müller: »Er folterte würklich Math 19,1–12. Der Exeget des neuen Testamentes unseres Herrn und Heilandes Jesu Christi, der wiederkommen wird, zu richten, die Lebendigen und die Todten – saß da vor einem Tischgen – in Stiefeln, gelblederen Beinkleidern, blauem Kleid mit Treßen und dem Orden, einer Beutelperücke – besoffen – las da im Testament, halbschlafend, nonchalant, und sagte mehr als die halbe Stunde *Zoten*, darüber alle, und er selbst zuerst erröthete die er fast nicht und nur mit leiser, schleichender Stimme heraussagen durffte – erzählte verschiedene Patriarchengeschichten so, daß man nicht aufsehen durffte. Und wie er da saß, mit welcher Souveränität und Ansehen, mit welcher Allgewalt! mit welchem Bewußtseyn!«[13] Zuletzt, am kürzesten, Alexander von Humboldt: »Sein Vortrag abscheulich, wie sein Sprachorgan und voller Zoten.«[14]

Nach seiner Ernennung zum ordentlichen Professor gab Michaelis eine Schrift heraus, die »von der Verpflichtung der Menschen« handelt, »die

---

12 Charakteristik einiger Göttinger Professoren in den Jahren 1766–1769 (in: F. A. EBERT, Hg.: Überlieferungen zur Geschichte, Literatur und Kunst, der Vor- und Nachwelt, I, 1, 1826, S. 65–71) S. 68–71.
13 WOLFGANG GRESKY: Studium in Göttingen 1780. Aus der ungedruckten Autobiographie des Johann Georg Müller aus Schaffhausen (1759–1819). Göttinger Jahrbücher 23, 1975, S. 79–94 (S. 82f.).
14 A. v. Humboldt (wie Anm. 5) S. 64.

Wahrheit zu reden«, und daran ein Programm seiner künftigen Arbeit anschließt[15]. Er will sich in seinen Vorlesungen auf das beschränken, wofür man ihn berufen hat, »auf die morgenländischen Sprachen und auf die Erklärung der heiligen Schrift«, aus der Philosophie und Weltweisheit dagegen nur bisweilen Hermeneutik vortragen[16] – was er dann nie getan hat. Das Programm – in der späteren Durchführung natürlich auch sonst vielfach modifiziert – enthält hebräische Grammatik (jährlich, alle drei Jahre ausführlich), Exegese von Genesis, Jesaja und Psalmen (regelmäßig, je ein halbes Jahr), Hiob und Sprüche Salomos (gelegentlich, je ein halbes Jahr), daneben kursorische Lektüre des ganzen Alten Testaments (in zwei Jahren) mit Übersetzung und kurzer Erklärung, damit die Anfänger schnell hebräisch zu lesen lernen. Die übrigen orientalischen Sprachen sollen in einem raschen Turnus gelesen werden, wobei für das Arabische ein halbes, das Syrische ein Viertel-, das »Chaldäische« (Aramäische) und »Rabbinische« ein halbes Jahr vorgesehen sind. Michaelis verspricht, daß man bei ihm alles so schnell lernen kann; es komme nur auf Willen und Fleiß der Studenten an[17]. Die studentischen Stimmen, die auf uns gekommen sind, teilen diesen Optimismus nicht durchweg[18]. Im übrigen will Michaelis über die hebräischen Altertümer oder einen griechischen Schriftsteller oder Einleitung in das Neue Testament lesen – diese anhand seines Lehrbuches, das zuerst eben 1750 erschienen war und 1788, drei Jahre vor seinem Tode, die vierte Auflage erlebte.

Auch sonst konnte er im Unterricht eigene Werke benutzen. Von den Sprachen, die er lehrte, gab er Grammatiken oder Chrestomathien oder beides heraus, teilweise in mehreren Auflagen und auch andere Universitäten bedienend. Überhaupt war seine Produktion immens. Kleinere Abhandlungen veröffentlichte er in großer Zahl separat oder in Zeitschriften, in späteren Jahren bestritt er mit ihnen allein ein Periodicum namens »Orientalische und Exegetische Bibliothek«, 1771–85 in 23 Teilen erschienen und 1786–91 durch die »Neue Orientalische und Exegetische Bibliothek« in 8 Teilen fortgesetzt. Dazu kommen die größeren Werke, die natürlich eine bessere Würdigung verdienten, als ich sie jetzt in dieser kurzen und oberflächlichen Übersicht über Michaelis' Arbeit nur geben kann.

Gegenstand und Art dieser Arbeit waren sozusagen ererbt und bewegten sich zu einem guten Teil in den damit vorgezeichneten Bahnen, gingen aber doch auch sehr deutlich darüber hinaus. Man mag es als

---

15 Hier zitiert nach dem Druck von 1773.
16 Ebd. S. 40.
17 Ebd. S. 70.
18 Vgl. BARTHOLD GEORG NIEBUHR: Kleine historische und philosophische Schriften I, 1828, S. 15.

symbolisch nehmen, daß Michaelis zeitlebens intensiv die verbreitete Handausgabe der Biblia Hebraica benutzte, die sein Großonkel unter Mitarbeit seines Vaters veranstaltet hatte, daß er aber auch kritische Anmerkungen zu ihr veröffentlichte[19]. Dem hebräischen Bibeltext galt seine erste Schrift, die Hallenser Dissertation von 1739, in der er das hohe Alter der den Konsonanten beigefügten Punkte verteidigte. Dreißig Jahre später, in der schon genannten Abhandlung über dieses Thema innerhalb seiner »Vermischten Schriften«, trat er zum längst fälligen Widerruf an, nicht zuletzt um zu rechtfertigen, daß er sich in seiner Übersetzung des Alten Testaments, die im gleichen Jahr, 1769, zu erscheinen begann, grundsätzlich nicht an die hebräischen Punkte band.

Als Beispiel dafür, wie schöne Erfolge er damit erzielte, nenne ich einen Vers aus dem Propheten Amos (6,12). Dort ist von der Perversion der Rechtsordnung durch die Israeliten die Rede, und um deren Unsinnigkeit darzutun, gebraucht der Prophet in Frageform ein doppeltes Bild: הַיְרֻצוּן בַּסֶּלַע סוּסִים אִם־יַחֲרוֹשׁ בַּבְּקָרִים . Die erste Frage ist klar: »Laufen denn Pferde auf Felsen?« Hinzuzudenkende Antwort: nein (das tun Ziegen!). Die zweite Frage, so wie sie dasteht, muß übersetzt werden: »oder pflügt man mit Rindern?« Das paßt nicht in den Zusammenhang; die Antwort müßte »ja« lauten, der Satz sagt nichts Unsinniges, sondern, schon gar in Palästina, eine Trivialität; dazu kommt, daß בָּקָר »Rindvieh« ein Kollektivum ist, das sonst fast überhaupt nicht in den Plural gesetzt wird. Michaelis behob die Schwierigkeit, indem er das letzte Wort unter Beibehaltung der Konsonanten in בַּבָּקָר יָם veränderte: »oder pflügt man mit Rindern das Meer?«

Die Relativierung der Punktation war nicht das einzige Mittel, mit dem Michaelis einen besseren Bibeltext herzustellen versuchte. Vielmehr verwendete er dafür auch die alten Übersetzungen ins Griechische, Syrische, Aramäische und andere Sprachen in solcher Breite und mit solchem Erfolg, daß man geurteilt hat, in Deutschland habe er den textkritischen Wert dieser Übersetzungen, der in Frankreich schon ein Jahrhundert früher von Einzelnen erkannt war, überhaupt erst zur Anerkennung gebracht[20]. In der Freude, damit ein von der jüdischen Tradition im engeren Sinne unabhängiges Mittel zum Verständnis und zur Kritik der Texte zu haben, überschätzte er allerdings vielfach die hebräischen Sprachkenntnisse der alten Übersetzer und damit den Wert ihrer Werke. Wir sehen uns heute wieder stärker auf die überlieferte hebräische Bibel

---

19 Einige Anmerkungen über die Hallische Bibel Johann Heinrich Michaelis, und die darin ausgelassenen merkwürdigen Lesearten Erfurtischer Handschriften. Orientalische und Exegetische Bibliothek 1, 1771, S. 207–222.
20 Smend (wie Anm. 4) S. 7.

angewiesen, als die von Michaelis mitbestimmte Epoche der Wissenschaft es tat; leichter ist die exegetische Aufgabe dadurch nicht geworden.

Zu ihrer Lösung trägt aber inzwischen eine semitische Sprachwissenschaft bei, die sich seit Michaelis (wo sie noch nicht »semitisch« hieß) im Material gewaltig ausgedehnt, in der Methode (wenigstens dort, wo sie verantwortlich betrieben wird) sehr verfeinert hat. Michaelis gehört zu ihren Begründern. Auch hier konnte er an die familiäre Tradition anknüpfen und sich zugleich von ihr abheben. Der schon erwähnte Semler berichtet, Christian Benedict Michaelis, der Vater also, habe »sehr viel auf Etymologien im griechischen aus dem arabischen« gehalten, und er, Semler, sei als Student »einmal so glücklich« gewesen, »von ihm öffentlich gelobt zu werden«, als er eine solche Etymologie erraten habe[21]. Johann David Michaelis will diese »schwache Seite« seines Vaters schon früh durchschaut haben, fand auch, die ausschließliche Schulung durch den Vater habe »zu viel Einförmigkeit im Denken zuwege« gebracht; der »ganze weit ausgebreitete Nutzen der orientalischen Sprachen und ihr Interesse in Sachwissenschaften« sei ihm erst später aufgegangen[22]. Für die Erweckung seines kritischen Sinnes war hier wie auch sonst der Englandaufenthalt von 1741/42 das entscheidende Datum. Auf der Hinreise besuchte er in Leiden das dortige Schulhaupt, den Professor für orientalische Sprachen und hebräische Altertümer Albert Schultens, der das Hebräische vor allem vom Arabischen und dortigen Grundbedeutungen her erklärte. Michaelis war in diesem Punkt zurückhaltender[23] und zog, auf den Spuren seines Vaters übrigens, in stärkerem Maße auch das Syrische heran. Aber auch als Haupt einer neuen Schule blieb er Schultens zeitlebens verpflichtet. Wie schnell die Wissenschaft gerade auf diesem Gebiet dann auch über ihn selbst hinwegging, gestatte ich mir an einer Äußerlichkeit zu demonstrieren: von den vier starken Bänden, in denen die Niedersächsische Staats- und Universitätsbibliothek seine »Supplementa ad lexica Hebraica« besitzt, die eigentliche Ernte seiner Bemühungen um die hebräische Sprache (erschienen 1784–92), sind nur zwei aufgeschnitten und also ernstlich benutzt – ein angesichts der Intensität, mit der in Göttingen die semitischen Studien immer betrieben wurden, sehr auffälliger Tatbestand.

Hätte Michaelis sich auf die Philologie beschränkt, wäre seine Wirkung nicht erklärlich. Sein zweites Arbeitsgebiet, mit dem ersten natürlich zusammenhängend, waren die Lebensverhältnisse der biblischen Welt

---

21 Semler (wie Anm. 6) S. 88.
22 Michaelis, Lebensbeschreibung (wie Anm. 4) S. 19f. Dort ist statt von arabisch-griechischen von arabisch-deutschen Etymologien die Rede.
23 Vgl. Beurtheilung der Mittel, welche man anwendet, die ausgestorbene Hebräische Sprache zu verstehen, 1757, S. 258–263.

und Zeit. Hierhin gehört die berühmte königlich-dänische Arabien-Expedition von 1761–67, die er angeregt und in gewissen Grenzen ausgewertet, aber zu seinem Glück nicht selbst mitgemacht hat. Ihre Geschichte[24] ist aufregender als jeder Roman; nur einer der sechs Teilnehmer, der Geometer Carsten Niebuhr, kehrte nach Europa zurück und berichtete Michaelis als erstem.

Einiges von den Ergebnissen fand Eingang in die sechs Bände »Mosaisches Recht«, die Michaelis 1770–75 in erster, 1785 in zweiter Auflage publizierte[25]. Er wollte darin in der Nachfolge Montesquieus eine »Philosophie« des alttestamentlichen Gesetzes geben, indem er es in die Zeit und Welt hineinstellte, in der es entstanden und für die es bestimmt war. Dadurch rückte er es zugleich in die Nähe und in die Ferne: es wurde verständlicher, verlor aber vollends die Verbindlichkeit des für alle Zeiten und Regionen geeigneten Gottesgesetzes. Gleichwohl beanspruchte Michaelis für seine Darstellung eine gewisse Aktualität. Das Buch ist einem schwedischen Juristen gewidmet, der für sein Land ein neues Gesetzbuch auszuarbeiten hatte. Michaelis rechnete darauf, daß ihm die »Freyheitliebenden Grundsätze des Staatsrechts der Israeliten . . . auch nach einem gewissen Nationalgeist gefallen« würden; das mosaische Gesetz halte keine Staatsform für die allgemein beste, sehe zunächst die Republik vor und erst für eine spätere Zeit die Monarchie, aber auch dann »keinen ganz unumschränkten und durch nichts balancirten König«[26].

Auf noch breitere Wirkung war die »Deutsche Übersetzung des Alten Testaments für Ungelehrte« angelegt, die in 13 Bänden 1769–83 erschien. Das Werk bot die Summe und gewissermaßen auch die Anwendung einer wissenschaftlichen Lebensarbeit. Aber der Übersetzung, die man natürlich mit der Lutherschen verglich, fehlte alle Sprachgewalt, und die Anmerkungen waren, soweit sie nicht gleich durch überflüssiges Raisonnement abstießen, eigentlich mehr für Gelehrte als für Ungelehrte interessant; die Gelehrten aber konnten sich bald an die entsprechenden Partien in der »Orientalischen und Exegetischen Bibliothek« halten, wo Michaelis die der Übersetzung zugrundeliegenden wissenschaftlichen Entscheidungen vortrug.

Was die Mehrzahl der urteilsfähigen Zeitgenossen an dieser Lebensarbeit vor allem beeindruckte, war, daß die Bibel, indem sie derart in die Welt hineingestellt wurde, an »Natur und Unmittelbarkeit« gewann – so Goethe, wiederum in den Noten und Abhandlungen zum Divan[27]. Mi-

---

24 Zuletzt nachzulesen bei TH. HANSEN: Reise nach Arabien, 1965.
25 Vgl. dazu R. SMEND: Aufgeklärte Bemühung um das Gesetz. Johann David Michaelis' »Mosaisches Recht«. In: H.-G. Geyer u.a., Hg.: »Wenn nicht jetzt, wann dann?« Aufsätze für H.-J. Kraus zum 65. Geburtstag, 1983, S. 129–139.
26 Vorwort zu Band I, gegen Ende.
27 Hamburger Ausgabe II, S. 225.

chaelis hatte Vorläufer in Westeuropa, wo ja überhaupt die wichtigsten Wurzeln der Aufklärung liegen. Aber daß er weitgehend ein Vermittler war, mindert sein Verdienst nicht; er bewies dabei schon kraft seines gelehrten Könnens größere Selbständigkeit als mancher andere. Auch daß er in vielem auch seinerseits nur ein Vorläufer war, kann man ihm nicht zum Vorwurf machen; das gilt – wenn es hoch kommt! – von uns allen, und was Michaelis betrifft, so stand die eigentliche Zeit der Entdeckungen im Orient und doch auch der Entdeckungen in der Bibel ja erst bevor – und wie lange hat es dann noch gedauert, bis, um zwei Hauptbeispiele zu nennen, die Entzifferung der Keilschrift und die Einsicht in die Unglaubwürdigkeit der Chronik wirklich tief in die Bibelwissenschaft eingreifen konnten! Um Michaelis' wirkliche Schwäche wenigstens anzudeuten, zitiere ich einen seiner Nachfolger, Heinrich Ewald: »Soviel ist gewiss dass seine meisten schriften lebhaft den eindruck machen als sei er seinem geisteswesen nach mehr zu einem naturforscher oder einem geschäftsmanne als zu einem . . . Exegeten oder Theologen bestimmt gewesen.«[28] Naturforscher und Geschäftsmann: das bezeichnet seine Stärke, die Fähigkeit zu nüchterner Erfassung der Realien. Was den Exegeten angeht: auch wenn man nicht einfach Maßstäbe der Nachwelt anlegt, ist der öfters geäußerte Eindruck kaum falsch, daß Michaelis zu wichtigsten Dimensionen der von ihm behandelten Texte im Grunde kein Verhältnis gehabt hat. Zwar hat er von Robert Lowth's Vorlesungen über die hebräische Poesie eine Neuausgabe veranstaltet[29], aber die durch dieses Werk eingeleitete ästhetische Betrachtung der Bibel und vollends das, was Herder auf diesem Felde geleistet hat, ist ihm in seiner eigentlichen Bedeutung verschlossen geblieben. Er bemerkte auch nicht die Tragweite von Jean Astrucs Entdeckung mehrerer Quellen in der Genesis[30]. So war der einzige erschienene Band seiner »Einleitung in die göttlichen Schriften des Alten Bundes« (1787) von vornherein veraltet – im Gegensatz übrigens zu manchen Partien seiner Einleitung in das Neue Testament, auf die hier leider nicht eingegangen werden kann. Beim Pentateuch lag ihm wie die literarische so die historische Kritik ganz fern, so daß natürlich auch der Titel »Mosaisches Recht« aufs wörtlichste gemeint war. Der

---

28 H. EWALD: Über die wissenschaftliche Wirksamkeit der ehemaligen Göttingischen lehrer J. D. Michaelis, J. G. Eichhorn, Th. Ch. Tychsen. Jahrbücher der Biblischen Wissenschaft 1, 1848/49, S. 26–34 (S. 28). Anstelle der obigen Punkte steht bei Ewald: »Orientalisten und«; das soll hier auf sich beruhen.
29 R. LOWTH: De sacra poesi Hebraeorum praelectiones Academiae Oxonii habitae. Notas et epimetra adjecit J. D. Michaelis I/II, 1770.
30 Vgl. seine beiden Besprechungen der Astrucschen Conjectures: Göttingische Gel. Anzeigen 1754 S. 973–976 und Relationes de libris novis 11, 1754, S. 162–194, und seine Einleitung in die göttlichen Schriften des Alten Bundes I, 1, 1787, S. 268 und 295–301.

heutige Leser stutzt, wenn er in Michaelis' Autobiographie liest, daß er am liebsten Geschichte studiert hätte[31]. Aber sein Nachfolger Eichhorn hat ihn gerade als einen Historiker gewürdigt[32], und mit damaligen Göttinger Augen konnte, ja mußte er wohl wirklich so gesehen werden, mochte es sich in Königsberg und anderswo sehr bald anders darstellen. Er war immerhin der Mentor Schlözers, und zu dessen »politisch-statistischer« Behandlung geschichtlicher Phänomene im »universalen« Zusammenhang wie auch zu den verwandten Unternehmungen anderer Kollegen am Ort paßte sein »Mosaisches Recht« nicht schlecht. Eine geschickte Sammelarbeit wie die seine, die ja nicht ohne wirkliche Entdeckungen blieb, mußte wohl auch geschehen, bevor die eigentliche Kritik beginnen konnte.

In der Überschrift dieses Beitrages wird Michaelis auf wenig feine Weise an den Rand der Theologie gestellt. Aber da stand er wirklich, nicht ohne vom Rand des Tellers in den Teller, und das heißt besonders auch in die Göttinger theologische Fakultät, nach Kräften hineinzupusten. Daß er dieser Fakultät nicht angehörte, hat man »vorsichtige Klugheit« genannt[33]. Es ist zweifellos sinnvoll und notwendig, auf bestimmte Stoffe der Theologie die Arbeitsweise benachbarter Fakultäten anzuwenden, und warum sollte das nicht im Extremfall geradezu in deren Rahmen geschehen können? Die auf Michaelis zurückgehende[34] Verbindung von Orientalistik und Bibelwissenschaft in der philosophischen Fakultät (die ja eine weitere Pflege der Bibelwissenschaft in der theologischen Fakultät nicht ausschloß) hat sich durch mehrere Generationen hindurch glanzvoll gerechtfertigt. Aber Michaelis begnügte sich nicht damit, über Biblisches zu lesen (und zu publizieren), sondern griff erstmals 1748 und dann immer wieder nach der Dogmatik. Aus dem Widerstand der theologischen Fakultät ergab sich ein jahrelanger Kleinkrieg, der damit endete, daß Michaelis sich durchsetzte[35]; außer der Vorlesung war eine gedruckte Dogmatik (1760 als lateinisches Kompendium, 1785 deutsch) das Ergebnis. Der offenbar nicht ganz unproblematische Theologe Michaelis begegnet, ohne daß sein Name fiele, noch heute vielen Theologiestuden-

---

31 Lebensbeschreibung (wie Anm. 4) S. 13. 17. Dort (S. 13) übrigens auch der kennzeichnende Satz: »bey einem andern Studium, sonderlich der Medizin, hätte ich vermuthlich in der Welt eine glänzendere und mir vortheilhaftere Rolle spielen können. . .«
32 Ebd. S. 156ff.
33 ED. SCHWARTZ: Rede auf Julius Wellhausen, 1918, S. 23 (= Ed. Schwartz: Gesammelte Schriften I², 1963, S. 326–361 [S. 351]).
34 Er hatte allerdings einen Vorgänger in A. G. Wähner, vgl. WILHELM EBEL: Catalogus Professorum Gottingensium 1734–1962, 1962, S. 103. 121 (gegen Smend [wie Anm. 4] S. 14).
35 Vgl. J. MEYER: Geschichte der Göttinger theologischen Fakultät. Zs.d.Ges.f.nds.KG 42, 1937, S. 7–107 (S. 28ff.).

Abb. 4. Johann David Michaelis.
Kupferstich nach einem Gemälde von 1761

Abb. 5. Johann Gottfried Eichhorn, um 1790

ten, nämlich wenn sie in Karl Barths verbreiteter »Einführung in die evangelische Theologie« im Abschnitt über den »Zweifel« die doppelte Frage lesen: »Gibt es so etwas wie jenes innere Zeugnis des Heiligen Geistes, durch das wir der Existenz, des Wirkens und des Sprechens Gottes ... gewiß gemacht werden? Was war jenem Mann des 18. Jahrhunderts zu antworten, der trocken behauptete: er für seine Person habe ein solches Zeugnis niemals empfangen?«[36] Jener Mann war Michaelis. Seine trockene Behauptung, oft und fast mit einem gewissen Stolz vorgetragen, gehörte in die Auseinandersetzung mit seiner Hallenser pietistischen Herkunft, die ihn zeitlebens beschäftigte und für die besonders der Englandaufenthalt wichtig war. In England wurde ihm ein gutes Gewissen zu pelagianischen Neigungen gemacht, die er schon immer gehabt, aber bis dahin hintangehalten hatte[37]. Das innere Zeugnis des Heiligen Geistes ließ er sich allerdings durch äußere Beweise, voran den durch Wunder, ersetzen. Ohne ihn, bekannte er gegen Semler, würde er »die christliche Religion nicht glauben«, sondern sich »zur Religion der Naturalisten« wenden[38]. Man kann sich leicht vorstellen, welches Gewicht nicht nur für die Theologie, sondern auch für den Glauben dann die historische Untersuchung, von der des Kanonproblems an, mindestens in der Theorie gewinnen mußte[39]. Michaelis scheint auch hier die möglichen Folgen nicht vorausbedacht und überhaupt mit seiner »eigentümlich verkümmerten Orthodoxie«[40], zu der sich schon früh ein Ressentiment gegen die Konsistorien gesellte[41], ganz gut gelebt zu haben.

Als er gestorben war, dichtete Gottfried August Bürger eine Elegie an Michaelis' Manen,

> »Die des Irrthums Chaos zu Gestalten
> Wandelloser Wahrheit aufgehellt«.

Das Poem schließt:

> »Stets in diesem Lichte fortzuwandeln,
> Stets darin zu leben und zu handeln,
> Schwört zum Dank die andachtsvolle Schaar. –
> Dir auch, Michaelis, großer Lehrer,

---

36 K. Barth: Einführung in die evangelische Theologie, 1962, S. 136.
37 Michaelis, Lebensbeschreibung (wie Anm. 4) S. 36.
38 Orientalische und exegetische Bibliothek 1, 1771, S. 89.
39 Vgl. E. Hirsch: Geschichte der neuern evangelischen Theologie IV, 1952, S. 33f.; W. G. Kümmel: Das Neue Testament. Geschichte der Erforschung seiner Probleme, 1958, S. 81–87.
40 Smend (wie Anm. 4) S. 5.
41 Böttiger: Über J. D. Michaelis Leben in Göttingen (in: Ebert [wie Anm. 12] I, 2, 1826, S. 49–57) S. 51.

Bringen feiernd deine Hochverehrer,
Dieses höhre Todtenopfer dar.«[42]

Von größerem Wert ist, was einer der schärfsten Beobachter im damaligen Göttingen, Georg Christoph Lichtenberg, einige Jahre früher in Prosa über Michaelis zu Papier gebracht hatte: »Der Mann schweift würcklich in seinen Theorien und Bibel Erklärungen aus, aber durch alle seine Possen schimmert immer, wie mich dünckt, der grose Mann durch.«[43]

II.

Das Haus, in dem Johann Gottfried Eichhorn wohnte – es stand in der Kurzen Straße und war bescheidener als das Michaelissche – gibt es nicht mehr, aber auf dem Albanifriedhof ist noch sein Grabstein zu sehen. Die schöne Inschrift verzeichnet nach Eichhorns Würden seine und seiner Frau Lebensdaten – er lebte von 1752 bis 1827, beide Eheleute stammten aus dem Hohenlohe-Oehringschen, was nach Jugendliebe aussieht – und schließt auf der Vorderseite mit dem Satz: »Verheyrathet den 24. July 1775 lebten sie 52 Jahre in der glücklichsten Ehe.« Geht man um den Stein herum, dann liest man: »Ihre Wege waren liebliche Wege und alle ihre Steige waren Friede. Spr. Sal. 3. V. 17.« Das ist, mit Verlaub, mißbräuchliche Verwendung eines Bibelverses. Denn der handelt nicht von Menschen, sondern von der Weisheit; auf sie bezieht sich das Possessivpronomen »ihre«, und der Satz ist im Urtext und den Übersetzungen eindeutig zeitlos-präsentisch. Man muß hoffen, daß Eichhorn ihn in der Form, wie er da steht, nicht zu seinem und seiner Frau Grabspruch bestimmt hat. Aber wenn er auf beide gepaßt hat – und wir haben keinen Grund, es zu bezweifeln –, mag die Freude darüber die Irritation durch diese Art von Schriftgebrauch mildern.

Eichhorns Leben verlief ohne größere Brüche, auch eine Zäsur in seiner geistigen Entwicklung wie bei Michaelis die Englandreise wird nicht sichtbar. Er wirkte angenehm und liebenswürdig, war etwas übertrieben höflich und galt als eitel[44]. Als Schriftsteller übertraf er Michaelis bei weitem; sein Stil ist gefällig, fast schön. Vorgänger und Nachfolger gaben sich an Weltläufigkeit nichts nach, beide waren auch gleich fest in die kleinere akademische Welt Göttingens eingewurzelt. Aber Michaelis kam

---

42 Todtenopfer, den Manen Johann David Michaelis dargebracht von seinen Verehrern, im August, 1791 (G. A. Bürger's Gedichte, 1815, S. 510–512).
43 Brief vom 19. 6. 1783 an J. A. Scharnhagen (Briefwechsel, hg. von U. Joost und A. Schöne II, 1985, S. 631).
44 Vgl. A. v. Humboldt (wie Anm. 5) S. 65.

aus dem Halle von 1745 nach Göttingen, Eichhorn aus dem Jena von 1788 – das machte schon einen Unterschied.

Göttingen war schon Eichhorns Studienort gewesen[45]. Der Pfarrersohn hatte hier seit 1770 wohl eher nebenbei die Theologen gehört, vor allem aber das um die Universität herum wohnende Dreigestirn Michaelis, Heyne und Schlözer – letzterer sein hohenlohischer Landsmann. Schon 1774 erhielt er die Stelle des Rektors am Gymnasium in Ohrdruf, von wo aus er alsbald in Jena promovierte, um schon zu Ostern 1775, 22jährig, als ordentlicher Professor für orientalische Sprachen dorthin berufen zu werden. Im gleichen Jahr kam Goethe ins benachbarte Weimar, ein Jahr später Herder. Eichhorn war disponiert, sich von beiden anregen zu lassen, aber auch beide anzuregen. Nach einem Menschenalter schrieb Goethe, der Überlebende der drei: »Erinnern wir uns nun lebhaft jener Zeit, wo *Herder* und *Eichhorn* uns hierüber [über die Bibel als Dichtung] persönlich aufklärten, so gedenken wir eines hohen Genusses, dem reinen orientalischen Sonnenaufgang zu vergleichen.«[46] Wäre Eichhorn nicht 1788 nach Göttingen gegangen, sondern auch nur ein Jahr länger in Jena geblieben, dann wäre er noch Schillers Fakultätskollege geworden. Aber Göttingen bedeutete damals eine kaum widerstehliche Verlockung. Ihr hatte allerdings Herder 1776 widerstanden (und er tat das 1784 noch einmal), wenn das der richtige Ausdruck ist – und ich will jetzt meinerseits der Verlockung widerstehen, über Herder in Göttingen oder Herder und Eichhorn in Göttingen irreale Spekulationen anzustellen. Wenn es so etwas wie einen Geist dieses Ortes gibt oder gegeben hat, wird man wohl sagen dürfen: Eichhorn paßte hierher, Herder wäre hier womöglich noch unglücklicher geworden als in Weimar.

Jedenfalls hat Eichhorn in Göttingen alsbald eine erstaunlich breite Wirksamkeit entfaltet. Sein Lehrprogramm ähnelte natürlich dem seines Vorgängers Michaelis, übertraf es aber noch an Vielseitigkeit. Er traktierte in jedem Semester Teile sowohl des Alten als auch des Neuen Testaments, dazu meist Arabisch, Syrisch oder auch Aramäisch, außerdem aber in den ersten anderthalb Jahrzehnten fast regelmäßig, danach sporadisch Welt- oder Kultur- oder Literaturgeschichte überhaupt, letztere jahrelang als einziger in Göttingen. Das waren in der Woche 24 Stunden oder mehr[47]. »Kein Mensch sei noch je am Studium gestorben«, pflegte Eichhorn zu sagen. Er arbeitete »von 5 Uhr morgens bis 9 Uhr abends mit je halbstündigen Pausen für die Mahlzeiten«, räumte aber zwei von

---

45 Zum Biographischen vgl. ERNST BERTHEAU (CARL BERTHEAU): Eichhorn, Johann Gottfried. In: RE³V, 1898, S. 234–237; dort die ältere Literatur. Seitdem EBERHARD SEHMSDORF: Die Prophetenauslegung bei J. G. Eichhorn, 1971, S. 117 ff. und passim.
46 Hamburger Ausgabe II, S. 128.
47 Vgl. Bertheau (wie Anm. 45) S. 235.

Harvard kommenden Studenten, George Ticknor und Edward Everett, schließlich ein, »daß für verwöhnte junge Amerikaner zwölf Stunden täglich zunächst genug seien«[48]. Nicht ohne leisen Tadel vermerkte er, Michaelis habe sich auf seine Veranstaltungen immer schon einen Tag vorher vorbereitet: »sein Lehr-Vortrag verlohr dadurch die Kürze, die er ihm gegeben haben würde, wenn er unmittelbar nach der Vorbereitung aufgetreten wäre. Itzt mußten sich Ideen eines vorigen Tags durch die zunächst gedachten, die mit jenen in keiner nähern Verbindung standen, spinnen: dieß gab zwar öfters neue Schlingungen und Combinationen; der Faden aber mußte länger werden.«[49] Eichhorns eigene Vorlesungen waren zweifellos auch der Form nach die besseren. A. v. Humboldt, der Michaelis in dieser Beziehung so hart tadelte, sagte unumwunden: »Ich höre ihn gern«, und fügte hinzu: »Er spricht deutlich und zusammenhängend, fast ohne Heft, hat aber den sonderbaren Fehler einer singenden Monotonie, wie in der Deklamation der Rhapsoden.«[50]

Diese Charakteristik paßt mutatis mutandis auch auf Eichhorns Schriftstellerei, deren Umfang und Thematik seiner Vorlesungstätigkeit durchaus entspricht. Einen großen Teil machen die historisch-literarischen Kompilationen aus, die heute noch gelegentlich in Antiquariaten einen halben oder ganzen Regalmeter füllen: fünf Bände Weltgeschichte 1801–14, sechs Bände Geschichte der drei letzten Jahrhunderte 1803/04, nicht zu spät aufs laufende gebracht durch einen Band Geschichte des neunzehnten Jahrhunderts 1817, zwei Bände Litterärgeschichte 1799 und 1814, fünf Bände Geschichte der Litteratur von ihrem Ursprunge bis auf die neuesten Zeiten 1805–07 – diese wenigstens in einem schmalen Drittelband, der neuere fremdsprachliche Literatur behandelt, unter Mitarbeit ausländischer Autoren. Ein Sammelwerk, in elf Abteilungen, vielleicht allein heute noch sachlich interessant, die »Geschichte der Künste und Wissenschaften seit der Wiederherstellung derselben bis an das Ende des achtzehnten Jahrhunderts«, seit 1796, ist, wie auf dem Titel steht, »von einer Gesellschaft gelehrter Männer ausgearbeitet«. Eichhorn schrieb dafür zwei Einleitungsbände »Allgemeine Geschichte der Cultur und Litteratur des neuern Europa« und gewann Kollegen, meist aus Göttingen, für die Einzeldisziplinen, so Fiorillo für die Malerei, Forkel für die Musik, Bouterwek für die »schönen Wissenschaften«, Heeren für die griechische und römische Literatur, Kästner für die Mathematik, Gmelin

---

48 VAN WYCK BROOKS: The Flowering of New England, New York 1941, S. 83, hier zitiert nach der deutschen Ausgabe Die Blüte Neuenglands, 1948, S. 80f. Ich verdanke die Kenntnis des Buches B. S. Childs.
49 In Michaelis, Lebensbeschreibung (wie Anm. 4) S. 224.
50 Jugendbriefe (wie Anm. 5) S. 65.

für die Chemie. Mit diesem ganzen Zweig seiner Schriftstellerei wollte Eichhorn, wie man später gesagt hätte, der Allgemeinbildung dienen[51]. Daß er einem wirklichen Bedürfnis auf nicht unpassende Weise entgegenkam, zeigt der Erfolg. Von ihm geben die genannten Band- und Jahreszahlen nur ein unvollkommenes Bild; manche Bände erschienen in mehreren Teilbänden, wiederholt gab es Neuauflagen. Übrigens konnte sich Eichhorn als Historiker auch noch aktueller und spezieller äußern. 1797 gab er eine zweibändige Darstellung der Französischen Revolution heraus, die er als weder aristokratisch noch demokratisch gesinnter Bürger verfaßt zu haben beanspruchte[52], und 1816 eine »Urgeschichte des erlauchten Hauses der Welfen«, von 449 bis 1055 reichend, also sogar Heinrich den Löwen noch in der Zukunft lassend, und dem Prinzregenten Georg Friedrich August »in tiefster Ehrfurcht gewidmet«.

Während alle diese Werke, mögen sie sich auch immer noch ganz hübsch lesen, keine tieferen Spuren hinterlassen haben, ist der Name des Fachgelehrten Eichhorn unvergessen. Am wenigsten gilt das noch von der Orientalistik, dem ihm in erster Linie zugewiesenen Fach. Natürlich war er auch hier, sonst wäre er nicht Eichhorn gewesen, vielfältig und mit Eleganz produktiv. In seinen akademischen Anfängen empfahl er sich durch eine verblüffend große Zahl von Veröffentlichungen zur arabischen und syrischen Literatur und Geschichte, und bis in seine letzten Jahre ließ er diese Themen nicht aus dem Auge. In Göttingen präsentierte er sich 1788 mit einem allerdings eher alttestamentlich (Gen 11,1–9) und allgemein gehaltenen Programm unter dem Titel: Declarantur diversitatis linguarum ex traditione Semitica origines[53]. Als Philologe bewegte er sich auf der von Schultens und Michaelis vorgezeichneten Linie. Eher eine Pflichtarbeit war die Neuherausgabe des hebräischen und aramäischen Handlexikons eines Hallensers namens Joh. Simonis (3. Aufl., 1793); Eichhorn hat dort »die Arbeiten von Michaelis und mehreren Holländern excerpirt, und in den ersten Buchstaben manches für Phraseologie und Construction nachgetragen, was aber weiterhin aus Mangel an Raum unterblieb«[54]. Ob es vielleicht nicht nur der Mangel an Raum war? Wie Michaelis gab Eichhorn eine eigene Zeitschrift heraus, zweimal sogar, wobei er allerdings auch Kollegen zu Worte kommen ließ. Die erste Zeitschrift (1777–86) hieß »Repertorium für Biblische und Morgenländische Litteratur«, die zweite (1787–1803) »Allgemeine Bibliothek der Biblischen Litteratur«. Der Fortfall des »Morgenländischen« deutet an,

---

51 Vgl. etwa die Vorrede zum 1. Band der Geschichte der Litteratur.
52 Die französische Revolution in einer historischen Übersicht, 1797; vgl. dort I, S. XIVf.
53 Neudruck: Allgemeine Bibliothek der biblischen Litteratur III, 6, 1792, S. 981–1016.
54 W. Gesenius: Geschichte der hebräischen Sprache und Schrift, 1815 (1973), S. 134.

daß Eichhorns gelehrte Arbeit sich in der Göttinger Periode auf die Bibel konzentrierte.

Sein bekanntestes Werk wurde die »Einleitung in das Alte Testament«, in vier Auflagen und zwei Raubdrucken[55] weit verbreitet; nicht nur das theologische Publikum las sie, sondern von Goethe und Jean Paul abwärts die gebildete Welt[56]. Die erste Auflage (1780–83) kam Michaelis zuvor, der dann nur noch einen von vornherein überholten Torso zustandebrachte, aber dezent durchblicken ließ, Eichhorn habe eine einst bei ihm gehörte Vorlesung ausgeschlachtet[57]. Sei dem gewesen, wie ihm wolle, Eichhorns Einleitung ist nicht nur vollständiger und genießbarer, sondern auch in der Sache eine Generation weiter als die des nachfolgenden Vorgängers. Eichhorn selbst hat seine Aszendenz in der Selbsteinschätzung, die ihm nun einmal eigen war, auf folgende Formel gebracht: »Zur richtigern Ansicht der Schriften des A.T. hatten *Richard Simon* und *Johann le Clerc* viel Vortreffliches vorgearbeitet; *Johann Albert Schultens* that nun eine genauere Sprachkunde, *Johann David Michaelis* Wortkritik und reiche Sachkunde, *Eichhorn* die höhere Kritik (über Alter, Aechtheit, Integrität und Ursprung) und Kenntniß der alten Welt hinzu, wodurch die Auslegung des A.T. mit allem ausgerüstet war, was zu ihrer glücklichen Ausübung gehörte.«[58]

Leider ist es unmöglich, an dieser Stelle die Position Eichhorns zu den wichtigsten Einleitungsfragen, angefangen beim Pentateuch, auch nur in Stichworten vorzuführen. Ich muß es notgedrungen und schlechten Gewissens bei dem einen bewenden lassen, was (hoffentlich) jeder Examenskandidat weiß: daß Eichhorn (übrigens nicht in einem einzigen Anlauf und auch nicht ohne fast gleichzeitige entsprechende Überlegungen von anderer Seite) die Kapitel 40ff. des Buches Jesaja ins babylonische Exil versetzt hat – die Entdeckung des »Deuterojesaja« also[59]. Und aus dem neutestamentlichen Examenswissen – eine Einleitung in das Neue Testament hat Eichhorn auch geschrieben[60] – nenne ich bei dieser Gelegenheit gleich die an Lessing ankünpfende Hypothese von einem hebräischen oder aramäischen Urevangelium, das den drei ersten Evangelien zugrundeliege[61].

55 Vgl. I³, 1803, S. XIIf. und RE³V, S. 235.
56 GOETHE: Briefe, Hamburger Ausgabe II, S. 263. 266; JEAN PAUL: Sämtliche Werke, hg. von der Deutschen Akademie der Wissenschaften zu Berlin, III/1, S. 243. 489.
57 In seiner Rezension des ersten Bandes von Eichhorns Einleitung (Orientalische und Exegetische Bibliothek 16, 1781, S. 179–181) S. 180.
58 Litterärgeschichte der drey letzten Jahrhunderte, 1814, S. 1070.
59 Einleitung ins Alte Testament III¹, S. 83ff.
60 In drei Bänden, 1804–1814.
61 Über die drey ersten Evangelien. Allgemeine Bibliothek der biblischen Litteratur V, 5,

Mit dieser Hypothese hatte Eichhorn auch ein apologetisches Ziel im Auge, nämlich die Trennung der zuverlässigen »apostolischen« Jesusüberlieferung von dem, was ihr später hinzugefügt worden ist, z. B. den Kindheitsgeschichten bei Matthäus und Lukas, als Mittel, »die innere Glaubwürdigkeit und Wahrheit der evangelischen Geschichte unerschütterlich zu befestigen«[62]. Diese »höhere Kritik« war immerhin ein Fortschritt gegenüber dem Michaelisschen Verfahren, ganze Bücher des Neuen Testaments für apostolisch oder nicht apostolisch und darum kanonisch oder nicht kanonisch zu erklären – nicht nur wegen des subtileren exegetischen Verfahrens, das die Bücher nicht mehr en bloc nahm, sondern auch darum, weil der Begriff des Kanons in seiner normativen Bedeutung dabei zurücktrat. Es ist kein Zufall, daß der Theologe seines Jahrhunderts, den Eichhorn am höchsten verehrte, Semler war. Zwar konnte er auch Michaelis einen »großen Theologen« nennen[63], aber Semler schrieb er das Verdienst zu, für die neuere Theologie als deren »erster Reformator« ähnliches geleistet zu haben wie Newton für die Mathematik: »Ein volles Viertel Seculum war er geschäftig, dieser Wissenschaft [der Theologie also] das veraltete und schmutzige Gewand, das ihr Platonismus und Scholastik umgeworfen hatten, auszuziehen, und sie verjüngt und mit neuen Reitzen ausgestattet ihrer Schwester, der Philosophie, die sie auszustoßen drohte, zur Aussöhnung wieder zuzuführen.«[64] Seine eigene Aufgabe auf benachbartem Arbeitsfeld hat Eichhorn durchaus ähnlich gesehen. Er begann die »Einleitung« von ihrer zweiten Auflage an mit der folgenden programmatischen Erklärung über das angestrebte Ziel in seinem theologiegeschichtlichen Zusammenhang:

»Der bloß theologische Gebrauch, welcher von den Schriften des Alten Testaments gewöhnlich gemacht wird, hat bisher mehr, als man denken sollte, verhindert, diese Werke des grauen Alterthums nach Verdienst zu würdigen. Man suchte darin nichts als Religionsideen, und war für ihren übrigen Inhalt blind; man las sie ohne Sinn für Alterthum und seine Sprache, nicht viel anders, als ein Werk der neuern Zeiten; und mußte nach Verschiedenheit der Geisteskräfte den allerungleichartigsten Erfolg in sich verspüren. Eine Art von Lesern überredete sich leicht, daß den Hebräern ihre Religionsideen mittelst vieler übernatürlicher Ereignisse nicht nur ertheilt, sondern daß sie auch durch eine andere Reihe ähnlicher Wunder bey ihnen erhalten und auf die Nachwelt fortgepflanzt worden: einer anderen hingegen, welche die Natur der Israelitischen Religion, und

---

1794, S. 761–996, vgl. bes. S. 775ff.; Einleitung in das Neue Testament I, 1804, S. 148ff.
62 Einleitung I (wie Anm. 61) S. 459.
63 In: J. D. Michaelis, Lebensbeschreibung (wie Anm. 4) S. 212.
64 Allgemeine Bibliothek der Biblischen Litteratur 5, 1793, S. 1f.

ihre einzelnen Begriffe mit größrer Aufklärung umfaßte, fiel das Unwahrscheinliche, Unglaubliche, und zum Theil Unmögliche dieser Vorstellungen in die Augen, und in der Voraussetzung, daß die Schriften der Hebräer wirklich alles das enthielten, was man aus ihnen bloß zu wiederhohlen vorgab, und was sie auch nach einem flüchtigen Blick zu enthalten scheinen mußten, verachtete und verspottete man sie, und ließ ihnen auch nicht einmahl die Gerechtigkeit widerfahren, die man den gemeinsten Schriften nicht verweigert. Gewiß hätten sich jene denkenden Männer mit diesen äußerst wichtigen Denkmählern des menschlichen Geistes ausgesöhnt, wenn nur Ein Erklärer ihres Inhalts und Ein Vertheidiger ihrer Wichtigkeit gezeigt hätte, daß das meiste Wunderbare und Übernatürliche in den Büchern selbst nicht enthalten, sondern aus bloßem Mißverständniß und aus Unkunde der Sprachen und Vorstellungsart, die sie mit allen Werken des frühern Alterthums gemein haben, ist in sie getragen worden; oder wenn sie nur erst darauf aufmerksam gemacht worden wären, daß sie die Geschichte der Cultur und Aufklärung eines alten Volks so vollständig beschrieben, wie sie sonst von keinem andern weiter übrig ist; daß sie uns dasselbe in Zuständen zeigten, die bey andern bekannten und weit berühmtern Völkern des Alterthums lange vor dem Anfang ihrer übrig gebliebenen schriftlichen Denkmähler hergegangen, und daß sie zu tausend für Menschen und Menschengeschichte wichtigen Betrachtungen Gelegenheit gäben.«[65]

Gegen die »supranaturalistischen« Anhänger und die »naturalistischen« Kritiker des christlichen Glaubens will Eichhorn also das Übernatürliche aus dem Alten Testament wegerklären und das alte Israel in seiner wahren Bedeutung für die menschliche Geschichte ans Licht stellen. Das ist nach seiner ausdrücklichen Erklärung Absicht der Einleitung in das Alte Testament, mag diese »Firma« dafür auch nicht ganz passend erscheinen[66]. Um einen unmittelbaren Eindruck zu geben, zitiere ich den Schlußparagraphen über die Genesis, der überschrieben ist »Wie man die Genesis lesen muß«:

»Lies es [das erste Buch Mose] als zwey historische Werke der Vorwelt [zwei: die Astruc'schen Urkunden mit Jehova und Elohim], und athme dabey die Luft seines Zeitalters und Vaterlandes. Vergiß also das Jahrhundert, in dem du lebst, und die Kenntnisse, die es dir darbiethet; und kannst du das nicht, so laß dir nicht träumen, daß du das Buch im Geist seines Ursprungs genießen werdest. Das Jugendalter der Welt, das es beschreibt, erfordert einen Geist in seine Tiefe herab gestimmt; die ersten Strahlen des dämmernden Lichts der Vernunft vertragen das helle Licht ihres vollen Tages nicht; der Hirte spricht nur einem Hirten und der

---

65 J. G. EICHHORN: Einleitung ins Alte Testament, I², 1787, S. III–V.
66 Ebd. S. V.

uralte Morgenländer nur einem andern Morgenländer in die Seele. Ohne vertraute Bekanntschaft mit den Gewohnheiten des Hirtenlebens, ohne genaue Kenntniß des Orients und seiner Sitten, ohne innige Vertraulichkeit mit der Denkungs- und Vorstellungsart der uncultivirten Welt, besonders des frühesten Griechenlands, und der ungebildeten Nationen neuerer Zeiten erworben, wird man leicht ein Verräther des Buchs, wenn man sein Retter und Ausleger seyn will.

Insonderheit muß man seine Sprache nicht wie die eines cultivirten und philosophischen Jahrhunderts behandeln. Überall ist sie in diesem Buch noch wie die Welt – in ihrer Kindheit; es fehlt ihr noch oft an umfassenden, allgemeinen Ausdrücken, und muß deshalb einzelne Theile der Dinge nennen, um Begriffe vom Ganzen zu wecken. Sie gleicht noch einer Mahlerey, oder der Dichtersprache; sie legt, wie diese, alles Theilweise dar – und da die Sprache unsres Zeitalters so weit von der ursprünglichen Einfalt der Sprache in der ältesten Welt entfernt ist, so müssen wir nun, wie bey der Dichtersprache, immer Satz und Einkleidung unterscheiden.

Endlich, nach der Sprache dieses Buchs bringt Gott alles selbst unmittelbar zur Wirklichkeit, ohne sich des Laufs der Natur und gewisser Mittelursachen zu bedienen. Aber auch darin hat es nichts ihm allein Eigenes. Seine Vorstellungen sind nur denen der ältesten Welt überhaupt gleich, die noch nicht durch lange fortgesetzte Erfahrungen erforscht hat, wie alle Begebenheiten an einer langen Kette von Mittelursachen hängen; sie bleibt bey der letzten Ursache, Gott, als der vermeintlich nächsten stehen, und für uns, die wir die Ursachen der Dinge erforscht haben, ist in diesen Fällen der Nahme Gottes oft ein entbehrliches Füllwort, und keine Anzeige, daß Gott den Lauf der Dinge immer unterbrochen habe.«[67]

Jeder dieser Sätze weckt Assoziationen an Näheres und Ferneres, jeder verdiente in seinem genauen geistesgeschichtlichen Zusammenhang analysiert zu werden. Das kann hier leider nicht geschehen, so daß ich mich auf die Nennung von ein paar Namen und Jahreszahlen beschränken muß. Der nächste und wichtigste Zusammenhang ist ein göttingischer, nämlich der mit Heynes Interpretation des antiken Mythos. Eichhorn hatte als Student in Heynes berühmtem Seminar gesessen, und ein späteres Mitglied dieses Seminars, das sowohl bei Eichhorn als auch bei Heyne Kolleg hörte – es ist noch einmal Alexander v. Humboldt –, berichtet: »Wenn man Heynens Homer hört, die Art wie er die ältesten Mythen interpretiert, seine Art über die Kindheit des Menschengeschlechts zu raisonnieren und seine immerwährenden Vergleichungen des Homers und Moses – so sieht man die richtige Erklärung des Alten Testaments gleichsam von selbst entstehen.«[68] Gleichsam von selbst – aber doch auch

---

67 Ebd. II², 1787, S. 345f.
68 A. v. Humboldt (wie Anm. 5) S. 66.

unter kräftiger Mithilfe Eichhorns, der in dem für seine Biographie so bedeutsamen Jahr 1775 nebenbei eine Auslegung der Urgeschichte in Gen 1–3 niederschrieb, die er aber erst 1779 veröffentlichte und die in der Neuausgabe durch seinen Schüler Johann Philipp Gabler (1790–93) das Hauptdokument für die Arbeit der sog. mythischen Schule am Alten Testament wurde – eine Arbeit, die dann anders und tiefer auf alttestamentlichem Gebiet Wilhelm Martin Leberecht de Wette, auf neutestamentlichem David Friedrich Strauß fortgesetzt und vollendet haben[69]. Eichhorns unmittelbare zeitliche Nachbarschaft deute ich mit ein paar Jahreszahlen an: 1775, das Abfassungsjahr der »Urgeschichte«, ist umgeben von den Erscheinungsjahren der beiden Bände einer anderen Bearbeitung des gleichen Gegenstandes, Herders »Ältester Urkunde des Menschengeschlechts«, 1774 und 1776. 1777 erschien Lessings »Erziehung des Menschengeschlechts« fragmentarisch, 1780, ein Jahr nach der Veröffentlichung von Eichhorns »Urgeschichte«, vollständig. Sie wurde von Gabler 1793 in seiner Neubearbeitung der »Urgeschichte« als Bundesgenossin der »mythischen Schule« in Anspruch genommen[70]. 1793 erschien aber auch, eine Etage höher, Kants »Religion innerhalb der Grenzen der bloßen Vernunft«, und hier mußte sich Eichhorn mit Schärfe distanzieren: würde man der grammatisch-historischen Interpretation »in Zukunft eine durchgängige Deutung des Alten und Neuen Testaments zu einem Sinn vorziehen, der mit den allgemeinen practischen Regeln der reinen Vernunft-Religion zusammenstimme, wenn ihm gleich der Buchstabe widerspräche«, dann würde »der enge Bund aufgelößt, in welchem die klassische und biblische Litteratur besonders seit den lezten zwanzig Jahren in Deutschland wieder zusammengetreten sind«; dann würde »eine neue Barbarey von dieser grossen Revolution den Beschluß machen. Dafür müssen uns Apollo und die Musen bewahren!«[71] Weitere zwanzig Jahre später, 1814, resümierte Eichhorn den Kampf, der inzwischen gewogt hatte, halbwegs positiv damit, er habe immerhin »Leben in die Wissenschaft, die vormals viel zu todt betrieben worden war, gebracht, und ihr zu höherer Vollkommenheit geholfen. . .«[72]

Jene Jahrzehnte waren bekanntlich auch sonst nicht kampflos gewesen. Bei dem, was Göttingen davon um die Zeit des Königreichs Westphalen abbekam, hat Eichhorn sich, fast wie einst Michaelis, einigermaßen unbeliebt gemacht, so durch ein wenig vornehmes Verhalten gegen Hey-

---

69 Vgl. Ch. Hartlich und W. Sachs: Der Ursprung des Mythosbegriffes in der modernen Bibelwissenschaft, 1952.
70 J. G. Eichhorn: Urgeschichte, hg. v. J. Ph. Gabler, II/2, 1793, S. 62f. Anm. 26.
71 Briefe die biblische Exegese betreffend, Allg. Bibliothek der biblischen Litteratur 5, 1793, S. 203–281, S. 204f.
72 Litterärgeschichte II, 1814, S. 1103. Vgl. dazu O. Kaiser: Eichhorn und Kant. In: O. Kaiser: Von der Gegenwartsbedeutung des Alten Testaments, 1984, S. 61–70.

ne, der bei ihm den Ehrgeiz konstatierte, »Primas und Canzler von Göttingen« zu werden – wie es jeder auf seine Weise Michaelis und Heyne gewesen waren⁷³. Eichhorn blieb auf vielen Gebieten emsig tätig, veröffentlichte auch noch ein dreibändiges Werk über die Propheten, das eine lebenslange interessante und einflußreiche Arbeit an diesem Gegenstand abschloß⁷⁴, aber die Führung in seinem Fach ging noch zu seinen Lebzeiten an erheblich Jüngere über, de Wette in Basel und Gesenius in Halle. De Wette hatte schon 1805 an der Universität Jena, Eichhorns alter Wirkungsstätte, seine Dissertation mit einem heftigen Ausfall gegen Eichhorn begonnen⁷⁵. Ein Jahrhundert später tat Julius Wellhausen, nunmehr Inhaber des Lehrstuhls von Michaelis und Eichhorn, beide miteinander als »Göttinger Scheingrößen« ab⁷⁶. Eine neue Epoche der Wissenschaft hatte Eichhorn auch in seiner allernächsten Umgebung vor Augen: sein Sohn Karl Friedrich wurde der Begründer der »historischen Rechtsschule«.

Ans Ende kommend erlaube ich mir, nun auch meinerseits in einem anderen Fach dilettierend, eine kleine Abschweifung in die schöne Literatur. Als im September 1824 Heinrich Heine Göttingen auf dem Wege in den Harz verließ, da war es noch sehr früh »und der gelehrte ** lag gewiß noch im Bette und träumte wie gewöhnlich: er wandle in einem schönen Garten, auf dessen Beeten lauter weiße, mit Zitaten beschriebene Papierchen wachsen, die im Sonnenlichte lieblich glänzen, und von denen er hier und da mehrere pflückt, und mühsam in ein neues Beet verpflanzt, während die Nachtigallen mit ihren süßesten Tönen sein altes Herz erfreuen«⁷⁷. In Heines Handexemplar der »Reisebilder« steht bei den beiden Sternchen der Name Blumenbach, auf den die Stelle durchaus paßt. Aber die Notiz ist nicht von Heine selbst geschrieben, und die französischen Ausgaben haben, doch gewiß nicht ohne Heines Autorisation, statt der Sternchen »le savant Eichhorn«, worunter man Karl Friedrich Eichhorn zu verstehen pflegt⁷⁸. Aber der war zur Zeit der »Harzreise« 43 Jahre alt, hatte also kaum schon ein »altes Herz«. So scheint mir die Möglichkeit nicht ausgeschlossen, daß Johann Gottfried Eichhorn der

---

73 Vgl. G. v. Selle (wie Anm. 8) S. 161 ff.
74 Die hebräischen Propheten, 1816/19. Vgl. dazu Sehmsdorf, Prophetenauslegung (wie Anm. 45).
75 Vgl. R. SMEND: W. M. L. de Wettes Arbeit am Alten und am Neuen Testament, 1958, S. 32f.
76 JULIUS WELLHAUSEN: Heinrich Ewald. In: Festschrift zur Feier des 150jährigen Bestehens der Königlichen Gesellschaft der Wissenschaften zu Göttingen, 1901, S. 63–81, S. 69 (= J. Wellhausen: Grundrisse zum Alten Testament, hg. v. R. Smend, 1965, S. 120–138, 126).
77 H. HEINE: Sämtliche Schriften, hg. von K. Briegleb II, 1969, S. 105.
78 Ebd. S. 755.

erfreute Träumer gewesen ist. Heine hatte nachweislich gerade im Sommer 1824 mit ihm zu tun gehabt und erinnerte sich seiner auch später noch[79].

Wenigstens metaphorisch leuchtet das Licht auch, und gleich zweimal, in einem Satz Eichhorns, der seine Bedeutung für die Wissenschaft in vielleicht nur gespielter Bescheidenheit, aber doch völlig richtig umschreibt. Er beschließt das Vorwort zur ersten Auflage seiner Einleitung in das Alte Testament (1780) und soll auch unser Schluß sein: »Haben durch meine Bearbeitung dunkle Materien an Licht, verworrene an Deutlichkeit, ungewiße an Gewißheit auch nur einiges gewonnen; wird mein Versuch andere zu ähnlichem aufmuntern, und ihnen dabei, auch nur als erste Grundlage, nützlich seyn: so werde ich Ursache haben, mit Vergnügen an die Mühe zurückzudenken, die ich an die Untersuchung so mannichfaltiger Gegenstände gewandt habe. Morgenröthe muß vor dem Tage hergehen; warum nicht auch vor dem der biblischen Kritik?«

---

79 Vgl. Werke II, S. 816; V, S. 368. Im Register Werke VI/2, S. 747 ist die Seitenzahl IV, 949 fälschlich bei seinem Namen aufgeführt (es handelt sich dort um einen dritten Eichhorn), die Seitenzahl II, 755 dagegen, falls die oben mitgeteilte Vermutung zutreffen sollte, aus Versehen richtig.

JOACHIM RINGLEBEN

Göttinger Aufklärungstheologie –
von Königsberg her gesehen

Die ganze Ringvorlesung führt durch die Geschichte unserer Fakultät wie durch eine ehrwürdige Galerie: von einem illustren Bild zum nächsten. Da erscheint es reizvoll, die Optik einmal zu wechseln und Göttinger Theologie und Theologen im Spiegelbild prominenter Zeitgenossen zu betrachten. Wie wurde Göttingen, seine wissenschaftliche Berühmtheit immer vorausgesetzt, denn tatsächlich wahrgenommen? Wie wurden die hier entstandenen Bücher gelesen, wie die hier wirkenden Lehrer angesehen? – das soll unsere Frage sein: wahrgenommen, gelesen, angesehen außerhalb von Göttingen selber.

Der Zeitraum Göttinger Theologiegeschichte, der dazu untersucht werden soll, ist natürlich nur ganz notdürftig und vorläufig mit dem viel zu undifferenzierten Schlagwort »Aufklärungstheologie« angegeben. Das Wort soll – alle Näherbestimmungen für die einzelnen Theologen vorbehalten – eben nur global auf die Epoche hinweisen, um die es hier geht: die Zeit von 1724–1804. Damit sind die Lebensdaten Immanuel Kants zum Rahmen gewählt.

Zunächst zum Stichwort Königsberg[1]. Die Stadt steht für drei Namen von höchstem Rang: Kant, Hamann und Herder, und mit ihrem Verhältnis zur Göttinger Theologie wollen wir uns beschäftigen. Das bedeutet übrigens auch, daß die Theologiegeschichte an dem Punkt in den Blick kommt, wo sie geistesgeschichtlich bedeutsam wird. Es geht weniger um reine Fachtheologie. Darum also Königsberg: weil hier die geschichtlich wirksamen und als Anbahner eines Neuen in besonderer Weise kompetenten Zeitverwandten der Göttinger Theologen lebten – wobei ich nur den überragenden Lessing ausnehme. Königsberg – das ist der Name für

---

1 Zur allgemeinen Orientierung vgl. F. GAUS: Die Geschichte der Stadt Königsberg in Preußen 2, 1968, S. 132–295. – W. HUBATSCH: Die Albertus-Universität zu Königsberg in Preußen in der deutschen Geistesgeschichte 1544–1944, 1964, S. 173–245. Eine Fülle von Lit.-Angaben zur Stadt-, Universitäts- und Literaturgeschichte Königsbergs bei Unger (wie Anm. 5). Für Kant vgl. C. STAVENHAGEN: Kant und Königsberg, 1949; für Hamann: J. NADLER: J. G. Hamann 1730–1780. Der Zeuge des Corpus mysticum, 1949, S. 24ff. und S.-A. JØRGENSEN: J. G. Hamann, 1976, S. 15ff.

ein geistiges Zentrum erster Größe: auch Berlin gegenüber wußte man sich höchst eigenwertig. Und »Königsberg« bedeutet überhaupt keine provinzielle Beschränktheit, denn Königsberg das heißt auch Bückeburg und Weimar; der große Herder blieb lebenslang Schüler Hamanns, der ihn stets inspirierte, fördernd begleitete und kritisierte. Und durch Herder wirkt Hamann intensiv auf Goethe, so daß »Königsberg« zugleich auch Weimar noch präfiguriert.

In Herders Person hätten sich die Pole Göttingen-Königsberg beinah aufs Bedeutendste berührt: wenn es nämlich 1775 zu Herders Berufung hierher auf die 4. theologische Professur und Universitätspredigerstelle als Nachfolger G. T. Zachariäs[2] gekommen wäre[3]. Das scheiterte beim ersten Male bekanntlich am Verdacht mangelnder Orthodoxie des berühmten Autors, – von welchem Verdacht ihn auch die Fakultät in Person von Leß, Miller und Walch nicht zu entlasten bereit oder in der Lage war[4].

Im Folgenden muß ich mich hauptsächlich auf Kant und Hamann beschränken.

I. Johann Georg Hamann

1. Hamann und die Göttinger Aufklärungstheologie, das ist, wie man sich zunächst klar machen muß, nur ein sehr kleiner Ausschnitt aus dem gewaltigen Thema: Hamann und die Aufklärung, das von dem späteren Göttinger Germanisten R. Unger eindrucksvoll behandelt worden ist[5].

Denn nicht allein war Hamann durch seinen und Kants Lehrer M. Knutzen[6] mit der deutschen, gemäßigten Aufklärung bekannt geworden, sondern er kannte auch die englische Aufklärungsliteratur bestens, nicht nur den Deismus, sondern auch die großen Altertumsforscher und kritischen Exegeten der Zeit wie Warburton, Monboddo, Lowth usw. Genauso begegnet ihm der epochale Geist in seinen radikalen französischen Vertretern: vor allem »Arouet Falstaff«, also Voltaire, diesem »unver-

---

2 Über ihn s. u. im Text und Anm. 19.
3 Die Vorgänge sind samt der Vorgeschichte ausführlich geschildert bei R. HAYM: Herder nach seinem Leben und seinen Werken dargestellt, 2 Bde., 1877/85 (zitiert Nachdruck Berlin 1958); vgl. 1, S. 745 ff. u. 517 f. Über die gleichfalls gescheiterten Verhandlungen mit Göttingen 1784 und 1789 vgl. Haym 2, S. 411 ff. u. 458 ff.
4 Eine knappe und präzise Darstellung bei J. MEYER: Geschichte der Göttinger theologischen Fakultät. Zs. d. Gesellsch. f. nieders. Kirchengeschichte 42, 1937, S. 33 f.
5 2 Bde., 1911, 1925² (Nachdruck 1963 u. ö.). Vgl. außerdem E. METZKE: J. G. Hamanns Stellung in der Philosophie des 18. Jahrhunderts, 1934 (Nachdruck 1967).
6 Grundlegend B. ERDMANN: M. Knutzen und seine Zeit, 1876. In Bezug auf Hamann vgl. K. GRÜNDER: Figur und Geschichte, 1958, S. 56 ff. und H. SIEVERS: J. G. Hamanns Bekehrung, 1969, S. 71 ff.

schämteste(n) Spermolog und Virtuose(n), Hiero- und Sykophant seines Jahrhunderts« (N 3,144)[7], leider auch der »Lieblingsprophet und Evangelist« (N 3,219) seines königlichen Anhängers Friedrichs II., des »Salomon de Prusse« für Hamann[8]. Schließlich wußte Hamann denn auch im eigenen Hause: bei Kant[9], die Schoßkinder des Zeitgeistes: Mündigkeit[10], reine Vernunft[11], guter Wille[12], scharf aufs Korn zu nehmen.

In theologischen Dingen richtete er, ein wahrer Argus[13], seine Augen natürlich auch nach Berlin mit Teller, Spalding, Büsching, Nicolai, Biester und Mendelssohn, aber ebensosehr nach Halle – Semler kommt ziemlich schlecht weg[14] –, Jena oder Braunschweig[14a].

Aber immerhin, Göttingen entgeht ihm ganz und gar nicht, und Michaelis nimmt sogar einen exponierten Platz ein; er ist in den frühen 60er Jahren sozusagen vornehmlich sein Gesprächspartner oder vielleicht besser: seine Zielscheibe.

Hinzu kommt, daß Hamanns reiche Bibliothek überreich war an Büchern von Göttingern; er hatte und las sie alle: Geßner, Heyne, Pütter, von Haller, Meiners[15] und Schlözer[16]. In der theologischen Abteilung ist

---

7 J. G. HAMANN: Sämtliche Werke, hg. von J. Nadler, 6 Bde., 1949–1957 (zitiert als N mit Band- und Seitenzahl).
8 Vgl. z. B. Hamanns franz. Flugschriften 1762–76 (N 2, 277–326) sowie »Au Salomon de Prusse« (1772; N 3, 55–60). Dazu Nadler (wie Anm. 1), S. 138–145, 211–213, 374–385.
9 Literatur zum Verhältnis Hamann – Kant bei Jørgensen (wie Anm. 1), S. 75.
10 Vgl. den Brief an Chr. J. Kraus vom 18. 12. 1784 anläßlich von Kants Aufsatz »Beantwortung der Frage: Was ist Aufklärung?« (1784), in: J. G. HAMANN: Briefwechsel, hg. von W. Ziesemer und A. Henkel, 7 Bde., 1949–79 (zitiert als ZH mit Band- und Seitenzahl), ZH 5, 289–292. Dazu O. BAYER: Selbstverschuldete Vormundschaft, in: D. Henke, Hg.: Der Wirklichkeitsanspruch von Theologie und Religion, 1976, S. 3–34.
11 Vgl. Hamanns Rezension der »Kritik der reinen Vernunft« (N 3, 275–280) und seine »Metakritik über den Purismum der Vernunft« (N 3, 281–289).
12 Vgl. anläßlich von Kants »Grundlegung zur Metaphysik der Sitten« (1785) in Briefen an Herder (ZH 5, 418) und Scheffner (ZH 5, 434) u. ö.
13 Vgl. N 1, 63 Anm. 11 und ZH 1, 347.
14 Z. B. ZH 3, 79: »Ich habe von dem ehrl. Mann nichts als seinen Canon gelesen, der mich bitter u. böse gemacht hat gegen seine rohe unverdaute Belesenheit«; vgl. ZH 4, 311 u. ö.
14a Zur deutschen Aufklärungstheologie immer noch grundlegend: K. ANER: Die Theologie der Lessingzeit, 1929. Vgl. auch W. SPARN: Vernünftiges Christentum. Über die geschichtliche Aufgabe der theologischen Aufklärung im 18. Jahrhundert in Deutschland, in: R. Vierhaus, Hg.: Wissenschaften im Zeitalter der Aufklärung, 1985, S. 18–57.
15 Mit Chr. Meiners (geb. 1747, seit 1772 Prof. in Göttingen) setzt Hamann sich über Fragen der antiken Religion besonders in seiner Schrift »Konxompax« (1779, N 3, 215 ff.) auseinander.
16 Vgl. Hamanns Bücherkatalog »Biga« (N 5, 13–121). Als Kuriosum: es befindet sich dabei auch das Buch des Göttinger Bürgermeisters J. F. Unger (1716–1781, aus

er gleichfalls bestens ausgestattet[17]: 19 Werke von Mosheims, der bei Hamann eine überaus positive Schätzung erfährt[18], 14 von Michaelis, dann 7 Schriften Heumanns, den er viel benutzt hat[18a], sowie Förtsch, Heilmann, Miller, Leß, Walch und Planck. Ihre Namen, auch der Spittlers, kommen gedruckt oder brieflich alle vor.

Auffällig ist nur, daß der Name von Gotth. Traug. Zachariä bei Hamann nicht erscheint; war dieser doch ein Mitstudent in Königsberg gewesen und durch sein Buch über die Herablassung Gottes für ihn eigentlich interessant[19].

Dagegen kennt er Joh. Benjamin Koppe[20], der ihn auch in Königsberg aufsuchen will: sowohl als er nach seiner Göttinger Repetentenzeit '74 Professor im Kurländischen Mitau wird[21], als auch, als er in umgekehrter Richtung '76 nach Göttingen unterwegs ist, um seine o. Professur hierselbst anzutreten[22]. Aus Göttingen kamen als Professoren nach Königsberg zu Hamanns Zeit auch die Orientalisten Joh. Bernh. Köhler[23], dessen Ehr- und sonstiger Geiz Hamann aber abstießen[24], sowie vorher

---

Braunschweig) »Von der Ordnung der Fruchtpreise und dem Einflusse in die wichtigsten Angelegenheiten des menschlichen Lebens« (Theil I, Goett. 1752 = Biga 99/50, N 5, 67).

17 Lt. Angaben der »Biga« (wie Anm. 16).
18 Z.B. N 2, 170 (weitere Anführung vgl. N 6, 258), ZH 1, 220; 2, 115. 133 u. ö.; ganz anders dagegen Herder, vgl. ZH 2, 441.
18a Vgl. u. Anm. 45.
19 G. T. Zachariä (1729–1777) hatte in Königsberg 1747–49 bei dem berühmten Orientalisten Kypke, der auch für Hamann wichtig wurde (u. Anm. 27), und vielleicht bei Knutzen studiert, Hamann von 1746 bis ca. 1751. 1765 wurde Z. o. Prof. in Göttingen, und 1775 ging er nach Kiel; sein Nachfolger wurde – statt Herders – Koppe (vgl. Anm. 20). Über seine Schrift »Theologische Erklärung der Herablassung Gottes zu den Menschen« (1763) vgl. Gründer (wie Anm. 6), S. 61–63. Natürlich erwähnt Herder Z. in einem Brief an Hamann im Zusammenhang seiner Berufungsangelegenheit: ZH 3, 229.
20 Geb. 1750 in Danzig, 1772 Repetent in Göttingen. Als er 1784 General-Superintendent in Gotha wird, soll wiederum Herder sein Nachfolger werden, an dessen Stelle er nach Göttingen gekommen war (vgl. o. Anm. 3 und ZH 3, 207). K. ist 1791 als Konsistorialrat in Hannover gestorben (vgl. Meyer, wie Anm. 4, S. 96), wo er auch Abt zu Loccum war (vgl. ZH 7, 493).
21 Allerdings ohne Hamann anzutreffen, vgl. ZH 3, 101 u. 105 (August '74).
22 Wiederum vergeblich: ZH 3, 214. Hamann liest ab 1779 Koppes »Auslegung des Neuen Testaments«, die von 1778–83 in vier Bänden herauskam, vgl. ZH 4, 92. 98. 125 und ZH 5, 59 u. 87. Herder erwähnt K. Hamann gegenüber ZH 4, 66 u. 193.
23 1742–1802; in Göttingen 1770–73. K. war von 1781–86 o. Prof. für Griechisch und Orientalia in Königsberg (vgl. Meyer [wie Anm. 4], S. 95).
24 Vgl. ZH 4, 310. 318. 324. 339. 401. 434. 457. Erst 1784 lernte Hamann ihn persönlich kennen: ZH 5, 205f. Über die Umstände von K.s Weggang aus Königsberg vgl. ZH 6, 85. 114f. 127. 237. 241. Im April '86 macht K. bei Hamann seinen Abschiedsbesuch: ZH 6, 356.

der Michaelis-Schüler Diederichs[25], der schon ein Jahr später starb[26]. Königsberg war also auch in Göttingen nicht unbekannt[27].

Schließen wir diese äußerliche Annäherung mit einem besonderen Faktum: Hamann war selber in Göttingen. Und zwar war das im Juli 1764 auf der Durchreise nach Frankfurt[28], wo er dann die Pietisten einigermaßen befremdete, wie Goethe noch weiß[29]. Herder fragt brieflich an: »Sie sind in Göttingen . . . gewesen: wen haben Sie da gesprochen: was ist Michaelis vor ein Mann?«[30] Leider gibt Hamann keine Antwort. Aber auch für Herders Interessen ist die Konzentration auf Michaelis zu dieser Zeit aufschlußreich[31].

2. Wir müssen uns nun auf das Verhältnis zu J. D. Michaelis beschränken[32].

Wie, man muß schon sagen, vertraut die Göttinger Verhältnisse für

---

25 Joh. Chr. Wilh. Diederichs, geb. 1750, seit 1775 PD für AT und Orientalia in Göttingen (phil. Fak.), 1780 als Nachfolger von Kypke (s. Anm. 27) o. Prof. in Königsberg (vgl. Meyer [wie Anm. 4], S. 89).
26 März 1781. Er traf verspätet Mitte Juli '80 in Königsberg ein, vgl. ZH 4, 152. 196. 203. 206. Hamann besucht ihn und liest mit seinem Sohne die »Hebräische Grammatik« von D. (1778), vgl. ZH 4, 210. Zu seiner angegriffenen Gesundheit vgl. ZH 4, 230 und Hamanns Enttäuschung, nichts aus seiner hinterlassenen Bibliothek erwerben zu können: ZH 4, 279 u. 309.
27 In der Fachwelt bekannt war der Altphilologe und Orientalist G. D. Kypke (1724–1779) durch seine »Observationes Sacrae in Novi Foederis libros ex autoribus potissimum Graecis et antiquitatibus« (2 Bde., Breslau 1775); so erwähnt ihn z.B. Michaelis lobend in seiner Auslegung des Hebr. (vgl. N 4, 287). K. war auch für Hamann sehr wichtig; er bat ihn z.B. 1759 um philologische Auskünfte, vgl. ZH 1, 454f. Über seine Beziehungen zu K. vgl. auch Nadler (wie Anm. 1), S. 96 u. 116.
28 Dort wollte er C. F. v. Moser treffen, verfehlte ihn aber. Hamann reiste Anfang Juni über Lübeck (vgl. ZH 2, 257. 259 u. ö.), Braunschweig (261), Helmstedt (265), Kassel (268) und Gießen (265), wobei der Besuch Göttingens von Anfang an feststand (257), und war am 21. Juli in Frankfurt (ZH 3, XXXI). Als er Moser dort nicht traf, reiste er Ende August von Straßburg und Basel weiter (269), um noch im September über Leipzig, Berlin und Stettin zurückzukehren (267. 268). Über Anlaß und Verlauf der Reise vgl. auch Nadler (wie Anm. 1), S. 161 u. 162.
29 Aus meinem Leben. Dichtung und Wahrheit. 3. Teil, 12. Buch. Poetische Werke, Vollständige Ausgabe (Cotta) Bd. 8, 1952, S. 600f. Es handelt sich um den Kreis der S. v. Klettenberg, die mit Moser befreundet war. Goethe war bei Hamanns Abreise gerade 15 Jahre alt geworden.
30 ZH 2, 265 (August '64).
31 Zur Gestaltung von Herders Verhältnis zu Michaelis vgl. Haym (wie Anm. 3), I, S. 166. 303f. mit 601. 740 und II, S. 170. 210 sowie ZH 3, 106 u. 110.
32 1717–1791, aus Halle, seit 1745 in Göttingen, o. Prof. (phil. Fak.) 1750. Über diesen seinerzeit hoch berühmten Orientalisten vgl. den voranstehenden Beitrag von R. Smend (S. 58ff.) sowie kurz Meyer (wie Anm. 4), S. 28ff., 43 u. 98; theologiegeschichtlich E. Hirsch: Geschichte der neuern evangelischen Theologie, 1964³, (zitiert als Geschichte . . ., mit Bandzahl) 4, S. 32–35.

Hamann und für Herder in Riga waren, zeigt vielleicht folgende Erörterung beider im Briefwechsel.

Herder fragt Anfang Mai 1765 in Königsberg an: »Den Göttingschen Prediger p habe halb gelesen, u. sehr viel vortrefliches in ihm gefunden. Tiefe Einsichten in die Seele (selbst von der unbekandten Seite der Religion) . . . jetzt bin von den Schönheiten verblendet. Die Schrift ist für Michaelis zu Gedankenvoll, zu Philosophisch, zu genau in der Anlage; der schreibt sonst weit Populärer, jagt den neuen Gedanken zu sehr nach, caressiert sie von allen Seiten, u. indulget genio suo. Dieser mag vielleicht Prof. Leß seyn, den Sie aus der Kennicottschen Sache kennen werden. . .«[33]

Die Charakterisierung von Michaelis ist wohl bezeichnend. Doch um welches anonyme Buch handelt es sich? Nun, es läßt sich auf unserer Bibliothek finden: »Der Prediger und seine Zuhörer in ihrem wahren Verhältnis betrachtet: Eine Abhandlung womit die Theol. Facultät zu Göttingen die Erneuerung des unter ihrer Aufsicht stehenden homiletischen Seminarii öffentlich anzeigt, Göttingen im Verlag der Wittwe Vandenhoeck 1763« (156 S.). Verfasser war Joh. David Heilmann[34].

Und nun Hamanns Antwort vierzehn Tage später: »Den Göttingschen Prediger habe gelesen und gebe Ihrem Urtheil Recht. Daß meine Beurtheilung darüber schon abgedruckt war, aber unterdrückt wurde, werden Sie sich auch noch besinnen.«[35] Hamann fährt dann hinsichtlich des anonymen Verfassers fort: »Michaelis ist es nicht, den Leß kenne nicht; ich hielte aber den Heilmann für den Verf. der mir auch mehr durch das Gerücht als autoptisch bekannt ist.«[36] Hamanns erstaunliche Witterung hat also den Richtigen ausgemacht. Nun folgt aber noch eine echt haman-

---

33 ZH 2, 327.
34 1727–1764, seit 1758 o. Prof. in Göttingen (vgl. Meyer, wie Anm. 4, S. 31 u. 92). H. ist vor allem durch sein dogmatisches Kompendium (1761) und als Thukydides-Übersetzer (1760) bekannt. Hamann besaß den Thukydides (Biga, wie Anm. 16, 85/169) und das Kompendium (Biga 29/217). Über dessen Bedeutung für Kant s. u. Anm. 120. Zu einer Einzelheit bei H. vgl. u. Anm. 58. Die homiletische Schrift steht wohl im Zusammenhang der die Göttinger theologische Fakultät seit ihren Anfängen begleitenden Bemühungen um die Predigt (vgl. dazu Meyer [wie Anm. 4], S. 17ff.). Sie erschien anonym, ist also offensichtlich im Auftrage der Fakultät von H. verfaßt worden, den der zeitgenössische Bibliothekskatalog als Vf. anführt.
35 Weder Text noch Schicksal dieser Rezension sind bekannt. Es gibt nur zwei Spuren davon. Bereits ein Jahr vor Herders Anfrage schreibt Hamann an Lindner, daß er die Göttingsche Homiletik »gern nach Wunsch und mit Nachdruck recensieren möchte« (2. Mai 1764) – er hat das Buch also schon gelesen. Und bereits Ende Mai dieses Jahres vor Antritt seiner Frankfurter Reise wird die fertige Rezension erwähnt: »Noch habe ein Stück zurück gelaßen für die theol. Facultät in Göttingen wegen ihrer Homiletic.« (ZH 2, 253 u. 257).
36 Von Leß besaß Hamann später dessen »Wahrheit der christlichen Religion« (1773), vgl. Biga (wie Anm. 16), 36/306.

nische Kritik: »Die Einsichten des Verf. scheinen mir mehr wie sein Styl ausgedehnt als tief zu seyn. Für den detail subalterner Verhältniße gehört ein Myops; aber ich habe keinen Adlersblick, keinen Sonnenflug, nichts von dem hohen Geruch des Königs unter den Vögeln in der gantzen Abhandlung wahrgenommen. Der gantze Zuschnitt ist für die Universitätskirche in Göttingen gemacht, und was eine Baumschule seyn sollte, ist ein Blumenbett, oder gehört im Kohlgarten.«[37] Man war nicht gerade anspruchslos in Königsberg.

3. Hamanns Grundstellung zu *Michaelis* wird vielleicht am besten an folgender Stelle aus dem ersten Brief des »Kleeblatts Hellenistischer Briefe« (1762) faßbar[38]. Hamann stellt dort eindringlich die biblisch-alttestamentliche Färbung der christlichen Sprache heraus und fährt dann fort:

»- - Kurz, das Orientalische in unserm Kanzelstyl führt uns auf die Wiege unseres Geschlechts und unserer Religion zurück, daß man sich gar nicht den ästhetischen Geschmack einiger christlicher Wortführer darf befremden lassen« (N 2,170f.). Für diesen Geschmack gibt er gleich anhand eines Zitats aus Michaelis' Vorrede zu Lowth (1758) eine Probe[39]: »si aures (mit einem hispanisch-schönen Lateiner unserer Zeit zu reden) perpetuis tautologiis, Orienti iucundis, Europae invisis laedant, prudentioribus stomachaturis, dormitaturis reliquis« (171).

Michaelis hat vom zeitgenössischen Geschmack her den Stil orientalischen Schrifttums als überladen und tautologisch kritisiert[40]. Hamanns Erwiderung wählt die höchsten Register: »Es gehört zur Einheit der göttlichen Offenbarung, daß der Geist Gottes sich durch den Menschengriffel der heiligen Männer, die von ihm getrieben worden, sich eben so erniedrigt und seiner Majestät entäußert, als der Sohn Gottes durch die Knechtsgestalt und wie die ganze Schöpfung ein Werk der höchsten Demut ist« (171). Hamann ist also im Zentrum seines Wortverständnisses betroffen und bietet gegen den unhistorisch-kritischen Zeitgeschmack die trinitarische Theologie göttlicher Herablassung auf. Der Schriftgelehrte Michaelis hat also keinen Sinn für den »Stylus curiae des Himmel-

---

37 ZH 2, 331. Zum wichtigen Topos des Adlergeruchs vgl. N 3, 242 und Hiob 39,30, Hab 1,8, Mt 24,28, Lk 17,37.
38 Erstmals erschienen in den »Kreuzzügen des Philologen«, vgl. N 2, 167ff.
39 R. Lowth: De sacra poesi Hebraeorum praelectiones academicae Oxonii habitae... Cum notis et epimetris, Goettingae 1758 (^{2}1770), Praefatio editoris, pag. XIX. (Den genauen Wortlaut gibt Nadler, N 2, 406).
40 Im nächsten »hellenistischen Brief« wendet Hamann witzig eben diese Formulierungen von Michaelis gegen den philosophischen Stil von Chr. Wolff, was ironisch auf Michaelis zurückfällt, vgl. N 2,175. Auch des Petronius satirische Klage über »ventosa isthaec et enormis loquacitas« (Satyr. 2), die Hamann in der Aesthetica anführt (N 2, 199,28ff.), geht wohl u. a. auf den »Zeitverwandten« Michaelis, vgl. Jørgensen (wie u. Anm. 60) S. 88.

reichs« (171,24). Weil er kein theologischer Ausleger ist, verfehlt er die wahre Ästhetik der Schrift: »Wenn also die göttliche Schreibart auch das alberne – das seichte – das unedle – erwählt, um die Stärke und Ingenuität aller Profanscribenten zu beschämen: so gehören freylich erleuchtete, begeisterte, mit Eyfersucht gewaffnete Augen eines Freundes, eines Vertrauten, eines Liebhabers dazu, in solcher Verkleidung die Strahlen himmlischer Herrlichkeit zu erkennen...« (171)[41].

Hamanns Ungenügen an Michaelis ist also theologisch begründet; er vermißt trotz aller oder gerade wegen der formalen Halborthodoxie bei Michaelis jenen geistlichen Sinn für das Geheimnis göttlicher Selbstvergegenwärtigung in der Bibel. Er hat ja früh einen überwältigenden Eindruck von der theologischen Kraft empfangen, mit der Luther als Ausleger unvergleichlich dasteht[42]. Von Luther her gewann er den Blick für die Proportionen, auch im Verhältnis zu Michaelis, und so war ihm denn Bengel lieber als der große Göttinger Orientalist[43]. Hamann 1759 über Luther: »Was für eine Schande für unsere Zeiten, daß der Geist dieses Mannes ... so unter der Asche liegt. Was für eine Gewalt in der Beredsamkeit und Ausdruck – was für ein Geist der Auslegung – was für ein Prophet ... wie sollten wir uns uns. verdorbenen Geschmacks schämen. Was sind Montaigne und Baco, diese 2 Abgötter des witzigen Frankreichs und tiefsinnigen Engl. gegen ihn.«[44] Damit sind Maßstäbe gesetzt, und wir sehen Hamann sie immer wieder in Anwendung bringen.

Wohl ebenso viel wie von Michaelis hat er auch von dem Göttinger Chr. A. Heumann philologisch und historisch lernen mögen[45]; gleichwohl

---

41 Vgl. N 2,150: »Wo der Schulweise Schlüsse spinnt, und der Hofsirach Einfälle näht, ist die Schreibart des Liebhabers Leidenschaft und Wendung.«
42 Lit. zu »Hamann und Luther« bei Jørgensen (wie Anm. 1), S. 10f.
43 Vgl. P. ERNST: Hamann und Bengel, 1935 und E. PETERSON: Das Problem der Bibelauslegung im Pietismus des 18. Jahrhunderts. Zs.f.syst. Theologie 1, 1923, S. 468–481.
44 ZH 1, 294.
45 1681–1764. Zunächst Inspektor und Professor am Göttinger »Gymnasium illustre« (1717), 1734 a. o. Prof. für Theologie und o. Prof. für Literaturgeschichte, erst 1745 o. Theol.-Prof., 1758 entpflichtet (nach Meyer [wie Anm. 4], S. 93). Zum sogen. Heumannschen Streit vgl. den Beitrag von I. MAGER, o. S. 41ff. und liebevoll Hirsch, Geschichte... IV, S. 90–92. Hamann hat ihn fleißig gelesen und benutzt: einmal seine »Acta Philosophorum« (3 Bde., Halle 1715–23), besonders für die »Sokratischen Denkwürdigkeiten« (vgl. N 2, 79 und ZH 1, 276; 4, 260 u. 287), sodann aber seine »Erklärung des Neuen Testaments« (12 Teile), Hannover 1750–63 (vgl. N 1, 46; 5, 291f. u. 292 und ZH 2, 10f., u. 14f.). Übrigens scheint auch Hamanns eigentümlicher Gebrauch der Formel »quod scripsi, scripsi« (Joh 19,22) mit auf HEUMANN zurückzugehen, der 1730 in einer »Disputatio logica de Pilatismo literario« die angemaßte Infallibilität und Selbstgerechtigkeit mancher Autoren als »Pilatismus« charakterisiert hatte, was Hamann im Sinne des Rechtfertigungsglaubens wendet (vgl. ZH 2, 63f. u.ö., bes. 4,4: »Sein guldenes: Quod scripsi, scripsi ist das Mysterium magnum meiner epigrammatischen Autorschaft: was ich geschrieben habe, das decke zu! Was

lautet das theologische Urteil: »... der Aeltermann der exegetischen Zunft..., im fünften Teil seiner Erklärung des N.T., die an Münz, Till und Kümmel so erbaulich als in den Vorurtheilen und Lieblosigkeiten gemeiner Kritick gelehrt ist« (N 2,95)[46].

Dies theologische Ungenügen verschließt aber Hamann auch im Falle von Michaelis keineswegs den Blick für dessen überragende Bedeutung in der Gelehrtenrepublik. Mit nur leisen ironischen Untertönen, aber überwiegender wirklicher Anerkennung schreibt er im 3. Hellenist. Brief: »Deutschland hat wenig Schriftsteller, die so viel geleistet und noch zu leisten im Stande sind, deren Arbeiten man mit Dank annehmen kann, und deren Gelübden oder ihrer Erfüllung man mit Sehnsucht entgegensehen muß[47] – als der Herr Michaelis. Seine extensive und intensive Einsichten sind etwas seltenes; die Gabe sie anzubringen gehört mit hierher. Anmuth und Gründlichkeit! – die ich populair und plausibel nennen möchte, um sie von der philosophischen zu unterscheiden, weil sie mehr nach dem Kanon der Mode oder der großen Welt von entscheidenden Lesern, als nach der wahren und inneren Beschaffenheit der Materien eingerichtet ist« (179). Herders vorhin zitiertes briefliches Urteil über Michaelis' Stil (o. S. 87) ist hier schon vorweggenommen.

Auch noch zehn Jahre später kann Hamann an Nicolai anläßlich von Michaelis' »Mosaischem Recht«[48] schreiben: »Ich wünschte wenigstens zum besten der Messen zwölf solche Schriftsteller. Ich thue diesen Wunsch als ein wahrer Parasit. – Dies ist der große Erasmus unseres Jahrhunderts.«[49]

---

ich noch schreiben soll, regiere du!«). Hamann besaß diesen Traktat in HEUMANNS Dissertationum Sylloge, Tom I., Pars II (1744), S. 464–487, laut Biga 184/82 (N 5, 113). Weitere Berührungen: vgl. S. 468 (Gallionismus) und S. 484 (Luthers Diktum: sic volo, sic iubeo; vgl. ZH 1, 443). (Auf diese Spur hat mich der Beitrag von I. Mager gebracht.)

46 Daß Heumann hier gemeint ist, dürfte aus seiner Anführung wenige Zeilen später zu erschließen sein, vgl. N 2, 96,15.
47 Das geht vielleicht auf den 2. Teil des Werkes von Lowth, der 1761 erschien; vgl. N 2, 201,25–27 und ZH 2, 120 mit 165 u. 168.
48 6 Teile, 1770–75; vgl. R. SMEND: Aufgeklärte Bemühung um das Gesetz. J. D. Michaelis' »Mosaisches Recht«, in: Wenn nicht jetzt, wann dann? FS f. H.-J. Kraus, 1983, S. 129–139. Vgl. auch ZH 3, 34 mit 31 (Herders scharfe Kritik an Michaelis).
49 ZH 3, 6 (22. 9. 1771). Mag man den Vergleich von Michaelis mit Erasmus vielleicht als zu hoch gegriffen empfinden, so ist doch zu bedenken: 1. es geht Hamann um eine in strategischer Hinsicht verwandte Konstellation (s.o. im Text), 2. es handelt sich um eine Wiederholung desselben Typus unter den Bedingungen »unseres« (d.h. Hamanns) Jahrhunderts; entsprechend der lutherisch-pietistischen Auffassung von der Geschichte als fortschreitender Depravation wäre Erasmus auf Michaelis heruntergekommen. Es scheint überdies unbezweifelbar, daß Hamann seine Aufgabe darin sieht, Luthers Anliegen in der Gegenwart zur Geltung zu bringen – das mußte auch die Gegner präformieren.

Mit der Nennung dieses hohen Namens hat Hamann eine Figur gefunden, in der sich Ehrerbietung vor einem zeitbeherrschenden Lebenswerk mit letzter religiöser Distanz vereinbaren lassen. Zugleich ist mit der Transparenz von Michaelis auf den großen Humanisten hin auch bedeutet, in welche Konfiguration Hamann den halb rationalistischen, halb noch orthodoxen Forscher einzeichnen will: ohne daß er genannt würde, ist wiederum Luther als die große Antithese zum Zeitgeist präsent. Hamann hatte, wenn er von Königsberg auf Göttingen schaute, stets Wittenberg mit im Blick.

4. Hamanns Auseinandersetzung mit Michaelis findet aber nicht nur in einer Fülle von witzigen, gelehrten Anspielungen auf ihn und seine Bücher ihren Niederschlag[50], sondern sie wird gründlich und überlegen in eigenen Textzusammenhängen geführt. Ich gebe zunächst einen Überblick[51]. Allein in der Sammlung »Kreuzzüge des Philologen« (1762) beschäftigen sich zwei Essays ausdrücklich mit Michaelis. Dessen Schrift »Beurtheilung der Mittel, welche man anwendet, die ausgestorbene Hebräische Sprache zu verstehen« (Gött. 1757) ist der ganze 3. Hellenist. Brief des »Kleeblatts« gewidmet[52]. Hamann läßt in eine Art Besprechung seine eigenen theologischen Sprachgedanken eingehen. Das gilt ebenso für Hamanns »Versuch über eine akademische Frage«[53], mit der die »Kreuzzüge« eröffnet werden[54] und die die Michaelis'sche Preisschrift »Beurtheilung der Frage von dem Einfluß der Meinungen in der Sprache« (1759) zum Gegenstand haben, mit deren französischer Fassung Michaelis sich 1760 bei der Königlichen Berliner Akademie der Wissenschaften

---

50 Es handelt sich außer den o. im Text genannten noch um folgende Stellen: N 3, 202,30f. (1775 Zitat von M.' Übersetzung des AT, Gen 2,23; vgl. dazu N 6, 212); N 3, 158,30 u. 186,2 (Zitat aus dem »Mosaischen Recht«, Bd. IV u. V. über die Abgötterei); N 3, 151,4 (Anspielung auf eine Stelle der »Orient. u. exeget. Bibl.«, 2. Teil); N 3, 139 (gegen die Lutherverachtung des kompromittierenden Michaelis-Schülers J. A. Starck, vgl. über diesen u. Anm. 127 und ZH 3, 77).

51 Im Briefwechsel wird Michaelis von Hamann ca. 30 mal erwähnt, zuletzt im August 1786. Hamann bezieht sich dabei auf folgende Schriften von MICHAELIS: 1763 auf die »Commentationes de 1758–62«, (ZH 2, 213), 1776 auf die Hiob-Übersetzung (ZH 3, 242), 1779 auf die »Einleitung in die Göttlichen Schriften des neuen Bundes« von 1750 (ZH 4, 127), 1785 auf das »Compendium Theologiae dogmaticae« von 1760 (ZH 6, 78) und 1786 auf den 3. Teil der Supplemente zu einem Hebräisch-Lexikon (ZH 6, 503 u. 515). Hamann hielt und schätzte die »Orientalische und Exegetische Bibliothek« (24 Teile, 1771–89; vgl. ZH 3, 34), mußte sie aber später aus finanziellen Gründen abbestellen (1784, ZH 5, 25). Noch 1785 findet er in einem Buche Schützenhilfe gegen MICHAELIS' »Abhandlung von den Ehe-Gesetzen Mosis . . .«, 1755, vgl. ZH 6, 200 u. 241.

52 N 2, 179–184, vgl. ZH 2, 23. 25. 27.

53 Erstdruck in »Wochentliche Königsbergische Frag- und Anzeigungsnachrichten«, 1760, Nr. 24 und 25, sowie selbständig.

54 N 2, 119–126, vgl. ZH 2, 23 u. 27.

den Sieg geholt hatte⁵⁵. Auch das berühmteste Stück der »Kreuzzüge«, die »Aesthetica in nuce«, bezieht sich wiederum ausdrücklich und verschlüsselt auf Michaelis, und zwar insbesondere seine Vorrede und Anmerkungen zu Robert Lowth's Vorlesungen »De sacra poesi Hebraeorum«, die Michaelis 1758 in Göttingen herausgegeben hatte⁵⁶. Auf diese Partie kommen wir gleich zurück.

Schließlich läßt Hamann 1764 noch eine detailreiche Rezension von Michaelis' »Erklärung des Briefes an die Hebräer«⁵⁷ in den »Königsberger Gelehrten und politischen Zeitungen« erscheinen⁵⁸.

Wir können uns jetzt exemplarisch nur der Art zuwenden, wie Hamann 1762 in der »Aesthetica in nuce« (Ästhetik in einer Nuß) Michaelis in seine Autorhandlung einbezieht⁵⁹.

Die wohl berühmteste und wirksamste Schrift Hamanns bildet den »Kern« der Kreuzzüge, und Hamann bezeichnet sie als den »Bergkrystall, zu dessen Einfassung alle übrigen Blätter dienen« (N 2,268,19)⁶⁰. Sie ist von Anfang bis Ende, einschließlich des Titels und der Motti, durchsetzt mit Anspielungen, Hinweisen, indirekten Entgegnungen und spöttischen Hieben für Michaelis, der hier allenthalben Anklänge an seine eigenen Worte und so sich selber nahezu omnipräsent finden konnte⁶¹. Michaelis gehört damit zu den hervorgehobenen literarischen Adres-

---

55 De l'influence des opinions sur le langage, et du langage sur les opinions. Dissertation qui a remporté le prix de l'Academie Royale des Sciences et belles lettres de Prusse, en 1759. Par M. Michaelis... Traduit de l'Allemand, Bremen 1762. Zu dieser Preisschrift vgl. auch HERDERS »Fragmente zur Deutschen Literatur«, Erste Sammlung, 1766, I, Nr. 4 und 11. Diese erste Sammlung und besonders ihr Teil III »Von den Lebensaltern der Sprache« zeigen mannigfache Anregungen durch Hamanns »Kreuzzüge«, vgl. Haym (wie Anm. 3), 2, S. 155 ff.
56 1 Bd.; vgl. o. Anm. 39.
57 Zwei Theile, Frankfurt und Leipzig 1762/64.
58 22. Stück, 16. April 1764 = N 4, 284–288. Hamann bespricht nur den zweiten Teil; vgl. dazu noch einmal u. im Text S. 98 ff. und ZH 2, 213 u. 251 (253?). Hamann erwähnt im Vorübergehen Heilmanns Entdeckung über den Sohn-Gottes-Titel, vgl. dazu Hirsch, Geschichte... IV, S. 36, – bezeichnend für Hamanns Gespür für wichtige Details. Übrigens erschien im selben Blatt 1774 auch Hamanns Rezension von A. L. SCHLÖZERS »Vorstellung einer Universalhistorie« (2 Teile 1772/73), worin er Herders Streit mit Schlözer eine ironische Hilfestellung gibt (N 4, 381 f.).
59 N 2, 195–217.
60 Vgl. ZH 2, 125. Ausgezeichnet kommentiert wird die Aesthetica bei S.-A. JØRGENSEN: J. G. Hamann. Sokratische Denkwürdigkeiten. Aesthetica in nuce (Reclam), 1968, S. 76 ff. (vgl. auch 182 ff.) und H. M. LUMPP: Philologia crucis, 1970, S. 19 ff. Auch die folgende Interpretation kann die Fülle der hier dargebotenen Belehrungen nur dankbar in Anspruch nehmen, ohne dies im einzelnen immer zu notieren.
61 Sie werden besonders von Lumpp (wie Anm. 60) an mehr als 25 Stellen herausgearbeitet. Die Anspielungen gehen sowohl auf Lowth mit Michaelis' Vorrede und Anmerkungen dazu (vgl. o. Anm. 39), wie auf Michaelis' »Beurtheilung der Mittel...« (vgl. o. S. 91 und Anm. 52) als auch auf seinen »Poetischen Entwurf der Gedanken des Prediger-Buchs Salomons« (1751, 1762²).

saten Hamanns, neben M. Mendelssohn, J. G. Lindner, Herder, Friedrich d. Gr., J. A. Starck, Lessing und Kant[62]. Die Schrift gibt sich auch zweimal unverblümt als Prosopopoeia, als maskenhafte Einkleidung ad hominem, für Michaelis zu erkennen[63]. Leider kann ich davon hier nur einen bruchstückhaften Eindruck vermitteln: disiecti membra poetae[64].

Bereits im feierlichen Anfang der »Rhapsodie in Kabbalistischer Prose« ist Michaelis präsent. Der emphatische erste Satz gibt die eschatologische Ausrichtung dieser Ästhetik:

»Nicht Leyer! – noch Pinsel! – eine Wurfschaufel für meine Muse, die Tenne heiliger Litteratur zu fegen! – –«[65]

Dann folgt sogleich das Treffen der Philologen:

»Heil dem Erzengel über die Reliquien der Sprache Kanaans! – auf schönen Eselinnen siegt er im Wettlauf.«[66]

Das ist also Michaelis: der Erzengel[67]; von ihm hat er jedenfalls den Namen, oder sollte er gar nur der Erzaufklärer Engel sein? Er ist dolmetschender Bote von Lowth's »Sacra Poesis« und will selber die ausgestorbene heilige Sprache wiedererwecken[68], ja, durch ideelle Begleitung morgenländischer Expeditionen die Erkenntnis ihrer Reliquien fördern[69]. Im Sinne des Deborah-Liedes (Ri 5,10) tritt er mit schönen Eselinnen an. Aber ein theologischer Sieg scheint schon fraglich; denn für Hamann bleibt er so grammateus, oberflächlicher Buchstabengelehrter: »Das äußerliche Ansehen des Buchstabens ist dem unberittenen Füllen einer lastbaren Eselin ähnlicher« (N 2,171,26f.)[70]. Wie kann ein Michaelis, dieser gelehrte Scholiast (198,12), aber den König erkennen, der in De-

---

62 Mendelssohn: »Chimärische Einfälle« und »Golgatha und Scheblimini« (N 2, 157 ff. und 3, 291 ff.); Lindner: »Hirtenbriefe« (N 2, 351 ff.); Herder: »Ritter vom Rosencreuz« und »Philologische Einfälle und Zweifel« (N 3, 25 ff. und 35 ff.); Friedrich II.: vgl. o. Anm. 8; Starck: »Hierophantische Briefe« (N 3, 135 ff.); Lessing: »Konxompax« (N 3, 215 ff.); Kant: vgl. o. Anm. 11.
63 N 2, 201,19 f. u. 239,30.
64 Mit Horaz (I Sat. 4,62) und Hamann (N 2, 198,34 u. ö.) zu reden.
65 N 2, 197,10 f.; vgl. 207,10 und Mt 3,12 und Jer 51,2.
66 N 2, 197,11–13.
67 So auch N 2, 239,30.
68 Vgl. o. S. 91 und Anm. 52; in diesem Sinne »Reliquien der Sprache Kanaans«, vgl. auch ZH 5, 314,27.
69 Das geht auf MICHAELIS' »Fragen an eine Gesellschaft Gelehrter Männer, die auf Befehl Ihro Majestät des Königs von Dännemark nach Arabien reisen« (1762, vgl. ZH 2, 185 u. 213) bzw. die von K. Niebuhr 1761 auf Michaelis' Anregung geleitete Orientexpedition, von der Michaelis sich erhellende Aufschlüsse zum Verständnis des AT erhoffte. Dieses Unternehmen glossierte Hamann in einer eigenen kleinen Schrift (in den »Kreuzzügen«), »Die Magi aus Morgenlande, zu Bethlehem« (vgl. dazu E. BÜCHSEL in Theol. Zs. 14, 1958, S. 191 ff.); vgl. auch die Anspielungen N 2, 182 und 3, 151,19 f.
70 Vgl. Mt 21,5 (Das Kondeszendenzmotiv in Hamanns Sprachtheologie!).

mut menschliche Buchstaben zum niedrigen Gefährt seines Einzugs erwählt?

Dem schillernden Erzengel tritt Sokrates-Hamann entgegen: »aber der weise Idiot Griechenlands borgt Euthyphrons stolze Hengste zum philologischen Wortwechsel.«[71] Was hat er denn anzubieten? Erstaunlicherweise auch einen Aufklärer: Francis Bacon. Sein Empirismus wird in der ganzen Schrift, freilich nur auf Borg, den Rationalismus von Michaelis konterkarieren[72]. Nach dieser Exposition nimmt die »Rhapsodie« ihren Lauf: »Poesie ist die Muttersprache des menschlichen Geschlechts...« usf.[73] Nach einem ersten Höhepunkt bzw. ersten Teil unterbricht der Rhapsodist sich selber, und der Autor redet zu den Lesern. Er will sich bereits hier vorweg zu einer zu erwartenden Kritik verhalten: »Sollte diese Rhapsodie im vorübergehen von einem Leviten der neuesten Litteratur in Augenschein genommen werden...«[74]

Hamann stilisiert sich als den unter die Räuber Gefallenen aus dem Gleichnis vom barmherzigen Samariter (Lk 10,30ff.) und wendet sich zunächst an den vorübergehenden Leviten; das ist Moses Mendelssohn, dreimal sein Kritiker in den »Briefen, die Neueste Litteratur betreffend«[75]. Dieser »ästhetische Moses« (N 2,163,28) erhält nun eine derbe theologische Belehrung zum Thema: Reinheit des Geschmacks mit Hilfe von Apg 10 und 11[76]. Auf den Leviten des Gleichnisses folgt dann eine neue Gestalt, und Joh 3 schimmert herein: Nikodemus – Michaelis.

»Sollte diese Rhapsodie gar die Ehre haben einem Meister in Israel zur Beurtheilung anheim zu fallen: so laßt uns ihm in heiliger Prosopopee... entgegen gehen:
Hoch- und Wohl-gelahrtester
Rabbi!«[77]

Leider kann ich aus dem nun folgenden Brief an Michaelis, dem hier eine besondere »Nuß« vorgelegt wird[78], nur Proben geben. Hamann erklärt zunächst, er brenne nach der Fortsetzung der Lowth-Ausgabe wie die Mutter des Hazoritischen Feldhauptmanns Sisera im Deborah-Lied –

---

71 N 2, 197,13f., vgl. 71,9 u. 176,19.
72 Vgl. S.-A. JØRGENSEN: Hamann, Bacon, and Tradition. Orbis Litterarum 16, 1961, S. 48–73.
73 N 2, 197,15. Zu diesem wohl berühmtesten und literaturgeschichtlich höchst folgenreichen Diktum vgl. schon N 1, 241,22ff.
74 N 2, 200,25f.
75 Vgl. 113., 180. und 192. Brief.
76 N 2, 200f., vgl. Apg 10,10–16 und 11,5–9. Nach M. kommt auch Lessing kurz an die Reihe: 201,3ff.
77 N 2, 201,18–23.
78 Vgl. Zeile 21: »... si NUX modo ponor in illis« (Ps.-Ovid, Nux elegia, 19).

die noch siegesgewiß nach ihm Ausschau hielt, als er längst gefallen war[79]. Wie das Gespenst im Hamlet will er darum nur durch »Winke« mit Michaelis[80] reden – semainein nach Art des Gottes von Delphi[81]. Der Grundtenor ist, daß allein ein neues zum Kinde Werden den Sinn aufschließt für den Geist Gottes, auch bei der Auslegung der Schrift[82]. Michaelis, der offensichtlich den schon von Bacon gerügten Fehler begeht, die göttlichen Schriften ausschließlich menschlich aufzufassen und auszulegen[83], wird schließlich ein Beispiel aus der Fibel entgegengehalten:

»Verlieren die Elemente des A B C ihre natürliche Bedeutung, wenn sie in der unendlichen Zusammensetzung willkührlicher Zeichen uns an Ideen erinnern, die, wo nicht im Himmel, doch im Gehirn sind? - -«[84]. Hamann will also bedeuten: so wie der natürliche Sinn der Einzelbuchstaben ihren konfigurativen Geist, die Idee, nicht ausschließt, sondern in ihm aufgehoben ist[85], ebensowenig menschliche Rede das Wort Gottes[86]. Beides koinzidiert lebendig[87].

Dies wird paulinisch-lutherisch noch einmal verdichtet: »Falls man aber die ganze verdienstliche Gerechtigkeit eines Schriftgelehrten auf den Leichnam des Buchstabens erhöht; was sagt der Geist dazu? Soll er nichts als ein Kammerdiener des todten oder wohl gar ein bloßer Waffenträger des tödtenden Buchstabens seyn? Das sey ferne! - -«[88]. In diesem Cento aus Rö 9,12, 10,3 und 7,6 sowie 2.Kor 3,6 wird die Rechtfertigung des Glaubenden als Prinzip auch der theologischen Hermeneutik eingefordert[89]. Auf dem Esel des bloßen Buchstabens kann man eben nicht siegen. Und Michaelis, der lieber geographische und klimatische Faktoren als metaphysische für die Exegese nutzbar machte, wird mit dem Spott (vorläufig) verabschiedet, den jeder Nikodemus anhören muß:

»Nach Dero weitläuftigen Einsicht in physischen Dingen wissen Sie

---

79 N 2, 201,25–29, vgl. Ri 5,28 sowie das Motto Ri 5,30 (N 2, 195).
80 N 2, 201,29–31, vgl. Hamlet I, 4.
81 Vgl. N 2, 94 u. 133,23 f. mit ZH 1, 344 f.
82 N 2, 202,5–8, gem. Joh 3,5, Mt 18,3, Joh 3,11 und 14,17. Ähnliches schon 1759 Kant gegenüber: ZH 1, 445,7 f. = N 2, 371,28 f. – auch einem »Meister in Israel«.
83 Vgl. das Bacon-Zitat N 2, 202,11 ff.
84 N 2, 203,2–5.
85 Die Wendung von der »unendlichen Zusammensetzung willkührlicher Zeichen« erinnert an Humboldts häufige Formel von Sprache als »unendlichem Gebrauch von endlichen Mitteln«.
86 Vgl. auch: »Reden ist übersetzen – aus einer Engelsprache in eine Menschensprache...« (N 2, 199,4 f.).
87 Vgl. N 3, 107,11–14 (Principium coincidentiae oppositorum): »Der Geist ist es, der lebendig macht; der Buchstabe ist Fleisch, und eure Wörterbücher sind Heu!«
88 N 2,203,5–9; vgl. 1Sam 16,21.
89 Vgl. dazu N 3, 227,8–10.

besser, als ich Sie daran erinnern kann, daß der Wind bläst, wo er will – Ungeachtet man sein Sausen wohl hört; so ersieht man doch am wankelmüthigen Wetterhahn, von wannen er kommt, oder vielmehr, wohin er fährt - -«[90].

5. Dies alles ist auch deswegen von besonderem Interesse, weil Hamanns »Kreuzzüge« tatsächlich die Ehre hatten, dem »Meister in Israel zur Beurtheilung anheim zu fallen«. Unter den damals erschienenen Rezensionen gibt es auch eine von Michaelis selber. Im 68. Stück der »Göttingischen Anzeigen von gelehrten Sachen«, also noch im selben Jahre 1762, tritt der berühmte morgenländische Philologe gegen den Königsberger Philologus crucis an[91]. Diese Konstellation war Hamann gerade recht, denn der Geist der Zeit sollte an seinem zweischneidigen Wort offenbar werden – vor den Augen einer besseren Nachwelt[92]. Hamann hat demgemäß die 50zeilige Michaelis'sche Rezension (zusammen mit einer Hamburger und der Berliner von Mendelssohn) in einer eigenen kleinen Schrift 1763 auch selber veröffentlicht, d.h. wörtlich abgedruckt und nur mit hintersinnigen Fußnoten versehen[93]. Er ließ ein Exemplar des Schriftchens an den Herrn Hofrath Michaelis nach Göttingen übersenden[94].

Da Michaelis in seiner Rezension den unbekannten Druckort der anonymen »Kreuzzüge« mit Königsberg angibt, muß man annehmen, er wußte auch den Verfasser. Seine Hauptvorwürfe lauten: leichtsinniger Mißbrauch der biblischen Ausdrücke, unüberwindlich dunkle und unbestimmte Schreibart, rein negativer Tadel, Verdrehungen, Witz aus bloßer Galligkeit und um zu beleidigen, versteht sich selber nicht. Daß die Schrift gegen die Religion gerichtet sei, hält er aber für »wohl« unzutreffend! Er unterläßt es, die Teilstücke des Sammelbandes auch nur aufzuführen, weil ihr Sinn ihm nicht klar werde; jede Antwort sei Zeitverschwendung. Er führt die Angriffe Hamanns auf ein Übelzufriedensein mit der gelehrten Welt und insonderheit mit einigen Gelehrten zurück[95].

---

90 N 2, 203,9–13 (Nach Joh 3,8. Von Hamann N 4, 384,28 auf den echten »Reformationswind« bezogen).
91 Hamann erhielt am 1. Jan. '63 aus Riga eine Abschrift durch Lindner – in Königsberg hielt nur der Mediziner Bohlius die Göttinger Gelehrten Anzeigen – und formuliert sofort seine Replik und den Plan, diese »Palinodie des Philologen« zu veröffentlichen, vgl. ZH 2, 183.
92 Vgl. N 2, 263 (Der Name des »Philologen« deutet »einen Liebhaber des lebendigen, nachdrücklichen, zweyschneidigen, durchdringenden, markscheidenden und kritischen Worts an, vor dem keine Kreatur unsichtbar ist, sondern alles liegt bloß...«; vgl. Hebr 4,13) und N 2, 117,20ff.
93 Das sog. »Mitauische Intermezzo«, N 2, 241–274 (die Göttingische Anzeige: 253–256).
94 ZH 2, 216 (Juli '63).
95 Vgl. N 2, 253–255.

Abb. 6. Immanuel Kant, etwa siebzigjährig

Abb. 7. Johann Georg Hamann.
Kupferstich nach einem Gemälde von 1765

Von zwei Zitaten, die Michaelis aus den Kreuzzügen anführt, geht es daher bei dem einen denn auch um Hamanns Spott[96] über einen Zusammenhang, den Michaelis zwischen Augustins karthagischer Muttersprache und der Prädestinationslehre konstruiert hatte[97]. Michaelis hatte dabei Augustin in die Nähe zu Mohammed gerückt, was Hamann besonders aufstachelte[98]. Hamann kommt auf den »punischen Kirchenvater« immer wieder zurück[99] und bestreitet Michaelis mit Worten Luthers, der sich durch Lesung des Augustin seinen Geschmack auch ein wenig verdorben haben soll[100], die geistliche Reife für den starken Wein dieser Lehre[101]. Leider kann ich auch hier die Details nicht ausbreiten.

Hamann gibt in seinen 15 Fußnoten in seltsamer Mischung eines scherzenden Ernstes alle Vorwürfe an Michaelis zurück, Michaelis, der sich als »gelehrter Fuchs mit der unüberwindlichen Dunkelheit seines Geruchs« entschuldige[102] und als Meister in Israel doch nicht wisse, worum es geht[103].

Michaelis' Selbstverteidigung mit Hilfe eines schutzsuchenden Appells an die lesende »Welt«[104] beantwortet Hamann mit dem Zitat von Joh 16,33: »In der Welt habt ihr Angst...« usf.[105]. Auch dies soll Michaelis auf die pneumatische Dimension der Auslegung verweisen.

Dazu Hamann noch einmal anläßlich von Michaelis' »Ausgestorbener Hebräischer Sprache«: »Die Origines der hebräischen Mundart mögen daher so tod seyn als der Uterus der Sara: die wunderthätigsten Sprachforscher sind bisweilen auch die ohnmächtigsten Exegeten« (N 2,182f.).

Diese theologische Impotenz kommt auch beim Hebräerbrief-Kommentar zur Sprache: »... so nimmt der Herr Hofrath Michaelis Anlaß, über das Wort Glauben ein wenig zu philosophieren, aber immer auf der glücklichen Mittelstraße, die sich vom seichten Leichtsinn und mißlichen

---

96 N 2, 254,4ff., vgl. »Aesthetica«, N 2, 212f. (Anm. 54).
97 In seiner Preisschrift über den »Einfluß der Meinungen...« (s.o. S. 91f. und Anm. 55), S. 66f. und franz. Ausgabe S. 126f. (zitiert N 6, 250 und bei Jørgensen [wie Anm. 60], S. 132). Vgl. dazu auch Unger (wie Anm. 5), S. 250f. und Lumpp (wie Anm. 60), S. 97f.
98 N 2, 212,43–213,32.
99 So witzig gegen Michaelis' eigenen Stil: N 2, 271.
100 2, 213,33ff. (Anm. 55).
101 N 2, 213,1–5 (= Römerbriefvorrede 1522, WADB 7, 23 u. 25).
102 So in der sehr direkten Kritik an Michaelis' Rezension (als Anm. 21 zur vorher abgedruckten Hamburger Besprechung), N 2, 248f., bes. Z. 26ff.; Zitat Z. 48, vgl. Lk 13,32. Überhaupt spielen die drei Teile des Schriftchens kunstvoll ineinander.
103 Vgl. den Hinweis auf Joh 3,10 für Michaelis, N 2, 255,14ff. (Anm. 36).
104 Die Welt werde doch so »billig« sein, einen Schriftsteller nicht zu verurteilen, ohne vorher anzusehen, was er wirklich geschrieben hat, vgl. N 2, 255,8ff. Übrigens hatte die Rezension von Michaelis ein Echo in einer Thorner Zeitung, vgl. ZH 2, 207.
105 Schlußanmerkung 41: N 2, 255f. (Cento aus Joh 16,33, 1.Joh 4,4 u. 6 und 1.Petr 2,4).

Tiefsinn gleich weit entfernt. (Eine Pflicht und Tugend, die in einem Jahrhundert des guten Geschmacks jedermanns Ding ist.)« (N 4,286). Um den Widerhaken dieser Formulierung zu spüren, muß man sich gegenwärtig halten, daß für Hamann das neutestamentliche Diktum »Der Glaube ist nicht jedermanns Ding« (2.Thess 3,2) die Wahrheit sagt.

Zweierlei darf bei dieser und ähnlicher Michaeliskritik aber nicht übersehen werden[106]. Einmal, Hamann redet nicht abstrakt, d.h. indem er schwärmerisch die exegetischen Einzelfragen überflöge. Man kann immer wieder feststellen, wie intensiv er sich bis in die Details auf die Fachdebatten eingelassen hat[107]. Die witzige Form der Attacken darf nicht darüber hinwegtäuschen, eine wie ausgebreitete Gelehrsamkeit ihnen zugrundeliegt.

Sodann, wie wenig es bei diesen seinen Autorhandlungen um die Person von Michaelis allein und als solche ging, obgleich er auch ihre taktische Situation versteht, erweist sein Kommentar zur Göttinger Rezension in einem Brief an Lindner: »So viel ersehe, daß Mich. mich gelesen, mich versteht, aber nicht das Ansehen haben will mich zu verstehen; daß er mich nicht versteht, und weder verstehen kann noch darf, ist gleichwol auch wahr.«[108]

Man darf vielleicht abschließend sagen: vom Königsberger Magus aus gesehen, wurde Göttingen zwar nicht zur Figur der Zeitverderbnis – das blieb Berlin-Babel vorbehalten –, aber mit ungewöhnlicher Scharfsichtigkeit ließen sich hier theologische Aporien des aufgeklärten Historismus profilieren und namhaft machen. Dafür steht der Name J. D. Michaelis ein.

II. Immanuel Kant

Selber ist er natürlich auch in Göttingen nicht gewesen; immerhin ließ er sich die von ihm geschätzten berühmten Würste nach Königsberg schicken, u.a. vom Buchhändler und Verleger J. Chr. Dieterich[109]. Aus den Briefen seiner hier studierenden Schüler konnte Kant allerdings ein sehr lebendiges Bild von seinen sonstigen Göttinger Briefpartnern gewin-

---

106 Eine mikrologisch-subtile Verhältnisbestimmung für die Themen: Geist und Buchstabe und typologische Schriftauslegung im Horizont der Hermeneutik unternimmt V. HOFFMANN: J. G. Hamanns Philologie, 1972, S. 184 ff.
107 Vgl. z.B. die Rezension zu Michaelis' Hebräer-Kommentar, s.o. Anm. 58.
108 ZH 2, 183.
109 KANTS Briefwechsel (Bde. I–IV), Berlin/Leipzig 1922² (= KANT's gesammelte Schriften, hg. von der Königlich Preußischen Akademie der Wissenschaften, 2. Abt., Bde. X–XIV); vgl. Briefwechsel III, S. 42 und II, S. 302.

nen[110]. – Denn Kant korrespondierte gelegentlich mit J. F. Blumenbach, mit A. G. Kästner und dem besonders gewürdigten G. Chr. Lichtenberg[111]. Dieser hat ihn 1790 gesprächsweise »Prophet aus Norden« genannt, in merkwürdiger Anspielung auf den Magus-Titel Hamanns[112]. Chr. Gottlob Heyne, der zwar die K. r. V. nicht selber las, bejahte aber ihre Freiheit fördernden Resultate und wünschte der kritischen Philosophie Verbreitung an der Universität[113]. Mit den Göttinger Philosophen stand es indes nicht so eindeutig: J. G. H. Feder schrieb freundlich an Kant, aber kritisch über ihn[114]; so auch Chr. Meiners[115]. Aus Göttingen kam endlich auch die von Chr. Garve verfaßte, aber vom Redakteur Feder verunstaltete, schlimme Rezension der K. r. V. in den Göttingischen gelehrten Anzeigen 1782[116].

Ein eifriger philosophischer Anhänger und Verteidiger Kants war allerdings J. G. Buhle; aber er scheint hier nicht viel gegolten zu haben[117]. Als ein geradezu enthusiastischer Protagonist betätigte sich der junge Fr. Bouterwek, der Herbst '92 an Kant meldet, daß er in einer öffentlichen Vorlesung »Kritik der reinen Vernunft nach Ihrem System« vortragen werde: »auf dieser Georg-Augusts-Universität, wo so ein Unternehmen in mehr als einer Rüksicht gewagt heissen kan«[118]. Im Ganzen aber war

---

110 Briefwechsel II, S. 222–224 (J. B. Jachmann über Blumenbach, Lichtenberg und Kästner) und III, S. 290–292 (J. H. I. Lehmann).
111 Briefwechsel II, Nr. 438, 449 (Blumenbach), Nr. 439. 451. 572 (Kästner), Nr. 439a. 495. 573, III, Nr. 810. 828 (Lichtenberg).
112 Briefwechsel II, S. 223.
113 Laut L. H. Jakob, vgl. Briefwechsel III, S. 135 und I, S. 480.
114 Vgl. Briefwechsel I, Nr. 149 und II, S. 224 mit I, S. 466 und 488. Zu Einzelheiten von FEDERS Kantkritik in seiner Schrift »Ueber Raum und Causalität zur Prüfung der Kantischen Philosophie« (Göttingen 1787) vgl. Briefwechsel IV, S. 198 f.
115 »Grundriß der Seelen-Lehre« (Lemgo 1786). Zur Auseinandersetzung mit Kant in der Vorrede vgl. Briefwechsel IV, S. 186 f. und I, S. 465 f.
116 »Zugaben...«, Stück 3, S. 40–48 (19. Januar). Vgl. Garves Brief an Kant, Briefwechsel I, S. 328 ff. Über Feders Entstellung vgl. Briefwechsel IV, S. 122 f. und I, S. 392.
117 So Jachmann, Briefwechsel II, S. 224; vgl. III, S. 291. Über ihn und die Göttinger Philosophen überhaupt vgl. die maliziösen Ausführungen zu dieser »Universität der Gelehrsamkeit, der citierenden Wiederkäuer« von K. ROSENKRANZ in seiner »Geschichte der Kant'schen Philosophie« (1840 als zwölfter Teil seiner Ausgabe von Kants Werken, S. 311 f.).
118 Zu BOUTERWEKS, der noch Privatdozent in Göttingen war, »Anzeige einer Vorlesung über die Kantische Philosophie von Michaelis 1792 bis Ostern 1793« (Göttingen 1792) vgl. Briefwechsel IV, S. 329 f. Seinen Brief an Kant vgl. Briefwechsel II, S. 368–370 (17. September 1792). Kant antwortete am 7. Mai 1793 mit freudigem Dank (Briefwechsel II, S. 431 f.). Von Bouterwek sind noch zwei Briefe an Kant erhalten (Briefwechsel II, Nr. 586 und III, Nr. 682); außerdem scheint er 1797 Kants Rechtslehre rezensiert zu haben, vgl. Briefwechsel III, S. 230. Sowohl seine »Aphorismen« (1793) und »Paullus Septimius« (1795) nehmen auf Kants Philosophie Bezug (vgl. Briefwechsel IV, S. 348 und 418 f.) und wurden ihm übersandt (Briefwechsel II,

wohl die Aufnahme der kantischen Philosophie in Göttingen geteilt[119]. Dafür erlebte Kant jedoch die Freude, daß zwei Göttinger Theologen der neuen Generation sich durch seine Schriften maßgeblich bestimmen ließen: Stäudlin und v. Ammon. Davon wird gleich zu reden sein[120].

1. Zunächst aber ist Kants Verhältnis zu *Michaelis* anzusprechen[121]. Bekanntermaßen beruft er sich in der Vorrede zur »Religion innerhalb ...« (2. Aufl. 1794) für seine Unterscheidung eines »philosophischen Religionsforschers« vom »biblischen Theologen« auf niemand Geringeren als Michaelis: »Seitdem habe ich diese Behauptung in der Moral des sel. Michaelis ..., eines in beiden Fächern wohlbewanderten Mannes, angeführt und durch sein ganzes Werk ausgeübt gefunden, ohne daß die höhere Fakultät darin etwas ihren Rechten Präjudizierliches angetroffen

---

Nr. 586 und III, Nr. 684). Allerdings war Bouterwek nicht der Erste mit einer Vorlesung über Kants Philosophie in Göttingen, wie er meint (Briefwechsel II, S. 368). Eine solche hatte fünf Jahre vorher im WS 1787/88 bereits der outsider G. A. Bürger vor zahlreichen Hörern gehalten, damals noch PD für Ästhetik und deutsche Stilkunde und gerade erst promoviert (vgl. Briefe von und an G. A. Bürger, hg. von A. Strodtmann, 3. Bd., 1874, S. 193) – übrigens auch von Lichtenberg dazu gedrängt (S. 187f.). In den Briefen zwischen Bürger und Bouterwek werden ihre Kant-Kollegs nicht erwähnt.

119 Einerseits wird von begeisterter Zustimmung, insbesondere zur »Grundlegung zur Metaphysik der Sitten«, berichtet (Briefwechsel I, S. 485f.), andererseits findet sich eifrige Polemik, die bei C. L. Reinhold sogar im Verdacht einer »Alliance« zwischen Göttingen und dem katholischen Würzburg stand (Briefwechsel I, S. 526 und IV, S. 212f.). In Marburg waren Vorlesungen über Kants Philosophie 1786 durch Kabinetts-Ordre sogar eine Zeitlang verboten (Briefwechsel I, S. 465, 479f. u.ö.; vgl. die ausführliche Dokumentation IV, S. 182–187), was wohl auf den Theologen S. Endemann zurückging (vgl. Briefwechsel II, S. 221). Auch Hamann weiß von dem Verbot: ZH 7, 50 u. 59.

120 Daß umgekehrt auch Kant aus Göttingen maßgebliche theologische Belehrung empfing, hat J. Bohatec detailliert nachgewiesen in: Die Religionsphilosophie Kants in der »Religion innerhalb der Grenzen der bloßen Vernunft«. Mit besonderer Berücksichtigung ihrer theologisch-dogmatischen Quellen, 1938. Danach hat das Compendium theologiae dogmaticae, Göttingen 1761, von J. D. Heilmann (vgl. o. Anm. 34) nicht allein auf Kants frühe Abhandlung »Versuch, den Begriff der negativen Größen in die Weltweisheit einzuführen« (1763) Einfluß gehabt (vgl. Bohatec, S. 85), sondern Bohatec weist auch auf eine Fülle von wichtigen Abhängigkeiten und Berührungen in der Religionsschrift hin (vgl. S. 177. 247–253. 276ff. 309. 375. 382. 403f. u.ö.). Durch den Kantbiographen L. E. Borowski ist weiter bezeugt, daß Kant noch in späteren Jahren kirchengeschichtliche Werke von G. J. Planck las und schätzte, sowie auch die vielbändige Kirchengeschichte des Mosheim- und Michaelis-Schülers J. M. Schröckh (vgl. Immanuel Kant. Sein Leben in Darstellungen von Zeitgenossen, 1912, S. 87). Plancks »Neueste Religionsgeschichte« (3 Teile, 1787–93) wurde Kant durch Borowski zugänglich gemacht (vgl. Briefwechsel II, S. 438). Kant läßt brieflich einmal Grüße an Planck durch Stäudlin bestellen (Briefwechsel II, S. 534), während umgekehrt Planck bei Borowski um Nachrichten und Schriften von Kant nachsucht (Borowski, S. 37). Zu Planck vgl. u. Anm. 166.

121 Zu diesem vgl. o. Anm. 32.

hätte.«[122] Man weiß aus der Göttinger Fakultätsgeschichte von Michaelis' jahrelangem, zähem Kampf um das Recht, auch Dogmatik lesen zu dürfen[123]. Bei ihm als Mitglied ausschließlich der philosophischen Fakultät sah die theologische darin eben doch »etwas ihren Rechten Präjudizierliches«. Zwar beklagt Kant an dieser Stelle, daß »in unseren Gegenden die auswärtigen literarischen Erzeugnisse sehr spät einlaufen«[124], aber immerhin war Michaelis' »Moral« erst 1792 posthum von Stäudlin herausgebracht worden. Aber auch andere Publikationen von Michaelis hat Kant wahrgenommen. Aus einem Briefe Hamanns geht hervor, daß Kant insbesondere die Michaelis'sche Dogmatik »Compendium theologiae dogmaticae« von 1760 hoch geschätzt hat[125]. Das weist nun schon viele Jahre zurück, und wir besitzen in der Tat ein großartiges Dokument für Kants frühe Einschätzung von Michaelis' Bedeutung: nämlich als epochal!

Diesen Text verdankt man Hamann, der die briefliche Äußerung anläßlich von Herders »Ältester Urkunde...« (1774) aus Kant hervorgelockt hat[126]; merkwürdig koinzidieren hier die maßgeblichen Namen[127].

---

122 Kant's gesammelte Schriften (wie o. Anm. 109, 1. Abt.), Bd. VI, S. 13. (Ein weiterer Bezug auf Michaelis findet sich S. 110 Fn.). In ähnlicher Weise beruft sich Kant noch einmal auf das Verfahren von Michaelis in seinem in der Vorrede zum »Streit der Fakultäten« (1798) abgedruckten Verteidigungsschreiben an König Friedrich Wilhelm II., vgl. Bd. VII, S. 8.
123 Meyer (wie Anm. 4), S. 28f.
124 Bd. VI, S. 13.
125 ZH 6, 78 (September 1785). Richtiger als E. Troeltsch: Das Historische in Kants Religionsphilosophie, 1904, der Kant nur Jugenderinnerungen an eine Michaelis-Lektüre zuschreibt und behauptet, Kant habe die dogmatische Theologie erst durch seine Schüler kennengelernt (S. 16), hat schon F. Th. Rink: Ansichten aus Im. Kants Leben, 1805, auf Kants genaue Bekanntschaft mit dem dogmatischen Kompendium und der Moral von Michaelis hingewiesen (S. 27). Nach Bohatec (wie Anm. 120) ist allerdings weniger jenes Kompendium als die Schrift »Gedanken über die Lehre der heiligen Schrift von Sünde und Genugtuung« (1779²) für Kant von Bedeutung gewesen (S. 31), was Bohatec an wichtigen Parallelen für die Religionsschrift nachweist (S. 41. 247. 387f.). Nach einem Bericht R. B. Jachmanns (wie Anm. 120: Borowski) hat Kant die formelle Konsequenz im Lehrgebäude von Michaelis gelobt, vgl. S. 146.
126 »Aelteste Urkunde des Menschengeschlechts. Eine nach Jahrhunderten enthüllte heilige Schrift.« (1. Teil), Riga 1774 (anonym).
127 Der Vorgang war folgender: Hamann erhielt am 1. April 1774 ein (Aushänge-)Exemplar von Herders Schrift durch den befreundeten Verleger Hartknoch aus Riga; er liest es noch am Abend und in der Nacht durch und schickt das »Monstrum horrendum« sofort zu Kant weiter, dem »iudici competenti alles Schönen und Erhabenen«, wie er Herder am 2. 4. berichtet (ZH 3, 74). Kant bittet Hamann am 6. brieflich um nähere Erläuterung von Herders Hauptabsicht (ZH 3, 80–82 = Briefwechsel I, S. 153–156). Hamanns prompte Erwiderung am 7. (ZH 3, 82–84 = Briefwechsel I, S. 156–158) enthält bereits eine Ankündigung seiner eigenen Schrift über Herders »Urkunde...«, nämlich der »Prolegomena« (vgl. ZH 3, 83. 84 u. 90 = Briefwechsel I, S. 157. 158 u. 164), in die er seine beiden »Antwortschreiben« an Kant vom 7. und

Es ging um den Stellenwert eines wissenschaftlichen Zugangs zur Genesis. Dazu läßt sich am 8. April 1774 Imm. Kant folgendermaßen vernehmen[128]: »Wenn eine Religion einmal so gestellet ist, daß critische Kentnis alter Sprachen, philologische und antiquarische Gelehrsamkeit die Grundveste ausmacht, auf die sie durch alle Zeitalter und in allen Völkern erbauet seyn muß, so schleppt der, welcher im Griechisch-Hebräisch-Syrisch-arabischen pp. imgleichen in den Archiven des Alterthums am besten bewandert ist, alle Orthodoxen, sie mögen so sauer sehen wie sie wollen, als Kinder, wohin er will; sie dürfen nicht muchsen; . . . und sehen schüchtern einen Michaëlis ihren vieljährigen Schatz umschmeltzen und mit ganz anderem Gepräge versehen.«[129] Das sind klassische Sätze, und in unbestechlicher Nüchternheit wird die epochale Unwiderruflichkeit historisch-philologischer Kritik festgestellt. Michaelis wird als Prototyp dieses historisch aufgeklärten Wirklichkeits- und Wissenschaftsverständnisses angeführt[130], und fast meint man schon D. F. Strauß zu hören. Hamann war weit entfernt, die schicksalhafte Wahrheit in Kants Worten grundsätzlich zu verkennen[131]. Die vollendete Unbeirrbarkeit und Unwidersprechlichkeit von Kants Urteil hat ihm auch sonst den Stoßseufzer eingegeben: ». . . mein armer Kopf ist gegen Kantens ein zerbrochener Topf – Thon gegen Eisen«[132], was ihn aber nicht hinderte, der scharfsich-

10. 4. verändert aufnahm (vgl. N 3, 123 ff. u. 130 ff.). Außerdem findet sich in diesem Brief wohl eine Anspielung auf J. D. Michaelis und W. Warburton. Denn Hamann redet davon, »alle Festungswerke der neuesten Scholastiker und Averroisten« müßten niedergerissen werden, um den »ursprünglichen, einfältigen, überschwenglich fruchtbaren Sinn« der mosaischen Schriften wieder herzustellen (ZH 3, 83 = Briefwechsel I, S. 157; vgl. die »neuesten Rabbinen«, ZH 3, 88 = Briefwechsel I, S. 162). Außerdem polemisiert Hamann in diesen Briefen gegen den früheren Michaelis-Schüler J. A. Starck, der in Königsberg Oberhofprediger und Theologieprofessor wurde, obwohl er heimlich römischer Katholik war, was nur Hamann damals schon witterte (ZH 3, 83 f. = Briefwechsel I, S. 157 f., vgl. ZH 3, 77 f. und zu Starck auch Briefwechsel IV, S. 65).
128 Der ganze Brief ZH 3, 84–87 = Briefwechsel I, S. 158–161.
129 ZH 3, 86 = Briefwechsel I, S. 160.
130 Wahrscheinlich hat Kant die große Bedeutung von Michaelis' orientalistischen Studien vor Augen, wie sie etwa in seiner Übersetzung und Erklärung des AT (1769 ff., 13 Bde.) oder der von ihm herausgegebenen »Orientalischen und exegetischen Bibliothek« (seit 1771) hervortrat.
131 In seiner abschließenden Antwort an Kant vom 10. 4. (ZH 3, 87–90 = Briefwechsel I, S. 161–164) hält er dennoch an der Unbedingtheit der Glaubensgewißheit gegenüber wechselnden Resultaten historischer Forschung fest: ». . . wären wir die elendeste unter allen Menschen, wenn die Grundveste unsers Glaubens in einem Triebsande kritischer ModeGelehrsamkeit bestünde. Nein, die Theorie der wahren Religion bleibt nicht nur jedem Menschenkinde angemeßen und ist in seine Seele gewebt oder kann darinn wiederhergestellt werden, sondern bleibt auch eben so unersteiglich den kühnsten Riesen und Himmelsstürmern als unergründlich den tiefsinnigsten Grüblern und Bergleuten. –« (ZH 3, 89 = Briefwechsel I, S. 163).
132 ZH 5, 108.

tigste Kritiker Kants unter den Zeitgenossen zu sein[133]. Kant läßt in jenem Brief noch folgende Sätze über den schwärmerischen Entwurf Herders folgen: »In Erwägung dessen fürchte ich sehr vor die lange Dauer des Triumphs ohne Sieg, des Wiederherstellers der Urkunde. Denn es steht gegen ihn ein dichtgeschlossener Phalanx der Meister orientalischer Gelehrsamkeit, die eine solche Beute durch einen ungeweiheten von ihrem eigenen Boden nicht so leicht werden entführen lassen.«[134] In dem Aperçu »Triumph ohne Sieg« hat Kant wohl tatsächlich die Schwäche in dem feurig-genialen Vorgehen Herders getroffen[135]. Allerdings zeigte sich bereits bei Eichhorn, daß so undurchdringlich die Phalanx der gelehrten Meister denn doch nicht bleiben konnte[136].

2. Carl Friedr. *Stäudlin*[137]. Hier gibt es nun einen richtigen kleinen Briefwechsel: 6 Briefe von Stäudlin an Kant[138], 3 Antwortbriefe von diesem[139]. Die Bekanntschaft wird von Göttingen aus eröffnet: Der 30jährige, seit 1790 ordentlicher Professor und statt Herders berufen[140], schickt – Michaelis ist 1/4 Jahr tot – seine »Ideen zur Kritik des Systems der christlichen Religion« (Göttingen 1791) an den »großen verehrungswürdigen Mann«. Der kurze Begleitbrief schließt mit dem Wunsche: »Der Himmel seegne ferner Ihre edlen und grosen Bemühungen zur Aufklärung Ihres Zeitalters und zur Beförderung wahrer Moralität.«[141] Wie schon der Titel seines Werkes zeigt, war Stäudlin Kantianer, und sein Programm zur Kritik des christlichen Religionssystems ist nach Analogie zur K. r. V. aufgebaut[142]. Andererseits wendet er sich gegen umstandslose Identifikation des vernünftigen Moralismus mit dem Christentum[143].

---

133 Vgl. o. Anm. 9–12.
134 ZH 5, 86f. = Briefwechsel I, S. 161.
135 Vgl. Hamanns typische Replik darauf ZH 3, 88 = Briefwechsel I, S. 162.
136 Entsprechend hebt Hamanns Antwort ironisch auf die historische Relativität historischer Kritik selber ab: »*Steht er schon da gegen Ihn, der dichtgeschloßene Phalanx der Meister philistinischer, arabischer u. kretischer* Gelehrsamkeit – Du siehst die Schatten der Berge für einen dicht geschloßenen Phalanx an Iudic. IX.36.« (ZH 3, 90 = Briefwechsel I, S. 164).
137 1761–1826; o. Prof. in Göttingen 1790. Über Stäudlins Berufung vgl. J. Meyer (wie Anm. 4), S. 40f. (Veröffentlichungen: S. 103) und theologiegeschichtlich Hirsch, Geschichte... Bd. V, S. 59f.
138 Briefwechsel II, Nr. 498. 629. III, Nr. 651. 695. 736. 829.
139 Briefwechsel II, Nr. 574. 644. III, Nr. 811 (Von STÄUDLIN auch in seiner »Geschichte des Rationalismus und Supernaturalismus« [1826] S. 469–476 abgedruckt).
140 J. Meyer (wie Anm. 4), S. 39f.
141 Briefwechsel II, S. 309f.
142 Herausarbeitung allgemeiner Prinzipien, Untersuchung der Quellen, Ableitung des Systems daraus, Feststellung der Grenzen christlicher Erkenntnis. Stäudlin will aber zunächst nur den kritischen Religionsbegriff zum christlichen Offenbarungsbegriff ins Verhältnis setzen (»Ideen...«, S. 101).
143 In ausführlicher exemplarischer Auseinandersetzung mit der Schrift des radikalen

Dieses steht ihm *über* der Vernunft[144], christliche Ethik fällt nicht mit dem kategorischen Imperativ zusammen. Die Gottesgewißheit wird von Christus und der Bibel her unmittelbar auf den Glauben gegründet[145]. Es handelt sich um einen moderierten Kantianismus[146], der den Offenbarungsstandpunkt aufrechterhalten will[147] und eine eher nachträgliche Verbindung mit der kritischen Moralphilosophie sucht[148]. Kant revanchiert sich anderthalb Jahre später mit der Zusendung der »Religion innerhalb . . .«[149] und erzählt ausführlich von Zensurschwierigkeiten[150]. Wieder ein Jahr später kommt von Stäudlin seine »Geschichte und Geist des Skepticismus, vorzüglich in Rücksicht auf Moral und Religion« (Leipzig 1794) – mit den Portraits von Hume und Kant auf dem Titelblatt[151]! Kants Philosophie wird in diesem Werk als Abwehr gegen Skep-

    Kantianers J. H. TIEFTRUNK: Einzigmöglicher Zweck Jesu aus dem Grundgesetze der Religion entwickelt, 1789.
144 Gleichwohl betont Stäudlin häufig die teilweise Übereinstimmung bzw. Vereinbarkeit des Standpunktes übernatürlicher Offenbarung mit den Ansprüchen der natürlichen Vernunft: »Es findet sich unter allen vorgeblichen Offenbarungen keine, die ein ganz und gar supernaturalistisches Religionssystem aufstellte und allem Natürlichen den Krieg ankündigte« (»Ideen . . .«, S. 205, vgl. S. 218). Mehrfach behauptet er auch die allmähliche Überführbarkeit einer ehemals übernatürlich geoffenbarten in eine vernünftig einsehbare Religion (vgl. S. 193. 231. 244f.).
145 Charakteristisch: »Ob er [Christus] also schon das Daseyn Gottes nicht als ein Resultat der praktischen Vernunft ansieht. . ., so stimmt er doch in der Hauptsache mit den Resultaten der kritischen Philosophie über das Verhältnis der Moral zu der Religion überein« (»Ideen . . .«, S. 154) und: ». . . alle wahre Aufklärung ging von Christi Lehre aus« (S. 254, Semler folgend). Zur Autorität der Bibel als Gottes Wort vgl. S. 273ff.
146 So auch die nachträgliche Selbsteinschätzung in Stäudlins Autobiographie: »Von der kritischen Philosophie ist zwar in diesem Buche Gebrauch gemacht, aber ein sehr eingeschränkter, und die damals gewöhnlich werdende Art von Anwendung derselben auf das Christentum ist bestritten« (J. T. HEMSEN: Zur Erinnerung an D. C. F. St., 1826, S. 11).
147 »Die Vernunft hätte weder Recht noch Grund, eine solche geoffenbarte Lehre zu verwerfen. Sie müßte zugeben, daß ihr viel daran begreiflich ist, und daß das Unbegreifliche kein Grund ist, sie zu verwerfen, indem sie sich auch sonst genötigt findet, Thatsachen anzunehmen, deren Möglichkeit sie nicht einmal einzusehen vermag« (»Ideen . . .«, S. 209, vgl. S. 211: Offenbarungsbedürfnis der Vernunft, u. ö.).
148 Stäudlins Resumée: »daß sich die Harmonie mehr zwischen Resultaten als zwischen Prämissen findet und vorzüglich in dem Verhältnisse der Religion und Moral besteht« (»Ideen . . .«, S. 172).
149 Den Einfluß der Stäudlinschen »Ideen . . .« auf Kants Religionsschrift sowie die Abweichungen untersucht Bohatec (wie Anm. 120), S. 50. 52. 53f. 55f. 541ff. 545 anhand von Zitaten aus St. Die Divergenzen beziehen sich besonders auf Stäudlins (konservativen) Begriff vom Wunder (vgl. »Ideen . . .«, S. 183ff. 247. 281 u.ö.); dazu Bohatec bes. S. 550–54.
150 Briefwechsel II, S. 429f. (4. Mai 1793).
151 Briefwechsel II, S. 507f. (14. Juni 1794). Es handelt sich um den ersten Band; der zweite erschien noch in demselben Jahre und enthält eine Darstellung der Philosophie Kants und ihrer Geschichte.

tizismus (Hume), Materialismus, Fatalismus und Atheismus, aber auch gegen Schwärmerei und Aberglauben in Anspruch genommen und ihr zugleich ein strengerer Dogmatismus nachgerühmt[152]. Zugleich mit der Übersendung bittet Stäudlin bei Kant um einen Beitrag für seine neu eröffnete »Bibliothek der neuesten theologischen Litteratur«[153]. Kant stellt daraufhin zunächst seine neue Schrift »Der Streit der Fakultäten« in Aussicht[154]. Gleichzeitig gedenkt er in diesem Brief Lichtenbergs, »der, durch seinen hellen Kopf, seine rechtschaffene Denkungsart und unübertreffbare Laune, vielleicht besser dem Uebel eines trübseligen Zwangsglaubens entgegenwirken kann als andere mit ihren Demonstrationen«[155]. Kant ist zu dieser Zeit noch ganz in die bedrückenden Umstände des Wöllnerschen Religionsedikts und Schreibverbots für ihn selber verstrickt. So erklärt sich auch, daß er einem Gruß an Planck in eben diesem Briefe[156] – er hatte von Borowski dessen Neueste Religionsgeschichte zum Lesen bekommen – den Ausdruck des Vergnügens darüber hinzufügt, »daß, da die vorhin bei uns so geschätzte Denkfreiheit entflohen ist, sie doch, bey so wackeren Männern, als Ihre Universität enthält, hat Schutz finden können«[157]. Der »Streit der Fakultäten« aber erscheint dann doch nicht in Stäudlins Magazin[158], sondern nach dem Basler Frieden[159] erst

---

152 2. Bd., S. 283 f.
153 Hg. von J. Fr. Schleußner und C. Fr. Stäudlin, Göttingen 1794–1801, 5 Bde. Der Brief erwähnt auch Planck als Mitarbeiter, vgl. Briefwechsel II, S. 508.
154 Brief vom 4. Dez. 1794 (nach Erhalt des 2. Bd., vgl. o. Anm. 151), Briefwechsel II, S. 532–534. Kant hoffte, bei der unter dem »orthodoxen Georg III.« stehenden theologischen Fakultät seine Schrift ohne Zensurschwierigkeiten und geschützt gegen Angriffe der »Hyperorthodoxen« veröffentlichen zu können (S. 533).
155 S. 534. (Lichtenberg hatte ihm seine »Erklärung der Hogarthischen Kupferstiche« [1. Lieferung, Göttingen 1794] zugesandt.) Stäudlin übermittelt in seinem nächsten Brief Lichtenbergs Reaktion: »HE. H[of] R[ath] Lichtenberg sagt, daß bei dem *Zwangsglauben* schon die Etymologie des Wortes etwas habe, was ihm in gewisser Rücksicht nicht ganz misfalle. Wenn er einige tela erhalten könnte – zum Abschiessen sei er sehr bereit.« Dazu: »An Kant zu schreiben, ist ein Nonconformist von meinem Fleische nicht immer aufgelegt« (Briefwechsel III, S. 7). Dieser Brief Stäudlins (Febr. '95) enthält auch die Ankündigung seiner Abhandlung »Über den Werth der kritischen Philosophie vornehmlich in moralischer und religiöser Hinsicht...« (erschienen in STÄUDLINS »Beiträgen zur Philosophie und Geschichte der Religion und Sittenlehre überhaupt...«, Lübeck, Bd. III [1797], S. 273–367; IV [1798], S. 83–189; V [1799], S. 312–378), in der Stäudlin Kants Philosophie besonders gegen F. V. Reinhards Kritik verteidigt und sich energisch für die Übereinstimmung von christlicher Offenbarung und kritischer Ethik einsetzt (vgl. Briefwechsel III, S. 6).
156 Wohl aufgrund der ihm durch Borowski zugeleiteten »Neuesten Religionsgeschichte«, vgl. o. Anm. 120.
157 Briefwechsel II, S. 534.
158 Von Stäudlin wird Kants Vorschlag im Februar 1795 dankbar begrüßt (Briefwechsel III, S. 6 f.), und März 1796 noch für die neue »Göttingische Monatsschrift« (erschienen als »Beiträge...«, wie Anm. 155) vorgesehen bzw. überhaupt in Erinnerung

1798 als Buch[160]. Aber Kant widmet die Schrift[161] in großen Lettern: »Dem Herrn/ Karl Friedrich Stäudlin,/ Doktor und Professor,/ in Göttingen,/ zugeeignet/ von dem Verfasser.«[162] Denkwürdig, wie der alternde Philosoph offensichtlich Aufklärung und Denkfreiheit bei einem theologischen Freunde gut aufgehoben wußte[163].

Stäudlin seinerseits hat noch einiges im Geiste kantischer Philosophie publiziert – er ist ja ein außerordentlich fruchtbarer Autor und neben Planck »die Stütze der Fakultät« gewesen[164]. Der 1. Band seiner »Geschichte der Sittenlehre Jesu« (1799) ist »Immanuel Kant zugeeignet«.

3. *Christoph Friedr. v. Ammon*[165]. Auch an diesem Theologen konnte Kant sehen, wie sein Denken von Königsberg nach Göttingen hin sich auswirkte. Ammon, als Nachfolger von Leß 1794 berufen und nach 10 Jahren wieder nach Erlangen zurückkehrend, hat sich, ähnlich wie Stäudlin und Planck, als einen Vermittler der geistigen Gegensätze von Rationalismus

gebracht (III, S. 61; dieser Brief dankt Kant auch für die Übersendung seiner Schrift »Zum ewigen Frieden« [1795], S. 60f.). Im Januar 1797 kommt Stäudlin anläßlich der Zusendung des ersten Teils der »Beiträge . . .« noch einmal andeutend auf diesen Plan zu sprechen (Briefwechsel III, S. 145).

159 1795; von Stäudlin bereits Anfang 1796 als günstige Bedingung für ein Erscheinen des »Streits der Fakultäten« angesprochen (Briefwechsel III, S. 61).

160 Bei dem Kant befreundeten Verleger F. Nicolovius in Königsberg. Das Erscheinen zur Michaelismesse kündigt Kant Stäudlin in einem kurzen Brief (1. Juli 1798) an und begründet die Änderung seines Vorhabens mit den »veränderten Umständen« (Briefwechsel III, S. 248).

161 Derselbe Brief (Anm. 160) kündigt die baldige Zusendung an Stäudlin an und interpretiert die »Ihnen gewidmete Zueignungsschrift vor der Vorrede« als Kants modifizierte Einlösung seines vor einigen Jahren gegebenen Versprechens zur Publikation bei Stäudlin (S. 248). Darin dürfte in der Tat die Erklärung dieser Widmung liegen, deren Seltsamkeit (im Blick auf die Theologie- und Kirchenkritik des Buches) bereits Borowski notiert (wie Anm. 120, S. 97).

162 Stäudlins Dank an Kant (9. Dez. 1798) ist der offenbar letzte gewechselte Brief. Er beteuert seine bleibende Verbundenheit mit Kant als Lehrer zum »Selbstdenken« und stellt seine im Druck befindliche »Geschichte der Sittenlehre Jesu« (erschienen in 4 Bden., Göttingen 1799–1823) in Aussicht, vgl. dazu o. im Text.

163 So schließt der letzte Brief Kants an Stäudlin nach Grüßen auch an Ammon mit dem Ausdruck »der vollkommensten Hochachtung für solche wackere aufgeklärte Männer« (Briefwechsel III, S. 248). An dieser Hochschätzung dürfte die abschätzige Bemerkung von Kants ehemaligem Hörer, dem in Göttingen studierenden J. H. I. Lehmann, über das »Pfaffenartige« an Stäudlin (vgl. Briefwechsel III, S. 273) auch nichts geändert haben.

164 Vgl. J. Meyer (wie Anm. 4), S. 103 u. 40. In seinen späteren Jahren hat Stäudlin die Überordnung der Offenbarung wieder stärker betont, und sein Rationalismus wird den supranaturalistischen Motiven entschieden eingeordnet, vgl. seine »Geschichte des Rationalismus und Supernaturalismus« (1826), S. 468 (zitiert bei J. Meyer, S. 41).

165 1766–1850; in Göttingen Prof. 1794–1804. Über Ammon in Göttingen vgl. J. Meyer (wie Anm. 4), S. 42 (Veröffentlichungen: S. 87); theologiegeschichtlich vgl. Hirsch, Geschichte. . . V, S. 60–62.

und Offenbarungsgläubigkeit empfunden und seinen Standpunkt als rationalen Supranaturalismus bezeichnet[166]. Etwas schwankend-Ungewisses ist bei diesem Syntheseversuch immer bemerkt worden; Hirsch nennt sie »Rationalisten vom halben Wege«[167]. Aber subjektiv meinte auch Ammon, diese Vermittlung im Geiste der kantischen Philosophie leisten zu können. Die Unbedingtheit des Sittlichen zu vereinbaren mit der geschichtlich gegebenen Offenbarung, das war sein Ziel; seine Gegner warfen ihm daher »»Kantiolatrie« vor[168]. Wir haben 4 Briefe von ihm an Kant[169]. Ammon hat 1794 in dem von ihm mitherausgegebenen »Neuen Theologischen Journal« gleich im 1. Band Auszüge aus Kants Religionsschrift veröffentlicht[170] und sich über die Bedeutung der Moralphilosophie Kants für die christliche Theologie erklärt[171].

Den kategorischen Imperativ feiert er als Entdeckung, nach der eine kritische Reinigung der Religionslehre möglich wird, nämlich die Unterscheidung von willkürlich-heteronomen Geboten und der wahren vernünftigen Gottesverehrung in sittlicher Freiheit: einem Gottesdienst, der nicht mehr auf »gewisse Tage und Stunden eingeschränkt, sondern auf alle sittlichen Handlungen der Menschheit ausgedehnt« wird[172]. Die lutherische Herkunft gerade dieses Motivs scheint ihm nicht klar zu sein[173]. Übrigens haben z. B. Eichhorn und J. Ph. Gabler[174] – der spätere Göttinger Professor[175] und der ehemalige Privatdozent aus Göttingen[176] – schon früh auf die hier drohende Gefahr einer moralisch allegorisierenden Bibelauslegung hingewiesen[177]. In einem späteren Brief Ammons an

---

166 Zur Vermittlung zwischen Rationalismus und Supranaturalismus bei Stäudlin vgl. dessen »Ideen . . .« (wie o. im Text, S. 104), S. 195 ff. Über Planck vgl. Hirsch, Geschichte. . . V, S. 57–59 und J. Meyer (wie Anm. 4), S. 37 f. u. 99 f.
167 Geschichte. . . V, S. 57.
168 Briefwechsel II, S. 493.
169 Briefwechsel II, Nr. 619, III, Nr. 661. 700. 813.
170 Hg. von H. C. A. Hänlein und C. F. v. Ammon, Nürnberg Bd. I, S. 418–456.
171 Dies teilt er Kant im ersten Brief noch aus Erlangen im März 1794 mit, bekennt sich als Anhänger von dessen Philosophie und schickt ihm zur Beurteilung seine Kritik einer Schrift Rosenmüllers (Nachweis: Briefwechsel IV, S. 363), das Problem der moralischen Bibelauslegung im Sinne Kants betreffend (Briefwechsel II, S. 493 f.).
172 Bd. I (wie Anm. 170), S. 418 f.
173 Über Stäudlins Lutherkritik vgl. J. Meyer (wie Anm. 4), S. 41.
174 Wie Ammon selber an Kant berichtet (Briefwechsel II, S. 493), wobei er auch Rosenmüller nennt, vgl. o. Anm. 171.
175 1756–1827. In Göttingen als Nachfolger von Michaelis (phil. Fak.) seit 1788. Über Eichhorn vgl. J. Meyer (wie Anm. 4), S. 43 f. und R. SMEND o. S. 71 ff.
176 1753–1826. Privatdozent in Göttingen 1781, seit 1785 o. Prof. in Altdorf.
177 EICHHORN hat in einer seiner »Briefe die biblische Exegese betreffend« (in: Allgemeine Bibliothek der biblischen Litteratur, Leipzig 1793, Bd. V, S. 203 ff.) am Beispiel von Kants Ausführungen in der »Religion innerhalb. . .« (Ges. Schriften, wie Anm. 109, Bd. VI, S. 109 ff.) den Versuch einer von den »allgemeinen praktischen Regeln der reinen Vernunft-Religion« geleiteten und der neuzeitlich grammatisch-

Kant findet sich denn auch die problematische Wendung, daß für den Schriftausleger »die heilige Geschichte ... ein vortrefliches Hülfsmittel« werden könne, die Wahrheit des Sittengesetzes und eines moralischen Weltregenten »zu erläutern und dem sinnlichen Menschen anschaulich zu machen«[178]. Bei Gelegenheit der Zusendung einiger seiner Arbeiten[179] an Kant preist er die Denk-, Rede- und Preßfreiheit der eigenen Universität: »hier in Göttingen haben wir freie Hand«[180], und 1798 noch versichert er dem hochverehrten Lehrer: »Der Sieg der kritischen Philosophie, besonders von ihrer praktischen Seite, wird auch auf unserer Akademie immer entscheidender.«[181] (Hat er dabei nur an Stäudlin, Planck und sich gedacht?) Ob allerdings Kant an Ammons Schrift über das Wun-

historischen Auslegungsmethode widersprechenden Interpretation der biblischen Schriften als allegorische Eintragung eines über den buchstäblichen Wortsinn hinausgehenden und mit ihm unvermittelten höheren Sinns (S. 204) und als apologetische Scheinversöhnung von kritischer Philosophie und biblischer Theologie (S. 216) kritisiert. Danach wäre die modernste Auslegungsart nur ein Rückfall hinter die historisch-kritische Methode zur altkirchlichen Textallegorese, wie sie sich z. B. bei Origenes findet – so Ammon an Kant (Briefwechsel II, S. 493). Gabler hatte sich 1792 noch vorsichtiger geäußert. In seiner Bearbeitung von Eichhorns »Urgeschichte« (1790–93) hat er (2. Teil, 1. Bd., S. 424–445) Kant zwar zu den allegorischen Auslegern der »ältesten Urkunde« (Gen 2,4–3,24) gerechnet – wegen dessen Schrift »Muthmaßlicher Anfang der Menschengeschichte« (1786) –, kommt aber, ohnerachtet er ihren Beitrag zur wahren Erklärung der Urgeschichte für höchst gering hält und ihr gekünstelte Deutungen vorwirft, doch zu der schließlichen Würdigung: »Aber als philosophische Entwicklung der ... menschlichen Vernunft hat sie unläugbar großen Werth; und in Verbindung mit der mythischen Auslegung ... liefert sie ein herrliches Ganzes« (S. 444 f.).
178 Brief vom April 1795 (Briefwechsel III, S. 16–18, Zitat S. 17). Auch hier bekennt Ammon sich als treuer Anhänger der Kantischen Philosophie, indem er von der moralischen Begründung die wahre Befestigung der systematischen Theologie und die richtige Schriftauslegung erhofft. Die Gewißheit des Sittengesetzes begründet ihm den Gottesglauben, führt zur wahren Religion und ist Regulativ zur Beurteilung der historisch überkommenen »statutarischen Offenbarungsvorschriften« (vgl. S. 17).
179 Man kann nur vermuten, um welche Schriften es sich handelt. 1795 kamen von AMMON heraus: »Die christliche Sittenlehre nach einem wissenschaftlichen Grundrisse...« (zur intensiven Berufung auf Kant in dieser Schrift, vgl. Briefwechsel IV, S. 394) – »Wissenschaftlicher Entwurf der christlichen Sittenlehre für academische Vorlesungen« – »Ideen zur Verbesserung der herrschenden Predigtmethode« u. a. (vgl. auch u. Anm. 182).
180 Brief (wie Anm. 178), S. 17.
181 Briefwechsel III, S. 249. Es handelt sich um den letzten (bekannten) Brief Ammons an Kant. Auch er erklärt sich noch einmal entschieden für die Moraltheologie als die einzig wahre und zugleich authentische Theologie Jesu, vgl. S. 249. Ammons Kant vorgelegte Frage, ob nicht das – mit dem uns Zeugnis gebenden Geist des NT identifizierte – Moralgesetz »die einzige Basis einer unmittelbaren göttlichen Offenbarung seyn müsse« (S. 249), blieb offenbar ohne Antwort.

der[182] reine Freude haben konnte, ist wohl fraglich[183]. Jedenfalls scheint er sich nur einmal direkt an Ammon gewandt zu haben[184]. Durch Stäudlin läßt er ihm später einmal seinen Dank übermitteln[185].

Im Einzelnen gestaltet sich bei Ammon natürlich vieles ähnlich wie bei Stäudlin. Jedenfalls ist ganz unverkennbar: wenn Kant von Königsberg auf die Göttinger Aufklärungstheologie blickte, so konnte er hier, bei den Jungen, sich selber in angemessener Weise verstanden und repräsentiert finden. Indem wir von Göttingens Bild im Königsberger Spiegel ausgingen, sehen wir jetzt, wie auch der Spiegel sich noch im Gespiegelten wieder selber spiegelt.

Daß indes die Göttinger Theologie jener Zeit von Königsberg aus so zu erblicken war, läßt sie teilhaben an der legitimen Erfüllung wie auch der unvermeidlichen Begrenzung durch die geschichtliche Stunde des christlichen Geistes.

---

182 De notione miraculi. Pars prior Gottingae 1795; Pars posterior 1797 (zwei Weihnachtsprogramme). Wieder abgedruckt in C. F. VON AMMON: Nova opuscula theologica, Gottingae 1803, S. 135–176.

183 An Kant den 1. Teil gesendet mit Brief vom 9. April 1796 (Briefwechsel III, S. 70). Ammon erklärt als seine Absicht, die falsche Inanspruchnahme der Kritik der reinen Vernunft zur Unterstützung »mystischer Theorien« einiger Verehrer Kants – meint er den Tübinger Storr? – korrigieren zu wollen (S. 70). Zu seiner eigenen Definition vgl. »Nova opusc...« (wie Anm. 182), S. 146. Zu Stäudlins Wundertheorie vgl. o. Anm. 149.

184 Der Brief – vermutlich vom Jan. 1795 – ist nicht erhalten (vgl. Briefwechsel IV, S. 389), aber auch aus Ammons Dank zu erschließen (vgl. Briefwechsel III, S. 16).

185 Brief vom Juli 1798 (Briefwechsel III, S. 248, vgl. auch o. Anm. 163). Kants darin geäußerter Dank für eine ihm zugeschickte Abhandlung Ammons könnte sich auf den 2. Teil des Wunderbüchleins beziehen (vgl. o. Anm. 182 u. 183). Ammons kurz darauf an Kant gerichteter Brief (vgl. o. Anm. 181) vom Anfang August desselben Jahres erwähnt diese Grüße nicht.

CHRISTOPH BIZER

Der wohl-unterrichtete Student um 1800

Das Amt des Pfarrers in der Göttinger theologischen Lehre

I. Die Kunst des Katechisierens
(Johann Jacob Rambach 1722)

»Der wohl-unterrichtete Student« ist kein Göttinger Titel und stammt auch nicht aus der Zeit um 1800. Diese Wendung ist in Anlehnung an ein epochemachendes Büchlein von 1722 formuliert: »Der wohl-unterrichtete Catechet«. Sein Verfasser, Johann Jacob Rambach, war Kollege von August Hermann Francke; an der Universität Halle ist er sein direkter Nachfolger geworden. Indem ich mich auf diesen Titel beziehe, frage ich heute nach dem Unterricht, der den Studenten der Theologie zum Unterrichten fähig macht.

»Der wohl-unterrichtete Catechet« ist das Ziel eines akademischen Unterrichts, der Studenten Unterrichten beibringt, Unterricht vom Unterricht also. Unterrichten ist jetzt eine professionelle Aufgabe, die gelernt sein will. »Der wohl-unterrichtete Catechet, / das ist / Deutlicher Unterricht / Wie man der Jugend / Auf die allerleichteste Art / Den / Grund der Christlichen Lehre / beybringen könne, / darinnen / Die wichtigsten Vortheile, / die / bey dem Catechisiren in acht zu nehmen sind, / treulich entdecket werden.«[1]

Unterrichten heißt bei Rambach »Catechesiren«. Das Catechesieren ist eine Methode. – »Die wichtigsten Vortheile«, die dabei zu beachten sind, sind Verhaltensregeln für den Lehrer. Hält er sich an sie, so wird er »auf die allerleichteste Art« (Traumziel aller Pädagogen seit Comenius) »den Grund der christlichen Lehre beybringen« können.

Damit bekommt das studium catecheticum für den Studenten zentrale Bedeutung. »Es ist dasselbe von der grösten Nutzbarkeit, indem man nicht nur vor sich selbst den Vortheil davon hat, daß man sich eine

---

1 Sechste, aufs neue übersehene und mit einem neuen Anhange vermehrte Auflage, Jena 1730, [1]1722. – 1734 erhielt Rambach einen Ruf an die Georgia Augusta, dem er allerdings nicht Folge leisten konnte, weil seine Regierung ihn (aus Gießen) nicht entließ. Vgl. J. MEYER: Geschichte der Göttinger theologischen Fakultät. Zs. d. Ges. f. niedersächs. Kirchengesch. 42, 1937, S. 13.

deutliche, leichte und ordentliche Art des Vortrags angewöhnet, sich nach der Fassung der Zuhörenden richten, und alles in die kleinsten Umstände zergliedern lernet; sondern auch dadurch geschickt wird, andern unwissenden die Christlichen Wahrheiten deutlich und ordentlich beyzubringen.«[2] Das studium catecheticum befähigt den Studenten zu einer Redeweise, durch die er über die Inhalte Klarheit bekommt und dann auch zu Zuhörern verständlich reden kann.

Damit bahnt sich für das Studium der Theologie der Versuch zu einem Paradigmenwechsel an: »Wenn ihr alles auf Universitäten gelernet hättet, aber nicht geschickt wäret zu catechisiren, so würde dieser Fehler die meiste Frucht eures Amtes verhindern, und wäre euch eine große Schande, so ihr hier (sc. auf der Universität) einige Jahre zugebracht, und nicht wohl catechisiren gelernet hättet«, so August Hermann Francke, von Rambach zitiert[3].

Die Betonung des studium catecheticum hat eine Spitze gegen die bisherige Vorrangstellung der Predigt im theologischen Studium und entsprechend im Amtsbewußtsein des Pfarrers. Wieder ein Zitat bei Rambach, diesmal von Johann Gerhard Meuschen: Für die Theologiestudenten sei »fast mehr« daran gelegen, catechesieren als predigen zu lernen. »Und kan ich aus eigener Erfahrung zeugen, daß es einem angehenden Prediger schwerer fällt eine rechtschaffene Catechisation zu verrichten, als eine gute Predigt zu halten. Bin auch gäntzlich der Meynung, daß durch eine rechtschaffene Catechisation mehr als durch die schönste Predigt kan ausgerichtet werden, wünschende, daß viele unserer oratorischen und kunstreichen Predigten möchten in Catechisationen verwandelt werden... Das würde mehr Attention, mehr Erbauung, mehr Gottseligkeit, und mehr Erkäntnuß GOttes in die Leute bringen, als alles andere allamodische Predigen.«[4] Predigten sind künstlich, modisch und nutzlos, Catechisationen rechtschaffen, natürlich, nützlich. Wohlge-

---

2 Rambach (wie Anm. 1), S. 3.
3 Ebd., S. 10. – Die lateinische Fassung: AUGUST HERMANN FRANCKE: Idea Studiosi / Theologiae, / et / Monita Pastora / lia Theologica, / utraque / Primum Separatim Edita / Lingva Germanica, / iam autem / in Latinam Versa / et / ivnctim Excvsa / 1723, Appendix § 20 S. 165.
4 Rambach (wie Anm. 1), S. 8. Hier nach JOHANN GERHARD MEUSCHEN: Christliches Bedencken / Von der / Reformation / Universitäten und / Der / Schulen. Einem / Zur Wiederaufrichtung des verfallenen / Christenthums / Nöthigem und dienlichem Mittel. Samt einer / Vorrede / Betreffende / Die Beförderer der Gottseligkeit. Fortlaufend paginierter Anhang zu Ders., Eröfnete Bahn / Des wahren / Christenthums. Das ist: Vorstellunge und Wegräumunge / Der / vornehmsten Hindernüssen / Welche / Dem wahren Christenthum und dessen Fortgange / entgegen stehen. / Franckfurt am Mayn 1716, S. 944. – Zu Johann Gerhard Meuschen (1680–1743) s. ADB XXI, 1885, S. 538f.

merkt, wir sind im pietistischen Halle um 1720, noch gar nicht im aufklärerischen Göttingen um 1800.

Für einen kurzen Moment verweile ich noch in Halle. Was die Akademie in Göttingen ihre Studenten lehrt, wird nachher umso klarer werden. Was bringt das studium catecheticum bei? Was hat es auf sich mit dem Catechisieren als damals moderner Methode?

Rambach systematisiert das Fragen des Lehrers und das Antworten des Schülers und leitet den Lehrer insofern zu unterrichtlicher ›Kommunikation‹ an. Das Verhalten im Unterricht wird jetzt als Raum für eine eigene Methodologie abgesteckt. Fragen muß man können, es ist Gegenstand methodologischer Erörterung. Fragen müssen z. B. das Wesentliche betreffen: alles das soll wegbleiben, was für die zu Unterrichtenden entweder nicht nötig oder noch nicht nützlich ist[5]. Man muß bei den »allerersten und nöthigsten Grundsätzen den Anfang machen, der natürlichen Ordnung folgen, wie eins aus dem andern fließet«[6]. »Kurtz« soll gefragt werden, im Wiederholungsfall mit anderen Worten[7]. Aus einer übergreifenden Frage können Unterfragen gemacht werden, damit sich der Inhalt durch Repetition einübt: Hat Christus sein Blut für die Frommen oder auch für die Gottlosen vergossen? Antwort: auch für die Gottlosen. Der Methodiker weiß die komplexe Frage in weitere Fragen zu zergliedern: 1. Was hat Christus vergossen? 2. Sein eigen Blut oder fremdes Blut? 3. Wer hat sein eigen Blut vergossen? 4. Hat er's für die Frommen vergossen? 5. Hat er's allein für die Frommen vergossen? 6. Für wen noch mehr? 7. Also für Fromme und Gottlose? Rambach stolz: »So sind sieben Fragen aus einer gemachet, und dieses ist insonderheit fleißig zu practiciren.«[8]

Dieses Vorgehen wird später, nicht zuletzt in Göttingen, als eine Lehrweise angesehen, in der die Kette der Lehrerfragen für die Schüler nur eine Art Echo freigibt, das sich aus der Antwort mechanisch herleitet. Das sieht in Rambachs Perspektive noch anders aus. Er denkt sich die Schülerantwort durchaus als Aktivität. Das Catechisieren löst ja ein Verfahren ab, das mit feststehenden Fragen die vorformulierten Antworten des Katechismus ›abruft‹. Jetzt werden programmatisch die Antworten zu eigenen Antworten des Schülers; – freilich am Gängelband der Lehrer-Logik. Vom Lehrer ist verlangt, daß er den Katechismus nicht unbeteiligt abfragt, sondern sich den Stoff selbst aneignet und von ihm her den Unterricht für bestimmte Schüler spezifisch anlegt.

Es gehört zu einer Catechisation, daß der Lehrer »zu einer jeden lection durch hinlängliche meditation sich praeparire. So wenig es erlaubet ist,

---

5 Rambach (wie Anm. 1), S. 62.
6 Ebd., S. 65.
7 Ebd., S. 72.
8 Ebd., S. 75.

die Predigten aus dem Ermel zu schütteln, so wenig darf auch ein Catechet ohne Vorbereitung zur Catechisation schreiten.« Diese Meditation wird veranstaltet, damit der Lehrer

1. »dadurch die materie bey sich wieder erneure, ihr einen rechten Geschmack abgewinne, und also mit einem warmen Hertzen zur Catechisation komme.«

2. »damit er die Ordnung formire, in welcher er die materie vortragen will«

3. »damit er sich auf seine Gleichnisse, Exempel, und was sonst zur Erläuterung dienen kan, besinne.«[9]

Wenn diese Meditation mit ihrer didaktischen Vorordnung des WAS vor dem WIE geleistet ist, wäre es sinnlos, »wenn einer vorher die Fragen concipiren und auswendig lernen wollte, weil da immer eine Frage und Antwort zur andern Gelegenheit giebt«[10]. Das Frage-Antwort-Verfahren läßt der Spontaneität einen gewissen Raum, rüttelt freilich nicht an der Dominanz des Lehrers. Er hat das Fragen gelernt und leitet durch sein Fragen die Durcharbeitung des Stoffes, so daß der Stoff sich dem Verständnis erschließt und zu Herzen dringt.

Dieser Lehrer hat bei Rambach aber auch gelernt, auf die Antworten zu hören und angemessen auf sie zu reagieren: »Ein Catechet muß nicht allein den Mund öffnen, daß er rede, sondern auch die Ohren, daß er höre.« Es handelt sich um ein Hören dessen, der weiß, *was* er hören will. Er muß hören, »ob die Antworten, die ihm auf seine Fragen ertheilet werden, so beschaffen sind, daß er damit zu frieden seyn könne. Welches alsdenn um so viel nöthiger ist, wenn mehrere zugleich antworten, da denn offt Ja und Nein untereinander schallet, und wiederwärtige Antworten gegeben werden. Da würde es sehr unbesonnen gehandelt seyn, wenn er darauf nicht achten, sondern zufrieden seyn wolte, wenn er nur einen Schall auf die Fragen hörete.«[11]

Das Frage-Antwort-Verfahren des Catechisierens zergliedert den Stoff, arbeitet ihn systematisch durch und bringt geregelte Ordnung in die unterrichtliche Erarbeitung. Im Militärwesen ist das Exerzieren fortschrittliche Methode[12] und im Gewerbe die Manufaktur. Mit der Metho-

---

9 Ebd., S. 33. Diese Passage wird von HANS-WERNER SURKAU: Vom Text zum Unterrichtsentwurf (Handbücherei für Gemeindearbeit, Heft 31/32), 1965, S. 39f. zitiert. Sie dient als historische Spiegelung einer »didaktischen Meditation« von Bibeltexten, die Surkau im Anschluß an Wolfgang Klafki entwirft.

10 Rambach (wie Anm. 1), S. 33.

11 Ebd., S. 83.

12 Im Rückblick auf die von ihm aus gesehen herkömmliche Art des Katechisierens konstatiert Mosheim: Sitten-Lehre der Hl. Schrift (vgl. Anm. 15) Theil I, S. 500: »An gewissen Orten sieht eine Catechisation einer Musterung der Soldaten nicht ungleich.«

de des Catechisierens vollzieht sich die Weitergabe von Religion, Geistigkeit und Wissen an die junge Generation jetzt gleichsam manufakturell. Die Formierung des Christentums im jungen Christenkind ist Ergebnis methodischer Einwirkung. Auch Bäckerlehrlinge und angehende Jäger werden in ihrem Stoff catechisiert. Das Berufsbild des Pfarrers wird modernisiert, indem das Catechisieren zum wichtigen Kennzeichen der Berufsausübung gemacht wird. Von Francke an reißt nun freilich die Kette der Klagen nicht mehr ab, daß das Studium der Theologie dieser modernen Anforderung nicht gerecht werde.

Um 1720 ist das Catechisieren die fortschrittliche geistliche und geistige Methode. Um 1800 herum erscheint fortschrittlichen Pädagogen nichts schlimmer und abstruser als eben diese alte Methode des Catechisierens[13]. Was war in der Zwischenzeit geschehen? Unter anderem ist die Georgia Augusta gegründet worden, die gleich in ihrer Anfangszeit zur Entwicklung des Katechisierens einen wichtigen Beitrag geleistet hat.

II. Das Vorbild Sokrates
(Johann Lorenz Mosheim 1734 ff.)

Mit Johann Lorenz Mosheim haben wir in dieser Vorlesungsreihe schon Bekanntschaft gemacht[14]. Heute folgen wir ihm in sein Kolleg. Es macht uns nichts aus, daß wir zu diesem Besuch jetzt noch nach Helmstedt reisen müssen; schließlich ist er dann doch Göttinger geworden. Mosheim hat einen großen Plan gefaßt: eine Sittenlehre der Heiligen Schrift will er schreiben, in der das *moderne* Christenleben auf biblischer Grundlage entwickelt werden soll. Im ausgeführten Werk wird man vom »Unterscheid der Sittenlehre der Heiligen Schrift und der Vernunft« bis zum »Einflusse der schönen Künste in die christliche Tugend« und weiter bis zum Abschnitt vom »Inokuliren der Blattern« wichtige Belehrung finden[15]. Noch kurz vor seinem Tod gibt der greise Mosheim Anweisungen,

---

13 Um nur drei gewichtige literarische Beispiele für die dann neue Pädagogik zu nennen: »Robinson der Jüngere« (1779/80) von JOHANN HEINRICH CAMPE gibt ein anschauliches Bild einer Rousseau'schen Erziehung unterm Apfelbaum eines deutschen bürgerlichen Gartens. – JOHANN HEINRICH PESTALOZZIS Roman »Lienhard und Gertrud« erscheint in der ersten Fassung 1781–1791. – CHRISTIAN GOTTHILF SALZMANN: Ueber die wirksamsten Mittel, Kindern Religion beyzubringen, 1. Aufl. 1780, 3. Aufl. Leipzig 1809, S. 144–149, gibt eine parodistische Gegenüberstellung von zwei Exempeln »der gewöhnlichen katechetischen Methode« und »der andern Methode«, durch die der neue pädagogische Ansatz gut illustriert wird.

14 Vgl. den Beitrag von BERND MOELLER: Johann Lorenz von Mosheim und die Gründung der Göttinger Universität, in diesem Band, S. 9 ff.

15 JOHANN LORENZ MOSHEIMS Sitten-Lehre / Der /Heiligen Schrift, 1734–1770. 1. Theil, 3. vermehrte und verbesserte Auflage, Helmstaedt 1742; 2. Theil, 2. verbesserte Aufl.

wie das Werk zu Ende zu führen sei[16]. Johann Peter Miller in Göttingen hat diese Aufgabe schließlich übernommen[17].

Jetzt folgen wir dem Mann in Talar und Perücke in seinen Hörsaal. Hier entwickelt er seine Sittenlehre anhand von kurzgefaßten schriftlichen Thesen in freier mündlicher Rede. Er hat in gut lutherischer Manier soeben mit dem Abschnitt »Vom Stande der Natur oder dem Verderben des Menschen«, De statu corruptionis, begonnen[18]; wie man dann vom Stand der Verderbnis in den Stand der Gnade komme, wird der nächste große Abschnitt sein. Aber erst einmal hat Mosheim nach den Ursachen gefragt, die die Menschheit immer noch im Stand des Verderbens festhalten. In der letzten Stunde war er deshalb auf die »sträflichen und unreinen Sitten unsrer Zeiten«[19] gekommen. Heute erleben wir eine überraschende Wendung. Was ist darüberhinaus schuld am Stand des Verderbens? »Die schlechte Unterweisung so wohl der Jugend in den Catechisationen. . . Als der Erwachsenen und Alten in den Predigten. . .«[20]

Mosheim hat gleich mit der Eingangsthese begonnen: »Die Gottseligkeit der Menschen richtet sich sehr oft nach ihrer Wissenschaft und Erkenntniss.« Aber das Wissen der Leute »ist gemeiniglich so beschaffen, wie der Unterricht, dessen sie genossen haben«. Der Verfall der Gottseligkeit muß mit dem Zustand des Unterrichts in den Gemeinden zusammenhängen. »Würden die Menschen oft so wenig von der Warheit, die zur Gottseligkeit führt, verstehen, wenn ihnen dieselbe deutlich und überzeugend wäre beygebracht worden? Der Unterricht der Jugend geschicht durch Fragen und Antworten und heißt die Catechisation. Es scheinet, als wenn viele die Natur und Beschaffenheit dieser Unterweisungsart nicht einmahl recht kennen und dieselbe daher sehr übel verwalten. Darf man sich hernach verwundern, daß die, so aus der Schule kommen, nichts als

---

1743; 3. Theil, 2. Aufl. 1749; 4. Theil 1746, ab 5. Theil, 1752 Johann Lorenz von Mosheim; 6. Theil 1762; ab 7. Theil verfasset von Johann Peter Miller, Halle und Helmstädt 1765; 8. Theil Göttingen und Leipzig 1767; 9. Theil 1770. Zu den oben genannten Themen s. 1. Theil, Inhaltsverzeichnis S. 1 zu § IX S. 160ff.; 7. Theil S. 155–161; S. 173f.

16 JOHANN LORENZ VON MOSHEIM: Kurze Anweisung, / die / Gottesgelahrtheit / vernünftig zu erlernen, / in academischen Vorlesungen / vorgetragen. Nach dessen Tode / übersehen und zum Druck befördert / durch / Christian Ernst von Windheim, Helmstädt 1756, Vorrede b 5ff. (= S. XXIVff.).

17 J. P. Miller war 1747 als »Hofmeister« und Erzieher der jüngeren Kinder Mosheims mit diesem nach Göttingen gekommen. Als Rektor des Evangelisch-Lutherischen Gymnasiums in Halle erreichte ihn 1766 der Ruf auf eine theologische Professur in Göttingen. Er hat eine größere Anzahl katechetischer Schriften veröffentlicht.

18 Mosheim, Sittenlehre, 1. Theil (wie Anm. 15), S. 75ff. Die Vorlesung wurde noch lateinisch gehalten. Vgl. Meyer (wie Anm. 1), S. 26.

19 Mosheim, Sittenlehre, 1. Theil (wie Anm. 15), 2. Hauptstück § XI, S. 477–486.

20 Ebd., §§ XII und XIII, S. 486–516.

Worte ohne Kraft hersagen....?«[21] Dort sinnlose Repetition des Vorgegebenen – hier, was nötig wäre, mit Verstand zu erzählen und zu erklären wissen, was man selber glaubt und ausüben soll. Das ist genau die alte Aufgabenstellung der Pietisten in Halle. Der pragmatisch aufklärende Mosheim geht von derselben Fragestellung aus.

Aber nun kommt er ins Extemporieren. Zwar redet er von der Catechese als einer der Ursachen menschlichen Verderbens. Aber wie könnte ein Mann wie er sich lange bei einem Zerrbild aufhalten? Er entwickelt seine eigene Vorstellung von Catechisation, improvisiert. Möglicherweise verhalte sich alles auch ganz anders, aber ... Und nun fällt auch schon der entscheidende Name, der die Katechetiker auf ein Jahrhundert nicht mehr loslassen soll: Sokrates. Wir erleben soeben die Geburtsstunde der pädagogischen »Sokratik«[22].

Sokrates hatte sich nicht damit abgefunden, daß die griechische Jugend »in den öffentlichen Schulen« nur Wörter und Namen herzusagen lernte. Es wurde immer nur das Gedächtnis und das (rezeptive) Vorstellungsvermögen in Anspruch genommen. Die Wissenschaft, der Stoff, blieb bei allem Aufwand für den Unterricht eigentlich immer Eigentum des Lehrers. Das Nachdenken, Urteilen, kurz, der Verstand des Schülers hat ihn sich nicht aneignen können. Deshalb habe Sokrates anders angesetzt: nicht beim Stoff, sondern beim Verstand der Lernenden. Am Verstand der Lernenden habe er das Hebammenamt ausgeübt, so daß die Lernenden dahingebracht wurden, »daß die Kinder ihres Geistes, die Begriffe ihrer Seelen, vollkommen und glücklich gebohren« wurden.

Sokrates hatte es nicht mit Leuten zu tun, die seiner Zucht untergeben waren; er konnte keine Anweisungen geben. Seine Schüler waren Erwachsene; der pädagogische Bezug war frei vom Zwang. Wie hat Sokrates seine Schüler unter solchen Bedingungen überhaupt zu Unterricht bewegen

---

21 Ebd., S. 486f.
22 Ebd., S. 487. Einen früheren Versuch, die Methode des Sokrates aufzunehmen, registriert Mosheim: Kurze Anweisung, die Gottesgelahrtheit vernünftig zu lernen..., S. 169, bei Christian Thomasius, der »anstatt der gewöhnlichen Disputationen die socratische und catechetische Art zu streiten einführen wollte. Allein es lief schlecht ab. Der Opponente brachte den Respondens und Präses zum Stillschweigen; denn sie waren beide nicht geschickt seine Antworten voraus zu sehen, und sich sogleich auf neue Fragen und Antworten zu schicken.« THOMASIUS hatte einen Traktat über Sokrates übersetzt: Das Ebenbild einer wahren und ohnpedantischen Philosophie oder: Das Leben Socratis, aus dem Französischen des Herrn Charpentier ins Teutsche übersetzt, Halle 1693. – Die »Urtheile einiger Neuern über die Sokratik« leitet JOHANN FRIEDRICH CHRISTOPH GRÄFFE: Die Sokratik nach ihrer ursprünglichen Beschaffenheit in katechetischer Rücksicht betrachtet. Neuestes Katechetisches Magazin zur Beförderung des Katechetischen Studiums, 2. Bd. Göttingen 1791, ²1794, S. 399ff., mit einem langen Zitat aus diesem Text Mosheims ein und gibt ihm damit den Rang eines Grundtextes der diesbezüglichen Sokrates-Rezeption.

können? – eine für jede Aufklärung aufregende Frage. Nun, er hat eben die sokratische Methode angewandt, die den Lernenden – auch wenn er noch so eingebildet ist – als Gegenüber ernst nimmt. Er nahm selbst – stellvertretend – die Person eines Schülers an, »der gerne lernen will«. Er »gab denen, die er unterrichten wollte, die Person eines Lehrers, von dem er Unterricht hoffete. Er gab vor, er wäre unwissend und hätte sich in den Wissenschaften fast gar nicht umgesehen«. Und doch »schleifet, beschneidet, versetzt, bessert« er das vom Lernenden Hervorgebrachte, durch seine Fragen solange, bis ein »deutliches und reines Bild herauskömt, welches mit der Natur der Sache genau und eigentlich übereinstimmet«[23].

Mosheims Sokrates verändert die Unterrichtsfrage entscheidend. Bei Rambach fragt der Lehrer; weil er Bescheid weiß, fragt er ab. Bei Mosheim stellt der Lehrer die Fragen des Schülers und schiebt dem Schüler die Lehrerrolle zu, kraft der beiden gemeinsamen Menschenvernunft. Ich ziehe diese Linie konzeptionell nur ein kleines Stückchen weiter aus: wenn der Lehrende eine Frage stellt, die nicht virtuell eine echte Schülerfrage ist, dann fällt er aus seiner sokratischen Rolle heraus und verfehlt insofern seinen Unterricht. Der Ansatz beim Lernenden ist deutlich: Johann Lorenz Mosheim gar als Urahn von Maria Montessori?

Aber natürlich bleibt Sokrates im Göttingen des 18. Jahrhunderts ein deutscher Lehrer. Obwohl er in der Schülerrolle steckt, ist er zugleich der alles überblickende Vater, dem sich der Schüler auch in der Position des Dozierenden unbesorgt anvertrauen darf. Der Lehrer hat alles so eingerichtet, daß sich das Spiel wie von selbst unterhält. Der Schüler muß nicht »sorgen, daß er seine Unwissenheit verrathen werde«. »Und meistentheils ist die Sache, wornach gefragt wird, mit dem bereits Ausgemachten und Zugegebenen so verknüpft, daß ihm die Antwort gleichsam zufallen muß.« Ja sogar: »Der Schüler darf sich nie bedenken, noch seinen Verstand anstrecken.«[24] So veranstaltet der Göttinger Sokrates schließlich doch nur eine Art akademischer Prinzenerziehung, für junge Adelige auf der Kavalierstour durch Europa.

Mosheim hat mit der Berufung auf Sokrates die »Catechisation« der Göttinger Aufklärung angepaßt. Seine Definition beginnt: »Die Catechisation ist ein vernünftiges und ordentliches Gespräch eines Lehrers und eines Schülers. . .«[25] Ich könnte mir vorstellen, daß diese Definition auf

---

23 Mosheim, Sittenlehre, 1. Theil (wie Anm. 15), S. 487–490.
24 Ebd., S. 490.
25 Ebd., S. 492, 494, 499f. »Die Catechisation ist ein vernünftiges und ordentliches Gespräch eines Lehrers und Schülers, in welchem der Lehrer die Person des Schülers annimt und durch vorsichtige und kluge Fragen, theils den wahren Begriff, den sich dieser von solchen Dingen machet, welche die Sinnen nicht rühren, zu erforschen, theils die Fehler dieses Begriffs zu verbessern trachtet, damit der Jünger dem Meister

manche Gemüter in Halle und anderswo damals etwa so gewirkt haben könnte wie um 1970 die programmatische Bestimmung: Die Predigt ist eine Rede[26].

Die Studenten der Theologie im Kolleg Mosheims haben die Konsequenzen dieses Ansatzes für ihr eigenes Amtsverständnis sicher nicht gleich durchschaut. Mancher zukünftige Pastor wird sich in der Vorlesung nur zu gern als kleiner Sokrates gesehen haben. Aber paßt denn der Sokrates auf der Agora – sozusagen unterm Gänseliesel – auf eine lutherische Kanzel?

Der Student, der genau hinhört, merkt, daß Mosheim den Bruch selber spürt. Charakteristisch für Mosheims Denken sind pragmatisch-funktionale Fragestellungen: Wenn das und das Catechisation ist, wie muß dann der Katechet beschaffen sein und was muß er lernen, um einer zu werden? »Zu einer weisen, bedachtsamen und ordentlichen Catechisation gehöret eine Seele, die ihr selbst gelassen, die munter, frisch und aufgeweckt ist und alle ihre Kräfte beysammen hat, die mit keinem fremden Gedanken beunruhiget wird, noch die Augenblicke zählen darf, die sie auf die Unterredung mit den Anfängern verwenden kan.«[27] Nein, das ist nicht

---

ähnlich werden und eben so wohl, wie er, ein reines und richtiges Bild der Wahrheit in seinem Verstande wahrnehmen möge.« Eine für Mosheim wichtige Einschränkung: »Catechisiren heisset den Verstand in solchen Sachen durch Fragen aufklären, die unter die Botmäßigkeit des Verstandes gehören und weder durch die Sinnen, noch allein durch die Einbildung, erreichet werden« (S. 494). »Es ist Einfalt, sich einzubilden, daß die Jugend durch die Catechisation die ersten Buchstaben des Glaubens lernen solle« (S. 499f.).

26 Vgl. auch ebd. S. 502. »Eine Predigt ist eine Rede, wodurch eine Menge von allerhand Menschen ... zugleich sollen in der Religion unterrichtet, für Irrthümern bewahrt und ... zur Buße und zur Nachfolge Jesu Christi und zur Tödtung ihrer irdischen Lüste, aufgemuntert und bewogen werden.«

27 Ebd., S. 499. Vgl. S. 498: »Zu einem Catecheten schicket sich nicht ein jeder. Man kan gelehrt, Sprachkundig, tiefsinnig, arbeitsam, in der alten und neuen Geschichte und Weisheit erfahren seyn: Man kan alles verstehen, was einen GOttesgelehrten so wohl zieret, als vollkommen machet. Und man kan dabey doch Mangel an der Gabe spüren, die Jugend durch Fragen verständig zu unterrichten. Ein Catechet muß ein Mann von einem reinen und stillen Geiste seyn, der seiner stets mächtig ist, der seine Gedanken eine geraume Zeit in Ordnung halten kan, der alle Dinge, wodurch andre Menschen in dem Laufe ihrer Betrachtungen gestöret werden, abzuweisen vermag, der die Stärke und Schwäche des menschlichen Verstandes kennet, der in eines jeden Art zu denken und zu begreifen sich schicken und allen allerley werden kan, der alles, was zu einer Antwort folgen kan, vorhersiehet, der die Fehler und Schwachheiten der Menschen selber sich zu seinem Zwecke zu Nutze zu machen weis, der seinen eignen Verstand in mancherley Falten rücken und einerley Warheit auf verschiedene Art und Weise einkleiden kan: Ein Mann, in dessen Gedächtniß ein Vorrath von mancherley Worten und Redensarten ist, der ihm stets zu Dienste stehet, dessen Einbildung weitläuftig und hurtig, und doch dabey richtig und der Vernunft unterthänig ist, in dessen Verstande Licht, Klarheit und Deutlichkeit herrschet, dessen Wille von einer recht-

die Schilderung eines lutherischen Pastors im Konsistorialbezirk Hannover. Mosheim zieht im selben Gedankengang die Konsequenz: »Wir können es daher nicht loben, daß man in unsern Gemeinen das Amt der Catechisation denen zugleich aufgetragen hat, die am Worte und der Lehre arbeiten.« Gelegentlich beruft er sich für diese Ämtertrennung auf Vorbilder in Frankreich und Dänemark[28]. Die Tendenz ist deutlich: die wirklich »moderne«, aufklärerische Catechisation ist in ihrer Professionalität nicht in der Lage, das Amtsverständnis des Pfarrers im Ganzen zu prägen, sondern spaltet sich vielmehr davon ab. Wir werden sehen, wie 90 Jahre später der greise Gottlieb Jacob Planck versucht, wenigstens für ein fiktives Lehrbeispiel beides wieder zusammenzufügen und als ideale Einheit zu präsentieren. Das Problem, das dahintersteckt, ist bis auf den heutigen Tag nicht gelöst. Der Pastor und Prediger, der Konfirmandenunterricht gibt, tut das als pädagogischer und didaktischer Laie, bestenfalls als Autodidakt.

III. Die Göttinger Katechetik
(Johann Friedrich Christoph Gräffe 1789/1795–99)

Mit seinen Überlegungen zur Catechisation tut Mosheim auch theoretisch einen wichtigen Schritt. Er entwickelt die Catechisation aus dem Begriff (der Majeutik), gegen eine schlechte Praxis, auf eine bessere hin. Mosheims Improvisation läßt die Struktur seines Vorgehens umso deutlicher hervortreten. Mosheim hat eine Theorie der Catechisation im Blick. Das ist neu.

Es gab bisher die Katechismen als Inhalt und Vorgabe des Unterrichts. Es gab den Versuch, die Katechese kompendienhaft zu erfassen[29]. Die institutiones catecheticae systematisieren das überlieferte Berufswissen[30]. Die theologia catechetica entfaltet im dickleibigen Folianten den dogmatischen Inhalt des Katechismus[31], und Johann Jacob Rambach, schließ-

---

schaffenen Begierde brennet, die Menschen zu Kindern des Lichtes zu machen, aus dessen Geberden und Worten nichts, als Sanftmuth und Liebe, hervorleuchtet...«
28 Mosheim, Kurze Anweisung (wie Anm. 16), S. 167.
29 ADREAS HYPERIUS: De catechesi, in: Varia Opuscula Theologica, in totius Christianae Reipublicae utilitatem conscripta, nunc primum in lucem data. Basileae (Officina Oporiniana) 1570, S. 436–510 (Postum).
30 Z. B. CUNRADUS DIETERICUS: Institutiones Catecheticae è B. Lutheri Catechesi depromptae et variis notis illustratae. Editio tertia Giessae (apud Chemlinsum) 1617 ([1]1613, viele weitere Auflagen und Bearbeitungen).
31 Als spätes Beispiel: Des seel. Herrn Doctor / Johann Francisci Buddei / Catechetische Theologie / aus dessen / hinterlassenen Handschrift / nebst / Herrn Johann Georg Walchs, D. / Einleitung in die catechetische Historie / ausgearbeitet und herausgegeben / von / M. Johann Friedrich Frisch, / ... Jena / 1752.

lich, systematisiert die Methode. Schon an den Gattungen kann man leicht ablesen, welcher Student jeweils für seine Berufsausübung als wohl-unterrichtet gelten kann: Der Katechismusschüler; der in den Regeln des Unterrichts Bewanderte; der dogmatisch Beschlagene und schließlich der methodisch Geschulte. Die Göttinger Akademie setzt mit Mosheim den Maßstab: ›der wissenschaftlich Gebildete‹ – gebildet freilich in dem Umfang, in dem das der spätere Beruf verlangt.

Der Aufenthalt an der Universität ist durch die Nützlichkeit des Studiums legitimiert. So unterscheidet Mosheim scharf zwischen den Erfordernissen eines Theologiestudiums, in dem sich der spätere Pastor bildet, und dem Studium für spätere theologische Lehre selbst[32]. Erst der akademische Lehrer hat das Ganze der Kirche im Blick und tritt »vor den Riß«[33], wenn die Fugen dort auseinandergehen. Der spätere Pastor braucht Fähigkeiten in der Auslegung Heiliger Schrift und theoretisch verläßliche Grundrisse, die er in ihrer Eigenart erkennen und einordnen muß, so daß sie die spätere Amtstätigkeit verläßlich orientieren. Die Geistigkeit der Akademie mit ihrem Theoriebewußtsein verantwortet die theoretischen Grundlagen kirchlicher Praxis so, daß der Pastor zwar an ihr teilhat, aber zugleich von ihr für seine nützliche Tätigkeit in seinem Amtsbereich freigesetzt ist.

Die Theorie der Catechisation heißt »Katechetik«. Noch wird das Wort in den Buchtiteln als Adjektiv gebraucht: catechetisch. Das erste Lehrbuch der expliziten Katechetik wird gegen Ende des Jahrhunderts nicht von ungefähr in Göttingen geschrieben[34]. Mosheim hatte dazu die Wei-

32 Vgl. den Aufbau des Büchleins von Mosheim, Kurze Anweisung (wie Anm. 16), I. »Von den Vorbereitungsmitteln zur Gottesgelahrtheit, und denen Wissenschaften und Uebungen, welche den Weg dazu bahnen« (S. 28). II. »Von den theologischen Wissenschaften selbst«, bezogen auf das Amt eines Geistlichen (S. 97). III. »Von dem Theologo unserer Zeiten« (S. 170). »Ein Theologus unserer Zeiten, der solchen Namen mit Recht führen will, stellet eine sehr schwere Person vor... In unseren Zeiten wird die Religion fast durch alle Arten menschlicher Wissenschaft bestritten, und daher muß ein Theologe unserer Zeiten fast von allen Theilen der Gelehrsamkeit etwas wissen, damit er die Einwendungen des Unglaubens abweisen, und die Religion schützen kann« (S. 170f.).
33 Mosheim, Kurze Anweisung (wie Anm. 16), S. 171. »Ein Theologe unterscheidet sich sonderlich dadurch von andern Geistlichen, daß er, wenn die Kirche des Herrn durch falsche Lehre und schädliche Gebräuche beunruhiget wird, vor den Riß treten, und allem, was der Kirche Christi einigen Nachtheil bringen kann, steuren und wehren muß. Ein Theologe ist also gleichsam ein Auge über die ganze Kirche, das die Schärfe hat, alles zu übersehen...«
34 S. unten Anm. 43. Das m. W. älteste Buch, das das Substantiv Katechetik im Titel führt, hat GOTTFRIED LEBERECHT MASIUS geschrieben: Zergliederungskunst und Katechetik in Praxi, durch deren Gebrauch jeder Schulmeister beim Examen bestehen kann. Teil 1–3, Köthen 1787. Der theoretische Begriff liegt gleichsam in der Luft; noch wird er aber ganz praktizistisch gebraucht. Vgl. auch AUGUST HERMANN NIEMEYER: Über Katechetik und Katechetische Übungen, Halle 1789.

chen gestellt. Die Berücksichtigung der Praxis zu gemeinem Nutzen *und* der unaufgebbare Theorieanspruch ist für das damalige Göttingen konstitutiv.

Nach den Ordinarien Johann Peter Miller (gest. 1789) und Gottfried Less (Professor bis 1791) sind in Göttingen die Fächer der Pastoraltheologie (Homiletik, Katechetik und Seelsorge) von Göttinger Pastoren gelehrt worden, die zugleich Lehrbeauftragte an der Universität waren[35]. Zwei von ihnen haben wichtige neue Impulse gegeben: Gräffe und Sextro.

Heinrich Philipp Sextro, Pfarrer an St. Albani, errichtete an der staatlichen Accouchir-Anstalt, der neu gegründeten Universitätsklinik, ein Seelsorgeinstitut, das einen Wochengottesdienst und die seelsorgerliche Betreuung der Kranken übernahm. Die jeweils 12 Mitglieder dieses Instituts fertigten Berichte von ihren Gesprächen mit Patienten an, die dann im Kollegium unter Anleitung des akademischen Lehrers besprochen wurden. Das Institut war königlich bestätigt und bestand von 1781–1804[36]; freilich war die Zusammenarbeit zwischen Medizinern und Theologen in ein und demselben Haus schwierig. Unter dem Direktorat Gräffes ist es dann in der Schlußphase des Pastoralinstituts zum offenen Konflikt gekommen. Der medizinische Direktor führt erbitterte Klage über das arrogante Auftreten der Pastoraltheologen und läßt von der königlichen Regierung in Hannover klarstellen, wer der Herr im Hospital ist. Die Mitglieder des Pastoralinstituts ordnen sich dem ärztlichen Betrieb nicht ein, sie kommen und gehen, wann es ihnen paßt. Sie experimentieren auf eigene Faust. Soll ein aufgeklärter Mediziner etwa schweigen, wenn ein junger Kandidat der Theologie einen Kranken in seelsor-

35 Erst durch die Ernennung von Friedrich August Eduard Ehrenfeuchter zum ord. Professor 1849 besteht an der Georgia Augusta ein Ordinariat für Praktische Theologie.
36 Meyer, 1937 (wie Anm. 1), S. 35, 46. – HANS-CHRISTOPH PIPER: Kommunizieren lernen in Seelsorge und Predigt. Ein pastoraltheologisches Modell, 1981, S. 95–110 (Dokumente), vgl. S. 14–25. Der letzte Leiter war J. Fr. Chr. Gräffe: »Wir haben hier den bedeutenden Vortheil, ein akademisches mit vielen Kranken angefülltes Hospital zu besitzen, dessen Einrichtung für die praktische Bildung der studierenden Mediciner und Theologen gleich nützlich ist. Jedes Mitglied des königlichen Pastoral-Instituts, dessen Directorat mir anvertrauet ist, erhält einen oder mehrere Kranke zur speciellen Behandlung. Die Resultate seiner Unterredungen, Beobachtungen und angewandten Methoden werden den sämmtlichen Mitgliedern zur Beurtheilung vorgelegt, und einer genauern Prüfung von ihnen und von mir unterworfen. Wie viele Gelegenheiten biethen sich nicht unter solchen günstigen Umständen, wo die Kranken zu jeder Zeit besucht werden können, dem Studierenden dar, in der Kunst der Krankenbehandlung sich zu üben, und praktische Versuche anzustellen, wie viel er von den eingesammelten theoretischen Religionskenntnissen zu seinem würklichen Eigenthume gemacht habe, und wie weit er im Stande sey, das scientievisch Gedachte in einer populären herzlichen Sprache zum Nutzen des Leidenden anzuwenden.« J. FR. CHR. GRÄFFE: Die Pastoraltheologie nach ihrem ganzen Umfange, 2. Hälfte, Göttingen 1803, VII f. – Piper, S. 110.

gerlichem Bemühen zum verstockten Sünder macht und diesem vermutlich die Hölle vor Augen malt[37]? Dem Pastoralinstitut dürfte ein kontinu-

---

37 Vier Dokumente zu diesen Streitigkeiten finden sich im Universitätsarchiv Göttingen unter der Signatur 4 II e 6. Der Aktenbestand ist erstmals von HEINRICH HOLZE: Zwischen Studium und Pfarramt. Die Entstehung des Predigerseminars in den welfischen Fürstentümern zur Zeit der Aufklärung, 1985, S. 113–115, ausgewertet worden. Ich zitiere ihn ausführlich, weil er interessante Einblicke in den »Streit der Fakultäten« gibt, in dem das theologische Studium einen eben errungenen Welt- und Praxisbezug nicht behaupten konnte.
1. Ein »Gehorsamstes Pro Memoria« des Klinikdirektors vom 6. Oktober 1803 erhebt über die Arbeit des Pastoralinstituts Beschwerde. Die Kleinlichkeit einiger Punkte – unter anderem geht es um die Benutzung einer Kommode – belegt die Erbitterung des Streits in der Göttinger Enge. Freilich stehen auch ärztliches und pastoraltheologisches Ethos im Konflikt: »die pastoralischen Unterhaltungen (sollen) dem Zwecke, die Kranken körperlich zu erleichtern und zu heilen, nicht entgegenstehen. . ., also bloß auf Trost und Beruhigung hinarbeiten und nicht auf leicht zu nachtheilige Erschütterung und ängstliche Reue, – daß sie gegentheils vorzüglich darauf gerichtet seyn werden, ihren Muth, ihre Geduld und ihr Vertrauen zu erhalten und zu heben.« Der Arzt hat Grund und Anlaß, die Beschränkung der Religion auf die Innerlichkeit zu verlangen: »Es sind mir mehrere Jahrgänge von den Tagebüchern, welche das Pastoralinstitut über die Hospitalkranken geführt hat, . . . in die Hände gefallen und sie liefern traurige Beweise, wie diese Anstalt gemisbraucht ist. Lauter verstockte Sünder enthält nach ihnen das Hospital; ein an einem *Mund*krebse (Unterstreichung im Original) leidender wurde angeschrieben mit der Note: ein verstockter Sünder, welcher auf die katechetischen Fragen nicht antworten will, sich indeß doch gern vorbeten läßt! Es wird aber keiner Belege bedürfen, sondern bloß einiger Kenntniß des gewöhnlichen Schlages der theologischen Studenten, um mit Angst einen Leidenden, einen vielleicht sehr schwer Leidenden, ihren freyen Händen, wie sie die Reihe traf, überliefert zu sehen.«
2. Unter dem 9. Nov. 1803 erläßt das Ministerium eine Verfügung »zur Verhütung aller Collisionen«. Sie nimmt in allen wesentlichen Punkten die Vorschläge der Hospitaldirektion auf. Die Teilnehmer an dem Pastoralinstitut dürfen in Zukunft »nur in Beyseyn des Direktors Dr. Gräffe die Kranken examiniren, präpariren belehren, vermahnen«. Auch die Gottesdienste im Hospital müssen sich nach dem Zeitplan und nach den Bedürfnissen der Krankenpflege richten: ». . . und ist dabey aller lauter Gesang wegen Enge des Hauses zu vermeiden.« »Schließlich wird noch bemerkt, daß wenn der Dr. Gräffe mit dem Professor Osiander (sic! Kliniksdirektor ist inzwischen Carl Himly) wegen Abwartung (sic, = Abhaltung?) der Pastoralübungen in der Accouchir-Anstalt eine Uebereinkunft zu treffen vermag, man solche höheren Orts gern genehmigen wird.«
3. Gräffe antwortet am 14. Nov. »als Mann von Ehre und Gewissen«, der es schuldig ist, seine »Ueberzeugungen zur unterthänigen Anzeige zu bringen«. Es ist ihm nicht nur wegen seiner »vielen Amts- und Berufsgeschäften« unmöglich, bei allen Gesprächen mit den Kranken anwesend zu sein, vielmehr würde solche Anwesenheit »gegen den Zweck des Pastoral-Instituts streiten«. »Jetzt hat jedes ordentliche Mitglied des Pastoral-Instituts seinen angewiesenen Kranken. Er stattet, nachdem in eigenen Vorlesungen die Regeln der Krankenbehandlung vorgetragen sind, über die Art seiner Behandlung eine Relation ab, die dann der Prüfung unterworfen wird. Ich ziehe Erkundigung ein, in wiefern die Kranken besucht und behandelt worden sind. Sollte dies nicht so seyn, so würde der Zweck des Instituts verfehlt, da dem zu bildenden

ierlicher Beschützer unter der Professorenschaft besonders gefehlt haben. Sextro war bereits 1788 auf eine Professur nach Helmstedt gegangen[38].

Johann Friedrich Christoph Gräffe, erst noch Pastor in Obernjesa, dann an St. Nikolai, schließlich Superintendent an St. Albani, hatte zu-

Abb. 8. Johann Friedrich Christian Graeffe, 1796

vor mit einem katechetischen Institut eine andere Institutionalisierung versucht[39]. Gräffe arbeitete seit seiner Kandidatenzeit katechetisch, auch er gründete dieses Institut als Lehrbeauftragter. Es handelte sich dabei um eine Gesellschaft, wir würden sagen: um ein Seminar, in dem die

> Theologen nothwendig Gelegenheit verschafft werden muß, seine Kräfte für sich selbst, ohne daß er gegängelt wird, in den Versuchen des Lehrens, Tröstens und Unterredens zu üben. – Mit den Mitgliedern des medicinischen Instituts hat es eine andere Bewandniß, denn wenn diese ohne Beiseyn des Lehrers ihre Operationen vornehmen sollten, so würde ein Mißgriff sich nicht wieder ersetzen lassen.«
>
> 4. Bereits am 16. November antwortet das Ministerium auf Gräffes Gegenvorstellungen mit der Verwaltungsmaxime, daß »bey einer Unvereinbarkeit zweyer Zwecke in ihrer ganzen Ausdehnung bey einer öffentlichen Anstalt, die Erreichung des einen Zweckes nöthigenfalls die Einschränkung des andern erforderlich« mache. Das akademische Hospital sei »zuerst und hauptsächlich für den medicinischen Unterricht fundirt.« Damit war aus Gräffes Sicht der Arbeit des Pastoral-Instituts der Boden entzogen.

38 Sextro hat aufgrund seiner Erfahrungen in Göttingen die Aufgaben einer praxisnahen Ausbildung auch später noch im Blick behalten. Vgl. Holze, 1985 (wie Anm. 37), S. 190f.

39 Zu Gräffe die Göttinger theologische Dissertation von WOLFGANG SCHULZ: Die Institutionalisierung der Katechetik an den Deutschen Universitäten unter dem Einfluß der Sokratik – Dargelegt am Beispiel J. F. C. Gräffe, Göttingen 1979. – Holze, 1985 (wie Anm. 37), S. 155f.

Teilnehmer Unterricht vorbereiteten, selber auch hielten und wechselseitig kritisierten. Auch Stilübungen, Erzählübungen wurden veranstaltet[40]. Besonders gelungene Entwürfe druckte Gräffe gelegentlich – samt den Rezensionen durch Kommilitonen und den Dozenten – in seinem katechetischen Journal ab. Ich zitiere aus seiner Schlußbemerkung zu einem solchen Abdruck: Die Veröffentlichung erlaube es den Lesern, »gleichsam in unser Institut selbst ein zutreten«. »Sie hören, wie katechesiert wird, sie vernehmen, was die andern Mitglieder dazu sagen, und wie wir überhaupt dies Geschäft betreiben, was wir tadeln, was wir von den Katecheten fordern, und was wir an den katechetischen Unterredungen mit unserem Beifalle begleiten.«[41] Die akademische Arbeit an der Praxis wird dem Publikum literarisch geöffnet und damit gesellschaftlich nutzbar gemacht.

Natürlich versäumt Gräffe nicht, darzulegen, daß diese katechetische Arbeit unter den zu erwerbenden theologischen Fähigkeiten die allerschwerste sei. Das *eine* Semester, das dafür zur Verfügung stehe, sei viel zu wenig. Das Lernen an der Praxis übt auf die übrigen Studien einen Sog aus. »Aber wer heißt uns denn auch, die Katechetik, die doch einen der wichtigsten Theile des theologischen Studiums ausmacht, so kurz abzufertigen, und nur gleichsahm als einen überflüssigen Anhang desselben zu behandeln? Sprachen, Exegese, Kirchengeschichte und alle übrigen Zweige der Gelehrsamkeit nützen der Gemeine und dem Lehrer derselben schlechterdings nichts, wenn der Volkslehrer nicht die Kunst verstehet gut zu predigen und gut zu katechesiren.«[42] Es ist die Frage, ob das theologische Studium seinen Studenten – im Sinne Rambachs – wohl unterrichtet. Auf diesem Hintergrund erscheint es fast als kleine Bosheit, wenn Gräffe 1792 seinen ersten Entwurf zur Katechetik den hannoverschen Konsistorialpräsidenten, Generalsuperintendenten und Konsistorialräten widmet, die sich allesamt um die katechetische Wissenschaft verdient gemacht hätten. Verdient – inwiefern? Die Exzellenz, die Hochwürden und Wohlgebohrn hatten jedem Theologiestudenten »die eifrigsten Übungen in dieser Kunst zur unerläslichen Pflicht« gemacht[43]. Die

---

40 JOHANN FRIEDRICH CHRISTOPH GRÄFFE: Beschreibung meines katechetischen Instituts in Göttingen. In: Katechetisches Journal hg. von J. Fr. Chr. Gräffe (= Neues Journal der Katechetik und Pädagogik IV), 1. u. 2. Heft, Celle 1799, S. 1–302.
41 JOHANN FRIEDRICH CHRISTOPH GRÄFFE: Schlußanmerkung zu dieser Beschreibung (der Katechisation des Herrn Clausen am 22. und 23. Jan 1799 über den Aberglauben). In: Katechetisches Journal VI (wie Anm. 40), S. 277–279.
42 JOHANN FRIEDRICH CHRISTOPH GRÄFFE: Vollständiges Lehrbuch der allgemeinen Katechetik nach Kantischen Grundsätzen. 1. Bd., Göttingen 1795, S. VIII.
43 JOHANN FRIEDRICH CHRISTOPH GRÄFFE: Die Katechetik nach ihren wesentlichen Forderungen betrachtet. 1. Theil, in: Neuestes Catechetisches Magazin zur Beförderung des catechetischen Studiums. 3. Bd., Göttingen 1792, das Widmungsschreiben.

Bedürfnisse der Praxis hatten – damals in aufgeklärten Zeiten – in der kirchlichen Oberbehörde einen Rückhalt. Wir befinden uns ja zugleich in der Phase, in der sich ein institutionalisierter zweiter kirchlicher Ausbildungsabschnitt, nach dem Studium, in ersten Umrissen abzuzeichnen beginnt[44].

Für den Pfarrer in Obernjesa und Dramfeld heißt Nutzen für die Allgemeinheit: dem Landvolk nützen. Hier liegt sein Experimentierfeld, das er sich anschickt zu beackern. Die Studenten sollen »aus der Erfahrung eines Landpredigers ... bestätigt finden, wieviel Gutes sich stiften lasse, wenn man den rechten, von der Natur selbst bereiteten Pfad eifrig fortwandelt«[45]. Wie sieht das katechetisch aus? Gräffes Leitsätze setzen bei der Natur des Menschen an: »der Mensch denkt sinnlich« und »der Mensch denkt einzeln« (im Sinne von: an der einzelnen Wahrnehmung)[46].

»Das Kind siehet einen Baum... Dieser Baum... mahlt sich in seiner Seele ab, und stehet in seiner Vorstellung einzeln da. Obgleich ein Baum vieles an sich hat, was unterschieden werden kann, so würkt er doch hauptsächlich auf die junge Einbildungskraft als ein Ganzes, welches als ein zusammen gehörendes Ganze einzeln, isolirt in die weiche Seele sich eingedrückt hat. So oft das Kind wieder einen Baum siehet, so drückt sich das Bild des Baumes nur etwas tiefer ein.« Erst wenn der bloße Eindruck bearbeitet wird, findet »die wiederholte Gewahrnehmung« in der Vorstellung ›Baum‹ keimhaft die »Begriffe von Mehrheit, Vielheit, Ausdehnung, Ort und Raum« angelegt. Die Begriffe ruhen latent im Hintergrund der Vorstellungskraft wie in einem Schatten. Indem der Mensch sich daran macht, die einzelne Wahrnehmung zu reflektieren, bildet sich ein Begriff von ihr, der der Wahrnehmung in der Seele Dauer verleiht und es dann ermöglicht, andere Wahrnehmungen damit zu verknüpfen[47].

Damit steht das katechetische Programm: mit der Landjugend den Weg von der sinnlichen Vorstellung zum Begriff abzuschreiten. Erst einzelne Begriffe an einzelnen Vorstellungen ausbilden, bei jeder neuen Vorstellung verweilen, damit die Sinnlichkeit nicht abgedrängt wird. Und umgekehrt: wenn ein neuer Begriff eingeführt werden soll, dann muß er erst in Empfindungen verwandelt werden. Mit einzelnen wenigen Begriffen soll dann das Reflexionsvermögen geübt werden. – Das ist der natürliche Weg; seine Abbildung auf pädagogisches Vorgehen heißt auch bei Gräffe: Sokratik.

44 Holze, 1985 (wie Anm. 37).
45 JOHANN FRIEDRICH CHRISTOPH GRÄFFE, Pastor zu Obernjesa bei Göttingen: Über Begriffe in catechetischer Hinsicht bei der Landjugend. In: Neuestes Catechetisches Magazin (wie Anm. 43). Bd. 1, Göttingen 1789, S. 14.
46 Gräffe, 1789 (wie Anm. 45), S. 15.
47 Ebd., S. 19f.

Seine pädagogische sensualistische Psychologie findet Gräffe überall in Obernjesa bestätigt. Die Leute fragen den Pfarrer, ob er heute ›in den Gang komme‹. Sie meinen damit, ob er Katechismuslehre halte. Seit Generationen fand der Unterricht so statt, daß der Pfarrer im Mittelgang der Kirche auf und ab ging und nach rechts und links hin die zahlreiche Jugend befragte[48]. Und wenn der 70jährige Greis in seiner Gemeinde sich über sein Leben nur formelhaft äußern kann: in die Schule gegangen, darauf konfirmiert worden, nachher geheiratet, viele Kinder gezeugt, dann seine Frau begraben – dann beruht das darauf, daß die sinnlichen Wahrnehmungen seines Lebens von ihm nicht begrifflich bearbeitet worden sind[49]. Das Beispiel zeigt gut, wie die Katechetik besseres Leben ermöglichen will. Der Student, der sich bei Gräffe für seinen geistlichen Beruf informiert, orientiert sich mit dieser Katechetik sogleich am Bild eines Volkslehrers, dem die Glückseligkeit der Gemeinde am Herzen liegt.

Wohlunterrichtet ist der Student im Kontext Gräffes, wenn er für die späteren beruflichen Tätigkeiten Anleitung und Übung bekommt – und wenn ihm diese Tätigkeiten wissenschaftlich begründet werden. Beides zusammen, im Lehrbuch zusammengefaßt, macht »die Katechetik« aus. Wissenschaftlich begründet heißt bei Gräffe: auf kantischen Prinzipien aufgebaut. Nach mehreren Anläufen kann Gräffe endlich seine dreibändige Katechetik vorlegen. Sie heißt: Johann Christoph Friedrich Gräffe, Doctors der Philosophie und Pastors an der St. Nikolai-Kirche zu Göttingen: Vollständiges Lehrbuch der allgemeinen Katechetik, nach kantischen Grundsätzen, zum Gebrauch akademischer Vorlesungen. Göttingen 1795–99. Die Katechetik Gräffes braucht als Verfasser sowohl den Doctor der Philosophie wie den Pastor und Praktiker. Die Katechetik muß ein »vollständiges« Lehrbuch sein, sonst wäre ihre Systematik nicht wahr; insofern kann sie freilich nur eine »allgemeine« Katechetik anbieten, die von den einzelnen Unterrichtsarten und -stoffen abstrahiert. Das Ganze dient dann wieder »akademischen Vorlesungen«, durch die das System sich selber in künftige Praxis umsetzt.

Die »kantischen Grundsätze« verbürgen die theoretische Grundlegung und steuern den Aufbau des Werkes: Band 1 untersucht das Erkenntnisvermögen, Band 2 das Gefühls. . .-Vermögen und Band 3 wendet sich dem Begehrungsvermögen zu. Wenn Kant richtig erklärt hat, was z. B. Urteilen heißt, dann müssen die Urteile von Schülern – wenn sie vernünftig sein sollen – nach demselben Schema zustande kommen. Die kritische

---

48 Ebd., S. 100f. Dort weitere Beispiele: »ut dem Holte kucken« = von der Kanzel herab predigen (S. 101). Die Amts-»Einführung« eines Prälaten gilt als vom Kutscher vorgenommen, der den Würdenträger in prächtigem Gespann »eingeführt« hat.
49 Gräffe, 1789 (wie Anm. 45), S. 22.

Erkenntnislehre übersetzt sich mithin für Gräffe ohne Schwierigkeiten ins prozedural-Katechetische.

Katechetik konstituiert sich im Spannungsfeld von praktischem Unterrichten einerseits und der kritischen Philosophie andererseits. Naturgemäß kann dabei nur eine generelle sokratische Unterrichtslehre herauskommen. Nichts von der Festlegung der Katechetik nur auf kirchlichen Unterricht! Die kirchlichen Stoffe, die Gräffe reichlich heranzieht, stehen nur als Beispiele da. Von einer Praktischen Theologie, die der Katechetik ihre Rahmenbedingungen setzt, ist ja noch nichts zu sehen. Das Arbeitsfeld von Gräffes Katechetik ist nicht durch Grenzziehungen zwischen Kirche und Welt unterteilt. Dennoch bleibt alles Katechisieren bei Gräffe ganz ohne Frage unter religiöser Zielsetzung: der kritisch gereinigten Vernunft folgen *ist* Religion. Das Amtsverständnis des Religionsdieners wird von daher bestimmt.

»Die Religion, die den Menschen in ihre Erziehung nimmt, will den ganzen Menschen veredeln, und ihm die besten Erleichterungen darreichen, daß er alle seine Kräfte, seiner Bestimmung gemäß, für die Zeit und für die Ewigkeit weislich anwende. Der Katechet ist nun derjenige Diener und Arbeiter, welcher als ein Werkzeug der Sittlichkeit und Religion der Jugend behülflich werden soll, ihre Kräfte zu entwickeln, und zu einem höhern Zustande der Reife zu vervollkommen. Der Katechet sorgt dafür, daß die Jugend den Verstand schärfe, die edelsten Grundsätze einsammele, die Vernunft ausbilde, und so dem Ideale eines weisen, tugendhaften, und rechtschaffenen Erdbewohners, dessen Bestimmung in der Ewigkeit liegt, immer näher gebracht werde.«[50]

Wer möchte da nicht selber zum Katecheten werden!

IV. Das erste Amtsjahr des Pfarrers von S.
(Gottlieb Jacob Planck 1823)

Was die akademischen Lehrer in dieser Zeit ihren Studenten für ihre Amtsführung als Pastoren mitgeben wollen, bringt auf originelle und zugleich rührende Weise – am Ende des besprochenen Zeitalters – der alte Gottlieb Jacob Planck zu Papier. Nach fast vierzigjähriger Lehrtätigkeit als Professor der Theologie in Göttingen veröffentlicht er 1822, bereits über 70 Jahre alt, eine – ja wie soll ich's nennen? – eine Pastoraltheologie? eine biographische Studie? einen Roman? ein didaktisches Poem? »Das erste Amtsjahr des Pfarrers von S. in Auszügen aus seinem Tagebuch. Eine Pastoraltheologie in der Form einer Geschichte.«[51]

---

50 JOHANN FRIEDRICH CHRISTOPH GRÄFFE: Vollständiges Lehrbuch der allgemeinen Katechetik nach Kantischen Grundsätzen. 2. Bd., Göttingen 1797, S. IVf.
51 GOTTLIEB JACOB PLANCK: Das erste Amtsjahr des Pfarrers von S. in Auszügen aus

Abb. 9. Gottlieb Jakob Planck. Lithographie nach einem Gemälde von 1825

Planck kommt aus Nürtingen am Fuß der Schwäbischen Alb. Kenner des Landes (und der Ottilie Wildermuth)[52] sagen: Drum! obschon die Form einer »Geschichte« Kirchenhistorikern wie Planck nicht fern gelegen haben dürfte. In der Tagebuchliteratur war Planck bereits geübt. Als Tübinger Repetent hatte er – vorsichtshalber anonym – 1779 das »Tagebuch eines neuen Ehemannes« in den Druck gegeben[53].

»Eine Pastoraltheologie in der Form einer Geschichte« – dahinter steckt ein pädagogisches Kalkül. Auf seine spätere Amtsführung hin gesehen ist der Student, der durch die übliche Pastoraltheologie Fachwissen, Verhaltensregeln und Verfahrensweisen lernt, vielleicht am Ende des Studiums gut informiert, wohl-unterrichtet sicher nicht. Für die Amtsführung kommt es ›ganzheitlich‹ auf die Einstellung, auf den Willen, auf die Bereitschaft, sich auch emotional zu identifizieren an. Dann aber führt der Weg zur Bildung für das Pfarramt nicht nur über den Kopf; dem akademischen Lehrer bietet es sich an, literarisch eine derartige sinnliche

seinem Tagebuch. Eine Pastoraltheologie in der Form einer Geschichte, Göttingen 1823. Der Held von S. hat literarisch dann noch ein zweites Amtsjahr in S. verbracht; es ruht unveröffentlicht in der Handschriftenabteilung der Göttinger Universitätsbibliothek. P. TSCHACKERT (RE³, Bd. 15, 1904, s. v. Planck, G. J.) weiß davon, daß die Veröffentlichung testamentarisch untersagt worden sei. Eine summarische Inhaltsangabe im Anhang I der Biographie Plancks von FRIEDRICH LÜCKE: Dr. Gottlieb Jacob Planck. Ein biographischer Versuch..., Göttingen 1835, S. 131–135. – G. v. ZEZSCHWITZ und W. HÖLSCHER (in: Handbuch der theologischen Wissenschaften in encyklopädischer Darstellung, hg. v. Otto Zöckler, Bd. IV, Praktische Theologie, München 1890, S. 13) bringen Plancks Büchlein zu Unrecht in literarische Abhängigkeit von GH. F. ALB. STRAUß: Glockentöne, Elberfeld 1817 (⁷1840). Friedrich Strauss bietet ohne didaktische Zielsetzung eine Apotheose des Pastorenstandes.

52 Zu den damaligen sieben Schwaben an der Göttinger Universität (Planck, Spittler, Gmelin, Hugo, Reuß, Stäudlin und Osiander) vgl. GÖTZ VON SELLE: Die Georg-August-Universität zu Göttingen 1737–1937, Göttingen 1937, S. 196; zu G. J. Planck auch der Beitrag von E. MÜHLENBERG in diesem Band, S. 244ff. Max Planck ist ein Enkel von Gottlieb Jacob. – Zur eschatologischen Qualität von Nürtingen vgl. OTTILIE WILDERMUTH: Schwäbische Pfarrhäuser, darin: Der Haselnußpfarrer. Die Pfarrerin klagt dem Vikar ihr Leid mit dem Pfarrer: »Seit wir geheiratet sind, hat er mich nur erzürnt: wenn ich fett koche, will er mager essen; habe ich eingeheizt, sperrt er die Fenster auf; will ich Bohnen pflanzen, pflanzt er Haselnüsse. Ich ärgere mich nun schon lange nicht mehr; aber ich muß oft denken, es wäre am besten, wenn der liebe Gott eins von uns zweien zu sich nähme, ich könnte dann nach Nürtingen ziehen.« Nachdruck aus der Gesamtausgabe Bd. 1, Tübingen ³1980, S. 12. Der Pfarrer und seine Frau sind an ein und demselben Tag gestorben (S. 16).

53 Anonymus, Tagebuch eines neuen Ehemannes, Leipzig 1779. Der Roman »sollte dazu dienen, sentimentale, durch ›das leidige Siegwartswesen‹ infizierte und verzerrte Frauen zu heilen und zu gesunden Zuständen deutschen Familienlebens zurückzuführen« formuliert P. Tschackert, 1904 (wie Anm. 49). Ein weiterer Roman von PLANCK erschien 1782 ebenfalls anonym, angeblich in Bern: Briefe Jonathan Ashleys, in Deutschland geschrieben und aus dem Englischen übersetzt. Dazu Lücke, 1835 (wie Anm. 51), S. 17f.

Erfahrung vom ersten Amtsjahr zu vermitteln, die Kräfte des Gefühls entbindet, zur richtigen Begriffsbildung anleitet und den Willen des Lesers sowohl anspannt als auch in die richtige Richtung lenkt. Planck steht in der Psychologie auf dem gleichen Boden wie Gräffe. Aber die pragmatisch-subjektive Betrachtungsweise, die an ihm registriert wird, gründet die Wahrheit nicht auf dem System, etwa Kants, sondern eher auf der Person dessen, der sie vertritt. Das Tagebuch des Pfarrers von S. ist ein persönliches Vermächtnis Plancks; in der weisen Gestalt eines alten Konsistorialpräsidenten meine ich sein Selbstbildnis zu sehen[54].

Der Konsistorialpräsident leitet die Geschicke der äußerlichen Kirche – mit Hilfe des Konistoriums – ein bißchen wie der liebe Gott die Welt im ganzen: geduldig, gütig, vernünftig und bestimmt. Er ist darauf bedacht, keinem seiner ihm Anbefohlenen zu nahe zu treten; sie müssen ihren Spielraum für eigenen Vernunftgebrach behalten.

»Ja, lieber Vetter!« redet der Präsident den Helden unserer Geschichte an, der am Vortage gerade ein glänzendes Examen gemacht hatte und dem nun die geistliche Welt offensteht. Der Präsident und der Kandidat sind weitläufig verwandt, so bestehen zwei, jedoch voneinander sorgfältig unterschiedene Vertrauensverhältnisse zwischen ihnen. Leutselig berichtet der Präsident von einer Sitzung des Konsistoriums: es hatte keinen Kandidaten gefunden, der so schlecht gewesen wäre, daß er in das Dorf S. hätte geschickt werden können. Die spaßige Bemerkung hat einen ernsten Hintergrund. Die Pfarrstelle in S. ist seit Jahren unbesetzt. Das lastet sichtbar auf dem Gewissen des Präsidenten.

Unser Kandidat fragt zurück, der Präsident berichtet. S. liegt hoch oben im Gebirge, umschlossen von düsteren Tannenwäldern, weltabgeschieden. Die Gemeinde muß ihren Pfarrer durch Umlage auf die einzelnen Familien bezahlen. Das ging eine Zeitlang gut, solange Industrie im Dorf war. Jetzt aber ist S. völlig verarmt, für einen Pfarrer reicht es hinten und vorne nicht mehr. Nun ist auch noch der Schulmeister entlaufen. Das Konsistorium habe in dieser Lage beschlossen, die Stelle des Lehrers künftig mit der des Pfarrers zu vereinigen, so daß das Gehalt wenigstens für einen zum Allernötigsten reiche. Aber die Einwohner seien inzwischen sittlich verroht. Sie vegetierten stumpf vor sich hin. Der Präsident ringt die Hände. »Ist dies nicht zum Erbarmen? . . . Es sind doch Menschen! Es sind Menschen – würde der Apostel Paulus sagen – für welche Christus auch gestorben ist!«

»Ehe noch der gute Präsident zu diesem Schlusse seiner Erzählung gekommen war, fühlte ich mich auf eine seltsame Art in meinem Inner-

---

54 1811 wurde Planck – seit 1798 bereits »wirklicher Consistorialrath« mit Sitz und Stimme im Konsistorium zu Hannover – von der Regierung des Königreichs Westfalen zum Präsidenten des Consistoriums für das Leine-Departement ernannt.

sten bewegt. . . Auch mein Körper nahm an der Bewegung Theil, denn ich fühlte an dem schnelleren Pulsschlage den rascheren Umlauf meines Blutes. Einige Minuten hindurch empfand ich jedoch nur dunkel, daß sich etwas in meiner Seele loszureißen strebte; aber so wie der alte Mann zu sprechen aufhörte, schallte es laut und vernehmlich in meinem Innern: du mußt dich zum Pfarrer in S. machen lassen!«[55]

Der Kandidat hätte falsch studiert, wenn er einem solchen Ruf unbesehen Folge leisten würde. Der Leser stellt zusammen mit dem Helden des Romans ein umsichtiges Räsonnement an. Alle Für und Wider werden in distanzierter Vernünftigkeit erwogen. Drängt sich der Kandidat hier zu einem Amt? Fällt er damit möglicherweise der Vorsehung in den Arm, die für ihn vielleicht ganz andere Wege vorgesehen hat? Nein – er erkläre sich ja nur bereit, die Stelle zu übernehmen (– ich ergänze: die Vorsehung hätte für *ihre* Pläne immer noch genug Spielraum)[56]. – Wird er ein Leben in drückender Armut meistern? – Jahrelang habe er kärglich mit einem alten Rektor zusammen gelebt und mit ihm antike Schriftsteller gelesen; seither wisse er, daß die »Unhabhängigkeit von gewissen Bedürfnissen des Körpers und der Sinnlichkeit« zur »geistigen Gymnastik« gehöre[57].

Alle Erwägungen stellt der Kandidat in einem Brief an seinen Präsidenten zusammen. Die Gründe für die Entscheidung bringt er in den Zusammenhang seines »bisherigen geistigen Lebens«; das biographische Kontinuum ist ein entscheidend wichtiges Argument[58]. Die letzte Entscheidung liegt dann selbstverständlich beim Konsistorium.

Alsbald wird der Kandidat – noch in der Hauptstadt – zum Pfarrer von S. ordiniert. Und schon naht sich die Versuchung in Gestalt einer Frau. Eine Gräfin, ihm als feinsinnige Gönnerin zugetan, bietet ihm eine reiche Pfarrstelle an, die Tochter des Vorgängers gleich mit, zur Braut. Der neuernannte Pfarrer von S. wird schwach. In Gedanken gibt er schon der Versuchung nach. Der Leser leidet Qualen, – bis sein Held – auf der Straße, beim Anblick der ehrwürdigen Gestalt des Konsistorialpräsidenten – die Klarheit der Vernunft wiederfindet und schließlich, mit sich im Reinen, zu Fuß in mehrtägiger gemächlicher Wanderung dem Gebirge entgegenschreitet[59].

Planck hat seine Pastoraltheologie so angelegt, daß der junge Pfarrer und mit ihm der Leser und Student beim geistlichen und sittlichen Nullpunkt seiner Gemeinde anfangen muß. Das ist die Situation, für die die Pastoraltheologie zu arbeiten hat! Wie sehr allerdings die autoritative

---

55 Planck, 1823 (wie Anm. 51), S. 7f.
56 Ebd., S. 35f.
57 Ebd., S. 38f.
58 Ebd., S. 27.
59 Ebd., Kap. 5: »Die Prüfung«, S. 58ff.

Rolle seines Pfarrers die gesamte Tätigkeit von ihm stützt, ist Planck selbst verborgen geblieben.

Er schildert den Volkslehrer, der (erst einmal) für die Statistik neue Kirchenbücher anlegt, der Gottesdienst hält (wobei er von der Gemeinde lediglich nach der Stimmgewalt beurteilt wird), der eine Industrieschule gründet, der dem die ganze Gegend aussaugenden »Blutigel« (sic!) auf die Spur kommt[60] und monopolistische Verflechtungen aufdeckt, die jede wirtschaftliche Erholung des Dorfes unmöglich machen.

In einer Zwischenbilanz arbeitet der Pfarrer von S. für sein Tagebuch vier Schwerpunkte seiner Arbeit heraus, die den Kern der Pastoralklugheit Plancks ausmachen[61]:

1. Was das Predigen angeht, so darf der Pfarrer unter den gegebenen Umständen sobald keine Frucht seiner Tätigkeit erwarten. Hier ist mit langen Fristen zu rechnen, zehn Jahren und darüber, wenn überhaupt. Aber auch wenn der Same des Gotteswortes nicht in fruchtbaren Boden kommt, darf der Pfarrer dennoch nicht ermüden, diesen Samen auszustreuen.

2. Er darf den Dorfbewohnern »nicht immer nur den Pfarrer und Seelsorger zeigen, der es darauf anlegt, sie zu bekehren«. Dann ziehen sie sich gleich zurück. Er muß »ihr Zutrauen und ihre Liebe« gewinnen. Das geschieht vorzüglich so, daß er ihnen bei der Verbesserung der äußeren und häuslichen Zustände hilft. Dadurch wird überhaupt erst der Sinn für *etwas* Besseres erweckt: »sie für einen Genuß fühlbar zu machen, bei dem sich auch etwas von geistiger Natur einmischt.« Während der Pfarrer seine Leute zu Christen zu machen versucht, muß er zugleich daran arbeiten, sie menschlicher zu machen. »Er muß versuchen, sie auch durch die Ausbildung des Menschlichen in ihnen für die Eindrücke des Religiösen empfänglicher zu machen«, »durch Humanität zu Religiosität vorzubereiten«[62].

3. Die äußeren Quellen, aus denen das meiste Elend ins Dorf fließt, müssen verstopft werden: der monopolisierte Holzhandel. Aber wehe dem Pfarrer, der sich offen an diese Aufgabe wagte! Er würde sich dem Vorwurf aussetzen, über die Linie seines Wirkungskreises hinauszugehen. Das wäre deshalb verhängnisvoll, weil ihn der gereizte Wespenschwarm bis in seinen eigenen Kreis hineinverfolgen und ihm dann auch dort jede weitere Tätigkeit verderben würde. »Er darf es selbst seine Leute nicht sogleich merken lassen, daß er darauf hinarbeitet.« »Er darf selbst dem Raubthiere im Dorfe nicht sogleich geradezu auf den Leib gehen,

---

60 Ebd., S. 161.
61 Ebd., S. 194–207.
62 Ebd., S. 200.
63 Ebd., S. 204.

denn das arme verblendete Volk . . . würde sich . . . mit dem Raubthiere gegen ihn vereinigen.«[63]

Diese Bedenken wollen nicht auf politische Untätigkeit hinaus, sondern auf Zähigkeit. Wenn auch der Pfarrer »nicht zum unmittelbaren Eingreifen darein berufen ist, darf er es mit festerer Zuversicht der Vorsehung zutrauen, das sie schon Mittel und Wege . . . machen oder ihm zeigen wird«[64].

4. Und schließlich noch der vierte Arbeitsschwerpunkt: die Arbeit an der Jugend. Das heißt für Planck: Arbeit in der Schule. Es ist dem Pfarrer von S. »fast schon zur vollen Gewißheit geworden«, daß »alle Hoffnungen auf einen dauernden Nutzen sich auf das heranwachsende Geschlecht beschränken muß«[65].

Planck hatte seinen Roman so angelegt, daß der Pfarrer von S. zugleich Schullehrer werden konnte. Die Verbindung der Ämter war für den Kandidaten mit ein Grund gewesen, nach S. zu gehen. Der Pfarrer ist froh, sein eigener Schullehrer zu sein und ruft ein zweimaliges Gottlob! darüber aus. Dem Pfarrer, der sein Amt als Volkslehrer begreift, gereichte es zum Schaden, wenn sich das Schullehreramt unter ihm oder neben ihm verselbständigte. Der Pfarrer von S. erwägt in aller Offenheit, wie schlimm es für ihn in seiner Lage wäre, einen Schullehrer zu haben, der nicht am gleichen Strang mit ihm zöge.

Planck weiß natürlich selbst, daß die Zeit längst über eine solche Einheit der beiden Ämter hinweggeschritten ist. Auch die prästabilierte Harmonie zwischen Pfarrer und Lehrer wird immer seltener. Die Theologie schickt sich an, die Pädagogik insgesamt als Arbeitsfeld nach und nach aufzugeben und lediglich für Bedürfnisse der Kirche zu spezifizieren. Was Gräffe als Katechetik entwickelt hatte, betreibt Johann Friedrich Herbart in Göttingen, ab 1809 Nachfolger Kants in Königsberg, unter dem Vorzeichen von wissenschaftlicher »Pädagogik«. Planck spürt, daß der Volkslehrer, der Pfarrer-Lehrer, als Programm nicht mehr zu vertreten ist. Im zweiten unveröffentlichten Band diskutieren die Pfarrer der Inspektion unter ihrem Superintendenten ausdrücklich über die Frage solcher Personalunion. Die Pastoren wollen sie – in entsprechenden Situationen – lediglich als eine Möglichkeit einräumen[66]. Plancks Pastoraltheologie signalisiert am Ende eines Zeitalters die Auflösung ihrer eigenen Bedingungen.

Übrigens: nach Auskunft des zweiten Bandes verläßt der Pfarrer den Ort S. bereits nach zwei Jahren. Die Französische Revolution hatte das Dorf erreicht; der Pfarrer wird in einen blutigen Auftritt verwickelt und

---

64 Ebd., S. 205.
65 Ebd., S. 206.
66 Lücke, 1835 (wie Anm. 51), S. 132f.

nach einer regierungsamtlichen Untersuchung entlassen. Das Verfahren hat jedoch seine persönliche Integrität bestätigt. Das Werk in S. ist an ein natürliches Ende gekommen. Friedrich Lücke resümiert den Schluß: »Freudige Stimmung ‹des Pfarrers› beym Rückblick auf seine nunmehr geschlossene Laufbahn in S.«[67]

---

67 Ebd., S. 135.

Dietz Lange

Der theologische Vermittler Friedrich Lücke

Wenn man das Dekanszimmer der Theologischen Fakultät betritt, fällt der Blick sofort auf sein Konterfei: ein stattlicher Mann im Talar, das Kreuz des Abtes von Bursfelde auf der Brust, etwa Mitte 50[1], ein volles Gesicht mit hoher Stirn, mit dem zeitlos-konsistorialrätlichen Ausdruck eines Kirchenmannes auf der Höhe seiner Laufbahn, gescheit, aber ein bißchen zu etabliert, dem Betrachter offen zugewandt, aber eine Spur zu freundlich, eine Führungspersönlichkeit, aber kein Kämpfer. Wenn man daneben die scharfen, klaren Züge seines Lehrers Schleiermacher sieht, so ist schon physiognomisch auf den ersten Blick deutlich: dies ist ein ganz anderer Mensch; er repräsentiert eine andere Generation, einen anderen Stil, ein anderes Lebensgefühl.

Die Rede ist von Gottfried Christian Friedrich Lücke, von 1827 bis zu seinem Tode 1855, also mehr als ein Vierteljahrhundert, unbestritten der erste Mann unserer Fakultät. Dem heutigen Theologiestudenten allenfalls als Empfänger von Schleiermachers berühmten beiden »Sendschreiben über seine Glaubenslehre an Dr. Friedrich Lücke« bekannt, war er damals ein anerkannter Gelehrter vor allem als Exeget des Neuen Testaments, aber auch als Kirchenhistoriker und – in etwas geringerem Maße – als Vertreter der Fächer Dogmatik und Ethik, die er in Göttingen vornehmlich zu lehren hatte. Daneben war er eine bedeutende Figur in der hannoverschen Landeskirche. Eine derart breit angelegte theologische und kirchliche Kompetenz mag bei uns Heutigen teils Neid, teils den Verdacht der Oberflächlichkeit hervorrufen. Nun, sie war schon in jener Zeit ohne zahllose Gremiensitzungen und ohne Vortragsreisen nach Amerika nur durch äußerst konzentrierte Arbeit und stupenden Fleiß zu erwerben, und Lücke, der in dieser Hinsicht zeitlebens ein echter Preuße war, stand in seinen Fächern wirklich auf der Höhe der Zeit, wenngleich sich mit seinem Namen keine epochemachende Umwälzung verbindet. Dazu war er nicht der Mann, könnte man sagen; aber das wäre doch nicht ganz gerecht, wie denn auch der vorhin angestellte Vergleich mit Schlei-

---

1 Näheres über dieses Porträt s. im Abbildungsverzeichnis am Schluß dieses Bandes (S. 400).

ermacher im Grunde nicht ganz fair ist. Es war vor allem nicht die Zeit dazu. Es waren bei aller biedermeierlichen Behäbigkeit unruhige Jahre. Theologisch und kirchlich war es eine Zeit der Polarisierung. Auf der einen Seite stand die radikale Kritik der Linkshegelianer, durch die Namen David Friedrich Strauß, Ludwig Feuerbach, Bruno Bauer und Karl Marx bezeichnet, eine Kritik, die zum ersten Mal in Deutschland den christlichen Glauben selbst massiv in Frage stellte. Auf der anderen Seite schlug sich die restaurative Grundtendenz in einem eisenharten lutherischen Konfessionalismus nieder. Politisch war es die Zeit der Revolutionen von 1830 und 1848 auf der einen Seite und des »Romantikers auf dem Throne der Cäsaren«[2], Friedrich Wilhelms IV. von Preußen (ab 1840), auf der anderen Seite; von der gleichen erzkonservativen Couleur war auch Ernst August von Hannover (ab 1837). Eine Zeit also, in der eine Position zwischen den Extremen, wie sie Lücke zu vertreten versuchte, keinen gemächlich entlangzuflanierenden, bequemen Mittelweg bedeutete, sondern vielmehr ein inneres Zerriebenwerden, insbesondere für einen eher weich veranlagten Menschen, wie er es war.

Bevor ich mich nun Lückes Tätigkeit in Göttingen und seiner Bedeutung für Theologie und Kirche seiner Zeit genauer zuwende, mögen ein paar biographische Daten zum Verständnis und zur Illustration ganz nützlich sein. Friedrich Lücke wurde am 24. 8. 1791 in Egeln, einem kleinen Städtchen 30 km südwestlich von Magdeburg, als älterer von zwei Brüdern geboren. Der Vater gehörte als Brauer und Kaufmann zu den Honoratioren der Kleinstadt. Die Eltern waren bieder und ehrbar, von heernuthisch geprägter bürgerlicher Frömmigkeit. Sie hatten selbst keine sonderlichen Bildungsinteressen, ermöglichten aber dem begabten Sohn Internatsbesuch und Studium. Er war ein vorzüglicher Schüler – dem ungeduldigen Vater freilich nie gut genug –, anderen gegenüber aufgeschlossen und freundlich, aber auch etwas altklug und zu sehr der Selbstreflexion hingegeben, gelegentlich reizbar und hypochondrisch. Zwei Sätze von ihm selbst mögen das illustrieren. Sie stammen aus seinem »Tagebuch für die moralische Veredelung meines Herzens, gehalten seit dem 7. November 1808« und sind uns von seinem Biographen Friedrich Sander überliefert[3]: ». . . wohl mir, daß ich schon früh anfing, über meinen moralischen Zustand mit Ernst nachzudenken und eifrig darauf bedacht zu seyn, immer besser und edeler zu werden. Doch muß ich mir es aufrichtig gestehen, daß ich manche Gelegenheit vorbeygehen ließ, über

---

2 So in der ironischen Titelformulierung eines kleinen Buches von DAVID FRIEDRICH STRAUSS: Der Romantiker auf dem Throne der Cäsaren oder Julian der Abtrünnige. Ein Vortrag, Mannheim 1847.
3 F. SANDER: D. Friedrich Lücke. Abt zu Bursfelde und Professor der Theologie zu Göttingen (1791–1855). Lebens- und Zeitbild aus der ersten Hälfte des Jahrhunderts, Hannover 1891, S. 11.

mich selbst nachzudenken, daß ich nur noch zu selten meine übelen Gewohnheiten auszurotten bemühet war«, womit er seine Neigung zu Hitzigkeit und unüberlegten Reaktionen meint. Diese gewisse moralische Penetranz hat er zum Glück später abgelegt; geblieben aber ist ein unbedingter Gewissensernst, der bei schweren Entscheidungen oft einen selbstquälerischen Zug annahm.

Lücke studierte von 1810–1812 Theologie und klassische Philologie in Halle bei Wilhelm Gesenius, der dem heutigen Theologen noch als Verfasser eines hebräischen Lexikons bekannt ist, und bei dem Sohn eines Direktors der Franckeschen Anstalten, Georg Christian Knapp, der ihn besonders beeindruckte. 1812 ging er nach Göttingen, wo er bereits im folgenden Jahr, nachdem er mit einer theologischen Arbeit einen wissenschaftlichen Preis gewonnen hatte, eine Repetentenstelle bekam. Das bedeutete damals, daß er »unter der besonderen Aufsicht des Dekans«[4] begrenzte exegetische Vorlesungen halten und in der Universitätsbibliothek als wissenschaftliche Hilfskraft arbeiten mußte. Der drohenden Einberufung zum französischen Heer war er dadurch entgangen, daß der Vater ihn für eine beachtliche Summe freigekauft – genauer: ihm einen »Einsteher«, einen Stellvertreter besorgt hatte. Bei den Preußen konnte er sich wegen schwacher Gesundheit nicht melden. Doch die nationale Begeisterung der Befreiungskriege hatte ihn tief ergriffen. Das Jahr 1813 bedeutete ihm zusammen mit der Altpreußischen Union, der Vereinigung der lutherischen und der reformierten Kirche in Preußen zum Reformationsjubiläum 1817, zeitlebens den Beginn einer nationalen und religiösen Erneuerung. Dem modernen Zeitgenossen ist diese Verbindung von protestantischer Frömmigkeit und Nationalgefühl aus guten Gründen suspekt. Es ist aber für die damalige Zeit ganz begreiflich, daß man die politische Befreiung von Fremdherrschaft mit der Befreiung von kirchlicher Heteronomie im 16. Jahrhundert zusammenbrachte und in dieser Verbindung überdies die Chance der Überwindung eines flachen Rationalismus und die Grundlage einer lebendigeren Frömmigkeit sehen konnte. In dieser Sicht der Dinge gingen die großen Denker der Epoche wie Fichte, Schelling, Hegel und Schleiermacher bei all ihrer Verschiedenheit untereinander voran. Für Lücke persönlich kam hinzu, daß dies zugleich die Zeit seiner beruflichen Anfänge war: er wurde 1814 in Halle promoviert und habilitierte sich 1816 in Berlin.

Aber noch befand er sich in Göttingen. Dieser erste Aufenthalt hier, von 1812 bis 1816, war für ihn wichtig einmal durch die Lehrer, den berühmten Kirchenhistoriker Gottlieb Jakob Planck (1751–1833) und den zwar nicht sehr originellen, aber weiträumig denkenden und keiner theologischen Partei verschriebenen Karl Friedrich Stäudlin (1761–1826; Lücke

---

4 Sander, S. 33.

wurde später sein Nachfolger), sodann durch die Lektüre der frühen Arbeiten Schleiermachers – Reden über die Religion, Weihnachtsfeier, Kurze Darstellung des theologischen Studiums, Predigten –, die ihn dazu bestimmte, anschließend nach Berlin zu gehen. Auch mit Herder hat er sich beschäftigt, besonders mit dessen Schrift über das Johannesevangelium »Von Gottes Sohn, der Welt Heiland« (1797), die einen nachhaltigen Einfluß auf Lücke – wie auf so viele seiner Zeitgenossen – ausgeübt und seine Liebe zum Johannesevangelium wie auch seine Sicht der Geschichte des Urchristentums stark mitbestimmt hat. Darüber hinaus verdankte er entscheidende Anregungen einem Freundeskreis von hochbegabten Kommilitonen, dem viele später berühmt gewordene Leute angehörten, wie der nachmalige preußische Gesandte in Rom und Botschafter in London Christian Karl Josias Frhr. v. Bunsen (1791–1860), der klassische Philologe und Germanist Karl Lachmann (1793–1849), der Philosoph Heinrich Ritter (1791–1869).

Dann folgten die beiden Jahre in Berlin (1816–1818). An ihrem Anfang stand, wie bereits erwähnt, die Habilitation zum Lizentiaten der Theologie mit einer Arbeit über den neutestamentlichen Kanon bei Euseb von Caesarea, die übrigens – neidvoll sei's berichtet – ganze 69 Seiten stark war. Sie war aber eine beachtliche wissenschaftliche Leistung, die das Verständnis der behandelten Spezialfrage bleibend bestimmt hat. Die Jahre des Privatdozentendaseins waren für Lücke überschattet vom drohenden Verlust der Existenzbasis: Eine Privatdozentur war damals im wörtlichen Sinne ein Privatvergnügen ohne festes Gehalt. Die von den Studenten zu entrichtenden Hörergelder reichten zum Leben bei weitem nicht aus. Lückes Vater sah aber nicht ein, daß sein Sohn sich mit 25 Jahren immer noch nicht wie jeder anständige Mensch selbst ernähren konnte, und drohte schließlich mit dem Entzug der finanziellen Unterstützung. Trotz – vielleicht auch wegen – dieses Druckes war es noch einmal eine entscheidende Lehrzeit, vor allem natürlich durch die Begegnung mit Schleiermacher. Die Freiheit und synthetische Kraft dieses großen Denkers zogen Lücke ebenso an wie seine eindringlichen Predigten und die Menschlichkeit des persönlichen Umgangs. So ist Lücke wie all die sog. Vermittlungstheologen seiner Zeit, die einen Ausgleich zwischen der historisch-kritisch arbeitenden und der kirchlich-konservativen Richtung anstrebten, ein Schüler Schleiermachers gewesen. Aber er war es ebensowenig wie die Genannten auf unkritische Weise. Das zeigt schon die Tatsache, daß er außer zu Schleiermacher auch zu Wilhelm Martin Leberecht de Wette und vor allem auch zu dem viel konservativer denkenden, etwas mystisch veranlagten August Neander freundschaftlichen Kontakt hatte. Wiewohl ihn bei Neander eine gewisse Engstirnigkeit störte, muß ihm doch die Tiefe seiner Frömmigkeit Eindruck gemacht haben.

Nähe und Unterschied zu Schleiermacher sind schon in Lückes »Grundriß der neutestamentlichen Hermeneutik und ihrer Geschichte« (Göttingen 1817), den er Neander gewidmet hat, literarisch zu greifen. Zwar erinnert die noch in Göttingen verfaßte »Akademische Einleitungsrede über das Studium der Hermeneutik des N.T. und ihrer Geschichte zu unserer Zeit« vom 2. November 1815[5] mit ihrem spekulativen Interesse an der Konstruktion der exegetischen Wissenschaft aus einem historischen und einem philosophischen[6] Element zunächst eher an Schelling[7]; auch die Aufteilung des »Grundrisses« in die wissenschaftliche Erforschung eines historischen Gegenstandes und die Kunst seiner Darstellung knüpft an Gedanken der »Vorlesungen über die Methode des akademischen Studiums« an. Doch die harmonistische Bestimmung des Verhältnisses von Philosophie und Theologie sowie die Durchführung des hermeneutischen Ansatzes atmen den Geist Schleiermachers. Das mag der folgende Satz beleuchten: »Das allgemeine hermeneutische Gesetz für die Erforschung der neutestamentlichen Sprache, ist nach der Idee der Christlichen Philologie, daß man die einzelnen Elemente derselben bis zu ihrer ursprünglichen Lebenskraft und ihrer organischen Vollendung zu erkennen, und das Verhältniß zu bestimmen suche, in welchem jeder der neutestamentlichen Schriftsteller zu der ursprünglichen Gestalt des Urchristenthums, und der Sprachen stehet, aus deren Elementen er die seinige gemischt hat.«[8] Darin läßt sich leicht die Schleiermachersche Unterscheidung von grammatischer und psychologischer Interpretation wiedererkennen. Auch die Aufgabe, die historische Individualität »nachzuconstruiren«, wird ganz ähnlich bestimmt[9]. Zugleich werden freilich auch die Unterschiede deutlich: Während Lücke grundsätzlich daran festhalten will, daß die neutestamentliche Hermeneutik ein Spezialfall der allgemeinen Hermeneutik ist[10], und betont, daß sie kritisch zu verfahren habe[11], droht doch der merkwürdige Begriff einer »Christlichen Philologie« diesen Grundsatz zu unterlaufen. Zwar kann man bei der These, das Zeugnis des N.T. müsse »als eine von allen andern durch bestimmte Merkmahle unterschiedene Offenbarung der Religion, und zwar als ein universalhistorisches Factum begriffen werden«[12], noch schwanken, ob

---

5 Zusammen mit dem »Grundriß« gedruckt, aber separat paginiert.
6 Der »Grundriß« sagt: »doctrinell«.
7 Vgl. dessen ausdrückliche Erwähnung, Grundriß, S. 59.
8 Ebd., S. 92.
9 Ebd., S. 86.
10 Ebd., S. 7.
11 Vgl. dazu den späteren, sachlich aber nicht abweichenden Aufsatz: Über den richtigen Begriff und Gebrauch der exegetischen Tradition in der Ev. Kirche. Ein Beitrag zur theologischen Hermeneutik und deren Geschichte. Theol. Zeitschr. 1822, S. 121–170 (163).
12 Grundriß, S. 85.

Abb. 10. Friedrich Lücke, kurz nach 1843

damit eine absolute oder nur eine historisch-individuelle Besonderheit gemeint sei[13]. Doch hat Lücke bereits in der Einleitung die Parole ausgegeben, daß die Hermeneutik »die historische *Erscheinung* der Kirche *beherrschen*, von der *Idee* derselben aber, und dem religiösen Interesse, diese zur Wirklichkeit zu bringen, *beherrscht werden*« müsse[14]. Hier wird ganz offensichtlich eine dogmatische Voraussetzung und eine kirchliche Zwecksetzung zur Geltung gebracht, welche die Schleiermachersche Freiheit umgreifen und domestizieren soll. Von dieser Grundlage aus wird auch verständlich, wie Lücke in der Widmung an Neander Klage darüber führen kann, daß es so viel unnützen Streit an Punkten gebe, »wo der klare und einfältige Sinn frommer Gemüther längst das Wahre gesehen und entschieden hat«[15]. Hier verwischen sich die Konturen; stattdessen tritt der auch in Zukunft beherrschende Zug von Lückes ganzem theologischen Bemühen in dem Wunsch zutage, Gott möge das Buch dazu »gebrauchen können, unter den Streitenden den Tag der Versöhnung und des Friedens allgemach vorzubereiten...«[16]. So scheint mir Joachim Wach gerecht zu urteilen, wenn er bemerkt: »... wie in seinem (sc. Lückes) Leben die ein wenig weiche und allzu konziliante, kontemplative Art des allseitig hochgeachteten Mannes ihn mehr zum Vermittler, als zum Führer und Wegweiser bestimmt erscheinen ließen (sic), so sind auch seine von einem Spätglanz der großen Epoche deutscher Geistesgeschichte vergoldeten Gedanken zur hermeneutischen Theorie nichts weniger als der Anfang einer neuen Epoche geworden.«[17]

Weitere literarische Aktivitäten Lückes, die auf den Berliner Aufenthalt zurückgehen, kann ich hier nur streifen, so die mit Schleiermacher und de Wette herausgegebene, kurzlebige Theologische Zeitschrift (1819. 1820. 1822), die Edition einer Synopse der ersten drei Evangelien (1818), den Plan einer Luther-Ausgabe, aus dem dann nichts wurde, während – bezeichnenderweise, ist man versucht zu sagen – eine Edition von Melanchthons Apologie der Confessio Augustana zustandekam.

Durch freundliche Vermittlung ihm gewogener amtlicher Stellen, vor allem aber aufgrund seines Rufes als fleißiger und beliebter Dozent bekam Lücke im Jahre 1818 – ziemlich im letzten Moment, bevor ihm das Geld ausging – einen Ruf auf die neugegründete Friedrich-Wilhelms-Universität in Bonn. Nachdem er dort etabliert war, konnte er 1819 – nach fünfjähriger Verlobungszeit – endlich heiraten[18]. Sein Biograph bezeugt,

---

13 So JOACHIM WACH: Das Verstehen. Grundzüge einer Geschichte der hermeneutischen Theorie im 19. Jahrhundert, Bd. 2, Tübingen 1929, S. 167.
14 Grundriß, S. 30 (gegen Wach). Hervorhebungen im Zitat von mir.
15 Ebd., S. XIV.
16 Ebd., S. XIX.
17 Wach (wie Anm. 13), S. 162f.
18 Vgl. Sander (wie Anm. 3), S. 119; vgl. S. 46.

daß es eine ausgesprochen harmonische Ehe wurde, aus der sieben Kinder hervorgingen. Freilich sind sechs von ihnen früh gestorben – eine Kette von schmerzlichen Verlusten, die sicherlich ein Hauptgrund für die depressiven Stimmungen der späteren Jahre und für den verhältnismäßig frühen Verfall seiner Gesundheit war.

Aber damit greife ich vor. Die neun Bonner Jahre Lückes sind gekennzeichnet durch eine enorme Schaffenskraft und erfolgreiche Lehrtätigkeit, die sein Ansehen endgültig begründeten. Seine Fächer waren Neues Testament und Kirchengeschichte. Bis zu 20 Vorlesungsstunden in der Woche hat er gehalten. Daneben hatte er in seiner Wohnung eine theologische Gesellschaft, wir würden sagen: ein Seminar, in dem bei kleiner Mitgliederzahl besonders intensiv gearbeitet wurde. Am liebsten sah es Lücke, wenn die Studenten ihre Referate auf Latein hielten; aber – das sei zum Trost des heutigen Lesers angemerkt: der Verfall der alten Sitten war schon so weit fortgeschritten, daß die wenigsten sich das noch zutrauten.

In diese Zeit fällt ferner die für die Theologiegeschichte des 19. Jahrhunderts wichtige Formierung der Gruppe der Vermittlungstheologen, mit Ullmann und Umbreit in Heidelberg und C. I. Nitzsch und Lücke in Bonn als wichtigsten Vertretern. Sie begründeten 1828 die »Theologischen Studien und Kritiken«, die sich rasch zu einer angesehenen Fachzeitschrift entwickelten und erst 1942 dem »Endsieg« zuliebe ihr Erscheinen einstellen mußten.

In Bonn entstand auch Lückes Hauptwerk, ein vierbändiger »Commentar über die Schriften des Evangelisten Johannes« (1820–1832). Ein Erfolg wurde es in seiner ersten Auflage allerdings nicht. Unklarheiten in entscheidenden Fragen wie dem Verhältnis des Johannesevangeliums zu den Synoptikern oder der Begründung für die angenommene Autorschaft des Lieblingsjüngers, eine reichlich forsche Polemik und die salbungsvolle Sprache trugen ihm zwar lebhafte Zustimmung »positiver« Kreise, zugleich aber die in der damaligen Situation gewichtigere und auch sachlich berechtigte scharfe Kritik von »links« (H. E. G. Paulus) ein[19]. Eine Probe zur Illustration: »Wer von den mühevollen Forschungen und den oft nur mit dem richtigen Erkenntniß des Nichtwissens lohnenden Untersuchungen in den drey ersten Evangelien ermüdet zu diesem Evangelium kommt, der findet in demselben wunderbare Ruhe und Erheiterung. . . . Wenn dort die urevangelische Sage nur aus der allgemeinen Liebe und dem allgemeinen Wissen derer, welche die Worte und Werke unsres Herrn nicht sahen und doch glaubten, hervorgegangen zu seyn scheint: so spricht hier der unnennbar bezaubernde Mund eines Augenzeugen, den der Erlöser besonders liebte, und der ohne Wehmuth und ohne Sehn-

---

19 In: Heidelberger Jbb. f. Literatur 14, 1821, S. 227–261. – Vgl. dazu F. SANDER: Art. Lücke. In: RE, 3. Aufl., Bd. 11, S. 674–679 (676).

sucht von dem heißgeliebten Sohne Gottes nicht sprechen kann.«[20] Auch für den Lücke freundlich genossenen Biographen Sander ist so etwas »schwer zu ertragen«[21]; Paulus nennt es grob »eitle Sentimental-Theologie«, die mit ihren Tiraden den Mangel an genauer philologisch-historischer Arbeit verdecke[22]. Als Kriterium für die Authentie des 4. Evangeliums gibt Lücke »die ganz besondere Eigenthümlichkeit und [den] Erguß so sehnsüchtiger und wehmuthsvoller Gefühle« an und fährt dann fort: »Ja ich darf es dreist behaupten, nur evangelische Männer, wie Markus und Lukas, kein Apostel aber, wie Matthäus und Johannes, konnten solche Evangelien schreiben, wie die drey ersten sind, ohne Originalität und Individualität, wie sie die evangelische Sage des Mundes ihnen darbot; Apostel aber konnten nur dogmatischhistorische Evangelien schreiben, wie das Johanneische eins ist. Entweder dieß, oder ich bescheide mich gern, den apostolischen Typus der kanonischen Schriften nicht zu verstehen.«[23] Dazu Paulus bissig: »Wer dürfte so dreist seyn, *dieser Bescheidenheit* zu widersprechen!?«[24] – Legen wir einstweilen dieses Buch – ohne Sehnsucht und Wehmut – aus der Hand und begleiten Lücke nach Göttingen.

Im Jahre 1827 wurde Lücke hierher berufen und bezog zunächst eine Mietwohnung in der Zindelstraße, später ein eigenes Haus mit großem Garten in der Langen Geismarstraße 19. Die Stadt hatte sich in den 11 Jahren seit seinem ersten Aufenthalt kaum verändert. Sie war immer noch das verschlafene Ackerbürgerstädtchen mit etwa 9000 Einwohnern, umgeben von Stadtgraben und Stadttoren. Der Marktplatz war noch nicht gepflastert und noch ohne Gänseliesel; auch das Aulagebäude stand noch nicht. Ein Eisenbahnanschluß wurde 1835 von Serenissimus in Hannover abgelehnt: das wären ja revolutionäre demokratische Zustände, wenn jeder Schuster und Schneider so schnell fahren könnte wie Majestät! Diese Revolution hat Göttingen erst 1854 heimgesucht. Ein Theater gab es ebensowenig wie ein nennenswertes Konzertangebot. Die Göttinger Gesellschaft gab sich steif und zugeknöpft[25]. Lücke, der ein ausgesprochen geselliger Mann war, hatte sich schon 1812 darüber beschwert. Was also zog ihn hierher?

Nun, die Universität hatte einen ausgezeichneten Ruf. Der Mathematiker Carl Friedrich Gauß und der Jurist Karl Friedrich Eichhorn waren ihre großen Magneten. Auch der klassische Philologe Karl Otfried Mül-

---

20 Bd. 1, S. 3.
21 Sander (wie Anm. 3), S. 154.
22 Paulus (wie Anm. 19), S. 231.
23 Bd. 1, S. 41.
24 Paulus (wie Anm. 19), S. 244.
25 Vgl. dazu ALBRECHT SAATHOFF: Geschichte der Stadt Göttingen, Bd. 2, Göttingen 1940, S. 144. 162. 164. 174. 214ff.

ler, der hier mit 22 Jahren Professor geworden war und den Lücke bereits persönlich kannte, hatte einen bedeutenden Namen. 1829 sollten dann noch der Historiker und Politikwissenschaftler Friedrich Christoph Dahlmann, die Begründer der wissenschaftlichen Germanistik Jacob und Wilhelm Grimm, 1836 der Historiker Georg Gottfried Gervinus dazukommen. Das war für eine Universität von insgesamt 1000 bis 1500 Studenten eine beachtliche Ansammlung von Koryphäen. In der eigenen Fakultät, in die Lücke als dritter Ordinarius kam, war der alte Gottlieb Jacob Planck hoch in den Siebzigern, und dessen Sohn, seit 1823 persönlicher Ordinarius, litt unter Epilepsie und mußte wenig später sein Amt aufgeben. Der Exeget David Julius Pott (1760–1840) war wenig originell und ziemlich unbedeutend[26]. Da war klar, daß Lücke praktisch mit Dienstantritt der führende Vertreter der Fakultät sein würde. Im übrigen hatte er immer schon eine Vorliebe für beschauliche Orte, wo er in Ruhe seinen gelehrten Arbeiten nachgehen konnte.

Das mußte er auch; denn sein Göttinger Lehrauftrag verpflichtete ihn, in erster Linie Dogmatik und Theologische Moral zu lesen. Das kam zwar seiner Neigung zu großangelegten Synthesen ebenso wie seinem Interesse an Fragen der kirchlichen Wirklichkeit sehr entgegen. Zudem muß man sich die Grenzen fachlicher Kompetenz bei der viel geringeren Spezialisierung weniger scharf gezogen denken als heute. Immerhin war es ein neues Gebiet für Lücke, in das er sich erst einarbeiten mußte. Mit gewohntem eisernem Fleiß hatte er aber binnen kurzem sein Programm entsprechend erweitert. Durch seine Vorlesungen und fast noch mehr durch die auch in Göttingen fortgeführte Sozietät, also die Arbeit im kleinen Kreis, wurde Lücke schnell zum beliebtesten Dozenten seiner Fakultät, und er blieb es, auch nachdem diese sich 1831 durch den Privatdozenten Julius Müller und durch Johann Carl Ludwig Gieseler aus Bonn sowie 1835 durch Theodor Albert Liebner verjüngt hatte. Die von ihm verfolgte Linie einer gemäßigt kritischen und zugleich kirchlichen Theologie mit starkem Interesse an einer Union der protestantischen Unterkonfessionen auch im Königreich Hannover fand zumindest bis etwa 1840 ein ausgesprochen positives Echo. Sie war bestimmt von einer viel tieferen Frömmigkeit als der trockene und religiös eher dürftige Rationalismus, der bis dahin in der Landeskirche vorherrschend gewesen war, und Lücke verstand sie in seiner warmherzigen und gewinnenden Art glaubhaft und eingängig zu vertreten. So kann man wirklich sagen, daß mit ihm eine neue Epoche an seiner Fakultät begann[27]. Von Anfang an bis in die Zeit seines nachlassenden Einflusses im Zeichen der theologi-

---

26 Vgl. JOHANNES MEYER: Geschichte der Göttinger theologischen Fakultät. Zs. d. Ges. f. nds. KG 42, 1937, S. 7–107 (46f.).
27 So Sander (wie Anm. 3), S. 182.

schen Restaurationszeit richtete sich die Hoffnung auf ihn, daß seine maßvolle und offene Denkweise der radikalen Kritik den Wind aus den Segeln nehmen werde, besser jedenfalls als der strenge Konfessionalismus. Hören wir zu dem Eindruck, den er auf seine Studenten gemacht hat, ein zeitgenössisches Urteil. Der badische Kirchenrat Daniel Schenkel (1813–1885) schreibt in seinem Nachruf auf Lücke 1855 in der Allg. Kirchenzeitung: »Es war damals in Göttingen eine schöne Zeit; manche meiner Freunde, die von 1836 bis 1837 mit mir in Göttingen Theologie studierten, werden sich noch mit stiller Freude der köstlichen Stunden erinnern, die wir in Gieselers kirchenhistorischer Societät, in Lückes dogmatischen und ethischen Übungskränzchen miteinander verlebten. Der konfessionelle Hader, der jetzt wie ein giftiger Hauch über die Blüten des Glaubens und Lebens in der evangelischen Kirche geht, war Gott sei Dank! damals noch nicht erwacht. . .«[28]

Neben seiner Lehrtätigkeit führte Lücke ein gastfreies Haus und pflegte einen lebhaften wissenschaftlichen Austausch mit Kollegen auch aus anderen Fakultäten, besonders mit Philologen wie den Brüdern Grimm und mit Historikern wie Dahlmann und Gervinus. Dazu kamen Reisen, z. B. zu den Herausgebertagungen der Theologischen Studien und Kritiken, und eine lebhafte Korrespondenz, etwa mit C. I. Nitzsch in Bonn. So war er alles andere als der in sich gekehrte Mystiker, den die Skeptiker wegen seiner pietistisch gefärbten Frömmigkeit erwartet hatten.

Lücke hat in diesen Jahren auch eine ausgebreitete literarische Tätigkeit entfaltet. Er schrieb eine große Zahl von sorgfältigen gelehrten Einzeluntersuchungen sowie Literaturberichten für die Theologischen Studien und Kritiken, Stellungnahmen zu wichtigen literarischen Neuerscheinungen und kirchlichen Zeitereignissen für die Göttingischen Gelehrten Anzeigen sowie eine ganze Anzahl selbständiger kleiner Schriften auch zu nichttheologischen Themen wie die »Festrede zur vierhundertjährigen Jubelfeyer der Erfindung der Buchdruckerkunst« (Göttingen 1840). Auf all das kann ich hier nicht eingehen, sondern muß mich auf das Wichtigste beschränken.

Von 1840 an erschien die dritte Auflage seines Johanneskommentars[29]. Er war schon in der zweiten Auflage neu bearbeitet und von seinen größten Schwächen befreit worden und galt bereits als der bedeutendste Kommentar der Zeit zu diesem Evangelium. Die Polemik ist jetzt maßvoll und angemessen, der Schwulst größtenteils entfernt; die Sprache ist zwar immer noch recht üppig, aber nur noch selten kitschig. In der Position ist sich Lücke freilich treu geblieben. Als Schüler Schleiermachers und Anhänger Herders konnte er sich nicht von der Annahme lösen, daß der

---

28 Zitiert bei Sander (wie Anm. 3), S. 183.
29 Teil 2 erschien 1843, Teil 3 postum, von E. Bertheau herausgegeben, 1856.

Lieblingsjünger, also ein schlichter galiläischer Fischer, der Verfasser dieses theologisch durchreflektierten Evangeliums sei. Die schon 1820 vorgetragene Bestreitung der Authentizität durch den Gothaer Generalsuperintendenten Karl Gottlieb Bretschneider hat er mit Schleiermacher nicht ernstgenommen, zumal Bretschneider sie vier Jahre später zurückgezogen hatte[30]. Ebenso meint er nun mit David Friedrich Strauß' Wiederaufnahme der Kritik[31] verfahren zu können. Doch zeigt dessen sehr viel härter geführter Angriff Wirkung: Lückes apologetischer Versuch zu zeigen, daß das Johannesevangelium mit den Synoptikern »in allem Wesentlichen« übereinstimme, und wo nicht, eine »willkommene Ergänzung« sei (I 87), macht einen sehr bemühten Eindruck und vermag kein einziges der Gegenargumente zu entkräften. Der große Tübinger Kirchenhistoriker Ferdinand Christian Baur hat diesen schwachen Punkt so beschrieben: »Lücke ist nicht unempfänglich für die schärfsten Fragen der Kritik, aber sie greifen zu tief in sein Herz, und er hat nicht den Muth, ihnen etwas aufzuopfern und ihnen rücksichtslos nachzugehen. Seine Gefühlstheologie muss zuletzt doch immer Recht behalten.«[32] Mir scheint zwar der Vorwurf der Feigheit und sogar der intellektuellen Unredlichkeit nicht gerechtfertigt zu sein. Vielmehr betont Lücke in seinem Kommentar (wie auch anderwärts): »Niemand aber wolle die freye Forschung dämpfen, das hieße den Geist der Wahrheit selbst dämpfen« (I 105). Er gibt sogar Strauß in einer anderen Schrift – gegen die Kritik August Tholucks – ohne weiteres zu, daß die mündliche Sage im Sinne ungenauer Geschichtserzählung das Vorstadium der schriftlichen Überlieferung der Synoptiker gewesen sei[33]. Nur: einen Mythos – also eine reine Fiktion, die eine Idee verdeutlichen soll (737) – mag er allenfalls an den Rändern der Geschichte Jesu (Jungfrauengeburt und Himmelfahrt) zugeben, weil man doch »das Wunderbare im Leben und Werke des Erlösers« nicht »schlechthin verneinen« könne (737ff.); das würde ja die Entstehung der Kirche unbegreiflich machen (742). Darin freilich

---

30 KARL GOTTLIEB BRETSCHNEIDER: Probabilia de evangelii et epistolarum Joannis, apostoli, indole et origine eruditorum judiciis modeste subjecit, Leipzig 1820. – Ders.: Einige Bemerkungen zu dem Aufsatze des Herrn D. Goldhorn . . . über das Schweigen des Joh. Evangelium von dem Seelenkampfe Jesus (sic) in Gethsemane. Magazin f. christl. Prediger, Bd. 2, 2. Stück, 1824, S. 153–167. – FRIEDRICH DANIEL ERNST SCHLEIERMACHER: Einleitung in das Neue Testament. SW I/8, S. 283.
31 Vgl. DAVID FRIEDRICH STRAUSS: Das Leben Jesu kritisch bearbeitet, 2 Bde., Tübingen 1835/36, Bd. 1, S. 631 ff. 683 f.; Bd. 2, S. 372. 380. 456 ff.
32 Geschichte der christlichen Kirche, Bd. 5, Tübingen 1862, S. 417 f.
33 Rez. von: A. Tholuck, Die Glaubwürdigkeit der ev. Geschichte, zugleich eine Critik des Leben Jesu von Strauß, Hamburg 1837, und: F. H. Kern, Erörterung der Hauptthatsachen der ev. Geschichte (Tübinger Zs. f. Theologie 1836, H. 2, S. 14–160; H. 3, S. 3–59). Göttingische Gel. Anz. 1837, Bd. 2, S. 724–757. Seitenzahlen im Text beziehen sich auf diese Arbeit.

zeigt sich schon, inwiefern Baurs Urteil zu Recht besteht: Lücke ist so sehr fixiert auf das Schleiermachersche Modell einer notwendigen Harmonie von Glauben und Denken, ja es ist so sehr Ausdruck seines eigenen Wesens, daß er die Dimensionen des hier aufgebrochenen Konfliktes gar nicht richtig einschätzen konnte. Rechnet man seinen alten Fehler, eine gewisse Neigung zu frommer Überheblichkeit, hinzu, so kommt das folgende Resultat heraus: ». . . so scheuet sich Ref. nicht, zu bekennen, daß er das Buch von Strauß (i. e. das Leben Jesu) bey aller Achtung gegen seinen wissenschaftlichen Werth im Ganzen nicht so hoch auszuschlagen vermocht hat, daß er mehr Interesse daran hätte nehmen können, als an einer schärfer gestellten apologetischen Preisaufgabe. Je schärfer, desto besser! Ja, man kann mit Sicherheit sagen, es werden und sollen noch schärfere Fragen kommen, aber in dem Grade auch schärfer entscheidende Antworten« (727). Im Grund ist die ganze Kritik, so meint er offensichtlich, gar nicht so gefährlich. So kann er dann im Johanneskommentar nach wie vor den irenischen Grundakkord seines Denkens anschlagen und die Hoffnung zum Ausdruck bringen, »daß der Christliche Geist der Wahrheit . . . je länger je mehr den Punct treffen werde, wo mit der gläubigen Anerkennung des Johanneischen Evangeliums in der Kirche aus dem Bedürfniß des Herzens und der Erfahrung des Christlichen Lebens die wissenschaftliche Kritik nach erschöpftem und gelöstem Zweifel sich versöhnen könne«[34]. Da schlägt das pastorale Pathos wieder durch, das die anstehenden Sachfragen wortreich zudeckt, statt sie entschlossen in den Blick zu fassen. Man muß aber der Gerechtigkeit halber hinzufügen, daß die gesamte Vermittlungstheologie (und erst recht natürlich die kirchlich-orthodoxe Partei) in keiner Weise gerüstet war, um sich mit der neuen Situation wirklich auseinanderzusetzen. Einzig die Tübinger Schule – man mag über ihre manchmal etwas schematisch hegelianische Geschichtsdeutung denken, wie man will – gab begründeten Anlaß zu Hoffnungen. So ist es nicht nur professorale Eitelkeit, wenn ihr Haupt, Ferdinand Christian Baur, von sich sagt: »Mein kritischer Standpunkt ist der einzige, von welchem aus die Strauss'sche Kritik sowohl berichtigt als weiter geführt werden kann.«[35]

Wir lassen nun das andere große exegetische Opus Lückes, den 1832 geschriebenen »Versuch einer Einleitung in die Offenbarung Johannis und in die gesamte apokalyptische Literatur« beiseite und werfen lieber noch einen Blick auf den »Grundriß der Dogmatik«. Er ist 1845 bei der Dieterichschen Buchhandlung erschienen und wäre, hätte es damals schon Schreibmaschinen und Matrizen gegeben, wahrscheinlich nie gedruckt worden. Er wurde nämlich »an die Zuhörer nur gegen einen

---

34 3. Aufl., Bd. 1, S. 105.
35 Baur (wie Anm. 32), S. 399.

Schein von dem Verfasser in den Buchhandlungen von Göttingen verabfolgt« und war ausschließlich »statt handschriftlicher Mittheilung an die Zuhörer zum Gebrauch bey Vorlesungen« gedacht – so das Titelblatt. Dieser literarische Charakter als Vorlesungsskript und Lückes berufliche Vergangenheit erklären das von seinen Freunden kritisierte Zurücktreten der eigenen Position hinter der Fülle des gelehrten Materials. Gleichwohl läßt sich seine Absicht leicht bestimmen, wenn man die Einleitung genau liest. Da heißt es, die systematische Theologie sei die »systematische[n] Darstellung des gegenwärtig lebendigen kirchlichen Lehrbegriffs in seiner absoluten Christlichen Wahrheit« (S. 8, § 4,2). Das klingt zunächst ganz nach Schleiermacher, der so formuliert: »Dogmatische Theologie ist die Wissenschaft von dem Zusammenhange der in einer christlichen Kirchengesellschaft zu einer gegebenen Zeit geltenden Lehre.«[36] Um so mehr überrascht es zunächst, wenn Lücke Schleiermacher vorhält, bei ihm gehe es »nicht ohne Verdeckung der absoluten Christlichen Wahrheit« ab (S. 6, § 3,3), obwohl er mit seinem zentralen Interesse, »den eigentlichen Lebensheerd der Dogmatik, das leuchtende und wärmende Feuer des Christlichen Glaubenslebens, treu zu bewahren und immer tiefer zu gründen«, ausdrücklich an Schleiermacher anknüpfen will (S. 70, § 34,4). Das Rätsel löst sich, wenn man nachschaut, was Lücke unter der »absoluten Christlichen Wahrheit« versteht, nämlich die »authentische Lehre Christi« (S. 26, § 11). Zur Verdeutlichung füge ich noch die Passage an, welche diesem Zitat unmittelbar vorausgeht: »Die Christliche Offenbarung ist zwar ursprünglich nicht Lehre, sondern Geschichte, nemlich die heilige Geschichte des Heilands Jesu Christi, wodurch das wahre Heil der Menschen für den Glauben wirklich geworden ist. Allein wesentlich zur Vollkommenheit dieser Offenbarung gehört, dass Christus die in ihm erschienene Gnade und Wahrheit Gottes selbst bezeugt und ausgelegt hat... Diess ist der Begriff der Lehre Jesu Christi..., ohne welche es keine sichere Erkenntniss der Christlichen Offenbarung in der Kirche giebt.« Also: die heilige Geschichte und die Lehre Christi werden zu objektiven Garanten christlicher Wahrheit. Das ist gegenüber Schleiermacher ein deutlicher Rückgriff auf die orthodoxe Tradition. Denn für Schleiermacher war der Zugang zum Gottesverhältnis Jesu zwar gewiß auch durch das Wort und somit auch durch die Kirche vermittelt, »aber nur in der dieser [sc. Mitteilung], sofern sie das Wort Christi fortbewegt, einwohnenden göttlichen Kraft Christi selbst«, so daß dann die Teilhabe am Gottesverhältnis Jesu »die zur eigenen Tat gewordene Tat des Erlösers« genannt werden muß[37]. Dieses entscheidende Stück Schleierma-

---

36 Der christliche Glaube. Nach den Grundsätzen der ev. Kirche im Zusammenhange dargestellt, 7. (= 2.) Aufl., hg. v. M. Redeker, Berlin 1960 (1830/31), § 19 L.
37 Schleiermacher, § 108,5; § 100,1.

cherscher Theologie ist Lücke auseinandergebrochen. Statt dessen soll nun eine Kette von Vermittlungsinstanzen die verlorene Verbindung herstellen und sichern, nämlich erstens der »apostolische Lehrbegriff«, mit dessen Darstellung jedes Lehrstück beginnt (S. 29, § 15,1), wobei Lücke voraussetzt, daß die Unterschiede zwischen den Aposteln als »den von Christo selbst berufenen, von seinem Geiste besonders erfüllten, unmittelbaren Zeugen und Kirchengründern« (S. 30, § 15,2) »sich gegenseitig ergänzen und ausgleichen« (S. 30, § 15,1). Es folgt zweitens ein dogmengeschichtlicher Passus, vornehmlich über die Lehre der Bekenntnisschriften und der protestantischen Orthodoxie (beider Unterkonfessionen, ganz im Sinne der Unionsbestrebungen), zur Abgrenzung des Orthodoxen vom Häretischen (S. 29, § 14,3). Durch diese partielle Rückkehr zur Doktrinalisierung, die er übrigens mit August Detlev Christian Twesten und Carl Immanuel Nitzsch teilt, lädt er sich aufs neue die ganzen Schwierigkeiten der orthodoxen dogmatischen Denkweise auf, wie man besonders an der Christologie studieren kann[38], ohne daß das wenig durchreflektierte Traditionsverständnis eine überzeugende Brücke zur eigenen Zeit herzustellen vermöchte. Eine wirkliche Wiedergewinnung reformatorischer Theologie, wie sie Lücke wohl gegenüber Schleiermacher im Sinn hatte, ist das nicht gewesen, konnte es freilich angesichts des damaligen Standes der Lutherforschung wohl auch nicht sein.

Eine Darstellung des Lebenswerkes Friedrich Lückes wäre unvollständig, wenn sie nicht auch eine Seite seiner Tätigkeit ins Auge faßte, über die er selber immer unglücklich gewesen ist: seine unfreiwillige Beteiligung an den politischen Auseinandersetzungen der Zeit. Das begann während seines Prorektorats im Januar 1831. Da gab es – als Folge der französischen Julirevolution von 1830 – in Göttingen einen kleinen Aufstand, an dem sich auch knapp die Hälfte der Studenten beteiligte. Am 18. 1. wurde nach einer bewaffneten Demonstration das Rathaus besetzt. Für die meisten Studenten war das Ganze eher ein Ulk. Trotzdem mußte der Prorektor natürlich etwas unternehmen. Zum Glück für Lücke, der in der Angelegenheit recht zögerlich und unsicher agierte, löste sich nach 8 Tagen beim Heranrücken der Armee der Revolutionsgemeinderat wieder auf. Aber es ergoß sich in der Folge eine Flut von Bittschriften an den König um Pressefreiheit und freie Volksvertretung und von Protesten gegen die Steuerpolitik[39]. Daraufhin erließ König Wilhelm IV. 1833 –

---

38 Nur zu Spekulationen über das Verhältnis der drei »Personen« der Trinität zueinander mag er sich nicht bereitfinden, wie er in einem offenen Brief an C. I. Nitzsch schreibt (Fragen und Bedenken über die immanente Wesenstrinität, oder die trinitarische Selbstunterscheidung Gottes. Ein dogmatisches Sendschreiben an Consistorialrath Dr. Nitzsch in Bonn. Theol. Studien u. Kritiken 13, 1840, S. 63–112).
39 Vgl. dazu Saathoff (wie Anm. 25), S. 166 ff., und GÖTZ VON SELLE: Die Georg-August-

nach einem Entwurf des Göttinger Politikwissenschaftlers Friedrich Christoph Dahlmann – eine neue Verfassung, das sog. Staatsgrundgesetz, das ein gewisses Maß an Liberalisierung brachte. 1837 aber starb der König; ihm folgte sein jüngerer Bruder, Ernst August II., welcher die neue Verfassung nicht billigte. Er setzte sie einige Monate später, am 1. November, kurzerhand außer Kraft und verlangte den Eid auf die alte Verfassung von 1819. Dem widersetzten sich sieben Professoren, die berühmten Göttinger Sieben: Wilhelm Eduard Albrecht, Dahlmann, Heinrich Ewald, die Brüder Jacob und Wilhelm Grimm, Gervinus und Wilhelm Weber, mit der Begründung, die Verfassung könne nur verfassungsmäßig aufgehoben werden; so lange fühle man sich im Gewissen an den Eid von 1833 gebunden. Der Protest wurde rasch allgemein bekannt. Der König war ungehalten. Rektor und Senat suchten um eine Audienz nach, in deren Verlauf sie sich dazu bewegen ließen, in geradezu peinlicher Weise ihre Ergebenheit zu bekunden und sich von den sieben Kollegen ausdrücklich zu distanzieren[40]. Daraufhin ließ die Regierung in der Presse verlautbaren, die Sieben seien in der Universität isoliert. Gegen diese schiefe Darstellung protestierten sechs Kollegen, darunter Karl Otfried Müller und Heinrich Ritter. Während der König dieser zweiten Gruppe durch die Finger sah, wurden die Göttinger Sieben am 12. Dezember entlassen; Dahlmann, die beiden Grimms und Gervinus wurden darüber hinaus des Landes verwiesen.

Lücke hatte sich an beiden Protesten nicht beteiligt. Er schrieb stattdessen am 28. 11. ein vertrauliches Promemoria an den Königlichen Universitätscurator Arnswaldt in Hannover[41]. Darin betonte er zunächst, das Vertrauen zwischen Fürst und Volk sei höher zu werten als landständische Verfassungen. Sein Urteil über den Erlaß vom 1. November sei im übrigen nicht politisch, sondern christlich-sittlich begründet. Insofern freilich müsse er feststellen, daß der Eid sich auch auf die Verfassung von 1833 beziehe, und da die ständische Versammlung deren Aufhebung nicht beschlossen habe, fühle er sich nach wie vor im Gewissen daran gebunden. Darauf erhielt er wenige Tage später die beflissene amtliche Antwort, man achte seine Gewissensbedenken; indessen sei der Diensteid auf den Landesherrn geleistet, und dieser dürfe ihn nach seinem Gutdünken normieren. Insbesondere dürften die Rechte, die ihm ex pacto et providentia maiorum zustünden, nicht ohne seine Zustimmung verletzt werden – eine Anspielung darauf, daß er bei Erlaß der neuen Verfassung

---

Universität zu Göttingen 1737–1937, Göttingen 1937, S. 262 ff. Zum folgenden auch den Beitrag von L. Perlitt, in diesem Band unten S. 166 ff.

40 Dokumentiert bei FRIEDRICH CHRISTOPH DAHLMANN: Zur Verständigung, Basel 1838, S. 50. 51 f. – Vgl. JACOB GRIMM: über seine Entlassung, Basel 1838, S. 34 ff.

41 Abgedruckt in: F. SANDER, Hg.: Briefwechsel Friedrich Lückes mit den Brüdern Jacob und Wilhelm Grimm, Hannover 1891, S. 76 ff.

nicht gefragt worden war. Lücke erklärte sich daraufhin bereit, den Huldigungsrevers wie verlangt zu unterschreiben, weigerte sich aber, an der Landtagswahl im kommenden Jahr teilzunehmen.

Die Sieben, mit denen Lücke bis dahin enge Kontakte unterhalten hatte, waren über dieses Verhalten begreiflicherweise verärgert, zumal Lücke in der Beurteilung der politischen Vorgänge – auch in der Begründung! – völlig derselben Auffassung war wie sie. Jacob Grimm hat dann in der kleinen Schrift über seine Entlassung, ohne Namensnennung, aber für jeden Kenner der Verhältnisse als auf Lücke gemünzt erkennbar, über die theologische Fakultät bemerkt: »Es fehlte nicht an Beistimmung, aber an der Entschlossenheit sie öffentlich zu bekennen.«[42] Und Dahlmann schreibt mit einem ebenso deutlichen Seitenhieb auf Lückes Interesse für die Mission: »Ehemals ward die Tapferkeit zu den christlichen Tugenden gezählt. . . . Ungern sage ich es, allein es muß um der Wahrheit willen gesagt seyn, die Geistlichkeit des Hannoverischen Landes hat die Gelegenheit verabsäumt, Missionsgeschäfte in christlichen Landen zu üben, die vor der Hand weit nöthiger sind als die im Heidenthum.«[43] Lückes Gekränktsein über diese Kritik kommt in einem Brief an Julius Müller vom 28. 1. 1838 zum Ausdruck. Er verteidigt sich dagegen: »Ich habe, um es kurz zu sagen, von Anfang an den Gesichtspunkt ins Auge gefaßt, ohne Verletzung meiner Ehre und meines Gewissens die Universität zu conserviren . . . ich liebe in großen Lebensfragen die Ruhe und die Besonnenheit und das conservatorische Handeln, so lange das Gewissen es erlaubt.« Er habe auch im Nachhinein ein gutes Gewissen[44]. Es kam übrigens bald wieder zur Veröhnung mit den Grimms. In einem Brief an Jacob Grimm vom 3. 6. 1838 schreibt Dahlmann resümierend über Lücke: »Es ist eine liebenswürdige Natur in ihm, aber er hat keine einfachen Überzeugungen; alles kompliziert sich ihm.«[45] Man wird hinzufügen müssen: er war im Grunde eine unpolitische Natur, gewiß nicht feige, aber auf diesem Gebiet ziemlich ahnungslos. Nun ist es gewiß noch schlimmer, wenn unpolitische Menschen sich als politische Experten aufspielen. Lücke hat zumindest seine Grenzen klar gesehen. Dennoch erscheint ein solches Maß an – damals freilich typischer – akademischer Abgeschiedenheit doch recht bedenklich; die verhängnisvollen Folgen, die eine solche Haltung in neuerer Zeit – freilich unter viel massiverem Druck – gehabt hat, sind den Älteren noch in lebendiger Erinnerung.

---

42 Grimm (wie Anm. 40), S. 30.
43 Dahlmann (wie Anm. 40), S. 31. – Vgl. dazu die Ausführungen des Herausgebers in: Briefwechsel (wie Anm. 41), S. 91.
44 Briefwechsel (wie Anm. 41), S. 92f. – Vgl. auch die Mitteilung von Perlitt, unten S. 167f., Anm. 60.
45 Briefwechsel (wie Anm. 41), S. 96.

Die Jahre nach 1840 bringen wieder ruhigere Arbeitszeiten, aber keine größeren Werke mehr. Die einzige etwas umfangreichere Schrift aus den letzten Jahren handelt bezeichnenderweise »Über das Alter, den Verfasser, die ursprüngliche Form und den wahren Sinn des kirchlichen Friedensspruches: In necessariis unitas, in non necessariis libertas, in utrisque caritas« (1850)[46]. Ehrungen fielen Lücke reichlich zu: nachdem er schon 1832 einen Ruf nach Erlangen abgelehnt hatte, folgten ab 1837 Kiel, Halle, Tübingen, Bonn, Jena und Leipzig. Lücke lehnte sie alle ab – den Ruf nach Halle 1838, der ihn aus politisch prekärer Situation hätte herausholen können, »um die Universität nicht ins Unglück zu stürzen«, wie er angesichts der Verluste nach 1837 in einem Promemoria an die Behörde vermerkt[47], was übrigens eine durchaus realistische Einschätzung der Lage verrät. Seit 1832 Konsistorialrat, bekam er als Lohn für die Ablehnung von Halle 1839 auch Sitz und Stimme im Konsistorium[48], und 1843, nach der Ablehnung des Jenenser Rufes, wurde er Abt von Bursfelde[49]. Mit diesen letzten Daten ist der Akzent gesetzt, der die späten Jahre Lückes noch stärker als die vorhergehenden bestimmen sollte: seine Hinwendung zu Fragen des kirchlichen Lebens.

Schon seit 1828 gehörte er der Göttinger Bibelgesellschaft an und war dreimal ihr Präsident (1828/29, 1839/40, 1847/48)[50]. Hinzu kamen nun der Evangelische Missionsverein und der Gustav-Adolf-Verein. Vor beiden hat Lücke Grundsatzreferate gehalten, die auch gedruckt zugänglich sind. Er hat darin die Notwendigkeit der inneren Mission – d. h. hier noch: der Mission im eigenen entchristlichten Lande – betont, die er sich fern von aller »Proselytenmacherei« dachte, ausgehend »von dem geordneten, innerlich durch Glauben und Wissenschaft belebten Predigtamte«[51]. Der sie prägende Geist »ist die milde, besonnene, versöhnende Wahrheit und Liebe«, der dann geradezu »der heilige Unionsgeist« heißen kann. Er ist für Lücke die Voraussetzung für eine lebendige Kirche, die dann auch Mission nach außen treiben kann[52]. Freilich, so klagt er schon 1845: »der erbsündliche Trieb nach Extremen blieb leider nicht aus.«[53] Damit spielt

46 Der erste Teil auch in: Vierteljahrsschr. f. Theol. u. Kirche 4, 1848, S. 165–183.
47 Datiert auf den 4. 9. 1843; befindet sich in Lückes Personalakte im Göttinger Universitätsarchiv (Nr. 4/II b 44). Der zitierte Satz steht auf dem ersten Blatt.
48 Auch dieser Vorgang ist in der Personalakte genau dokumentiert.
49 Vgl. dazu Perlitt (wie Anm. 1), S. 17f.
50 Vgl. MARTIN CORDES: Freie christliche Aktion als Herausforderung für Kirche und Theologie in der ersten Hälfte des 19. Jahrhunderts. Ein Beitrag zur Kirchengeschichte Niedersachsens und der Theologie Friedrich Lückes, 1982, S. 51.
51 Die zwiefache, innere und äußere Mission der Ev. Kirche, ihre gleiche Nothwendigkeit und nothwendige Verbindung. Eine Rede in der Missions-Versammlung zu Göttingen am 13. Nov. 1842, Hamburg 1843, S. 17.
52 Ebd., S. 17. 22. 7.
53 Die 3. Hauptversammlung des ev. Vereins der Gustav-Adolph-Stiftung in Göttingen

er auf eine Veränderung der kirchlichen Landschaft an, die ihm immer mehr zu schaffen machte und ihn den Jüngeren allmählich entfremdete: es war das Aufkommen eines harten lutherischen Konfessionalismus. In diesem Kontext ist Lückes Theorie der freien Vereine zu sehen, die er zuerst in seiner seit 1827 jährlich gehaltenen Ethik-Vorlesung[54] entwickelt und dann in der von ihm ins Leben gerufenen Vierteljahrsschrift für Theologie und Kirche in zwei größeren Aufsätzen systematisch zusammengefaßt hat[55]. Um sie zu verstehen, muß man sich klarmachen, daß das damals im kirchlichen wie im weltlichen Bereich sich mächtig ausbreitende Vereinswesen noch nicht den Geruch der Vereinsmeierei an sich trug, sondern durch den Gegensatz zu den sehr starren Gesellschaftsstrukturen als Chance freier Gemeinschaftsbildung eine wichtige soziale Funktion hatte. Lücke greift diese Tendenz auf und systematisiert sie, indem er Schleiermachers Gedanken der freien Geselligkeit aus dessen Entwurf eines Systems der Sittenlehre – freilich nicht ganz im Sinne des Verfassers – darauf anwendet[56]. Danach durchdringt das freie Vereinswesen »das ganze positive [d.h. institutionelle] Gemeinschaftsleben in seiner dreifachen Cardinalform«[57], d.h. in Familie, Staat und Kirche, als deren notwendiges freies Gegenstück. Die institutionalisierten und die freien Gemeinschaftsformen sollen nebeneinander, aber aufeinander bezogen existieren. Die Institutionen sollen Freiheit gewähren, zugleich aber das Recht zur Genehmigung der freien Vereine haben (7.28f.). (Daraus ergibt sich z.B. die Forderung der Religionsfreiheit [28].) Jeder einzelne hat die Pflicht, beiden Gemeinschaftsformen anzugehören, wobei sich freilich die Zugehörigkeit zu den freien Vereinen nach Begabung und Neigung richten soll (23.26f.). Die Wurzel beider und darum auch die Begründung ihres gegenseitigen Verhältnisses ist das Reich Gottes; der Ursprung beider liegt insofern in Christus (8f.) – wobei natürlich an die christliche Familie und den christlichen Staat gedacht ist. Das Reich Gottes ist definiert als »die absolute, durch das göttliche Gesetz organisirte sittliche Lebensgemeinschaft der Menschen unter der Herrschaft Gottes« (8). Damit ist schon gesagt, daß es eine größere Affinität zum freien

vom 9. bis zum 11. Sept. 1844. Theol. Stud. u. Kritiken 18, 1845, S. 1054–1090 (1069). – Vgl. zum Folgenden auch den Beitrag von H. W. Krumwiede in diesem Bande unten S. 213ff.
54 Cordes (wie Anm. 50), S. 149.
55 Die freien Vereine. Ein nothwendiges Kapitel in der theologischen Moral. Vierteljahrsschr. f. Theol. u. Kirche 1, 1845, S. 1–25 und 2, 1846, S. 1–33.
56 Friedrich Daniel Ernst Schleiermacher: SW III/5, §§ 181f. und 283–286. – Vgl. Lücke (wie Anm. 55), 1845, S. 24. Der Unterschied besteht darin, daß die freien Vereine eine neue Form der Institutionalisierung darstellen, während die Geselligkeit bei Schleiermacher geradezu der Gegenpol alles Institutionellen ist.
57 Die freien Vereine (wie Anm. 55) 1846, S. 5f. (alle weiteren Stellenangaben aus diesem Aufsatz ebenfalls von 1846, sofern nichts anderes vermerkt ist).

Verein hat als zur Kirche; ja es ist geradezu »der freie Urverein in der Menschheit« (11). Dadurch, daß es »dienend in die vorhandenen positiven Formen eingeht«, bestätigt es diese, einschließlich des fürstlichen Gottesgnadentums (1845, S. 9; 1846, S. 14. 20). Dabei besteht allerdings immer die Gefahr der Erstarrung, der nur durch Schaffung immer neuer freier Vereine gesteuert werden kann (16). Diese sind freilich ohne die stabilisierende Funktion der Institutionen nicht zu denken; andernfalls würde die formlose Allgemeinheit resultieren – der Greuel des Kommunismus (31). Auf diese Weise ergibt sich ein Gleichgewicht von hierarchisch gegliederter Institution und »republikanischen« Vereinen (30), kein Universalstaat und keine Universalkirche, aber ein organisches Gefüge von prinzipiell die ganze Menschheit erfassenden Gemeinschaftsformen (18.20).

Man wird an diesem Konzept die unzulässige Gleichsetzung des Reich-Gottes-Begriffs mit einer bestimmten Gemeinschaftsform und die Verwischung des Unterschiedes zwischen Kirche und Staat kritisieren müssen. Weiter ist zu monieren, daß die bestehenden Institutionen völlig kritiklos sanktioniert werden und daß ein Gespür für die Bedeutung des gesellschaftlichen Wandels durch die beginnende Industrialisierung Lücke völlig abgeht[58]. Ein feiner Geruch von bürgerlichem Wohnzimmerplüsch zieht sich ganz sicher hindurch. Und doch ist das nur die eine Seite. Lückes Gedanke eines Gleichgewichtes von institutioneller Struktur und freier Gemeinschaft ist trotz seiner offenkundigen Mängel eines der originellsten Stücke seiner Theologie. Man muß dabei nicht nur an die breite Wirkung denken, die er damit bei seinen Schülern und sodann indirekt auch auf die Kirche gehabt hat (wobei man Gerhard Uhlhorn und besonders Johann Hinrich Wichern zu nennen hätte, der im WS 1829/30 bei Lücke Ethik gehört und dabei wesentliche Impulse empfangen hat[59]). Angesichts des bis heute nicht befriedigend gelösten Problems der Institutionalität der Kirche im Protestantismus, insbesondere angesichts der verbreiteten simplen Alternative, das Institutionelle entweder pauschal als gesetzliche Verfälschung des Evangeliums zu verdächtigen oder ohne Umschweife als dessen Repräsentanz in Anspruch zu nehmen, würde es sich m. E. durchaus lohnen, diesen Ansatz korrigierend weiterzuentwickeln.

Ein unmittelbarer Erfolg ist Lücke in seinem ihm so wichtigen Bestreben, die Formen kirchlichen Lebens aufzulockern und insbesondere den Unionsgedanken durchzusetzen, nicht beschieden gewesen. Dem stand die Starrheit des Neuluthertums entgegen, unter der er natürlich sehr

---

58 Vgl. dazu Cordes (wie Anm. 50), S. 169f.
59 Vgl. ebd., S. 142.

gelitten hat[60]. Tiefer noch ging der Kummer über den Tod von sechs seiner sieben Kinder; drei von ihnen starben in drei aufeinanderfolgenden Jahren. Die nachlassende Resonanz im Beruf und das persönliche Leid haben stark an seinen Kräften gezehrt. Seine Gesundheit versagte immer mehr, nachdem sich 1847 ein Leberleiden und 1849 ein Hüftleiden eingestellt hatte. Diese Krankheiten quälten ihn und machten ihn reizbar und verzagt. Dennoch hat er bis Ende 1854 gearbeitet und unterrichtet, obwohl er zuletzt nur unter großen Schmerzen und schwer auf einen Studenten gestützt das Katheder besteigen konnte[61]. Am 14. Februar 1855 ist er gestorben.

Aufs Ganze gesehen ist Lücke sicher keiner der ganz großen Geister gewesen, ebensowenig wie die anderen Vermittlungstheologen. Man darf aber nicht übersehen, daß diese Gruppe – sieht man von Ferdinand Christian Baur und der Tübinger Schule einmal ab – die theologisch gewichtigste in ihrer Zeit gewesen ist, die das Erbe Schleiermachers zu hüten und darüber hinaus auch das reformatorische Gedankengut neu zur Geltung zu bringen versucht hat. Die Lebendigkeit und Wucht der Theologie Luthers blieb ihr freilich dabei wesensfremd; »Lücke's Theologie war ihrem tiefsten Grunde nach melanchthonisch«, bemerkt Friedrich Ehrenfeuchter in seinem Nachruf zutreffend[62]. Aber es gilt von ihm, was Emanuel Hirsch in seinem zusammenfassenden Urteil über die Vermittlungstheologie gesagt hat: »Ihr Verdienst ist es, alle Fragen und Entscheidungen vorläufig offen gehalten und in dem damit gewonnenen Spielraum nach besten Kräften helfende geistige Arbeit getan zu haben. Das ist nicht das Höchste, aber für den, dem nicht die große Vollmacht neuer schöpferischer Gestaltung gegeben ist, das Gebotne.«[63] Man wird hinzufügen können, daß solches Offenhalten von Dialogmöglichkeiten in diesem Zeitalter der Polarisierung wahrhaftig keine Kleinigkeit war, sondern eine Lebensleistung, der man die Anerkennung auch bei ganz anderer Grundauffassung von der Aufgabe der Theologie nicht versagen sollte.

---

60 Sander (wie Anm. 3), S. 233. Vgl. dazu noch LÜCKES abgewogenen, die Lehrdifferenzen durchaus nicht verschleiernden Aufsatz: Bemerkungen über die Geschichte und die richtige Formulierung sowohl des Unterschiedes als der Vereinigung der Lutherischen und Reformierten Kirche, in besonderer Beziehung auf die akademische Festrede von Dr. Semisch über die Unionsversuche der protestantischen Kirchen, besonders in Preußen, und Dr. Schenkels Abhandlung über das Princip des Protestantismus. Dt. Zs. f. christl. Wissensch. u. christl. Leben 4, 1853, S. 22–46. 49–53.
61 Vgl. FRIEDRICH EHRENFEUCHTER: Erinnerung an Fr. Lücke. Theol. Stud. u. Kritiken 28, 1855, S. 731–756 (742).
62 Ebd., S. 755.
63 Geschichte der neuern ev. Theologie im Zusammenhang mit den allgemeinen Bewegungen des europäischen Denkens, Bd. 5, 1954, S. 430.

Lothar Perlitt

Heinrich Ewald: Der Gelehrte in der Politik

*Hans Walter Wolff
zum 75. Geburtstag*

Er nannte sich meist nur Heinrich, aber sein Vater Heinrich Andreas Ewald, ein königstreuer Tuchweber in Göttingen, hatte dem Knaben eine Bestimmung in die Vornamen gegeben: *Georg* Heinrich *August*. Bestimmung wozu? Mit 19 Jahren schrieb er seine Dissertation, mit 49 schrieb er an den Papst, mit 67 an Bismarck und an das deutsche Volk – und das aus der Unteren Maschstraße in Göttingen. Zweimal wurde er seines Amtes in der Georgia Augusta enthoben: mit 34 Jahren durch den hannoverschen König, mit 64 durch den preußischen.

»Der Professor in der Politik« wäre kein lohnendes Thema, sondern nur die im 19. wie im 20. Jahrhundert bekannte Mischung aus Amtsmißbrauch und Dilettantismus. »Der Gelehrte in der Politik«: das ist, wenn es gut geht, ein Jammer, wenn es schlecht geht, eine Tragödie. Letztere wurde es für Ewald, einen der berühmtesten Gelehrten seiner Zeit. Der hier gesetzte Rahmen ist zu eng, auch nur das Leben und den *furor politicus*, geschweige denn das Werk dieses Mannes zu beschreiben; es war aber dieses Werk, das ihm in der Politik überhaupt einiges Gehör verschaffte, denn die politischen Konfessionen eines durchschnittlichen Professors sind im besten Fall uninteressant.

I.

Ewalds Weg nach ›oben‹ war kurz; aber wir wissen wenig über den jungen Mann, wenig Persönliches selbst über den alten. Kurz nach seinem Tode am 4. 5. 1875 schrieben zwei seiner Schüler knappe, aber kundige Personalartikel in den Enzyklopädien der Epoche[1], von denen die in den jüngeren deutschen Nachschlagewerken mehr oder weniger abgeschrieben sind[2]. Von Gewicht ist nur die 25 Jahre nach Ewalds Tode entstande-

---

1 A. Dillmann, ADB 6, 1877, 438–442; E. Bertheau, RE 4, ²1879, 440–447.
2 (E. Bertheau †) C. Bertheau, RE 5, ³1898, 682–687; A. Bertholet, RGG 2, ¹1910,

ne Würdigung Wellhausens: hinreißend geschrieben und von großer Noblesse, obschon gerade dieser Schüler die wissenschaftlichen Grenzen seines Lehrers sah und abstecken durfte[3]. Zum 100. Geburtstag Ewalds schrieb sein britischer Bewunderer Davies ein nicht sehr tief eindringendes Büchlein über Person und Werk des Gelehrten[4]. Ewald selbst soll in seinen letzten Lebensmonaten eine Autobiographie verfaßt haben[5], aber sie ist verschollen; es wird deutlich werden, warum man das nicht unter allen Umständen für ein Unglück halten muß.

Ewald wurde am 16. 11. 1803 in Göttingen geboren, in Göttingen wurde er auch begraben[6]. Mit Ausnahme des Jahrzehnts im Tübinger Exil hat er wenig Zeit außerhalb seiner Vaterstadt verbracht. Gegen die Erwartungen des Vaters, eher auf Wunsch der Mutter kam der Knabe mit 11 Jahren aufs Gymnasium und Ostern 1820, also mit 16 Jahren, auf die Universität. In den knapp drei Jahren bis zu seiner Promotion am 11. 1. 1823 muß er mit Feuereifer studiert haben: klassische Philologie und Theologie, zur Hauptsache aber semitische Sprachen. Seine vornehmlichen Lehrer waren Johann Gottfried Eichhorn (1752–1827) und Thomas Christian Tychsen (1758–1834). Beiden bezeugte er noch nach Jahrzehnten seinen Respekt[7] und verteidigte sie gegen die Kritik der Fachgenossen[8], »obwohl sie früh genug einsehen konnten daß meine wissenschaftlichen wege von den ihrigen ziemlich weit abgehen wür-

---

768–772; A. BERTHOLET, RGG 2, [2]1928, 453–455; E. KUTSCH, RGG 2, [3]1958, 798f.; W. KIRFEL, NDB 4, 1959, 696f.; J. EBACH, TRE 10, 1982, 694–696.

3 J. WELLHAUSEN: Heinrich Ewald, in: FS zur Feier des 150jährigen Bestehens der Königlichen Gesellschaft der Wissenschaften zu Göttingen, 1901, 61–81; zit. nach J. WELLHAUSEN: Grundrisse zum Alten Testament, hg. v. R. Smend, 1965, 120–138.

4 T. WITTON DAVIES: Heinrich Ewald – Orientalist and Theologian 1803–1903, 1903 (98 S. mit verschiedenen appendices und mit 15 Photos von Ewalds Schülern, Wirkungsstätten etc.).

5 Dillmann (wie Anm. 1), 442; Bertheau (wie Anm. 1), 447.

6 Über seinem Grabe auf dem Bartholomäi-Friedhof haben Schüler einen Gedenkstein aufrichten lassen. Ein englischer Verehrer (seit 1844), Dean A. P. Stanley, ließ das bronzene Relief-Medaillon anbringen. Ein Abguß davon befand sich in Wellhausens Arbeitszimmer in der Wilhelm-Weber-Straße.

7 Über die wissenschaftliche wirksamkeit der ehemaligen Göttingischen lehrer J. D. Michaelis, J. G. Eichhorn, Th. Ch. Tychsen. Jahrbücher der Biblischen wissenschaft (im folgenden: JBw) 1, 1849, 26–34. – Im folgenden werden, mit Ausnahme einer modernisierten Schreibung der s-Laute, alle Zitate originalgetreu wiedergegeben.

8 So gegen de Wette und Gesenius in der kleinen Abhandlung »Über den gegenwärtigen Zustand der Alttestamentlichen Wissenschaft« in dem Werk »Über die arabisch geschriebenen Werke jüdischer Sprachgelehrten«, in: Beiträge zur Geschichte der ältesten Auslegung und Spracherklärung des Alten Testaments von Heinrich Ewald und Leopold Dukes, 1. Bändchen, 1844, XIII–XXIV; XVIf.; vgl. auch JBw 6, 1854, 128.

den«[9]. Die *laudationes* der Lehrer sind erhalten[10]; freilich war Ewald auch nach dem Zeugnis seiner Schüler[11] als Gelehrter »in hohem Grade sein eigener Lehrer«[12].

Den Beweis seiner Eigenständigkeit lieferte er sogleich mit der Dissertation über »Die Komposition der Genesis«[13]. Mit der Bestreitung sowohl der (älteren) Urkunden- als auch der Fragmentenhypothese stellte er sich gegen die Autoritäten und den Geist der Zeit. Aber er will sich »in Sachen, die nicht historisch erweisbar sind«, nicht im »Reich der Hypothesen« verlieren (1), sondern die Genesis gegen »die männliche Kritik unserer Zeit« (190) in Schutz nehmen und ihre ursprüngliche Einheit erweisen. So kämpft er mit großem Scharfsinn für seine Sicht – um sie acht Jahre später selber preiszugeben[14], der einzige Fall, in dem er seine Position widerrief. Für die historisch-kritische Forschung blieb das Buch ohne nennenswerte Wirkung; aber in der Suche nach der »höhere(n) Einheit« (122. 267) und der »größte(n) Harmonie« (291) dieses Zeugnisses morgenländischer Literatur erwies er sich früh als ein Verwandter Herders.

Der junge Autor, nach heutigen Vorstellungen ein Primaner, war schon damals ganz unablenkbar. Viel Geselligkeit und Freundschaft hat er wohl nie gehabt. Dafür sind die sieben erhaltenen Briefe, die ihm 1823 ein Kommilitone schrieb, höchst aufschlußreich; sie sind zugleich eine biographische Rarität[15]. Jener Freund empfahl Ewald am 4. 2. 1823 »Zerstreuung« als »das beste remedium« gegen Heimweh; aber Ewald und Zerstreuung: das blieb ein Kontrast. Am 12. 8. klagte der Freund: »Du

9 Über die wissenschaftliche wirksamkeit... (wie Anm. 7), 32.
10 Am 14. 3. 1827 schrieb Eichhorn zur Bewilligung eines Extraordinariats für Ewald: »... Auch seine Schriftsteller- und Lehrgaben hat er vollkoṁen erprobt... Jeden Tag kaṅ er auf der berühmtesten Universität eine Lehrstelle mit Ehren ausfüllen« (Personalakte Ewald, Universitätsarchiv Göttingen, 4) V b/86, Bl. 3); Tychsen ebd., Bl. 4: »Bey dieser Kenntnis der asiatischen Sprachen, und dem wissenschaftlichen Eifer der ihn belebt, würde er einst... der Universität sehr nützlich seyn können.«
11 Dillmann (wie Anm. 1), 439: »Man kann nicht sagen, daß E. aus einer bestimmten Schule hervorgegangen sei ... Er ging durchaus und oft nur zu sehr seine eigenen Wege.«
12 Wellhausen (wie Anm. 3), 127.
13 Die Vornamen-Kombination »Dr. H. A. Ewald« findet sich nur in diesem Buch von 1823. Das Erstlingswerk ist nicht den orientalistischen oder exegetischen Lehrern, sondern den Göttinger Theologen G. J. Planck, C. F. Stäudlin, D. J. Pott und H. Planck gewidmet.
14 In einer Rez. über die 1830 erschienenen »Kritische(n) Untersuchungen über die Genesis« von J. J. Stähelin erklärt Ewald, jenes »Werk eines Neunzehnjährigen« gebe »einem wesentlichen Puncte nach« nicht mehr seine gegenwärtige Ansicht wieder, habe also, »was diesen einzelnen Punct betrifft, nur noch historische Bedeutung« (Theol. Stud. u. Kritiken [im folgenden: ThStKr] 4, 1831, 595–606; 596f.).
15 Briefe an Heinrich Ewald, Niedersächs. Staats- und Universitätsbibliothek, Cod. MS Ewald 41, Bl. 388–397. G. Unger liest in seinem Verzeichnis der mehr als 1400 Briefe den Namen des Kommilitonen »Grufferdorf«.

hast mir so wenig Neuigkeiten geschrieben; ... nichts von Bezauberung Deines Herzens, von Bällen, Redouten...« Den ersehnten Studentenklatsch hat er wohl nie erfahren, und über Ewalds Herzens-Bezauberungen erlaubt man sich kaum nachzudenken, denn in jenen Jahren begann er mit dem, was ihn dann als den bedeutendsten Orientalisten seiner Generation erscheinen ließ: mit dem Lernen und Lehren von Sprachen. Was er sein Leben lang unterrichtete, im Durchschnitt 15 Stunden wöchentlich, sei hier, zum Teil im Vorgriff, einmal aufgelistet. Er ging aus von dem, worin er schon recht sicher war: vom Arabischen und Hebräischen. Er schritt den engeren Kreis der semitischen Sprachfamilie ab mit dem Aramäischen und Syrischen, ging weiter zum Phönizischen, Äthiopischen und Armenischen, um dann diese Grenze zu überschreiten: zum Koptischen, Persischen und Türkischen.

Sehr früh schon öffnete er sich einer Welt, die heute kein Semitist mehr betritt[16]: der Welt des Sanskrit. Durch seine Initiative wurde Göttingen die vierte Universität in Deutschland, an der Sanskrit gelehrt wurde. Seine Grundkenntnisse hatte er sich schon im Herbst 1820 bei Franz Bopp angeeignet, der damals einige Monate in Göttingen weilte. Zur Vertiefung des Anfängerwissens setzte Ewald Zeit und Geld ein: Er ging 1826 für ein halbes Jahr bei Bopp in Berlin noch einmal auf die Schulbank[17], so daß er im Sommer 1827 »die Anfangsgründe der Sanskrit-Sprache« zweistündig unterrichten konnte[18]. Zwar schrieb er am 8. 5. 1827 an den Indologen Friedrich Rosen: »cedo meliori«[19], aber in Theodor Benfey war der kommende Sanskritist in Göttingen noch längst nicht zu erkennen.

Der Kern der philologischen Leistung Ewalds lag freilich näher beim Alten Testament. Zwar hatte er schon 1825 »De metris carminum Arabicorum libri duo« und 1831/33 eine zweibändige »Grammatica critica linguae Arabicae« veröffentlicht – und H. L. Fleischer, später »unbestritten der größte Arabist seiner Zeit«, »erkannte Ewalds Verdienste um den Ausbau einer arabischen Satzlehre vorbehaltlos an«[20] –, aber das Schwer-

---

16 Zum Folgenden G. v. SIMSON: Der Beginn der Sanskrit-Studien in Göttingen vor 150 Jahren. Informationen der Universität Göttingen, Sonderausgabe Juni 1977, 1–5.
17 Darüber äußern sich Eichhorn und Tychsen (wie Anm. 10) mit höchstem Lob.
18 Davon gibt der seinerseits an der altindischen Kultur interessierte Historiker A. H. L. Heeren einen hübschen Bericht: »Ein junger Gelehrter, ..., Herr Repetent Ewald, hat seinen Unterricht in Sanskrit nicht bloß im Lectionskatalog angekündigt, sondern giebt ihn auch. Freilich werden die Glocken nicht dabei geläutet« (zit. nach G. v. Simson [wie Anm. 16]).
19 Ebd. (wie Anm. 16), 2 (Faksimile).
20 J. FÜCK: Die arabischen Studien in Europa bis in den Anfang des 20. Jahrhunderts, 1955, 171. – Ewald gab sich noch 1870 der Hoffnung hin, seine arabische Grammatik neu herausgeben zu können (Ausführl. Lehrbuch der hebr. Sprache, [8]1870, XIII, Fußnote 1).

Abb. 11. Heinrich Ewald: der junge Gelehrte

gewicht seiner Lebensarbeit und Wirkung auf diesem Felde lag doch bei der hebräischen Grammatik. Das ausgeführte Werk erschien von 1827 bis 1870 in acht[21], die knappere Anfänger-Grammatik von 1828 bis 1874 in sieben Auflagen[22]. Beide mußten natürlich sofort und dann das Jahrhundert hindurch in Konkurrenz treten zu der 1813 zuerst erschienenen Grammatik des Hallischen Lexicographen Wilhelm Gesenius (1786–1842). Aber an die Stelle des Wettbewerbs, der Wissenschaft so nötig wie der Wirtschaft, trat eine Lebensfeindschaft, deren Gründe unerfindlich oder blamabel sind.

Der alte Theodor Nöldeke, Ewald-Schüler und Semitist von höchstem Rang, unterschied so: »Bei Gesenius ist alles für den Anfänger bequem, aber äußerlich und nach Kategorien aus dem Lateinischen und Deutschen; bei Ewald ist alles tief greifend, das Wesen der Sprache selbst erforschend.«[23] In dieser Richtung, nur schärfer in der Negation, hat Ewald selbst sich ein ums andere Mal ausgesprochen, zuerst gleich 1827 in einer Selbstanzeige[24], ein Jahr später in der Vorrede zur kurzgefaßten Grammatik deutlicher und emphatischer; dabei ist der Anspruch des noch nicht einmal 25jährigen Autors irritierend hoch, denn er spricht generell von den »Mängel(n) der frühern Grammatiken«, von den »halbwahren oder falschen Beweise(n) neuerer Grammatiker« und darum von seiner »nothwendige(n) Opposition gegen die frühern unkritischen Grammatiken«; die hebräische Grammatik müsse sich endlich »über die bisherige Herrschaft der bloßen Empirie erheben«[25]. Wiederum zwei Jahre später antwortete er seinem Rezensenten Umbreit öffentlich und benutzte die Gelegenheit zur Polemik gegen seinen Konkurrenten: »Dies ist's aber gerade, was mich von Gesenius trennt, und wie es scheint, noch länger trennen muß. Die eigenthümlichen Verdienste dieses Gelehrten verkenne ich nicht«, sein »Lehrgebäude« der hebräischen Sprache mag als »ein gutes Produkt seiner Zeit« gelten, aber »ein vollkommenes und sicheres Lehrgebäude« ist es nicht, denn »die Erscheinungen der Sprache wurden nach der bloß äußern Erscheinung aufgefaßt, und es fehlte das Princip, die innern und wahren Gründe zu erforschen«; ihn selbst dage-

---

21 Kritische Grammatik der hebräischen Sprache ausführlich bearbeitet (684 S.), 1827; Ausführliches Lehrbuch der hebräischen Sprache des alten Bundes, 1844 – bezeichnet als 5. Aufl. des Werkes von 1827, aber tatsächlich die 1. Aufl. eines neuen Werkes, das 1855 als 6. Aufl. (784 S.), 1863 als 7. Aufl. (944 S.) und 1870 als 8. Aufl. erschien. Am Register der letzten Aufl. arbeitete der Repetent J. Wellhausen mit.
22 Grammatik der hebräischen Sprache des A. T. in vollständiger Kürze neu bearbeitet, 1828: ²1835 (engl. 1836); ³1838; Hebräische Sprachlehre für Anfänger, 1842; ²1853; ³1862 (engl. 1870); ⁴1874.
23 Brief vom 22. 12. 1902, zit. nach Davies (wie Anm. 4), 82, Fußnote 2.
24 Götting. Gel. Anz. (im folgenden: GGA) 1827, I 382f. (vom 10. 3. 1827).
25 Hebr. Grammatik, 1828 (wie Anm. 22), IV.

gen habe dieses ›Princip‹ »zu einer lebendigern und richtigern Ansicht der hebräischen Sprache . . . geführt«[26].

Dieses an keiner grammatischen Einzelheit bewährte Wortgeklingel bewog Umbreit auch nur zu einer um Besänftigung bemühten »Antwort an Herrn Prof. Dr. Ewald«[27], der ein friedliches Nebeneinander freilich abwehrte. Was später ihm selbst und anderen das Leben schwer machte, bahnt sich also schon im Streit um die Grammatik an: ein krankmachendes Wahrheitsbewußtsein. Ewald näherte sich dem Hebräischen wie schon der Genesis: Er kroch in die Gegenstände förmlich hinein[28]. Unverzichtbar für das Verstehen des Grammatikers Ewald sind aber die Postulate, die er in den Bemerkungen »Über die neuere Art hebräischer Grammatik«[29] aufgestellt und wohl auch erfüllt hat: »Das wichtigste Mittel die hebräische Sprache zu verstehen wird aber immer zuletzt das völligste Durchdenken aller Reste ihrer Literatur sein. Denn je mehr die Aufstellung der grammatischen Gesetze von der Einsicht ins Einzelne abhängt, desto mehr sollte der tüchtigste Grammatiker auch der tüchtigste Exeget sein. . .« (320).

In der Bibelwissenschaft sind also Grammatik und Exegese nur der Organisation nach getrennt, in der Substanz aber ist das eine nicht ohne das andere. 1843 bekannte er: »Es reut mich nicht hier ganz von unten auf gedient und mit grammatischen Dingen den Anfang gemacht zu haben.«[30] Er wollte immer die Sprache »bis in ihre eignen tiefsten gebeine und adern und fasern verfolgen«[31]. Da er sich eine »Erkenntnis der Alttestamentlichen Sprache« zuschrieb, »von der man vor dieser Zeit kaum entfernt eine Vorstellung hatte«[32], konnte er Differenzen über die Grammatik eben nicht als Adiaphora ansehen. So erklären sich seine geschmacklosen Ausfälle gegen Gesenius[33] und andere Grammatiker[34],

---

26 Über hebräische Grammatik. Von G. H. A. Ewald an F. W. C. Umbreit, ThStKr 3, 1830, 359–367; 361 f.
27 Ebd., 367–370; 368.
28 Freilich konnte er sich gegen eine »mystische Grammatik« verwahren, die nur auf einem »ebenso unklaren als unhistorischen Fühlen und Meinen« beruht (Rez. über die Grammatik von R. Stier, in: Jahrbücher für wissenschaftliche Kritik, Nov. 1833, 783).
29 Zs. f. d. Kunde des Morgenlandes 1, 1837, 317–330.
30 Geschichte des Volkes Israel, Bd. 1, 1843, XI.
31 Ausführl. Lehrbuch, ^{6}1855 (wie Anm. 21), XIIf.; vgl. JBw 7, 1855, 164 f.: »alsob man . . . auchnur ein guter Grammatiker seyn könne ohne zugleich alles in der Bibel tiefer zu verstehen.«
32 Über den gegenwärtigen Zustand. . . (wie Anm. 8), XIX.
33 Im Sommer 1826 schickte Gesenius seinen Schüler Wilhelm Vatke zu dem 22jährigen Repetenten nach Göttingen: »Ewald ist ein exquisiter Hebräer, auch ein selten gelehrter Araber« (H. BENECKE: W. Vatke, 1883, 27). Der Streit kam ausgerechnet in Gesenius' Todesjahr (1842) auf seinen traurigen Höhepunkt. Im Sommer 1842 polemisierte Ewald sogar in der »Hebräischen Sprachlehre für Anfänger« aufs übelste gegen Gesenius, noch schlimmer dann in einer Art ›Rechtfertigung‹ vom Februar

obschon doch seine sprachwissenschaftlichen Leistungen breiteste Anerkennung fanden[35].

Das Urteil seiner vielen, ihrerseits höchst kompetenten Schüler vermag davon eine Vorstellung zu geben. Dillmann nannte ihn den »eigentliche(n) Begründer der modernen semitischen Linguistik, wie Grimm im Germanischen«[36]. In der »Kurze(n) Übersicht über die Geschichte der Atlichen Wissenschaft«[37] von 1878 erklärte Wellhausen: »Ewald ist der Lehrer ohne Gleichen, von dessen Ideen die heutige semitische Philologie willig und widerwillig lebt.« Wellhausen hatte Ewalds Sprachunterricht

    1843: »aber verdient hatte der Mann welcher sich mir so sonderbar und völlig unerwartet gerade erst seit den lezten Jahren . . . zum traurigen Gegner aufgedrungen hatte, jene Züchtigung vollkommen« (Geschichte des Volkes Israel, Bd. 1, 1843, XIII); »ich bedaure den Tod eines Mannes, der noch zehn bis zwanzig Jahre weiter in mancher Hinsicht nüzlich wirken konnte; denn wiewohl ihm . . . die Lösung jeder schwierigern Frage in diesem Gebiete . . . auch ferner unmöglich gewesen wäre, so hätte er doch in untergeordneten Sachen . . . noch manches leisten . . . können . . . Wollen aber . . . Leute diesen Tod auf meine Kosten ausbeuten: so thäten sie besser erst zu fragen warum denn ich nicht an dem traurigen Beginnen des Dr. Gesenius seit den lezten Jahren gestorben sei, ich ein Mann dem wahrlich Wohl oder Wehe wahrer Wissenschaft etwas tiefer an's Herz geht als dies den deutlichsten Zeichen zufolge bei jenem der Fall gewesen seyn kann« (ebd., XIIIf.). Daß Ewald den hochgelehrten Konkurrenten als wissenschaftliche Hilfskraft ›in untergeordneten Sachen‹ beschäftigen wollte und dies kurz nach dessen Tode ausposaunte, beweist einen unbegreiflichen Mangel an contenance.

34 Hier ist vor allem die Fehde mit Hermann Hupfeld (1796–1866) zu nennen, von dem Ewald 1831 im Vorwort zur arabischen Grammatik schrieb ». . . ab amicissimo H.H.« und der umgekehrt noch 1838/39 Ewald brieflich mit »Lieber Freund« anredete (Briefe [wie Anm. 15], Bl. 692–694). Hupfeld, der später selbst eine Grammatik begann, hatte die 1. Aufl. von Ewalds Grammatik umfangreich und im ganzen negativ rezensiert (Hermes 31, 1828, 1–56). Dazu vgl. Wellhausen (wie Anm. 3, 124f.): »Er glaubte Ewald zu übersehen und Besseres als er leisten zu können. Der praktische Beweis mißlang ihm allerdings kläglich, er blieb im Maulspitzen hängen und kam nicht zum Pfeifen.« Wellhausen publizierte (ebd. 124) einen Brief Hupfelds vom 4. 3. 1830 an Jacob Grimm: »Ewald scheint mir ein junger Fant zu sein, dem seine Successe in der Wissenschaft zu Kopfe gestiegen sind . . .« Grimms Antwort vom 13. 3. 1830 endet im Blick auf Ewald mit dem hinreißenden Satz: »Nehmen Sie sich also vor zürnenden Gestirnen in acht!«
Wenigstens hingewiesen sei hier auf W. v. Humboldts Brief an Ewald vom 18. 1. 1828, in dem es zur Grammatik von 1827 heißt, Ewald habe »die Sprache . . . ganz in ihrer wahren Eigenthümlichkeit aufgefaßt, und sie in dem Geiste der neueren Sprachforschung . . . bearbeitet« (zit. nach Davies [wie Anm. 4], 114).

35 Dafür sprechen die insgesamt 15 Ausgaben seiner hebräischen Grammatiken ebenso wie die »erlesene Gesellschaft« der seine Autorität nicht bezweifelnden Fachgelehrten, wie das auch der Schatz der an ihn gerichteten Gelehrtenbriefe beweist (vgl. Wellhausen [wie Anm. 3], 126).

36 Dillmann (wie Anm. 1), 439f.

37 »Anhang« zu: Einleitung in das Alte Testament von Fr. Bleek. Hg. von J. Bleek und A. Kamphausen. Vierte Aufl. . . . bearbeitet von J. Wellhausen, 1878, 644–656; 655; ebd., [6]1893, 606.

in jeder Hinsicht ›genossen‹[38]. »Sein Talent für Beobachtung und Darstellung des Sprachlichen war groß, und auf dem Gebiete der Sprachwissenschaft liegen nicht nur seine ersten, sondern auch seine wichtigsten und originellsten Leistungen.«[39]

Der Gelehrte, der dann 1837 in die Politik stolperte, litt also keinen Mangel an Beschäftigung und Ruhm. Ein paar biographische Notizen mögen auf dieses für die Georgia Augusta und für Ewald selbst so einschneidende Jahr hinführen – unter Vernachlässigung seiner frühen exegetischen Veröffentlichungen[40]. Es sei wenigstens erwähnt, daß er schon von 1824–1836 etwa 250 Rezensionen für die Göttingischen Gelehrten Anzeigen geschrieben hatte[41]. Das waren, wie er öfter bekannte, seine glücklichsten Jahre. An Anerkennung fehlte es ihm wahrlich nicht: Mit 23 Jahren wurde er zum a. o. Professor[42], mit 27 Jahren (am 5. 7. 1831) zum o. Professor ernannt, und 1835 stieg sein Gehalt bereits auf 1000 »Rth. Courant« (zum Vergleich: bei derselben Gelegenheit erhielt »Hofrath Jacob Grimm« 1100 statt bisher 1000 Taler)[43]. Ewald zählte also durchaus zur universitären Prominenz, die es an der Landesuniversität festzuhalten galt. Aber auch die gelehrte Welt würdigte seine Verdienste: 1833 wurde er zum ordentlichen Mitglied der Königlichen Societät der Wissenschaften in Göttingen gewählt[44], 1836 promovierte ihn die Universität Kopenhagen zum Dr.theol.h.c.

Es ist beinahe erstaunlich, daß dieser rastlos tätige Mann Zeit und Lust hatte, auf Freiers Füßen zu gehen: 1830 heiratete er Minna (1808–1840), die 22jährige Tochter des Mathematikers und Astronomen Karl Friedrich Gauß, der seit 1807 selber zu den Sternen am Göttinger Wissenschaftshimmel zählte. Was gäbe man dafür, Ewalds Brautwerbung lesen zu können! Erhalten ist aber nur die Antwort des Vaters vom 18. 2. 1830 – das Zeugnis einer untergegangenen Hochkultur[45].

---

38 Vgl. die Beschreibung Wellhausens (wie Anm. 3, 121f.).
39 Ebd., 122; vgl. aber ebd., 127–129 unter dem Stichwort: »Ewald war als Sprachvergleicher Dilettant.«
40 Das Hohelied Salomo's, 1826; Commentarius in Apocalypsin, 1828; Die Psalmen, 1835; Das Buch Ijob, 1836; Sprüche Salomo's 1837.
41 Schon 1824 erschienen sieben Beiträge (vornehmlich zur Arabistik) des 21jährigen, 1825 bereits 19, 1833 sogar 32.
42 Die Ernennungsurkunde ist unterzeichnet »St James den 11. May 1827 George R.« (Personalakte [wie Anm. 10], Bl. 8).
43 Ebd., Bl. 46f.
44 Dem Vorschlag J. Fr. Blumenbachs stimmten Gauß, Tychsen u.a. zu. Gleichzeitig wurde Dahlmann von J. und W. Grimm, Heeren, Tychsen u.a. vorgeschlagen (Akten der Akademie, Pers. 16, Bl. 35).
45 Nieders. Staats- und Universitätsbibliothek, Nachlaß Gauß, Briefe B.

II.

Bis dahin lebte Ewald also mit der Welt in Frieden – oder wie er im Rückblick »Ende Mai's 1847« selber bekannte: Er habe »von 1824 bis 14. Dec. 1837 unter dem Schuze der damals so ziemlich besten deutschen Universität und in der vollkommensten Ruhe der reinen Wissenschaft zu dienen gelernt«[46]. Diese Ruhe wurde 1837 nicht bloß gestört, sondern beendet: »Das Jahr 1837 machte ihn mit einem Schlage zum öffentlichen Charakter... Es ist für ihn in jeder Beziehung verhängnisvoll geworden, es hat ihn nicht bloß äußerlich aus seinem angeborenen Wirkungskreise herausgerissen.«[47]

Was 1837 geschah, gehört in den weiten Rahmen der deutschen Verfassungs- und Universitätsgeschichte; das Handeln und Erleiden der Göttinger Sieben – der »Mythus der Georgia Augusta«[48] – kann und muß hier nicht rechtlich und politisch gewürdigt werden[49]. Im Zuge der konstitutionellen Bewegung hatte auch Hannover ein Staatsgrundgesetz erhalten, am 26. 9. 1833 von Wilhelm IV. unterzeichnet. Der Verfasser des Entwurfs war der Historiker und ›Politologe‹ Friedrich Christoph Dahlmann, der eigentlich politische Kopf der Sieben. In seiner Rechtfertigungsschrift vom Januar 1838 beklagte er die »Gesinnungen« des Thronfolgers Ernst August[50], die Treitschke dann mit antiwelfischen wie antibritischen Bosheiten beschrieb[51], und empfand schon die glanzvolle Jahrhundertfeier der Georgia Augusta im September 1837 als ein Schmausen »über Gräbern«[52]. Den erwarteten Schlag brachte dann das königliche Patent vom 1. 11. 1837, in dem das Staatsgrundgesetz von 1833 als den Monarchen nicht bindendes Gesetz erklärt wird und »die sämmtlichen Königlichen Diener... ihrer auf das Staatsgrundgesetz ausgedehnten, eidlichen Verpflichtung vollkommen enthoben« werden[53]. Darauf bezieht sich Jacob

---

46 Über die Sittlichkeit und Religion der deutschen Wissenschaft, 1847, 24.
47 Wellhausen (wie Anm. 3), 134.
48 So R. SMEND im ersten Satz von: Die Göttinger Sieben. Rede zur Immatrikulationsfeier... am 24. Mai 1950, 1951; zit. nach der 2. durchgesehenen Aufl. 1958 (auch in: ders., Staatsrechtliche Abhandlungen, ²1968, 391–410).
49 Eine der klassischen Darstellungen bietet der Dahlmann-Schüler H. v. TREITSCHKE: Deutsche Geschichte im neunzehnten Jahrhundert, 4. Buch: Das Eindringen des französischen Liberalismus. 1830–1840, (1889) ⁵1907; aus neuerer Zeit vgl. E. R. HUBER: Deutsche Verfassungsgeschichte seit 1789, Bd. 2, 1960, 91–115.
50 DAHLMANN (ohne Vornamen): Zur Verständigung, Basel 1838, 5 (unterschrieben: »Leipzig, 14. Januar 1838«).
51 Treitschke (wie Anm. 49) bescheinigt ihm einen »aus Schroffheit und Heimtücke seltsam gemischten Charakter« (164) und spricht von »welfischer Zweizüngigkeit« (166). – Nicht ohne Komik ist das Urteil von Davies (wie Anm. 4), 18: »In some measure he reminds one of ›Old Fritz‹.«
52 Dahlmann (wie Anm. 50), 7.
53 Ebd., 13f.

Grimms Motto »war sint die eide komen? Nib. 562,3«[54], darauf bezieht sich Treitschkes pathetisches Urteil: »ein Staatsstreich, so frevelhaft. . .., daß der sittliche Ekel fast alle irgend selbständigen Männern zum Widerspruche zwang.«[55]

Aber die Reaktion der Professorenschaft war durchaus unterschiedlich. Dahlmann selbst scheiterte mit seinem Aufruf zum allgemeinen Widerstand im Senat der Universität[56]. Das *punctum saliens* der Gewissensnot haben Dahlmann[57] und der Staatsrechtler Wilhelm Eduard Albrecht[58] präziser formuliert als Grimm oder gar Ewald. Dahlmanns staatspolitisches Credo hat Ewald beinahe *verbatim* sein Leben lang nachgesprochen: »Ich kämpfe für den unsterblichen König, für den gesetzmäßigen Willen der Regierung, wenn ich mit den Waffen des Gesetzes das bekämpfe, was ... der sterbliche König im Widerspruch mit den bestehenden Gesetzen beginnt.« Der Historiograph der englischen wie der französischen Revolution fügte hinzu, was Ewald gleichfalls wiederholt sagte: »Ich kann keine Revolution hervorbringen, und wenn ich's könnte, thät ich's nicht.«[59]

In dieser Gesinnung formulierte Dahlmann am späten Abend des 17. 11. 1837 die Protestation, die dem Kuratorium überreicht wurde. Der Fortgang der Dinge ist bekannt. Das Geschick der Sieben war dadurch doppelt schwer, daß sich ihnen die Universität als ganze nicht rückhaltlos anschloß[60]; einige verweigerten sich prinzipiell[61], auch Gauß teilte die Position seines Schwiegersohnes nicht.

54 Jacob Grimm über seine Entlassung (1838), Göttinger Universitätsreden 74, 1985.
55 Treitschke (wie Anm. 49), 643.
56 Nach Dahlmann (wie Anm. 50), 26f.; vgl. ebd., 31 ff.
57 Ebd., 28: »Denke man über den Werth der Constitutionen wie man wolle, immer ist so viel gewiß, daß, wo einmal Verfassungsrechte eines Volkes bestehen, diese nicht willkührlich vom Landesherrn vernichtet werden dürfen, weil sie den Landesherrn selber verpflichten; und wo nun vollends der Einzelne auf Verfassungsrechte *beeidigt* (Hervorh. im Original) ist, da ist es nicht allein sein Recht, sondern auch seine Pflicht, selber nachzusehen, ob sein Eid gelöst ist oder fortbesteht.«
58 »Was uns allein am Herzen liegt, ist unsere Handlung von Seiten ihrer Rechtmäßigkeit (Legalität) und namentlich vor dem Vorwurfe eines revolutionären Schrittes zu vertheidigen« (Die Protestation und Entlassung der sieben Göttinger Professoren. Herausgegeben von Dahlmann, Leipzig 1838, 4).
59 Dahlmann (wie Anm. 50), 30.
60 Besonders schmerzlich war das für die Sieben im Fall des ihnen befreundeten Primarius der Theologischen Fakultät Friedrich Lücke. Vgl. hierzu auch den Beitrag von D. Lange, in diesem Bande S. 151f. Auch er berief sich für seine abweichende Entscheidung auf das Gewissen. Vgl. dazu F. SANDER, Hg.: Briefwechsel Friedrich Lückes mit den Brüdern Jacob und Wilhelm Grimm, 1891; DERS.: D. Friedrich Lücke, 1891; H. BEYER: Heinrich Ewald und die Entwicklung in Deutschland, Jb. d. Ges. f. nds. KG 56, 1958, 150–183. Was wohl nur wenige und am wenigsten die Betroffenen wußten: Lücke machte im März 1838 die Wiedereinstellung Ewalds zu einem Punkte seiner Verhandlungen zur Anwendung eines Rufes nach Halle (Personalakte Lücke, Univer-

Ewald, der sich bis dahin mit politischen Fragen nicht viel befaßt hatte, stieß zu diesem Kreis mehr durch freundschaftlich-kollegiale Verhältnisse als durch öffentliches Wirken. Sein Schüler Bertheau berichtet: »Ewald selbst gab zu, daß er durch den überwältigenden Eindruck, den das Vorlesen jener Vorstellung auf ihn gemacht habe, one genauere Erwägung aller in betracht kommenden Verhältnisse sich habe bestimmen lassen... Er hatte nicht erwartet, daß seine Unterschrift solche Folgen nach sich ziehen werde.«[62]

Die äußerlichen Folgen der Entlassung hielten sich für Ewald in Grenzen. Im Januar 1838 reiste er für ein halbes Jahr nach England zu Bibliotheksarbeiten. Aber natürlich war er durch das Geschehene innerlich aufgewühlt. Damals und darum begann er mit der politischen Publizistik, zunächst wohl zur inneren Entlastung wie zur Rechtfertigung. So erschien 1838 in Basel seine Schrift »Drei Deutsche Worte für Freunde und Verständige«[63], deren erstes Drittel am 19. 12. 1837 noch in Göttingen, deren Rest im Januar und Februar 1838 in London geschrieben wurde. Mit diesem Heft von 64 Seiten trat er aus der Gelehrtenstube heraus: weder zu seinem Glück noch zum Nutzen der Welt. Der psychodramatische Anfang: »Es ist umsonst. Von außen seit einigen Tagen volle Ruhe; Lust und Stoff zum Arbeiten genug; und doch versuch ich mich umsonst ... zu sammeln. Zu gewaltig erschüttert mich die Zerrüttung der ... Universität, die Gräuel der Verwüstung am Ort des Heiligtums...« (3). Das ist, in Luthers Übersetzung, die Sprache der biblischen Apokalyptik: »Grewel der wüstung« im Heiligtum (Dan 9,27; 11,31; Mt 24,15). Heiligtum ist die Georgia Augusta als der Ort, »der meine Jugend, der mein Alles gesehen« (4).

Von dieser poetischen Tonlage ist Analyse nicht zu erwarten. Den Gedanken der Schuld[64] verwirft Ewald rasch, entwickelt stattdessen eine

---

sitätsarchiv, 4) II b 44, Bl. 25; vgl. L. PERLITT: Professoren der Theologischen Fakultät in Göttingen als Äbte von Bursfelde, Jb.d.Ges.f.nds.KG 82, 1984, 7–25; 16).

61 1842 erschien in Königsberg posthum die Schrift »Erinnerungen an die Göttingische Katastrophe im Jahre 1837« des Philosophen J. Fr. Herbart, der 1833 von Königsberg nach Göttingen gekommen war. Er hatte 1837 zur »Rothenkirchener Deputation« der Universität gehört, die den Ausgleich mit dem König suchte. Herbart vertrat den Grundsatz: »Die Macht will nicht vom Katheder belehrt sein« (17). – Eine scharfsinnige juristische Ablehnung unter dem Motto »Audiatur et altera pars« war schon 1838 erschienen: »Ein anderes Wort zur Protestation und Entlassung der sieben Göttinger Professoren von Gustav Zimmermann zu Gotha« (o.J.), einem ehemaligen Hörer bei Albrecht und Dahlmann. Sein Fazit: »Die Professoren hatten als einzelne Bürger kein Recht zur Protestation, da den *einzelnen* (Hervorh. im Original) Unterthanen kein Widerspruchsrecht bei Verfassungsfragen gebührt« (22).

62 Bertheau (wie Anm. 1), 443.

63 So auf dem Umschlag; der Innentitel lautet nur »Worte für. . .«

64 In einer biblisch stilisierten Visionsschilderung verwirft Ewald den Gedanken der Vermeidung von Schuld als teuflische Versuchung (14f.).

Art Widerstandspflicht[65]: »In entscheidenden Zeiten ... (hat) Jeder ... das unentreißbare Recht, durch die stille Kraft des ... Wortes ... zu wirken« (4). Besonders die Professoren müssen »die Waffen der Nothwehr« ergreifen, »welche ihnen ... das Recht, ja der Geist selbst reicht« (5). Welcher Geist? »Auch wer wie ich, bisher sich nie unmittelbar in Staatssachen mischte, fühlte sich vom unwiderstehlichen Triebe des Geistes ... bedrängt« (16). Wiederum: welches Geistes? »Es ist die Religion ... Christi und der Bibel, nichts anders als sie trieb mich um so gewaltiger zu diesem Schritte« (17).

Die Zitate ersetzen nicht den Eindruck des Ganzen; aber der Traktat bereitet kein Lesevergnügen. In diesem hochgespannten Stil schrieb Ewald hinfort zu großen oder, meist, kleinen Anlässen. Er hatte seine Sprache gefunden, aber unter ihr litten die Gründe. An staatspolitischer Präzision blieb er hier und allezeit weit hinter Dahlmann zurück, kaum dagegen an politischer Rhetorik.

Am 24. 1. 1838 blickte er von London aus zurück: »Nach dem Erguß der ersten frischen Empfindungen über die December-That war mein fester Vorsatz, mich wieder allein den nächsten Geschäften meines Faches zu überlassen« (24). Diesem Vorsatz wurde er sofort und blieb er immer untreu. Schon im Januar 1838 war er willens und imstande, sich ausführlich in die preußisch-vatikanischen Händel einzulassen, von denen er nichts verstand. Aber er hatte gleichsam über Nacht die hohe Warte bestiegen, von der herab er nun sprach – über alles. »Und nun, hast du das Wort bedacht, so geh in deine Kammer und weine, und hast du die Thränen getrocknet und gelernt ein anderer zu sein, so tritt muthig der Welt entgegen, sie ist dein ...« (48).

Schon im Juni trat er mit der nächsten Schrift[66] wenn nicht gleich der Welt, so doch dem Hofrat Klenze in Hannover entgegen. Dabei taucht ein Topos auf, der sich durchhält: der Bußruf an den Andersdenkenden: »Lassen Sie sich ... durch die Strenge und den Ernst der Dinge warnen und kehren um, da es noch Zeit ist ...« (24). In einer »Nachschrift« geht Ewald unter jedes Niveau: »Den nunmehrigen Hofrath Klenze aber fürchte ich im Obigen nur zu glimpflich behandelt zu haben, und steht ihm, sollte er im Kitzel seine Unwahrheiten zu vertheidigen nichts Besseres vorbringen, noch eine tüchtige Ladung bevor« (75).

Man macht sich erschrocken klar: Der dies schrieb, war 34 Jahre alt und hatte soeben selbst bekannt, sich bisher nie in Staatssachen gemischt zu haben. Was war also innerhalb weniger Monate in dieser Flugblatt-Rabulistik aus dem gewissensgebundenen Höhenflug der Göttinger Sie-

---

[65] Zugleich distanziert er sich schroff von »Volksverführern« und »Demagogen«, »die nichts wollen als tolle Verbesserung und blinden Umsturz« (6).
[66] Worte an Herrn Klenze in Hanover, Basel 1838.

ben geworden! Treitschke, der doch den »moralischen Sieg« der Sieben hoch feiert, fällt ein scharfes Urteil: »Ein solcher Erfolg mußte das ohnehin starke Selbstgefühl der Gelehrten mächtig heben; von den Sieben blieben fünf als Menschen schlicht, edel, liebenswert, in Gervinus aber und in Ewald verkörperte sich der unausstehliche Professorendünkel. Die einmal erregte politische Leidenschaft hielt an; die Gelehrten begannen . . . unmittelbar an der politischen Erziehung der Deutschen zu arbeiten . . .«[67] Arbeit oder Leidenschaft: auch der Staatsrechtler Smend sieht sich in diesem Zusammenhang erinnert an die Warnung Max Webers, »dessen berühmte Rede über Wissenschaft als Beruf das, was er den Propheten und den Demagogen nennt, aus dem akademischen Raum verbannt«[68].

III.

Bei alledem blieb Ewald der Gelehrte, dem nun wieder das Wort zu geben ist; aber er selbst warf seine Leser ständig hin und her zwischen seinem *opus proprium* und seinen *opera aliena*. Nach dem Göttinger Desaster blieb er nicht lange ohne Amt und Lohn. Schon im Mai 1838 berief ihn der König Wilhelm von Württemberg nach Tübingen; 1841 verlieh er ihm sogar den persönlichen Adel, wovon Ewald freilich nie Gebrauch machte. Er folgte dem Ruf in die Fremde sehr selbstbewußt[69], aber auch ohne Ahnung, welche Schatten ihm dort auf die Seele fallen sollten. In Tübingen schrieb er jedoch den wesentlichen Teil seiner bibelwissenschaftlichen Werke. Dabei verfolgte er mit seiner Lebensarbeit ein gesundes wissenschaftliches Programm: Er begann mit der Grammatik und schloß mit der Geschichte Israels; dazwischen lag als Kern der Bibelwissenschaft die Auslegung der zentralen alttestamentlichen Schriften.

Zuerst, noch in Göttingen, erklärte er »Die poetischen Bücher des Alten Bundes« in der Reihenfolge Psalmen, Hiob, Proverbia etc.; er beschloß das Werk in Tübingen mit einer Einleitung in die hebräische Poesie oder, wie er später sagte, Dichtkunst[70]. Dieser Anfang mit der Poesie hat

---

67 Treitschke (wie Anm. 49), 667.
68 Smend (wie Anm. 48), 23. 25.
69 Im frischen Rückblick auf die Tübinger Jahre wehrt er sich gegen die Behauptung, er sei »gegen die männer welche mich 1838 zu sich gerufen hätten undankbar geworden«: »Man weiß daß 1838 wohl ohne alle ausnahme jede deutsche universität uns gern wieder angestellt gesehen hätte: die Tübinger thaten damals garnichts außerordentliches; und allein dem Könige von Württemberg gebührt ein dank den ich nie verläugnet habe« (JBw 1, 1849, 181).
70 Poetische Bücher I–IV: Die Psalmen, 1835; ²1840 (= II); Das Buch Ijob, 1836; ²1854 (= III); Sprüche Salomo's. Kohélet. Zusätze zu den frühern Theilen und Schluß, 1837

exegetische wie kulturgeschichtliche Gründe, denn gegen Hegels Abfolge Epos-Lyrik-Drama stand für Ewald fest, »daß die lyrische Poesie überall die nächste Art von Poesie ist welche bei irgend einem Volke entsteht«. In Poetische Bücher I hat er nicht nur diesen Grundsatz vertreten (11), sondern auch eine umfängliche (1–180), sensible und in vieler Hinsicht moderne ›Dichtungstheorie‹ entworfen, in der er die geschichtliche Bedingtheit und Entwicklung der künstlerischen Form genau in den Blick bekommt. Mit seinen einfühlsamen Bestimmungen der »schöpferischen Verkörperung des Gedankens« (3) stand er ziemlich allein unter den Orientalisten[71]. Gleichwohl machte er dem Leser das Leben schwer, wo immer er konnte. So ließ er am Ende von Poetische Bücher IV (231–246) seine »Mußestunden in Italien« drucken, die dichterischen Ergüsse seiner Romreise von 1836: Gedichte von unsäglicher Albernheit und Hölzernheit. Bei Ewald war kaum etwas durchschnittlich; alles war besonders gut oder besonders schlecht.

Ebenso schneidig wie unhaltbar war seine bis zuletzt vertretene und immer mehr verfeinerte geschichtliche Gruppierung der Psalmen, für die er sich gegen eine ganze Generation von Psalmen-Kommentatoren verkämpfte – hier und da zu Recht, überwiegend zu Unrecht[72]. Seine Gründe für die ›davidischen‹ Psalmen zeigen eher Ewalds Dichtkunst als die des großen Königs. Ewald glaubte allen Ernstes, »daß je der erhabenste Mensch auch der größte lyrische Dichter seines Volkes werden könne«[73].

Ewald hatte geschichtlichen Sinn und gebrauchte ihn auch, solange ihn nicht die Begeisterung hinwegriß. Über einer schönen Vorstellung konnte er die historische Methode vergessen. In der Auslegung der poetischen Bücher stand er näher bei Herder als bei der heutigen Forschung, aber er

(= IV); Allgemeines über die hebräische Poesie und über das Psalmenbuch, 1839 (= I).
Dichter I/1–III (nachdem Ewald sich zur ›Eindeutschung‹ entschlossen hatte, hier das neu geordnete Werk in seiner letzten Auflage »Die Dichter des Alten Bundes«): Allgemeines über die Hebräische dichtung (im Reihentitel: dichtkunst) und über das Psalmenbuch. Neue Ausarbeitung, 1866 (= I/1); Die Psalmen und die Klaglieder. Dritte ausgabe, 1866 (= I/2); Die Salomonischen Schriften. Zweite ausgabe, 1867 (= II); Das Buch Ijob. Zweite Ausgabe, 1854 (= III).

71 Am 7. 3. 1841 schrieb K. H. Graf an Ed. Reuß: »Was Ewald's Commentar zum Verständnis der Psalmen beigetragen hat, weiß ich nicht; denn weder aus seinem ästhetischen Gesalbader noch aus seinen unästhetischen Übersetzungen läßt sich etwas lernen, und für philologische Erklärung ist gar zu wenig, für Kritik gar nichts gethan« (Eduard Reuss' Briefwechsel mit seinem Schüler und Freunde Karl Heinrich Graf ... hg. von K. Budde und H. J. Holtzmann, 1904, 110). Ewalds Mangel an ›Kritik‹ ist deutlich, für seine kunsttheoretischen Aufstellungen fehlten Graf die inneren Organe.
72 Vgl. Dichter I/2, VI–XIV.
73 Poetische Bücher II, ²1840, 2.

hatte eine innere Nähe zu dieser Literatur, die der neueren Arbeit am philologischen und religionsgeschichtlichen Detail meist fehlt.

In den frühen Tübinger Jahren entstanden seine »Propheten des Alten Bundes«: 1840/41 in zwei, 1867/68 in drei umfangreichen Bänden erschienen[74]. In ihnen sah Wellhausen Ewalds »exegetische Glanzleistung« – mit der ›biographischen‹ Begründung: »Den Propheten war er kongenial und er drang tiefer in ihr Wesen ein, als irgendeiner seiner Vorgänger.«[75] Man kann dieses Urteil mit Ewalds eigenen hermeneutischen Maximen untermauern: »Der Erklärer muß sich also in dieselbe Stimmung und Lage versetzen, in welcher der Dichter oder Prophet den Vorsatz zur schriftlichen Thätigkeit faßte.«[76] Auch in dieser Hinsicht waren Herder und Ewald von derselben Muse geküßt.

Wie über die Dichter schrieb er »Allgemeines über die Propheten des Alten Bundes«[77], die für ihn »helden der göttlichen wahrheit« waren (2): »Der Prophet muß sprechen was sein Gott will und wie er es will. . .; er verschwindet vor seinem Gotte, er kennt und fühlt fast sich selbst nicht mehr« (9). Aber auch dieses Geheimnis des ›Echtprophetischen‹ unterliegt den Bedingungen der Geschichtlichkeit, die einzelnen Propheten sind nur »nach der geschichte« (40–47) darstellbar. In J. G. Eichhorns[78] Spuren gewann Ewald eine in den großen Linien recht sichere Erkenntnis der geschichtlichen Entwicklung der israelitischen Prophetie, und er hielt es für exegetisch unverzichtbar, »das zeitalter oder den verfasser« jedes einzelnen prophetischen Textes in dieser Geschichte »fest zu erkennen« (84). So begriff er das Wesen der Prophetie nicht ohne ihre Geschichte, vielmehr eines aus dem andern.

Diese Einsicht lenkt den Blick auf das nächste Riesenwerk, Ewalds am Ende achtbändige »Geschichte des Volkes Israel bis Christus«, die zur einen Hälfte noch in der Tübinger, zur anderen Hälfte dann in der zweiten Göttinger Zeit erschien[79] und in der 3. bzw. bei den späteren Bänden 2. Auflage (1864–1868; vollständig ins Englische übersetzt) einen Gesamtumfang von ca. 5300 Seiten hat. Mit diesem Werk ist Ewalds bibelwissenschaftlicher Weg also methodisch zu Ende gegangen: von der grammatischen Grundlegung bis zur historiographischen Darstellung, die die bei den historischen Büchern besonders schwierigen Einleitungs-

---

74 Propheten I–III (»Zweite Ausgabe«): I 1867; II 1868; III 1868 (englisch 1875–1881 in fünf Bänden).
75 Wellhausen (wie Anm. 3), 130f.
76 Rez. über E. F. C. Rosenmüller, Jeremiae vaticinia. . ., 1826/27, in: ThStKr 1, 1828, 575–585; 576.
77 Propheten I 1–86.
78 Die hebräischen Propheten, I 1816; II. III 1819.
79 Geschichte I 1843; II 1845; III 1847; IV 1852; V 1855; VI 1858; VII 1859; als Suppl. zu II. III: Die Alterthümer des Volkes Israel, 1848.

fragen umfaßt. Die begrenzte Gültigkeit weiter Partien dieses Werkes ist darum auch forschungsgeschichtlich nur das Natürliche. So ist hier nicht das historische Material zu berühren, sondern Ewalds historische Methode sowie das Ziel des Ganzen anzudeuten.

Dafür ist naturgemäß die den 1. Band beherrschende »Vorbereitung« wichtig, denn sie zeigt, daß Ewald von Anfang an ein christlich-theologisches Verständnis der Geschichte Israels anzielte: »Die Geschichte dieses alten Volkes ist im Grunde die Geschichte der durch alle Stufen bis zur Vollendung sich ausbildenden wahren Religion, welche auf diesem engen Volksgebiete ... sich bis zum höchsten Siege erhebt und endlich in aller Herrlichkeit und Macht sich offenbart, um dann von da aus ... ewiger Besitz und Segen aller Völker zu werden« (9). Man hat Ausdrücke wie »Stufen«, »Entwicklung«, »Vollendung«, die sich schlicht auf die ›Überbietung‹ des Alten Testaments durch das Neue beziehen, zum Anlaß der Erklärung genommen, Ewald bringe »eine neue Variante zur idealistischen Interpretation der Religion«[80]. Aber derlei stand ihm ganz ferne, bildungs- und richtungsmäßig, weshalb er auch im Anschluß an die zitierte Definition auf Ranke anspielen kann, den erklärten Gegner jener Geschichtsphilosophie[81]: Diese Geschichte »mit möglichster Treue so zu beschreiben, wie sie wirklich war, wird ihre beste Empfehlung seyn« (9).

In einem gewaltigen Anlauf (15–258) bereitete Ewald »die Quellen der ältern Geschichte« auf; aber die literarhistorische Analyse war nicht seine Stärke, wogegen ihm im Bereich der Literaturtheorie wieder beachtliche Bestimmungen gelangen, so etwa zum historischen Wert der Sage: »Wir nennen Sage die Erzählung wie sie zunächst entsteht und sich aus ihren Mitteln erhält, ohne an sich selbst zu zweifeln und ihren eignen Inhalt zu untersuchen« (16). »Die Sage wurzelt in Geschichte, ist aber nicht schlechthin Geschichte, sondern hat ... einen Werth für sich ... aber für die strengere Geschichte können wir sie nicht ohne tiefer in ihren geschichtlichen Sinn einzugehen gebrauchen« (58 f.).

In der gesamten Ausführung nimmt Ewald, schlicht gesagt, die Bibel ernst, bis herab zum entlegensten Detail. Er läßt nichts unberücksichtigt und nichts unerklärt. Das Gesamtbild entsteht aus der Leidenschaft zu den Einzelheiten. Seine Beherrschung des Materials bleibt bewundernswert. Jeder heutige Doktorand kann Steine oder ganze Mauerteile aus seinem Gebäude herausbrechen, kaum einer könnte es selber aufbauen. Schon zu Ewalds Zeit beherrschten andere die methodische Kritik besser, keiner aber den Stoff. Wellhausens scharfe Urteile beziehen sich vor allem auf die Behandlung der sog. Einleitungsfragen: »Was ihm fehlte, war die

---

80 H.-J. KRAUS: Geschichte der historisch-kritischen Erforschung des Alten Testaments, ²1969, 201.
81 Vgl. L. PERLITT: Vatke und Wellhausen, 1965, 61 ff.

methodische Kritik: in dieser Hinsicht ist . . . de Wette-Vatke . . . als sein Correctiv anzusehen.«[82] »Aber ich kann doch nicht anerkennen, daß Ewald auch auf diesem Gebiete die Bahn gebrochen und den Weg gewiesen habe. Das haben vielmehr de Wette und Vatke getan; er ist im Gegenteil der große Aufhalter gewesen, der durch seinen autoritativen Einfluß bewirkt hat, daß die bereits vor ihm gewonnene richtige Einsicht in den Gang der israelitischen Geschichte lange Zeit nicht hat durchdringen können.«[83]

Im Herbst 1859 blickte Ewald zurück: »(Ich) schließe nun ein werk an welchem mein geist seit weit über dreißig jahren arbeitete, zu dessen näherer ausführung ich seit fast zwanzig jahren die hand näher anlegte. . .«[84] Im letzten Abschnitt von Geschichte VII, »das ende dieser ganzen geschichte« (437–447), werden noch einmal die religiösen Voraussetzungen und Folgen des Ganzen benannt. Die Geschichte Israels hat einen doppelten Ausgang: im absterbenden Judentum und im aufblühenden Christentum: »In das Christenthum ist nun alles wahre edle und herrliche übergegangen was je in dem alten volke sich höher regte. . .« (438). Das bedeutet »das wahre ende dieser geschichte«, ja ihr »nothwendiges und ewiges ende«, »und nur höchst thöricht sind alle die noch heute fortdauernden meinungen daß jenes damals untergegangene volk je wieder auferstehen und seine geschichte fortsezen werde« (440)[85].

---

82 Wellhausen (wie Anm. 37), 656; vgl. W. M. L. DE WETTE: Lehrbuch der historisch-kritischen Einleitung in die . . . Bücher des alten Testaments, ⁷1852, IX f. (Vorwort zu ⁶1844): »Die Untersuchung der historischen Bücher des A.T. ist in den letzten Jahren sehr gefördert worden. Schade, daß Ewald . . . so viele Vermuthungen aufstellte, die er mit hinreichenden Gründen zu unterstützen unterließ und wohl auch nicht im Stande war.«
83 Wellhausen (wie Anm. 3), 131 f.
84 Geschichte VII, ²1868, IX (Vorrede zu ¹1859).
85 Ewald hat diesem ›Antizionismus‹ erhebliches Gewicht gegeben (vgl. ebd., 442 f.), und was selten geschieht: hier folgt er auch verbreiteter antijüdischer Terminologie: »Sie sind vielmehr wie schlinggewächse die sich an andre und am liebsten an die starken hohen bäume anzulehnen suchen, sie auch wohl überwuchern möchten und ihnen oft licht und luft nehmen, aber nie selbst sich halten noch andre stüzen können« (443). Freilich: »Das Judenthum . . . hat auch noch heute ein recht allem verkehrten Christenthume gegenüber . . .« (445). Ewald sah die Juden selten im Gegensatz zu den Deutschen, meist zu den Christen (vgl. JBw 5, 1853, 324; 6, 1854, 145 f.; 8, 1857, 157; 9, 1858, 103. 263). Gegen eine politische Fehldeutung solcher Auslassungen sei auf eine wirklich politische Bemerkung der späten Jahre hingewiesen: Da stehen für ihn Christen und Juden an derselben Front, »denn in den höchsten Pflichten aller wahren Religion stehen sich diese beiderlei Arten unter uns heute gleich« (Worte an Graf von Bismarck, 1870, 23).

IV.

Damit befestigte Ewald den Anspruch, zu dem er sich allezeit bekannte: Die bibelwissenschaftliche Arbeit geschieht im Geiste und im Dienste des Christentums. Darin ist sein Lebenswerk so eindeutig, daß es schier unbegreiflich bleibt, warum er zu dessen Verteidigung alles tat, was man nicht tut und was zu tun er keinen Anlaß hatte. Davon muß noch vor dem Schritt des Gelehrten in die Tagespolitik die Rede sein, weil er die politische Polemik unablässig mit der religiösen vermischte und so beide unwirksam machte. Wellhausen beschrieb das kurz und bündig: »Mit seiner Überzeugung leuchtete Ewald kräftig um sich. Sie war ihm die Wahrheit, der Gegensatz dazu nicht Irrtum, sondern Lüge. Er kämpfte nicht gegen Dummheit, sondern gegen Bosheit, mehr mit Entrüstung als mit Gründen, auf gelehrtem sowohl als auf öffentlichem Gebiet, gegen Feind und auch gegen Freund.«[86]

Wahrheit und Lüge: für beide bildete Ewald ein Gerüst von sprachlichen Wendungen, eine regelrechte Topik aus, die er tausendfach gebrauchte; und mit den »Jahrbüchern der Biblischen wissenschaft« schuf er sich geradezu eine Privatwaffe für diesen wunderlichen Krieg[87]. Jahr für Jahr ließ er hier an die 300 Seiten bedrucken: zwar auch mit einigen bibelwissenschaftlichen Abhandlungen, vor allem aber mit der jeweiligen »Übersicht der erschienenen werke zur Biblischen wissenschaft«, und d. h., mit den meist vernichtenden Rezensionen, mit Autorenbeschimpfungen sowie mit Klagen über den Zustand der Wissenschaft, des Christentums und Deutschlands. Diese ›Übersichten‹ setzen ein hohes Maß an Lektüre voraus; freilich ließ sich Ewald in aller Regel mehr auf den Autor ein als auf sein Werk. Gelegentlich genügte ihm zur Abfertigung ein einziger Satz: »Eine ganz unnüze schrift.«[88] Zu »Absicht und entwurf dieser zeitschrift« sprach er sich gleich in JBw 1 (1849) 23–26 deutlich aus: Im Kampf gegen »unwissenschaft« und »falsche wissenschaft« will er »die ganze schriftstellerei der gegenwart fortwährend in öffentlicher beurtheilung überwachen« (24). Weder an seiner Begabung noch an seiner Berufung dazu hegte er Zweifel: »Die . . . schriftstellerei über eine wissenschaft richtig zu beurtheilen erfordert eine sichere beherrschung des gesammten faches mit allen nebenfächern und sodann eine unabhängigkeit von allem schulwesen und aller parteinahme. . .« (24). Das Fach beherrschte er, den Verzicht auf Parteinahme konnte und wollte er nie-

---

86 Wellhausen (wie Anm. 3), 134.
87 Vielleicht brauchte er sie wirklich, wie ein unscheinbarer Hinweis zeigt: ». . . und obgleich der damalige herausgeber der Gött. G.A. . . . über solche gedanken und reden fast erschrack daß ich mühe hatte sie dort zu veröffentlichen . . .« (JBw 7, 1855, 98).
88 JBw 3, 1851, 206.

mals leisten[89]. Man wüßte gerne, wer seine ›Beurteilungen‹ kaufte[90]. Die Jahrbücher starben zu Anfang der 60er Jahre im Grunde auch an ihrer polemischen Monotonie.

Wahrheit und Lüge: auf dem Felde der Bibelwissenschaft begann Ewald seinen Kampf schon vor der Erschütterung von 1837. In einer Selbstvergewisserung über die eigene Arbeit vom Dezember 1836, die er in Poetische Bücher IV 246–260 als »Schluß« unterbrachte, erklärte er, die protestantische Wissenschaft habe »ihr Ziel in der Bibel« (246), sie habe darum »über alles Biblische zur unwandelbarsten, festesten Gewißheit zu gelangen« (247). Hier wie später forderte er gegen die »Zweifelsucht« de Wettes: »wer nicht . . . eine unerschütterliche Gewißheit über die Hauptdinge der Bibel und jedes Stückes der Bibel erlangt hat, eine Gewißheit, deren er sich bewußt ist wie seines eignen Seins: der sollte doch nie über ein biblisches Buch . . . etwas schreiben wollen« (260).

Was in der späteren Polemik so abstoßend wirkt, hat in dieser Selbstvergewisserung des 33jährigen seinen Sachgrund. »Die Religion stand für ihn in der Bibel.«[91] Da er sich deren Auslegung zunehmend zur Lebensaufgabe machte, verstand er in biblischen Dingen keinen Spaß, duldete auch keinen Zweifel. Seine Polemik wuchs aus diesem Liebesverhältnis zur Bibel heraus. Da er die biblische »wissenschaft in ihrer strenge und keuschheit wie in ihrer güte und ihrem segen«[92] erfuhr, da sie ihm »gewißheit und festigkeit bereitet(e) – wo alles zu zittern und zu wanken schien«[93], mußte er dieses sein höchstes Gut verteidigen – nahezu gegen jedermann. Sein Werk erschien ihm immer ausschließlicher als Inbegriff

---

89 In JBw 4, 1852, 1 ff. gab er einen ersten Rückblick auf die mehr erhoffte als eingetretene Wirkung der Jahrbücher. In JBw 9, 1858, 294–296 sprach er noch einmal »Über das erste jahrzehend dieser Jahrbücher« – in unveränderter Selbsttäuschung, aber nun nicht ohne eine gewisse Resignation: ». . . so sollte ich längst alle diese mühe und arbeit fortgeworfen haben, hätte mich nicht stets das höhere bewußtsein getragen daß vor allem die Biblische wissenschaft . . . unverdrossen zu schützen sei« (295).

90 Am 9. 7. 1861 schrieb Graf an Reuß: »Ich bekam . . . kürzlich das neuste Heft seiner Jahrbücher zur Ansicht zugeschickt, und blätterte darin so weit ich es konnte ohne aufzuschneiden, denn diese Wische je zu kaufen fällt mir nicht ein« (wie Anm. 71, 477). Schon 1852 hatte Graf geschrieben: »Jämmerlich aber ist es, daß ein Mensch der so viel mit ›Gewäsche‹ und ›Geschreibe‹ um sich wirft, mit seinen geist- und geschmacklosen plumpen Expectorationen sich für den *magister Germaniae* halten darf. Allerdings ist es gut, daß er selbst und allein eine Zeitschrift herausgibt, denn in eine andere würden seine Recensionen doch nicht aufgenommen werden« (ebd., 353).

91 Wellhausen (wie Anm. 3), 129. Auch für den ›spätesten‹ Ewald ist die Bibel »die erkenntnisquelle des Christenthumes« schlechthin und enthält »die nothwendigsten wahrheiten aller wahren religion . . . deutlich und sicher genug« (Die Lehre der Bibel von Gott, 1. Bd.: Die Lehre vom Worte Gottes, 1871, 10).

92 JBw 1, 1849, 21.

93 JBw 7, 1855, 243.

der »ächten wissenschaft«[94], seine Legensaufgabe sah er immer deutlicher, aber auch immer herrischer darin, »Biblische wissenschaft zu ihrem ganzen umfange und ihrer vollen bedeutung zusammenzufassen..., sicherheit und gewißheit überall dá zu gründen wo das meiste zu gefährlich zu schwanken schien, das ächte licht der Biblischen d. i. überhaupt aller wahren religion leuchten zu lassen, aber auch die welt zu dieser gewißheit und zu diesem lichte hinzuführen«[95].

Das dafür unvermeidliche, in der Wissenschaft aber befremdliche missionarische Vokabular gebrauchte Ewald immer selbstverständlicher. Seine exegetische und historische Arbeit erschien ihm als die »ächt Biblische wissenschaft«, als »die bessere wissenschaft«, als »das bessere«, »das vollkommen richtige«, ja als »die wissenschaft« schlechthin. Dieses Vokabular erscheint so ermüdend häufig, daß es der Belege nicht bedarf; wer sie sucht, findet sie z. B. in JBw 7 (1855) penetrant gehäuft.

Für Versuch oder Spiel, für Unischerheit oder Nichtwissen hatte und ließ Ewald keinen Raum. Es machte ihn fassungslos, daß andere Fragen stellten, die er längst beantwortet hatte. Wer ›das Richtige‹ aber überhört, lädt »kaum menschlich vergebbare schuld« auf sich[96]. Schlimmeres noch tun die Verächter seiner Propheten-Auslegung: »Verkennen aber und halsstarrig läugnen daß in diesem werke ein vollkomm sicherer grund ... gelegt sei, scheint mir direkt an die sünde gegen den heil. Geist zu grenzen.«[97] Wo die ›ächt Biblische wissenschaft‹ dermaßen totalitäre Züge annimmt, kann nichts und niemand ungeschoren bleiben. Ewald empfindet sich, jüdisch gesprochen, als Wächter der Thora, sieht sich »fast allein in dieser wissenschaft heute thätig«[98] und ermuntert sich darum selbst zum missionarischen Werk: »Könnte uns aber alles dieses rathen das ganze arbeiten in dieser wissenschaft fortzuwerfen, so muß es vielmehr umgekehrt uns ... treiben alle bisherige mühe nur desto eifriger fortzusezen. Was sich kümmern um ... zeitlichen lohn? wir wünschen nur den ewigen lohn, und sind dessen gewiß.«[99]

Dieses Wahrheitsbewußtsein, mit dem Ewald auch über Beiläufigem das große Feuer entfachte, konnte sich nur in religiöser Sprache artikulieren. So rief er mit prophetischer Attitüde auf zu Besserung und Buße: einzelne Professoren wie ganze Völker. F. Chr. Baur »gebe der wahrheit die ehre und bessere sich mitsamt seiner schule«[100]. Fr. Delitzsch »reinige

---

94 Ebd.
95 JBw 9, 1858, 294.
96 JBw 4, 1852, 94.
97 Propheten III 495.
98 JBw 8, 1857, 273.
99 Ebd., 272.
100 JBw 1, 1849, 185; vgl. 4, 1852, 9.

sich von diesem gerechten urtheile«[101]. H. Hupfeld »möge endlich zur selbsterkenntnis kommen«[102]. K. Fr. Keil sind »wahre besserung und buße« kaum möglich[103]. A. Hilgenfeld muß »ein ganz anderer mensch werden«[104]. Aber auch die Jesuiten »mögen in sich gehen« und »ganz andre menschen werden«[105]. Und selbst die Preußen schulden »eine gründliche Umkehr von dem verkehrten Denken und Thun«; zwar ist für ihre »gründliche Umkehr und Besserung ... noch eine Frist gegeben: aber wie lange wird sie währen?«[106]

Ein Wunder ist es nicht, daß sich Ewald mit dieser Propheten-Imitation der Lächerlichkeit preisgab; und es ist nicht auszudenken, wie sehr diese Sprache, einmal auf das Feld des Politischen übertragen, den Gelehrten im Sprecher in Vergessenheit brachte. Auf die Höhe kam diese Entwicklung erst nach Ewalds Rückkehr nach Göttingen, und so sind hier wieder einige biographische Notizen nachzutragen.

V.

Seine Rückkehr bot er dem hiesigen Minister am 14. 4. 1848 förmlich an: ». . . und als geborener Göttinger fühle ich eine besondere Verpflichtung . . . in dieser veränderten Zeit alles zu thun was ich nach Ehre und Gewissen verantworten kann. Ich nehme daher keinen Umstand Ew. Exc. meine Bereitwilligung zur Rückkehr nach Göttingen zu erklären. . .«[107] Schon am 25. 4. 1848 sprach der Minister »die volle Bereitwilligkeit des h. (= hiesigen) Universitäts-Curatorium's« aus, »Sie in die Verhältnisse zu Göttingen wieder aufzunehmen, welche die Ereignisse des Jahres 1837 so schmerzlich unterbrochen haben«[108]. Ewald bat darum, in die Theologische Fakultät aufgenommen zu werden[109], gewiß nicht nur deshalb, weil sein Lehrstuhl seit 1843 mit seinem Schüler Bertheau besetzt war. Für diesen war Ewalds Rückkehr keine ganz leichte Vorstellung, da er dann »nicht nur dem ausgezeichneten Gelehrten sondern auch dem politisch berühmten und hochgefeierten Mann gegen-

---

101 JBw 5, 1853, 237.
102 Ebd., 262.
103 Ebd., 350.
104 JBw 6, 1854, 117.
105 Die Johanneischen Schriften, 2. Bd.: Johannes' Apokalypse, 1862, 437.
106 Die zwei Wege in Deutschland, 1869, 74. 78.
107 Personalakte (wie Anm. 10), Bl. 62.
108 Ebd., Bl. 67.
109 Ebd., Bl. 69.

überstehen« müßte – mit der kalkulierbaren Folge des Verlustes von Hörern und Einnahmen[110].

Ewald erhielt einen neuen Lehrstuhl in der Philosophischen Fakultät neben Bertheau. Erstaunlicherweise wurde ihm nur sein Gehalt von 1835 (1100 Taler) angeboten[111], und erstaunlicherweise ließ er sich in seiner Antwort vom 11. 6. 1848 darauf ein – nicht ohne allerlei Nebentöne: »In die philosophische Facultät trete ich ansich gern zurück. Sie war in Göttingen immer die Zierde und der Halt der Universität: während in eine theologische Facultät zu gehen in unseren Tagen mehr eine Aufopferung ist.«[112]

Ewald war also nach einer Unterbrechung von beinahe elf Jahren wieder Professor an der Georgia Augusta. Mit den Kollegen beider Fakultäten legte er sich nicht an, gewann unter ihnen aber auch keine Freunde mehr. Seine Kampfrichtung war durch den Haß auf die Tübinger Schule bestimmt, sein Kampfgeist war gewachsen; er forcierte alte Feindschaften, er suchte und fand genug neue. Dabei wurden die Übergänge zwischen dem Theologischen und dem Politischen immer mehr fließend; und da er zuerst auf Theologie und Kirche einzuwirken suchte, ist es gar nicht verwunderlich, daß er 1855 noch einmal den Versuch unternahm, in die Theologische Fakultät zu wechseln. Sein Antrag vom 28. 2. 1855 zeigt, wie er die Lage und sich in ihr einschätzte. Durch den Tod Lückes etc. »würde jezt in der theologischen Facultät ein lehrstuhl für die Alt- und Neutestamentliche Exegese ebenso freistehen als es unmöglich scheint ihn durch einen ruf von außen würdig zu besezen. . . . Die evang. theologie bedarf in jeziger zeit einer aufopfernden thätigkeit wie wohl niemals früher.«[113]

Ewald sah also, wie meist, eine Entscheidungszeit und sich selbst in ihr als den berufenen Mann; die betroffene Fakultät sah die Zeit anders und den Mann differenzierter. Der Dekan I. A. Dorner sprach sich »zu Gunsten einer gnädigen Anerkeñung der Verdienste des Herrn Prof. Ewald« aus und rühmte ihn als einen »Stern erster Größe und eine Autorität«; doch seine vielen und schönen Worte laufen nur darauf hinaus, Ewald solle mehr Geld bekommen, nicht aber Theologe werden[114]. Was die Theologische Fakultät angesichts der Streitsucht Ewalds wirklich wollte,

---

110 Ebd., Bl. 63.
111 Ebd., Bl. 71.
112 Ebd., Bl. 72.
113 Ebd., Bl. 78; vgl. dazu JBw 7, 1855, 236: »Es ist bekannt daß ich 1841 zu Tübingen von der philosophischen in die theologische facultät versezt wurde: .., auf den wunsch der damaligen theol. Facultät selbst; doch trat ich gerne ein, schon damals zu scharf fühlend wie gerne ich der sache Christus' in Deutschland so unmittelbar als möglich dienen . . . solle.«
114 Personalakte (wie Anm. 10), Bl. 79.

faßte der einflußreiche Friedrich Ehrenfeuchter in einen Satz: »Ich gestehe, daß ich es für kein Glück erachten kann, Ewald in unserer Facultät zu sehen.«[115]

In dieser Lage sah sich der zuständige Kuratorialrat A. v. Warnstedt zu einem (ungewöhnlich umfänglichen) »Promemoria«[116] genötigt, in dem er zur Entscheidungsfindung die eingegangenen Voten würdigte und in der Frage der Fakultätszugehörigkeit der Göttinger Orientalisten und Exegeten bis ins 18. Jahrhundert zurückging. Einerseits gilt für ihn der Grundsatz der Gleichbehandlung, andererseits gelten besondere Umstände, wenn »eins der berühmtesten Mitglieder der Universität ... einen Wunsch vorträgt« (87). Es fällt schwer, dieses kluge und universitätsgeschichtlich interessante Dokument hier nur in Zuspitzung auf das Thema zu zitieren. Im Vergleich ausgerechnet mit J. D. Michaelis kommt v. Warnstedt, wohl unter dem Eindruck der Voten aus der Theologischen Fakultät, zunächst zu einem Fehlurteil: Ewald sei »weniger als Michaelis ... theologisch«; in der Tat aber stand Ewald »hinter Michaelis ... an Verständnis für das durch die Verhältnisse Gegebene, an praktischer Einsicht« (89).

Um des Zusammenhangs der Quelle willen sei hier weiterzitiert: »Die eigenthümlichen Fügungen und Führungen des Lebens erklären diese Geistesrichtung von Ewald ... Bis 1837 fast unbekannt mit den äußeren Lebensverhältnissen, nur in seiner Wissenschaft lebend, trafen ihn Ereignisse, welche er als ein schweres Unrecht betrachtete. Er trat plötzlich in ganz neue Verhältnisse, Bitterkeit, Schärfe, auch ein gewisser geistiger Hochmuth hat sich seiner bemächtigt. Er dehnte sein Urtheil über Dinge aus, – und mit dem Gefühl einer Überlegenheit, die er nicht besitzt – zu denen er so gut als fremd ist. Es geschieht dies zum Theil in leidenschaftlicher Sprache, welche nicht einmal überall die Schranken wissenschaftlicher Würde und Dezenz beachtet. ... Es wird daher von einem Einrükken des Professors Ewald in die theol. Facultät abzusehen sein. . .« (89).

»Auf der anderen Seite ist Ewald ein höchst ausgezeichneter Gelehrter... Er hat ... in allen Theilen der civilisierten Welt einen berühmten Namen. Er ist ... tiefgewurzelt in seiner Liebe und Anhänglichkeit an Göttingen ... gegen unklare und übereilte Freiheitsbestrebungen mit großer Entschiedenheit eingenommen. ... König Ernst August's Majestät haben ihm frühere Vorgänge verziehen« (90).

Das vielfarbige Bild, das Ewald um 1855 seiner Universität und der gelehrten Welt bot, dürfte hier zutreffend gemalt sein. Der verdiente Kuratioralrat kannte also seine Pappenheimer genau. Darum beschied er Ewalds Antrag abschlägig, empfahl aber eine Gehaltszulage von minde-

---

115 Ebd., Bl. 82 (Brief vom 21. 4. 1855).
116 Das Folgende ebd., Bl. 87–94 (»Hannover 19 Mai 1855«).

stens 200 Talern (90). Ewald verweigerte die Annahme – in ebender Charakterfestigkeit, die v. Warnstedt selbst ihm testiert hatte[117]. Der arme Kuratorialrat mußte diese Weigerung höhern Orts plausibel machen und fand dafür zauberhafte Formulierungen: »Daß Ewald in vieler Beziehung ein höchst eigenthümlich organisierter Mann ist, habe ich bereits früher entwickelt. Nach dem Maßstab, mit welchem man andere Menschen mißt, darf man ihn nicht messen.«[118]

So stand Göttingen vor Ewald wie Philipp vor Posa: »Anders ... als sonst in Menschenköpfen malt sich in diesem Kopf die Welt.«[119] Er bezahlte sein Anderssein mit immerfort wachsender Isolierung. Seine kritische Kompetenz (in der Grammatik und in der Exegese) diskreditierte er durch inkompetente Kritik (in der Theologie und in der Politik). Obschon er auf den meisten dieser Kampfplätze gleichzeitig stritt und litt, sind die folgenden Abschnitte nach Fronten geordnet: von der Grammatik bis zur Politik.

VI.

Es begann im engsten Fach. Wie er Gesenius noch *post mortem* würdelos beschimpft hatte[120], so degradierte er die meisten Fachkollegen, die älteren wie die jüngeren, die bedeutenden wie die ganz unbedeutenden. Paradigmatisch seien hier die genannt, die keinesfalls durch Ewalds Polemik ›berühmt‹ wurden.

W. M. L. de Wettes (1780–1849) überragende Beiträge zur alttestamentlichen Literaturgeschichte[121] wußte Ewald nie uneingeschränkt zu würdigen, sondern erklärte 1844 schulmeisterlich: »Ich verkenne nicht daß in de Wette ... anfangs eine gewisse geschichtliche Unbefangenheit vorherrsche ... De Wette aber kam vor ewigen Zweifeln zu gar wenigen reinen Erkenntnissen und zerstörte weit mehr als er bauete: auch fehlte ihm ... überhaupt jener breite Grund von Sprach- und Sachkenntnissen, ohne welchen alle sog. Kritik ein schlüpfriger Weg bleibt.«[122] Statt wissenschaftlicher Auseinandersetzung gab Ewald Charakterbilder – so

---

117 Als er auf einen Besuch v. Warnstedts hin das Geld schließlich annahm, erklärte er diesem in einem Privatschreiben, er werde dafür Typen, Handschriften und seltene Bücher für die Universität anschaffen (ebd., Bl. 102).
118 Ebd., Bl. 99.
119 Fr. Schiller, Don Carlos III/10, in: Sämtl. Werke, 2. Bd. (Dramen II), hg. von G. Fricke und H. G. Göpfert, [4]1965, 127.
120 S. o. Anm. 33.
121 R. Smend: Wilhelm Martin Leberecht de Wettes Arbeit am Alten und am Neuen Testament, 1958 (vgl. Register s. v. Ewald).
122 Ewald (wie Anm. 8), XVI; vgl. JBw 8, 1857, 163.

noch kurz vor de Wettes Tode: »Aber wieviel trübes verkehrtes wesen, wieviel falsche zweifelsucht . . . herrscht sogar bei dém manne auf dieser seite den ich stets unter ihnen für den besten gehalten habe, bei de Wette!«[123] Über Konfessionen dieser Art kam Ewald im Blick auf de Wette nie hinaus; nach dessen Tode fühlte er sich zu einer ›abschließenden‹ Würdigung[124] gedrängt: »Wir haben in diesem jahre den verlust de Wette's zu beklagen, . . . der mehr für (die Biblische wissenschaft) gethan als soviele andre Theologen unsrer zeit« (10). »Und dennoch – wie unvollendet und theilweise sogar schädlich wirkend ist wieder das meiste geblieben welches er hier betrieb!« (11)

Ewald lobte niemals uneingeschränkt, aber er tadelte ohne Hemmungen und oft ohne Vernunft, so später auch de Wette[125]. Dabei kam es zu seltsamen Ambivalenzen, mehr in ihm selbst als in der Sache. Im Blick auf Justus Olshausen (1800–1882) läßt sich Ewalds Widersprüchlichkeit in der Konzentration auf ein einziges Jahr demonstrieren. Abgesehen davon, daß er Olshausens Grammatik[126] nicht anerkannte[127], würdigte er dessen Psalmen-Kommentar von 1853 einer unüberbietbar pauschalen Stellungnahme[128], die den Leser zwar mit Olshausens ›Sünden‹, nicht aber mit seinem Werk bekannt macht. So habe Olshausen »von dem wahren zustande der jezigen Biblischen wissenschaft garkeinen deutlichen begriff« (251 f.). Der nicht unberechtigte Einwand gegen Olshausens Ansicht, »die Psalmen seien sogar im großen und ganzen erst aus der Makkabäischen Zeit« (252), wird lediglich mit dem Verweis auf die schon erschienene ›Wahrheit‹ begründet: »Allein es ist als wenn er beinahe muthwillig alle die sehr gewissenhaften untersuchungen . . . übersähe welche ich . . . mitgetheilt habe« (252). Verstünde Olshausen die »strenge keusche auslegung der Bibelworte« wie Ewald selbst (255), so würde er in der Wissenschaft »weniger schaden . . . stiften« (256).

Es war dieser ›Schaden stiftende‹ Schriftsteller, den Ewald im gleichen Jahr 1853 als ordentliches Mitglied der Göttinger Akademie vorschlug[129] und mit dem er »freundschaftlich« korrespondierte[130]. Ambivalenzen: im

---

123 JBw 1, 1849, 19.
124 JBw 2, 1850, 10–14.
125 In JBw 4, 1852, 15 f. fiel er anläßlich der Neuauflage (⁷1852) der Einleitung in das Alte Testament noch einmal undifferenziert über de Wette her: »Sein geist war danach schon damals von aller reinen liebe zur wissenschaft verlassen . . .«
126 Vor allem: Lehrbuch der hebräischen Sprache, 1861.
127 Vgl. Ausführliches Lehrbuch (wie Anm. 21), ⁸1870, XII f. Wellhausen sah Olshausen »in sprachlich-exegetischer Hinsicht« als Ewalds »Correctiv« an (wie Anm. 37, 656).
128 JBw 5, 1853, 250–256.
129 Akten der Akademie, Pers. 12, Bl. 135.
130 Am 26. 11. 1853 beschwor Olshausen Ewalds »freundschaftliche Gesinnungen« in Erwartung der Rezension seiner »Psalmen« (Briefe an Ewald [wie Anm. 15], Bl. 1073).

November 1853 zählte er Olshausen zu den Orientalisten, die in der Bibelwissenschaft »auf gänzlich veraltetem faulem standorte stehen geblieben« sind[131]. Im Januar 1854 diente ihm eine »Nachschrift«[132] nur dazu, Olshausen, der sich gegen Ewalds Kritik gewehrt hatte, auf unbegreifliche Weise mit Schmutz zu bewerfen: »Nach den großen und schweren fehlern welche dieser Bibelerklärer ... begangen und welche ich ... nur aus pflicht ihm erklärte, war es seine pflicht sich ernstlich zu prüfen ... oder schweigend sich zu bessern. ... Statt dessen fühlt sich O. nur beleidigt, und gießt seinen geifer ... aus ... Damit häuft er also nur unrecht auf unrecht ... Hat er alle scham schon soweit abgeworfen daß er den trieb meines handelns nur noch aus krankhaften seelenstimmungen ableiten zu können in die welt hineinschreibt? Ich hoffe und bete daß mein Herr und Gott meinen geist ferner gesund erhalte: Olsh. aber würde sicherlich, lebte er zur zeit der Apostel, einer der kältesten und daher schädlichsten verfolger und kreuziger derselben werden.«

Selbst da, wo Ewald wissenschaftlich im Recht war, etwa im Streit um die makkabäischen Psalmen, setzte er sich mit seiner Maßlosigkeit ins Unrecht. Der Attackierte durfte sich nicht wehren, nur bessern. Mit derselben Rabulistik wandte er sich in den 50er Jahren gegen den frommen, fleißigen und judentumsfreundlichen Exegeten Franz Delitzsch[133] (1813-1890), der Ewald früher mit einer nicht geglückten philologischen Arbeit entgegengetreten war[134]. Kaum hatte Delitzsch seinen oft aufgelegten Genesis-Kommentar (1852; ⁵1887) veröffentlicht, begann Ewald einen Frontalangriff[135], wiederum beinahe ohne Rücksicht auf das ›besprochene‹ Werk. Über die Genesis könne man »oberflächlicher und leichtsinniger leerer und nichtiger« nicht schreiben als Delitzsch (36f.). Dieser sei »weder ein wissenschaftlicher noch auch ein ... frommer mann, ammeisten aber liebt er ... das eitle wortemachen und schwazen... Schon sein erstes ... auf acht neujüdische weise Jeshûrûn genanntes werk ... war eine schwere literarische jugendsünde...« (37)[136]. Er sei »nur zu einer höchst unedeln wuth gegen mich gereizt« (38). »All sein reden bleibt ... wischiwaschi...« (39). Schließlich sprach Ewald vom »blinden führer Delitzsch«[137], der »nichts als ein mittelaltriger Rabbine«[138] und, als Psalmen-Ausleger, ein »christliche(r) heuchler«[139] sei.

---

131 Poetische Bücher III, ²1854, XV.
132 Ebd., XX-XXIII.
133 S. WAGNER: Franz Delitzsch. Leben und Werk, 1978.
134 Sefat Ješurun. Isagoge in Grammaticam et Lexicographiam linguae Hebraicae contra G. Gesenium et H. Ewaldum, 1838.
135 JBw 4, 1852, 36-42.
136 S. o. Anm. 134.
137 JBw 7, 1855, 186; vgl. 4, 1852, 74; 5, 1853, 235-237; 7, 1855, 199.
138 JBw 9, 1858, 158.
139 JBw 10, 1860, 198; vgl. ebd. 194-201.

Delitzsch replizierte nie ›angemessen‹, bemerkte aber in der Vorrede seines Psalmen-Kommentars: Ewalds Psalmen-Kommentar »ist zum dritten Male ins Feld gerückt, mit stolzen Worten alle Mitarbeiter niederschnaubend, um sich allein die Ehre zu geben«[140].

Um den Kreis der von Ewald ›niedergeschnaubten‹ namhaften Exegeten abzuschreiten, seien die Auseinandersetzungen mit Hermann Hupfeld[141] (1796–1866) angedeutet. Diese Fehde hatte Hupfeld selbst vom Zaun gebrochen mit seiner Kritik an der Grammatik des jungen Ewald[142]. Eine wissenschaftliche Auseinandersetzung mit dem in der Pentateuchforschung nicht unbedeutenden Gegner fehlt auch hier. Stattdessen kündigte Ewald schon im Eröffnungsartikel seiner Jahrbücher an: »Es wird schon die zeit kommen das ganze unchristliche wesen der geringen wissenschaft Hupfeld's ausführlich zur rechenschaft zu ziehen.«[143] Zwei Jahre später sprach Ewald von dem »hasse gegen mich«, der Hupfeld »verblendet«, und kündigte wiederum an: »Ich habe lange vór das ganze verhalten eines mannes ausführlich zur rechenschaft zu ziehen den ich ... 1831 meinen freund nannte...«[144] Beiträge von wissenschaftlichem Rang waren unter solchen persönlichen Voraussetzungen nicht zu erwarten. Ewald ließ sich zwar auf einige Arbeiten Hupfelds näher ein[145], verwarf aber dessen Pentateuchforschung[146] im ganzen, subsumierte sie »der de Weteschen zweifelsucht«[147] und erwies sich auch darin als »der große Aufhalter«[148]. Er selbst sah die Sache freilich umgekehrt: »Hupf. ist ... in allen dingen weit hinter den ergebnissen der wissenschaft zurück welche bereits vorliegen«[149] – natürlich in Ewalds Werk.

Zur mehrfach angekündigten Abrechnung mit Hupfeld kam es 1855: zuerst mit dessen »Psalmen«[150], dann, ohne weiteren Vorwand, mit dem Menschen[151] – mit entsprechender Androhung im ersten Satz: »Sofern dieses buch nach der christlichen sittlichkeit zu beurtheilen ist, werde ich

---

140 Fr. Delitzsch: Psalmen, ²1867, zit. nach ⁵1894, IX.
141 Vgl. E. K. A. Riehm: Hermann Hupfeld, 1867.
142 S. o. Anm. 34.
143 JBw 1, 1849, 21.
144 JBw 3, 1851, 279.
145 Vgl. JBw 4, 1852, 131–136; 5, 1853, 239–244.
146 Vgl. nur H. Hupfeld: Die Quellen der Genesis und die Art ihrer Zusammensetzung, 1853.
147 JBw 4, 1852, 132; vgl. 5, 1853, 241 ff.
148 Wellhausen (wie Anm. 3), 131.
149 JBw 5, 1853, 241.
150 H. Hupfeld: Die Psalmen, 1. Bd., 1855 (2. Bd. 1858; 3. Bd. 1860; 4. Bd. 1862). In der Vorrede zum 1. Bd. (XIX–XXII) steht Hupfelds wissenschaftliche und menschliche Kritik an Ewald – auch sie nicht gerade zaghaft.
151 JBw 7, 1855, 137–142. 245–249.

unten... darüber reden« (137). Bestürzend ist schon die flüchtige Kritik an dem gründlichen Kommentar, schlimmer diese für erlaubt oder sogar geboten gehaltene ›sittliche‹ Aburteilung eines Fachkollegen. Hupfeld zeige sich also »überall als ein mann der mit selbsteinbildung und mit dummem hochmuthe wenig anderes als einen höchst engen und dürren verstand unwissenheit und ungeschick verbindet« (138); es ist der »dürre und wüste... kleinlich rechthaberische zum höhern und gewissen sich nicht erhebende sinn welcher ihn... fast überall irreleitet« (140).

Diese Kette von Beleidigungen gehört noch zum ›wissenschaftlichen‹ Teil der Kritik an Hupfeld; der ›sittliche‹ Teil steht im selben Jahrgang unter dem Titel »Über den jezigen mangel an tüchtigen theologen und männern im evangelischen Deutschland« (221–250). »... das alte unrecht gegen mich welches er auf seiner seele hat, verwirrt ihn immer ärger, und statt... endlich zur besonnenheit zu kommen wird er in seinen alten tagen immer unbesonnener ja niederträchtiger« (245). »Hupfeld ist ein kleinlicher bösartiger kopf... Als 1827 meine hebr. Spl. (= Sprachlehre) erschien, sezte er über die ersten bogen derselben in irgendein blatt eine lange recension deren fortsezung aus guten gründen nie erschien...« (246).

Ewald konnte also jene Rezension von 1828 nie vergessen, obwohl er sich dessen hier rühmt, um dem Leser seine Korrespondenz[152] und andere Kontakte mit Hupfeld zu erklären. Zum endgültigen Bruch kam es, nachdem Hupfeld[153] 1841 Ewald in Fragen der Grammatik erneut widersprochen hatte: »Dies ewig wiederholte alte unrecht war mir endlich zuviel...« (247). So ›bewies‹ er Hupfeld Jahr für Jahr in derselben Tonart, daß »alles unrecht... rein auf seiner seite liegt«[154].

Wer Ewalds ganz auf die Sache konzentrierte Psalmen- und Prophetenauslegung liest, versteht nicht, wie dieser Gelehrte sich so tief in den Sumpf der persönlichen Kränkungen verirren konnte. Er beschimpfte auf diese Weise nicht bloß seine ›Feinde‹, sondern ebenso seine ehmaligen Schüler, gleichviel ob er sie für gänzlich unfähig hielt wie Ernst Meier[155]

---

152 Unter den Briefen an Ewald (wie Anm. 15, Bl. 692–694) sind von Hupfeld nur zwei erhalten aus den Jahren 1838/39 (»Lieber Freund...«).
153 H. HUPFELD: Ausführliche hebräische Grammatik. Ersten Theiles erster Abschnitt: Schriftlehre in historischer Entwicklung, 1841 (128 S., mehr nicht erschienen).
154 JBw 9, 1858, 259; vgl. 10, 1860, 202 und Dichter I/2, ³1866, VIII.
155 Meier war 1838 mit Ewald nach Tübingen übergesiedelt, hatte sich dort aber zu Ewalds Entsetzen F. Chr. Baur angeschlossen (vgl. ADB 21, 189–192). Ewald brachte Meiers Entwicklung in der Broschüre »Über die Sittlichkeit und Religion der deutschen Wissenschaft« (1847) an die Öffentlichkeit und verfolgte ihn hinfort mit tiefer Abneigung (vgl. JBw 3, 1851, 213; 5, 1853, 249f.). Er sprach von den »albernen ansichten meines verdorbenen halbschülers E. Meier« (JBw 6, 1854, 102f.; vgl. ebd., 109. 111), dessen Bücher generell für »sudeleien... auf dem gebiete der Biblischen wissenschaft« zu halten seien (JBw 8, 1857, 121).

oder für begabt, aber abtrünnig geworden wie Ferdinand Hitzig[156]. Erklärbar, wenn überhaupt, ist das nur durch Ewalds Wahrheitsanspruch, der Zweifel und Skrupel weder kannte noch erlaubte. Das Richtige überall auf Anhieb getroffen zu haben, bei ihm bleiben zu dürfen, sich auf Vorgänger, Weggenossen und Kritiker in der Sache nicht einlassen zu müssen, war beinahe von Anfang an und gewiß bis zum Ende seine unbeirrbare Überzeugung. Er hatte »gewisse Wahrheiten« schon in der »schöne(n) Zeit« vor 1837 in Göttingen erfaßt[157] und hegte auch später keinen Zweifel daran, daß er »in allen großen hauptsachen jezt nur dieselben einsichten auseinanderseze welche ich ... schon 1825–27 ... vortrug«[158]. So trat er von Anfang an selbst aus der Forschungsgeschichte heraus. Wie sich das selbst in Vorlesungen abspielte, bezeugt Wellhausen nicht ohne Genüßlichkeit: »Auf abweichende Meinungen nahm er überhaupt keine Rücksicht. Zu Anfang nannte und beurteilte er einige neuere Kommentare und bemerkte zum Schluß, nachdem er sie im ganzen abgetan, brauche er sie im einzelnen nicht mehr zu widerlegen: ›ich sage fortan immer gleich das Richtige‹.«[159]

VII.

Beklagte Ewald schon gegenüber den Fachgenossen den Mangel an Sittlichkeit und Christentum in der Bibelwissenschaft, so erst recht und zu keiner wissenschaftlichen Verifizierung genötigt gegenüber der zeitgenössischen Theologie im ganzen. Die Gründe dafür hat er unablässig genannt: Einerseits betrieb er seine ›ächt Biblische wissenschaft‹ nicht l'art pour l'art, andererseits war er belastet durch die Vorstellung einer beina-

---

156 Hitzig, der 1828/29 bei Ewald studiert hatte, widmete diesem 1833 seine Jesaja-Auslegung. Aus den Jahren 1830–1846 ist eine erhebliche Anzahl von Briefen Hitzigs an Ewald erhalten (wie Anm. 15, Bl. 595–642). Mit der Abhandlung »Über das suchen und finden sogenannter Makkabäischer Psalmen« (JBw 6, 1854, 20–32) wandte sich Ewald gegen Hitzigs (und Olshausens) einschlägige Thesen. Hitzig widersprach mit dem Beitrag »Über die Zeitdauer der Hebräischen Psalmenpoesie« (Zürcher Monatsschrift 1856, 436–452), was Ewald erregte (»Mein alter schüler Hitzig versucht hier eine selbstvertheidigung ...«: JBw 8, 1857, 165) und, wie bei Hupfeld, über die »rein wissenschaftliche« Abwehr hinaus das Urteil »über die christliche sittlichkeit Hitzig's« ankündigen ließ (ebd., 166), und das war nicht fein: »Ich habe ... Hitzig zurechtweisen müssen ... Er wird wissen und begreifen daß es nur seine eigne schuld ist welche mich gegen einen alten schüler so zu reden bestimmte. ... Wie er aber in diesem letzten jahre auf meine ... worte über ihn geantwortet hat, darin steht er sittlich tief genug« (ebd., 266f.; vgl. Dichter I/2, VIII–XI).
157 Geschichte I, 1843, VII.
158 Sieben Sendschreiben des Neuen Bundes, 1870, IV.
159 Wellhausen (wie Anm. 3), 120f.; vgl. dazu J. Wellhausen: Prolegomena zur Geschichte Israels, ²1883, VII.

he generellen Verdorbenheit von Theologie und Kirche. So wußte er sich berufen, die Grenzen des Faches zu überschreiten und wie der deuterojesajanische Gottesknecht die Wahrheit in die ›Welt‹ hinauszutragen. Die Heilung aller Schäden, der offenkundigen wie der nur seinen Augen sichtbaren, mutete und traute er allein der Bibelwissenschaft zu: protestantisch im Ansatz und biblisch im Tonfall, denn »in der Vollendung der Exegese und der unumstößlichen Gewißheit über alles Biblische« muß der Protestantismus »seinen eigenen nächsten Beruf erfülle(n)«[160]. Mit apostolischem Schwung erklärte Ewald seine Berufung zum Zeugnis gegen die Vernachlässigung protestantischer Berufspflicht in der »Vorrede« zum Hiob: »Rede ich hier in alle dem zu hart? Ja wahrlich, ich wollte alles redens herzlich gern überhoben seyn. Aber das verderben ist in Deutschland leider nurzu groß und zu verhärtet, durch die schuld auch der theologen und Bibelerklärer, ja man kann mitrecht sagen durch die vorzügliche schuld dieser.«[161]

Die Frage, welches die »finstern mächte« seien, »welche in unsern tagen das ächte Christenthum . . . zerstören . . . und zugleich die kraft des Deutschen volkes vollends zerbrechen wollen«[162], läßt sich mit einem Begriffspaar beantworten, das Ewald sich einfallen ließ: Das Verderben kommt zur ›Rechten‹ von den »unfreien«, zur ›Linken‹ von den »übelfreien«, und Ewald dankte Gott, »daß er ihm nicht bloß einen sondern zwei arme gab nach beiden entgegengesezten seiten hin zu kämpfen«[163].

Die ›Unfreien‹ sind die Frömmler und Heuchler, die vor dem historischen Zugriff der ›ächt Biblischen wissenschaft‹ Angst haben; es ist die »schule der Übergläubigen und daher Ungeschichtlichen«[164]. Ihre Zentren hat sie in Dorpat, Leipzig oder Erlangen, zur Hauptsache aber in Berlin. Ihre Namen sind Legion, der prominenteste ist der des Berliner Alttestamentlers (seit 1826) Ernst Wilhelm Hengstenberg[165] (1802– 1869). In ihm griff Ewald nie nur den Exegeten an, sondern immer auch den kirchlich und staatlich einflußreichen Theologen, den Herausgeber der Evangelischen Kirchen-Zeitung, den Repräsentanten der »Berlinisch-christliche(n) heuchelei mit ihrer furchtbaren verkennung alles wahren und ihrer schimpflichen unwissenheit«[166].

Ewald kämpfte also nach dieser Seite hin gegen den Fundamentalismus und für »die freieste wissenschaft, sofern sie . . . die ammeisten christliche

---

160 Poetische Bücher IV, 1837, 257.
161 Dichter III, ²1854, VII–XXIII; XIX.
162 Geschichte VII, ²1868, XI.
163 JBw 8, 1857, 265.
164 JBw 12, 1865, 44.
165 Vgl. J. BACHMANN: E. W. Hengstenberg, I 1876; II 1880; zuletzt: J. C. TAYLOR: E. W. Hengstenberg as Old Testament Exegete, Diss.phil. Yale University 1966 (388 pp.).
166 Dichter III, ²1854, XVIII.

ist«[167]. Hengstenberg erkor er sich zum Prügelknapen auf Dauer. Schon in den 40er Jahren mißfiel ihm die politische Richtung der »Unevangelischen K.Z. eines Hengstenberg's«[168], schon damals setzte er dessen Namen zur Kennzeichnung der ganzen Richtung in den Repräsentativplural: Es sind »die ganz rohen ungeschichtlichen . . . Meinungen welche unsere Hengstenberge über die Bibel in Bewegung sezen«[169]. »Hr. Hengstenberg kann es nicht übel deuten, daß man seinen Namen so gebrauche«, da er selbst das »Parteiwesen« fördert[170]. Darum die Verwünschung: »O stehet wieder auf ihr alten propheten und gottesmänner, und werfet diese Hengstenbergischen schriftgelehrten wohin sie gehören!«[171] Selbst Hengstenbergs langweiligen Psalmen-Kommentar[172] nahm Ewald zum Anlaß für seine Sottisen: Das Werk leide »an einer sehr unsichern sprachlichen kenntnis und kunst«[173]; dahinter steht ein tieferer Mangel: »ein schein von christenthum, inderthat gar kein wahres ächtes christenthum.«[174] »Nur zwei triebe beseelen ihn: einmal die einbildung er verehre Christus und die Bibel besser als die meisten andern gelehrten dieser zeit...; und zweitens die sucht gegen die ›Rationalisten‹ zu schreien. . .«[175]

Neben den »Bibelverächtern« (der Tübinger Schule) stehen für Ewald also »unsre Hengstenberge« als »Bibelverdreher«, so daß Hengstenberg von den Tübingern »nur örtlich, nicht geistig weit absteht«[176]. So bedauert Ewald »die Universität Berlin welche einen solchen aller wissenschaft ebenso wie aller wahren religion ins gesicht schlagenden mann als ihr theologisches glied und haupt ertragen muß«[177], der doch längst »einer vergangenen zeit« angehört[178].

Das also sind die ›Unfreien‹; ihnen begegnete Ewald überwiegend mit Verachtung. Den ›Übelfreien‹ aber begegnet er mit offenem Haß. Ihr Haupt und Inbegriff des ›Tübingischen Unwesens‹ war Ferdinand Christian Baur (1792–1860), von dessen Werk und Bedeutung hier schlechter-

---

167 JBw 2, 1850, 15.
168 Geschichte II, 1845, X.
169 Ebd., XII.
170 Geschichte III/1, 1847, VI mit Fußnote.
171 JBw 1, 1849, 42.
172 Commentar über die Psalmen: I 1842; II 1843; III 1844; IV/1 1845; IV/2 1847; hier: I ^{2}1849.
173 JBw 2, 1850, 64–69; 64. Vgl. Wellhausens Bemerkung: ». . . und auch Hengstenberg, kein schlechter Philologe, unterwarf sich unbedingt seiner (= Ewalds) grammatischen Autorität« (wie Anm. 3, 126).
174 JBw 2, 1850, 68f.
175 Ebd., 105.
176 Ebd., 108. 110; vgl. JBw 3, 1851, 285; 4, 1852, 131; 5, 1853, 260. 350f.; 6, 1854, 96. 147.
177 JBw 7, 1855, 131; vgl. 10, 1860, 184.
178 Dichter I/2, ^{3}1866, XIII; vgl. Dichter I/1, ^{3}1866, 239 und Geschichte VIII, ^{2}1868, XV.

dings kein Begriff gegeben werden kann. Natürlich war dieser Haß gegen den Fakultätskollegen in den Tübinger Jahren angewachsen; zum Ausbruch kam er indes erst nach Ewalds Ausscheiden aus der dortigen Fakultät, ergoß sich dann aber bis in alle Verästelungen über jene ›Schule des Verderbens‹, zu der Ewald vornehmlich auch Baurs »Lehrerschüler« David Friedrich Strauß (1808–1874) zählte. Im Grunde war es ein Kampf um das Neue Testament, das jene von der Dogmengeschichte her zu verstehen suchten, während Ewald es »als die echte Fortsetzung und als die Krone des Alten« verstand: »Sie faßten die Aufgabe von hinten an, er von vorne.«[179]

In den dabei unvermeidbaren (geschichts)philosophischen Fragen war er den Tübingern hoffnungslos unterlegen, im historiographischen Ausziehen der gesamtbiblischen Linie dagegen war er ihnen überlegen[180]. Um dem Streit gewachsen zu sein, widmete er sich hinfort der Exegese des Neuen Testaments, führte den Streit dann aber doch in der Breite des ›Weltanschaulichen‹, wohin er zum nicht geringen Teile auch gehörte. Zunächst schrieb er sich die Seele mit zwei Broschüren frei: von Tübingen aus 1847 nur andeutend »Über die Sittlichkeit und Religion der deutschen Wissenschaft«, deutlich dann 1848 mit »H. Ewald über seinen Weggang von der Universität Tübingen«[181]. Von da ab entlud er bis ans Lebensende seinen Zorn über die »Atheisten-Schule in Tübingen«[182].

Im ersten Teil der über mehrere Jahrbücher sich erstreckenden Abhandlung über »Ursprung und wesen der Evangelien«[183], also am thematisch richtigen Ort, begann er die Auseinandersetzung mit dem »treiben der falschen Philosophen« (114), freilich sehr auf seine Weise: »Es kann hier aber garnicht die absicht seyn mit einer widerlegung der einzelnheiten ... zu beginnen« (116)! Stattdessen deklariert er hier wie dann unzählige Male, daß die Tübinger Schule »jede grenze sogar der niedern sittlichkeit in der wissenschaft überschreite(t)«[184]. In dieser Weise argumentiert er nicht exegetisch, sondern beschwört den Schrecken und den Niedergang. Baur ließ sich nicht zur »besserung« rufen, nur das »eitle reden ist sein: Gott verzeihe es ihm!«[185] »Welches schauderhafte bild gibt

---

179 Wellhausen (wie Anm. 3), 132. 134.
180 Nach Franz Overbeck hatte Baur als Historiker »einen viel zu steifen Nacken, und mit ihm schrieb er die Geschichte seiner Gegenwart«: »Ihm war darum zu tun, die Gegenwart darzustellen, die er wirklich lebte und erlebte, was er in Hinsicht auf die Vergangenheit zu können gar nicht prätendierte ...« (Christentum und Kultur, aus dem Nachlaß hg. von C. A. Bernoulli, 1963, 180f.).
181 In JBw 2, 1850, 21 heißt es: »Ich lege ganz vorzüglich auch infolge seines (= Baurs) wesens und treibens mein amt in Tübingen nieder.« Vgl. JBw 1, 1849, 183.
182 JBw 1, 1849, 15.
183 Ebd., 113–154.
184 JBw 2, 1850, 16–24; 16.
185 Ebd., 16f.

das sogenannte gelehrte treiben und wesen dieses ersten professors der ev. theologie und frühpredigers zu St. Georg...«[186]; »hr Baur ist eben ... weder ein christ ... noch einer der bessern Heiden; er ist einer von den Literaturjuden, dieser jezigen pest unseres armen Deutschlands«; »der ganze Strauß-Baur'sche sturm (ist) nichts als ein ausbruch ... viehischer wildheit«[187].

Baurs ›Besserung‹ hätte Ewald um ein Lebensthema gebracht! Gelegentlich gab er sich der Hoffnung hin, die »übelfreien« seien »hinreichend abgefertigt«, »ihr baum ist in der wurzel getroffen«[188], nicht zuletzt durch seine Axthiebe[189]. Als Polemiker gab sich Ewald nur Blößen; den Waffen des Exegeten und Historikers traute er immer weniger, sondern betrieb, da die Tübinger »mit stumpf und stiel ausgerottet werden« müssen[190], eine regelrechte Teufelsaustreibung, denn die theologische Forschung ist durch »Strauß-Baur« von einem »wahrhaft Satanischen geiste« ergriffen[191]. Man muß »diese giftige schlange ... bekämpfen«[192] – oder mit Bildwechsel zum ›klassischen‹ Teufel: Baurs Tun ist so niederträchtig, daß »der pferdefuß des Atheisten ... deutlich hervorsieht« bzw. »vor aller welt ... hoch emporgehoben« erscheint[193]. Am schönsten aber ist die Vorstellung, daß »der Tübingische Baur mit seinem schwarzen schweife« wedelt[194].

Der Leser ringt nach frischer Luft bei soviel Teufelsgestank; aber es ist in diesem Milieu nur konsequent, wenn Ewald kurz »nach Baur's tode« diesem nachruft: »Niemand verläßt Gott und ... Christus in beiden welten ungestraft: weiter hat nun die Tübingische schule ... nichts lehren können.«[195] Aber mit Baurs Tode war der Spuk nicht vorbei, denn nun kämpft Ewald gegen die »von ihm selbst verführten schwachsinnigen schüler«[196]: die fachlich nahestehenden wie Adolf Hilgenfeld[197] oder die

---

186 Ebd., 19.
187 Ebd., 21. 23. Als »wahrhaft viehischer denker« wird auch L. Feuerbach bezeichnet (JBw 3, 1851, 282; vgl. 9, 1858, 271).
188 JBw 6, 1854, 126; so auch 8, 1857, 128. 214f., so noch in: Sieben Sendschreiben des Neuen Bundes, 1870, XIII. XVI.
189 JBw 10, 1860, 129.
190 Ebd., 259.
191 JBw 5, 1853, 267; vgl. 6, 1854, 116 »das Satanische wesen der Theo-Philosophie« Baurs.
192 JBw 3, 1851, 282; vgl. »ein schlangenartiges sich winden« auch von D. Fr. Strauß (JBw 7, 1855, 235).
193 JBw 2, 1850, 18. 20.
194 JBw 6, 1854, 151.
195 Die Johanneischen Schriften, 2. Bd., 1862, IXf.
196 JBw 7, 1855, 238.
197 Hilgenfeld ist »ein durch ... Baur verdorbener theologe«, ein »oberflächlicher theologischer schreiber«, der sich »noch nicht gründlich gebessert« hat (JBw 1852, 105f.). Er ist »ein voller aber zugleich ein schwacher und gleichsam hin und her zappelnder

Ewald unter jedem Betracht fernstehenden wie D. Fr. Strauß[198]. Noch in seinem Todesjahr benutzte er die Gelegenheit einer Rezension, um »den ganzen entsetzlichen Schaden . . . welchen die Strauß-Baur'sche Afterwissenschaft uns Deutschen über die Köpfe und Füße gebracht hat«, zu benennen[199], und gegen Strauß machte er sich, in tiefer Ahnungslosigkeit nach jedem Strohhalm greifend, ausgerechnet Nietzsche zum Bundesgenossen[200] seines Hasses auf die Verderber der evangelischen Theologie und des deutschen Volkes.

Im Heraustreten aus diesem Dunstkreis begreift man, warum Wellhausen unter ein Photo des alten Ewald den Satz über Ismael aus Gen. 16,12 schrieb: »Seine Hand gegen Jedermann und Jedermanns Hand gegen ihn.«[201] Jedermanns Hand gegen ihn: Das war nun die Kehrseite – und wie peinlich empfindlich war Ewald gegen Kritik! Aber die Folgen seiner Raserei gegen alle wirklichen oder vermeintlichen Übeltäter konnten ja nicht ausbleiben. Sein Erstaunen darüber, sein Klagen und Lamentieren berührt gleichermaßen tragische wie komische Seiten.

Er selbst war ja tief überzeugt davon, nicht nur die Wahrheit zu lieben, sondern auch den Streit zu hassen[202]. Diese Überzeugung konnte er zur großen Konfession ausbauen: »Von mir aber kann jeder wissen daß ich weder im bürgerlichen noch im gelehrten . . . leben jemals streit und zank gemacht . . . habe. . . . Nur wo nicht ich . . . sondern wo die wahrheit selbst mir zu sehr verkannt und leidend schien, fand ich keine ruhe.«[203]

Baur'ischer mann« (JBw 6, 1854, 116f.), Baurs »dienstbarer geist« (JBw 7, 1855, 197). In der Sache ist das alles Unsinn, den sich Hilgenfeld auch nicht immer gefallen ließ.

198 »Der Ludwigsburger Strauß verbreitet noch immer . . . jene unwahre religion welche wo sie herrschend wird der tod jedes volkes werden muß« (JBw 10, 1860, 131; vgl. Die Johanneischen Schriften, 2. Bd., 1862, X; Dichter I/2, ³1866, IX).

199 GGA 1875, I 117.

200 FR. NIETZSCHE: Unzeitgemäße Betrachtungen, 1. Stück: David Strauß der Bekenner und der Schriftsteller, 1873; vgl. dazu im Rückblick: Werke, hg. von K. Schlechta, 2. Bd., 1966, 1114: (Strauß), »den ich als Typus eines deutschen Bildungsphilisters«, »als Verfasser seines Bierbank-Evangeliums vom ›alten und neuen Glauben‹ lächerlich gemacht hatte«. Ewald triumphierte über diesen Angriff: »Eine höchst salzige und wohlgepfefferte aber weder übergesalzte und ungesunde noch wie wir hoffen können unwirksame Schrift. . . . Die Afterschule ist eben auch durch diese Schrift für unsre Zeit vorläufig abgethan« (GGA 1875, I 119f.). Darüber wieder amüsierte sich mit guten Gründen Nietzsche: »Unbedingt für mich entschieden sich nur einige alte Herrn, aus gemischten und zum Teil unausfindlichen Gründen. Darunter Ewald in Göttingen, der zu verstehen gab, mein Attentat sei für Strauß tödlich abgelaufen« (ebd.).

201 Zur Hälfte kann er das Zitat bei Bertheau gelesen haben: »Der Verkehr mit älteren Fachgenossen hörte fast ganz auf. Seine Hand war wider alle« (Bertheau [wie Anm. 1], 444).

202 Vgl. JBw 4, 1852, 12; Poetische Bücher IV 255; Von morgenländischer Sprachenvergleichung in Deutschland, ZKM 5, 1844, 427.

203 JBw 7, 1855, 250; vgl. Sprachenvergleichung (wie Anm. 202), 436.

Mehr noch: ». . . . wenn ein Mann von Einsicht und Gewissen in allem das gerade Entgegengesezte meiner Ansichten klar bewiesen vorbrächte und ich vielleicht menschlich mich tief gebeugt fühlte, o wie würde doch mein Geist ihm freudig entgegenkommen und willig von sich werfen eine ganze weite Kette des bisherigen Irrthums.«[204] Natürlich kam ein solcher Mann nie – aber es ist wahrscheinlich, daß Ewald solche Sätze selber glaubte, als er sie mit rhetorischem Schwung niederschrieb. Den Zeitgenossen dagegen galt er als ein Ausbund der Aggressivität und der angemaßten Autorität. Einige von ihnen wußten sich zu wehren.

Baur »sagt ich rede wie ein papst« und zeigt damit nur, wie Ewald hilflos anmerkt, »daß er . . . nochnichteinmal weiß was ein papst sei«[205]. Andere verhöhnten Ewald, er halte sich für »infallibel«[206]. J. H. Kurtz schrieb ihm eine »als allwissend und infallibel auftretende Kritik« zu[207]. »Pfarrer Vaihinger« schrieb zu Ewalds Grammatik sogar, »es bedürfe keines Dictators in der gelehrten welt, wo einzig nur gründe gelten«[208]. Über die Art, »wie Ewald in seinem unbeholfenen Stile über alles was nicht er selber ist den Stab bricht«, amüsierte sich K. H. Graf[209]; er nannte Hengstenberg und Ewald »die Unfehlbaren«[210]. Für Delitzsch waren »die diktatorische Zuversichtlichkeit seiner Kritik, das falsche oft nebulose Pathos und die durchgehende Identificierung seiner Meinungen mit der Wahrheit selber« nur ärgerlich[211].

Am gräßlichsten ist Hupfelds Abrechnung mit Ewald in der Vorrede zu seinen »Psalmen«[212] von 1855: Es fehle ihm »vor allen Dingen an aller Selbstkritik«, »weil ihm alles was sich ihm darbietet gleich sicher wie eine Offenbarung ist« (XIX). »Daher endlich sein maßloser Dünkel, der sich einbildet in seinen zahlreichen Schriften lauter unumstößliche Wahrheit offenbart zu haben, und weil er . . . öfters auch Widerspruch gefunden hat, sich nicht entblödet dies der Feindschaft gegen die Wahrheit zuzuschreiben, und seine Zeitgenossen geradezu zu beschuldigen daß sie, nachdem ›das Licht erschienen war, die Finsternis lieber haben als das Licht‹; und so seit Jahren mit aller Welt nachgerade so zerfallen u. in eine solche tolle Wuth geraten ist, daß er sich längst das traurige Privilegium der sittlichen ›Unzurechnungsfähigkeit‹ erworben hat« (XX).

204 Über den gegenwärtigen Zustand. . . (wie Anm. 8), XX.
205 JBw 3, 1851, 284.
206 JBw 5, 1853, 270.
207 Ebd., 286f.
208 JBw 10, 1860, 150f.
209 Brief vom 25. 12. 1849 (wie Anm. 71, 304).
210 Brief vom Dezember 1860 (ebd., 471).
211 Fr. Delitzsch: Jesaja, ¹1866, zit. nach ⁴1889, 32; vgl. auch den Brief vom 7. 1. 1872 bei E. Kappeler: Conrad von Orelli, 1916, 277.
212 Hupfeld (wie Anm. 150), XIX–XXII.

Mit solchen Prädikaten mußte Ewald noch zwanzig Jahre leben. Sie erschienen ihm nicht nur ungerecht, sondern ganz unverständlich. Darum brach er in gereizte Entgegnungen oder in Wehleidigkeit und Klage aus, meist in ein Gemisch aus beiden[213]. Etwas anderes als ein »hassen verlästern und verdächtigen der sie bedrängenden reinen unschuldigen wissenschaft«[214] konnte er in solchen Angriffen nicht erkennen. Seine Reaktionen waren so peinlich wie komisch. Noch 1868 erregte er sich in einer »Nachschrift« zu Propheten III über einen »namenlose(n) W. E.«: Er »sezt . . . in einem ebenso übelriechenden als weitläufigen geschmiere über den ersten band dieses werkes seine frechheit fort . . . Alle und jede schaam wird . . . abgeworfen, zulezt aber, weil das gewissen doch vielleicht noch etwas puppern will. . ., der gemachte gestank wo möglich ein bißchen wieder zugedeckt« (491). So zog er auch eine Bemerkung des alten Friedrich Lücke schlicht auf sich[215] und verfolgte Attacken bis in das literarische Unterholz: Artikel in den »Grenzboten«[216] oder in der »Weser Ztg«[217] waren ihm Entgegnungen wert.

Aber auch Paul de Lagarde (1827–1891), sein Lehrstuhl-Nachfolger, schrieb seiner Braut schon 1851 aus Göttingen, Ewald sei offensichtlich »der Meinung, daß sittlich und Ewaldianer sein dasselbe ist«[218]; so erschien er ihm als »ein grundwunderlicher Heiliger«[219]. Obgleich Lagarde sich ihm anfangs devot genähert hatte[220], heißt es später: »Was Ewald Bleibendes geleistet – und es ist nicht viel –, hat er durch Instinkt gefunden, nicht durch Wissenschaft.«[221] Gegen diese Abgeschmacktheit mußte sich Ewald nicht mehr zur Wehr setzen, aber den Verlust selbst seiner treuesten Schüler hat er noch in hohem Alter eher gefördert als verhindert, wie der ›Abschiedsbrief‹ von Theodor Nöldeke vom 4. 10. 1869 bezeugt: »Sie können sich nun einmal nicht von dem unglückseligen Glauben losmachen, daß wenigstens jede bewußte Abweichung von Ihren wissenschaftlichen Ansichten . . . auf sittlichen Fehlern beruhe . . .

---

213 Dillmann (wie Anm. 1, 441 f.) urteilt wohl richtig: »Aber daß diese Kämpfe theilweise sich so erbittert gestalteten . . ., davon trägt doch er selbst den größeren Theil der Schuld. . . .führte er seine Streite oft genug in beleidigendem Tone und herrischer Vornehmheit, zumal wo er die Ebenbürtigkeit oder gar Überlegenheit eines Gegners hätte anerkennen sollen.«
214 JBw 6, 1854, 117; vgl. 5, 1853, 332 f.
215 JBw 5, 1853, 280.
216 JBw 8, 1857, 271, Fußnote 1.
217 Ebd., 270, Fußnote 2.
218 Brief vom 1. 10. 1851, in: Paul de Lagarde. Erinnerungen aus seinem Leben für die Freunde zusammengestellt von Anna de Lagarde, 1894, 20.
219 Ebd., 21 (Brief vom 5. 10. 1851).
220 Vgl. Briefe an Ewald, hg. von R. Fick und G. v. Selle, 1932, 117–125.
221 Übersicht über die im Aramäischen, Arabischen und Hebräischen übliche Bildung der Nomina, Abh. d. Ges. d. Wiss. in Göttingen 35, 1889, 2 f.

Ich werde nie und nimmer aufhören, Sie als bahnbrechenden Forscher und als meinen hauptsächlichen Lehrer zu verehren; . . . aber ich muß mir die volle Freiheit vorbehalten, meine ehrliche wissenschaftliche Überzeugung unbehindert von persönlichen Rücksichten auszusprechen.«[222]

Daß Ewald sich »durch die Überspitzung des Sittlichkeitsbegriffes ... fast zu einer Karikatur herabwürdigte«[223], war auch der Eindruck, den Franz Overbeck, 1857–1859 Student in Göttingen, vom akademischen Lehrer Ewald mit seinem »eintönige(n) Prophetenpathos« gewann[224]. Der Lächerlichkeit preisgegeben war Ewald aber auch in der gelehrten Welt; von Szenen auf Kongressen erzählt K. H. Graf: »In Scherz und Ernst wurden ihm dabei allerlei derbe Wahrheiten gesagt, und er mußte wohl bemerken daß der Götternimbus in dem er in selbstgefälliger Eitelkeit hoch über den Sterblichen zu wandeln glaubte, eben bloß in seiner Einbildung existirte.«[225]

Diese Tragikomödie seines Lebens macht die Frage unvermeidlich, auf welches Gehör der Gelehrte in der Politik überhaupt rechnen durfte. Konnte der quälende Dissens zwischen seinem Werk und seinem Dauergeschwätz, wie ihn der hannoversche Kurator hatte aktenkundig werden lassen, irgendjemandem verborgen geblieben sein? Hatte der Professor, der einerseits jedermann verletzte und andererseits von peinlicher Verletzbarkeit war, überhaupt die Chance, in der Politik etwas anderes aufzuführen als dasselbe Trauerspiel?

VIII.

Dieser Gelehrte hatte in der Politik zwei, drei Melodien, die er über zwanzig, dreißig Jahre hin pfiff – und man kann noch nicht einmal sagen: mit Variationen. Darum ist es durchaus erläßlich, diese politischen Themen hier zu ihrem eigenen historischen Recht kommen zu lassen.

Das erste dieser Themen, ein bärbeißiger Antikatholizismus, bildet gewissermaßen die Brücke vom Theologischen zum Politischen. Ewald sah Deutschland – über die Jahrhunderte hin, aber in der Gegenwart dramatisch zugespitzt – im Würgegriff der vatikanischen Politik. Sein Affront begann in den 30er Jahren und steigerte sich bis gegen Ende der 60er Jahre ins Maßlose; aber worin war er nicht maßlos?

In der ersten greifbaren Äußerung klagt er: »an Exegese z. B. ist jetzt dort nicht mehr zu denken, und als Christen gelten wir drüben schon

---

222 Nöldeke (wie Anm. 220), 188; vgl. ebd. Fußnote 4 zu den Gründen.
223 G. v. Selle: Die Georg-August-Universität zu Göttingen, 1937, 271.
224 Selbstbekenntnisse (Sammlung Insel 31), 1966, 98f.
225 Brief vom 3. 11. 1844 (wie Anm. 71, 210; vgl. ebd., 471. 477).

lange nicht mehr.«[226] Daß »in Päpstlicher kirche keine wissenschaft möglich« ist[227] und das Papsttum den »untergang aller wissenschaft und alles Christenthumes« bedeutet[228], galt ihm als ausgemacht. Die Klagen über den Mangel an Bibelwissenschaft erscheinen nicht selten als Aufhänger oder Vorwände für die politische Einschätzung. Schon 1845 stand ihm fest, daß das deutsche Volk im Mittelalter »einem Löwen gleich das weltliche Rom gestürzt« habe, um »der Esel des geistlichen zu werden«[229]. Daß die »Päpstlichen« also »Deutschland endlich vollkommen verrathen und zerstören wollen, war mir schon vor 20 bis 30 jahren kein räthsel mehr«[230].

So konfrontierte Ewald im Eröffnungsaufsatz seiner Jahrbücher die Öffentlichkeit mit der albernen, aber programmatischen Frage: »wann wird der Papst ein Christ?«[231] Diese Frage war möglich im Windschatten einer Professorenfreiheit, die um Gründe und Folgen nicht besorgt sein mußte. Im Frühjahr 1852 holte er zum großen theatralischen Schlag aus: Er richtete, natürlich in seinen Jahrbüchern, ein 20seitiges Schreiben »An den fürsten von Rom«[232], insgesamt ein religiös gestimmtes Dokument politischer Einfalt. Gleich der unnachahmliche Anfang zeigt, wie Ewald das Politische traktierte und – wirkungslos machte: »Wenn Ihr, jetzt Pio Nono genannt, bloß einer der übrigen Italischen fürsten wäret, so würde ich Euch völlig in ruhe lassen... Aber sofern Ihr... wenigstens selbst Christ seyn wollt, .. habe ich zu Euch über die gewichtigsten dinge zu reden...« (163). Sachkundig war Ewald in der Bibelwissenschaft, und nur in ihr; so bietet er dem Papst, der schon seiner »amtlichen stellung nach ein bloßer Scheinchrist seyn« muß (177), seine exegetische Hilfe an – nicht ohne Drohungen am Ende: »Ihr trefft jetzt nicht éinen, Ihr trefft Millionen Luther unter uns; und treibt Ihr's ... zu offenem kriege und blut, so hoffe ich der geist wird uns in der heißesten versuchung am wenigsten verlassen« (181).

Zunächst natürlich: Briefe, die ihn nie erreichten! Sodann aber ist das alles so ohne Maß und Sinn, daß der erwünschte Leser bestenfalls von der Komik hätte berührt sein können. Ewald aber kam nun erst richtig in Schwung und veröffentlichte 1854 als Separatdruck das Sendschreiben »An die Deutschen Bischöfe und Erzbischöfe Päpstlichen Glaubens«,

---

226 Poetische Bücher IV, 1837, 256.
227 JBw 9, 1858, 173.
228 JBw 3, 1851, 187.
229 Geschichte II, 1845, VI.
230 Poetische Bücher III, ²1854, XIX.
231 JBw 1, 1849, 12.
232 JBw 4, 1852, 163–184. Im selben Atemzug und Jahrbuch schrieb Ewald »An die Deutschen« (184–210) und »An die Evangelische Geistlichkeit Deutschlands« (210–225).

dem er in den Jahrbüchern dann eine ganze Serie folgen ließ[233]. Gleich im ersten Schreiben ist er wieder bei seinem Hauptvorwurf: »Ihr wollt die gnadenlose vertilgung des Protestantismus...« (10). Aber kein »unverdorbener Deutscher mann wird Euch folgen, und lieber wird jeder ... sein leben lassen als auchnur von ferne Euern zumuthungen und forderungen nachgeben« (20).

Worum es Ewald im Kern ging, zeigt die Doppelfrage: »Wollt Ihr wirklich Christen, und als Christen wirklich Deutsche seyn?«[234] Auf dieser Verquickung des religiösen Anliegens mit dem nationalen beruht sein politisches Denken, darum ist sein Antikatholizismus begreifbar in der Alternative »Rom lieben« oder »wahre vaterlandsliebe«[235]. Daraus erklärt sich die ungeheure Emphase am Ende des letzten Sendschreibens: »Nun wohl, es sei! hier ist fürjezt mein letztes wort an Euch. ... solange ein athem ist in diesem meinem sterblichen leibe, werdet Ihr so Gott will mich in dem unausweichlichen kampfe nie wanken sehen.«[236]

Dieser ganz unpolitischen Kampfansage entspricht in den Sendschreiben die Geschichte einer unglücklichen Liebe: Als ob er ernsthaft mit einer Antwort gerechnet habe, klagt er unausgesetzt über das Schweigen der Adressaten[237], um am Ende das monologische Trauerspiel selbst zu kennzeichnen: »Ich stehe jezt am beginne des fünften aufzuges dieses öffentlichen schauspiels: aber Ihr lasset mich auch diesen fünften ... aufzug ... allein vollenden und vor Euch als stummen zuschauern ...«[238] Was sich hier vor der Welt als reine Albernheit abspielte, blieb nach seiner äußeren Seite also auch Ewald nicht verborgen; nach seiner inneren Seite bleibt es ein Geheimnis dieser Gelehrtenpersönlichkeit. Natürlich hatte sein Antikatholizismus auch ›realpolitische‹ Anlässe[239], sonderlich in dem jeden versöhnlichen Zug der vatikanischen Politik eingrenzenden Wirken der Jesuiten. Ihnen schrieb er den Haß auf jede »Grundlage Deutschen Lebens« zu[240], denn die »Päpstliche Kirche« unterhält die Jesuiten »als ihre krieger«, die »Deutsche den Deutschen entfremde(n)«[241].

---

233 Zweites sendschreiben an die Päpstlichen bischöfe und erzbischöfe in Deutschland (JBw 6, 1854, 176–189); Drittes sendschreiben ... (JBw 7, 1855, 251–259); Viertes sendschreiben ... (JBw 8, 1857, 283–289); Leztes sendschreiben an die Päpstlichen Bischöfe und Erzbischöfe in Deutschland (JBw 9, 1858, 288–293).
234 JBw 6, 1854, 182.
235 Ebd., 187.
236 JBw 9, 1858, 293.
237 Vgl. JBw 6, 1854, 176f.; 7, 1855, 251; 8, 1857, 283.
238 JBw 9, 1858, 289.
239 Vgl. den Abschnitt »Versöhnung Preußens mit dem Vatikan« bei H. v. Treitschke: Deutsche Geschichte im neunzehnten Jahrhundert, 5. Teil, ^{5}1908, 277–305.
240 Geschichte II, 1845, IXf.
241 JBw 9, 1858, 287.

Zur Jesuitenfrage publizierte Ewald darum zwei militante Traktate. Der erste, im Januar 1862 geschrieben, erschien als Anhang zum Apokalypse-Kommentar: »Über Jesuiten im jezigen Deutschland«; den Anlaß nennt er geradezu flügelschlagend: »Daß Jesuiten von der benachbarten Preußischen grenze her während der Weihnachtsferien in unserer Universitätsstadt öffentlich aufzutreten . . . wagten, erfuhr ich erst nachdem sie schon eine woche lang ihre zwecke verfolgt hatten, und ließ mich zwar dadurch in den wichtigeren arbeiten nicht stören. . ., kann aber jetzt nicht umhin mein ebenso öffentliches urteil zunächst vor meinen mitbürgern dann vor der ganzen welt kurz auszusprechen.«[242] Jesuiten in Göttingen: für derlei sprach Ewald also *urbi et orbi*; aber die Mitbürger lasen seinen Kommentar nicht, und die Welt interessierte sich nicht für dieses Lokalereignis. Der Wirkung offensichtlich selbst nicht gewiß[243], schrieb Ewald im Juli desselben Jahres ein separat publiziertes »Zweites Wort von 1862 über die heutigen Jesuiten und alles was mit ihnen zusammenhängt«: weil »es die noth forderte« (24). Die ›noth‹ zeigte freilich ein sehr anderes Gesicht, als Ewald später im Reichstag die Zentrums-Abgeordneten für den Kampf gegen die nationalliberale preußische Politik brauchte[244]. Sein Kampf gegen Rom endete also in der Sphäre der Nützlichkeit.

Ein zweiter Störfaktor nationaler Politik war in Paris beheimatet: Ewald verabscheute alles, was sich mit dem Begriff Revolution zusammenbringen läßt; er selbst sprach in aller Regel von »Umwälzung«. Bertheau vermutet, Ewalds »gründlicher Haß gegen die Nachäfferei französischer politischer Bewegungen und Pariser Untaten in Deutschland« stamme aus dem Erlebnis der »unsinnigen sogenannten Göttinger Revolution in den Tagen vom 8. bis 16. Januar 1831«[245]. Aber dieser Begründung bedarf es kaum, da sich Ewald 1837/38 und später mit klaren politischen Gründen für die Monarchie einsetzte. Er war überzeugt, daß die »schwere Erfahrung . . . der französischen Umwälzung« zum Glück »die deutsche Wissenschaft, Literatur und Bildung . . . ihren eignen Weg« weitergehen ließ, »und das Jahr 1830 hat schwerlich einem einzigen tüchtigen Gelehrten den Kopf verrückt«[246].

---

242 Die Johanneischen Schriften, 2. Bd., 1862, 410–439; 410.
243 Noch in einer seiner zahlreichen kirchenpolitischen Schriften »An die Evangelischen Gemeinden des Königreiches Hannover« kam er im Januar 1863 auf das Ereignis zurück: »In meinem ganzen leben habe ich kein solches entsezen in mir verspürt als an jenem tage gegen ende des j. 1861 als ich erfuhr daß die Jesuiten . . . nun auch in Göttingen aufzutreten den muth gefaßt« (1863, 20). Nie solches Entsetzen – also auch nicht 1837? Die Kleinigkeit beweist Ewalds fahrlässige und heillose politische Rhetorik.
244 Vgl. H. Beyer (wie Anm. 60), 177.
245 Bertheau (wie Anm. 1), 442.
246 Drei Deutsche Worte, 1838, 46; vgl. Anm. 65.

Auch später war Ewald in dieser Haltung niemals schwankend. Im Rückblick auf 1848 schrieb er: »Wird man endlich aufhören irgendeine Französische jaauch die Englische Umwälzung anders zu betrachten als so daß kein Deutscher mann seine besonnenheit an ihr verlieren dürfe?«[247] Freilich, die deutsche Philosophie hat »sich freiwillig zum affen der Franzosen-umwälzung« gemacht[248], und die Tübinger »falschen Philosophen« schwimmen gleichfalls in dem Strom der »durch Franzosenleichtsinn möglich gewordenen . . . unsittlichen tollen freiheit«[249], ja »der ganze Strauß-Baur'ische sturm (ist) nichts als . . . eine der vielen Pariser umwälzungen von denen auch die beste von 1830 nochimmer grundlos und unheilvoll genug war«[250]. Noch in seinen späten Jahren hielt Ewald an dieser Sicht fest: Auf den Franzosen lastet bleibend »der frevel der umwälzungslust«[251], die »Französische revolution«, ein »zerrbild der Deutschen Reformation«, hat allen Völkern »unter dem zauberbilde dieser freiheit nichts als knechtschaft zugeführt«[252]. Und »solange das Deutsche volk noch nicht gänzlich entartet und entdeutscht ist«, darf kein Christ »mit den umwälzern aller länder . . . hand in hand« gehen[253].

Damit stand auch Ewalds Urteil über die Ereignisse von 1848 fest, und er hat sich über sie 1869 nicht anders geäußert als schon 1849, nämlich unter nationalem Gesichtspunkt: »Was edel und was nothwendig war an der Deutschen erhebung des j. 1848, war allein dies endlich klar und stark gewordene streben nach wiederherstellung eines Deutschen reiches.«[254] Da aber »die sogenannte Nationalversammlung von 1848 f.« für Ewalds Blick »durch die eigene Schuld entartet und rathlos geworden« war[255], sprach er nur von der »den Franzosen nachgeäfften Deutschen revolution«[256] und vom »großen Deutschen schiffbruchsjahr von 1848«[257].

Ewald sah diese politischen Entwicklungen immer auch als Reflex der kirchlichen und theologischen: »Welche gewaltige fortschritte machte die afterfreiheit plötzlich 1848 auf grund der fehler der afterfrömmigkeit.«[258] Im Aufsatz »Über religion und herrschaft in Deutschland«[259] vom Som-

---

247 Die drei ersten Evangelien, 1850, XVI.
248 JBw 1, 1849, 33.
249 Ebd., 183.
250 JBw 2, 1850, 23; vgl. 3, 1851, 291.
251 Dichter II, ²1867, XXVI.
252 Ebd., XXXII.
253 Propheten II, ²1868, XII; vgl. Neue Worte an die Preußen, ²1870, 80 (in den Nachträgen zur Erstaufl. desselben Jahres).
254 JBw 2, 1850, 7.
255 Die zwei Wege in Deutschland, 1869, 36.
256 Sieben Sendschreiben des Neuen Bundes, 1870, XVII.
257 Dichter I/2, ³1866, X.
258 Propheten III, ²1868, X; vgl. Geschichte VII, ²1868, XI.
259 JBw 5, 1853, 335–350 (nach S. 352 irrtümliche Doppelpaginierung).

mer 1853 hat er diesen Zusammenhang näher ausgeführt. Daraus folgt im Blick auf 1848: »Geht fort, ihr Paulskirchenleute mit eurer forderung nach religionsfreiheit und trennung von Staat und Kirche...«[260] So blieb »die sprache der umwälzungsleute von 1848–1849« für ihn ein allfälliges Schimpfwort[261]. Das Papsttum ebenso wie das Professorenparlament der Paulskirche waren für ihn also Verhinderer dessen, was er politisch wollte und hymnisch rühmte: ein einiges, starkes, christliches Deutschland.

Dieser Traum hatte auch eine heitere, zeichenhafte Seite: Hartnäckig wie allenthalben war Ewald in seiner Deutschtümelei. Dazu gehört, trotz gegenteiliger Begründung[262], die entnervende Kleinschreibung, zu der er sich im Spätherbst 1848 nach dem Vorbilde J. Grimms entschloß, ebenso wie die Germanisierung aller wissenschaftlichen Standardbegriffe. So wurde der Vers zur Zeile, die Strophe zur Wende oder Liedwende, Dramatik zu Spieldichtung etc. Wirklich verherrend war seine Entfernung des »Lateinischen plunder(s)« auch aus der hebräischen Grammatik[263], die Lagarde ironisch quittierte: »Auf die Deutschthümelei des Mannes einzugehen ist wohl nur in soferne nöthig, als auf die abschreckende Wirkung hinzuweisen ist, welche Ausdrücke wie Daseynswort, Begriffswort, Dingwort, Selbstwort, Standwort ... auf jeden gesunden Kopf ausüben müssen...«[264] Diese Marotte klingt bei Ewald schon im Dezember 1836 und sogleich mit politischem Unterton an, denn er rügt den »arge(n) Mischmasch deutscher und welscher Worte« bei D. Fr. Strauß[265]. Schließlich verkämpfte er sich nicht nur gegen Menschen, sondern auch noch gegen Fremdwörter[266].

Deutschland: nächst der Bibel gab es für Ewald kein Thema von größerem sittlichen Ernst. Die Bezogenheit beider aufeinander begründete er theologisch: »Es gibt indes ein doppeltes vaterland ... Schwindet die größe und herrlichkeit des irdischen vaterlandes dahin, so können viele

---

260 Ebd., 348 (II).
261 JBw 10, 1860, 187.
262 JBw 1, 1849, 1. – Bei der Schrift »H. Ewald über seine zweite Amtsentsetzung an der Universität Göttingen« (1868) mußte er freilich ›klein‹ beigeben, denn der Stuttgarter Verleger Grüninger erklärte zu Recht, »eine in solchem Style gedruckte politische Broschüre« sei unverkäuflich (Briefe an Ewald [wie Anm. 220], 101).
263 Ausführliches Lehrbuch ... (wie Anm. 21), ⁶1855, XIII.
264 Lagarde (wie Anm. 221), 2.
265 Poetische Bücher IV, 1837, 251.
266 Die Spielwiese dafür boten ihm seine Jahrbücher. Weil »man sich überhaupt hüten sollte fremde worte zu gebrauchen die unserm volke nie geläufig und klar werden können« (2, 1850, 66), verachtet er »die undeutschen namen ›Kritik, Kritiker, kritisch‹« (3, 1851, 202) usw. usw. (vgl. 4, 1852, 154; 5, 1853, 274. 321; 7, 1855, 193; Geschichte II, 1845, 41). Er erregte sich sogar über den »undeutschen« Titel der berühmten »Geschichte der poetischen National-Literatur« von Gervinus (JBw 8, 1857, 123).

menschen alsbald auch im himmlischen sich nichtmehr leicht finden, und verlieren einen der wege der zu diesem führt.«[267] Diese Liebe zum irdischen Vaterland ist, wie allen Menschen, auch den Deutschen aufgetragen. Dessen Größe manifestiert sich für Ewald einzigartig in den Freiheitskriegen von 1813/15. Die deutsche Erhebung gegen Fremdherrschaft gehörte zu den Jugenderlebnissen des 1803 geborenen Ewald. Dieses Datum gibt ihm den Schlüssel zur politischen Deutung seines Jahrhunderts – als die Höhe, von der es nur ein Herabsinken gab. Jene Jahre brachten dem deutschen Volk »seine theuer erkaufte Wiedergeburt«, das »so kraft- und hoffnungsvoll begonnene Werk neuer deutscher Einheit«[268]. Darum: »Was ist ein volk welches nach den kämpfen der jahre 1813–1815 wieder in die tiefe schlaffheit und erbärmlichkeit... versinken konnte?«[269] »Wo ist die erhebung... der befreiungskriege geblieben?«[270] »O wehe was ist aus den Deutschen ... wieder seit 1815 ... geworden!«[271]

Ewalds Gründe für die Gestimmtheit sind vielfältig. Deutschlandpolitisch beklagt er den Mangel an Einigungswillen der Länder wie den Mangel an guter Herrschaft, in sittlicher Hinsicht das Versagen der berufenen Stände. Dabei periodisiert er das Jahrhundert (mit wechselnden Daten) in Zeiten der Hoffnung und Zeiten der Mutlosigkeit[272]. In der ›prophetischen‹ Geißelung der führenden Schichten ist er heftig, aber kaum konkret[273]. Innen- und außenpolitische Übel kumulieren da, wo die Herrschaft versagt und darum verachtet wird: »ist alle sittliche achtung gegen die vaterländische herrschaft zerstört, so herrschen die Fremden schon bevor sie auch nur ihren fuß in bewegung sezen.«[274]

Ewald war kein politischer Prophet, eher ein räsonierender Geschichtstheologe, der mit stumpfen Waffen für das Deutschland kämpfte, von dem er träumte. Seinen Traum malte er freilich in leuchtenden Farben. Das »heilige gefühl Deutscher pflicht Deutscher einheit und Deutschen muthes«, »Deutsche treue und ehre Deutsche pflicht und Deutsches recht« erfüllten sein Herz[275]. In der geborgten Form der Auditon hörte er »die himmlischen Stimmen aller seit 2000 Jahren verklärten Deutschen« den

---

267 JBw 2, 1850, 5f.
268 Worte an Graf von Bismarck, 1870, 28f.
269 JBw 1, 1849, 11.
270 Dichter II, ²1867, VII.
271 JBw 5, 1853, 328; vgl. 1, 1849, 22; Dichter II, ²1867, XV.
272 Vgl. Propheten II, ²1868, XI. XIV; Propheten III, ²1868, VI; Geschichte II, 1845, X; JBw 9, 1858, 111.
273 Vgl. JBw 1, 1849, 23; ausführlich auch 3, 1851, 286–288.
274 JBw 7, 1855, 227.
275 Geschichte VII, ²1868, XXI. XXIII; vgl. Dichter II, ²1867, VII. XXXIV; JBw 7, 1855, 223; Sieben Sendschreiben des Neuen Bundes, 1870, XIV.

Mangel an Einheit einklagen[276], und tatsächlich brachten Eifersucht und Zwietracht der Länder ihn um den Schlaf. Seine Hinneigung zur großdeutschen Idee des 19. Jahrhunderts erklärt seine Trauer über das Scheitern des Deutschen Bundes sowie seinen Zorn über die Rolle Preußens.

Freilich blieb auch hier die Predigt seine bevorzugte Gattung: »Wollt ihr Deutschen Deutschland oder wollt ihr's nicht? ... Aber dann wollet es auch ganz....«[277] Damit wendet er sich immer wieder »An die Deutschen«[278]: Da »die höllenkräfte stets fortschreitender zerstückelung ... seit einem halben jahrtausend« herrschen[279], muß die Wiederherstellung der Reichseinheit »jezt allein unsre höchste sorge seyn«[280]. »Der Name Deutschland und deutscher Bund muß wieder für jeden Deutschen allein der heiligste sein, sofern ein menschlicher Name das sein darf.«[281]

Ewald stellte diese Sehnsucht nach einem geeinten Deutschland auf ein protestantisches Fundament: im Gedanken der unvollendeten, der zu vollendenden Reformation. Schon im Januar 1838 war ihm gewiß, »daß die Reformation ... nothwendig auch eine bessere Gestaltung ... von Volksleben und Staat schaffen muß«[282]. »Wie ein alter fluch liegt auf Deutschland die schuld der nicht durchgeführten Reformation«[283], darum ist »eine wahre vollendung der Deutschen Reformation zu schauen ... seit einem halben jahrhunderte meine ... tiefste sehnsucht«[284]. Damit sind aber zuerst die Christen herausgefordert: »Lasset die wahre religion eure einheit und euren kaiser eure fahne und eure ehre seyn: sie ist das einzige was euch retten kann.«[285] Und mit Blick auf die Geistlichen: »O wie hätte Deutschland jemals so tief fallen können wenn sie nach dieser wichtigsten seite hin ihre pflicht gethan hätten!«[286]

Diese protestantisch-politische Botschaft verkündete Ewald nicht nur in erkennbar politischen Schriften, sondern nötigte sie seinen Lesern allerorten auf: in zahllosen Rezensionen und Vorreden, sogar zu den Auflagen der Grammatik. Gelegentlich suchte er einen ›Anknüpfungspunkt‹[287], in aller Regel aber hielt er den Käufer seiner wissenschaftlichen

---

276 Die zwei Wege in Deutschland, 1869, 75.
277 JBw 3, 1851, 291.
278 JBw 4, 1852, 184–210.
279 JBw 5, 1853, 350 (II).
280 JBw 6, 1854, 168.
281 Die zwei Wege in Deutschland, 1869, 60f.; vgl. Dichter II, ²1867, XXIV.
282 Drei Deutsche Worte, 1838, 28; vgl. ebd., 47.
283 JBw 6, 1854, 163. 167.
284 Sieben Sendschreiben des Neuen Bundes, 1870, VII.
285 JBw 4, 1852, 209.
286 JBw 9, 1858, 286f.
287 »Hiermit könnte ich dies Vorwort schließen, wenn die Zeiten noch dieselben wären wie die als die vorigen Bände erschienen« (Poetische Bücher I, 1839, VIII). »Damit

Werke für den geborenen oder gar begierigen Empfänger dieser Botschaft. Nicht selten riß ihn die Leidenschaft hin zur direkten Anrede: »Ich höre euch fragen...«[288], »O meine Freunde...«[289], »Willst du also o Mensch hier von Gottes Zulassung reden, so erkenne...«[290], »O ihr thoren...«[291] So predigte er unablässig die Wahrheit, wie er sie verstand. Für sie trat er mit seinem Werk wie mit seiner universitären Existenz ein.

Nachdem er mit seinem Wunsch, in die Theologische Fakultät aufgenommen zu werden, gescheitert war, verursachte er 1855 noch einmal mehr als 40 Blätter Kuratorialakten und erwies sich damit aufs neue als Schrecken seiner Behörde.

Am 1. 8. 1855 erließ das »Königliche Gesammt-Ministerium« ein »Ausschreiben«[292] mit der Forderung, »den Allerhöchsten Anordnungen den schuldigen Gehorsam (zu) leisten«. Ewald empfand es als eine erneute politische Herausforderung. So schrieb er am 25. 8. 1855 einen Verweigerungsbrief und veröffentlichte ihn zu allem Überfluß sofort und mit entsprechendem Kommentar in seinen Jahrbüchern[293]. Er beruft sich auf seine Diensttreue und natürlich wieder auf sein Gewissen: »Über jene verordnungen aber bitte ich gehorsamst vortragen zu dürfen daß ich sie als den zu recht bestehenden landesgesezen und gewohnheiten des Deutschen Bundes ... zuwiderlaufend betrachten muß; und daß ich daher in meinem gewissen mich außer stande fühle der ... weisung E.E. zu folgen.«

Wieder einmal versuchte v. Warnstedt, Ewald größeren Ärger zu ersparen, brauchte aber wenigstens eine mündliche Erklärung darüber, daß dieser nicht den »schuldigen Gehorsam« verweigere. So bat er Ewalds alten Kampfgefährten Wilhelm Weber um Vermittlung. Ewald äußerte sich drei Tage später gegenüber Weber brieflich[294], zog aber, wie wohl erwartet, seine Verweigerung nicht zurück, sondern erläuterte sie – viel moderater als im gleichzeitigen Jahrbuch. Zum Verhängnis wurde ihm die auf den Erlaß bezogene Klage über »den mangel an ächter herrscherweisheit«[295]. Als die Sache durch die Presse ging, wurde wieder eine Staatsaktion daraus. So kündigte der König selbst am 10. 1. 1856 seine

---

könnte ich dieses vorwort sogleich wieder schließen ... Aber ... (Geschichte VII, ²1868, X). Vgl. Dichter I/1, ²1866, IXf. zum Plan einer Zusammenstellung aller dieser Vorreden, die den Zeitgenossen dann erspart blieb.
288 Poetische Bücher IV, 1837, 254.
289 Drei Deutsche Worte, 1838, 47.
290 Die zwei Wege in Deutschland, 1869, 42.
291 Propheten III, ²1868, 494.
292 Ein Original in der Personalakte (wie Anm. 10), Bl. 109.
293 Ebd., Bl. 103; zit. nach JBw 7, 1855, 226f.
294 Ebd., Bl. 111.
295 JBw 7, 1855, 225.

Absicht an, »den Professor Ewald deswegen zur Verantwortung zu ziehen«[296].

Was folgt, ist ein Ruhmesblatt für die hohen Beamten des Königreichs Hannover. In einem 21seitigen »Pro Memoria, betreffend Einleitung einer Criminaluntersuchung . . . wegen Preßvergehen« wird konstatiert, Ewalds Bemerkung könne als Majestätsbeleidigung angesehen werden. Gleichwohl rät das Justizministerium zu Milde, da eine Gerichtsentscheidung durchaus offen bliebe; mit unabhängiger Rechtsprechung wurde also gerechnet. Das »Pro Memoria« kommentierte v. Warnstedt seinerseits mit »Bemerkungen« (Bl. 128–134), die zu den beachtenswerten Dokumenten der Universitätsgeschichte zählen.

»In den besonderen Verhältnissen der Universität . . . sowie in der Persönlichkeit des Professors Ewald scheinen mir aber gewichtige Gründe zu liegen, Milde und Gnade walten zu lassen. . . Die Persönlichkeit, welche hier in Rede steht, ist eine der berühmtesten . . . auf allen deutschen Universitäten. . . . Professor Ewald ist eine der wenigen weltberühmten Celebritäten, welche Göttingen *noch* besitzt. Seine Verdienste, seine großartigen wissenschaftlichen Leistungen sind in sehr *weiten* Kreisen, seine unläugbaren menschlichen Schwächen *in viel engeren* bekannt« (Bl. 128; Hervorh. im Original). »Möge der Georgia Augusta diese schwerste Heimsuchung erspart werden, indem S^e Majestät . . . verzeihen, was ein einzelnes Mitglied verschuldet hat« (verbessert aus: »verschuldet haben mag«!). Im übrigen träfe Ewalds Entlassung nicht zuerst ihn selbst, sondern die Georgia Augusta, da andere »deutsche Bundesregierungen« solche entlassenen Professoren »oft sehr schnell« wieder anstellen (Bl. 130).

Auf v. Warnstedts Vortrag hin hat der König »allergnädigst zu beschließen geruht . . ., von der Einleitung eines Verfahrens . . . Abstand zu nehmen« (Bl. 146). Das war der Sieg v. Warnstedts, nicht etwa Ewalds, der in seinem dumpfen Drange kaum geahnt haben dürfte, was dieser glänzende Beamte für die Universität und immer wieder auch für ihn selbst tat. Immerhin schweigt seine Personalakte von 1856–1862. Aber am 31. 5. 1862, wohl im Vorblick auf seinen 60. Geburtstag, schrieb Ewald eine höchst merkwürdige »gehorsamste persönliche bitte« an das Kuratorium: ». . . gehorsamst zu bitten, für den fall daß während meiner übrigen lebenszeit . . . mir eine persönliche auszeichnung irgend welcher art bevorstände bei Seiner Majestät dem Könige dahin zu wirken *daß mir solche nicht zutheil werde*, weil sittliche gründe mir ihre annahme verbieten. . . .« (Bl. 147; Hervorh. im Original).

Die Gelöbnisverweigerung von 1855 wie die prophylaktische Ordensverweigerung von 1862 sind Lebenszeugnisse für Ewalds staatspolitische

---

296 Personalakte (wie Anm. 10), Bl. 117; das Folgende ebd., Bl. 128–147.

Ideale. Trotz seiner unausgesetzten politisch-literarischen Feldzüge kam er aber seinen universitären Verpflichtungen uneingeschränkt nach und arbeitete hart. Nach 12stündiger Beschäftigung mit hebräischen Manuskripten in der Bodleiana klagte er über die kurzen Öffnungszeiten der Oxforder Bibliothek[297]. Auch in seinen 60er Jahren stand er jeden Morgen vor 5 Uhr auf und arbeitete ohne Pause; Urlaub gönnte er sich niemals[298].

Dabei hätte er besser Erholung gesucht, denn das Schlimmste stand diesem *homo politicus* noch bevor: die Auflösung des Deutschen Bundes am 15. 6. 1866, die Besetzung Hannovers, die Niederlage der Hannoveraner bei Langensalza sowie dann die förmliche Annexion Hannovers durch Preußen im Oktober 1866, die ihn seelisch so zerriß, daß er das Ende seiner Universitätslaufbahn selbst heraufbeschwor.

IX.

Dieser letzte Akt der Tragödie des Gelehrten in der Politik dauerte neun Jahre: von 1866 bis zu Ewalds Tode. Er entdeckte 1866 keinen neuen Feind, denn Preußens Behinderung der Einigung Deutschlands im Rahmen des Bundes hatte er schon lange gerügt. Seine Abneigung gegen die preußische Politik ist seit 1848 deutlich greifbar. Schon im Mai 1850 erschien ihm Preußen als »der böse pfahl im Deutschen fleische«; »in der ganzen Preußischen geschichte . . . leuchtet glänzend nur das jahr 1813–15, aber eben dieses war ja in seinem tiefsten glühen und seinem edelsten wollen Deutsch, nicht Preußisch«[299]. Im November 1850 veröffentlichte er die Broschüre »Über Deutschland und Preußen«. Letzteres müsse sich endlich »aller Selbstsucht und aller Sondergelüste« entledigen (17). »Preußen, auchwenn es durch Brudermord jezt vorübergehend siegen sollte, (würde) ewigen Fluch auf sich laden und doch bald genug untergehen« (25f.). Zwischen 1850 und 1866 agitierte Ewald also für die großdeutsche Lösung durch Stärkung des Deutschen Bundes. Da er in diesem Kampf einmal nicht allein gegen alle focht, sind auch seine politischen Voten ›vernünftiger‹ als gewöhnlich. Ein »Preußisches kaiserthum« erschien ihm darum schon im Herbst 1849 als »der anfang neuen unabsehbaren übels«[300], und er schrieb im Einklang mit vielen: »solange man in Berlin . . . nicht Deutschland über Preußen sezt . . ., wird weder in

---

297 Davies nach Max Müller (wie Anm. 4), 10. Die seit 1837 gepflegten Kontakte zu England hatte Ewald nie abreißen lassen. Die meisten seiner Werke wurden ins Englische übersetzt – in keine andere Sprache.
298 Ebd., 30. 33f.
299 Die drei ersten Evangelien, 1850, XII (Vorrede).
300 JBw 2, 1850, 8; vgl. 5, 1853, 328 mit Fußnote.

Abb. 12. Heinrich Ewald: der alte ›Politiker‹

Preußen noch im übrigen Deutschland eine wahre besserung beginnen können.«[301]

Preußens Schritt von 1866 überbot dann alle seine Befürchtungen, erschütterte ihn bis auf den Grund und warf ihn noch einmal, jetzt aber ganz, aus der Bahn. Über den Juni 1866 schüttete er ausgerechnet in der noch im Spätsommer jenes Jahres geschriebenen 40seitigen Vorrede zu den Salomonischen Schriften sein Herz aus[302]. Das Entsetzen ist ungekünstelt, und 30 der 40 Seiten stehen unter der Leitfrage: »Gibt es noch ein Deutschland? wer versteht heute bei der neige des sommers 1866 die frage nicht?« (IX) »Ein volk welches das land eines andern schon hochgebildeten Volkes erobert« (X), begeht eine Freveltat: Der »Preußische hochmuth« (XXVIII) hat sich »des treubruchs und des bruderhasses ja der zerreißung und zerstörung Deutschlands« schuldig gemacht (XXXVI).

Das Entsetzen über die Zerstörung des heimischen Königreiches machte Ewald zum zornigen Welfen. Sein Widerstandskampf begann da, wo er ›Übung‹ hatte: beim Huldigungseid auf die neue Herrschaft. Am Tage der Fälligkeit, am 2. 3. 1867 »morgens 9 Uhr«, erklärte er dem nunmehr »Königlich Preußischen« Kuratorium, warum er den »von mir geforderten eid zu leisten in meinem gewissen außerstande« sei. Für den absehbaren Fall seiner Entlassung bittet er »um Pensionierung mit beibehaltung meines vollen gehaltes«[303]. Die Gründe der Eidesverweigerung nennt er »nach wiederholter sorgfältiger überlegung« ungewohnt knapp und geordnet:

»als Hannoveraner, weil König Georg V. uns den ihm geschworenen eid keineswegs vollständig erlassen hat, dieses auch nicht konnte, da zwischen ihm und der Königlich Preußischen Regierung kein frieden geschlossen ist;

als Deutscher, weil in den grundgesezen des Deutschen Reiches und des an seine stelle getretenen Deutschen Bundes ein recht der eroberung keine stelle hat zwischen den einzelnen Deutschen ländern;

als Christ, weil das Christenthum den mißbrauch des eides nach allen seiten hin verbietet . . .«[304]

Damit war wieder einmal der Geheime Regierungsrath v. Warnstedt in der Pflicht. Der handschriftliche Entwurf seiner (»citissime«) Stellung-

---

301 JBw 9, 1858, 288, Fußnote 1; vgl. Geschichte VII, ²1868, XXIV. Ewald ließ die Vorrede zu Geschichte VII von 1859 »unverkürzt und nur wegen der seit dem 15. Juni 1866 in Göttingen herrschenden preßverhältnisse in einigen worten verändert . . . stehen" (XXV).
302 Dichter II, ²1867, V–XXXXVI (zu Zeit und Ort dieser Gedanken s. XXXXVI, Fußnote).
303 Personalakte (wie Anm. 10), Bl. 151.
304 Ebd., Bl. 152.

nahme³⁰⁵ vom 4. 3. 1867 ist von großem Ernst bestimmt, denn auch er mußte ja nun die Belange der Landesuniversität gegenüber einer ›fremden‹ Macht vertreten. Mit Ewalds Unbeugsamkeit bestens vertraut, bemerkt er gleich eingangs: »Eine Einwirkung auf eine Änderung seines Entschlusses würde, wie ich seit langem den Professor Ewald kenne ... fruchtlos gewesen sein.« Diplomatisch geschickt und mutig zugleich ist seine Argumentation am entscheidenden Punkte: »Die Gründe, welche der Professor Ewald ... angeführt, stimmen mit den Bedenken überein, welche auch z. B. in der Schrift des ... Präsidenten von Gerlach hervorgehoben sind...«³⁰⁶ Der Präsident des Magdeburger Oberlandesgerichts Ernst Ludwig v. Gerlach, einer jener drei pietistisch geprägten, entschieden konservativen Brüder, hatte sich mehr und mehr zu einem Gegner Bismarcks entwickelt und hielt dessen Annexionspolitik die Zehn Gebote entgegen. Mit diesem Hinweis konnte v. Warnstedt vielleicht eine sofortige Reaktion der Regierung aufhalten³⁰⁷.

Die Gelegenheit zur ausgefeilten Darstellung fand v. Warnstedt am 28. 6. 1867, als er eine Eingabe der Honorenfakultät zugunsten Ewalds an den Berliner Staatsminister v. Mühler weiterreichte³⁰⁸. Er wiederholt seinen Wunsch nach »möglichster Milde« sowie seine früheren Charakterisierungen Ewalds: Es geht um einen Mann, »welcher viele achtungswerthe Seiten mit einer krankhaft erregten Sinnesart ... verbindet«. Sollte auch »durch allgemeine politische Gründe die Enthebung des Professors Ewald von seinem Lehramte unumgänglich geboten sein«, so gibt v. Warnstedt politisch klug doch zu bedenken: »Meine früheren Vorstellungen fanden damals Gehör bei meinem damaligen Landesherrn König Georg V., ungeachtet Ewald in höchst verletzender Weise sich über die Hannoversche Regierung geäußert hatte. Mit der Universität Göttingen gebe ich mich der wohlbegründeten Hoffnung hin, daß unser jetziger allergnädigster König und Herr nicht minder hochherzig sich zeigen wird.«

Die am 5. 9. 1867 vom Minister mitgeteilte Entscheidung³⁰⁹ des Königs kann, mit Blick auf die Staatsraison, durchaus als ›hochherzig‹ angesehen werden: Zwar kann Ewald nicht »in seiner Stellung als Beamter ... verbleiben«, aber es wird ihm »sein bisheriges volles Gehalt ... als

---

305 Ebd., Bl. 155f.
306 E. L. v. GERLACH: Die Annexionen und der norddeutsche Bund, 1866; vgl. DERS.: Aufzeichnungen aus seinem Leben und Wirken, hg. von J. v. Gerlach, 2 Bände, 1903 sowie E. JEDELE: Die kirchenpolitischen Anschauungen des E. L. v. Gerlach, Diss. phil. Tübingen 1910.
307 In Reskripten vom 11. 3. und 24. 4. 1867 hatte sich der Minister »nähere Verfügung« vorbehalten.
308 Personalakte (wie Anm. 10), Bl. 158–160.
309 Ebd., Bl. 161.

Ruhegeld belassen« sowie die Freiheit, »noch ferner Vorlesungen . . . zu halten«.

Ewald sah sich also mit 63 Jahren in den Ruhestand versetzt, aber er gab mitnichten Ruhe; es bekümmerte ihn dabei wenig, daß er seinen Gönner v. Warnstedt, seit 1868 Königlicher Universitäts-Kurator, damit sozusagen im Regen stehen ließ. Sein Kampf für das Welfenhaus als angestammte Herrschaft trieb ihn nun endlich in die praktische Politik, die er mit einer Flut von Traktaten eröffnete und begleitete, deren Publikationsorte einiges besagen:

1868 H. Ewald über seine zweite Amtsentsetzung an der Universität Göttingen (Stuttgart)
Lob des Königs und des Volkes. An die Preußen (Stuttgart; ^{5}1869!)
1869 Die zwei Wege in Deutschland (Stuttgart)
Die drei Übel in Europa (Leipzig)
1870 Neue Worte an die Preußen (Leipzig)
Worte an Graf von Bismarck und an das deutsche Volk (Wien)

Im Kern sagen sie alle dasselbe: Wer ein Christ und ein Deutscher sein will, muß das preußische Verbrechen von 1866 verurteilen. In der Schrift über die Amtsentsetzung kommentiert er die Erlaubnis, weiter Vorlesungen halten zu dürfen: »Um diese Erlaubnis hatte ich nicht gebeten; und ich verkenne zwar nicht den guten Willen . . . Allein ich liebe reine Verhältnisse« (38).[310] Die reinen Verhältnisse suchte und bekam er noch im selben Jahr durch die Broschüre »Lob des Königs und des Volkes«. Darin führt er alles Unglück auf »zuletzt nur eine Ursache« zurück: »die immer tiefere Zerrüttung und Zerstörung des königlichen Sinnes« (3)[311]. Mit dem Verzicht der Regierung auf eine Reaktion kann er nicht im Ernst gerechnet haben. Sie erfolgte im Schreiben des Ministers an den Kurator vom 28. 10. 1868 in aller Klarheit: Ewald, »über dessen unangemessene Äußerungen in der von ihm aus Anlaß seiner Versetzung in den Ruhestand veröffentlichten Schrift bisher hinweggesehen worden ist, hat sich in der neuerdings herausgegebenen Broschüre . . . Äußerungen gestattet, welchen gegenüber die bisher gegen ihn geübte Nachsicht nicht ferner statthaft ist. Insbesondere ist es nicht zulässig, daß ein Mann, welcher solche Gesinnungen öffentlich vertritt, an einer Preußischen Hochschule docire. Ich ziehe deshalb die . . . Erlaubnis, noch ferner Vorlesungen . . . zu halten, hiermit zurück . . .«[312]

---

310 In einer »Nachschrift« (53–56) zur 2. Aufl. von Ostern 1868 begegnete Ewald dem Presse-Vorwurf, »ich müßte allen Zeichen nach ein kindisch gewordener Greis sein«, mit der Versicherung, er erfreue sich durchaus »gesunden Geistes« (56).
311 »Die Deutschen waren, sehen wir von unseren neuesten Zeiten ab, stets ein Volk königlichen Sinnes« (14).
312 Personalakte (wie Anm. 10), Bl. 171.

Wenige Wochen später wurde das Verfahren »wegen Majestätsbeleidigung« eröffnet[313]. Die Anklageschrift[314] vom 19. 11. 1868 nimmt zum Beweis der Anklage »die Druckschrift selbst«. Ewald wurde freigesprochen, sogar wiederholt. Darin erwies sich Preußen als Rechtsstaat, und die Prozesse waren deshalb eher moralische Niederlagen für Ewald, der nun zwar keine Vorlesungen mehr hielt, dem aber noch immer sein volles Gehalt belassen wurde. Von den Pflichten frei, aber versorgt, schrieb er immer mehr und immer heftiger über und an die Preußen und entschloß sich für die Politik mit Haut und Haaren.

1869 brandmarkte er die »von Berlin ausgehende Entdeutschung der Deutschen«[315] und sprach von der »schwarzen Nacht vom 14. zum 15. Juni 66«[316] sowie von der »Heldenschar aus der Blüthe meines Stammes, welche bei Langensalza mit dem Tode ihre Treue besiegelte und nun der Auferstehung eines bessern Deutschlands wartet«[317]. Im gleichen Jahr rechtfertigte er in der Schrift »Die drei Übel in Europa« auch seinen Schritt in die politische Praxis, denn er war am 14. 5. 1869 vom Hauptwahlkreis Hannover für die Welfenpartei in den seit 1867 einberufenen norddeutschen Reichstag gewählt worden. In den Reichstag, in dem er schon an der Geschäftsordnung scheiterte, folgt man Ewald besser nicht. Die öffentliche Rede riß ihn immer mehr zu hoher Rhetorik und zu schiefen Bildern hin: Der Widerstand, so resümiert er in »Die drei Übel«, werde »nie aufhören ... bis entweder alles zerstört oder Deutschland wieder Deutschland ... ist« (44).

Mit dieser schrecklichen Maßlosigkeit des politisierenden Professors schrieb er sich immer tiefer in die Wirkungslosigkeit hinein. In den »Worte(n) an Graf Bismarck« fragt er sich selbst nach seiner Bestimmung wie nach dem Nutzen solcher Sendschreiben: »Aber es sei doch wohl meiner als eines streng wissenschaftlichen Mannes kaum würdig mich mit allen diesen Tagesdingen ... zu befassen ... Und wirklich hätte ich vielleicht Besseres zu thun als öffentliche Worte an Euch zu richten, ohne zu wissen, ob Ihr sie auch nur lesen ... werdet« (5). Aber »solange es Gott mich am Leben zu erhalten gefällt, (darf ich) nicht ermüden, so rein zum Guten zu wirken« (8). Ewald kann nicht wirklich geglaubt haben, Bismarck würde diese unpolitischen Ergüsse eines welfischen Professorenherzens lesen; aber der Tonfall ist ganz derselbe wie zwei Jahrzehnte früher im Schreiben an Pio Nono. Den Anhang »An das deutsche Volk« eröffnete er mit der Lyrik eines Königstestaments: »O mein Volk, Fürsten und Gemeine, – nächst Gott und dann nächst der ganzen Menschheit

---

313 Ebd., Bl. 173.
314 Ebd., Bl. 174f.
315 Die zwei Wege in Deutschland, 1869, 24.
316 Ebd., 40.
317 Ebd., 83.

habe ich in meinem ganzen Leben Dir gedient . . .« (38). »Was hast Du gethan, o deutsches Volk?« (40) Schließlich gab er 1872 unter dem Titel »Aus dem deutschen Reichstage zu Berlin« auch noch seine Reden heraus, in denen das politische Können hinter dem Wollen oft schmerzhaft zurückbleibt.

So verzehrte er seine Kräfte und seinen Ruf im Parlament, für das er weder geschaffen noch gerüstet war. Zwar riß seine wissenschaftliche Arbeit 1866 oder auch 1869 nicht ab[318]: Er überarbeitete seine frühen großen Werke und schrieb neue, zuletzt noch eine Biblische Theologie[319], ein schwer lesbares und bis zum heutigen Tage von kaum jemandem gelesenes Werk[320]. Wie er im Reichstag viel zu oft und viel zu viel redete, so beeinträchtigte der parteipolitische Einsatz die gelehrte Arbeit nun doch fundamental. Wellhausen hat diese späten Jahre beklemmend charakterisiert: Ewald »verbündete sich gegen Preußen mit Elementen, die ihm im Grunde zuwider waren, mit Demokraten, Päpstlichen, und evangelischen Orthodoxen. Die Welfen hoben ihn auf den Schild und machten ihn zu ihrem Heiligen; sein Bild hängt noch heute in manchen Lüneburger Bauernstuben. . . . Die es gut mit ihm meinten, trauerten, daß er sich . . . zum Spott machte für Leute, die von seiner Bedeutung keinen Begriff hatten. Er aber ließ sich nicht irremachen. Der Beifall von Parteigenossen, die ihn mißbrauchten, entschädigte ihn für die Vereinsamung, in die er durch sein leidenschaftliches Auftreten gegen alte Freunde und Schüler geraten war.«[321]

Das Ausmaß seiner Vereinsamung war in der Tat groß, denn fast alle seine Freunde und Schüler hatten ihn an Preußen ›verraten‹. J. Grimm hatte ihm ja schon 1840 vorgeschwärmt: Der preußische König »will unsern arbeiten die sorgenfreie muße bereiten«, nämlich mit 2000 Talern jährlich. »Ungemischt würde meine und sicher auch Ihre freude sein, wenn sich nun auch für Dahlmann und Weber feste aussichten in Preußen eröffneten.«[322] Dahlmann selbst, wie die Grimms längst in preußischen

---

318 Die Kräfte für die Fortführung seiner Jahrbücher waren schon kurz vor 1866 versiegt. Im Oktober 1860 füllte er noch einmal ein halbes Jahrbuch mit seinen Standardthemen: »Das Verhältnis der Biblischen wissenschaft zu unserer zeit, ihren verirrungen und ihren bedürfnissen« (JBw 11, 1861, 69–147). JBw 12 erschien dann erst 1865 und in zwei Hälften. Für die jährliche ›Bücherschau‹ hatte Ewald nicht mehr die Zeit gefunden; stattdessen sind die Hefte angefüllt mit Allotria in jeder Hinsicht. Die Gründe für die Beendigung der Jahrbücher bleiben unklar (vgl. 12, 1865, 3f.), im Grunde ist Ewald erschöpft. »Die herausgabe neuer mir nöthig erscheinender bleibt vorbehalten« (ebd., 25).
319 Die Lehre der Bibel von Gott oder Theologie des Alten und Neuen Bundes, Bd. 1 (1871) – 4 (1876 posthum).
320 R. SMEND: Heinrich Ewalds Biblische Theologie. Hinweis auf ein vergessenes Buch. In: Theologie und Wirklichkeit. FS W. Trillhaas, 1974, 176–191.
321 Wellhausen (wie Anm. 3), 136f.
322 Brief vom 12. 11. 1840, in: Briefe an H. Ewald (wie Anm. 15), Bl. 379.

Diensten, schrieb am 10. 12. 1853 nach Jahren des Schweigens an Ewald: »So viel nun freilich sehe ich klar ..., daß wir in der Stellung zu den vaterländischen Dingen ... vielfach auseinander gehen. Denn ... Ihrer entschiedenen Antipathie gegen Alles was Preußisch ist kann ich (nicht) beitreten.«[323]

Wie die alten Freunde so die Schüler: A. Dillmann war in Berlin der Nachfolger des geschmähten Hengstenberg geworden. Ewalds Lieblingsschüler Wellhausen hielt an seiner Einsicht in die politische Bedeutung Bismarcks fest, und so endete auch dieses Verhältnis tragisch: »Es wird erzählt, daß Ewald Wellhausen ... noch einmal zu sich bestellte und ihm in seiner feierlichen Weise eröffnete, daß er der einzige sei, der seine wissenschaftliche Mission ... übernehmen könne; aber er werde ihm seinen Segen nur geben, wenn er den König von Preußen und Bismarck für Übeltäter und Schurken erkläre. Wellhausen weigerte sich; der Alte schob ihn, tränenden Auges, aus der Tür. Er hat sich nicht mit dem Lieblingsschüler ausgesöhnt; als dieser, bei einem vorübergehenden Aufenthalt in Göttingen ihn herankommen sah und mit ausgestreckter Hand ihm entgegen ging, wandte er sich ab.«[324]

Als die Nachricht vom Tode des abgekämpften Mannes eingetroffen war, meldete der Kurator dem Minister am 5. 5. 1875 kurz: »Über Ewalds Persönlichkeit, welcher in seinem politischen Auftreten der letzten Jahre eine krankhaft erregte Sinnesart und Überhebung bekundete, habe ich mich früher ausgesprochen.«[325] Aus der ›krankhaft erregten Sinnesart‹ ließe sich leicht ein Urteil über diesen wunderlichen, in seinem Werk aber auch wunderbaren Menschen gewinnen; doch die eilfertige Psychologisierung unserer Tage wird diesem Gelehrten selbst in seiner politischen Erniedrigung nicht gerecht. Es erscheint geziemend, das letzte

---

323 Dahlmann, ebd., Bl. 206. Drei Jahre davor hatte Ewald geschrieben: »Politisch bringen die unbegreiflichen Fehler auch solcher Männer wie Arndt und Dahlmann Deutschland um 100 Jahre rückwärts« (Über Deutschland und Preußen, 1850, 24); vgl. dazu auch JBw 4, 1852, 200.
324 EDUARD SCHWARTZ: Julius Wellhausen (Nachr. d. Ges. d. Wiss. in Göttingen 1918, 43–70), in: Ges. Schriften, 1. Bd., 1938, 326–361; 337. Schwartz verdankt den Bericht am ehesten Wellhausens Göttinger nächstem Freunde und Fachkollegen Rudolf Smend (1851–1913).
Ähnlich erging es dem Ewald ganz und gar nicht nahestehenden Kollegen Paul de Lagarde. Anna de Lagarde berichtet in den Erinnerungen von 1894 aus dem Jahre 1870: »Ewald selbst ... stellte sich feindlich. Bei seinem Antrittsbesuche führte sich mein Mann mit dem Danke für das ihm stets bewiesene Wohlwollen ein; doch erklärte Ewald darauf, ohne ihm auch nur einen Stuhl anzubieten, er könne mit Lagarde ›nicht eher etwas zu tun haben‹, als bis dieser zugestehe, daß die preußische Regierung ihn, Ewald, ›ganz spitzbübisch‹ behandelt habe, und daß ›der König von Preußen ein Tyrann‹ sei. Diesem Verlangen konnte selbstverständlich Lagarde nicht willfahren ...« (wie Anm. 218, 89f.).
325 Personalakte (wie Anm. 10), Bl. 177.

Wort seinem durch Nähe und unausrottbare Sympathie berufenen Schüler Wellhausen zu geben.

»Mit der Welt im Streit und mit Gott in Frieden starb er am 4. Mai 1875. . . . Das Interesse für ihn ist aber selbst bei seinen Feinden nie erkaltet. Wenn er nicht liebenswürdig und nicht leicht zu behandeln war, weil er Person und Sache gar zu leicht identifizierte, so war er doch ein Mann aus Einem Guß und von ungewöhnlicher Art. Sein Ausgang hat etwas Tragisches, und man kann darüber seine Fehler vergessen, unter denen er selber am schwersten hat leiden müssen. Seine Schüler verdanken ihm mehr, als sie begreiflich machen können.«[326]

---

326 Wellhausen (wie Anm. 3), 137 f.

HANS-WALTER KRUMWIEDE

Kirchliches Bekenntnis und akademische Lehrfreiheit

Der Streit zwischen theologischer Fakultät und Landeskirche im 19. Jahrhundert

I.

Das Thema kirchliches Bekenntnis und akademische Lehrfreiheit legt es nahe, einen kurzen Blick auf die protestantische Universitätsgeschichte zu werfen: Die Reformation im 16. Jahrhundert ging von der erst 1502 gegründeten Universität Wittenberg und ihrer theologischen Fakultät mit dem wohl jüngsten Lehrkörper des Reiches aus. Die Konstitutionsbedingungen des Anfangs sind in der Regel von länger dauernder Wirkung, das gilt besonders für das akademische Leben. Luther, Melanchthon und auch Bugenhagen, um nur die wichtigsten Reformatoren in Kursachsen zu nennen, waren Universitätsprofessoren; in ihren Händen lag die geistliche Leitung auch der Kirche in der Residenzstadt und im Territorium. Es ist sicher nicht ohne Auswirkung geblieben, daß der Stadtpfarrer (= Superintendent) von Wittenberg Bugenhagen – Professor an der Fakultät wurde er erst später – an der durch die theologische und juristische Fakultät begründeten kursächsischen Territorialkirche 1527–1530 kaum beteiligt war. Er richtete in diesen Jahren evangelische Kirchen in Braunschweig, Hamburg und Lübeck ein[1].

Im deutschen Luthertum waren theologische Fakultät und evangelische Kirche Institutionen mit jeweils eigenem Recht und doch im Blick auf ihre gemeinsame Aufgabe, der christlichen Wahrheit zu dienen, eng

---

1 Unter Berufung auf Zöckler schreibt ERNST WOLF: »Daß Bugenhagen Stadtpfarrer und Ober-Superattendent in Wittenberg blieb und nicht Bischof von Schleswig oder von Cammin wurde, hat vielleicht wirklich dazu mit beigetragen, daß sich im deutschen Luthertum kein als wesensnotwendig erscheinender Episkopalismus entwickelte wie im nordischen.« Johannes Bugenhagen, Gemeinde u. Amt, in: DERS., Peregrinatio I, ²1962, S. 268 Anm. 25; über die Kompetenz bei der Einrichtung der kursächsischen Landeskirche vgl. HANS-WALTER KRUMWIEDE: Die Entstehung des landesherrlichen Kirchenregimentes in Kursachsen u. Braunschweig-Wolfenbüttel, 1967, S. 68ff. u. 109ff.

verbunden, was sich bis in die Gegenwart ausgewirkt hat[2]. Die Theologie- und Kirchengeschichte in Deutschland ist eine ununterbrochene Kette von Konflikten im Streit um die reine Lehre gewesen; aber ohne diesen Streit um die Wahrheit hätten Theologie und Philosophie in unserem Land nicht die Weltgeltung gewonnen, die erst in neuerer Zeit verloren zu gehen droht.

Die erste niedersächsische Universität wurde von dem braunschweig-wolfenbüttelschen Herzog Julius 1576 in Helmstedt gegründet, sie gewann bald europäischen Rang[3]. Zunächst wurde sie den Absichten ihres Gründers entsprechend streng an das lutherische Bekenntnis gebunden. Wie in Wittenberg sind Theologie und Bekenntnis unmittelbar aufeinander bezogen, nun aber unter der Autorität des Herzogs im Sinne des landesherrlichen Kirchenregimentes, das Luther entschieden aber ohne Erfolg bekämpft hatte[4]. Alle Professoren Helmstedts wurden auf das Corpus doctrinae Julium, auf die durch den Landesfürsten autorisierte Sammlung der Bekenntnisschriften verpflichtet, die ebenfalls 1576 aus Anlaß der Gründung der Universität erschienen war. In keine Fakultät konnte ein Professor ohne Religionskolloquium berufen werden, aus diesem Grunde scheiterten zunächst die Verhandlungen mit qualifizierten Humanisten für die philosophische Fakultät. Jedes Buch und jede Disputationsthese der Professoren unterlag der durch rechtgläubige Theologen wahrgenommenen Präventivzensur. Nach der Gründung Helmstedts kam es zur Formula Concordiae, zur letzten und umfangreichsten lutherischen Bekenntnisschrift mit der Verwerfung der calvinistischen

---

2 Die Wittenberger Reformation vor allem auch als Universitätsreform kann nur durch einen Blick auf die Schweizer Verhältnisse recht gewürdigt werden. In *Basel* standen die Professoren fast ausschließlich auf der Seite der Altgläubigen und verließen mit wenigen Ausnahmen die Stadt, als diese 1529 evangelisch wurde. Der Rat suspendierte die Universität, die 1532 mit ev.-reformiertem Bekenntnis neu eröffnet wurde (MAX TRIET: Basel, Universität. TRE 5, 1980, S. 278ff.). In *Zürich* schuf Zwingli eine Theologenschule, seit dem 18. Jh. »Collegium Carolinum«, eine Universität wurde erst 1833 gegründet (RUDOLF PFISTER: Zürich, Universität. RGG³ 6, 1962, S. 1936ff.). In *Bern* errichtete der Rat 1528 eine Ausbildungsstätte für den Pfarrernachwuchs. Die nächsten Stationen: 1548 reformierte Hohe Schule, 1805 Akademie mit vier Fakultäten, 1834 Universität (ANDREAS LINDT: Bern, Universität. TRE 5, 1980, S. 638–642). In *Genf* hatte Calvin mit dem Aufbau einer Hohen Schule begonnen. 1559 wurde eine Akademie unter dem Rektorat von Beza eingerichtet. Im 18. Jh. wurde aus dem Seminar für protest. Geistliche eine Akademie mit mehreren Fakultäten, die 1848 der Aufsicht des Staates unterstellt und 1872 in den Rang einer Universität erhoben wurde (ROBERT KINGDON: Genf. TRE 12, 1984, S. 368ff.). Die Schweizer Reformation ist im Gegensatz zu Wittenberg Stadtreformation, die Ausbildung der Pfarrer fand zunächst in einer Art kirchlicher Hochschule statt.
3 Vgl. zur Gründung der Universität Helmstedt: HANS PATZE, Hg.: Geschichte Niedersachsens III 2, 1983, S. 87–101.
4 Krumwiede (wie Anm. 1), S. 125.

Christologie und Abendmahlslehre. Sie konnte in Helmstedt keine Geltung gewinnen[5].

Unter dem Sohn des Herzogs Julius, Heinrich Julius, kam es in Helmstedt zur Herrschaft eines melanchthonisch bestimmten weltoffenen Humanismus. Sehr fromm sind die Professoren in Helmstedt und später in Göttingen in der Regel nie gewesen, auch das hängt mit dem Gesetz des Anfangs zusammen. Schon 1597 kam es zu Zurechtweisungen: Die Unkirchlichkeit einiger Professoren wird getadelt – daß sie sich zum Gehör des göttlichen Wortes und zum Gebrauch des heiligen Sakramentes nachlässig einfinden, sich auch bei Hochzeiten, Kindtaufen und Begräbnissen durch geflissentliche Singularität auszeichnen, item während des Gottesdienstes lesend in der Kirche umhergehen. 1603 erging eine Anweisung, daß die Famuli ihre Professoren beaufsichtigen sollten, wofür ihnen eine Zulage in Aussicht gestellt wird. Der bedeutende Humanist Caselius bat vergeblich, diese schändliche Inspektion zu unterlassen, welche die Professoren bei allen Fremden und besonders bei der studierenden Jugend in Mißkredit bringen müßte[6]. Allerdings waren das Randerscheinungen.

Der Gelehrte, der den neuen Geist in der theologischen Fakultät durchgesetzt hat, der durch sein praktisches Christentum dem Pietismus in unserem Lande den Gegner und damit ein wesentliches Motiv für die Fortsetzung und Vollendung der Reformation nahm, der berühmter geworden ist als die Universität Helmstedt selbst, ist *Georg Calixt* (1586–1656) gewesen. Er unterscheidet die Fundamentalartikel des christlichen Glaubens von ihrer Entfaltung in verschiedene theologische Positionen. Bei der Demonstration und Auslegung solcher Fundamentalartikel ergibt sich nun ein kategorialer Unterschied. Das Dasein Gottes und die Unsterblichkeit der Seele sowie die Reinheit des Lebenswandels können schon durch das lumen naturae erkannt werden. Mit Recht hat man die Theologie Calixts darum ein Dokument der »humanistischen Frühaufklärung« genannt[7], zeichnet sich hier doch schon die Trias der natürlichen Theologie ab: Gott, Tugend, Unsterblichkeit. Davon unterschieden sind die Mysterien des Glaubens, die der Vernunft nicht zugänglich sind. Diese Unterscheidung zwischen den durch die Vernunft demonstrierten Wahrheiten und den Mysterien der Offenbarung sollte später für Leibniz' Religionsphilosophie Bedeutung gewinnen. Mit seinem apparatus theolo-

---

5 Die Geltung der FC im Herzogtum Braunschweig-Wolfenbüttel (besonders in Helmstedt) ist von INGE MAGER in ihrer Göttinger Habilitationsschrift (1986) umfassend aufgearbeitet worden: Die Konkordienformel im Fürstentum Braunschweig-Wolfenbüttel. Entstehung – Rezeption – Geltung.
6 E. L. TH. HENKE: Georg Calixt u. seine Zeit, 1. Bd. 1853, S. 90–96.
7 JOHANNES WALLMANN: Zwischen Reformation u. Humanismus. Eigenart u. Wirkungen Helmstedter Theologie unter besonderer Berücksichtigung Georg Calixts. Zs. f. Theol. u. Kirche 74, 1977, S. 348.

gicus verfaßte Calixt die erste protestantische Wissenschaftstheorie, nach welcher die Theologie in den Horizont einer allgemeinen wissenschaftlichen Methode eingeordnet wird. Das sollte dann bestimmend auch für Göttingen werden. Zu erwähnen ist noch, daß Calixt bereits das Postulat der Toleranz thematisierte. In den Fundamentalartikeln können sich die Konfessionen soweit einigen, daß es nicht mehr zu gegenseitigen Verdammungen kommt. In den Unterscheidungslehren soll man maßvoll und verständigungsbereit argumentieren. Auch das Verhalten des Christen gegenüber Juden, Mohammedanern und Heiden soll durch Brüderlichkeit bestimmt sein[8]. Der Hintergrund für diese theologia moderata ist der Dreißigjährige Krieg, der das Reich verwüstete. Von dieser Theologie Calixts aus kam es zu den anspruchsvollsten Religionsgesprächen zwischen Vertretern der katholischen und evangelischen Kirche vor dem 2. Vaticanum mit dem Ziel der Überwindung der Spaltung in der Christenheit. Sie wurden u. a. von Leibniz und dem Franzosen Bossuet, dem Hoftheologen Ludwigs XIV., geführt.

II.

Die Universität Göttingen im 18. Jahrhundert ist eine Gründung der Aufklärung und erhielt ihre Prägung durch den Thomasiusschüler v. Münchhausen[9]. Nach seiner Intention sollen radikale Aufklärer, kirchen- und bekenntniskritische Pietisten und intolerante Orthodoxe um der Gewissensfreiheit und Toleranz willen ausgeschlossen werden. Dabei beruft sich der hannoversche Staatsmann namentlich auf Calixt.

Göttingen ist die erste protestantische Universität im Deutschen Reich, für deren Gesamtstatus vorrangig nicht mehr die Bindung an Bibel und Bekenntnis gilt. Wenn neben der Trias der natürlichen Theologie: Gott, Tugend, Unsterblichkeit als Gott angemessen und staatserhaltend dann noch beiläufig die Gottheit Christi »und dergleichen mehr« erwähnt werden, so bedeutet das nicht die Forderung einer konfessorischen Akklamation durch die Professoren der anderen Fakultäten, sondern es werden die Grenzen der Lehrfreiheit aufgezeigt: Der positive christliche Glaube soll in Göttingen vom Katheder oder in wissenschaftlichen Werken nicht bekämpft werden. Ganz im Sinne der Inaugurationsartikel der Gesamtuniversität werden in § 1 der Statuten der theologischen Fakultät von den

---

8 INGE MAGER: Georg Calixts theologische Ethik und ihre Nachwirkungen, 1969, S. 144.
9 Vgl. zur Gründung der Universität Göttingen: Patze (wie Anm. 3), S. 187–199 sowie den Beitrag von B. Moeller in diesem Bande, oben S. 9ff. – Die Statuten sind zitiert nach WILHELM EBEL, Hg.: Die Privilegien und Ältesten Statuten der Georg-August-Universität zu Göttingen, 1961.

Professoren Reinheit der Lehre und des Lebenswandels, Festigkeit, Frömmigkeit, Würde und erzieherische Gaben gefordert. Die Aufgabe der theologischen Fakultät ist es, geeignete Männer für den Dienst in der Kirche heranzubilden. Dabei soll es die erste Sorge der Theologieprofessoren sein, alle theologischen Fachgebiete und jede einzelne mit der Theologie sich berührende Wissenschaft zu lehren. Insbesondere wird die historisch-kritische Einführung in die ganze Hl. Schrift genannt. Theologie als Fachwissenschaft also neben Forschung und Lehre in den anderen Fakultäten – das ist die Hand *Mosheims*, der von Helmstedt nach Göttingen kam, das Erbe Calixts einbrachte und in der Geschichte der Kirchengeschichtsschreibung gegen von Staat und Kirche geforderte Bekenntnisvorgaben das Postulat einer methodisch bestimmten Fachwissenschaft durchsetzte. Erst in § 15 wird die Bekenntnisbindung der Theologieprofessoren festgelegt, wieder ganz im Sinne Calixts: Von den aus der Hl. Schrift, den drei altkirchlichen Symbolen und den lutherischen Bekenntnisschriften (mit Ausnahme der Konkordienformel) rezipierten Fundamentalartikeln soll nicht einen Finger breit abgewichen werden. Also nur die Respektierung der Hauptartikel wird gefordert, die Theologie der lutherischen Bekenntnisschriften wird nicht als Maßstab anerkannt. In umstrittenen Fragen ist es gestattet, in maßvoller Weise anderer Ansicht zu sein. Auch das Zensurrecht der Fakultät bringt einen Durchbruch zur akademischen Lehrfreiheit, wie er sich schon bei der Gründung von Halle unter Veit von Seckendorf vollzogen hatte. Die Schriften der ordentlichen und außerordentlichen Theologieprofessoren unterliegen nicht mehr der Zensur des Dekans.

Von Bedeutung sind dann die allgemeinen Bestimmungen über das Zensurrecht bzw. die Zensurpflicht der theologischen Fakultät. Wenn ein Professor oder Doktor einer anderen Fakultät[10] Lehren vortragen sollte, die Anstoß erregen und dem Fundament der christlichen Religion entgegenstehen, soll nach Beratung der gesamten theologischen Fakultät entweder eines ihrer Mitglieder oder ein »gemeinsamer Freund« oder der Prorektor den Betroffenen ermahnen bzw. zurechtweisen[11]. Als Maßstab für die Überprüfung aller in Göttingen gedruckten theologischen Schriften (mit Ausnahme solcher aus der Feder von Ordinarien bzw. Extraordinarien, s. o.) werden das Fundament des evangelischen Bekenntnisses, die

---

10 Auf die falsche Übersetzung von § 26 bei Ebel machte mich Frau Mager aufmerksam. »Alius« bezieht sich auf eine andere Fakultät.
11 Der Entwurf Mosheims (vgl. dazu oben S. 33ff.) hatte die Lehrfreiheit noch stärker betont: Der theol. Fakultät ist es nicht gestattet, die von Professoren anderer Fakultäten herausgegebenen Schriften zu zensieren und als ketzerisch zu denunzieren. Wer dagegen verstößt, soll als Friedensstörer bestraft werden. Dann werden aber auch von Mosheim gottlose und anstößige Meinungen verurteilt. EMIL F. RÖSSLER: Die Gründung der Universität Göttingen, 1855, S. 275.

guten Sitten und die Autorität der Regierung genannt. Das darf nicht im Sinne der alten Vorrangstellung der theologischen Fakultät mißverstanden werden. Jeder nach Göttingen berufene Professor hatte sich verpflichtet, keine gottlosen, sittenverderbenden und aufrührerischen Lehren zu vertreten. Man könnte hier von einer Hilfestellung der Theologie für die »cura religionis«, für den Schutz der Religion durch den Staat sprechen, nicht jedoch von einer Einschränkung der akademischen Lehrfreiheit. Eine Freiheit von Forschung und Lehre im modernen Sinn ist nicht einmal in den Gründungsstatuten der Universität Berlin 1816 gewährt worden[12]. Diese Fragen sind bis in unsere Zeit aktuell geblieben. Es darf nicht übersehen werden, daß das Recht der freien Meinungsäußerung ohne Rücksicht auf religiöse Bindungen der Mitbürger auch in modernen Verfassungen nicht gewährt wird. Der Schutz der Religion durch den Staat führt von den reformatorischen Bestimmungen gegen »Irrlehre« bis zu den Gotteslästerungsparagraphen im geltenden Strafrecht. Auch der Maßstab der »Anstößigkeit« gilt heute noch, z. B. beim Schutz der Jugend vor schädlicher Literatur. Geändert haben sich nur die inhaltlichen Maßstäbe, nicht jedoch die grundsätzliche Pflicht des Staates, gesetzliche Grenzen gegen den Mißbrauch der Freiheit zu ziehen.

In Göttingen gab es religiöse Vorgaben für alle Fakultäten. Im medizinischen Doktoreid verpflichtet sich der Kandidat, die Kranken, ob sie arm oder reich sind, mit gleicher Sorge und Sorgfalt zu behandeln und schließlich den Ruhm Gottes und das Wohl des Staates ständig vor Augen zu haben, »So helfe mir Gott«. Die Kandidaten der philosophischen Fakultät werden – unter Anrufung der Hilfe des gnädigen Gottes – auf die Lehrsätze der christlichen katholischen, d. h. der universalen und apostolischen Religion, die auf den Schriften des Alten und Neuen Testaments gegründet sind, verpflichtet. Dabei sollen sie die wahre Philosophie, die guten Künste und Wissenschaften, aufrichtig weitergeben. Warum die juristischen Kandidaten in der Bindung an Gewissen, Gesetz, Gerechtigkeit, Wahrheit und Mäßigkeit nicht nur der Hilfe Gottes, sondern auch

---

12 Statuten der Universität zu Berlin 1816: »§ 7 Die Universität genießt für Druckschriften, welche sie unter ihrem Gesammtnamen und mit Unterzeichnung des Rektors erläßt, die in dem Zensur-Edikt vom Jahre 1788 bewilligte Zensurfreiheit. Derselben erfreuen sich auch alle ordentlichen Professoren in Ansehung aller wissenschaftlichen, nicht die zeitigen politischen Verhältnisse betreffenden Schriften, welche sie unter Beisetzung ihres Namens und Karakters herausgeben unter der eigenen Verantwortlichkeit, daß in ihren Schriften nichts erscheine, was den Gesetzen entgegen ist.« Wie das Zensurrecht in Göttingen gehandhabt wurde, zeigt die Akte Nr. 109 »Censur 1789–1847« mit dem Verzeichnis der von der Fakultät zensierten Bücher mit 50–60 Titeln im Universitätsarchiv. Der Kommentar zum Römerbrief von H. A. W. Meyer wurde z. B. von Gieseler zensiert. In einem Gutachten von 1830 heißt es, der Censor habe das Buch »mit Schauder« gelesen, und er empfiehlt, es an die phil. Fakultät weiterzugeben.

seines allerheiligsten Evangeliums insbesondere bedürftig sind, entzieht sich meiner Kenntnis. Alle diese Vorgaben schränken die grundsätzliche Lehrfreiheit in Göttingen nicht ein, die den Königsberger Professor Kant mit Sehnsucht auf die hannoversche Universität blicken ließ[13].

III.

Das Revolutionsjahr 1848 hob die religiöse Bindung aller Professoren, nichts Ungöttliches und Unchristliches zu lehren, auf. Das brachte für die theologische Fakultät die Notwendigkeit mit sich, ihre Lehrverpflichtung neu zu bestimmen, da sie in dieser Hinsicht nicht mehr in die Gesamtuniversität eingebettet war. Der Kurator beauftragte im Okt. 1848 den Verwaltungsausschuß der Universität, eine neue eidliche Verpflichtungsformel für die Theologieprofessoren zu erstellen. Sie wurde von dem Kirchenhistoriker Gieseler formuliert und enthielt die Verpflichtung, »die theologische Wissenschaft in Übereinstimmung mit den Grundsätzen der ev.-lutherischen Kirche aufrichtig, deutlich und gründlich vorzutragen«. Wieder begegnet der Begriff »Grundsätze« (doctrinae fundamentales) – also nicht eine Konfessionalisierung der Fakultät, sondern Anknüpfung an die Tradition Helmstedts und Calixts[14]. Diese Verpflichtung der Göttinger Theologieprofessoren besteht bis in unsere Zeit.

Es ist nun von einem Theologen zu reden, der die Fakultät von ca. 1830–1855, also ein Vierteljahrhundert bestimmte und dessen Portrait heute im Amtszimmer unseres Denkans hängt: *Friedrich Lücke*[15]. Als Schleiermacherschüler nahm er 1817 an der unionsstiftenden Abendmahlsfeier in Berlin teil, er war der Lehrer Joh. Hinrich Wicherns und Gerhard Uhlhorns, also von zwei der wichtigsten protestantischen Kirchenmänner im 19. Jahrhundert. Lücke lehnte die Gieseler-Formel 1849 ab; sie sei zu konfessionell und könne bei der Berufung von Theologieprofessoren aus der Union Schwierigkeiten bereiten. Der Verwaltungsausschuß der Fakultät wies den Einspruch Lückes jedoch einstimmig ab.

Mit der Berufung J. A. Dorners, der wie Lücke aus Bonn kam, brach dann der Konflikt mit dem konfessionellen kirchlichen Luthertum aus. In

---

13 Vgl. dazu den Beitrag von J. Ringleben, in diesem Bande oben S. 99 ff. Wenn Münchhausen 1758 in den Verhandlungen über die Abendmahlslehre Heumanns (s. den Beitrag von I. Mager, in diesem Bande oben S. 41 ff.) von der »lutherischen Universität« Göttingen spricht, so bedeutet das sicher keine Änderung seiner Auffassung und keine Infragestellung der Universitätssatzung. Die bestimmende Konfession des Kurfürstentums und der Mehrzahl der Professoren war eben die lutherische.

14 Vgl. dazu JOHANNES MEYER: Geschichte der Göttinger theologischen Fakultät. Zs. d. Ges. f. nds. KG 42, 1937, S. 57.

15 Vgl. über ihn den Beitrag von D. Lange, in diesem Bande oben S. 136 ff.

diesem Zusammenhang ist zu betonen, daß es kein Streit mit dem hannoverschen Kirchenregiment war, das sich von dem sich ausbreitenden konfessionellen Neuluthertum vieler Pastoren scharf distanzierte[16]. Der Oberkonsistorialrat Meyer, dessen Kommentarreihe noch heute zu den wichtigsten Werken der neutestamentlichen Wissenschaft gehört, kritisierte die Stockorthodoxie besonders auch der jungen Theologen, die bereits fest geprägt seien, bevor sie mit ihren Studien überhaupt begonnen hätten. Dorner seinerseits bekannte sich im Gegensatz zu Lücke zur lutherischen Tradition, erwartete jedoch eine über die Konföderation hinausgehende kirchliche Gemeinschaft mit den Reformierten durch eine freie innere Entwicklung ohne Zwang. Dabei waren nationalkirchliche Tendenzen nicht zu übersehen.

Gegen solche unierten Tendenzen in der theologischen Fakultät protestierte nun 1853 die Pastoralkonferenz für die Herzogtümer Bremen und Verden in Stade, zu dieser Zeit ein selbständiger Konsistorialbezirk im Königreich Hannover, mit dem Beschluß, das königliche Konsistorium in Hannover »auf das schreiende Mißverhältnis aufmerksam zu machen, daß alle angestellten Professoren der theologischen Fakultät unserer Landesuniversität der Union angehören«.

Veröffentlicht wurden die Beschlüsse der Stader Pastoralkonferenz im Organ der neulutherischen konfessionellen Gruppe, dem Zeitblatt für die Angelegenheiten der lutherischen Kirchen[17], das seit 1848 erschienen war, als Reaktion auf revolutionäre Tendenzen auch in der Kirche. Herausgeber war *Ludwig Adolf Petri,* Pastor an der Kreuzkirche in der Stadt Hannover, dessen Einfluß auf die hannoversche Geistlichkeit um die Mitte des Jahrhunderts kaum überschätzt werden kann[18]. 1842 hatte er die Pfingstkonferenz gegründet, eine Sammlung streng lutherischer Pastoren. Von ihr waren Kontakte mit den nordamerikanischen Lutheranern ausgegangen, ja man hat nicht ohne Grund gesagt, daß diese Gründung Petris die Geburtsstätte des Lutherischen Weltbundes gewesen sei[19]. 1843 hatte ihm die theol. Fakultät Erlangen den Ehrendoktor verliehen. Petri war ein Theologe und Kirchenmann von hohem Rang,

---

16 Eine hannoversche Landeskirche mit Synode und Konsistorium gab es zu diesem Zeitpunkt noch nicht; dazu kam es erst 1863–66. Nach der Annektion des Königreiches durch Preußen 1866 blieb die ev.-luth. Kirche in Hannover selbständig (wie auch in Schleswig-Holstein 1864), sie wurde also nicht in die Preußische Union eingegliedert.
17 Jg. 1853, S. 415–420.
18 Vgl. E. Petri: D. Ludwig Adolf Petri, 2 Bde., 1888, 1896. Eine wiss. Biographie über P. ist ein dringendes Desiderat. Nur seine Stellung zur Mission ist in einer neueren Arbeit untersucht worden: Henry Holze: Kirche u. Mission bei L. A. Petri, 1966.
19 Siegfried Grundmann: Der luth. Weltbund. Grundlagen. Herkunft. Aufbau, 1957, S. 134.

doch blieb er Pastor an der Kreuzkirche, weil das Konsistorium das Neuluthertum niederzuhalten bemüht war.

Die theologische Fakultät in Göttingen fühlte sich durch die Veröffentlichung der Stader Beschlüsse im Zeitblatt angegriffen[20] und hielt sich nun an den Herausgeber Petri, in dem ihr ein ernster Gegner erwachsen war. Sie verfaßte eine an das Universitätskuratorium gerichtete und auch dem hannoverschen König Georg V. ausgehändigte Denkschrift »Über die gegenwärtige Krisis des kirchlichen Lebens, insbesondere das Verhältnis der evangelischen theologischen Facultäten zur Wissenschaft und Kirche. Zur Wahrung der evangelischen Lehrfreiheit wieder neuerlichst erhobene Angriffe«, 1854[21]. In dieser Denkschrift wird Petri und seinen Anhängern ein »Neuluthertum« vorgeworfen, das die Orthodoxie des 17. Jahrhunderts repristinieren wolle. Die Hauptkritikpunkte: eine neue Scholastik, die sich vom Leben in Kirche, Staat und Gesellschaft entfernt habe; der katholisierende Amtsbegriff einer Theologenkirche mit Lehrregentschaft über die Laien, der nach dem Maßstab der Reformation als »Konterrevolution« verstanden werden müsse; die Herabwürdigung der theologischen Fakultäten zu Überlieferungsanstalten des Gegebenen, des in der Kirche Geltenden.

Es ist nun keinesfalls so, daß sich die Fakultät in der Abwehr solcher als Restauration verstandenen Bestrebungen nur auf ihren Rechtsstatus und ihre wissenschaftlichen Aufgaben im Zusammenhang mit den übrigen Fakultäten beruft. Man will an eine gesunde Tradition anknüpfen. Genannt werden der genuine Luther, die Reformlutheraner Johann Arnd und Valentin Andreae, der lutherische Pietismus mit Spener sowie – ohne Namensnennung – Schleiermacher und die preußische Union. Mit diesen Rezeptionen kommt die Pluralität der Göttinger Theologie zum Ausdruck, die sich jedoch in der Abwehr eines harten Konfessionalismus einig war. Luther wird der Orthodoxie gegenübergestellt. Nicht die Kon-

---

20 Dabei muß berücksichtigt werden, in welchem Kontext die Stader Kritik an der theol. Fakultät der Landesuniversität steht: Die Religionslehrer sollen auf Bibel und Bekenntnis verpflichtet und durch die kirchlichen Behörden überwacht werden. Bestehende Verbindungen zwischen lutherischen und reformierten Gemeinden sollen aufgehoben werden. Der Kollektivname »evangelisch« soll vermieden werden, das Kirchenregiment soll das gleiche Bekenntnis wie die Territorialkirche haben.
21 Die Verhandlungen der Professoren über den Titel der Denkschrift sind im Universitätsarchiv erhalten. Lücke, als Anhänger der preußischen Union (nach den Intentionen Schleiermachers), hatte vorgeschlagen: »Verhältnis der akademischen theologischen Wissenschaft zur ev.-luth. Kirche«. Damit wäre das Gegenüber von uniert-ev. Wissenschaft zur konfessionell lutherischen Kirche betont worden. Dorner erhob Einspruch und setzte sich durch. Er sah bei Lücke eine falsche Alternative; der Streitfall müsse viel allgemeiner als Konflikt zwischen akademischer Theologie und Kirche schlechthin verstanden werden. Damit gewann die Auseinandersetzung um die Lehrfreiheit der theologischen Fakultät Göttingen grundsätzliche Bedeutung.

kordienformel mit der Verdammung der Calvinisten, sondern Luthers Schmalkaldische Artikel von 1537 sind für die Fakultät maßgeblich. Die Helmstedt-Göttinger Tradition der Fundamentalartikel wird von dieser Bekenntnisschrift abgeleitet[22].

Mit der Reformorthodoxie eines Johann Arnd und Valentin Andreaes wird das Leben gegen die Lehre, die Liebe gegen einen nur intellektuellen Glauben gestellt. Die Erneuerung der Kirche durch die Bekehrung des Menschen und seine Wiedergeburt sowie ein aus dem Glauben neugeborenes Leben in Erkenntnis und Bekenntnis, in Liebe und Heiligung, wie sie Spener gefordert habe, werde von der neuen Orthodoxie abgelehnt. Weiter wird gefordert, daß die Kluft zwischen der Welt der Bildung und dem kirchlichen Amt geschlossen werden müsse. Schleiermacher hatte in seinem Sendschreiben an Lücke geschrieben, das Verhältnis von Glauben und Wissen werde verkehrt gefaßt, wenn daraufhin das Christentum mit der Barbarei und die Wissenschaft mit dem Unglauben gingen.

Unter Berufung auf die Statuten der Fakultät wird dann geltend gemacht, die Schmalkaldischen Artikel Luthers seien in ihren Fundamentallehren verbindlich, die Konkordienformel jedoch habe man ausdrücklich ausgeschlossen. Der Geist der Gerechtigkeit und Billigkeit auch gegen anders Denkende wird gefordert. Von einer solchen Basis aus sind der theologischen Fakultät der Kirche gegenüber drei Aufgaben gestellt: 1. Sie hat die Zeichen der Zeit in der Kirche zu prüfen, 2. die Gesetze ihrer gesunden Entwicklung zu erforschen. 3. Sie hat unbeirrt von vergänglichen Moderichtungen und subjektiven Kirchenidealen den einfachen und doch starken Faden in fester Hand zu halten, den die Hl. Schrift und die Reformation in die Hand gegeben haben. Diese Aufgaben kann die Fakultät jedoch nur erfüllen, wenn ihr die Lehrfreiheit kirchlichen Herrschaftsansprüchen gegenüber erhalten bleibt.

Mit diesen drei Postulaten ist die Verbindung zwischen der Kirche und der Universität als Stätte freien Forschens und Lehrens hergestellt. Die Universitäten sind über ihren provinziellen Status als höhere Lehranstalten des Landes hinaus Freistätten der Wissenschaft, und die theologischen Fakultäten partizipieren an der Universalität ihrer Bedeutung. Wird dieser Status preisgegeben, so macht man sie zu kirchlichen Hochschulen, die nicht mehr ebenbürtige Glieder der Universität neben den anderen Fakultäten sind. Die Göttinger Denkschrift von 1854 hat vieles formuliert, was bis heute das Selbstverständnis protestantischer Fakultäten im Verhältnis zur Kirche bestimmt hat.

---

22 In dieser Bekenntnisschrift habe der Reformator hinsichtlich der Lehre drei Klassen unterschieden mit der Verbindlichkeit nur der Hauptartikel; die anderen seien von ihm für die theologische Erörterung freigegeben. Auch das Priestertum aller Gläubigen finde man in diesem Bekenntnis.

Pastor Petri antwortete auf den Angriff der Fakultät mit seiner »Beleuchtung der Göttinger Denkschrift«. Um ein negatives Vorurteil über diesen Mann abzuwehren, sei zuvor angemerkt, daß der später in die Fakultät eintretende Albrecht Ritschl, der bedeutendste Theologe in Niedersachsen seit Calixt und Mosheim, den Preis in diesem Streit nicht seinen Fakultätskollegen, sondern Petri zuerkannte, wenn er auch dem Neuluthertum als solchem keine Zukunft zubilligen wollte[23].

Ich möchte den Inhalt dieser Streitschrift Petris in 4 Punkten zusammenfassen:

a) Der Anlaß für die Entstehung der konfessionellen Gruppe. Die Fakultät hatte den Konfessionellen vorgeworfen, sie wollten die Orthodoxie des 17. Jahrhunderts repristinieren. Petri macht dagegen geltend, daß Fakultät und Kirche die Orthodoxie gemeinsam zu verantworten hätten. Das ist sicher richtig. Die Göttinger Theologen jedoch hatten ihrerseits zu Recht auf den einseitig konservativen Zug der Konfessionellen verwiesen, der den progressiven Tendenzen der Zeit entgegenstünde. Das aber ist nur ein Gesichtspunkt, der zur Charakterisierung nicht ausreicht. Petri macht darauf aufmerksam, daß nach den Freiheitskriegen gegen Napoleon in der Erweckungsbewegung neues Leben in Kirche und Frömmigkeit aufgebrochen sei. Diese Impulse hätten sich durch die staatskirchliche Einführung der Union besonders in Preußen konfessionalisiert. Hinzu tritt ein dritter Gesichtspunkt: Die Revolution von 1848/49 bezog auch die Kirche in die Pläne elementarer Veränderungen ein. Darum sei es eine selbstverständliche Aufgabe der Geistlichen, die kirchliche Verfassungsstruktur zu überdenken. Die bekenntnistreuen Lutheraner waren wie Luther selbst gegen das landesherrliche Kirchenregiment, d. h. gegen das Staatskirchentum. Sie forderten die Selbständigkeit der Kirche gegenüber der weltlichen Obrigkeit. Dabei fürchtete man im lutherischen Lager eine revolutionäre Umgestaltung durch Urwahlen des Kirchenvolkes und trat für eine allmähliche Lösung vom Staate ein.

b) Die theologische Auseinandersetzung um das kirchliche Amt. Der Hauptvorwurf der Fakultät bezog sich auf einen übersteigerten lutherischen Amtsbegriff, der sich sowohl gegen die Lehrfreiheit der Theologieprofessoren als auch gegen die Mündigkeit der Laien richtete. Petri geht ausführlich auf diesen Punkt ein, wieder von der Notwendigkeit geleitet, angesichts geplanter revolutionärer Veränderungen auch in der Kirche den Amtsbegriff konstituierend für jede protestantische Kirchenverfassung zu betonen. Seine Ausführungen sind zugleich eine – vom heutigen Standpunkt aus – durchaus exakte Beschreibung des Problems. Petri spricht von zwei Ansichten der lutherischen Theologie über das Amt. Einmal läßt man das kirchliche Amt der Predigt und der Austeilung der Sakramente aus dem

---

23 Petri (wie Anm. 18), Bd. 1, S. 187f.

geistlichen Priestertum aller Christen hervorgehen; das sei die Position Luthers gewesen[24]. Nach der anderen Auffassung steht das Amt neben und über dem allgemeinen Priestertum. Weil es sich dabei um eine offene Frage handelt, kommt es gegenüber den unterschiedlichen Positionen auch nicht zu gegenseitigen Verketzerungen der Lutheraner untereinander. Petri selbst vertritt den strengen Amtsbegriff, stellt ihn jedoch zur Diskussion und kann damit den Angriff der Fakultät entschärfen.

c) Innerprotestantische Union. Dieses Problem wurde erst durch den Anfall geschlossen reformierter Gebiete an Hannover durch den Wiener Kongreß im Laufe des 19. Jahrhunderts aktuell: Ostfriesland, Bentheim. Petri lehnt die Union grundsätzlich ab. Seine Hauptargumente: 1. Kritik an der Staats- und Nationalkirche. Die seit den Freiheitskriegen immer stärker werdende nationale Einheitsbewegung und damit verbunden ein dominierender Einfluß des Staates auf die Kirche können von Schrift und Bekenntnis her nicht verantwortet werden. 2. Die kulturprotestantische Einheit des Christentums mit Kunst, Wissenschaft und Staat kann nicht akzeptiert werden. Es handelt sich dabei um die Priorität der Vernunft und des autonomen Menschen über die christliche Wahrheit. Der 3. Einwand stellt die entscheidenden Fragen. Es handelt sich um den Vorwurf, die überkonfessionelle Frömmigkeit des Pietismus, eine verständigungsbereite Missionsarbeit der europäischen Kirchen in Übersee und das Vereinsleben mündiger Christen neben der Landeskirche würde durch das Neuluthertum gefährdet oder sogar bekämpft. Petri konnte hier für sich geltend machen, daß die Erweckung sich längst zur Bekenntnisbewegung halte – erwähnt wird der Liederdichter Philipp Spitta –, daß das Neuluthertum die Mission nicht störe, sondern im Gegenteil intensiv aufbaue – genannt wird Hermannsburg –, und schließlich daß es kaum einen Verein im Lande gebe, an dem seine angegriffene »Partei« nicht beteiligt sei; er selbst arbeite bei mehr als einem Dutzend mit[25]. Daß das Neuluthertum ein Hemmnis für die kirchliche Arbeit sei, müsse demnach entschieden bestritten werden. Auf diese Apologie Petris wird noch zurückzukommen sein, also auf die Frage, wie das exklusive Luthertum Reformierten und Unierten gegenüber zu beurteilen ist.

d) Kirchliches Bekenntnis und akademische Lehrfreiheit. Petri lehnt eine Lehrautorität der Fakultät über die Kirche ab; sie stehe nicht über den Parteien und könne nicht als oberste Lehrinstanz »den starken Faden in fester Hand halten, den die Hl. Schrift und die Reformation in die Hand

---

24 Vgl. dazu HANS-WALTER KRUMWIEDE: Kirchliches Bekenntnis und die Freiheit des Christen, Exkurs 2. Zum Priestertum (Apostolat) aller Gläubigen. Jb. d. Ges. f. nds. KG 78, 1980, S. 74–87.

25 DERS.: Die Gründung der Inneren Mission in Hannover. Jb. d. Ges. f. nds. KG 63, 1965, S. 224.

Abb. 14. Gerhard Uhlhorn, vor 1863

Abb. 13. Ludwig Adolf Petri

gegeben habe«, um die Denkschrift der Professoren noch einmal zu zitieren. Der Streit spitzt sich auf eine Machtfrage zu. Die konfessionelle Pastorenschaft versucht Einfluß auf die Besetzung der Lehrstühle zu gewinnen, die Theologieprofessoren halten sich für kompetent, die kirchliche Bekenntnisbindung zu reglementieren. Petri protestiert gegen eine schweigende theologische Urteilslosigkeit der Pastoren, denen Predigt und Unterweisung in den Gemeinden auferlegt sei; dabei wird der Fakultät das Recht zu ihrer Petition an die Landesregierung nicht bestritten. Ihm – Petri – gehe es nicht um die Einschränkung der Lehrfreiheit, sondern darum, daß auch die lutherische Kirche von der Fakultät als evangelische Kirche anerkannt würde. Es sei nicht möglich, mit Lücke die Existenz der lutherischen Kirche neben der reformierten als zu Gottes gerechter Strafordnung gehörig zu rechnen.

Petri bringt dann die Statuten der Fakultät ins Spiel. Die Geltung der Konkordienformel, deren seine Partei nicht bedürfe, sei kein Kontroverspunkt, wenn die Fakultät nur bei ihrer selbst formulierten Bindung an die übrigen Bekenntnisse bliebe. Er akzeptiert auch die Beschränkung der Lehrverpflichtung auf die fundamentalen Lehren. Was diese jedoch im Unterschied zu nicht-heilsnotwendigen Artikeln seien, ergebe sich aus Schrift und Bekenntnis selbst; darüber könnten Universitätstheologen nicht nach Belieben im Sinne einer privaten Lehrwillkür entscheiden.

Man kann Ritschl verstehen, daß er rückblickend Petri den Respekt für diese Replik nicht versagt, soweit sie den kirchlichen Standpunkt zur Geltung bringt. Der elementare Mangel der Position des lutherischen Pastors liegt in der Behandlung des eigentlichen Streitpunktes: »Ob nun die theologischen Fakultäten daneben [nämlich neben der Aufgabe, die künftigen Pastoren wissenschaftlich auszubilden] noch einen zweiten Beruf haben, nämlich Freistätten theologischer Wissenschaft zu sein, und wie dieser andere mit jenem ersten in Einklang zu bringen sei, mag hier füglich ununtersucht bleiben.« Um diese zweite Aufgabe aber ging es der Fakultät ja gerade in ihrer Petition.

Nicht nur Lücke, auch Petri mußten die entscheidenden Fragen offenlassen. Sie selbst resignierten, weil keiner von ihnen das erstrebte Ziel erreichen konnte. Lücke verlor seine fähigsten Schüler an das Neuluthertum, Petri trat von der Leitung der konfessionellen Gruppe zurück, weil der Kampf um die Wahrheit, wie er ihn verstanden hatte, die Bindung an den Mitchristen zu zerstören drohte. Rückblickend mag man es als Gewinn verstehen, wenn der eine die an die Liebe gebundene Eintracht, der andere den Gehorsam gegenüber der vorgegebenen christlichen Wahrheit forderte, ohne sich durch oberflächliche Kompromisse beschwichtigen zu lassen. Wie schon in der Vorlesung über Lücke gesagt wurde[26],

---

26 S. oben S. 156.

hielten diese Theologen – ohne es zu wollen – die Fragen offen, die Kirche und Theologie im 19. Jahrhundert zu lösen aufgegeben waren.

IV.

Der zweite Streit mit der hannoverschen Landeskirche um die Lehrfreiheit der theol. Fakultät spielte sich 1881/87 ab. Als Gegengewicht gegen den Konfessionalismus Petris war der Göttinger Privatdozent für Kirchengeschichte *Gerhard Uhlhorn* 1855 ins Konsistorium nach Hannover berufen worden[27]. Er stieg auf Grund seiner Fähigkeiten und seines persönlichen Ansehens bald zum obersten Geistlichen der Landeskirche auf in eine Stellung, die dem nach 1918 geschaffenen Amt des Landesbischofs entsprach. Uhlhorn war Lücke-Schüler und Redakteur der gegen die Einseitigkeiten des konfessionellen Luthertums gegründeten Vierteljahrschrift für Theologie und Kirche (ab 1845). In Hannover wuchs er in die lutherische Tradition der von ihm geleiteten Kirche hinein, ohne seine Göttinger Anfänge je zu verleugnen. So wurde das Verhältnis zwischen kirchlichem Bekenntnis und akademischer Lehrfreiheit in besonderer Weise zu seinem Thema.

Auf den hannoverschen Landessynoden 1881 und 1887 wurden Anträge gegen die moderne Theologie behandelt; dabei ging es 1881 vor allem um *Albrecht Ritschl*[28]. Über sein Werk muß hier der Hinweis genügen, daß dieser Gelehrte eine Synthese zwischen der reformatorischen Theologie Luthers und der Philosophie Kants versuchte unter scharfer Ablehnung sowohl des Pietismus als auch des Neuluthertums. Ritschl war 1864 als Nachfolger Dorners nach Göttingen berufen worden. 1881 hatte die Synode auf Grund eines Antrages der konfessionellen Gruppe die königliche Kirchenregierung ersucht, ihr Augenmerk darauf zu richten, daß das ev.-lutherische Bekenntnis in der Lehre der Fakultät angemessen zur Geltung gebracht würde[29]. 1887 ging es nicht mehr allein um die Theologie

---

[27] Eine wiss. Biographie über Uhlhorn ist noch nicht geschrieben; der Grund ist auch darin zu suchen, daß die Akten über sein Kirchenregiment im 2. Weltkrieg verbrannt sind. Faktenreich ist die Darstellung seines Sohnes FRIEDRICH UHLHORN: Gerhard Uhlhorn. Ein Lebensbild, 1903. Von der neueren Literatur sind die Beiträge von MARTIN CORDES: Gerhard Uhlhorn – Mittler zwischen freier christlicher und kirchlicher Liebestätigkeit, und HANS-WALTER KRUMWIEDE: G. U.s Bedeutung in der Geschichte des deutschen Protestantismus, zu nennen, in: WOLFGANG HELBIG, Hg.: ... neue Wege, alte Ziele. 125 Jahre Henriettenstiftung Hannover, 1985, S. 143–151 u. 153–159.

[28] Vgl. den Beitrag von J. Baur, in diesem Bande unten S. 256 ff.

[29] Der Beschluß der Synode hat folgenden Wortlaut: »Daneben sieht sich die Synode genöthigt, im Hinblick einerseits auf den thatsächlich und staatsrechtlich bestehenden Zwang, die theologische Ausbildung für den geistlichen Beruf auf den als reine

Ritschls, sondern um die moderne Theologie überhaupt. Der Antrag[30] forderte das Konsistorium zu einer intensiveren Betreuung der Theologiestudenten auf, weil die Universität ihren Glauben gefährde. Auch sei Unruhe in Gemeinden durch die Verkündigung junger Pastoren eingetreten, welche Anhänger der neuen Ideen seien. Die leidenschaftliche Debatte für und wider die Anträge kann hier im einzelnen nicht nachgezeichnet werden. Die Berechtigung der durch die konfessionelle Gruppe eingebrachten Vorwürfe wurde zwar im allgemeinen bejaht, die Kompetenz der Synode für die Universitätstheologie aber auch bestritten.

Bemerkenswert ist die Stellungnahme Uhlhorns, der seiner Zeit weit voraus war. Er votierte gegen beide Lager, wenn er 1881 betonte, die theologische Fakultät Göttingens sei ihrer Satzung nach an das lutherische Bekenntnis gebunden, und es gebe für die Kirche keinen Anlaß zu einem Protest gegen die Praktizierung der Lehrbindung und Lehrfreiheit der Professoren. Er spreche der Fakultät sein Vertrauen aus[31]. 1887 sagte er[32], kein Antrag habe ihm mehr Sorge und Schmerz bereitet als dieser, der ein Dokument des Mißtrauens gegen die Theologieprofessoren sowie die Studenten und jungen Pastoren sei. Beide Male wurde Uhlhorn aus der Synode widersprochen. Die Fakultät sei nicht lutherisch, und die Sorge um die Studenten sei berechtigt. Sie wurde z. B. auch von Friedrich von Bodelschwingh geteilt, der 1905 in Bethel in kritischer Distanz zur ungläubigen Universitätstheologie die erste theologische Hochschule im Rahmen des deutschen Protestantismus ins Leben rief.

Uhlhorn dagegen unterscheidet zwischen Theologie und Kirche. Aufgabe von Konsistorium und Synode sei es, über die Bekenntnisbindung im Pfarramt zu wachen. Die Theologie aber müsse frei sein. Sie befinde sich in einem großen Umwandlungsprozeß. Eine neue Sprache müsse keine neue Sache sein und damit auch keine Verfälschung der christlichen

> Staatsanstalten bestehenden Universitäten zu suchen, andererseits auf die offenkundige Thatsache, daß auf den Lehrstühlen der theologischen Facultäten eine Wissenschaft, welche im Bekenntnisse der evangelisch=lutherischen Kirche steht und dasselbe voll und ganz zur Geltung bringt, zu wenig Vertreter findet, an die Königliche Kirchenregierung das Ersuchen zu stellen, dahin wirken zu wollen, daß die Königliche Staatsregierung bei der Besetzung der Lehrstühle in den theologischen Facultäten, vornehmlich unserer Landes=Universität Göttingen, ihr vorzügliches Augenmerk darauf wolle gerichtet halten, daß es nie an einer ausreichenden Zahl von Professoren der verschiedenen theologischen Disciplinen fehle, die in ihrer Lehre das Bekenntniß der evangelisch-lutherischen Kirche voll und ganz zur Geltung bringen und geeignet sind, die künftigen Diener unserer Kirche für ihr Amt tüchtig zu machen.« Aktenstücke der dritten Landessynode der ev.-luth. Kirche Hannovers 1881–1882, Nr. 30, S. 6f.

30 Aktenstücke der vierten Landessynode 1887, Nr. 40, XVI.
31 Protokolle der ordentl. Versammlung der 3. Landessynode der ev.-luth. Kirche Hannovers vom 8. Nov. 1881 – 8. Febr. 1882, S. 243f.
32 Protokolle der 4. Landessynode 1887, S. 426ff.

Wahrheit. Die lutherische Kirche bedürfe ebenso der freien Wissenschaft wie des festen Bekenntnisses.

In ähnlicher Weise hatte der Vertreter der Fakultät auf der Synode, der Neutestamentler Wiesinger, schon 1881 argumentiert[33]. Resultate der Forschung könnten nicht einfach der Bekenntnisnorm entsprechen. Auch gelte hier das »Irren ist menschlich«; unfehlbar sei nur der Papst. Ein redlicher theologischer Forscher müsse vor allem aus seinem Prinzip verstanden werden. Machtsprüche der Kirche seien nicht hilfreich. In der katholischen Kirche sei die Einheit das Höchste (unter dem Lehramt des Papstes), in der evangelischen aber die Wahrheit, die Freiheit voraussetze. In diesem Sinne sei es Absicht der Fakultät, eine auf dem Bekenntnis ruhende, der Intention Luthers entsprechende Theologie ganz und voll auszugestalten.

Die Positionen Wiesingers und Uhlhorns beruhten auf gegenseitigem Vertrauen. Der hannoversche Kirchenmann vertrat die Ansicht, daß die Fakultät sich nicht bewußt gegen ihre Selbstbindung richten und die Studenten nicht gezielt gegen die Grundlagen ihrer Kirche beeinflussen würde; der Vertreter der Fakultät auf der Synode bekannte sich zur freien Forschung auch in der Theologie. Trotz des damit gegebenen Risikos des Irrtums wolle die akademische Theologie der gleichen Wahrheit dienen, der auch die Kirche verpflichtet sei. Besonders eindringlich nahm Uhlhorn die Studenten und die jüngeren Pastoren in Schutz[34]. Er sehe es nicht als verhängnisvoll an, wenn der Katechismusglauben junger Studenten mit der Wissenschaft konfrontiert werde. Das könne zwar zu schweren inneren Kämpfen führen, doch müsse man durch sie hindurchgehen. Diese Konflikte seien auch seiner Generation nicht erspart geblieben. Uhlhorn lehnte es ab, die moderne Theologie pauschal zu diskriminieren und entstandene Schwierigkeiten in den Gemeinden hochzuspielen. Es könnte auch sein, daß man zuerst das Feuer selbst entzündet und dann ruft, es brennt.

In der Synode fielen beide Abstimmungen für die Anträge gegen das Votum Uhlhorns aus. Das jedoch hatte keine unmittelbaren Folgen; denn die Fakultät war eine staatliche Einrichtung und unterlag nicht der Aufsicht der Synode und des Konsistoriums. Die sich abzeichnende Lösung wurde dann auch auf einem ganz anderen Weg gesucht. Die Landeskirche richtete um diese Zeit Predigerseminare verbunden mit einem Vikariat ein, um die wissenschaftlich ausgebildeten Theologiestudenten zur kirchlichen Praxis zu führen.

Auch in zwei anderen Punkten war Uhlhorn seiner Zeit voraus. Trotz seiner bewußten Bindung an das lutherische Bekenntnis konnte er die

---

33 Protokolle (wie Anm. 31), S. 229 ff.
34 Protokolle (wie Anm. 32), S. 427 ff., 435.

konfessionelle Tradition seiner eigenen Kirche kritisieren. Im Blick auf Zwingli und Calvin schrieb er: Luther hat sich geirrt. »Aus der reformierten Kirche ist kein wiedertäuferisches Münster geworden, sondern sie steht da vor uns als eine Kirche, reich geziert von Gott mit Gaben des Geistes, mit Glaubensleben und Liebeswerk.«[35] In Treue gegen das Eigene das Gemeinsame unter dem einen Herrn der Kirche zu fördern, war seine Devise. Weiterhin ist Uhlhorn wohl der einzige Vertreter des protestantischen Kirchenregimentes im 19. Jahrhundert gewesen, der die Basis für ein Zusammenfinden von Kirche und Arbeiterbewegung zu schaffen suchte und es in Ansätzen auch erreichte[36].

V.

Bei einer Schlußbemerkung wird man im nüchternen Göttingen gern auf eschatologische Visionen verzichten. Aber ist damit die Universität ihrer Verantwortung für die Zukunft unserer Erde und der auf ihr lebenden Menschen enthoben? In alten Gottesdienstformularen wird für die Gesundheit der Luft und die Fruchtbarkeit der Erde gebetet, was bei fortschrittlichen Gelehrten vor noch nicht langer Zeit im besten Falle ein nachsichtiges Lächeln über eine solche fromme Einfalt hervorrufen konnte. Heute füllen sich Worte einer längst vergangenen Frömmigkeit mit neuem Leben; man sucht nach Hilfe, wo man sie vermutet. Solche Rückzugswege, manchmal auch Fluchtwege vor dem technischen Fortschritt, der uneingeschränkten Autonomie des Menschen führen jedoch nur zu früher einmal achtlos überschrittenen Schwellen, die für uns bedeutungslos geworden sind: z. B. die religiöse Scheu, Straßenlaternen zu entzünden in der von Gott geschaffenen Dunkelheit, die Weigerung, den Schmerz zu lindern, weil Gott zur Krankheit das Leiden hinzugefügt habe, etc. Nicht nur orthodoxe Geistliche, auch Humanisten sind in diesem Zusammenhang zu nennen. Thomas Morus kritisiert 1515/16, in der Zeit des Frühkapitalismus, daß man den seltenen Bodenschätzen Gold und Silber einen unangemessenen Wert zuerkannt habe. »Die Natur dagegen hat als gütige Mutter das Beste in unmittelbare Nähe gerückt – so die Luft, das Wasser, den Boden selber –, das Wert- und Nutzlose aber hat sie aus den Augen geschafft.«[37]

---

35 G. UHLHORN: Luther und die Schweizer, in: DERS., Aus der Reformationsgeschichte, 1886, S. 118–157.
36 Vgl. dazu WERNER MARQUARDT: Arbeiterbewegung und ev. Kirchengemeinde im wilhelminischen Deutschland. Kirchstuhlfrage und Kirchenvorstandswahlen in Groß Lengden bei Göttingen, 1985, S. 275ff.
37 Utopia, übers. A. Hartmann, 1947, 2. Buch, S. 101f.

Das heute Unfruchtbare der Orthodoxie liegt in ihrem Stillstand, oder in ihrem Zurückblicken. Wer stehen bleibt, fixiert Abstände und Grenzen. Wer vorwärts geht, hat bei aller Treue zum Eigenen zumindest die Chance, sich anderen zu nähern oder sich mit ihnen zu vereinigen. Damit hängt ein anderes zusammen. Definitorische Fixierungen bedeuten einen Stillstand, bei dem der Wegestreit beginnt. Definitionen können die Wahrheit niemals festschreiben. Die Konfessionellen berücksichtigen nicht, daß ihre Bekenntnisse ja so gut wie ausschließlich von Universitätsprofessoren verfaßt sind. Die Ergriffenheit vor der eigenen literarischen Produktion aber ist – zumal in Göttingen – unakademisch. Das Bekenntnis führt zur Hl. Schrift und zum Mitchristen – das nicht begriffen zu haben, ist das elementare Defizit des Neuluthertums. Dagegen erhebt die theologische Fakultät zu Recht die Forderung der Freiheit, ohne welche die Wahrheit nicht lebendig bleiben kann. Was die Göttinger Theologen allerdings 1853/54, 1881/87 als Wahrheit über den Parteien ausgegeben haben, ist für uns weithin bedeutungslos geworden.

Akademische Lehrfreiheit und kirchliches Bekenntnis in der Gegenwart, das wäre ein neues Thema. Vergessen wir dabei nicht, daß ethisch voraussetzungslose Wissenschaft nicht mehr das Gebot der Stunde ist. Im feierlichen Gelöbnis der Ärzte in der Fassung von 1980 heißt es: »Bei meiner Aufnahme in den ärztlichen Berufsstand gelobe ich feierlich, mein Leben in den Dienst der Menschlichkeit zu stellen. Ich werde meinen Beruf mit Gewissenhaftigkeit und Würde ausüben. Die Erhaltung und Wiederherstellung der Gesundheit meiner Patienten soll oberstes Gebot meines Handelns sein.«

Zum Schluß möchte ich versuchen, das den Fakultäten ethisch Vorgebene thesenhaft zu formulieren: Den Juristen ist der Schutz des Lebens, den Medizinern seine Bewahrung und Heilung, den Philosophen seine Sinngebung, den Naturwissenschaftlern die Erforschung und Erhaltung der natürlichen Grundlagen des Lebens, den Soziologen und Ökonomen die Gestaltung des Lebens anvertraut. Theologen versuchen weithin, in allen Bereichen das ihnen notwendig Erscheinende mit religiösen Argumenten zu stützen. Aber reicht das aus, um im Kranz der Fakultäten einen eigenen Platz zu beanspruchen? Es kann nur ein Angebot, keine Forderung sein, wenn Theologie lehrt, daß das Leben, wie wir es führen möchten, nicht geschützt, bewahrt, gestaltet und mit Sinn erfüllt werden kann, wenn nicht dieses hinzukommt: die in der Bibel bezeugten und durch den Geist bewirkten Anfänge eines neuen Lebens.

Ekkehard Mühlenberg

Göttinger Kirchenhistoriker im 18. und 19. Jahrhundert

Bis zum Jahre 1890 haben zehn ordentliche Professoren Kirchengeschichte an der Georgia-Augusta gelehrt:
- J. L. Mosheim o. Prof. 1747–1755
- C. A. Heumann o. Prof. 1745–1758
- C. W. F. Walch (a. o. Prof. 1754) o. Prof. 1757–1784
- L. Spittler o. Prof. Philosophische Fakultät 1779–1797
- G. J. Planck o. Prof. 1784–1833
- K. F. Stäudlin o. Prof. 1790–1826
- J. C. L. Gieseler o. Prof. 1831–1854
- L. Duncker (a. o. Prof. 1843) o. Prof. 1854–1875
- J. A. Wagenmann o. Prof. 1861–1890
- H. Reuter o. Prof. 1876–1889.

Stäudlin darf abgezogen werden, da sein Schwerpunkt in der systematischen Theologie lag; es bleiben dann noch neun. Vernachlässigt man auch Heumann aus der Anfangszeit, da Mosheim ihn an Bedeutung überstrahlt, so bleiben acht. Mitglieder der Gesellschaft der Wissenschaften waren außer Mosheim nur Walch und Gieseler. Nach der Zahl der Töchter, die meist als Begleitumstände für ein offenes und freundliches Haus genannt werden, würde Gieseler herausragen und damit ihm eine zweite Besonderheit zukommen. Spittler, Planck und Wagenmann waren Schwaben; Spittler, Gieseler und Wagenmann kamen aus Pfarrhäusern, Walch aus einem Professorenhaus. Wird die literarische Produktion in Druckseiten verrechnet, so übertrifft Walch sogar Planck um fünfzig Prozent, Duncker und Wagenmann würden zu Schlußlichtern. Planck und Reuter waren Äbte von Bursfelde. Unterricht haben alle etwa drei Stunden täglich gehalten; erst gegen Ende des vorigen Jahrhunderts wurden zwei 6-stündige Vorlesungen zusätzlich einer Übung üblich. Und abgesehen von Spittler sind alle im Amt gestorben. Ein Kriterium, um eine zusammenhängende Geschichte biographischer Art zu konstruieren, zeigt sich nicht; es würden sich acht Teile ergeben, die nur durch die Lokalität zusammengehalten wären. Die Biographien der meisten existieren nur in Lexikonform[1]. Ich habe ihre Veröffentlichungen durchgesehen; es waren zusammen mehrere Bücherwagen. Ihr wissenschaftliches Werk ist im deutschen Raum nicht die schlechteste Grundlage für eine Geschichte der Kirchengeschichte, d. h. für ein Verstehen der theologischen Aufgabe, die durch kirchengeschichtliche Forschung und Lehre unaustauschbar erfüllt wird. Mosheim sagt von der Geschichte, daß, wer ausführlich die Gründe für die Ereignisse berichtet, »der leitet mich zu vielen Gedanken und Lehren, die ich auf mancherley Weise nützen kann, und die mir sonst nicht eingefallen wären«[2].

I. Pragmatische Kirchengeschichte

Das Zitat *Mosheims* findet sich in einer »unpartheiischen und gründlichen Ketzergeschichte«. Was das Kennen der Geschichte nützlich macht, ist weder im Zusammenhang des Zeitgeistes und noch weniger im Rückblick »unparteiisch«, sondern ein höchst engagierter Standpunkt. Mosheim forscht in der Geschichte der Kirche, teils in Quellensammlungen, die seine Vorgänger angelegt hatten. Und er schreibt Kirchengeschichte in einer Weise, deren Methodik ihm die Ehre des »Vaters der modernen Kirchengeschichte« eingebracht hat. Das ist begründet in einer Entdeckung, die uns schon eine so geläufige Selbstverständlichkeit geworden ist, daß es uns schwerfällt, ihre Größe zu erkennen, und noch schwerer fällt, sich mit ihr auseinanderzusetzen. Ich weiß nicht zu erklären, was Mosheim zu seiner Entdeckung führte; ich kann jedoch beschreiben, wie sie sich in seiner Kirchengeschichte darstellt. Es ist die Entdeckung, daß Kirche veränderlich ist. Die Kirche seiner Zeit ist also keine von Gott gegebene Größe, ihre jetzige Gestalt und ihre jetzige Lehre sind nicht von Jesus eingesetzt worden und auch nicht von den Aposteln. Eine solche Aussage war bewußt parteiisch in einer Zeit der »Religionseiferer« und im Lichtschatten der Orthodoxie. Unparteiisch war sie nur dadurch, daß die menschliche Vernunft diese Tatsache begründen und in neu geschriebener Geschichte der Kirche vor Augen führen konnte.

Vor Mosheim zeichnete Kirchengeschichte die wechselhaften Geschicke der Kirche nach, die durch Gott erwählt war, vom Satan Verwirrungen und Unglück zu erleiden hatte und von Gott dann doch zu neuer Klarheit geleitet wurde. Satan oder der Antichrist verführt die Menschen, Gott

---

1 Verwiesen sei auf die Artikel in ADB und RE³ mit den dortigen Literaturangaben, zu Planck und Spittler auch Literatur in RGG³. Die Ausnahme: FRIEDRICH LÜCKE: Dr. Gottlieb Jacob Planck. Ein biographischer Versuch, Göttingen 1835. Vgl. auch PETER MEINHOLD: Geschichte der kirchlichen Historiographie, Bd. II, 1967.
2 Versuch einer unpartheiischen und gründlichen Ketzergeschichte, Helmstedt 1746, S. 36. Vgl. zu Mosheim auch den Beitrag von B. Moeller, in diesem Band oben S. 9ff.

dagegen wählt Menschen aus, die sein Wort wieder rein verkünden. Paradigmatisch kann der Schlußabschnitt des 3. Kapitels im Gothaer Kompendium bezeichnet werden, wo die Geschichte vom 2. bis 8. Jahrhundert abgeschlossen wird. Da habe es in Konstantinopel eine siebzehntägige Sonnenfinsternis gegeben; in ihr habe sich manifestiert, »einen wie großen Fortschritt in diesem Jahrhundert der Aberglaube gemacht hat und wie sehr die öffentliche Lehre der Kirche von der Finsternis unterdrückt wurde, während die Zeugen der Wahrheit wegen ihrer geringen Zahl keinen Fortschritt machten«. »Durch das himmlische Zeichen wurde gezeigt, daß nun die Zeiten eingetroffen waren, von denen der Erlöser Matthäus 24 warnend voraussagte, daß die Sonne, d. h. die himmlische Lehre in Finsternis verwandelt würde.«[3] Den Zeugen der Wahrheit stehen die Feinde der Wahrheit und die Söhne der Finsternis gegenüber. Dagegen will Mosheim in seiner Kirchengeschichte von den Geschicken der »Gesellschaft der Menschen, die ihren Namen von Christus hat«, berichten[4]. Der Grund, warum es von dieser »Gesellschaft« eine neuartige Geschichte zu schreiben gibt, sieht in seiner logischen Form so aus: »nihil humanum stabile est.« In dieser Gesellschaft ereignet sich deswegen vieles, was ihren Zustand verändert. Die Veränderungen sind nun aber nicht als solche zu schildern – das geschieht letztlich auf der Skala von Jahrhunderten –, sondern es sind die Ursachen für die Veränderungen zu suchen, zu finden und zu benennen. Das ist ein aus der Physik entnommener Gedanke, insofern jede Veränderung eine Ursache haben muß. In diesem Sinne ist die Herkunft des Gesetzes, daß jede Veränderung eine Ursache hat , profan; dazu gehört auch die Annahme, daß die Ursache die Art der Veränderung bestimmt und also die Beurteilung der Ursache eine Aussage über die Qualität der Veränderung vorwegnimmt. Profan ist aber insbesondere der Bereich, in dem Mosheim den Kirchenhistoriker nach den Ursachen für die Veränderungen suchen läßt, nämlich im Bereich des Menschen, genauer im Bereich menschlichen Verhaltens. Kirche ist damit in eine Größe überführt, die das vernünftige Auge des Wissenschaftlers beobachten kann; sie ist eine »Gesellschaft von Menschen, die ihren Namen von Christus hat« (societas hominum cui

---

3 Compendium Historiae Ecclesiasticae, decreto serenissimi principis, Ernesti, Saxon. Jul. Cliviae et Mont. Ducis, etc. In usum Gymnasii Gothani, Ex sacris literis et optimis, qui extant, autoribus, Libris duobus compositum, et ab orbe condito ad nostra usque tempora deductum. Ea cum cura atque distinctione, ut tam incipientibus, quam provectioribus, commodum esse possit. Historiae ecclesiasticae in Compendium redactae. Liber II. A Nato Christo ad nostra usque tempora, Gothae 1680, S. 487. – Nützliche Hinweise in KLAUS WETZEL: Theologische Kirchengeschichtsschreibung im deutschen Protestantismus 1660–1760, Gießen/Basel 1983.
4 Institutionum historiae ecclesiasticae antiquae et recentioris libri quatuor ex ipsis fontibus insigniter emendati, plurimis accessionibus locupletati, variis observationibus illustrati, Helmstadii 1755, S. 3–6.

nomen a Christo est). Diese Gesellschaft hat eine Gestalt, die einer staatlich gefaßten Gesellschaft vergleichbar ist. Folglich kann auch ihre Gestalt vernünftig zerlegt werden, um ihre Veränderungen samt ihren menschlichen Ursachen zu beobachten, richtiger: zu entdecken; denn Veränderung von Kirche war keine Gegenwartserfahrung, sondern die Erfahrung ihrer Veränderung liegt ausschließlich in der historischen Beobachtung. Erst die erzählbare Geschichte der Veränderungen macht die gedankliche Möglichkeit von Veränderlichkeit zur Erfahrung und zum Wissen; der Impetus zum Entdecken und Aufdecken von Veränderungen und deren menschlichen Ursachen wird zum Suchen, ja zur Freude, zur Unterhaltung, auch zum unwiderstehlichen Drang. Kirche als »Gesellschaft von Menschen, die ihren Namen von Christus hat«, ist als Gestalt zu zergliedern in Leitende und Geleitete, Herrschende und Beherrschte. Auch die Mittel der Gestaltung, d. h. die Mittel von Herrschaft, kann Mosheim benennen: in Analogie zu staatlich gefaßter Gesellschaft sind es die Gesetze, angewandt auf die Gesellschaft der Christen – die Gesetze über das, was zu glauben ist einerseits und wie zu handeln ist andererseits. Oder in heute noch nachklingendem Jargon: Glaubenslehre der Dogmatik und Verhaltensnormen der Ethik sind Herrschaftsmittel, sei es von Amtspersonen oder sei es von Privatpersonen. Wenn nun noch menschlich-allzumenschliche Motive für die Herrschaftsstellung der Herrschenden und darüber hinaus für die Mittel der Beherrschung entdeckt werden, dann darf man fast sagen, daß dieses Programm seit Mosheim nichts von seiner Aktualität eingebüßt hat.

Einer theoretischen Kritik der Methodik, die die Kirchenhistorie zu einer revolutionären Wissenschaft gemacht hat, enthalte ich mich; statt dessen will ich versuchen, die wesentlichen Kompositionselemente zu bezeichnen. Es sind ihrer drei. Zunächst ist Religion selbst folgendermaßen bestimmt: »Simplicissima licet sit Christiana religio, nec praeter fidem et amorem aliquid postulet.« Simplicissima – ganz einfach, ohne irgendwelche Zutaten oder Beigaben. Weiterhin: »omnibus tamen externis ritibus et institutis carere haud potuit« – also ohne äußere Riten und Organisationsformen kann auch die ganz einfache christliche Religion nicht da sein. Jesus selbst setzte nur zwei Zeremonien ein, die Taufe und das Abendmahl, als Mittel, um des Menschen Geist zu verändern. Und letztlich: Alle darüber hinausgehenden Zeremonien und Organisationformen sind der »Klugheit und Freiheit der Christen« überlassen. Daß schon in apostolischer Urzeit mehr als die zwei von Jesus eingesetzten Zeremonien nachweisbar sind, ist so zu erklären: »In verschiedener Weise mußte das heilige Recht in alter Zeit der verschiedenen Natur und dem verschiedenen Geist der Völker angepaßt werden.«[5] Aus diesen drei Komposi-

5 Institutiones (wie Anm. 4), S. 56–57.

tionselementen besteht also nach Mosheim die Kirchengeschichte. Indem die christliche Religion so einfach bestimmt wird, daß sie fast gestaltlos ist, bestehen die Veränderungen in Zuwüchsen; diese Veränderungen als Zuwüchse haben Ursachen, und die Art der Ursachen läßt die Veränderungen selbst beurteilen. Wenn die Ursachen in der menschlich-allzumenschlichen Natur gefunden werden, wird sich über jede Gestalt der christlichen Gesellschaft nicht nur ein relativierendes Urteil ergeben, sondern ein vernichtendes. Über die Dogmatik als Inhalt des Glaubens wird die Be- ja Verurteilung ähnlich sein. Mildernde Umstände ergeben sich nur daraus, daß Mosheim auch sog. Sachzwänge und Einflüsse auf das Trachten und Planen von Menschen und Menschengruppen einzuräumen weiß. Ketzer jedoch bleiben Ketzer, weil sie in Analogie zur staatlich gefaßten Gesellschaft Aufständische sind und entsprechend zu verurteilen[6].

Die theologische aber auch geistesgeschichtlich zu nennende Voraussetzung für Mosheims Programm ist sicher die reformatorische Unterscheidung zwischen göttlichem und menschlichem Recht. Jede Gestalt und Lehre der »Kirche« wird der Sphäre menschlichen Rechts zugewiesen. Das entscheidend Neue ist aber, daß ihre geschichtlichen Formen als Veränderungen begriffen werden, deren Ursachen in forschender Beobachtung zu entdecken sind. Besonders attraktiv ist für Mosheim die Ketzergeschichte, nicht zuletzt wegen der noch aktuellen »Unparteyischen Kirchen- und Ketzer-Historie« von Gottfried Arnold[7]. Denn sie – vor allem – nützt der eigenen Zeit, damit die Lernwilligen »die Schwachheiten unsrer Natur in lebendigen Bildern erblicken und den Abgrund, wohin sie zuletzt ihre Pfleger führen, sehen und vermeiden mögen«[8]. Da die zeitgenössischen Theologen in der dogmatischen Theologie die Polemik gegen abweichende Traditionen pflegten und anwachsen ließen und sich der Geschichte wie einer Straße, deren Pflastersteine zu Wurfgeschossen gut sind, bedienten, hält Mosheim ihnen das Beispiel von Servet und Calvin entgegen[9]. Danach führt »Eifer um die Wahrheit und um die Gottseligkeit« in den Abgrund; diesen nicht »unpartheyischen« Standpunkt vertrat Mosheim. Damit bleibt die Kirchenhistorie eine theologische Wissenschaft, die sich in Konkurrenz zu aller sonstigen Theologie setzte. Denn sie allein, so lautete der Anspruch, konnte auch beweisen, daß trotz des Stürzens in den Abgrund Gott doch die »Gesellschaft der Menschen, die ihren Namen von Christus hat« vor dem Untergang

---

6 Institutiones (wie Anm. 4), S. 5 § XI.
7 Frankfurt 1699/1700; ^{2}1729; Schaffhausen ^{3}1740/2.
8 Anderweitiger Versuch einer vollständigen und unpartheyischen Ketzergeschichte, Helmstedt 1748, Vorrede S. 28.
9 Vgl. das Zitat in dem Beitrag von B. Moeller, in diesem Band oben S. 22.

bewahrt hat, d. h. Kirchenhistorie lieferte den vernünftigen Beweis der göttlichen Vorsehung, weil menschliches Agieren und Reagieren nicht zur totalen Pervertierung führte[10].

Mosheim wurde so ausführlich dargestellt, weil er für zwei Generationen die Grundlage ist und darüber hinaus die Veränderungen in der Kirchengeschichtswissenschaft nicht von ihm getrennt werden können. Eigentlich hätte alles, was über Mosheims Methodik gesagt worden ist, auch durch *Christian Wilhelm Franz Walch* aufgezeigt werden können. Sein Werk ist fast eine Bibliothek; Bücherkenntnis war ihm nicht nur Bücher darüber wert[11], sondern war regelmäßig Gegenstand seiner Vorlesungen[12].

Mosheim ist im Vergleich zu Walch wie die Anleitung zur Ausführung. In welchem Ausmaß er direkt von Mosheim lernte, was er in Jena bei seinem Vater Georg Walch lernte, ist bisher nicht untersucht; man müßte auch beachten, was in Halle von Siegmund Jakob Baumgarten (gest. 1757) gelehrt und von Johann Salomo Semler aufgenommen wurde. Ungeachtet historischer Beeinflussungen kann man sagen, daß Walch Mosheimische Kirchengeschichtsmethodik verbreitet, nun in einer vollbestückten Werkzeugkammer gesammelt und mit Anleitung zum Gebrauch versehen. Die beiden deutschen Titel in Anmerkung 11 sprechen für sich. Die Methode der Kirchenhistorie nennt er pragmatisch und erläutert diesen Ausdruck so: »indem dahin nicht allein eine sorgfältige Entdekung der Ursachen und Absichten der Begebenheiten, welche von Menschen abhangen; sondern auch eine richtige Beurtheilung über Moralität nach den Vorschriften des Gesezes und der Klugheit gehöret . . .«[13] Zu den Ursachen der Begebenheiten erklärt er: »nicht allein die innerlichen, die in der gesamten Denkungsart und Gemüthsfassung, in den Grundsätzen, Einsichten, Urtheilen, Absichten, Neigungen und Leidenschaften der handelnden Personen, oder auch wol ganzer Partheien,

---

10 Institutiones (wie Anm. 4), S. 3 § I: »Historia Ecclesiastica novi foederis perspicua est et sincera narratio rerum illarum, quae vel societati illi hominum, cui nomen a *Christo* est, extrinsecus acciderunt, vel intra ipsos eius fines gestae sunt, in qua sic eventa cum caussis suis copulantur, ut et Dei providentiam in ea constituenda et conservanda cognoscant homines, et pietate non minus, quam sapientia, crescant.«

11 Vgl. Monimenta medii aevi. Ex Bibliotheca Regia Hanoverana, 2 Bde., Göttingen 1757–1764. – Bibliotheca symbolica vetus ex monimentis quinque priorum seculorum maxime collecta et observationibus historicis ac criticis illustrata, Lemgo 1770. – Kritische Nachricht von den Quellen der Kirchenhistorie, Leipzig 1770. – Grundsäze der zur Kirchenhistorie des neuen Testaments nöthigen Vorbereitungslehren und Bücherkäntniß, Göttingen ²1773.

12 Unter den Titeln: Notitia scriptorum historiae ecclesiasticae (SS 1758); De scriptoribus historiae ecclesiasticae (SS 1763, SS 1768, SS 1770, SS 1781); häufiger Historiae theologicae litterariae und schließlich nach seinem Buch »Grundsäze. . .«.

13 Grundsäze der Kirchengeschichte des neuen Testaments, Göttingen 1761, S. 12 § 24.

liegen; sondern auch die äusserlichen, welche die Gelegenheiten, die Veranlassungen zu dieser, oder jener Veränderung gegeben.«[14] Diese Beschreibung könnte man vollständig nennen. Hinzuzufügen ist nur, daß auch die Quellen der Untersuchung dieser Art zu unterwerfen sind. Und da Walch diese ausführliche und letztlich den Leser ermüdende Untersuchung der Quellen in seine Endprodukte einschiebt, bringt er sich um den Glanz seiner Arbeiten. Sein Zeitgenosse Semler in Halle und sein vorgesehener Nachfolger Spittler laufen ihm den Rang ab. Entdeckt und gesehen hat Walch sehr viel. Durch Erfahrung, d. h. für ihn durch Geschichte, kann er zeigen, daß die Dogmatik sich ihres historischen Apparates entledigen muß. Seine dritte Göttinger Arbeit ist der »Entwurf einer vollständigen Historie der Kirchenversamlungen« (Leipzig 1759). Unter »vollständig« tat es Walch fast nie; mehr als 2000 Kirchenversammlungen werden behandelt auf 896 numerierten Seiten. Fazit daraus: Nie solle man Konzilien »zu einer Erkäntnisquelle der christlichen Religion machen, aus der wir dasjenige lernen müssen, was wir glauben und thun sollen, und das alles aus der Ursache vor wahr halten, weil es wenigstens der gröste Haufe vieler an einem Ort versamleten Kirchenlehrer zu glauben und thun befolen«. Der Grund dafür ist so simpel, wie er wahr ist: »Es ist unmöglich, daß Menschen dadurch, daß sie beysammen sind, untrüglich werden, das ist, aufhören Menschen zu seyn.«[15] Beweis für das so nur theoretisch Erkannte ist die Erfahrung, die wiederum allein aus der Kirchengeschichte zu haben ist. Denn Kirchenversammlungen haben sich gegenseitig aufgehoben; das ist die Einsicht der Vernunft, aber der von der Geschichte belehrten Vernunft. Und weiterhin führt Walch an, daß Konzilsbeschlüsse der Wahrheit widersprochen haben, wobei Wahrheit hier die Heilige Schrift ist. Also Vernunft und Bibeloffenbarung! Auf diese beiden Prinzipien ist die Theologie angewiesen; dies zu erkennen und zu begreifen, vermittelt die Erfahrung, die die Kirchengeschichte zugänglich macht.

Schon aus dem Stil Walchs läßt sich erwarten, daß man die Arbeit seiner und aller Kirchenhistorie einmal als getan und abgetan würde betrachten können. So heißt es in seiner Papstgeschichte zu Papst Innozenz I. im 5. Jahrhundert: »Nicht lange vor seinem Ende machten ihm die Bischöfe von Afrika die Freude, daß sie um die Bestätigung ihrer Schlüsse wider die Pelagianer nachsuchten. Er that es und starb.«[16] Und über Papst Gregor IX. angesichts der Friedensvorschläge, die Kaiser Friedrich II. unterbreitete: »Wie hätte aber P. Gregorius dazu kommen können, daß er der Billigkeit Gehör gegeben? Nein, eine Kirchenversamlung solte

---

14 Grundsäze (wie Anm. 11), S. 43 § 62.
15 Kirchenversamlungen, S. 23.
16 Entwurf einer vollständigen Historie der römischen Päpste, Göttingen ²1758, S. 94.

sein Unrecht bestätigen. Allein die Prälaten, welche sich zu Werkzeugen der Bosheit wolten machen lassen, fielen grösserntheils in die Hände des tapferen Entii und dadurch in sichere Verwahrung. Der alte Gregorius hatte das Glück zu sterben, ehe ihm was ärgeres wiederfuhr.«[17] Oder über Innozenz IV. »Er war wieder zu Rom, da K. Conrad starb, und weil dadurch das schwäbische Haus seine vornehmste Stüze verloren, so konte Innocentius desto leichter einen Anfang machen, Neapolis zu erobern. Indem forderte ihn Gott vor seinen Richterstuhl.«[18] Nach mehr als 250 mal weiß man, daß Päpste im besten Fall schwache Menschen, in jedem Fall aber sterbliche Menschen sind. »Unter die bequemsten Mittel, den Papst zum Oberbefehlshaber der ganzen Christenheit zu machen und die Reichthümer dieser Welt in dem Schaz der Kirchen zu vereinigen, verdienen noch die Kreuzzüge einen wichtigen Plaz...«[19] Motive und Mittel werden so angegeben, daß sie bloßstellend wirken. Neben der Bibel lehrt die Historie, d.h. die vernünftige Erfahrung, daß »die geistliche Monarchie des Papstes« nicht »göttlich sey«[20].

Neben Papsthistorie und Konzilshistorie wurde Hauptwerk der »Entwurf einer vollständigen Historie der Kezereien, Spaltungen und Religionsstreitigkeiten, bis auf die Zeiten der Reformation« (Leipzig 1762–1785) in elf Bänden mit fast 10000 Seiten, aber nur bis zum 9. Jahrhundert ausgeführt. Walch schrieb das Werk, damit sich die dogmatische Theologie nicht mehr vergangener Zeugen bedienen sollte. Und um diesen Zweck, daß dem »Religionseifer« ein Ende gesetzt werde, zu erreichen, werden die handelnden Personen in ihrer Menschlichkeit geschildert, als fromm oder hitzig und ehrgeizig. Die Anlässe zu Religionsstreitigkeiten werden untersucht, insofern sie manchmal berechtigt waren, aber von äußeren Umständen das fortdauernde Streiten begünstigt wurde. Letzteres galt vor allem für die christologischen Streitigkeiten: »Alles, was sonst in der bürgerlichen Geschichte wichtig und merkwürdig heisen kan, nur Schlachten und Eroberungen ausgenommen, ist hier vereiniget, um ihr ein äusserliches Ansehen zu schenken. Bündniße, Gesandschaften, Unterhandlungen, geheime Intrigen, Gefangennehmungen der vornehmsten Personen, so gar Bestechungen bis zur Verschwendung.«[21] Bis zum Überdruß wird es aus den Quellen – natürlich allen Quellen und jede Quelle mit Quellenkritik – rekonstruiert, was L. Spittler elegant charakterisiert: »Die Methode, nach welcher der seel. Walch dieses Werk schrieb, ist so mühevoll, aber auch so versichernd

---

17 Ebd., S. 276.
18 Ebd., S. 279.
19 Ebd., S. 282/3.
20 Ebd., S. 5/6.
21 Historie der Kezereien, Bd. V, 1770, unpaginierte Vorrede.

historisch, zugleich so gelehrt vollständig und doch wieder oft so glüklich vereinfachend gewesen...« Und dann fügt er hinzu und meint, damit gewiß die Empfindungen anderer Leser zu erraten: »Ein junger Mann, von historischem Sinn und Stil, sollte uns eine zusammenhängende vollständige Erzählung deßen geben, was Walch in der Geschichte einzelner Hauptstreitigkeiten theilweise zusammen fand, theilweise vorlegte, im einzelnen berichtigte und, nach seinem Plan, ohne eine allgemeine aufklärende Verbindung gab.«[22]

So schrieb *Spittler* 1785 zur postumen Veröffentlichung, die er besorgte. Davor, nämlich 1782, hatte er selbst einen »Grundriß der Geschichte der christlichen Kirche« veröffentlicht[23]. Es war ein Erstling dieser Art, handlich auf ungefähr 500 Seiten im Oktavformat den Überblick des Ertrages seiner Vorgänger in deutscher Sprache zu geben. Dazu war aber außer Stilgewandtheit auch Einsicht in großräumige Bedingungen notwendig. Es gelingt Spittler vor allem dadurch, daß das Handeln von Einzelpersonen hinter dem Geschick der Kirche, dieser Gesellschaft von Christen, zurücktritt. Nur dies und die elegante Formulierung ist neu gegenüber Mosheim, dem er wohl fast alles Material entnommen hat[24]. Dem Leser seiner eigenen Zeit dürfte deutlich gewesen sein, wie Spittler auf neuralgische Fragen am Ende des 18. Jahrhunderts einging, wie zum Beispiel auf das Thema einer klerikalen Hierarchie in den Bestrebungen, die Kirche eigenständig gegenüber dem Staat zu organisieren. So etwas, das konnte man bei Spittler lesen, fing scheinbar harmlos in der frühesten Christenheit an: »Das erste natürlichste Bedürfniß einer solchen neuen Gesellschaft war immer ein Lehrer, der in der Versammlung das Wort führen, was vorgelesen wurde, erklären konnte.« Man bedurfte einer solchen Person zum Urteilsspruch in Lehrfragen, auch zur Verwaltung gemeinschaftlicher Gelder. Aber für den Anfang galt: »Er war nur älterer Bruder mehrerer Geschwistrige, nur das Bedürfniß mehrerer schwächeren Mitglieder der Gemeine machte ihn nothwendig. Da er ohne alle weitere Vorbereitung von Studium unter den übrigen als der verständigste gewählt worden war, so hatte er doch immer unter der Gemeine mehrere seines gleichen.« Soweit reicht die Gestaltung der Gemeinde gemäß sachbegründeter Notwendigkeit. Dann aber sind die nachfolgenden Ursachen für die Veränderung der Urgestalt angegeben, erst die Schwächen menschlicher Natur, dann die Begünstigung durch äußere Umstände und schließlich die Gelegenheit zum Verderb. »Lange konnte aber eine solche unschuldige Einrichtung in ihrer Unschuld nicht bleiben.

---

22 Historie der Kezereien, Bd. XI, 1785, unpaginierte Vorrede.
23 Göttingen im Verlag bey Vandenhoek und Ruprecht. – »In der fünften Auflage bis auf unsere Zeit herab fortgeführt von G. J. Planck, Reutlichen 1814.«
24 Es wäre zu untersuchen, ob er J. M. Schroeckh konsultiert hat.

Persönliche Auctorität mußte sehr frühe Amtsauctorität werden.« Der äußere Umstand: »Der Lehrer einer Gemeine in einer großen Stadt mußte bald mancherley Gehülfen haben...« Überordnungen ergeben sich: »Aber apostolischer Ursprung einer Gemeine, Größe und Reichthum der Stadt, Sitz des Statthalters...« Etwa zehn hätten sich herausgehoben. Und nun die Gelegenheit: »Diese hierarchische Eidgenossenschaft aber würde sich schwerlich so gebildet haben, wenn nicht äusserer Drang die Christen gleich anfangs zum Zusammenhalten genöthigt hätte, und wenn nicht dieser Geist der Consocation, zu dessen Nährung die damalige Dogmatik sehr viel beytrug, durch das Synodenhalten geleitet worden wäre.«[25] Synoden befördern also die Ausbildung von klerikaler Hierarchie. Man hört die Ahnung sowie die Warnung angesichts neuartiger Kirchenverfassungsideen um 1800.

Immerhin hatte er aus Walch auch gelernt und hielt als »Moral« der christologischen Streitigkeiten fest: »So wahr wurde es also auch hier, daß kein Eifer heftiger ist, als der, bey dem dunkle Ideen zum Grunde liegen.«[26] Der historischen Gerechtigkeit wegen sollte aber hinzugefügt werden, daß Walch sich bei jeder der von ihm behandelten Religionsstreitigkeiten abschließend und über die verderblichen Anlässe zum Streiten hinaus auch um ein theologisches Urteil bemühte und daß in diesen Partien noch bis heute für die Theologiegeschichte Bedenkenswertes steht.

Vergleicht man Spittler mit Mosheim, so zeigt sich bei ihm dieselbe Voraussetzung für die Beobachtung von Veränderungen in der Geschichte: Die ursprüngliche Gemeindegestalt ist einfach, »aller einfachst« sagte Mosheim von der Stiftung Jesu. Ebenso ist der anfängliche und wahre christliche Glaube einfach. Folglich trat die pragmatische Kirchenhistorie prinzipiell und bewußt gegen jede eigenständige Kirchengestalt auf und stritt gegen die Theologie der Orthodoxie. Die Einfachheit des Anfangs ist geradezu der fruchtbare Angelpunkt, der die menschliche Veränderlichkeit der Gesellschafts- wie auch Lehrgestalt der christlichen Kirche erkennen läßt. Und nachdem dieses in historischem Nachweis zur Erfahrung gemacht worden war, ergab sich die Forderung, daß die Gestaltwerdung von Religion in innerer und privater Überzeugung für den vernünftigen, d.h. durch die Kirchenhistorie aufgeklärten Menschen ausreiche. Das hört sich in Spittlers Worten folgendermaßen an: »Worinn die Lehre bestanden habe, welche seine (scil. Jesu) Schüler auf seinen Befehl der Welt verkündigen sollten, darüber streitet man sich nun bald achtzehn Jahrhunderte, und dieses Streiten macht einen wichtigen Theil der

---

25 Grundriß, 3. Auflage, Göttingen 1791, S. 38–40; 5. Auflage, Reutlingen 1814, S. 66–67.
26 Grundriß, 3. Auflage, S. 124/5; 5. Auflage, S. 128.

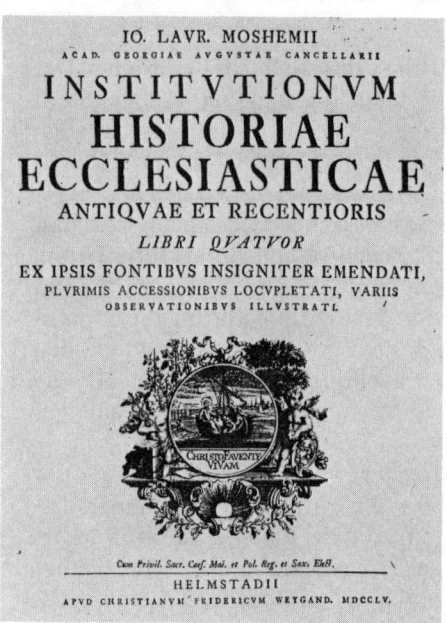

IO. LAVR. MOSHEMII
ACAD. GEORGIAE AVGVSTAE CANCELLARII
INSTITVTIONVM
HISTORIAE
ECCLESIASTICAE
ANTIQVAE ET RECENTIORIS
LIBRI QVATVOR
EX IPSIS FONTIBVS INSIGNITER EMENDATI,
PLVRIMIS ACCESSIONIBVS LOCVPLETATI, VARIIS
OBSERVATIONIBVS ILLVSTRATI.

CHRISTO FAVENTE VIVAM

Cum Privil. Sacr. Caes. Mai. et Pol. Reg. et Sax. Elect.
HELMSTADII
APVD CHRISTIANVM FRIDERICVM WEYGAND. MDCCLV.

Abb. 15.

Christian Wilhelm Franz Walchs
der Theol. Doctors und derselben und der Philosophie ordentl.
Professors zu Göttingen
Entwurf
einer vollständigen
Historie
der
Kezereien, Spaltungen und Religionsstreitigkeiten, bis auf die Zeiten
der Reformation.

Erster Theil.

Leipzig
bey M. G. Weidmanns Erben und Reich.
1762.

Abb. 16.

Abb. 15–20.
Titel bedeutender kirchenhistorischer
Werke von Göttinger Gelehrten
des 18. und 19. Jahrhunderts

Grundriß
der
Geschichte
der
christlichen Kirche.

Von
L. T. Spittler.

Göttingen,
im Verlag der Wittwe Vandenhoek.
1782.

Abb. 17.

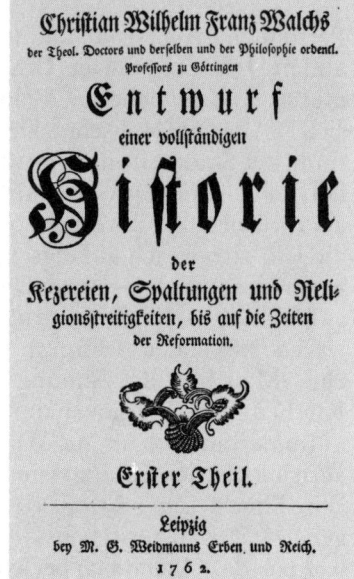

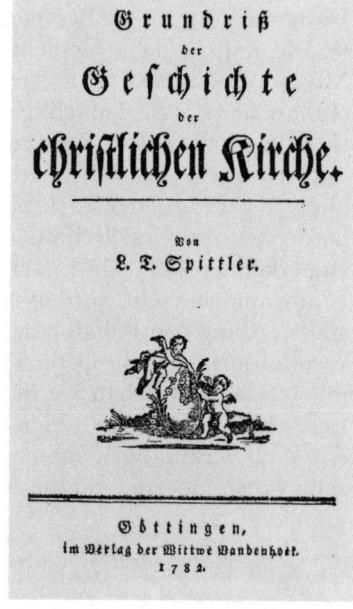

Geschichte
der
protestantischen
Theologie
von Luthers Tode
bis zu der
Einführung der Konkordienformel.
Von
D. G. J. Planck,
Konsistorial-Rath und Prof. der Theologie.

Erster Band.

Leipzig
bey Siegfried Lebrecht Crusius
1796.

Geschichte
der Entstehung, der Veränderungen
und der Bildung unseres
protestantischen
Lehrbegriffs
vom Anfang der Reformation
bis zu der
Einführung der Konkordienformel.

Vierter Band.

Leipzig
bey Siegfried Lebrecht Crusius
1796

Abb. 18.

Lehrbuch
der
Kirchengeschichte
von
D. Joh. Carl Ludw. Gieseler,
Consistorialrathe, u. ord. Professor der Theologie
zu Göttingen.

Ersten Bandes erste Abtheilung.
Vierte, neu durchgearbeitete Auflage.

Bonn
bei Adolph Marcus.
1844.

Abb. 19.

Augustinische Studien
von
Hermann Reuter.

Gotha.
Friedrich Andreas Perthes.
1887.

Abb. 20

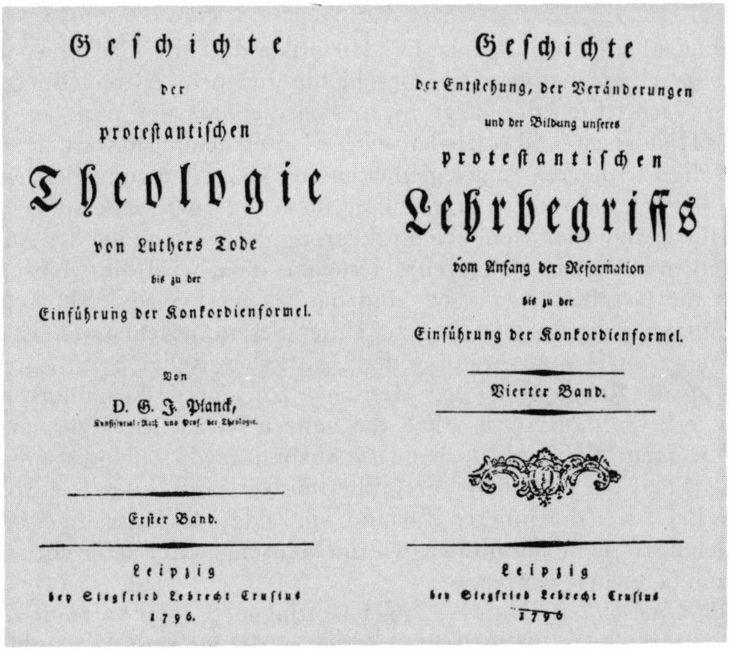

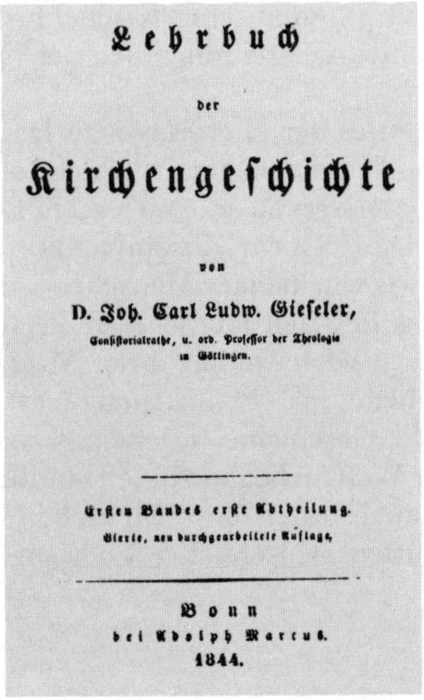

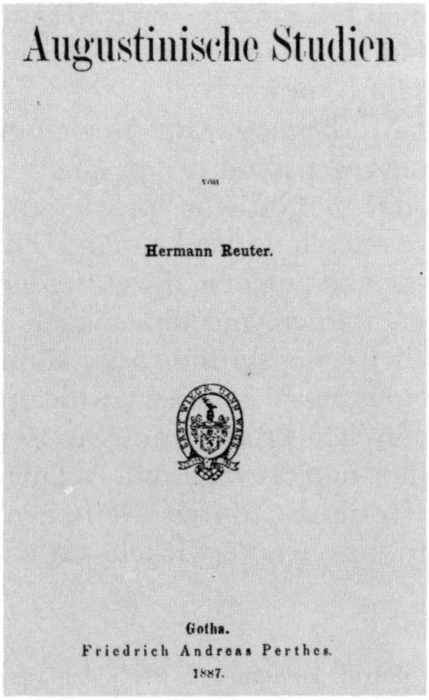

nachfolgenden Erzählung aus. Der Historiker darf also hier um so weniger seine Überzeugungen als Geschichte angeben, da das Buch, aus dessen Nachrichten die ganze Sache beurtheilt werden muß, in jedermanns Händen ist, und von jedem eigene Untersuchung fordert, der nicht gegen die wichtigsten Angelegenheiten des Menschen ganz gleichgültig bleibt.«[27] Ich halte diese Feststellung nicht für einen Sarkasmus, auch nicht für Resignation, sondern für die fromme Überzeugung des Aufklärers: eigenes Bejahen ist eigenes Urteilen, dazu wird die Menschheit durch die Geschichte erzogen, und das sei im Prinzip, d.h. bei den Vernünftigeren auch schon erreicht. Unter diesem Gesichtspunkt ist auch der Topos von der Ausbreitung der christlichen Religion zu begreifen. Denn als die Religion, die den Menschen zur inneren Frömmigkeit der Moral erhebt, muß sie letztlich die ganzen Menschen ergreifen und durchdringen. Während Mosheim die Ausbreitung in Analogie zum politischen Staat als äußerliche Vergrößerung verstand, integriert Spittler diesen Bereich in den inneren Zustand; am Ende jedes Zeitraumes faßt er nämlich beurteilend zusammen, wie die Menschheit durch die christliche Religion bereichert worden ist.

Gottlieb Jakob Planck kam 1784 nach Göttingen. Spittler hatte die Zuhörerschaft gewonnen, über deren Ausbleiben der alternde Walch klagte. Als Walch starb, empfahl Spittler seinen schwäbischen Landsmann zum Nachfolger, während er selbst in der Philosophischen Fakultät bei der Profangeschichte blieb. Planck wirkte in Göttingen fast 50 Jahre. Er faßte in einem weiteren Grad der Intensität seine beiden Vorgänger zusammen und stieß bis zur äußersten Möglichkeit pragmatischer Kirchenhistorie vor; dadurch wurde seine Kirchengeschichtsschreibung auch der Nährboden für Neues.

Seit Mosheim war die Vorsehung Gottes der übergeordnete Demonstrationsgegenstand der pragmatischen Kirchenhistorie. Walch formulierte, daß die göttliche »providentia« besonders zu erkennen sei in Ereignissen, »deren Entstehen und Folgen aus einem Zusammenfluß von Ursachen herzuleiten, die entweder gewis von keinem Menschen vorhergesehen werden und daher auch gewis bey den handelnden Personen keine Bewegungsgründe seyn können;... oder wol gar ihren Absichten und Hofnungen geradezu widersprechen...«[28] Planck macht es zum methodischen Programm: »Sie (scil. die Geschichte) überzeugt uns am stärksten, daß es ewige vom Anfang der Welt an beobachtete Handlungsweise Gottes ist, durch Menschen – auch durch böse Menschen – zu würken, aus den verwickeltsten Entwürfen menschlicher Thorheit oder

---

27 Grundriß, 3. Auflage, S. 24; 5. Auflage, S. 56.
28 Grundsätze (wie Anm. 11), S. 34/5 § 49.

menschlicher Habsucht die seinige herauszubringen.«[29] Gegenstand – oder richtiger: Zielscheibe – seines Programms ist die Konkordienformel. Eine »pragmatische Geschichte« soll es sein[30], was nach allem Gesagten weder für den Lehrbegriff noch für die Konkordienformel etwas Gutes erwarten läßt. Aber abgesehen von dem Vorurteil, das Planck aufklären und damit aufheben wollte, als sei der Lehrbegriff das »wiederholte Bekenntnis von Augsburg« oder gar Luthers Lehre – es interessieren die methodischen Mittel, die er zur Darstellung seiner aufklärenden Geschichte einsetzt. Denn erst Planck vertieft sich in die Faszination, daß einzelne Menschen und menschliche Mittel die ausschließlichen Handlungsurachen sind. Pläne, Absichten, Stimmungen und Leidenschaften sind die alleinigen Antriebe zu Handlungen, die in Ereignisse resultieren. Also z. B. die Vorbereitung der Reformation. Da handelte der Papst als Fürst des Kirchenstaates. »Dabey kamen hundert Fälle vor, wobey die Fürsten Theils die würkliche Schwäche dieser fast ganz in der Einbildung bestehenden Macht näher kennen lernten, theils von den Päbsten selbst öfter erfuhren, daß es ihnen im Nothfall nicht darauf ankam, ein eingebildetes Recht des Oberhaupts der Kirche aufzuopfern, um einen würklichen Vortheil für den Regenten des Kirchenstaats zu erhalten... Es mußte endlich, so wie es öfter, gröber, sichtbarer geschah, nothwendig die Würkung hervorbringen, daß ihnen allgemach die Binde von den Augen fiel...«[31] Genauso soll dem Leser die Binde von den Augen im Hinblick auf die Dogmatik der Theologen genommen werden. Denn die Theologen waren es, die in den politischen Verteidigungsplanungen und Friedensabsichten dazwischen gefahren waren. So schon vor 1530, als der Schmalkaldische Bund gebildet werden sollte; Planck schiebt deswegen nach der Darstellung der politischen Reformationsgeschichte bis 1529/30 den großen Abendmahlsstreit zwischen Luther und Zwingli ein, um deutlich zu machen, daß Theologengezänk das politisch richtige Verteidigungsbündnis verhindert habe. Nachdem sozusagen ausreichend vorgeführt wurde, daß allein den Theologen die Schuld am Streiten zu geben ist (Bd. 1–3,2), brauchten sich die restlichen Bände über das Entstehen des Konkordienwerkes kaum noch anzuschließen. Das bemerkt Planck selbst und kommentiert damit den Zeitenwandel, den er sicher nicht allein durch sein Werk geschaffen hat: »Zu einem der Zwecke, wegen denen ich bey der ersten Anlage des Werks diese Behandlungs-Art wählen zu müssen glaubte, ist jetzt allerdings dieses Aufdecken nicht mehr nothwendig!

---

29 Geschichte der Entstehung, der Veränderungen und der Bildung unseres protestantischen Lehrbegriffs vom Anfang der Reformation bis zu der Einführung der Concordienformel, 6 Bde., Leipzig 1781–1800; Bd. 1–3,2 in 2. Auflage 1791–1798. – Bd. 1, ²1791, S. XIII.
30 Geschichte Bd. 1 (wie Anm. 29), S. IV.
31 Ebd., S. 10–11.

Dem Vorurtheil für die Autorität unserer ältern Theologen, das freylich durch nichts so würksam niedergeschlagen werden konnte, als durch eine treue Geschichte ihrer Händel in diesem Zeitraum, diesem Vorurtheil darf jezt nicht mehr entgegengewürkt werden. Es hat sich in diesen lezten fünfzehn Jahren so ganz unter uns verlohren, daß man beynahe zu dem entgegengesezten übergangen ist.«[32] Trotzdem fährt er fort im »Aufdekken«, weil er vielleicht eine weitere Aktualität im Hinblick auf die Kirchenspaltung der Protestanten witterte. Denn nichts als beleidigter Ehrgeiz des Hauptakteurs Jakob Andreä soll in die Konkordienformel diejenigen Bestimmungen hineingezwungen haben, die die Spaltung mit den Reformierten zu einer politischen Kirchenspaltung machten. Also wird geschildert die List der Theologen, Erbitterung der Theologen und Haß der Theologen. Selbst die Zustimmungsverweigerung des Herzogs Julius von Wolfenbüttel-Braunschweig ereignete sich in letzter Minute aus Erbitterung, was nicht einmal ganz unwahrscheinlich ist[33]. Und keineswegs ist alles in die Motive, die sich Planck aus den Ereignissen und Quellen erschließt, nur hineinprojiziert worden. Nachdem Herzog Julius vom Förderer zum Behinderer des Konkordienwerkes geworden war, kam das Werk trotzdem zu einem Abschluß: »Es war daher höchst natürlich, daß man des längeren Handlens darüber müde wurde, und somit gab diese Ermüdung höchst wahrscheinlich die nächste Veranlassung zu dem Entschluß, den man jetzt faßte, alles weitere taktiren abzubrechen, die Konkordie mit den Ständen, welche sich biß jetzt dazu bereit erklärt hatten, durch die Publikation der Formel würklich abzuschließen, und sich um diejenigen, die ihren Beytritt verweigert hatten, nicht weiter zu bekümmern.«[34] Nachdem die Schwachheiten menschlicher Natur so konsequent zu Handlungsursachen gemacht worden waren, war die pragmatische Kirchenhistorie an ihrem Ende; denn die Fäden der Absichten und Pläne der verschiedenen Einzelpersonen noch zusammenzuhalten und zu einem guten Ende zu führen, konnte man Gottes Hand kaum noch zutrauen. Theoretischer könnte man sagen, daß es sich als falsch erwies, ein Ereignis so auf die Handlungsmotive der Einzelakteure zurückzuführen, daß aus ihnen als den Ursachen das Ereignis selbst ausreichend beurteilt werden könnte.

Planck bemühte sich um die Abgestoßenen in seiner eigenen Gegenwart. Er war kein aufklärerischer Nihilist bzw. Moralist. Nur die Mißverständnisse, die sich durch Erbitterung und Ehrgeiz eingeschlichen hatten, wollte er beseitigen. Dann würde eine Kirchenunion zwischen Lutheranern und Reformierten stattfinden können. In diesem Sinne schrieb

---
32 Geschichte (wie Anm. 29), Bd. 4, 1796, S. XII.
33 Vgl. Geschichte (wie Anm. 29), Bd. 6, 1800, S. 668–670.
34 Ebd., S. 670/1.

er: »Über die Trennung und Wiedervereinigung der getrennten christlichen Haupt-Partheyen, mit einer kurzen historischen Darstellung der Umstände, welche die Trennung der lutherischen und reformirten Parthie veranlaßten, und der Versuche, die zu ihrer Wiedervereinigung gemacht wurden« (Tübingen 1803). Zum gleichen Zweck führte er die Disziplin Symbolik ein, sozusagen Dogmengeschichte im Hinblick auf die gegenwärtigen Religionsparteien, wie man die getrennten Kirchen nannte. Kirche als Institution wollte er keineswegs abgeschafft wissen. Gegen die Ansicht, daß Kirche als moralische Gesellschaft zu verstehen sei – damit meint er den Philosophen I. Kant – schrieb er: »Geschichte der christlich-kirchlichen Gesellschafts-Verfassung« (Hannover 1803–1809) mit insgesamt ca. 3500 Seiten[35]. Dieses Werk endet mit dem 15. Jahrhundert, dem wahrlich tiefsten Mißstand: »Aber dieß Institut ist doch (scil. trotz Mißbrauch) zugleich bey allem, was Menschen daraus machten, unaussprechlich wohltätig für die Menschheit geblieben... es wird auch im neunzehnten Jahrhundert nicht untergehen!«[36]

II. Im Banne des historischen Rationalismus

Johann Carl Ludwig Gieseler wurde schon 1831 in die Nachfolge Plancks berufen, bevor allgemein deutlich geworden war, welche neuen Einsichten in die Geschichtlichkeit der Kirche und damit als Folge für die Kirchengeschichtsschreibung es gab. Studiert hatte er in Halle, also ein wenig abseits, da die Universität nach ihrer Wiedereröffnung im Jahre 1808 vorerst ein Schattendasein führte. Seine kirchengeschichtlichen Grundlagen erarbeitete und veröffentlichte er als Professor an der neuen preußischen Universität in Bonn, zu deren Erstberufenen er im Jahre 1819 gehörte[37]. Er hatte also schon einen Standpunkt, als A. Neander aus Berlin neuartige Kirchengeschichte publizierte und als F. C. Baur aus Tübingen sich vernehmen ließ, d.h. einen Standpunkt gegenüber der frommen wie auch gegenüber der spekulativen Kirchengeschichte. Neander hatte etwas von der Tiefe des inneren Lebens entdeckt und stellte biographisch dar[38], Baur erkannte die Fruchtbarkeit der ›Idee‹ in der Hegelschen Philosophie und schrieb dogmengeschichtliche Monogra-

---

35 Vgl. Gesellschafts-Verfassung Bd. 1, S. VII/VIII.
36 Gesellschafts-Verfassung Bd. 5, S. 792/3.
37 J. C. L. GIESELER: Lehrbuch der Kirchengeschichte, 5 Bde., Bonn 1825–1829.
38 Vgl. Der heilige Bernhard und sein Zeitalter. Ein historisches Gemälde, entworfen von AUGUST NEANDER, (Berlin 1813) Hamburg und Gotha ²1848. – DERS.: Der heilige Johannes Chrysostomus und die Kirche, besonders des Orients, in dessen Zeitalter, 2 Bde., Berlin 1821/2. – DERS.: Denkwürdigkeiten aus der Geschichte des Christenthums und des christlichen Lebens, Berlin 1823.

phien[39]. Von beiden hielt sich Gieseler gleich weit entfernt und wies auf die Sprödigkeit der Quellen hin, so daß in seiner Kirchengeschichte der Abdruck der Quellen unter dem eigentlichen Darstellungstext streckenweise den größeren Teil der Seiten einnimmt.

Ein Theologe war Gieseler nicht, obwohl er Dogmengeschichte regelmäßig gelesen hat[40]. Das Durchdenken der Probleme endete für ihn mit dem Entwicklungsstand der Heilslehre in der Alten Kirche, die ihm in der ausgleichend lutherischen Interpretation wiederzukehren schienen. Denn vom Standpunkt der Aufklärung kam er nicht los, daß die heilsnotwendige Lehre in Jesu Lehren schon gegeben war; die Entwicklung darüber hinaus war nur eine Ausformung, die von den Umständen der Zeit wie von den jeweiligen Bedürfnissen der Menschen bedingt war, womit er Mosheims Grundsatz über die Veränderungen der Institutionsgestalt der christlichen Religion konsequent auf die Geschichte der Glaubenslehre übertrug[41]. In dem Streit um den Konfessionalismus bezog er frühzeitig eine eindeutige Stellung und behauptete das Recht eines »historischen Rationalismus«; denn es sei Sache der menschlichen Vernunft, »aus der historischen Überlieferung die göttliche Wahrheit von den menschlichen Zuthaten auszusondern«[42]. Hier sah er eine Aufgabe, die in der Reformation übergangen worden war.

Gieselers Kirchengeschichte ist in ihrer Zeit als sehr brauchbar anerkannt worden, was auch sein Kritiker F. C. Baur noch 1852 bestätigt[43]. Es gelang ihm, aus den Quellen das faktisch Mitteilbare zu formulieren, während die Quellen selbst wie ein eigenes Lesebuch den Leser in die Sprachwelt der vergangenen Zeitalter hineinnehmen wollten. Gieseler ist dabei nicht ohne Urteilen vorgegangen, denn schon die Auswahl der Quellen verlangt ein hohes Urteilsvermögen. Ich gebe zwei Beispiele. Dem 18. Jahrhundert und der Aufklärung wie dem Protestantismus insgesamt erschien die asketische Bewegung der Alten Kirche und des

---

39 Vgl. F. C. BAUR: Das Manichäische Religionssystem nach den Quellen neu untersucht und entwickelt, Tübingen 1831. – DERS.: Die christliche Gnosis oder die christliche Religions-Philosophie in ihrer geschichtlichen Entwicklung, Tübingen 1835. – DERS.: Die christliche Lehre von der Versöhnung in ihrer geschichtlichen Entwicklung von der ältesten Zeit bis auf die neueste, Tübingen 1838. – DERS.: Die christliche Lehre von der Dreieinigkeit und Menschwerdung Gottes in ihrer geschichtlichen Entwicklung, 3 Bde., Tübingen 1841/3.
40 Sein Vorlesungsmanuskript ist veröffentlicht: Lehrbuch der Kirchengeschichte. Sechster und letzter, ergänzender Band. Die Dogmengeschichte. Aus seinem Nachlasse herausgegeben von E. R. Redepenning, Bonn 1855.
41 Vgl. ebd., S. 6–7.
42 GIESELER: Rückblick auf die theologischen und kirchlichen Richtungen und Entwickelungen der letzten funfzig Jahre, Göttingen 1837, S. 10.
43 Vgl. F. C. BAUR: Die Epochen der kirchlichen Geschichtsschreibung, Tübingen 1852, S. 232/3.

Mittelalters als etwas Fremdartiges, ja fast Abartiges. Wie sollte man also die Bettelmönche im Hohen Mittelalter darstellen? Mosheim[44] nahm sie zur Kenntnis, aber ordnete sie dem Zusammenhang mit den kirchenkritischen Armutsbewegungen zu. Wegen der Laster und Vergehen und wegen des Reichtums im Klerus hätten die Menschen sich für die Künder einer freiwilligen Armut begeistert, sie hätten sich auch solche apostelgleichen Lehrer gewünscht. Der Kirchenführer Papst Innozenz III. habe die kirchenpolitische Gelegenheit durchschaut und zwei Bettelorden institutionalisiert. Dann berichtet Mosheim von Dominicus und Franciscus: Franz von Assisi, der Kaufmannssohn, zog sich in seiner Jugend wegen Sünden und Lastern eine schwere Krankheit zu, wurde jedoch gesund. Daraufhin »piam quamdam amentiam vita et moribus profitebatur«. Wenn »mens« Vernunft heißt, ist »amentia« nicht weit von blödsinnig. Franz und seine Gefährten hätten Matthäus 10,10 wörtlich genommen, nämlich ohne jeglichen Besitz auf Wanderpredigt zu gehen. Darüber urteilt Mosheim abschließend: »vir sine controversia bonus et pius, verum prorsus rudis, et rationis praeterea ob cerebrum morbo debilitatum inops« (ein zweifellos guter und frommer Mann, aber ganz ungebildet und wegen einer Hirnschädigung arm an Verstand). Spittler schreibt kurz: »Freund und Zeitgenosse des Dominicus war ein Italiäner Franz von Assisi, ein Mann, dem man alle Ehre anthut, wenn man glaubt, es habe ihm im Kopfe gefehlt.«[45] Dieses Urteil und seine Formulierung nahm man Spittler sehr lange übel[46]. Gieseler dagegen: »Seine überspannte Schwärmerei galt anfangs für Wahnsinn, wurde aber bald Gegenstand einer fast abgöttischen Verehrung.«[47] Die Information ist sachlich gehalten; der Leser meint, sich selbst ein Urteil zu bilden, da ihm keine Urteilsformulierung vorgelegt wird, sondern scheinbar nur die Haltung der damaligen Zeitgenossen. Aber der Leser wird wohl zum gleichen Schluß gekommen sein wie Mosheim, zumal Gieseler zu weiterer Beschäftigung mit Franz nicht anleitet, nachdem er zwei Seiten vorher geschrieben hatte: Der Waldenser Idee vom apostolischen Leben habe tiefen Eindruck auf das Volk gemacht. »Indem sich die neuen Ordensstifter der dort gegebenen Idee bemächtigten, gelang es ihnen sowohl den feindlichen Geist derselben zu Gunsten der Kirche zu bannen, als auch ihren Orden einen Einfluß und eine Wirksamkeit zu sichern, wie noch nie eine Mönchsgesellschaft gehabt hatte.«[48] Gieseler bleibt in beurteilender Distanz; er denkt nicht daran, aus Franz das religiöse Moment herauszu-

---

44 Institutiones (wie Anm. 4), S. 516–518, das Zitat S. 518.
45 Grundriß (wie Anm. 25), S. 312; 5. Aufl., S. 258.
46 Vgl. G. Krüger in: RE ³7, 1899, 460, 43–46.
47 Gieseler, Lehrbuch (wie Anm. 37), Bd. 2,2, ³1832, S. 327/8.
48 Ebd., S. 325.

filtern, sondern stellt ihn so in eine vergangene Zeit, die selbst schon das Urteil über ihn gesprochen haben soll. Fast amüsant ist es, daneben A. Neanders Bemühungen zu beobachten, um Franz trotz seiner »Exzentrizität« noch Erbauliches abzugewinnen[49].

Ein zweites Beispiel soll Papst Gregor VII. sein, der für Protestanten und wegen Canossa für Deutsche überhaupt ein Problem ist. Spittler schrieb im Anschluß an Mosheim: »Hauptzweck aller seiner Bestrebungen war wohl kein anderer als die Kirche, und das war nach dem damaligen Stil niemand anders als die Geistliche, vom Staat völlig unabhängig zu machen, so gar den Staat der Kirche ganz zu unterwerfen.« Dazu ersann er zwei Mittel, nämlich die Ehelosigkeit der Geistlichen, um sie der Verflechtung mit der Welt zu entziehen; und den Vorwand der Simonie, um die Amtseinsetzung der Geistlichen den weltlichen Regenten zu entreißen. »Vielleicht hat noch kein menschlicher Kopf ein ausschweifenderes politisches Project ausgeheckt, vielleicht ist auch noch kein Project mit mehr Unvorsichtigkeit ausgeführt worden als dieser Entwurf Gregors.« Das Fazit ist eindeutig, daß dieser Mann abgesehen von seiner irren Absicht auch ein unfähiger Politiker war[50]. Gieseler urteilt als Kirchenhistoriker genau umgekehrt: Als Staatsmann war Papst Gregor VII. »bewundernswerth«; aber »nach dem Character, den er allein geltend machte, als Haupt der Kirche Christi und als Apostel christlicher Wahrheit..., so fühlen wir uns doch durch sein blos staatskluges Handeln entschieden zurückgestoßen«. Denn er »ordnet... seine geistliche Strafgewalt politischen Zwecken unter«, er sei klug berechnend und nicht wahrheitstreu gewesen[51]. Gieseler berichtet, aber weder von Politik, die umfassender ist

---

49 Krankheiten hätten Franz »zu einer ganz neuen Lebensrichtung angeregt... Es wäre wichtig, die Beschaffenheit jener Krankheit, die Art, wie sie auf seine leibliche und geistige Verfassung einwürkte, genauer kennen zu lernen. Vielleicht würde dadurch das Excentrische in seinem Leben, diese Mischung religiöser Begeisterung und einer an Wahnsinn gränzenden Schwärmerei sich besser erklären lassen; aber es fehlen uns darüber genauere Nachrichten... Die Veränderung, welche mit ihm vorgegangen war, und seine ascetischen Übertreibungen veranlaßten zuerst, daß er von der Menge als ein Wahnsinniger verspottet wurde; da er sich aber durch keinen Spott und keine Schmach in seinem Vorsatze und in seiner Lebensrichtung irre machen ließ, und da in der That etwas über den Spott Erhabenes, was die tieferen und innigeren Gemüther anziehen konnte, in ihm war: so mußte dies ihm zuletzt den Sieg verschaffen. In einer solchen Zeit konnte das Übertriebene und Karrikaturartige, wenn eine tiefere der Stimmung vieler Gemüther zusagende Idee dabei zum Grunde lag, den allgemeineren Einfluß vielmehr befördern, als hemmen.« A. NEANDER: Allgemeine Geschichte der christlichen Religion und Kirche, 5. Bd. 1. Ab. = 9. Teil des ganzen Werkes, 1841, S. 358–360.
50 Grundriß (wie Anm. 25), 3. Auflage, S. 220–221; 5. Auflage, S. 194–195.
51 Gieseler, Lehrbuch (wie Anm. 37), Bd. 2,2, ³1832, S. 9; vgl. Neander, Allgemeine Geschichte (wie Anm. 49), S. 105/6.

als die Geschichte der verfaßten christlichen Gesellschaft, noch von Frömmigkeit bringt er genug ein.

Genau diesem Mangel wollte *Hermann Reuter* abhelfen. Es ist mit ihm ein nachdenklicher Schlußpunkt gegeben. *L. Dunckers* vermittelnde Stellung zwischen dem erweckten Neander und dem spekulativen Baur war ephemer; er hatte in Berlin bei Schleiermacher und Neander studiert, war aber dann seit seinem Lizentiatsexamen 1836 in Göttingen und rückte nach Gieselers Tod 1854 in dessen ordentliche Professur auf. Einen ausreichenden Eindruck von seinem kirchengeschichtlichen Standpunkt vermittelt seine dogmengeschichtliche Monographie »Des heiligen Irenäus Christologie im Zusammenhange mit dessen theologischen und anthropologischen Grundlehren« (Göttingen 1843). Als dogmengeschichtliche Monographie ist die Untersuchung den Absichten F. C. Baurs vergleichbar, aber gewidmet ist sie »seinen theuren Lehrern, dem Herrn Consistorialrath Dr. Friedrich Lücke zu Göttingen und dem Herrn Oberconsistorialrath Dr. August Neander zu Berlin«. Baurs Monographie über die Versöhnungslehre (vgl. o. Anm. 39) will er nicht folgen, aber die Unterscheidung zweier Lehrbegriffe, des anthropologischen des Paulus und des theologischen des Johannes, hat er doch auch gerade von Baur gelernt. In der Christologie des Irenäus sah er diese beiden Linien zusammenkommen, so daß ihm Irenäus zu einem Modell theologischer Vermittlung wird, die »von der christlichen Erfahrung als Grundlage ausgeht«[52].

Julius August W. Wagenmann, der 1861 nach Göttingen geholt wurde, ist angesichts des zugänglichen Materials kaum zu charakterisieren. Er war ein Historiker, der Realien in der ganzen Breite von Geschichte beherrschte; so schrieb er nicht nur die »Säcularerinnerungen« in den »Jahrbüchern für deutsche Theologie«, deren Mitherausgeber er von 1870–1878 war, sondern in der zweiten Auflage von Herzogs Realenzyclopädie 144 Artikel und war außerdem an der Redaktion der Allgemeinen Deutschen Biographie beteiligt. Man hat ihn deswegen mit »einer wandelnden Realencyclopädie der Theologie« verglichen, mit überlegt vermittelndem Urteilssinn, aber einem Bewußtsein für ungelöste Probleme[53].

Von Duncker und Wagenmann unterscheidet sich *Reuter* durch sein theologisches Suchen, das nur deshalb nicht zum Grübeln wurde, weil er ein penibler Methodiker war. »Ihm war nicht der Geist verliehen, der

---

52 Duncker, Christologie, S. 13. Hinzuzufügen ist, daß Duncker durch seine Identifizierung des Verfassers der Philosophoumena, in der handschriftlichen Überlieferung Origenes zugeschrieben, mit Hippolyt von Rom eine bleibende philologische Einsicht begründete; vgl. Götting. Gel. Anz. 1851, 1513–1550 und die Ausgabe von 1859.
53 Vgl. PAUL TSCHACKERT: Art. Wagenmann. In: ADB 40, 1896, 477/8.

leicht und mühelos das Schwerste sich aneignet, der mit blitzschnellem Ahnungsvermögen das voraus erfaßt, was die Arbeit der einzelnen bestätigt. Seine Eigenart war es, Schritt für Schritt, mit unermüdlichem Fleiße, mit nie ermattender Sorgfalt, den steilen Weg sich zu bahnen durch die Trümmerstätten der Vergangenheit. Das hat er selber stets klar und bestimmt gewußt.«[54] Seine Berufung nach Göttingen erfolgte nach den Worten von Albrecht Ritschl, weil er als »der Renommierteste in der Kirchengeschichte« galt[55]. Die Nachdenklichkeit Reuters ist nicht unabhängig von der unüberbrückbaren Differenz seiner beiden Berliner Lehrer A. Neander und Ph. Marheineke. So kann man wohl seine Formulierungen verstehen, in denen er seine eigene Aufgabe beschreibt: »Aber auch der Kirchenhistoriker, wie er überhaupt durch fortgehende dogmatisch-ethische Studien die Sehkraft zur Auffassung der geschichtlichen Verhältnisse der Kirche zu stärken hat, so wird er sich auch an den dogmatischen Discussionen über die begriffliche Construction der Natur derjenigen Stiftung, deren geschichtlichen Proceß er darzustellen hat, betheiligen können, ohne seinen eigenthümlichen Studienkreis, dessen Begrenzung allerdings die Bedingungen jeder erfolgreichen Arbeit ist, zu überschreiten.«[56] Eine der beiden Abhandlungen, denen das Zitat entnommen ist, nahm Stellung zu dem äußerst aktuellen Thema »Zur Controverse über Kirche und Amt«. Ist der eine Pol seiner Auseinandersetzung mit dem Konfessionalismus der Bezug auf Marheineke, so ist der andere Pol die Entschränkung von Neanders Einseitigkeit: »Es ist ein beschämendes Gefühl, das mich ergreift, indem ich erkläre, die politischen Historiker haben in dieser Zeit – abgesehen von dem, was für die Erforschung der ersten christlichen Jahrhunderte geschehen ist – mehr für die Kirchengeschichte geleistet als die Theologen. Oder sollte dieselbe von uns etwa in die Grenzen eingeschlossen werden, die Neander inne gehalten?«[57]

Ein zentrales Thema ist das Verständnis von Kirche; denn wenn sich die Kirche zu der einen Trägerin der Verheißungen, die dem Gottesreich gelten, machte, müßte sie die Auflösung der staatlichen Institutionen sein. Das habe der mittelalterliche Katholizismus getan – und dabei wurde die Kirche selbst zum Staat, sie verweltlichte[58]. Mit dem mittelalterlichen Katholizismus möchte Reuter deswegen theologisch fertig wer-

---

54 HERMANN SCHULTZ: Worte gesprochen an dem Sarge des Professors Hermann Reuter. Göttingen, den 19. September 1889, Gotha 1889, S. 5.
55 Mitgeteilt von OTTO RITSCHL: Albrecht Ritschls Leben, Bd. 2, 1896, S. 284.
56 H. REUTER: Abhandlungen zur Systematischen Theologie, Berlin 1855, Vorrede.
57 H. REUTER: Geschichte Alexanders des Dritten und der Kirche seiner Zeit, (1845), Zweite völlig neu ausgearbeitete Ausgabe, 3 Bde., Leipzig 1860–1864. Zitat Bd. 1, S. VII.
58 Vgl. Reuter, Abhandlungen (wie Anm. 56), S. 53–55.

den. »Und doch gilt es, den Katholicismus in den Epochen seiner imponirenden Machtstellung zu würdigen und die prächtigen Gemälde seiner Geschichte aufzurollen, soll in dogmatischer Beziehung sein Wesen, die Universalhistorie der Kirche verstanden werden.«[59] Dazu wählt er sich Papst Alexander III. (1159–1181), weil er in dessen Pontifikat Bewegungen und Ideen in welthistorischer Weite kulminieren sieht. Er geht ihnen allen nach, dem Pontifikat mit den vier Gegenpäpsten, dem Kaiser Friedrich I., den Schicksalen Englands, Frankreichs, Italiens usw. und den Frömmigkeitsbewegungen und den geistigen Bewegungen. Es ist ein allumfassendes Unternehmen, nicht nur vollständig aus den Quellen belegt, sondern auch die vorhandene Literatur aufnehmend, insgesamt 2090 Seiten. Da Reuter abwägend formuliert, ist sein Ergebnis nicht in einem Zitat zusammenzufassen. Es ergibt sich ihm deutlich, daß eine geschichtliche Person wie Papst Alexander III. weder allein politisch noch allein religiös beurteilt werden kann: »Die Kirchenpolitik der Päpste setzt eine gewisse Summe hierarchischer Ideen voraus. Jene ist practisch, diese theoretisch. Und unfraglich ging die Absicht dahin, dieselbe in das Leben der Praxis umzusetzen. Aber darum ward doch diese nicht die Erscheinung jener Ideen. Vielmehr vermittelte beide die die jedesmalige Weltlage umspannende Combination.«[60] Ansprüche der Ideen mit den Möglichkeiten des Augenblicks zu vermitteln, das sei die Kunst des Handelns, an der der Mensch, der Papst war, zu messen ist.

In historischer Forschung will sich Reuter also einer theologischen Einsicht vergewissern, ja sie erst nach gesichertem historischen Bild formulieren. Aber in der biographisch angelegten Untersuchung mußte er scheitern; denn den von ihm gesuchten archimedischen Punkt, d. h. den Schnittpunkt von Universalgeschichte, der geschichtliche Erfahrung in der Lebensgeschichte oder gar Lebensentscheidung einer Einzelperson zu gedanklicher Evidenz bringt, gibt es wohl nicht. Die pragmatische Kirchenhistorie hatte entschieden, daß Kirche nach ihrer religiösen oder theologischen Bestimmung quasi Nicht-Institution zu sein habe. »Simplicissima« sagte Mosheim. Aber gegen ihr Verschwinden als Institution wendete sich schon Planck; Gieseler bezeichnete den Einspruch, der vom Kirchenhistoriker auszugehen habe, als »historischen Rationalismus.« Reuter beruhigt sich dabei nicht, sondern sucht weiteren Rat bei Augustin, er studiert ihn – und muß erkennen, daß sein Kollege Ritschl nichts von dem Ineinander von kirchlicher Institution und unsichtbarer Kirche verstanden hat und daß Adolf Harnack in seinen Darlegungen der Dogmengeschichte gerade dazu Augustin nicht sorgfältig genug gelesen hat. Zu Ritschl bemerkt er: »Gleichwohl wäre es möglich, daß ›Augustin's

---

59 Reuter, Alexander (wie Anm. 57), Bd. 1, S. VII.
60 Reuter, Alexander (wie Anm. 57), Bd. 3, S. 508.

Aufstellungen im pelagianischen Streite über Erbsünde und Gnade durch direkte oder indirekte Beziehungen auf die objektive Heilsbedeutung der Kirche beherrscht« wären. Ob das wirklich der Fall sei, darüber kann nur auf Grund einer genauen Analyse der Quellen entschieden werden.«[61] Weil Reuter das Thema »Kirche« durch die Dogmengeschichte pragmatischer Art noch nicht für entschieden hält, studiert er Augustin und kann zeigen, daß die Gnadenlehre Augustins nicht aus der Lehre von der Kirche abgeleitet ist, so daß Heilserfahrung und Kirche als Institution nicht vorgegebene Gegensätze sein müssen. Er erkennt, daß Augustin »nicht die Kirche als Heils- und Gnadenanstalt in erster Linie gewürdigt hat, hat würdigen wollen, sondern im Vergleich mit der Gnade in Christo als die Dienerin, als den ihm dienstbaren werkzeuglichen Organismus«[62].

Mit Harnacks Konzeption von Dogmengeschichte, zuerst 1886 veröffentlicht, war Reuter gar nicht einverstanden[63]. Aber ausgerechnet mit ihm belegt Harnack sein Grundverständnis Augustins[64], übergeht jedoch die These Reuters und beruft sich nur auf dessen konzedierende Einschränkung[65]. Harnack, der das Programm Ritschls umsetzte, war Erfolg beschieden, Reuter dagegen ist immer erst wieder zu entdecken. Es gibt zu denken, daß Harnack sich als Dogmengeschichtler in seinen Absichten von Gieseler kaum unterscheiden läßt. Gieseler: »Die Reformation wurde hervorgebracht durch den Anstoß, welchen das sittlich religiöse Gefühl an der Gestaltung der katholischen Kirche nahm«, und beschränkte sich auf deren Heilung. »Es wäre nun der Wunder größtes gewesen, wenn sich blos in die practisch wichtigen, nicht aber in die rein speculativen Lehren der Dogmatik Irrthum eingeschlichen hätte, während diese doch auch einer allmähligen, geschichtlich nachweisbaren Entwickelung ihre Gestalt verdankten, und noch mehr und länger als jene von dem menschlichen Vorwitze und dem klügelnden Verstande mit Vorliebe behandelt, und zu Gegenständen von oft sehr unheiligen Streitigkeiten gemacht worden waren.«[66] Harnack: Durch Luther mitverursacht »geschah es, dass man sich den neuen evangelischen Standpunkt sehr bald fast ausschließlich an der ›Abschaffung der Missbräuche‹ und keineswegs ebenso sicher an der Umbildung der gesammten Lehrüberlieferung klar mach-

---

61 H. REUTER: Augustinische Studien, Gotha 1887, S. 18–19. Mit einfachen Anführungszeichen habe ich die Worte Ritschls gekennzeichnet, die sich finden in A. RITSCHL: Über die Methode der älteren Dogmengeschichte. Jbb. f. Dt. Theologie 16, 1871, 209 (= Ders., Gesammelte Aufsätze, 1893, S. 164).
62 Reuter, Augustinische Studien (wie Anm. 61), S. 21.
63 Vgl. ebd., S. 32–34 in den Anmerkungen.
64 A. HARNACK: Lehrbuch der Dogmengeschichte, Bd. 3, $^{1+2}$1890, S. 68 Anm. 3 (= 4. + 5. Auflage S. 76 Anm. 1).
65 Vgl. Augustinische Studien (wie Anm. 61), S. 102!
66 Gieseler, Rückblick (wie Anm. 42), S. 18–19.

te«[67]. So wird man bedauern müssen, daß Reuter eine Dogmengeschichte nicht hat veröffentlichen können. Sein Schüler Theodor Brieger bemerkte im Hinblick auf Reuters Publikationstätigkeit: »Bei seiner Art, die Ergebnisse seiner Forschungen – wenn er nicht eine große, mit dem Aufwand jahrelangen Studiums betriebene Arbeit unter der Feder hatte – nur in den Heften seiner Vorlesungen niederzulegen, trat dieser Fall nicht eben häufig ein.«[68]

---

67 Harnack (wie Anm. 64), Bd. 1⁴, S. 9 Anm. 1; vgl. S. 24.
68 Zs. f. Kirchengesch. 11, 1890 – unpaginierter Nachruf von BRIEGER. Als seine Schüler nennen sich Theodor Brieger, Theodor Kolde, Friedrich Loofs, Carl Mirbt und Paul Tschackert; vgl. Kirchengeschichtliche Studien. FS H. Reuter, Leipzig 1888.

Jörg Baur

Albrecht Ritschl – Herrschaft und Versöhnung

Als Albrecht Benjamin Ritschl am 11. April 1864 in Göttingen eintraf, um die Professur für neutestamentliche Exegese und Dogmengeschichte an der Theologischen Fakultät der Königlich Hannoverschen Landesuniversität anzutreten, in der Nachfolge eines Mannes, dessen Tod im Jahr zuvor als nur »unerheblicher Verlust« galt[1], lag sein 42. Geburtstag zweieinhalb Wochen zurück (25. März 1822); der Sturm des preußischen Heeres auf die Düppeler Schanzen, die dänische Befestigung vor der Insel Alsen, stand noch genau eine Woche aus (18. April 1864).

Dieser Angriff entschied einen Krieg – siegreich für Preußen. Was sich durch die Ankunft des Preußen Ritschl in Göttingen für Theologie und Kirche Entscheidendes ereignen sollte, war der Fakultät sicher nicht bewußt, die ihn zwar dem neulutherischen Luthardt entschieden vorgezogen hatte[2], ansonsten aber nur seine »eminente Lehrgabe« – mit der es gar nicht so weit her war, wie sich noch zeigen sollte – und seine wissenschaftliche Selbständigkeit[3] zu rühmen wußte; sie hätte sonst kaum auf den seit Dorners Weggang (1862) verwaisten Lehrstuhl für systematische Theologie den »rechtschaffenen ... aber absolut ungraciösen«[4] Württemberger Geß aus dem Basler Missionshaus gesetzt, unhabilitiert, aber ein »Meister in Zion«[5], und gewiß so »recht schwäbisch blöde und ungewandt«[6] wie der berühmt-berüchtigte F. Chr. Baur, dessen Schüler und Apostat mit Ritschl die Göttinger Bühne betrat.

In Tübingen studiert hatte der Sohn Georg Karl Benjamin Ritschls, des von 1828–1854 in Stettin als Generalsuperintendent-Bischof von

---

1 J. Meyer: Geschichte der Göttinger theologischen Fakultät. Zs. d. Ges. f. nds. KG 42, 1937, S. 7–107, hier S. 65; vgl. auch dens.: Vor Ritschls Berufung nach Göttingen, Verhandlungen über Dorners Nachfolge von 1862–1864. Zs. d. Ges. f. nds. KG 43, 1938, S. 259–286.
2 Ebd., S. 66.
3 Ebd., S. 67.
4 A. Ritschl am 1. 2. 1871 an Diestel, nach: Otto Ritschl: Albrecht Ritschls Leben, 2. Bd., 1896, S. 11.
5 Ebd., S. 19.
6 A. Ritschl am 31. 8. 1845 an seine Mutter, nach Otto Ritschl: Albrecht Ritschls Leben, 1. Bd., 1892, S. 112.

Pommern wirkenden und gescheiterten energischen Verfechters der preußischen Union, nicht. Aber weil Albrecht Benjamin weder bei Carl Immanuel Nitsch in Bonn (1839–41) zum spekulativ verkirchlichten Schleiermacherschüler geworden war[7] noch in Halle (1841–43) bei Julius Müller und dem charismatischen Tholuck es zu einem »persönlichen Verkehr mit dem Heiland«[8] gebracht hatte, wandte sich der in Halle philosophisch promovierte preußische Predigtamtskandidat, der eine akademische Karriere im Sinne hatte, nach einem Zwischenaufenthalt bei Richard Rothe in Heidelberg im August 1845 nach Tübingen, wo ihm das Haupt der kritischen Schule nicht nur »recht schwäbisch blöde und ungewandt«, sondern vor allem »sehr artig«[9] begegnete. Die Art der Baurschen Kritik schlug auch gleich bestens an. An Weihnachten 1845 hatte der junge Gelehrte nach 10 Wochen Arbeit ein 300-Seiten Opus geschrieben, das einen von Marcion benützten vorkanonischen Urlukas aus den Jahren 80–100, auf rein paulinischem Standpunkt konzipiert, als die Vorlage des kanonischen, 140–180 kirchlich überarbeiteten dritten Evangeliums präsentierte. In allem folgte er dem großen Lehrer freilich nicht. Der 1846 in Bonn Habilitierte zählte – über Baur hinaus – mehr als nur vier echte Paulus-Briefe[10]; die Harmonie zwischen Tübingen und Bonn wurde durch diese Abweichung noch nicht getrübt. Auch das zweite Buch Ritschls über »Die Entstehung der altkatholischen Kirche«, 1850, brachte nur geringe, vom Meister tolerierte Abweichungen von Baurs Konstruktion der frühen Kirchengeschichte. Ein Satz in der Vorrede[11] kündigte allerdings schon das kommende Zerwürfnis an: »Wenn die Meister der kirchengeschichtlichen Forschung den Anfänger im Stich lassen, so muß derselbe schon selbständig seinen Weg durch das dunkle Gebiet der zwei ersten christlichen Jahrhunderte suchen.« Nun, der so schrieb, bahnte ihn sich entschlossen. 1851 wurde die von Baur vertretene Matthäuspriorität zugunsten von Markus abgeräumt (Über den gegenwärtigen Stand der Kritik der synoptischen Evangelien), aber auch der eigene Urlukas von 1845/6 aus dem Verkehr gezogen. Auch dies hielt Baur noch nicht davon ab, Ritschl 1854 in der »Hölle«, dem professoralen Wohntrakt des Tübinger Stifts, freundlich zu empfangen[12]. Als dann aber der Bonner apl. Professor (seit 1852) 1856 drucken ließ, »die Tübinger Schule« sei »auseinandergefallen«, als Ritschl gar für eine »biblische Theologie«[13] votierte und schließlich in der 2. Auflage der »Altkatholi-

---

7 Vgl. O. Ritschl I (wie Anm. 6), S. 25–37.
8 O. Ritschl II (wie Anm. 4), S. 265.
9 O. Ritschl I (wie Anm. 6), S. 112.
10 Römer 1–14, I. und II. Korinther, Galaterbrief.
11 O. Ritschl I (wie Anm. 6), S. 155.
12 Ebd., S. 259.
13 Ebd., S. 274.

schen Kirche«, 1857, den gesamten Schematismus der Tübinger Konstruktion umstellte, erweiterte und empirisch zu machen versuchte, was ihm nunmehr an Baurs Entwurf als Produkt konstruierender Verblendung galt, da sah der Meister »die Fahne des Abfalls offen aufgesteckt«[14]. Diesem Bannspruch war aber schon das letzte Schreiben Ritschls an Baur vom 22. 7. 56 zuvorgekommen, das in seiner schneidenden Härte ein exemplarisches Dokument gelehrter Theologenfeindschaft ist: »Ew. Hochwürden haben mich mit einem Schreiben bedacht, dessen Ungerechtigkeit zu erörtern ich meinerseits kein Bedürfnis habe ... Meine Gesinnung ist ein Gebiet, welches durch die von Ihnen angewandten Mittel der Kritik nicht ergündet ist. Sie würden der Wahrheit einen Dienst leisten, wenn Sie diese Erklärung auch denen mitteilen, welche im Urtheile über mich mit Ihnen übereinstimmen.«[15]

Der Streit ging nur dem Scheine nach um Judenchristentum und Paulinismus, um Urapostel und Heidenchristentum, um die historische Frage nach der Genese der katholisch werdenden Kirche. Ritschl war schon seit 1853 davon umgetrieben, daß der Tübinger »die Grundvorstellungen des Christenthums« verwerfe[16]. Charakteristisch für die Eigenart der Theologie des 19. Jahrhunderts, an der Ritschl voll partizipiert, ist aber der Umstand, daß sie systematisch-prinzipielle Probleme, ja religiöse Alternativen, im Medium historischer Fragestellungen und Hypothesen ausarbeitete und durchkämpfte.

Diesen Kampf scheute Albrecht Ritschl nicht. Sein Schlußwort zur Tübinger Schule, das schon nicht mehr dem im Dezember 1860 verstorbenen Baur, sondern dessen begabtestem Schüler, Eduard Zeller, galt[17], dokumentierte zugleich seinen Versuch, das Verständnis der neutestamentlichen Wundererzählungen in den Zusammenhang eines religiösen Weltverständnisses zurückzuführen, das nicht, gegenständlich naiv, übernatürlich verursachte Tatsachen als solche behauptet, aber dennoch das Wunder im Zusammenhang des eigentümlich religiösen Erkennens zu verstehen lehrt. Das Wunder »ist immer etwas objectives nur in Beziehung auf die subjective religiöse Erkenntnis«[18]. Dieses religiöse Erkennen ist dem philosophischen, das Wunder nach Analogie der allgemeinen Erfahrung verneint, nicht unterzuordnen, sondern entgegengesetzt, deshalb entgegengesetzt, weil es im Unterschied zur wissenschaftlichen Erkenntnis im religiösen Erkennen um individuelle oder gemeinschaftliche Selbsterkenntnis geht. Diese Selbsterkenntnis vollzieht sich in

---

14 Ebd., S. 291.
15 Ebd., S. 275.
16 18. 10. 1853 an den Vater, ebd., S. 248.
17 Über geschichtliche Methode in der Erforschung des Urchristenthums. Jahrbücher für Deutsche Theologie 6, 1861, S. 429–459.
18 Ebd., S. 440.

Abb. 21. Albrecht Ritschl. Posthumes Gemälde

der Wahrnehmung der speziellen Vorsehung Gottes für das Individuum, wie auch für alle Abstufungen sittlicher Gemeinschaften. Wunder sind also Erfahrungen spezieller Vorsehung Gottes. Wer in diesem Sinne Wunder für unmöglich hält, behauptet, die konkrete Religion sei Illusion. Dafür aber gibt es keine zureichende wissenschaftliche Begründung. Wenn also die Geltung des Glaubens an die spezielle Vorsehung als allgemeines Element des religiösen Erkennens und als notwendige Grundlage der sittlichen Bildung anerkannt werden kann und muß, dann entzieht sich dieses Moment dem verneinenden Urteil des wissenschaftlichen Erkennens, denn das Spezifische konkreter Selbsterkenntnis fällt nicht in das Gebiet des wissenschaftlichen Erkennens. So verstanden, »erlebt der religiöse Mensch noch immer und nothwendig Wunder«[19].

Zurückgewendet auf die historische Frage nach dem Wunder besagt dies: es »folgt für die wissenschaftliche Betrachtung des Urchristenthums, daß man die specifische Unerkennbarkeit dieser Seite der Urgeschichte, nicht aber ihre durchgängige Unwahrheit constatiert«[20].

In der Auseinandersetzung mit Baur und seiner Schule gewann Ritschl seine eigene Bestimmung der theologischen Aufgabe: Die »geschichtlich vollständige und richtige Gesamtanschauung von Christus«[21], die biblisch-theologisch zu gewinnen ist, »ist der Erkenntnisgrund für alle bindenden religiösen Vorstellungen, welche im System zu nothwendigen Begriffen ausgeprägt werden sollen«[22].

Mit diesem noch verschlüsselten Ansatz seiner Theologie im Gepäck trat Ritschl in Göttingen an. Mußte von ihm nicht auch gelten, was Dahlmann einst über Lücke gesagt hatte: »er hat keine einfachen Überzeugungen; alles complicirt sich ihm«[23]? War es nicht sehr großsprecherisch gewesen, was Ritschl zehn Jahre früher, Ende August 1854, zu Richard Rothe gesagt hatte: Ihre Theologie bietet nur »eine militärische Paradeaufstellung, ich aber bin Kriegssoldat und bedarf zu dem praktischen Zwecke, auf die Kirche und die Theologie einzuwirken, eine solche Combination von Disciplinen und Methoden, welche ohne Unordnung doch auf *einen* Punct gerichtet sei«[24].

Der eine Punkt, um den es ihm ging, wurde freilich in Göttingen von irritierenden Erfahrungen überdeckt: da war das Mißbehagen über den geringen Lehrerfolg des Anfangs: »Die Race der Studenten hier ist mir fremdartig«[25], die Fremdheit des entschiedenen Charakters gegenüber

---

19 Ebd., S. 442.
20 Ebd.
21 Jbb. f. dt. Theologie 8, 1863, S. 218.
22 Ebd.
23 O. Ritschl II (wie Anm. 4), S. 6.
24 O. Ritschl I (wie Anm. 6), S. 263, dort in indirekter Rede.
25 O. Ritschl II (wie Anm. 4), S. 10.

der »Indifferenz« als »gesellschaftlicher Regel«, die »in Göttingen in der Luft liegt«, über dessen Universität die Losung steht: »Freiheit und Gleichgültigkeit«[26], eine Gleichgültigkeit, die im Kriegssommer 1866 in den »Terrorismus des hier aufgehäuften hannoverschen Particularismus«[27] umschlug. Der geborene Preuße und Preußenfreund, der »den Krieg mit Oestreich als eine unumgängliche Maßregel« ansah, um die deutschen Ansprüche Preußens durchzusetzen«[28], mußte sich gefallen lassen, daß »sich ein Briefträger, gewiß nicht ohne Auftrag, bei meiner Köchin erkundigte, ob ich nicht die preußische Einquartierung besonders freundlich behandelt hätte«[29]. Nachdem am 10. August 1866 auf dem Göttinger Rathaus die preußische Fahne aufgezogen worden war, sah Ritschl »die hiesige Gesellschaft« mit ihrer überwiegend welfischen Gesinnung und Preußenfeindschaft »durch den Gang der Ereignisse gründlich zertrümmert«[30]. Daß er je einen angesehenen Platz in ihr finden werde, gar der Pro-Rektor des Jubiläumsjahres 1887 werden sollte, war noch hinter allen Hügeln. Er war es zufrieden, Ende März 1867 in sein neues Haus an der unteren Herzberger Chaussee, heute Domizil der Burschenschaft Hannovera, einziehen zu können, dessen Studierzimmer ihm als »ein wahres Muster seiner Gattung«[31] erschien: »Ich sitze in einem hübschen neuen Hause vor der Stadt und habe somit eine äußere Bedingung des Wohlseins gewonnen, welche im Vergleich mit der schmutzigen Stadt nicht hoch genug geschätzt werden kann.«[32]

In diesem Haus mußte Albrecht Ritschl am 30. Januar 1869 den Tod seiner Frau erfahren. Am Todestag faßt er den Verlust, der ihn und die drei Kinder traf, in einem Brief an die Schwiegermutter in Frankfurt so zusammen: »Unsere Übereinstimmung bezog sich auf alles, was überhaupt zwischen uns zur Beurtheilung oder uns zur Erfahrung kam.«[33] Ida Ritschl war keineswegs der nachwandelnde Schatten ihres Herrn und Gatten. Selbst Franz Overbeck, der Haupturheber aller Verleumdungen über A. Ritschl, den »Spießbürger« und »ledernen Knollen« (K. Barth), nahm in seinem Aufsatz über »Albrecht Ritschl als theologisches Schulhaupt«[34] den Briefwechsel zwischen den Verlobten von seinem Totalver-

---

26 Ebd., S. 12.
27 Nach O. Ritschl, ebd., S. 31.
28 28. 5. 1866 nach O. Ritschl II, ebd., S. 30.
29 Ebd., S. 31 f.
30 Ebd., S. 34.
31 Ebd., S. 37.
32 20. 9. 1867, nach O. Ritschl, ebd., S. 44.
33 Ebd., S. 64.
34 F. OVERBECK: Christentum und Kultur, Gedanken und Anmerkungen zur modernen Theologie, aus dem Nachlaß herausgegeben von C. A. Bernoulli, Basel 1919, 2. Aufl. Darmstadt 1963, S. 159–180.

dikt aus: Er ist »interessant, ja schön und für ihrer beider Persönlichkeiten gewinnend«[35]. Wer über Ritschl nicht nur Stereotypen verbreiten will, sollte auch jene Briefe vom Winter 1869 beachten, Dokumente einer frommen, zurückhaltenden, innigen, aber nie zerfließenden Trauerarbeit[36]. Freilich, die Narbe des Schmerzes hat sich ihm eingekerbt. Wenn ich recht sehe, wird nun erst sein Stil so glanzlos, zähflüssig, verschachtelt und abgekühlt, »kotznüchtern« und zugleich herrisch die Probleme in die gewollte Richtung dirigierend.

Doch, wir reden vom Stil – ohne die Bücher vorgestellt zu haben, in denen er herrscht. Ritschls dreibändiges Hauptwerk: »Die christliche Lehre von der Rechtfertigung und Versöhnung«, das in seiner ersten Fassung 1870 (Bd. 1) und 1874 (Bd. 2 und Bd. 3) erschien, wäre gewiß auch geschrieben worden, wenn die Lebensumstände des Autors glücklicher geblieben wären. Aber nun wurde ihm die Arbeit zur Notwendigkeit. »Dem Leiden kann man nun einmal nur durch Handeln begegnen, das ist das Gesetz aller Tröstung.«[37]

Diese Arbeit zielte auf einen Punkt, von dem er 1854 zu Rothe etwas großsprecherisch geredet hatte. Er läßt sich so benennen: Wie können »das Princip der Reformation« und das im Unterschied zur spekulativen oder naturalistischen Kritik »umfassender verstandene Neue Testament«[38] so wirksam gemacht werden, daß das Christentum seine »Macht über das Leben« wiedergewinnt und zugleich »die aufgeklärten Leute der Gegenwart«[39] »eine gebildete persönliche Überzeugung vom Werthe des Christenthums«[40] gewinnen können? Die Aufgabe stellt sich für Ritschl also zum einen so, daß die Theologie sich entschlossen auf ihre eigene Sache zu konzentrieren hat; nur so kann sie sich als bestimmende Größe, als Macht, konstituieren. Als so konstituierte hat sie den Ausgriff auf das andere, auf Leben und Kultur, zu vollziehen und durch diesen geistigen Herrschaftsakt der durch politischen Radikalismus und weltanschaulichen Naturalismus gefährdeten Freiheit des modernen Menschen zu ihrer wahren Verwirklichung als einer sittlich-gemeinschaftlichen zu verhelfen.

Der eine Punkt legt sich als in zwei Punkte auseinander, denn Gottesverhältnis und Weltverhältnis, »Gotteskindschaft« und »Reich Gottes«, müssen zugleich religiös-sittlich vollzogen und theologisch gedacht werden.

---

35 Ebd., S. 173.
36 O. Ritschl II (wie Anm. 4), S. 64–69.
37 26. 11. 1872; ebd., S. 66.
38 Ebd., S. 80.
39 Ebd., S. 79.
40 Ebd., S. 71.

Im Blick auf das theologische Verfahren läßt sich dieses Programm mit Ritschls eigenen Worten so bestimmen: 1. »Da in mir auch nicht eine apologische Faser ist, will ich das Christenthum auf sich selbst stellen, da ich es aus sich selbst verstehe.«[41] 2. »Als Polemiker von Natur und Erziehung denke ich, der Angriff ist die einzige sichere Verteidigung. Das neue Buch [der »Unterricht in der christlichen Religion«] wird die Aufstellung des Christenthums zum Angriff zeigen.«[42]

Der Angriff verspricht aber nur dann Aussicht auf Erfolg, wenn in der eigenen Truppe Ordnung geschaffen wird, und zwar theologisch und religiös.

Religiös ausgemustert werden deshalb alle Formen der Frömmigkeit, die sich nicht mit dem Prinzip des Protestantismus vertragen, die vielmehr nur Modifikation und Verwandlungen »mittelaltriger« Erscheinungen darstellen, der Pietismus insbesondere mit der Unverschämtheit seiner bei Bernhard von Clairvaux »mittelaltig« exemplarischen, durch Zinzendorf neuzeitlich radikalisierten direkten Jesusliebe; »einfach ausgefegt werden«[43] müssen »Dinge« wie der »Christoph Blumhardtsche Pietismus«[44], überhaupt alle Formen des frommen Separatismus, der die Kirche zerstört. Gleichzeitig muß »die apokalyptische Quackelei« mit ihren politisch revolutionären Konsequenzen »abgebaut werden«[45]; sie führt nur ab von der stetigen treuen Arbeit im Beruf, die keineswegs nur profan ist, sondern in den mitwandernden Horizont des Reiches Gottes einzurücken ist und so an ihrem Teil die christliche Vollkommenheit realisiert.

Insbesondere in Sachen Apokalyptik hielt sich der theologische »Kriegssoldat« (vgl. oben, Anm. 24), »der Führer und Herrscher in der Theologie« – wie ihn dann Hermann Schultz an seinem Sarg rühmte – alle »Zumuthungen religiöser Leistungen« vom Leibe. »So verlangte er« (Alexander von Oettingen), »ich müßte mich nach der Wiederkehr des Herrn sehnen, um die Vollendung des Reiches zu erleben.« »Da sagte ich ihm, 1) daß ich mich dazu ebenso kühl verhalten dürfe, wie Art. 17 der Confessio Augustana, 2) daß er den Grund der meisten Differenzen im Unterschied der Temperamente suchen müsse. Er . . ., vielleicht alle Livländer seien aufgeregt und aufregungsbedürftig, wir hingegen nicht.«[46]

Die Ausmusterung der falschen Frömmigkeit, die Ritschl in einer fast zehnjährigen Arbeit, von 1876 an, in seinem dreibändigen Werke über

---

41 18. 6. 1875, ebd., S. 273.
42 24. 6. 1875, ebd., S. 274.
43 Ebd., S. 361.
44 Ebd., S. 360.
45 Ebd., S. 465.
46 O. Ritschl II (wie Anm. 4), S. 486f.

»die Geschichte des Pietismus« literarisch zu bewältigen suchte, durfte aber auch vor Luther selbst nicht haltmachen, jedenfalls dort nicht, wo dieser »das ursprüngliche Gleichgewicht . . . verloren hat«[47], durch die Nachwirkung seiner mönchischen Erfahrungen selbst ins Taumeln geriet und zudem den anderen die immer wieder neu durch die Gesetzespredigt zu produzierende Verzweiflung an der eigenen Sündhaftigkeit als Bleiklotz ans Bein band. Auch Luther kommt also nicht ungeschoren davon, ganz zu schweigen von der hier, wo es um den frömmigkeitlichen Aspekt von Ritschls Ausmusterung geht, nicht zu erörternden Absage an Luthers Prädestinationsverständnis, an seine antireformierte Abendmahlslehre und überhaupt alles noch Metaphysisch-Katholische am Reformator.

Andererseits darf der Pietismus zumindest einige ›Pioniereinheiten‹ zu dem von Ritschl konzipierten Angriff beisteuern: »Daß ich die allgemeine Tendenz des Pietismus auf praktisches Christentum anerkenne, versteht sich ja von selbst.«[48] Dieses Zugeständnis macht aber nur noch deutlicher, daß A. Ritschl alle Weisen von rührender, sich selbst in Wehmut und Weltschmerz fühlender Frömmigkeit bekämpfte, zumal wenn sie noch Ansprüche auf die Erkenntnis höherer Welten erhob: »Wie gut war es, daß ich [bei meinem Vortrag] nur beflissen war, den Männern zu genügen. Denn acht Tage darauf hat Herr [Kollege] Schöberlein über ›den neuen Himmel und die neue Erde‹ mit allem Detail geredet und die Weiber aufs tiefste gerührt, je genauer er über alles unterrichtet ist. Dagegen kann ich natürlich nicht aufkommen.«[49]

Damit sind wir nun schon zu Ritschls Ausmusterung im Bereich der *Theologie* übergegangen. Die unbrauchbar gewordenen Stücke aus der Erbschaft der Tübinger Kritik, deren historisches Verfahren empirisch konkretisiert und deren weltanschauliche Ansprüche religiös bestritten wurden, hatte Ritschl schon von Bonn aus sortiert. Ich habe dies in groben Zügen dargestellt. In Göttingen gab das 1864 erschienene »Leben Jesu für das deutsche Volk« von D. Fr. Strauß, der längst vom Pseudohegelianer zum aesthetischen Materialisten geworden war, Ritschl neuen Anlaß zum Ärger: »Empört bin ich über das Straußsche Leben Jesu . . . Die elegante Pedanterie, die er im Zerstören ausübt, tauscht er gegen Unwissenheit und Leichtfertigkeit aus, wo er Christus aus Judenthum und griechischer Philosophie construirt.«[50] Genau so entschieden mußte gegen Rechtsaußen gehalten werden, sei es, daß, wie beim Kollegen Geß, »eine solche Disharmonie des exegetischen und dogmatischen Interesses« herrscht, wie sie »mir noch nicht vorgekommen ist«[51], sei es, daß, wie von

47 Ebd., S. 49.
48 Ebd., S. 361.
49 2. 3. 1870, ebd., S. 77.
50 14. 1. 1865, ebd., S. 18.
51 14. 1. 1865, ebd.

Hengstenberg, die größten Naivitäten mit der Selbstsicherheit des klerikalen Hierarchen vertreten werden: »Überschriften κατὰ Μάρκον etc. rührten von den Verfassern selbst her.«⁵² Diese Abgrenzung verlangte keine geistige Anstrengung, aber sie war lästig, denn in ihrer Konsequenz kam es auch zu jenem berüchtigten, am 18. Januar 1883 bei Ritschl eingegangenen anonymen Brief aus Hermannsburg: »Herr Ritschl! Seit längerer Zeit habe ich schon von Ihnen gehört . . . aber traurig bin ich über Sie, daß Sie in solchem Irrthum gefangen liegen . . . Ich mit mehreren anderen beten täglich zum lieben Gott, er möge Sie bekehren, wenn das aber nicht möglich ist, so wolle er Ihnen wehren, daß sie nicht weiter lehren können.«⁵³ Nun, sechs Jahre lang wurde die Bitte nur durch Schlaflosigkeit, Herz- und Darmbeschwerden erhört, einmal auch mittels einer Nikotinvergiftung als Folge zuviel gepaffter Zigarren⁵⁴. Ritschl pflegte seit diesem frommen Brief seine wechselnde Gesundheit ironisch zu kommentieren: »Die Hermannsburger beten wieder.«⁵⁵

Auch die spezifisch welfisch-hannoversche Ausprägung des aus der Erweckungsbewegung entstandenen neuen lutherischen Konfessionsbewußtseins, dem auch die Begabteren unter Lückes Schülern zugefallen waren, nahm Ritschl im Grunde nicht ernst, so sehr er sich darüber ärgerte – und nach 1866 dann auch bei Gelegenheit in Berlin dagegen votierte, wenn nicht gar intrigierte⁵⁶: »Hier zu Lande ist man in erster Linie hannoversch und erst in zweiter Linie evangelisch-lutherisch.«⁵⁷ Die hannoversche »lutherische Kirchlichkeit ist vor allem ein Symptom des politischen Particularismus«⁵⁸.

Die theologische Bestreitung gilt vor allem Schleiermacher und dessen Nachwirkung. »Die Freude an seiner Genialität . . . hat die Epigonen«⁵⁹ theologisch leichtsinnig und leichtgewichtig gemacht. Ritschl »widert« in der Glaubenslehre »die halbe Accomodation an die kirchliche Lehre und die Handhabung der unterchristlichen Gedanken« – der Lehnsätze aus der Ethik – ». . . so an, daß nur die Antipathie mich dabei festgehalten hat, ihn hinter einander abzuarbeiten«⁶⁰. Am 9. 9. 1928 schreibt dann ein anderer Theologieprofessor, der von 1922–25 in Göttingen wirkte, aus Münster an seinen Freund Thurneysen: »Ich habe . . . meinen Sonntag

---

52 Ebd., S. 15.
53 Ebd., S. 403f.
54 »Mit der Aufregung durch die sich häufenden Angriffe traf eine Nicotinvergiftung mit Herzklopfen und Schlaflosigkeit zusammen, die ich mir durch zu viele Cigarren neben der hastigen Arbeit am Pietismus zugezogen hatte.« Ebd., S. 393.
55 Ebd., S. 404.
56 Ebd., S. 72f.
57 28. 11. 1869 an den preußischen Kultusminister von Mühler; ebd., S. 73.
58 Ebd., S. 74.
59 Ebd., S. 82.
60 4. 3. 1870; ebd., S. 83.

bis jetzt sehr unsonntäglich mit Exzerpten aus dem leidigen Albrecht Ritschl zugebracht.«[61]

Doch wenden wir uns nach diesem Vorblick auf die Nemesis der Theologiegeschichte wieder dem Autor im musterhaften Studierzimmer Herzberger Chaussee 15 zu! Da stoßen wir denn in einem Brief an seinen Freund Diestel vom 20. 3. 1873 auf eine nochmalige Abfertigung Schleiermachers: »der Radicalismus des individuellen Bewußtseins und die faule Hochmüthigkeit des kirchlichen Lehrbegriffs, dessen Elemente in Schleiermachers Dogmatik durcheinander geworfen sind«[62], haben in dieser Theologie alles verdorben. Den Theologen, die Schleiermachers Glaubenslehre »für eine musterhafte That ausgegeben haben« und darunter »trocken zu sitzen glaubten, während die Theologie doch ein Sumpf geworden ist und immer mehr versumpft«, muß endlich deutlich werden, »daß ich den Regenschirm zugeklappt habe«[63].

Nur in einem war Schleiermacher groß, und darin ist ihm Ritschl auch gefolgt: Das Christentum »kann richtig nur in der Gemeinschaft vorgestellt werden, welche unter der Voraussetzung der erlösenden Einwirkung des Stifters als Mittheilung und Verbreitung jener erlösenden Thätigkeit besteht (§ 11,4)«[64]. Schleiermachers Intentionen im Ganzen aber kann Ritschl nur verneinen: eine aesthetisch-passive, in sich schwingende Frömmigkeit, deren ethische Momente mit der pantheistisch-spinozistischen Kosmologie unausgleichbar sind, und die überdies durch die Figur des religiösen Virtuosen das Abziehbild des neulutherisch oder uniertpositiv gesalbten Pfaffen auf ihrem historischen Schuldkonto hat[65].

Soviel aburteilende Kritik über andere steigert natürlich auch die Ansprüche an das eigene Werk des Kritikers. Ritschl wußte das: »Wenn man keinen neuen fruchtbaren Gedanken hat, durch den man eine in Abgang gekommene Tradition wieder organisiert, dann ruft man auch den alten Schaden wieder herbei, an dem die alte Überlieferung verblichen ist.«[66]

So fragen wir denn auch den »neuen fruchtbaren Gedanken«, die Albrecht Ritschls Theologie organisieren. Sie lassen sich schon in seinen Schriften und Briefen aus den ersten Göttinger Jahren zwischen 1865 und 68 entdecken: 1. Es kommt ihm alles darauf an, daß Gott als Einheit, und

---

61 KARL BARTH: Gesamtausgabe V. Briefe, Karl Barth – Eduard Thurneysen; Briefwechsel Bd. 2, 1921–1930, Zürich 1974, S. 613.
62 O. Ritschl II (wie Anm. 4), S. 149.
63 Ebd., S. 83.
64 Rechtfertigung und Versöhnung, 1. Bd., 2. Aufl., S. 495.
65 ALBRECHT RITSCHL: Schleiermachers Reden über die Religion und ihre Nachwirkungen auf die evangelische Kirche Deutschlands, 1874.
66 2. 1. 1868 an Diestel, O. Ritschl II (wie Anm. 4), S. 42.

zwar »mit nothwendigen Willensäußerungen gedacht wird«⁶⁷; 2. Es gilt zu erkennen, daß »die active Absicht des bis in den Tod zu vollendenden Gehorsams Christi der passiven Erfahrung seiner Auferweckung übergeordnet ist«⁶⁸, und zwar historisch und für den gegenwärtigen Glauben.

3. »Der Rechtfertigung des Einzelnen oder vielmehr seinem Rechtfertigungsbewußtsein geht . . . die Rechtfertigung oder Gründung der Gemeinde voran«⁶⁹ – und zwar historisch und für das gegenwärtige christliche Bewußtsein, wenn es gesunden soll. An diesem Dritten hängt Ritschl besonders: Er will »der Idee der Gemeinde ihre constitutive Bedeutung für die gesamte Lehrauffassung verschaffen«⁷⁰.

Von daher konzipiert er dann auch das Programm der rechten Predigt in der Gemeinde der Versöhnten, der Verkündigung vom Triumph der Gnade. Karl Barth muß die Seite 49 des 2. Bandes überschlagen haben, als er am Nachmittag des 25. März 1922 »schaudernd einige Kapitel in Ritschls Biographie nachlas«⁷¹. Doch hören wir Ritschls homiletisches Programm: »Zu Weihnachten will ich hören, daß wir die ἄνθρωποι εὐδοκίας sind, die erwählte Gemeinde dieses Kindes, und ich will in Jubel versetzt werden dadurch, daß die Höhe und die Unschuld dieses Kindes auf uns, die Gemeinde, ausstrahlt, sei es auch nur in dem dramatischen Gemälde, das sich in der Nachtbeleuchtung von der Tageswirklichkeit unserer Sünden und unseres Elends abhebt. Am Karfreitag will ich hören, daß wir die Gemeinde sind, die durch die vollbrachte Versöhnung gestiftet ist, zu Ostern, daß wir die Gemeinde sind, die Christus mit sich aus dem Tod geführt und mit sich in den Himmel gesetzt hat, um durch sie die Welt zu beherrschen und mit sich zu erfüllen, zu Pfingsten endlich, daß wir die Gemeinde sind, durch deren bekennende Selbstthätigkeit alles begonnen wird, was Christus in dieser Welt erreichen soll. Da bleiben noch viele Sonntage, um uns die Hölle heiß zu machen mit unseren Sünden, . . .«⁷²

Die Konstitution des Christen soll also nicht länger begriffen werden als Vorgang der individuellen Selbstvergewisserung aus dem kausal wirkenden Gotteswort; sie gilt als möglich nur im Rahmen eines umgreifenden Kommunikationsprozesses, den Ritschl freilich, genau besehen, nur postulieren und also in concreto auch nur vermissen konnte: »Ich »entbehre die Unterstützung des Lebensgefühls, welche die Gemeinschaft herbeiführt. Daß ich diesen Umstand in der Theorie so hervorhebe . . ., hat seine Wurzel in dem ungestillten Bedürfnis danach, welches den

---

67 Ebd., S. 46.
68 Ebd., S. 48.
69 5. 12. 1867 an Diestel, ebd., S. 47.
70 2. 1. 1868 an Diestel, ebd., S. 48.
71 Karl Barth (wie Anm. 61), S. 60.
72 O. Ritschl II (wie Anm. 4), S. 49.

größten Theil meines Lebens erfüllt hat und schwerlich in erwünschtem Maße mir noch zu Theil werden wird.«[73] Worauf er zielt, ist klar: Wir haben nicht die Aufgabe, »das isolirte Rechtfertigungsbewußtsein zu Stande« zu bringen. »Lebe in der Kirche, sei mit Bewußtsein thätig in ihren Functionen, und hast Du dabei eine Versuchung zur Heilsverzweiflung oder Selbstgerechtigkeit, dann besinne Dich, daß du etwas kannst oder bist nur als Glied der Gemeinde, die durch ihre Stiftung auf Christus die Zusicherung des göttlichen Wohlgefallens und der Sündenvergebung hat.«[74]

Dieser umgreifende Kommunikationsprozeß kann freilich nur in Gang kommen, wenn die christliche Theologie in der Lage ist, die Situation des Menschen der Gegenwart angemessen zu bestimmen und die Zeitgenossen nicht länger mit anempfundenen Sünden- und Erweckungserfahrungen der Vergangenheit belästigt. Die Situation aber, die erst in der Perspektive des christlichen Glaubens hell ins Licht tritt, ist diese: »Wir sind allerdings in unserem natürlichen Dasein, als Theile der Welt, in der Wechselwirkung aller Theile der Welt, so unselbständig wie möglich, allen möglichen Hemmungen unserer Freiheit ausgesetzt, gefährdet durch alle möglichen Übel der Natur und der menschlichen Gesellschaft, deren Reihe unausdenkbar ist, deren Druck uns das Gewicht aller übrigen Theile der Welt gegen uns darstellt. Worauf soll sich unser Selbstgefühl stützen, daß wir doch nicht sind wie der Wurm, welcher sich krümmt? Weder auf unsere geistige Gaben, denn sie können aufgerieben werden; noch auf unsern guten Willen, denn er kann mürbe werden; noch auf unsere Erkenntnis, daß es nicht anders sein kann, und daß es so nothwendig sei, wenn wir von der Maschine der Welt zermalmt werden, denn das heißt, auf sein Selbstgefühl und seinen Adel verzichten. Es ist kein anderer Ausweg für den Menschen, der sich durch seine Gottähnlichkeit über die Welt erhaben fühlt, als mit derselben Ernst zu machen. Man muß sich in die Unterordnung unter Gott begeben, um die bleibende Abhängigkeit unseres natürlichen Daseins aufzuwägen, um uns unsere Bestimmung zu sichern, daß die ganze Welt kein Äquivalent für unser Leben ist, daß wir als geistige Personen Jeder ein Ganzes über der Welt sind. Diese Bürgschaft aber bietet die Offenbarung Gottes in seinem Sohne dadurch, daß derselbe uns Sünder in seiner Gemeinde mit Gott versöhnt.«[75]

Wir fragen, was ist in diesen für jeden überhaupt Ansprechbaren noch immer starken Sätzen aus der Absicht geworden, das Christentum ganz auf sich selbst zu stellen? Wird es nicht völlig in den Dienst eines anderen Zweckes gebunden? Gerät es hier nicht vollständig unter die Herrschaft

---

73 2. 4. 1888 an Gottschick, ebd., S. 504.
74 2. 1. 1868 an Diestel, ebd., S. 50.
75 ALBRECHT RITSCHL: Die christliche Vollkommenheit, 1874, ³1902, S. 18f.

des Interesses der Selbstbehauptung des von der technischen Zivilisation bedrohten alteuropäischen Menschen, der sich mithilfe der Religion noch und weiterhin als Subjekt fühlen und betätigen will? Man mag so urteilen; viele Indizien sprechen dafür, daß sich Ritschls Erfolg, der im Ganzen freilich ein akademischer blieb, dieser Funktionalisierbarkeit seiner Aussagen verdankte.

Und doch hat diese Vermutung nur die halbe und insofern dann auch gar keine Wahrheit für sich. Denn die Ausrichtung der theologischen Aussagen über Rechtfertigung und Versöhnung, über Gotteskindschaft und Gottesreich auf die Not des Lebens hin läuft bei Ritschl in einer zweifachen Bewegungsrichtung: von der Situation zur Religion der Versöhnung und des Reiches und vom Vater Jesu Christi zur Not des getretenen Wurms, der sich gar nicht als Wurm wüßte und so von sich unterschiede, wenn er nicht zum Bruder des Sohnes bestimmt wäre, wenn ihm nicht, geschichtlich vermittelt, in der Gesamtanschauung Christi gegenwärtig wird, daß Gott seine Freiheit und seinen Dienst an der Welt will.

Ritschl unterstellt das Kontingente des christlichen Heilsverständnisses nicht einem zuvor entschiedenen Allgemeinen: »Wie falsch Lessings Satz«, daß zufällige Geschichtswahrheiten die notwendigen Vernunftwahrheiten nicht begründen können, »mache ich mir gerne daran klar, daß den Buddhisten die Begriffe von Ding und Seele fehlen, welche für uns als nothwendigen Vernunftwahrheiten gelten, indem sie darüber wie Heraklit denken. Und die Vernunftwahrheiten, die Lessing meint, nämlich die moralischen, sind von der zufällig geschichtlichen Existenz und Thätigkeit Jesu von Nazareth abhängig«[76]. Die »Existenz und Tätigkeit Jesu« begründet die »Freiheit des Vertrauens auf Gott«, in der »die *Herrschaft* über die Welt anschaulich wird, welche aus der *Versöhnung* mit Gott durch Christus entspringt«[77].

Der alte Freund aus Bonner Tagen, der Philosoph Julius Thikötter, rühmte 1883 an Ritschl die gewonnene Synthese von christologischer Konzentration und aktueller Relevanz: Er »schöpft aus der Offenbarung den hellen Schein der Erkenntniß Gottes im Angesichte Jesu Christi, und stellt den die Welt überragenden Werth des Geistes, für den die Naturdinge da sind, sicher«[78]. Das gegenwärtige Urteil ist zu solchem Lob nicht bereit. Ideologiekritisch gewappnet, meint es diesem bürgerlichen, naturfeindlichen Religionsverständnis widersprechen zu müssen. Unser Ein-

---

76 19. 11. 1886 an Herrmann, O. Ritschl II (wie Anm. 4), S. 484; in dieser Kritik an »Substanz« und »Seele« kommt Ritschl mit den Urteilen des ihm unbekannt gebliebenen »Schülers« seines Vetters F. W. Ritschl, des ihn gleichermaßen ignorierenden Fr. Nietzsche überein.

77 Göttinger Universitätsrede zum 400. Geburtstag Luthers am 10. 11. 1883; ebd., S. 422, von uns hervorgehoben.

78 J. THIKÖTTER: Darstellung und Beurteilung der Theologie A. Ritschls, 1883, S. 56.

wand, in dieser Kritik werde mit einer halben Wahrheit ein ganzer Irrtum propagiert, sei aber noch einmal wiederholt: Ritschl beharrt auf dem unvergleichbaren Wert der personalen Freiheit in sittlich verantworteter Gemeinschaft, weil ihm der Grund dieser Freiheit in Gott, dem Vater Jesu Christi, ihre Vermittlung im Sohn und ihre Gegenwart in der versöhnten Gemeinde, im versöhnten Christen und in der sittlichen Arbeit in der Bestimmtheit durch das Reich Gottes gewiß war[79].

An den Sätzen seiner Theologie läßt sich vieles bekritteln. Wer Ritschls Verständnis des christlichen Glaubens als Postulat des bürgerlichen Bewußtseins erledigen, wer die Gestalt des Göttinger theologischen Schulhauptes nur als die religiöse Modifikation der nationalliberalen Spezies deuten will, sehe zu, was er tut; analoge Contraschlüsse sind auf jeden Satz jedes christlichen Theologen anwendbar.

Ritschl hat sich durch seine Nähe zur ernüchterten Machtwelt des preußischen Kaiserreichs in große Gefahr begeben. Von seinen zahllosen Heterodoxien gar nicht zu reden! Umgekommen in dieser Gefahr ist er nicht. Zum Siege geführt hat er das Heer des Protestantismus aber auch nicht, das er so energisch ausmusterte, um es zum Triumph über die unchristlichen und unprotestantischen Mächte der Gegenwart zu führen – noch zuletzt in seiner großen Rede vom 8. August 1887 zur Feier des 150jährigen Bestehens der Georgia Augusta. War er nicht schließlich, trotz der zahlreichen Schüler auf deutschen Lehrstühlen, ein Feldherr ohne Heer?

Eine Woche nach seiner Ankunft in Göttingen brachen die Preußen aus ihren Schützengräben vor den Düppeler Schanzen zum Sturm auf. Für Albrecht Ritschl, so angesehen und erfolgreich der Weg seines akademischen Lebens und so kräftig die Ausstrahlung seines Werkes auch war, gilt schließlich doch eher jene Situation, die er selbst am 1. Februar 1871 so beschrieb: »Weit entfernt, den Kopf hoch zu tragen, duckt man sich in seinen Schützengraben, hält sein Pulver trocken und zieht sich im Vertrauen auf Gott zusammen.«[80] Ich vermute, wir werden aus seinem Graben auch in Zukunft noch Schüsse zu hören bekommen, die uns treffen.

---

79 Auch die unterstellte Naturvergessenheit läßt sich empirisch nicht verifizieren; vgl. den Brief Ritschls vom 12. 8. 1885: »Soweit sind wir also schon in der Jahreszeit vorgeschritten... Ich beobachte diesen Verlauf in jedem Jahre in den Ferien mit einer gewissen Wehmuth, ein Beweis davon, daß ich auch noch ein Stück von der Sympathie mit der Natur habe, welche z. B. im Demetermythus zu Tage tritt.« O. Ritschl II (wie Anm. 4), S. 419.
80 O. Ritschl II (wie Anm. 4), S. 103, gerafft.

Robert Hanhart

Paul Anton de Lagarde
und seine Kritik an der Theologie

I.

Lassen Sie mich mit einer persönlichen Erinnerung beginnen. Ich habe es in Göttingen erlebt, daß im Gespräch eines Juden, der in Theresienstadt war, mit einem alten Göttinger Professor, der in seinen frühesten Jahren Lagarde noch begegnet war, nicht wie ich es erwartete, der Deutsche Lagarde gegen den Juden verteidigen mußte, sondern der Jude Lagarde gegen den Deutschen.

Paul Anton de Lagarde, ursprünglich Paul Anton Boetticher – den Namen de Lagarde legte er sich 1854 nach dem Namen seiner Adoptivmutter, einer Schwester seiner Großmutter, Fräulein Ernestine de Lagarde, zu[1] –, geboren am 2. November 1827 in Berlin, gestorben im Alter von 64 Jahren am 22. Dezember 1891 in Göttingen: Hätte ich Ihnen die Ballade seines äußeren Lebens zu erzählen, sie wäre bald erzählt.

Nach der Schulzeit am Friedrich-Wilhelm-Gymnasium in Berlin kommt er – im Geburtsjahr Julius Wellhausens und Friedrich Nietzsches – Ostern 1844 »mehr ein Knabe als ein Jüngling«[2] an die Berliner Universität, wo ihn vor allem der mit einer Professur für orientalische Sprachen betraute Dichter Friedrich Rückert in den Bann des Orients, sowohl der semitischen als auch der iranischen Literaturen, zieht. Er promoviert 1849 an der Philosophischen Fakultät Berlin über die Anfänge der arabischen Farbenlehre (Initia chromatologiae arabicae) und habilitiert sich zwei Jahre später 1851 in Halle, wo ihm durch das evangelische Säkularstipendium der Stadt Berlin von jährlich 300 Talern ein zweijähriges Studium ermöglicht war, mit der Habilitationsschrift »Arica«. Die erste der von ihm verteidigten Thesen lautet: »Nemo theologus nisi philosophus«, die vierte: »Lingua armenica mere arica«.

In die Hallenser Zeit fällt seine Heirat mit Anna Berger. Er liest – wohlverstanden im Verlauf von zwei Semestern! – über Amos, den mittel-

---

1 Vgl. Paul de Lagarde: Erinnerungen aus seinem Leben, zusammengestellt von Anna de Lagarde, Göttingen 1894, S. 47ff. und Ludwig Schemann: Paul de Lagarde, ²1919, S. 53ff. (Eine dritte, fast unveränderte Auflage erschien 1943).
2 Vgl. Eberhard Nestle: Paul de Lagarde. In: RE³, Bd. XI, 1902, S. 212–218; hier: S. 214 (ergänzter Sonderdruck).

alterlichen jüdischen Dichter Juda Halevi, über Persisch und Arabisch, über ägyptische Grammatik und vergleichende Grammatik der arischen Sprachen[3]. Eine erhoffte Berufung nach Jena scheitert. Aber ein ihm durch Vermittlung Christian Karl Josias von Bunsens von Friedrich Wilhelm IV. gewährtes Reisestipendium von 1000 Talern eröffnet ihm drei Jahre freier Forschung in London und Paris: 1851–1854; es ist der Anfang der Zeit, die er später »die traurige syrische Episode« seines Lebens nennt[4], die uns aber mit seinen zahlreichen Editionen biblischer und frühchristlicher syrischer Überlieferung heute als die ertragreichste »Episode« seines Lebens erscheinen mag.

Es folgen zwölf Jahre Lehramt in Berlin, wandernd von Gymnasium zu Gymnasium – seine Frau berichtet, seine Kollegen an der Schule hätten ihn während dieser Zeit »scherzend, aber auch scheltend den Freund der Juden, Katholiken und Taugenichtse« genannt[5] –, Jahre, während derer sich alle Hoffnungen auf akademische Professuren – Kiel, Marburg, Halle, Gießen – zerschlagen, aus denen er aber durch eine von dem königlich preußischen General der Infanterie Heinrich von Brandt vermittelte königliche Bewilligung befreit wird, »sein Gehalt von 850 Talern drei Jahre lang ohne Schuldienst zu beziehen, wenn ihm nicht schon früher ein akademisches Lehramt übertragen werden sollte«[6].

Diese Wartezeit dauert zweieinhalb Jahre. Er verbringt sie im thüringischen Schleusingen. Seine Arbeit gilt jetzt allein der griechischen Übersetzung des Alten Testaments. Hier erreicht ihn am 7. August 1868 die Ehrung mit der Doktorwürde der Theologischen Fakultät Halle[7] und am 6. März 1869 die Berufung nach Göttingen als Nachfolger Heinrich Ewalds. Die letzten zwei Jahrzehnte seines Lebens, die ihm als akademischem Lehrer an dieser Universität noch vergönnt sind, bleiben konzentriert auf die Textarbeit am Alten Testament in seiner griechischen

---

3 Vgl. JULIUS WELLHAUSEN: Gedächtnisrede auf Paul de Lagarde. Nachrichten von der Gesellsch. d. Wissenschaften in Göttingen, Geschäftliche Mittheilungen, 1894, S. 49–57; hier: S. 50.
4 Vgl. Nestle (wie Anm. 2), S. 215.
5 Erinnerungen (wie Anm. 1), S. 54.
6 Ebd., S. 77–80.
7 Nestle (wie Anm. 2.), S. 215; vgl. FRITZ STERN: Kulturpessimismus als politische Gefahr, 1963, S. 39. Zu seiner Promotion zum Licentiaten der Theologie honoris causa an der Erlanger Theologischen Fakultät 1851 vgl. HERMANN JORDAN: Drei Briefe Lagardes nach Erlangen. Monatshefte für Kultur und Geistesleben 25, 1916, S. 216–223, ALFRED RAHLFS: Paul de Lagardes wissenschaftliches Lebenswerk im Rahmen einer Geschichte seines Lebens dargestellt. Mitteilungen des Septuaginta-Unternehmens der Gesellschaft der Wissenschaften zu Göttingen Bd. 4, Heft 1, 1928, S. 95–97, und HELMUTH M. PÖLCHER: $Συμφιλολογεῖν$, Briefe von Paul de Lagarde an Adolf Hilgenfeld aus den Jahren 1862–1887. In: Lebendiger Geist, Hans-Joachim Schoeps zum 50. Geburtstag, hg. von Hellmut Diwald, 1959, S. 19–47; hier: S. 24–26, 42f.

Gestalt. Dem Ziel der Vollendung dieses Werks bleibt seine Lehrtätigkeit untergeordnet. Der akademische Eifer seiner Hallenser Dozentur scheint sich unterdessen verflüchtigt zu haben. Seine Lehrveranstaltungen, unter deren wenigen Teilnehmern sich die ersten Schwalben der Religionsgeschichtlichen Schule einfinden – neben seinem einzigen getreuen Schüler Alfred Rahlfs: Albert Eichhorn, Hermann Gunkel, Heinrich Hackmann, Rudolf Otto –, beschränken sich während dieser immerhin zwanzig Jahre nach dem Beginn mit Hiob im Sommersemester 1869 auf Vorlesungen über Genesis, Jesaja und die Psalmen, je einmal über Einleitung in das Alte, das Alte und das Neue Testament, über Anfangsgründe der biblischen Textkritik, darüber hinaus lediglich auf Sprach- und Lektürekurse in Hebräisch, Syrisch und Arabisch, selten in Ägyptisch und Neupersisch[8]. Wirkung in die Weite und Schulbildung scheint dabei nicht sein Ziel gewesen zu sein. Alfred Rahlfs erzählt, daß sein nachmaliger Lehrer im Sommer 1885 eine Vorlesung über Syrisch nur für Hermann Gunkel angekündigt hatte »und erwartete, nur ihn in dem minimalen Hörsaal, in welchem er Vorlesungen hielt, vorzufinden. Beim Eintreten sah er auch mich da sitzen, schoß auf mich zu und fragte: ›Was wollen Sie denn hier?‹«[9]. Sein Gesuch an das Königliche Kuratorium um Urlaub im Sommersemester 1889 begründet er mit der entwaffnenden Feststellung: »Im laufenden Semester werde ich voraussichtlich nur einen Zuhörer haben, Herrn Inspector Dr. Rahlfs... Es wird mithin ein Schaden durch meinen Urlaub Niemandem zugefügt.«[10]

Aber es geht um ein Kaufen der Zeit. Reisen, die er jetzt noch unternimmt, – England, Frankreich, Italien –, sind keine Erholungsreisen; sie dienen in erster Linie der Kollation von Bibelhandschriften für sein geplantes Monumentalwerk einer endgültigen Edition der Septuaginta: »In Florenz und Bologna darf ich sechs, in Mailand fünf Stunden am Tage arbeiten, der auch in Italien 24 Stunden hat; im brittischen Museum sind mir neun Stunden gegönnt, so viel wie ich, Gott sei Lob und Dank, noch hintereinander collationieren kann«, schreibt er noch zwei Jahre vor dem Tod[11]. In der Grabrede am ersten Weihnachtsfeiertag des Jahres 1891 sagte Ulrich von Wilamowitz: »Hatte Karl Lachmann unternommen, den Text des Neuen Testaments festzustellen, eine Aufgabe, die bis heute nicht genügend gelöst ist und schwerlich von einem einzelnen gelöst

---

8 Vgl. Die Vorlesungsverzeichnisse und Auszüge aus dem Anmeldungs-Journal in dem auf der Universitäts-Bibliothek befindlichen Nachlaß. Eine schon angekündigte Vorlesung über Leben und Schriften seines Freundes Ernest Renan kam nicht zur Ausführung (vgl. Schemann [wie Anm. 1], S. 83).
9 Rahlfs (wie Anm. 7), S. 91f.
10 Gesuch vom 28. 4. 1889; Personalakte im Universitäts-Archiv. Vgl. auch Heinrich Hackmanns Schilderung bei Schemann (wie Anm. 1), S. 375–377.
11 Ezdrana. Mittheilungen Bd. III, 1889, S. 287 Anm.

werden kann, so hat sich Lagarde an die ungleich größere gewagt, dasselbe für das Alte Testament zu tun. Ich übersehe die Dinge so weit, um sagen zu können, daß es eine schwerere und deshalb schönere Aufgabe der Textkritik überhaupt nicht gibt.«[12] Der Satz ist richtig, wenn man ihn im Sinn des von Lagarde selbst verordneten Grabspruchs versteht, der in seinem und seiner Frau Grabstein auf dem Göttinger Stadtfriedhof eingegraben ist, und den ihm einst sein Berliner Lehrer Ernst Wilhelm Hengstenberg ins Stammbuch geschrieben hatte: »Via crucis est via salutis.«[13]

Es mag sich uns zunächst der Eindruck eines erfüllten Gelehrtenlebens einstellen, eines Lebens, das nicht frei ist von Enttäuschungen, Rückschlägen und im Wege liegenden Steinen, eines Lebens aber, das nach ihrer Überwindung zuletzt zu seinem Ziel kommt und in der Erfüllung einer von Anfang an ins Auge gefaßten Aufgabe seine Vollendung findet: der Rekonstruktion der Urform des griechischen biblischen Textes als Grundlage der vollendeten irdischen Gestalt der christlichen Religion.

So sieht Lagarde den Sinn und das Ziel seines Lebens selbst. Davon muß er immer und immer wieder reden, in Eingaben und Briefen an Freunde, Kollegen, Minister, Fürsten und Könige. Das ist letztlich auch der Kern seines religiösen, kulturellen und politischen Programms seiner »Deutschen Schriften«, in deren Mittelpunkt die zum ersten Mal Anfang 1873 erschienene Abhandlung »Über das Verhältnis des deutschen Staates zu Theologie, Kirche und Religion« steht:

»Die Herstellung der ursprünglichen Gestalt (der griechischen) Übersetzung (des Alten Testaments) ist meines Lebens Aufgabe, der weitaus die meisten am Ende des von mir vorgelegten Bandes verzeichneten Werke gedient haben«, schreibt er am 6. April 1886 an den Fürsten Alexander von Bulgarien, dem er »in tiefer Ehrfurcht« ein Exemplar seines 1883 in Göttingen erschienenen ersten Teils des griechischen Alten Testaments[14] überreicht[15]. Die Vollendung seines Lebens in der Vollendung eines Werkes, dem all sein so weit verzweigtes Einzelschaffen diente, das als solches ewigen Bestand hat, und das eine geschichtliche Wende herbeiführt: mit geringeren Worten kann man den Anspruch dieses Lebens nicht zusammenfassen.

Man wird darum die innere Intention von Lagardes Denken nicht verstehen können, wenn man, wie es oft geschieht, sein theologisch-politisches Programm unabhängig von seinem wissenschaftlichen Werk bestimmen zu können meint.

---

12 ULRICH VON WILAMOWITZ-MOELLENDORFF: Erinnerungen, 1928, S. 231.
13 Vgl. Rahlfs (wie Anm. 7), S. 21.
14 Librorum veteris testamenti canonicorum pars prior graece, 1883.
15 Lagarde-Nachlaß der Universitäts-Bibliothek, unsignierter Teil 3, Bd. XIX, Nr. 96; vgl. den ähnlich lautenden Brief an Kaiser Wilhelm I. vom 2. 10. 1883, der in Mittheilungen Bd. III, 1889, S. 236f. abgedruckt ist.

Abb. 23. Das Grab Lagardes auf dem Göttinger Stadtfriedhof

Abb. 22. Paul de Lagarde, 1885

Aber das Bild einer solchen Vollendung ist ein Scheinbild. Der Anspruch zerbricht an der Wirklichkeit, und dieses Zerbrechen ist zutiefst begründet im inneren Leben eines von Geburt an verwundeten Menschen – in seinem Dämon, wird der Heide Wilamowitz an seinem Grabe sagen[16] –, der sein Leiden an sich selber nur mit dem bedingungslosen Kampf gegen alles verbergen kann, was das hohe Ziel seines Lebens antastet oder es auch nur anzutasten scheint. Die scheinbar überwundenen Hindernisse des seiner Erfüllung zustrebenden Gelehrtenlebens sind unheilbare Brüche, die ihn auch nach ihrer Überwindung verfolgen. Die vermeintliche Erfüllung ist ein Scheitern, und an den nie endenden Schlägen und dem endlichen Scheitern trägt die Welt die Schuld, die sich gegen ihn verschworen hat. Seine oft zerstörerische Zeitkritik, mit der er heute vielen als der böse Geist des ausgehenden 19. Jahrhunderts erscheint, ist zuerst persönlich bedingt:

Seine Kindheit verfolgt ihn mit dem Gedanken an seine Mutter, die noch nicht 19 Jahre alt zwölf Tage nach seiner Geburt stirbt, und derer er noch als sechzigjähriger in seinen seltsamen Strandliedern gedenkt: –

»O Mutter, selbst ein Kind als du gebarst,
Warum bliebst du mir als Gespielin nicht?
Ich konnte ja nicht wachsen; denn mit wem?
Und so bin ich ins Alter Kind geblieben...«[17] –,

und mit der Erinnerung an seinen Vater Wilhelm Boetticher, Professor am Friedrich-Wilhelm-Gymnasium in Berlin, an dessen Sterbebett er als dreiundzwanzigjähriger nach religiös und politisch bedingten inneren Zerwürfnissen, bei denen die politischen Ereignisse des Jahres 1848 mitbestimmend waren[18], »mit dem grausamen Schmerze stand, über diesen Tod nicht trauern zu können«[19].

Die Zeitgenossen, mit denen er in Berührung kommt, werden ihm zum größeren Teil mit der Zeit zu Feinden. Der Grund liegt meist sowohl im Persönlichen, seiner Verletzbarkeit, als auch im Sachlichen wissenschaftlicher oder weltanschaulicher Differenz, einer Hellsicht, vor der nichts verborgen bleibt, vor der aber das Menschliche Allzumenschliche überwiegt.

Deutlich zeigt das schon seine Kindheitserinnerung an Friedrich Schleiermacher: »Ich habe als Kind mehr als Einmal auf des lebhaften, kleinen, verwachsenen Mannes Schoosse gesessen, an dem der rasche Gang, die Augen und die feinen Hemden mir freilich behagten: ich habe

16 Wie Anm. 12, S. 229.
17 Gedichte, Gesamtausgabe besorgt von Anna de Lagarde, ²1911, S. 80; vgl. Erinnerungen (wie Anm. 1), S. 10.
18 Andeutungen in: Erinnerungen (wie Anm. 1), S. 10–16.
19 Ebd., S. 15.

stets fast ein Grauen vor ihm empfunden. Trotz seiner Leutseligkeit war er unnahbar, und Sandtorte und Graves, die er freundlich von seinem Frühstücke abgab – sein Leibwein war eigentlich Chambertin –, schienen mir nur Lockspeise, mit der ich gefangen werden sollte. Schleiermachers höchst sonderbare Art sich auszudrücken ließ mich in meinem Kindskopfe überlegen, ob wohl bei dem kleinen Menschen alles richtig sei.« Dem Rückblickenden erscheint dieses persönliche Erlebnis als Spiegelbild des Niedergangs der Zeit: »Schleiermachers Tod hatte nicht sowohl eine Lücke gerissen, als gezeigt, daß der Abgrund, welcher schon damals gähnte, durch Schleiermacher für die Gebildeten nicht überbrückt, sondern nur verschleiert worden war... Er spielte Vormittags auf der G-Saite Religion, und Nachmittags auf der D-Saite Philosophie, nach Belieben auch umgekehrt. Das nennt der Berliner ›man so thun‹.«[20]

Was die Repräsentanten seiner Zeit in seinen Augen zu Exponenten ihrer Verworfenheit macht, ist in persönlicher Hinsicht ihre Charakterschwäche, in politischer Hinsicht ihr Verstricktsein in die Parteiung und in kultureller Hinsicht ihr Versagen vor seinem, Lagardes, wissenschaftlichen Programm, und sie können als solche vor ihm nur schuldig werden.

Es ist für das Verständnis dieses Anspruchs von untergeordneter Bedeutung, daß der eigentliche Inhalt seines Lebens, sein wissenschaftliches Werk, weitgehend hinter den Errungenschaften schon seiner eigenen Zeit zurückblieb, daß seine weitverzweigten, in starkem Maß etymologisch ausgerichteten Sprachforschungen im orientalischen, im indogermanischen (vor allem armenologischen) und im ägyptologischen Bereich an wichtigen Punkten gerade durch die von ihm bekämpften Zeitgenossen überholt oder doch zu Recht in Frage gestellt worden sind, in der indogermanistischen Forschung durch den als »Nullität« abgeurteilten Armenologen Johann Heinrich Hübschmann[21], in der koptologischen durch den mit einer allerdings selbst ungerechten Kritik zum akademischen Feind gewordenen Heinrich Brugsch, im orientalistischen bzw. alttestamentlichen Bereich durch die jüngeren Antipoden Theodor Nöldeke und Julius Wellhausen[22]. Von Lagarde selbst aus gesehen haben seine weitgehend vergessenen sprachwissenschaftlichen Äußerungen – von seinen alttestamentlichen Konjekturen erfreut sich, soviel ich sehe, nur noch seine These einer zweifelhaften Beliebtheit, daß sich Jesaja für Osiris interessiert

---

20 Erinnerungen an Friedrich Rückert. Mittheilungen Bd. III, 1887, S. 86f.
21 Nachlaß (wie Anm. 15), Bd. XIX, Nr. 292: Brief vom 11. 12. 1886 an Karl Johannes Neumann. Die wichtigste Literatur Lagardes zur Auseinandersetzung mit den Zeitgenossen s. bei RICHARD J. H. GOTTHEIL: Bibliography of the Works of Paul Anton de Lagarde. Proceedings of the American Oriental Society, April 1892, S. CCXI–CCXXXI, Nr. 241–249.
22 Vgl. HANS HEINRICH SCHAEDER: Paul de Lagarde als Orientforscher. Oriental. Lit. Ztg. 45, 1942, Sp. 1–13.

habe[23] – lediglich den Sinn, jenem einen Ziel, die vollendete quellenmäßige Grundlage der alleinigen Religion wiederherzustellen, zu dienen[24], ist seine Polemik, sei sie persönlich, wissenschaftlich oder politisch bedingt, in der Vorstellung begründet, daß der anders Denkende die Erreichung dieses Ziels verhindere. Hier ist Lagarde seinem gehaßten Vorgänger Heinrich Ewald wesensverwandt: Die Ansicht des anders Denkenden ist nicht Irrtum, sondern Lüge, ein Mangel des Charakters, nur daß Lagarde nicht mit der Souveränität des – wenn auch leicht aus der Fassung zu bringenden – Unfehlbaren kämpft[25], sondern mit der verzweifelten Selbstgerechtigkeit des in seiner Ehre Verletzten.

Theodor Nöldeke und Julius Wellhausen erscheinen im Blick auf dieses Ziel als »Ephemere«[26]. Nöldeke, der nach anfangs freundschaftlichem Verkehr die zunächst in der Form begründete Kritik Lagardes mit gleicher Waffe zu parieren weiß – »Euer Hochwohlgeboren erlaube ich mir auf Ihre liebenswürdige Bemerkung in den Göttinger Nachrichten vom 18. Juni . . . zu bemerken, daß ich manchmal die Nichterwähnung selbstverständlicher Dinge für zweckmäßig halte. . . So dumm, wie ich Ihnen seit einigen Jahren scheine, bin ich wirklich nicht. . .« antwortet er am 28. Juni 1882 auf einen Einwand Lagardes[27] –, erscheint ihm vor allem wegen seiner empirischen Skepsis gegenüber Lagardes sprachwissenschaftlichem Programm[28], das »möglicherweise zur Zeit unserer Urenkel erfüllt« werden könne[29], als der ewig »Subalterne, der er so gerne nicht sein möchte, unfähig neue Bahnen zu brechen«, und darum: »unfähig wahrhaft gerecht zu sein«[30]. »Da weder Idee noch Geschichte jemals der Ansicht des Herrn Nöldeke sind, steht Herr Nöldeke der Anerkennung der Idee wie der Geschichte grundsätzlich feindlich gegenüber.«[31] Wellhausen ist, was seine wissenschaftlichen Erkenntnisse betrifft, »nicht original, sondern nur in der Form originell«[32], schlimmer: er bringt das als eigene Erkenntnis vor, was Lagardes Eigentum ist: »Er täuscht wis-

23 Symmicta, 1877, S. 105; vgl. Mittheilungen Bd. I, 1884, S. 210.
24 Vgl. S. 274 und die von Edward Schröder aufbewahrte Äußerung in seiner Gedenkrede auf Paul de Lagarde 1927. In: Göttinger Universitätsreden aus zwei Jahrhunderten (1737–1934), hg. von Wilhelm Ebel, 1978, S. 578–588; hier: S. 580.
25 Vgl. LOTHAR PERLITT: Heinrich Ewald: Der Gelehrte in der Politik, in diesem Bande, oben S. 157ff.
26 Vgl. Schaeder (wie Anm. 22), Sp. 3.
27 Nachlaß (wie Anm. 15), Bd. XV, Nr. 137.
28 PAUL DE LAGARDE: Erklärung hebräischer Wörter; in: Orientalia 2. Heft, 1880, S. 1–42; hier: S. 1f.
29 Vgl. die Bemerkungen Lagardes in: Mittheilungen I, 1884, S. 210 und 101.
30 Nachlaß (wie Anm. 15), Brief an K. J. Neumann (wie Anm. 21).
31 Übersicht über die im Aramäischen, Arabischen und Hebräischen übliche Bildung der Nomina. 1889, S. 3.
32 Nachlaß (wie Anm. 15), Bd. XXII, Nr. 122: Notizen Lagardes über die Vorgänge nach dem Tod Ernst Bertheaus (17. 5. 1888), 31. 5.–17. 6. 1888.

sentlich und absichtlich seine Leser«[33]; er ist, was seine politischen Intentionen betrifft – man merke im Blick auf gegenwärtige Angriffe gegen ihn auf![34] –, ein Liberaler, »dessen Leistungen, da sie dem Judenfreisinne passen, geflissentlich in der massivsten Art überschätzt werden«. Und so trifft ihn das zweifache Geschick, nicht nur die Schwelle seines Lehrers und Vorvorgängers Heinrich Ewald, sondern auch diejenige seines Vorgängers nicht betreten zu dürfen[35].

Als Inbegriff des verworfenen Zeitgenossen erscheint Theodor Mommsen: Wissenschaftliche Gegnerschaft, politische Feindschaft des Konservativen gegen den Nationalliberalen und persönliche Aversion verursacht durch Ereignisse wie den Brand in Mommsens Hause, der Lagarde den Inhalt seines Lebens, den Zugang zu den Handschriften, erschwert, finden ihren Ausdruck in Haßausbrüchen wie der Äußerung gegenüber Richard Schöne: »Mit diesem Subjecte unterhalte ich mich, wenn überhaupt, nur mittelst der Reitpeitsche.«[36]

Die öffentliche Polemik gedieh gegen Ende seines Lebens so weit, daß eine Blütenlese »von Stellen aus Abhandlungen und Recensionen des Herrn Geheim.Reg.Raths de Lagarde, die sich in den Abhandlungen oder Nachrichten der K.Gesellschaft befinden und ungehörige, mit dem behandelten Gegenstand in keinem Zusammenhang stehende Kritik über Staatseinrichtungen, Beamte und Gelehrte enthalten«, vom Königlichen Staatsministerium mit der Forderung an die Akademie der Wissenschaften gesandt wurde, sich darüber zu äußern, »wie solchen Ungehörigkeiten vorgebeugt werden könne«, ein Ansinnen, das der beständige Sekretär der Königlichen Gesellschaft der Wissenschaften, Hermann Sauppe, nur mit der begütigenden Feststellung zu beantworten vermochte, daß es »gewiß sehr bedauerlich sei, wenn ein durch Geist, Gelehrsamkeit und bedeutende Leistungen hervorragender Mann der unglücklichen Neigung scharfe Bemerkungen nach allen Seiten in das, was er schreibt, einzuschieben, so wenig widerstehen kann, daß . . . er dadurch aber mehr sich selber schade, als denen, gegen welche sie gerichtet sind, daß . . . die Abhandlungen und Recensionen, in denen sich die unpassenden Bemerkungen finden, immer von ernstem wissenschaftlichem Inhalt und nicht ohne Werth und Bedeutung seien, und daß, da auch seit einiger Zeit, soviel mir erinnerlich ist, nichts der Art wieder vorgekommen ist . . . dem Königlichen Ministerium der Wunsch auszusprechen wäre, daß es mit

---

33 Übersicht. . . (wie Anm. 31), S. 14 Anm.; vgl. Ein Beitrag zur Naturgeschichte der Semitisten. Mittheilungen Bd. III, 1889, S. 83.
34 Vgl. RUDOLF SMEND: Wellhausen und das Judentum. Zs. f. Theol. u. Kirche 79, 1982, S. 249–282.
35 Nachlaß (wie Anm. 15), Bd. XXII, Nr. 112: Brief vom 18. 5. 1888 an Geh.Rath Althoff; vgl. RUDOLF SMEND: Wellhausen in Göttingen, in diesem Bande, unten S. 306ff.
36 Nachlaß (wie Anm. 15), Bd. VI, Nr. 54: Brief vom 10. 2. 1878, 3 3/4 nachmittags.

Rücksicht auf die Bedeutung des Mannes und seiner Arbeiten und zum Vortheil unserer Gesellschaftsschriften ... die Sache für jetzt auf sich beruhen lassen wolle.«[37]

Unangefochten, in Jugenderinnerung verklärt, bleibt – abgesehen von den rein wissenschaftlichen Idealgestalten Jakob Grimm und Karl Lachmann – nur der geheimnisvolle Dichter Friedrich Rückert, der denn auch als Gegenbild zu Lagardes Vorgänger in seiner Göttinger Professur dienen muß: »Er herrschte über fremde Sprachen zu einer Zeit, in welcher so laute Hysteriker wie Heinrich Ewald anspruchsvoll stümperten, und den Wahn, sie könnten, hervorzurufen verstanden.«[38]

So ist denn auch das Ereignis in seinem Leben, das als seine »Bekehrung« bezeichnet werden könnte, sowohl hinsichtlich seiner eigentlichen Ursache als auch hinsichtlich seines Wesens schwer durchschaubar. Eindeutig ist nur auch hier: Persönliche Verletzung, wissenschaftlicher und religiöser Widerspruch und politisches Ethos sind unentwirrbar mitbeteiligt. Der äußere Anlaß ist der Prozeß Waldeck des Jahres 1849, die Verhaftung des Führers der Linken im preußischen Landtag, Obertribunalrat Waldeck, auf Grund der Beschuldigung, Mitwisser revolutionärer Umtriebe zu sein, die sich bei der Verhandlung am 28. November 1849 als Verleumdung auf Grund gefälschter Briefe von politischen Gegnern erwies. Das Ereignis, das Lagarde so erregte, daß er sich die schwarzweiße Kokarde vom Hute schnitt, führt zum persönlichen Bruch mit seinem Lehrer Hengstenberg, der den Prozeß verteidigte. Der Bruch bedeutet zugleich die Abwendung von seiner konservativen Theologie, und diese Abwendung geht Hand in Hand mit den letztlich im Konflikt mit seinem Vater gründenden »Kämpfen, sich vom Pietismus loszuarbeiten«. Aber was er nach dieser Zäsur bewahrt, kann nicht anders bezeichnet werden denn als theologischer und politischer Konservativismus. Er selbst nannte es »meine heidenchristliche Religion«, die »jetzt mein einziger Zufluchtsort ist und mich beruhigt, wie ein Kind das Mutterauge beruhigt, das es anblickt und der Mutterarm, der es trägt«[39].

Wir müssen uns weitere Ausflüge in die Höhen und Tiefen des Menschlichen Allzumenschlichen ersparen, die doch immer nur das Eine und Gleiche zeigen: die Konfrontation einer Sehnsucht nach vollkommenem Glück mit der Banalität der Wirklichkeit. Erinnert sei noch an die roman-

---

37 Personalakte im Universitäts-Archiv: Brief an das Königliche Ministerium vom 12. 7. 1890.
38 Erinnerungen an Friedrich Rückert (wie Anm. 20), S. 96. Vgl. PAUL DE LAGARDE: Gesammelte Abhandlungen, 1866, S. Xf.
39 Konservativ? 1853. Deutsche Schriften, 5. Auflage besorgt von Alfred Rahlfs und Edward Schröder (im folgenden zitiert: D.Schr.), 1920, S. 5–17; hier: S. 6; vgl. Programm für die konservative Partei Preußens, 1884, ebd. S. 350–403 und Rahlfs (wie Anm. 7), S. 31 f.

tische Jugendsünde seines Briefes, den er Anfang 1851 als dreiundzwanzigjähriger an den damaligen Präsidenten der französischen Republik und nachmaligen Kaiser Napoleon III. mit der Bitte schrieb, daß ihm das Recht verliehen werde, die Insignien des Barons von Neuhof, des Königs von Korsika, seines Großonkels, zu tragen, und der den Unglücksraben ausgerechnet in dem Zeitpunkt seiner geschehenen Berufung nach Göttingen wieder einholte, als Henri Bordier in seinem Buch »L'Allemagne aux Tuileries« nach dem Ende des deutsch-französischen Krieges, 1872, deutsche Reichsangehörige durch ihre Eingaben an den französischen Kaiser bloßstellte. Es ehrt Lagarde, daß er auf Grund dieser Publikation umgehend beim Ministerium »im Interesse der Ehre der Körperschaft, welcher er angehört«, ein Gesuch um Entlassung aus dem Staatsdienste einreichte, und es ehrt die Vertreter von Regierung und Universität, daß sie ihn mit der Versicherung, daß sie »seine bürgerliche Ehre als ungeschmälert ansähen«, dazu bewegten, in seinem Amte zu verbleiben[40].

Erinnert sei zuletzt an zwei Berührungen mit der harten Wirklichkeit in seiner Göttinger Zeit, die keiner Aktualisierung bedürfen, um uns in unserer Göttinger Gegenwart verständlich zu sein: eine Eingabe Lagardes an die Königliche Polizeidirection Göttingen vom 6. Mai 1877 mit dem Wortlaut:

»Da wir demnächst Himmelfahrts- und Pfingstfest zu erleben haben, ersuche ich in angenehmer Erinnerung an den im vorigen Jahre genossenen Unfug K.Polizeidirection ganz gehorsamst, in geeigneter Weise dafür Sorge tragen zu wollen, daß die christliche Festfreude des Volkes nicht in Form von Pistolenkugeln und Steinen Leben und Eigenthum friedlicher Bürger bedrohe und schädige. Gehorsamst Professor Paul de Lagarde.«[41],
und eine sein Anwesen am Friedländerweg 11 betreffende Fehde mit dem Magistrat der Stadt, die bis zu einer Beleidigungsklage des Bürgermeisters Merkel führte, und die ihn noch ein halbes Jahr nach ihrer Beilegung zu einem Donnergrollen gegenüber dem Königlichen Ministerium des

---

40 HENRI BORDIER: L'Allemagne aux Tuileries, 1872, S. 36f.; vgl. Erinnerungen (wie Anm. 1), S. 96–103 und Schemann (wie Anm. 1), S. 82f. Ob die Affäre bei Lagarde allzutiefe Spuren hinterließ, dürfte zu fragen berechtigt sein: In dem die Rücknahme des Gesuches betreffenden Schreiben des Ministers der geistlichen, Unterrichts- und Medicinalangelegenheiten Falk vom 20. 4. 1872 an den königlichen Univeristäts-Curator, den uns im Vortrag über Heinrich Ewald (s. Anm. 25) eindrücklich gewordenen Geheimen Regierungsrath von Warnstedt, ist in dem Satz: »der g.de Lagarde ... wird bei der ihm eigenen Charakterfestigkeit, wie ich befürchte, zur Zurücknahme seines Gesuches nicht leicht zu bewegen sein«, der Begriff »Charakterfestigkeit« mit Bleistift unterstrichen und dazu am Rand vermerkt: »er war sehr leicht zum bleiben zu bewegen« (Personalakte im Universitäts-Archiv). Die Notiz kann kaum von einem andern stammen als von dem einzigen, der es wissen konnte: von Warnstedt.
41 Nachlaß (wie Anm. 15), Bd. XI, Nr. 144.

Innern veranlaßte, in dem er es ablehnte, »Schriftstücke einer königlichen Behörde in Empfang zu nehmen, in welchen mir gesagt wird, daß durch mein Verschulden eine 12 Fuß lange, schlimmer als ein offener Abort riechende Kloake entstanden sei und Jahre lang bestanden habe«[42].

Don Quichotte in der Gestalt von Michael Kohlhaas: was den ersteren anbelangt nicht unähnlich einem Verwandten späterer Generation, der auch Boetticher hieß und sich auch umbenannte, nicht in Lagarde sondern in Joachim Ringelnatz[43], nur daß dieser gemerkt hatte, daß er es mit Windmühlen zu tun hatte, und sich darüber amüsierte.

Was wir aber zuletzt als das eigentliche Scheitern seines Lebens nennen müssen, ist das Scheitern an seinem Werk, und dieses Scheitern erscheint ihm – es kann nach der gezeichneten Anlage seines Charakters nicht anders sein – als mehr denn ein persönliches Schicksal, es ist die Exemplifikation des Wesens seiner Zeit selbst, der innere Grund seiner Kritik an der zeitgenössischen Theologie. Daß es äußere Gründe sind, die dieser Erfüllung entgegenstehen – die Rekonstruktion der Urgestalt des biblischen Textes als Voraussetzung für die Verwirklichung der wahren christlichen Religion kann nicht die Aufgabe eines Menschenlebens sein, auch in einer Zeit nicht, in der der Zugang zu ihren Dokumenten nicht mehr wie zu seiner Zeit nur durch mühsame Reisen erreichbar ist –, das vermag er im Bewußtsein seiner Sendung nicht zu erkennen; für ihn sind es finstere Mächte, die sich wider ihn verschworen haben, gegen die er mit verzweifelter Selbstwehr, eigener Finanzierung seiner Drucke, Verkauf von Teilen seiner Bibliothek, ankämpft, mißgünstige Gelehrte unter den Zeitgenossen – Ceriani, Vercellone –, die den Druck von Quellenschriften verzögern, damit sie seinem Werk nicht mehr dienen können, böswillige Bibliothekare, die ihm die Sendung oder Benutzung der Handschriften versagen, Feinde im Ministerium, von denen die Verhinderung der ihm unentbehrlichen Mittel und Möglichkeiten letztlich ausgeht[44], und bewußtes Totschweigen seiner Erkenntnisse durch die wissenschaftliche

---

42 Ebd., Bd. XVII, Nr. 31: Brief vom 28. 1. 1884; vgl. Paul de Lagarde contra Merkel, Göttingen 1883.

43 Großvater: Pastor Hans Adam Boetticher in Görmar bei Mühlhausen, gest. 1849; vgl. HERBERT GÜNTHER: Joachim Ringelnatz, Rowohlts Monographien 96, 1964, S. 12. Die genauere genealogische Verbindung läßt sich aus Lagardes Schrift »Nachrichten über einige Familien des Namens Boetticher«, 1867, nicht verifizieren.

44 Korrespondenz mit Rudolf Smend, Franz Overbeck, L. Sieber (Bibliothekar in Basel), 19. 8. 1881–25. 7. 1882 (Nachlaß [wie Anm. 15], Bd. XIV, Nr. 158, Bd. XV, Nr. 78, 153, 155, 156, 160, 162); vgl. vor allem Symmicta II, 1880, S. 143–147: »um misverständnisse zu verhüten, bemerke ich, daß ich die quelle der erwänten, one daß ich sie ausdrücklich deute, unschwer richtig gewürdigten hinderungen nicht im unterrichtsministerium und nicht in irgend einer deutschen botschaft suche« (S. 145). In einem Brief an Eduard Böhmer vom 19. 1. 1881 erklärt er: »Die Hinderung ist von Bismarck ausgegangen« (Nachlaß [wie Anm. 15], Bd. XIV, Nr. 29).

Welt als ganze⁴⁵. Von Jahr zu Jahr wächst in seinen Äußerungen der Ton der Resignation: »Ich bin über funfzig jare alt, und habe, wenn ich meine großen lebensaufgaben lösen will, durchaus keine zeit zu verlieren«, schreibt er im Blick auf ein am 26. September 1877 gestelltes nicht durchgedrungenes Gesuch um Beschaffung einer Handschrift⁴⁶, »ich bin todmüde« neun Jahre später als Antwort auf eine nicht eingegangene Erklärung des Ministeriums⁴⁷, »da mein zu Schanden gewirthschaftetes, verrathenes, heimathloses Leben in Kummer und Sorgen dem Ende zugeht, will ich vorläufig wenigstens das thun was ich sicher thun kann«, eineinhalb Jahre vor seinem Tod, am 7. Juni 1890, im Angesicht der Fragment gebliebenen Textherstellung der Septuaginta⁴⁸, und zuletzt fünfzig Tage vor seinem Tod, am 2. November 1891, am Ende seiner letzten, infolge eines Druckerstreikes abgebrochenen Abhandlung der Septuagintastudien: »Es ist keine Schande, ἐν μορφῇ δούλου ὑπάρχειν. Was ich hätte lehren können, ist übrigens den Zeitgenossen so wie so gleichgültig: seine Summe wird irgendwo und irgendwie vielleicht einmal an den Tag treten – alteri saeculo.«⁴⁹

»Alteri saeculo«: Diese Hoffnung ist der letzte Aspekt im Scheitern seines Werkes, das für ihn identisch ist mit dem Scheitern seines Lebens; sie gewinnt Gestalt in dem, was als »Lagardes Testament« bekannt ist, zu einem Teil nicht bekannt sein dürfte⁵⁰. Es ist, entkleidet man es seiner skurrilen Züge, das Vermächtnis eines gebrochenen Mannes, der sich selbst als Propheten sieht, der sich wie Absalom, weil er keinen Sohn hatte, »ein Denkmal setzt, um seinen Namen in Erinnerung zu halten« (2.Sam 18,18), der wie Jesaja »die Weisung in seinen Jüngern für die Zukunft versiegelt« (Jes 8,16). Es fällt schwer, hier nicht an eine geistesgeschichtliche und psychologische Analogie zur Zukunftsvision eines um die gleiche Zeit in anderer Weise am Leben Zerbrochenen zu denken: Friedrich Nietzsches Verkündigung des Übermenschen.

45 Z.B. Septuaginta-Studien I, 1891, S. 5, Anm. 1: »Über ihn (sc. den Codes Amiatinus) handelte ich in den Mittheilungen I 379. Selbstverständlich findet das Gesindel nothwenig, das dort Gesagte tot zu schweigen.«
46 Symmicta II, 1880, S. 144. Im Exemplar der Universitäts-Bibliothek finde ich hier an den Rand geschrieben: »Genau dasselbe sagte mir H. H. Schaeder im Sommer 1946.« Bei aller Bedeutsamkeit der Analogie im Leben zweier Geistesverwandter, intensiveres Studium der Werke Lagardes hätten den Schreiber von Randanmerkungen in Bibliotheksexemplaren gewarnt: Ihre Urheber werden von Lagarde als »unserer zeit werte dumme jungen« (Symmicta, 1877, S. 131) und »Bengel« apostrophiert, die »öffentlich wie ein Schuljunge gezüchtigt« werden müssen (Septuaginta-Studien II, 1892, S. 3, Anm. 1).
47 Nachlaß (wie Anm. 15), Bd. XIX, Nr. 91: Brief vom 3. 4. 1886 an Karl Vollmoeller.
48 Septuaginta-Studien I (wie Anm. 45), S. 3.
49 Ebd., S. 92.
50 Nachlaß auf der Universitäts-Bibliothek, unsignierter Teil 19; weitere Exemplare im Universitäts-Archiv und im Archiv der Akademie der Wissenschaften zu Göttingen.

Denn dieses Testament ist nichts anderes als die auf seine Person projizierte Verkündigung seiner Vision von der Religion der Zukunft. Das Werk, das die Grundlage ihrer Verwirklichung ist, das zu vollenden ihm nicht bestimmt war, soll im Gedächtnis seines Namens aus den von ihm hinterlassenen Mitteln und von Gelehrten vollendet werden, welche die Repräsentanten der von ihm ins Leben gerufenen Gemeinschaft sind. Es ist in erster Linie ein Editionswerk; denn nur die Bewahrung der Überlieferung ermöglicht die Erfahrung der Geschichte, die das Prinzip der Religion ist: Edition griechischer und lateinischer patristischer und scholastischer Texte, Texte der semitischen Literaturen mit Ausschluß des Assyrischen und der spezifisch jüdischen Werke des späten Mittelalters, Texte der eranischen und neuägyptischen – also nicht der hieroglyphischen – Literaturen, zur Erläuterung der Kulturgeschichte dienliche Texte des europäischen Mittelalters, Briefwechsel verdienter Gelehrter – darunter Joseph Justus Scaliger –, bedeutende Gesandtschaftsberichte und vollständige Folgen der Briefe bekannter Staatsmänner.

Diesem einzigen ebenso ergreifenden wie wirklichkeitsfremden Ziel dienen die übrigen Aspekte des Testaments, deren ungewollte Komik darum nicht über den Ernst hinwegtäuschen darf, sei es daß die Bewahrung des Stifternamens Lagarde nicht nur in der in Einzelheiten vorgeschriebenen Ausführung des Grabsteins, sondern auch in der Titulatur der mit »Zwirn, nicht mit Draht« zu heftenden Editionswerke, mit dem »Lagarde'schen Wappenschild, ... einem nach links springenden Windhunde, an dessen Halse das zerrissene Leitseil flattert'... in einer heraldisch richtigen und künstlerisch wertvollen Form« ausgeführt, gewährleistet werden soll, sei es daß die Reihe der als Erben vorgesehenen Instanzen, die Königliche Gesellschaft der Wissenschaften zu Göttingen, bei ihrer Ablehnung die Universität Gießen, als letzter Rettung beim Kaiser endet, der ein Lagarde'sches Krankenhaus zu errichten und seine Lage selbst zu bestimmen hätte, sei es daß bei »nicht mehr lohnender Arbeit« »der Antrag auf eine andere Bestimmung«, mit der aber keinesfalls das Vergessen des Namens Lagarde, die Aufhebung der Gräber, verbunden sein darf, »beim Kaiser oder seinem Rechtsnachfolger ... nicht vor dem Jahre 2027 erfolgen« darf, sei es daß – die verbitterten Züge müssen das Ganze beschließen – die Maßgabe, »seine wissenschaftlichen Manuskripte nur in den Räumen der Göttinger Bibliothek zu benutzen«, eine »Bestimmung, von der auch die Behörden in Berlin – »ein Staat, der mich so behandelt hat wie der preußische Staat« – nicht entbinden dürfen«, mit dem frommen Wunsch begründet wird: »Ich will dem verkommenen Göttingen Besuch sichern.«[51]

---

51 Ministerialdirektor Althoff meinte denn auch, die Annahme des Testamentes durch die Akademie seiner Majestät dem Kaiser und König gegenüber mit den Worten

II.

Das Ziel, das ewig mit dem Namen Lagarde verbunden sein soll, ist die Bewahrung der Überlieferung als Grund der Verifizierung und der Erfahrung der Geschichte. Wir sind, blicken wir auf sein Leben zurück, zunächst erstaunt, in diesem Zukunftsprogramm die Weiterführung des Werkes nicht zu finden, das nach seiner eigenen Aussage im Mittelpunkt seines Schaffens lag, und dessen nicht selbst verschuldetes Scheitern er mit dem Scheitern seines Lebens gleichsetzte. Das mag einen äußeren Grund darin haben, daß er *diese* Vollendung im wissenschaftlichen Lebenswerk seines Schülers Alfred Rahlfs erhoffte, der nicht zu den für die Projekte des Testaments vorgesehenen Forschern gehören konnte. Das hat aber einen tieferen inneren Grund:

Was wir vereinfachend als sein Lebensziel, die Wiederherstellung der Urform des biblischen Textes als Grund und Voraussetzung der wahren christlichen Religion, bezeichnet haben, ist im Grund eine *furchtbare* Vereinfachung, eine Vereinfachung aber, der sich Lagarde selbst immer wieder anheimgibt, um nicht dem anheimgegeben zu sein, was hinter dieser Vereinfachung steht: der Abgrund einer grenzenlosen Konzeption von »Religion«.

Die Problematik dessen, was für ihn »die ursprüngliche Gestalt des biblischen Textes als Grund der wahren christlichen Religion« ist, erscheint innerhalb dieses Abgrundes nur als die erste Stufe. Es geht hier – in dem, was er wenigstens bruchstückhaft auch erreichte, und das in einer Weise, wie es heute auch bei Textkritikern unter den Theologen meist verkannt wird – um den Weg von den nach einer berühmten Notiz des Hieronymus überlieferten frühen christlichen Rezensionen, der lukianisch-antiochenischen, der origeneisch-palästinischen und der hesychianisch-alexandrinischen, die nach der Sicht Lagardes auch als der Ursprung der Christianisierung und damit als das geistige Eigentum der diesen Bereichen angehörenden Nationen der Gegenwart gelten müssen – sein Einsatz bei der lukianisch-antiochenischen Rezension hat *auch* darin seinen Grund, daß es sich um die Textform handelt, die »durch den gothischen Bischof Ulfilas als erste in einen deutschen Dialekt« übertragen worden ist, wie es Kaiser Wilhelm I., und daß der Übersetzer ein

---

befürworten zu dürfen: »Eine nachsichtige Beurtheilung der Persönlichkeit des Erblassers, der, als Gelehrter auf der Höhe der Wissenschaft stehend und von warmherzigem Patriotismus beseelt, als Mensch von krankhaftem Mißtrauen gegen den guten Willen Andrer erfüllt, fern von jedem geselligen Umgange sein halbes Leben in verbitterter Einsamkeit verbracht, dürfte es auch ermöglichen, über die Eigenthümlichkeit einiger weitern – mindestens als absonderlich zu bezeichnenden – Bedingungen und Bestimmungen des Testaments hinwegzusehen« (Vermächtnis, Exemplar des Universitäts-Archivs).

Mann ist, »dessen Gothen einst in Bulgarien gesessen«, wie es Fürst Alexander von Bulgarien vor die Augen gemalt wird[52] –, zurück zum urchristlichen Ursprung eines noch einheitlichen Textes, der als solcher auch die Grundlage der Urform christlicher Religion darstellen muß.

Aber an diesem Punkt tut sich der Abgrund erst auf. An diesem Punkt geht es bei Lagarde im Grund nicht mehr um die Urform eines biblischen Textes als Grundlage und Kriterium der wahren Religion, sondern um ein nicht aus den Texten gewonnenes absolutes Ideal menschlicher Vollkommenheit, das an die Texte, das heißt: an die biblischen Aussagen von außen angelegt wird, und nach dessen Kriterium sie auch in diesem frühen Stadium korrigiert werden müssen. Das Postulat dieser Korrektur bedeutet zwar nicht willkürliche Umformung, nicht zeitlose Befreiung von der Geschichte – in diesem Sinne wäre auch sein Wort »der ewige Menschengeist wird von einmal Geschehenem nicht befriedigt«[53] mißverstanden –, es bedeutet aber die Illusion, auf Grund eines solchen Kriteriums zu ältester unverdorbener Überlieferung vorzudringen, die durch die biblischen Zeugen des Alten und des Neuen Testaments entstellt, verkrüppelt worden ist. Und das bedeutet in erster Linie: Befreiung des Alten Testaments von seiner tendenziösen Gestalt des – jüdischen *und* christlichen – Kanons, um zu einem messianischen Urepos vorzudringen, Befreiung des Neuen Testaments von der Theologie des Apostels Paulus, der den ursprünglichen – geschichtlichen – Gegenstand des neutestamentlichen Evangeliums durch ihm von Haus aus fremde Vorstellungen seiner eigentlichen Intention entäußerte[54].

Von diesem Postulat her ist es nur noch ein Schritt zu einer dermaßen weiten Auflösung dessen, was als kanonisiertes Zeugnis Kriterium christlichen Glaubens ist, daß die der Religion zu Grunde liegende Überlieferung sich nach dem Wesen und der Geschichte eines jeden Volkes, einer jeden Nation als organisch gewachsener Einheit richten muß. Und seine, Lagardes, Bestimmung ist die Verkündigung der in diesem Sinne neuen deutschen Kirche.

Die Auflösung geschieht schrittweise im Sinne einer Verlagerung von christlicher Überlieferung zu christlicher Geschichte, religionsgeschichtlicher Überlieferung zur Geschichte des religiösen Individuums. Die Dokumente des Alten und des Neuen Testaments sind als Dokumente der

---

52 Vgl. Anm. 15.
53 »Geschichtsloses Evangelium« höchstens in dem Sinn, daß das rekonstruierbare Dokument, also: Geschichte und Überlieferung, das geschichtslose Evangelium verkündet; vgl. S. 302f. und Theologische Existenz heute 140, 1967, S. 20.
54 Über das Verhältnis des deutschen Staates zu Theologie, Kirche und Religion, 1873, S. 40–83; hier: S. 51–67; vgl. R. HANHART: Jüdische Tradition und christliche Interpretation. In: Kerygma und Logos, Festschrift für Carl Andresen zum 70. Geburtstag, hg. von Adolf Martin Ritter, 1979, 280–297; hier: S. 289–292.

aus ihnen zu erhebenden Geschichte von Bedeutung, abgesehen davon wertlos. Die Dogman der alten Kirche und vor allem die Bekenntnisse der Reformation sind zeitbedingte Versuche, den natürlichen Verlauf dieser Geschichte zu hemmen.

»Protestantische Geistliche werden sich an diesem Suchen nach der Zukunft noch betheiligen können, wenn sie mit der ›biblischen Geschichte des alten Testaments‹, dem größesten Unrathe, den es gibt, und mit Reformationspredigten durchaus unverworren sind«, sagt er in seiner letzten Programmschrift aus dem Jahre 1891 »Über einige Berliner Theologen und was von ihnen zu lernen ist«[55], begründet aber seine Verurteilung der Geschichte des Alten Testaments als Unrat mit der Anmerkung: »weil sie jetzt nicht mehr als Epos gefaßt werden darf.« »Nicht mehr als Epos gefaßt werden«: das kann im Blick auf das Postulat jenes rekonstruierbaren »messianischen Urepos« nur bedeuten: nur noch in seiner verkümmerten kanonisierten Gestalt gefaßt werden. »Die christliche Theologie erwächst jetzt« – und das ist von Lagarde nicht kritisch, sondern durchaus positiv gemeint – »aus der Vergleichung zweier Testamente, deren Verschiedenheiten und deren Gemeinsames sie zu erkennen versucht: sie erwächst weiter aus dem Studium der Entwicklung dieser Testamente, in der das alte Wort mit immer neuem Sinne gesagt wird, und mit einem Sinne, der gleichwohl wirklich Verstehenden niemals neu scheint«[56]. Aber diese von ihm allein als wahrheitsgemäß postulierte Art der Interpretation biblischer Zeugnisse als Vergleich und Erkenntnis von Entwicklung öffnet, wie das Postulat jenes rekonstruierbaren Urepos zur Vergangenheit hin, nun zur Zukunft hin den Weg zu einer Nivellierung mit einer jeden denkbaren Art religiöser Überlieferung: »Wenn es möglich wäre, so fügte ich zu den Propheten die Sibyllen, und zu diesen alle Heiligen des Morgenlandes«, heißt es im Blick auf die Vergleichung, »ich habe von Dokumenten der Religionsgeschichte im Allgemeinen, nicht von denen der christlichen Kirche allein gesprochen«, im Blick auf die Entwicklung[57]. Das Kriterium der Bestimmung dessen, was »christlich« ist, ist letztlich die Aufnahmefähigkeit für alles, was in der Geschichte der Kirche an Wahrem, Gutem und Schönem entstanden ist: »Es ist niemand evangelisch, der nicht die Musik der katholischen Kirche: Orlandus Lassus, Palestrina, der evangelischen: Heinrich Schütz, Sebastian Bach kennt und berücksichtigt.« Und darum hat *Albrecht Ritschl* nicht einmal das Recht, von der *lutherischen* Kirche zu reden[58].

55 Mittheilungen Bd. IV, 1891, S. 49–128; hier: S. 119 mit Anm. 2.
56 Ebd., S. 116.
57 Ebd.; vgl. Über das Verhältnis des deutschen Staates zu Theologie, Kirche und Religion (wie Anm. 54), S. 47.
58 Zum letzten Male Albrecht Ritschl. Mittheilungen Bd. IV, 1891, S. 384–427; hier: S. 387.

»Theologie ist ein Wissen um Religion, also gibt es, da Chimären nicht von der Wissenschaft behandelt werden, Theologie nur wo es Religion gibt... Wollen wir weiter kommen, so muß die christliche Gemeinde geschaffen werden, welche zur Zeit fehlt... Die christliche Gemeinde wird entstehn, wenn alle, welche die Nothwendigkeit eines neuen Lebens fühlen, dies Leben in der Geschichte der Kirche suchen, nicht um von ihm zu wissen, sondern um an dem Versuche, es nachzuleben, zu werden.

Ich habe vor Jahren einmal die Theologie die Königin der Wissenschaften genannt. Sie ist das, weil sie sich mit dem Höchsten beschäftigt, was in des Menschen Brust leben kann... Sie ist das, weil sie so viele Hülfswissenschaften braucht (Sprachenkunde, Kenntnis der Geschichte, der Kunst, der Philosophie), daß es nur den reichsten Naturen möglich ist, sich ihr zu widmen, und daß diese reichsten Naturen immerfort wachsen müssen, wann sie es ernst mit dem Studium der Theologie nehmen. Wer hat, dem wird gegeben. Sie ist es aber auch – und auf diesen Punkt kommt es in diesem Zusammenhang an –, weil sie, in meinem Sinne, als Geschichte des Reiches Gottes, aufgefaßt, unweigerlich alle die sich ihr ernsthaft Widmenden zu Mitgliedern des Reiches Gottes macht. Keine Menschenseele kann dem Reize dieser Geschichte widerstehn.«[59]

Das ist Lagardes Religion der Zukunft. Sie ist identisch mit der christlichen Kirche der Zukunft. Man fragt sich zuerst, wie es in ihr den Armen am Geiste gehen wird. Und man sieht von Anfang an, daß dieses Idealbild einer Kirche nur Kritik an Theologie und Kirche der Gegenwart bedeuten kann. Sicher ist, daß es schwer fallen mußte, die irdische Instanz zu finden, unter deren Obhut diese erträumte Gemeinschaft, die sich Lagarde ja durchaus – im Sinn seines Testaments – realisiert und organisiert vorstellte, mit bestimmten Plänen religionsgeschichtlicher und historischer Forschungen, wachsen und gedeihen konnte. Lagarde selbst fand sie in der Königlichen Gesellschaft der Wissenschaften zu Göttingen und verband mit ihrer Realisierung den Tod der Theologie Albrecht Ritschls: »Ritschl ist in dem Augenblick beseitigt, in dem eine historische Schule der Theologie in das Dasein tritt.«[60] Das war nun auch wieder zuviel verlangt.

Von dieser Mitte einer wissenschaftlichen Gemeinschaft aus, die zugleich eine religiöse ist, wird der Universität als staatlicher Instanz an Stelle der theologischen eine rein historische bzw. religionshistorische Fakultät zugestanden, die diesem einen Ziele dient, und der gegenüber theologische Lehranstalten, als Übergangslösungen, bis es erreicht ist,

---

59 Über einige Berliner Theologen (wie Anm. 55), S. 118f.
60 Zum letzten Male Albrecht Ritschl (wie Anm. 58), S. 388.

ganz in die Hand der von staatlicher Protektion befreiten einzelnen Konfessionen gegeben werden[61].

Es ist kein Widerspruch in sich selbst, wenn Lagarde die Theologie nicht nur »die Königin der Wissenschaften«, sondern auch eine »Unterabtheilung der Geschichtswissenschaft« nennen kann: Geschichtswissenschaft, »die völlig objectiv, mit den Mitteln der aller Orten geltenden Methode arbeitend, jede erwiesene Thatsache anerkennt und einreiht, die, keiner Partei Magd und niemals von der Politik Weisungen annehmend, vor allem an die Wahrheit und deren Unschädlichkeit und Nutzen, wie an die von Gott geordnete, von uns neu zu findende Harmonie aller ihrer Facta glaubt«[62], muß schließlich zur Religion selbst werden, die der Theologie, die zu ihr führte, entraten kann.

III.

Diese Theologie der Zukunft ist Kritik an der Theologie der Gegenwart.

Sie ist es im Blick auf die *Konfessionen*, deren Existenz, als katholische, lutherische und unierte Kirche, schon der Aufweis eines Zustandes ist, der durch die Theologie als Wissenschaft nicht erforscht, sondern nur überwunden werden darf[63].

Sie ist es im Blick auf die *kirchlichen Institutionen*, die als solche nur die Gewähr für den Fortbestand der Parteiung bedeuten.

Sie ist es im Blick auf die unter dem Zeichen Friedrich Hegels stehende *Philosophie* seines Jahrhunderts, die für ihn nichts anderes bedeutet als die Legitimation des Bestehenden, durch welche »die Menschenseele in dem Käfige Welt sitzen bleibt, von welchem frei zu sein des Christen heiligste Sehnsucht ist«, und der gegenüber die »echte« Theologie »genau in dem Maße an Gedeihen eingebüßt, in dem Hegels Philosophie gedieh«, ein Zustand, dessen Überwindung sich erst leise ankündigte, »als die Wahrhaftigkeit des Kritikers in D. F. Strauß und W. Vatke über die Beschränktheit des Hegelianers den Sieg davon trug, und als A. Ritschl« – diese Bedeutung gesteht er ihm immerhin zu – »sich von der Hegelnden Tübinger Schule lossagte«[64].

Sie ist es vor allem im Blick auf eine jede Form theologischer *Dogmatik*,

---

61 Vgl. Die nächsten Pflichten deutscher Politik, D.Schr. S. 417–453, vor allem S. 432 ff.; zum Problem: HANS WALTER SCHÜTTE: Theologie und Religionsgeschichte. Neue Zs. f. syst. Theologie 8, 1966, S. 111–122.
62 Noch einmal meine Ausgabe der Septuaginta. Mittheilungen Bd. III, 1889, S. 229–256; hier: S. 238.
63 Über das Verhältnis des deutschen Staates zu Theologie, Kirche und Religion (wie Anm. 54), S. 40–42.
64 Über einige Berliner Theologen (wie Anm. 55), S. 73 f.

im Besonderen derjenigen seiner großen Feindbilder Paulus, Luther und Albrecht Ritschl. Denn: »Die Christenlehre des 20. Jahrhunderts wird keine Dogmatik sein, sondern eine Heimathskunde und zwei Biographien umfassen, eine Biographie der einzelnen Seele und eine Biographie des Menschengeschlechts.«[65]

Seine bedingungslose Ablehnung des Vertreters der systematischen Theologie während seiner Göttinger Zeit, Albrecht Ritschl, ist nichts Anderes als die Ablehnung der zeitgenössischen Gestalt der Lehre des Apostels Paulus und Martin Luthers und ist letztlich begründet in der Behauptung der auf fehlenden sprachlichen und historischen Voraussetzungen beruhenden Unkenntnis und Entstellung dessen, was ursprünglicher christlicher Glaube ist[66].

Ritschls Einsatz für Protestantismus und Luthertum führt dort zum endgültigen Bruch mit Lagarde, wo sie als Verpflichtung über die Theologische Fakultät für die ganze Universität in Anspruch genommen werden: in der von der Georgia Augusta geplanten und gegen die Stimme Lagardes auch durchgeführten Lutherfeier am 10. November 1883:

»Luther war nicht an der Georgia Augusta angestellt gewesen, und eine lutherische Wissenschaft – lutherische Mathematik, lutherische Bacteriologie usw. – gibt es nicht. Außerdem waren auch Katholiken und Juden Mitglieder des Senats, und weder diesen noch jenen durfte zugemuthet werden, zu einer Feier Luthers einzuladen.«[67]

---

65 Ebd., S. 121.
66 Vgl. vor allem Über einige Berliner Theologen (wie Anm. 55), S. 103–112 und Zum letzten Male Albrecht Ritschl (wie Anm. 58). Auch dieser Streit hat an diesem Punkt eine persönliche Komponente, die man dann am besten versteht, wenn man Lagardes Position von der einfachen Definition aus sieht, die Julius Wellhausen in seiner Gedächtnisrede (wie Anm. 3) mit den Worten formuliert hat: »Er erkannte, daß die Philologie das Heilmittel für die Theologie sei«. (S. 51): Ritschls Lehre über Rechtfertigung und Versöhnung krankt nach Lagarde schon daran, daß er zwar »so wenig Hebräisch verstand, daß er über die Güte des ihm gelieferten ›Unterbaus‹ gar kein Urtheil haben konnte«, trotzdem aber Examinator im Hebräischen war. »Oft genug hat er, Sonnabends vom Examinieren zurückkehrend und mich unter dem Albanithurme treffend mir zugerufen ›eben habe ich wieder in Ihr Handwerk gepfuscht‹, und oft genug die Antwort erhalten ›warum thun sie es?‹ oder ›das ist nur Ihre Schuld‹«, ein unverantwortliches Unternehmen, »weil er durch seine Art zu prüfen nothwendiger Weise das Niveau des Hebräischwissens erniedrigte ... und dadurch, daß er unwissenden Candidaten Lehrer des Hebräischen an Gymnasien zu werden verstattete, auf ein langes Menschenalter hinaus ein wirkliches Studium des alten Testaments für die Geistlichen fast unmöglich machte« (Zum letzten Male Albrecht Ritschl S. 393 f.). Wir werden heute diese Sätze sowohl hinsichtlich eines ihnen nicht abzusprechenden prophetischen Aspektes ernst nehmen müssen, als auch – im Blick auf eine vorschnelle Inspruchnahme Lagardes für eigene Zwecke – hinsichtlich dessen, was ihm das Alte Testament für die Ausbildung des Geistlichen bedeutete.
67 Zum letzten Male Albrecht Ritschl (wie Anm. 58), S. 396f.; vgl. JÖRG BAUR: Albrecht Ritschl – Herrschaft und Versöhnung, in diesem Bande, oben S. 256 ff.

Der tiefere Grund hinter dem äußeren Anlaß ist Lagardes Konzeption von der Theologie als Wissenschaft, auf Grund derer in erster Linie die Lehre von Rechtfertigung und Versöhnung als ein der ursprünglichen christlichen Religion von Haus aus fremdes Element erwiesen ist:

»Ich begreife nicht, wie irgendwelche Lehre von der Rechtfertigung und von der Versöhnung evangelisch sein soll, da in allen vier Evangelien die Rechtfertigung und die Versöhnung, wie jede Concardanz unter δικαιοῦν und καταλλάσσειν lehrt, niemals auch nur erwähnt wird: diese Begriffe gehören ausschließlich dem Paulus«[68], und eben diese Lehre ist »der Grundstein des Luthertums, als solcher durch das auf die Fahne und auf den Titel waschechte Gläubigkeit bekennender Predigten geschriebene Sola anerkannt.«[69]

Und dieses fremde Element wird von Albrecht Ritschl in einer zeitgemäßen Transformation, für deren Charakterisierung das »an Schimpfworten bekanntlich so reiche Lexikon des Reformators vermuthlich nicht ausgereicht« hätte[70], als Grundlage eines werkgerechten Protestantismus propagiert, deren Vertreter nicht einmal merken, daß das, was sie reden und tun, in diametralem Gegensatz nicht nur zur reformatorischen Lehre sondern auch zu dem steht, was in Ritschls Neuformulierung der reformatorischen Lehre gefordert ist:

Der Protestantismus der Gegenwart ist Heuchelei[71]. »Der Protestantismus hält vor der Wissenschaft nicht Stand. Der Protestantismus ist die Ursache der Uneinheit unseres Vaterlandes.«[72]

Diese Theologie der Zukunft ist zuletzt Kritik am zeitgenössischen *Judentum*. Wir müssen auf diesen beunruhigendsten letzten Punkt seiner Kritik an der Theologie eingehen und damit auf den Vorwurf des Antisemitismus. Das Phänomen der Stellung zum Judentum ist bei Lagarde zu diffizil, als daß es mit diesem Schlagwort abgetan bzw. verurteilt werden dürfte. Neuere Initiativen, die Erinnerung an Lagarde aus diesem Grunde möglichst auch aus dem Göttinger Stadtbild auszumerzen, dürften am besten mit Friedrich Nietzsches Aphorismus »Sancta simplicitas der Tugend« beantwortet werden: »Jede Tugend hat Vorrechte: zum Beispiel dies, zu dem Scheiterhaufen eines Verurteilten ihr eigenes Bündchen Holz zu liefern.«[73]

Der Verurteilte ist im Blick auf das, was seither geschehen ist, in einer Weise verurteilt, daß unsere heutige Pflicht darin besteht, ihm so viel

---

68 Über einige Berliner Theologen (wie Anm. 55), S. 108.
69 Ebd., S. 112.
70 Zum letzten Male Albrecht Ritschl (wie Anm. 58), S. 398.
71 Über einige Berliner Theologen (wie Anm. 55), S. 110f.
72 Zum letzten Male Albrecht Ritschl (wie Anm. 58), S. 406.
73 Menschliches, Allzumenschliches, 1. Bd., Nr. 67; Werke in 3 Bänden hg. von Karl Schlechta, 1. Bd., 1966, S. 494.

Gerechtigkeit widerfahren zu lassen, daß wir zu verstehen versuchen, was der Antisemitismus Lagardes seinem Wesen nach ist und worin er begründet ist.

Daß es sich hier nicht um Antisemitismus in jenem primitiven rassistischen Sinne handelt, der dem dem jüdischen Volk Angehörenden auf Grund seiner Abstammung das Existenzrecht abspricht, dürfte aus der schlichten Tatsache zu erkennen sein, daß Lagarde wie vor allem aus seinem Briefwechsel hervorgeht, engste ihn hoch verehrende jüdische Freunde hatte, für die er immer wieder in selbstloser Weise eintrat, zum Beispiel der gemeinsamen Fragen offene Ägyptologe Georg Steindorff in Berlin, der treu ergebene Erforscher des jüdischen Hellenismus Jakob Freudenthal in Breslau, der rührende Rabbinist Moses Samuel Zuckermandel in Pasewalk und der hilfsbedürftige Göttinger Kollege Ernst Bernheim[74].

Der Ursprung der Feindschaft liegt nicht bei Herkunft und Rasse, sondern bei der Existenz des jüdischen Volkes als eines fremden Volkes im deutschen Staat. Das bedeutet: Anerkennung der Assimilation – oder wie Lagarde sagt »Amalgamierung« –, Ablehnung der Emanzipation[75]. Es ist eine Form von Antisemitismus, die Lagarde mit einem Teil der zeitgenössischen Judenschaft gemeinsam ist: »Ich kenne geborene Juden, die schwer unter dem Antisemitismus der Massen leiden, und meinen Antisemitismus als unumgänglich selbst üben.«[76]

Die Schärfe der Polemik ist politisch bedingt. Aber die politische Intention Lagardes hat ihren Grund in seiner Theologie.

Seine *politische* Anschauung kann hier nur so weit angedeutet werden, als es für das Verständnis seiner Theologie notwendig ist. Es ist die Anschauung eines eigenständigen romantisch-konservativen Nationalisten, dessen letztes Ziel ein durch Vereinigung mit einem »germanisierten« Oesterreich geschaffenes, durch begrenzte Kolonisationsbestrebungen im Osten erweitertes monarchisches »Alldeutschland« ist, dem gegenüber die Reichsgründung Bismarcks allenfalls eine ephemere Übergangslösung darstellt, und dessen Realisisierung durch den das Judentum protegierenden politischen Liberalismus verhindert wird –, alles bedrückend stark unter dem Vorzeichen »und bist du nicht willig, so brauch' ich Gewalt«, unter dem dann auch das Wort »Krieg« fallen kann: »Mag im Augenblicke Friede geblasen werden, der Krieg wird kommen.«[77]

---

74 Vgl. Lagardes Brief vom 2. 12. 1881 an Minister von Gossler (Nachlaß [wie Anm. 15], Bd. XIV, Nr. 232); auch: Juden und Indogermanen. Mittheilungen Bd. II, 1887, S. 262–351; hier: S. 323 f.
75 Juden und Indogermanen (wie Anm. 74), S. 330 f., 345 f.
76 Ebd., S. 346.
77 Programm für die konservative Partei Preußens, 1884, D.Schr. S. 350–403; hier: S. 389.

Die Judenschaft als Staat im Staate erscheint aus dieser Sicht – Lagarde beruft sich zum Beweis ihrer Berechtigung triumphierend auf die Reden und Erlasse Napoleons I. – als Schreckgespenst einer Deutschland vernichtenden, Politik, Wissenschaft, Börse und Presse dirigierenden Macht[78]. In welchem Maße es um ein Gespenst ging und wie gefährlich die daraus gezogenen Folgerungen für den deutschen Staat in den ersten Jahren nach der Reichsgründung waren, wird am eindrucksvollsten aus der ebenso ausgewogenen wie leidenschaftlichen Stellungnahme Theodor Mommsens gegen Heinrich von Treitschke in dem um die gleiche Zeit entzündeten Berliner Antisemitismusstreit erkennbar[79].

Aber schon hier beim politischen Anlaß von Lagardes Feindschaft gegen das Judentum gewinnt die Polemik nach Form und Inhalt jene Züge, die wir heute nur noch mit Erschütterung zur Kenntnis nehmen können, und auf Grund derer ihr Urheber von einem nicht freigesprochen werden kann: mit eigenen Formulierungen den Anlaß gegeben zu haben, daß in einer Zeit der Perversion, die – rassistisch im eigentlichen Sinne – auch jene Unterscheidung zwischen Einzelnem und Volk im fremden Staat nicht mehr kannte, das Postulat der Aufhebung des politischen Zustandes als Rechtfertigung der Vernichtung eines Volkes interpretiert werden konnte: »Mit jedem einzelnen Juden ist Freundschaft möglich, allerdings nur unter der Bedingung, daß er aufhöre Jude zu sein. Die Judenheit als solche muß verschwinden.«[80] »Israels Tod ist Wohlthat und Gedeihen für uns, ist Leben für die einzelnen Israeliten.«[81]

Die Relation zwischen Wort und Verwirklichung, die furchtbare Gefahr, die sein Gebrauch als Metapher in sich birgt, aber auch die eindeutige Positon Lagardes in dem, wie er das als Metapher gebrauchte Wort allein verstand, wird an der Stelle erschreckend deutlich, wo er im Blick auf die den Juden zur Last gelegten Börsenspekulationen an die Arbeitslosen erinnernd, »in deren Herzen solcher Börsenreichthum den schon offen genug ausgesprochenen Wunsch weckt, die Juden totzuschlagen«, aufschreit: »Wehe dem Volke, in dem solche Gesinnungen vorkommen.«[82]

Man kann im Blick auf die kommenden Verfolgungen nur an 1933 und an Karl Kraus denken: »Die Handlung, von der's bezogen war, blieb ungedacht. Hier ist sie... Es bleibt unvorstellbar; doch da es geschah, ist

---

78 Juden und Indogermanen (wie Anm. 74), S. 335 ff.
79 THEODOR MOMMSEN: Auch ein Wort über unser Judenthum, Berlin 1880; vgl. Der Berliner Antisemitismusstreit, hg. von Walter Boehlich, Sammlung Insel 6, 1965.
80 Juden und Indogermanen (wie Anm. 74), S. 346.
81 Ebd., S. 322. Es fallen auch die verhängnisvollen Worte: »Trichinen und Bacillen« (S. 339), »Ungeziefer« (S. 343 f.), »der Krebs unsres gesammten Lebens« (S. 346), »das für jedes nicht fertige Volk tötliche Gift« (Die nächsten Pflichten deutscher Politik [wie Anm. 61], S. 441).
82 Juden und Indogermanen (wie Anm. 74), S. 343.

das Wort nicht mehr brauchbar... Die Floskel belebt sich und stirbt ab.«[83]

Fragen wir innerhalb dieses in seinem Grauen umrissenen Rahmens nach Einzelzügen von Lagardes politischem und kulturpolitischem Urteil über das Judentum, so muten seine Äußerungen ebenso unbestimmt wie im Grund harmlos an. Die Anerkennung seines Daseinsrechts als selbständiges Volk konzentriert sich schon bei ihm auf die Vorstellung eines wiedererstehenden Staates Israel in Palästina[84]. Und wenn er später die Entwicklungsfähigkeit dieses Volkes als Nation in Frage stellt, dann trifft das gleiche Verdikt die Zigeuner, die Basken und die Iren[85].

Seine ethische Bewertung als dem semitischen Stamme angehörendes Volk in seinem Verhältnis zu dem mit Romanen und Slaven dem indogermanischen oder arischen Stamm angehörenden Volk der Deutschen ist eher primitiv als polemisch und entbehrt nicht der positiven Zugeständnisse für die semitische, der negativen für die indogermanische Seite: »Deutsche haben wie andere Tugenden, so andere Fehler, als andere Völker«, schreibt er im Blick auf die Realisierung der »Deutschen Kirche«[86]. »Sie wissen, wie hoch ich alle die Israeliten achte, die ... durch ihren Fleiß dafür sorgen, daß auch die Angehörigen anderer Nationalitäten die alten Denkmäler jüdischen Geistes studieren können«, schreibt er – nun doch aus der Erfahrung, wie ihm die zeitgenössische Judenschaft als *Volk* begegnet ist – an Salomon Buber[87].

Schwache Ansätze eines gegen das Judentum ausgespielten Mythos der germanischen Rasse mit ihrem Ideal menschlicher Größe und menschlichen Heldentums sind an einigen Stellen im Werk Lagardes zwar erkennbar – der unglückliche Satz: »Gewis ist die Judenfrage auch eine Rassenfrage, aber kein ideal gesinnter Mensch wird je leugnen, daß der Geist auch die Rasse überwinden kann und soll«[88], ist denn auch von seinen Gegnern innerhalb des Judentums mit beißendem Spott bedacht worden[89] –; aber Aussagen dieser Art bleiben bei Lagarde jenem gemeinsamen Ziel einer idealen christlichen Religion untergeordnet, deren Wesen grundsätzlich nicht partikularistisch, sondern universalistisch bestimmt

---

83 Die dritte Walpurgisnacht (nach der Ausgabe München 1967, S. 122f.).
84 Über die gegenwärtigen Aufgaben der deutschen Politik, 1853, D.Schr. S. 18–39; hier: S. 36.
85 Juden und Indogermanen (wie Anm. 74), S. 329.
86 Über das Verhältnis des deutschen Staates zu Theologie, Kirche und Religion (wie Anm. 54), S. 81.
87 Nachlaß (wie Anm. 15), Bd. XX, Nr. 45: Brief vom 5. 2. 1887.
88 Lipman Zunz und seine Verehrer. Mittheilungen Bd. II, 1887, S. 108–162; hier: S. 159.
89 MORITZ GÜDEMANN: Der »deutsche Nationalheilige« Paul de Lagarde. Freie Presse Wien, Nr. 42, 12. Februar 1887; abgedruckt in Lagardes Replik, Juden und Indogermanen (wie Anm. 74), S. 264ff.

ist und darum die Überwindung von Charakterzügen eines jeden Volkes und einer jeden Rasse fordert. Und dort, wo die Gegenüberstellung von indogermanischer und jüdischer *Tradition* einmal konkrete Züge annehmen kann, dort geht es um das griechische Ethos der antiken Tragödie in ihrem Verhältnis zu dem kläglichen Menschenbild der alttestamentlichen Vätergeschichte: Oedipus, der

»in fremdem Lande fremder Götter Gast,
den Boden schützt, der ihm ein Grab gewährt,
da ein gerechter Gott sein Leiden ehrt«[90];

gegenüber Abraham, der im fremden Land, da er seine Frau Sarah als seine Schwester ausgab, durch die eigene Schuld der Lüge den König Ägyptens schuldlos schuldig werden läßt, um daraus noch Reichtum zu gewinnen. Der Vergleich endet in dem pathetischen Satz: »Soll ich zwischen diesen beiden Weltanschauungen wählen, so wähle ich auf die Aussicht hin, mein Grab in der Fremde zu finden, und in der demüthigen Hoffnung, ein Segen für diejenigen zu werden, die mich aufnehmen, die Anschauung der Indogermanen, und gönne die Heerden, die Knechte und Mägde und die tausend Silberlinge den Semiten.«[91] Eher ein Gefühlsausbruch als eine Ideologie! Der »weltfremde Romantiker«[92], der er nach eigenem Urteil als dreiundzwanzigjähriger gegenüber Frankreich in der Gestalt Napoleons III. im Angesicht seiner Parole, »que la religion seule puisse maintenir et régénérer l'état et la société moderne«[93], war, ist er eben auch als sechzigjähriger gegenüber dem antiken Griechenland in der Gestalt des Sophokles geblieben[94].

90 Juden und Indogermanen (wie Anm. 74), S. 304.
91 Ebd., S. 305.
92 Ebd., S. 303.
93 Vgl. S. 281, mit Anm. 40.
94 Eine primitive Ideologie der Heldenverehrung, des Rassismus oder des Antisemitismus läßt sich bei Lagarde ebensowenig finden wie bei dem ihm auch hier geistesverwandten Friedrich Nietzsche, mit dem er auch die Souveränität gegenüber Gestalten wie dem schrecklichen Theodor Fritsch teilt (vgl. seinen Brief vom 3. 4. 1890 und Lagardes Antwort vom 4. 4. Nachlaß [wie Anm. 15], Bd. XXVI, Nr. 113), und der in einem Brief an Fritsch die gemeinsame Abwehrstellung an diesem Punkt eindeutig formuliert: »Glauben Sie mir: dieses abscheuliche Mitredenwollen noioser Dilettanten über den Werth von Menschen und Rassen, diese Unterwerfung unter ›Autoritäten‹, welche von jedem besonneneren Geiste – z.B. P. de Lagarde – mit kalter Verachtung abgelehnt werden. . ., diese beständigen absurden Fälschungen und Zurechtmachungen der vagen Begriffe ›germanisch‹, ›semitisch‹, ›arisch‹, ›christlich‹, ›deutsch‹ – das Alles könnte mich auf die Dauer ernsthaft erzürnen und aus dem ironischen Wohlwollen herausbringen, mit dem ich bisher den tugendhaften Velleitäten und Pharisäismen der jetzigen Deutschen zugesehen habe« (zitiert nach FRIEDRICH NIETZSCHE: Sämtliche Werke, Kritische Studienausgabe, hg. von Giorgi Colli und Mazzino Montinari, Bd. 14, 1980, S. 420f.). Es ist darum auch geradezu peinlich zu sehen, wie in den

Es erscheint von dieser Voraussetzung her notwendig, daß im Denken Lagardes die politische und kulturpolitische Anschauung über das Judentum seinem Urteil über Religion, Kirche und Theologie seiner Zeit nur entsprechen kann. Die *theologische* Wurzel seiner Ablehnung des Judentums als Volk der Vergangenheit und der Gegenwart ist nichts anderes als das Postulat einer alle Glieder des deutschen Volkes in *einer* Kirche vereinigenden christlichen Religion, die nicht nur keine dem jüdischen Glauben angehörende Gemeinschaften, sondern auch keine christlichen Konfessionen mehr kennt. Diese Kritik am Judentum unterscheidet sich darum in nichts von seiner Kritik an der zeitgenössischen Form dieser Gemeinschaften[95]:

»Der Protestantismus ist in unserer Zeit in derselben Geschäftslage, in der sich seit langer Zeit das Judenthum befindet... Der protestantische wie der jüdische Talar ist ein Domino, unter dem, für den Zeitgeist stets als Freund erkennbar, ein gehorsamer Bediener des Zeitgeistes steckt, ein Talar, der nur getragen wird, weil man ohne ein Kostüm den Maskenball nicht betreten darf.« Daraus folgt: »daß Protestantismus und Judenthum wie gemeinsam Schiffbrüchige ihre Interessen für solidarisch erachten, und jener den Antisemitismus für eine Schmach des Jahrhunderts,

    späteren Inanspruchnahmen Lagardes für die eigene Ideologie das Fehlen einer deutlich rassistischen Komponente im Denken Lagardes als ein zu überwindendes »Noch nicht« dargestellt werden kann, z. B. nach dem ersten Weltkrieg (1919) bei dem Lagarde-Biographen und Rassentheoretiker Ludwig Schemann (wie Anm. 1): »Ausdrücklich sagt Lagarde einmal: »Israels Tod ist Wohltat und Gedeihen für uns, *ist Leben für die einzelnen Israeliten*«, und so predigt er diesen innige Verquickung mit dem Deutschtum als ihre eigene Rettung, wie er denn auch von den entsprechenden Mischehen, durch anthropologische Bedenken nicht beirrt, sehr sanguinisch dachte (S. 226. In der Ausgabe von 1943 steht in diesem Zusammenhang, S. 227 Anm. 40, die Anmerkung: »Die Anfänge dieses deutschen Gegenwindes hat der Verfasser in den Jahren nach 1933 noch mit erlebt«), oder im zweiten Weltkrieg, anläßlich der Feier zu seinem 50. Todestag am 22. 12. 1941 bei dem Historiker Erich Botzenhart: »Lagarde hat die Judenfrage vorwiegend als geistiges, nicht als biologisches Problem gesehen, deswegen ist er zum Rasseantisemitismus seines jüngeren Zeitgenossen Schönerer nicht durchgestoßen« (Göttinger Universitätsreden Nr. 11, 1944, S. 16). Vgl. noch Heinz Erich Eisenhuth: »Ein Verkennen der rassischen Verschiedenheit ist es aber, wenn Lagarde Eindeutschung der Juden für möglich hält« (Die Idee der nationalen Kirche bei Paul de Lagarde. Zs. f. Theol. u. Kirche NF 15, 1934, S. 145–166; hier: S. 149). Undeutlich bleibt das Urteil über Judentum und Rassismus bei Lagarde in den Abhandlungen von Wilhelm Hartmann: Paul de Lagarde, ein Prophet des deutschen Christentums, 1933, S. 123 ff. und Lothar Schmid: Paul de Lagardes Kritik an Kirche, Theologie und Christentum, 1935, S. 25 ff. und 110 ff.

95 Lagardes Verhältnis zur katholischen Konfession ist aus dem Grund differenzierter, weil er in ihrer alten Tradition noch Reste der durch Judentum und Reformation verschütteten wahren Religion zu erkennen meint. Dem zeitgenössischen Judentum und Protestantismus entspräche als verworfene Form der katholischen Konfession der »Jesuitismus«; vgl. S. 302 f.

dieses den Protestantismus für geschichtsfreien Liberalismus zu erklären alle Veranlassung hat.«[96]

Was für den politischen Anlaß gilt, gilt auch für die theologische Wurzel: Es geht im Licht der propagierten alle einenden Religion der Zukunft im Blick auf das Judentum ebensowenig um die Rasse, wie es im Blick auf den Protestantismus um irgendeinen germanischen Stamm geht, sondern um die Konfession und um die behauptete hinter ihr stehende sie dirigierende Partei; uns muß heute dennoch vor der Intention der Aussage schaudern, und wenn der wackere konservative Lutheraner Franz Delitzsch in dieser Zeit einmal aufschrie: »Christlicherseits spielt in die antisemitische Bewegung ein unchristlicher Rassenhass hinein, welcher zum Himmel schreit, und da die Wurzeln des Christenthums mit denen der alttestamentlichen Religion dieselben sind, das ekelhafte Verhalten eines Vogels darstellt, der sein eignes Nest beschmutzt«[97], dann ist bedeutsamer als die Frage, ob er dabei an Lagarde gedacht hat, die Tatsache, daß sich Lagarde dadurch getroffen fühlte. Jener verachtete »Schiffbruch«, der nach dem Urteil Lagardes Juden und einen Teil der Christen gegenüber dem, was zu seiner Zeit Antisemitismus war, zusammenschloß, könnte das gewesen sein, was auch damals Juden und Christen in dieser Welt *in Wahrheit* einte.

Von diesem Postulat einer einen christlichen Religion her, in deren Licht die historisch bedingten konfessionellen Gegensätze aufgehoben sind, hat zuletzt das Element, das seinem Urheber den unabtrennbaren Namen gab: das Deutsche, eine erstaunlich geringe Bedeutung. Es geht Lagarde letztlich nicht um eine *deutsche* christliche Kirche, sondern um *die* christliche Kirche, die insofern die deutsche ist, als sie die deutsche Nation umfaßt, und um die es ihm allein gehen darf, weil er dieser Nation angehört: Auch diese Grenze steht nach Lagardes Denken unter dem Vorbehalt des Vorläufigen, und wo er sie überschreitet, erscheint es von seinen eigenen Voraussetzungen her als eine μετάβασις εἰς ἄλλο γένος. Es läßt tief blicken, wenn Julius Wellhausen in seiner brieflichen Antwort auf Lagardes Abhandlung »Über das Verhältnis des deutschen Staates zu Theologie, Kirche und Religion« schreiben konnte: »Wie Sie zu dem Gedanken einer deutschen Nationalkirche kommen, begreife ich nicht.«[98]

Dementsprechend unterscheidet sich Lagardes Kritik am Judentum hinsichtlich der Vergangenheit, das heißt: hinsichtlich der jüdischen Tradition, in nichts von seiner Kritik an der christlichen Tradition, sofern sie seinem Ideal der christlichen Religion widerspricht. Es geht zuerst um das von beiden Seiten geforderte richtige Verständnis des Alten und des

---

96 Zum letzten Male Albrecht Ritschl (wie Anm. 58), S. 408f.
97 Juden und Indogermanen (wie Anm. 74), S. 333.
98 Nachlaß (wie Anm. 15), Bd. VII, Nr. 107: Brief vom 19. 2. 1873.

Neuen Testamentes – diese Schriften bleiben auch hier trotz der Öffnung jenes Abgrundes[99] die Grundlage seines Verständnisses von Religion –; aber hier erst, bei der Konfrontation altisraelitischen und altchristlichen Glaubens öffnet sich der Abgrund im tiefsten Sinne: Was hinsichtlich der christlichen Tradition die Forderung der restlosen Abkehr von Paulus und von der Reformation mit ihrer Rechtfertigungs- und Versöhnungslehre ist, das ist hinsichtlich der jüdischen Tradition die Forderung der Einschränkung ihres Glaubensgutes auf das Wort der »Theologen Israels«: der »Propheten und Frommen«, das als solches: unter Ausklammerung der zum Pharisäismus führenden gesetzlichen Tradition[100], das allein wahre Alte Testament ist, das als die notwendige Voraussetzung des entsprechend reduzierten Neuen Testamentes jeden Juden notwendig zum christlichen Glauben führen muß. Das Mittelglied ist das griechische Alte Testament der griechisch sprechenden Synagoge, das die – durch Luthers Übersetzung wieder rückgängig gemachte – Spiritualisierung der Begriffe Zion und Jerusalem vermittelt und das durch die Wiedergabe des alttestamentlichen Jahwe-Adonai mit κύριος, »der Herr«, die Identifikation des alttestamentlichen Gottes mit dem alleinigen Herrn der Kirche schafft, »den die Protestanten nicht kennen, die Juden verhöhnen und lästern.«[101] Der Abirrung von dieser gemeinsamen Glaubensgrundlage und dementsprechenden Fehlentwicklung, die in der christlichen Tradition von Paulus über die Reformation zum Protestantismus des 19. Jahrhunderts führen, entspricht in der jüdischen Tradition die Entwicklung von der »Synagoge, über die Mischna und die Gemara zu dem durch die Araber den Juden vermittelten, übel genug verstandenen Neuplatonismus und Aristotelismus des Mittelalters, und danach über den Deismus der Engländer zu Moses Mendelssohn, Abraham Geiger ... und Heinrich Graetz.«[102] Wer dieser Tradition – auf beiden Seiten – nicht entschlossen den Rücken kehrt, kann nicht zur neuen Gemeinschaft der christlichen Religion gehören.

Auch von diesem Postulat einer gegenseitigen Zuordnung wahrer – das heißt: von Verfall befreiter – jüdischer zu wahrer christlicher Tradition und Religion her ist die Frage schwer zu beantworten, worin nun nach der Konzeption Lagardes der eigentliche Inhalt dieser Juden und Christen gemeinsamen Religion der Zukunft: das »Evangelium«, besteht. Es mag zunächst als Erleichterung erscheinen, daß von hier her *ein* Problem christlich-jüdischer Auseinandersetzung, das immer wieder im Zusammenhang des Antisemitismus gesehen wird, gar nicht in den Blickpunkt

---

99 Vgl. S. 286.
100 Vgl. das programmatische Geschichtsbild in Die Religion der Zukunft, 1878, D.Schr. S. 236–269; hier: S. 245ff.
101 Juden und Indogermanen (wie Anm. 74), S. 332f.
102 Ebd., S. 334.

gerät: die ewig leidige Frage nach den Schuldigen am Tod Jesu. In der Theologie Lagardes ist schon die christliche Überlieferung des Kreuzestodes Jesu zu stark vom einmaligen Ereignis zum Symbol des allgemein Menschlichen hinwegbewegt – via crucis est via salutis –, als daß die Schuldfrage gegenüber dem einmaligen Ereignis für ihn theologische Bedeutung hätte[103]. Das Kreuz Christi in seiner neutestamentlichen Bedeutung als σκάνδαλον für die Juden und als μωρία für die Griechen (1.Kor 1,23), wird für Lagarde ein σκάνδαλον der falsch verstandenen Überlieferung, das sich auf Grund der wahren Theologie der Geschichte vermittels der Wissenschaft – sowohl für die Juden als auch für die Griechen – aufheben läßt: »Es ist Theologenlogik zu sagen, obwohl Israel in Jesus den Messias nicht erkannte, ist Jesus auch der Messias Israels, und obwohl die eigentliche Gemeinde des Evangeliums den Paulus als Verderber haßte, ist dennoch Paulus der wahre Vertreter des Evangeliums. Wenn irgend welche Kirche diese Art Logik weiter treiben will, mag sie es thun: Jeder der von Wissenschaft das Mindeste weiß, verbittet sich sie und alle die, welche ihr huldigen.«[104]

Es gibt uns heute aber vor allem zu denken, daß es nach Lagarde nur von dieser Theologie der Geschichte her, die sich souverän zum Herrn über die christliche und die jüdische Tradition, die biblische und die außerbiblische, macht, geschehen kann, daß sich Juden und Christen in der gleichen Gemeinschaft zusammenfinden: »Was seit Jahrhunderten als äußere Geschichte erzählt worden ist, und als solche nichts hilft, ist das Gleichnis der inneren Geschichte der Kinder Gottes. . . Den Menschen ist das Symbol, der Typus, auf ihren Weg mitgegeben worden, um von ihnen in Geschichte übertragen zu werden. Man erzählt als Geschichte die Idee, welche in den Hörenden sich in Geschichte umsetzen soll. Das Wort ward Fleisch.«[105]

Im Blick auf diese aus Christen und Juden gebildete Gemeinschaft der neuen Kirche dürfte aber – will man der immer gefährlichen Aktualisierung nicht ganz entraten – die Frage berechtigt sein, ob man nicht eher als in behaupteten auf den Antisemitismus Lagardes zurückzuführenden Kanälen im theologischen Schrifttum der historisch-kritischen und traditionsgeschichtlichen Forschung des 20. Jahrhunderts eine Analogie in gegenwärtigen jüdisch-christlichen Gesprächen finden könnte, in denen es letztlich um die Frage geht, ob Gemeinschaften christlichen und jüdischen Glaubens in einer Welt, deren Aufteilung in Rassen und Nationen

103 Vgl. die symbolisierende Deutung des Kreuzes im Sinn seines Grabspruchs in: Über einige Berliner Theologen (wie Anm. 55), S. 121 und vor allem die psychologisierende Deutung des Todes Jesu in: Die Religion der Zukunft (wie Anm. 100), S. 248f.
104 Über das Verhältnis des deutschen Staates zu Theologie, Kirche und Religion (wie Anm. 54), S. 62, vgl. 58.
105 Über einige Berliner Theologen (wie Anm. 55), S. 121.

ein Zeichen ihrer – nie aufhebbaren – Schuldverfallenheit ist (Gen 11), auch *ihre* in dieser Welt nicht aufhebbare Unterschiedenheit in der Liebe, die von dem ihnen gemeinsamen Gott und Herrn ausgeht, tragen, oder ob sie vergeblich nach einer – von hier her nicht gegebenen – Verbrüderung suchen, die letztlich – auf beiden Seiten – auf einer Preisgabe dessen beruht, das preiszugeben ihnen der eine und gleiche Gott verbietet[106].

IV.

Der Begriff von Geschichte als erfahrbares, vermittels wissenschaftlicher Erkenntnis verifizierbares und als solches mit der wahren christlichen Religion identisches Phänomen ist es, der die Theologie Lagardes, als Ruf eines sehr einsamen Mannes, von der Theologie sowohl der vergangenen als auch der kommenden Periode seines Jahrhunderts endgültig scheidet – seine Einsamkeit in seinem abgründigen Haß gegen Luther ist dafür nur ein Symptom –: von der vergangenen Periode des Idealismus in seiner Ablehnung einer jeden Form von theologisch-systematischer oder philosophischer Konstruktion bzw. Spekulation, eine Ablehnung, die bei Lagarde dermaßen unbedingt formuliert ist, daß sich das Verhältnis nur als eine unüberbrückbare Kluft, nicht als ein Hinüberwechseln von der Spekulation in die historische Sicht der Dinge definieren läßt, von der kommenden Periode der sich mehrfach auf ihn berufenden Religionsgeschichtlichen Schule durch seine restlos andere Bestimmung des Wesens von Geschichte in ihrem Verhältnis zur Religion.

Für die Vertreter der Religionsgeschichtlichen Schule ist Geschichte das durch den Vergleich der Religionen und Kulturen in ihrem Verhältnis zum »Christentum« in seiner Vielgestalt zu erforschende und darzustellende Phänomen des diesseitigen Kosmos. Geschichte ist Gegenstand der Erkenntnis, nicht ihr Prinzip. Und so sind es denn gerade zwei wesensbestimmende Postulate der Religionsgeschichtlichen Schule, die für die theologische Intention Lagardes höchstens eine untergeordnete Bedeutung haben: der Vergleich analoger Phänomene in verschiedenen Religionen[107] und die Frage nach Vorstellungen fremder Religionen, die

---

106 Vgl. HANS CONZELMANN: Heiden-Juden-Christen, 1981, S. 1–5.
107 Schon in einem erhalten gebliebenen frühen Vorlesungsfragment vom 26. 11. 1851, das Jean Favrat 1979 zum ersten Mal herausgegeben hat: »Religion. Als einleitung zu vorlesungen über religionsgeschichte Vorderasiens«, steht der Satz: »Eine große gefahr ist die, daß man über (bei Favrat falsch: »auf«) dem gelehrten aufsuchen der einzelnen religionsformen vergißt, darzutun, wodurch sie alle eigentlich religiös sind. Es muß nachgewiesen werden, auf welche weise in diesen formen der mensch mit dem absoluten zusammenlebte« (JEAN FAVRAT: La pensée de Paul de Lagarde, 1979, S. 599–602; hier: S. 600).

in die israelitisch-jüdisch-christliche Überlieferung Eingang gefunden haben. Und dementsprechend sind es zwei für die Theologie Lagardes wesensbestimmende Postulate, die der theologischen Intention der Religionsgeschichtlichen Schule eher fremd sind: die Forderung einer nationalen Bestimmung und Differenzierung der christlichen Religion und ihre visionäre Konzeption als »Religion der Zukunft«. Und wollte man in dieser Konzeption – als gemeinsamer Abgrenzung gegenüber der Theologie Albrecht Ritschls – eine Analogie zur Entdeckung des eschatologischen Elements in der jüdisch-christlichen Überlieferung durch die Forschungen der Religionsgeschichtlichen Schule sehen, dann bleibt auch an diesem Punkt der wesentliche Unterschied: hier Erkenntnis des Wesens geschichtlicher Überlieferung, dort Programm der Zukunft; auch hier eine Kluft, die so groß ist, daß die, welche von hier hinübergehen wollten, es nicht vermögen[108].

Die Vielgestalt der Konzeptionen innerhalb der der »Religionsgeschichtlichen Schule« zugerechneten Repräsentanten und vor allem die Problematik, die darin besteht, in der Theologie von Ernst Troeltsch ihre systematische Grundlage zu sehen, sei vorausgesetzt[109]: Was das Verhältnis zur Konzeption Lagardes betrifft, geht der Bruch tiefer als bei allen *hier* möglichen Differenzierungen. Wenn Ernst Troeltsch hinsichtlich der Verhältnisbestimmung von »Christentum und Religionsgeschichte« sagen kann: »Die Theologie ist nicht reine, jedenfalls nicht freie Wissenschaft, sondern vielmehr an die rechtlichen Bestimmungen, die tatsächliche Tradition und die vorliegenden Verhältnisse und Zwecke gebunden, und ist daher mehr Kompromiss mit der Wissenschaft, als eigentliche Wissenschaft..., sie kann wissenschaftliche Erkenntnisse meist nur indirekt auf ihren Stoff wirksam machen, indem sie allzu schroffe Gegensätze beseitigt und im übrigen vermittelt und ausgleicht... In Wirklichkeit sind ja auch bei aller Wichtigkeit der Mitarbeit der Theologen die großen wissenschaftlichen Fragen immer außerhalb der Theologie entschieden worden«[110], so ist das auch dann, wenn diese Verhältnisbestimmung als Analyse der Zeitgeschichte im Blick auf das Kommende relativiert erscheint, eine Definition, die dem, was Lagarde für seine Zeit forderte: daß Theologie als reine historische Wissenschaft die wahre christliche Religion notwendig schaffen muß, diametral entgegensteht.

---

108 Die Relativierung der gegenwärtigen Gestalt des »Christentums«, etwa bei Ernst Troeltsch, ist keine Zukunftsvision (vgl. z.B. ERNST TROELTSCH: Christentum und Religionsgeschichte, 1897. Gesammelte Schriften Bd. 2, ²1922 [Nachdruck 1981] S. 328–363; hier: S. 353).

109 Vgl. GERD LÜDEMANN: Die Religionsgeschichtliche Schule, in diesem Bande, unten S. 325ff.

110 Christentum und Religionsgeschichte (wie Anm. 108), S. 362.

Geschichte als Phänomen des Kosmos, der Schöpfung, das ist Geschichte wohl auch für Lagarde, und darin gerade ist seine bedingungslose Ablehnung einer jeden Philosophie und einer jeden theologischen Dogmatik, auch wenn sie sich als Geschichtsphilosophie oder als Theologie der Geschichte ausgibt, begründet. Versuche dieser Art können für ihn nie etwas anderes bedeuten als eine Verfälschung dessen, was in Wahrheit Geschichte ist, weil sie Geschichte nicht vermitteln, wie sie ist, sondern konstruieren, wie sie sein soll, der Herren eigner Geist, in dem die Zeiten sich bespiegeln. Aber Geschichte ist für Lagarde – und darin liegt der entscheidende Unterschied zur Intention der Religionsgeschichtlichen Schule – auch nicht unter Absehen von einem philosophischen oder theologischen System beschreibbar oder darstellbar, sondern nur erlebbar, und das Erlebnis allein – sei es nun als Erleben einer Aussage des Alten oder des Neuen Testamentes, der Musik von Johann Sebastian Bach oder der Dichtung Dantes[111] – ist für ihn das, was er als Sinn und Grund dessen anerkennen kann, was die christliche Gemeinschaft der Zukunft bildet. Dieses Erlebnis gründet in der dem Menschen gegebenen Erkenntnismöglichkeit von Wahrheit: der Wissenschaft, sei sie religiöser, geistes- oder naturwissenschaftlicher Art; und dort wo diese Wahrheit nicht erkannt ist – sei es im Bereich der Religion im Verzicht auf historische Kritik am biblischen Text, sei es im Bereich der Geisteswissenschaft in sprachlichen Fehlurteilen, sei es im Bereich der Naturwissenschaft im Festhalten am ptolemäischen Weltsystem[112] –, kann auch die wahre christliche Kirche nicht sein.

Religion ist für Lagarde Erlebnis menschlicher Vollkommenheit, die sich in der Geschichte offenbart. Die erlebte Geschichte als Religion aber ist nichts einmal Gegebenes, sondern etwas unaufhörlich sich Wandelndes: Entwicklung, und alles, was dieser Entwicklung entgegensteht, von den alten Zeiten bis in die Gegenwart des Protestantismus, des Jesuitismus und des Judentums, zerstört die wahre Religion. Der einzige Weg zu ihr ist Theologie als Wissenschaft der Geschichte: »Das sinnige Dogma der alten Gläubigen von der allmählich wachsenden Sehnsucht nach dem Heile und der von Stufe zu Stufe deutlicher und lauter werdenden Verheißung dieses Heiles wird vollständig ignoriert. Wie das moderne Judenthum, um ungestört über den angeblichen Charakter des Hebraismus

---

111 Nicht grundlos war sein bis zuletzt gehegter, nicht mehr erfüllter akademischer Wunsch, über Dante zu lesen; vgl. Schemann (wie Anm. 1), S. 83, 146f. und Brief vom 24. 12. 1889 an Ludwig von Pastor (Nachlaß [wie Anm. 15], Bd. XXV, Nr. 343: »Ich möchte gerne über Dante lesen, aber ich bin zu alt, und durch Bibliotheca Syriaca, Septuaginta und vieles Andere zu sehr in Anspruch genommen, um meinen Wunsch erfüllt sehen zu können.«
112 Nicht grundlos war eine seiner letzten Veröffentlichungen die Edition der italienischen Werke Giordano Brunos, Göttingen 1888.

zusammenfaseln zu können, was den breiten Massen, die es sich gewinnen will, gefällt, so hat der Jesuitismus, um dem altkirchlichen Begriffe der Entwickelung aus dem Wege zu gehn, das alte Testament und seine Theologie geflissentlich vermieden...«[113]

Weil der Grund der wahren Religion aber *diese* Geschichte als unaufhörliche Entwicklung ist, muß ihre Theologie, die in nichts anderem bestehen kann als in der Intention, durch wissenschaftliche Erkenntnis diese Geschichte immer neu in ihrer Vollkommenheit in Erfahrung zu bringen, eine Theologie der Religion der Zukunft werden, deren Ziel, die wissenschaftliche Verifikation der Überlieferung, nie abgeschlossen, und deren Gegenstand, die Überlieferung selbst, zu deren bruchstückhaftem Glied die doch im Zentrum dieses Lebens stehende biblische Überlieferung lediglich geworden ist, nie erschöpft sein kann.

Es ist innerlich notwendig, daß sich von hier aus das Gewicht dessen, was für Lagarde letztlich »die wahre Religion« ist, in einer Weise auf die gegenwärtige Erfahrung des religiösen Individuums verlagern mußte, daß die – nie preisgegebene – Bewahrung der geschichtlichen Tradition als Voraussetzung dieser Erfahrung sich entweder im Unfaßbaren verlor oder in geradezu widersprüchlicher Weise an den Rand gedrängt wurde: »Der ewige Menschengeist wird von einmal Geschehenem nicht befriedigt. Es ist nicht Religion, sondern Sentimentalität, sich in Gewesenes zu versenken, und das Bewußtsein von dem immanenten Leben ewiger Gewalten in der Zeit schwindet in dem Maße, in welchem die von Jahre zu Jahre schwächer werdende Erinnerung an uralte, sich nicht erneuernde Thatsachen als Religion angepriesen wird. Daher ist uns die Religion ein Meinen, ein Dafürhalten, ein Glauben, ein Vorstellen, statt ein Leben zu sein, und ehe wir diese grundgiftige Anschauung nicht aufgeben, ist irgend eine Besserung unserer Zustände gar nicht möglich«: So heißt es in der gleichen Zeit und in der gleichen Schrift[114], in welcher dem »Jesuitismus« vorgeworfen wird, »das alte Testament und seine Theologie geflissentlich zu meiden«[115].

Die Theologie der durch reine wissenschaftliche Erkenntnis erreichbaren religiösen Erfahrung: Hellsichtiger als alle anderen Zeitgenossen, wie

---

113 Über das Verhältnis des deutschen Staates zu Theologie, Kirche und Religion (wie Anm. 54), S. 54, vgl. 67.
114 Ebd., S. 67.
115 Schön hat diesen inneren Widerspruch Hans Walter Schütte formuliert: »Wenn man ... berücksichtigt, daß die Auswahl des historischen Materials schon nach den Gesichtspunkten der Bewertung einer geschichtlichen Phase zusammengestellt ist, ihr aber streckenweise nicht einmal entspricht, verstärkt sich der Eindruck, daß bei Lagarde heterogene Elemente, nämlich die historische Betrachtungsweise und eine verborgen bleibende« – das kann doch nur bedeuten: Lagarde selbst nicht mehr bewußte – »Geschichtsspekulation miteinander verschmolzen sind« (HANS WALTER SCHÜTTE: Lagarde und Fichte, 1965, S. 58).

überall, hat auch hier Franz Overbeck, dessen im gleichen Jahre, 1873, erschienene Schrift »Über die Christlichkeit unserer heutigen Theologie« zuerst als Antwort auf Lagardes Thesen zum »Verhältnis des deutschen Staates zu Theologie, Kirche und Religion« gedacht war, innerhalb weitgehend gemeinsamer Einsichten in die Diskrepanz zwischen Wissen und Glauben und in die Notwendigkeit eines rein historischen Verständnisses des Christentums das gesehen, was ihn von Lagarde endgültig schied: »Theologien sind immer ihren Religionen nachgefolgt, und zwar um so später, je energischer und unumstrittener die ursprünglichen Triebe dieser Religionen waren. Daß sie einer Religion je vorangegangen wären, ist unerhört, und daß etwas der Art noch geschehen könnte, kaum zu erwarten. . . Man darf doch wohl behaupten, daß solche Ahnung nur bei einem Excess, einer Art Besessenheit des wissenschaftlichen Rationalismus möglich ist, der selbst das Ungreifbarste, nur von ekstatischen Propheten zu Schauende, an sich reißen möchte. Eher könnte man weissagen, daß wenn der Theologie durch ihre praktische Richtung schon über die Vergangenheit sich zu verständigen, nur unter so unübersehbaren Spaltungen und Wirren möglich ist, sie, wenn ihr Object in der Zukunft liegen soll, vollends auf Abenteuer wird gefaßt sein müssen. So nämlich, vorausgesetzt, daß es mit dem Ziele dieser neuen Theologie ernst genommen würde. Fast noch näher liegt freilich die Besorgnis, daß sie bei dem ganz historischen Character ihrer Aufgabe, bei der Aussichtslosigkeit ihres letzten Trachtens und bei der Übermächtigkeit der historischen Richtung gelehrter Studien in der Gegenwart, sehr bald ihr Ziel aus den Augen, sich selbst an den historischen Stoff verlieren und eine rein historische Disciplin werden würde.«[116]

Radikalisiert entspricht dieser Erkenntnis das um die gleiche Zeit ausgesprochene Urteil Friedrich Nietzsches: »Gelehrte wie Paul de Lagarde meinen, die Thatsachen des religiösen Bewußtseins müsse man vermöge der Wissenschaft festhalten.« Aber: »Die Wissenschaft ist der Tod aller Religionen, vielleicht auch einmal der Künste.«[117]

Overbeck sieht die Problematik der Theologie Lagardes zuerst darin, daß sie nicht von der – durch Überlieferung – vorgegebene Religion ausgeht, sondern Religion – durch Gewinnung geschichtlich wahrer Überlieferung – erst schaffen muß. Es ist kein Widerspruch, sondern es ist in der Problematik dessen begründet, was für Lagarde nun letztlich diese durch historische Erkenntnis gewinnbare Überlieferung als Grund und Ziel der Religion ist – Rekonstruktion eines antiken Dokuments oder Konstruktion einer schriftlichen Grundlage von Religion aus antiken

---

116 Franz Overbeck« Über die Christlichkeit unserer heutigen Theologie, um eine Einleitung und ein Nachwort vermehrte Auflage, 1903 (Nachdruck 1963) S. 129f.
117 Friedrich Nietzsche: Nachgelassene Fragmente Ende 1876–Sommer 1877, Nr. 23 (Sämliche Werke [wie Anm. 94], Bd. 8, 1980, S. 408.

Dokumenten –, wenn der damals neunundzwanzigjährige Julius Wellhausen die Problematik von Lagardes Theologie am entgegengesetzten Orte: im Ansatz bei einem von Tradition: Paulus und Reformation, befreiten »Evangelium« sieht: »Aber in der Werthschätzung der Kirchengeschichte und des Apostels Paulus, von der Ihre Kritik den Ausgang nimmt, bin ich nicht Ihrer Meinung und glaube auch, daß Sie hierin selbst nicht durchgehend Ihrer Meinung treu bleiben. Es hängt damit zusammen, daß ich Ihren Versuch, mit Überspringung der seitherigen religiösen Entwicklung für die neue Reichsreligion direct an den Anfang des Evangeliums anzuknüpfen, nicht für practisch halte. Wenn die Reformation an die gegebenen Verhältnisse anschließt, so hat sie darin nur gehandelt wie sie handeln mußte. Eine neue kirchliche *Gemeinschaft* hätte wenigstens auf anderem Wege schwerlich gegründet werden können. Für Sie bleibt nur der religiöse Individualismus übrig, und der paßt auch zu dem Mysticismus Ihres Bekenntnisses am besten.«[118]

Die beiden gleichzeitigen Anfragen berühren sich an dem Punkt, der das Wesen der Theologie und der Theologiekritik Lagardes ausmacht: dem Postulat einer *christlichen* Religion, welche die letztlich auf der Aufklärung gründende Theologie seiner Gegenwart nicht durch ein neues Verständnis der mit der biblischen Überlieferung beginnenden christlichen Tradition überwinden will, sondern mit konsequenter Verwerfung eines Teiles dieser Tradition: des alttestamentlichen Gesetzes, der Theologie des Paulus und der Reformation.

Lagarde ist innerhalb der Geschichte der christlichen Theologie ein erratischer Block.

Karl Barth, der ihn als »einen der wenigen reinen Neuprotestanten neben Schleiermacher« bezeichnete[119], hat in der zweiten Auflage seines Römerbriefs 1921[120] im Blick auf die paulinische Definition von Gesetz und Glaube (Röm 4,15) auf die »kritische Linie« hingewiesen, »die den Religiosus Luther von dem Religiosus Erasmus, den Antireligiosus Overbeck von dem Antireligiosus Nietzsche trennen dürfte«. Fragen wir nach der Zuordnung der Religiosi in der Zeit Nietzsches und Overbecks, wäre Paul de Lagarde fraglos als der Religiosus zu bestimmen, der dem Antireligiosus Nietzsche entspricht. Den Religiosus dieser Zeit zu finden, der dem Antireligiosus Overbeck entspricht, ist mir nicht gelungen. Vielleicht ist es Julius Wellhausen. Aber damit gebe ich die Fackel weiter.

---

118 Brief vom 19. 2. 1873 (wie Anm. 98).
119 KARL BARTH: Kirchliche Dogmatik I 2, § 20,2 »Die Autorität unter dem Wort« ([1]1938) [3]1945, S. 682.
120 8. Abdruck der 1921 erschienenen 2. Auflage, 1947, S. 113.

Rudolf Smend

Wellhausen in Göttingen

Julius Wellhausen hat zwei Perioden seines Lebens in Göttingen zugebracht: das Jahrzehnt des Lernens und ersten Lehrens in der theologischen Fakultät von 1862 bis 1872 und, von 1892 bis 1918, das letzte Vierteljahrhundert seines Lebens, als Professor in der philosophischen Fakultät und als Emeritus. Ich kann hier nicht mehr tun als, mit einem leichten Akzent auf der Theologie und auf Göttingen, ziemlich oberflächlich über diese beiden Perioden zu berichten, wobei ich mich möglichst eng an die Quellen halten werde, von denen es für die zweite Periode erheblich mehr gibt als für die erste. Vieles davon ist, leider durch meine Schuld, noch ungedruckt, so wie es wohl auch meine Schuld ist, daß noch keine umfassende Darstellung von Person und Werk dieses Mannes existiert. Das hier Vorzutragende kann davon nicht einmal ein Fragment sein. Wer mehr wissen will, oder besser: wirklich etwas wissen will, sei außer auf Wellhausens meist im Neudruck vorliegende Werke nach wie vor auf die unübertroffene und unübertreffbare Gedenkrede verwiesen, die Ed. Schwartz 1918 in der Göttinger Gesellschaft der Wissenschaften gehalten hat[1]. Obwohl die zweite Periode erheblich länger als die erste gedauert hat, werde ich über sie kaum ausführlicher sprechen – schon weil man gemeinhin zwar auch vom alten Wellhausen viel zu wenig, aber immer doch noch mehr weiß als vom jungen.

1 Separatausgabe (als Abdruck aus den Geschäftlichen Mitteilungen 1918): Eduard Schwartz: Rede auf Julius Wellhausen, 1919; Neudruck in Ed. Schwartz: Vergangene Gegenwärtigkeiten. Gesammelte Schriften I, ²1963, S. 326–361. Vgl. auch den von Douglas A. Knight herausgegebenen Sammelband Julius Wellhausen and His Prolegomena to the History of Israel, 1983, und zuletzt Rudolf Smend: Julius Wellhausen. In: Martin Greschat (Hg.): Gestalten der Kirchengeschichte IX, 1, 1985, S. 45–58. Die im Folgenden herangezogenen Aktenstücke befinden sich an den jeweils einschlägigen Stellen im Göttinger Universitätsarchiv (Kuratorial-, Promotions-, Dekanats- und Stiftsakten), die zitierten Briefe im Deutschen Zentralarchiv Merseburg (Olshausen), in der Bayerischen Staatsbibliothek (Schwartz), in der Niedersächsischen Staats- und Universitätsbibliothek Göttingen (Lagarde), den Universitätsbibliotheken Leiden (Snouck Hurgronje) und Marburg (Herrmann, Jülicher) und in Privatbesitz. Bibliographie der Schriften Wellhausens: Alfred Rahlfs in: Karl Marti (Hg.): Studien zur semitischen Philologie und Religionsgeschichte. Julius Wellhausen zum siebzigsten Geburtstag, 1914, S. 353–368.

Abb. 24. Julius Wellhausen, ca. 1895

I.

Am 24. April 1862 wurde der noch nicht achtzehnjährige Julius Wellhausen aus Hameln »auf den Grund eines Zeugnisses der Reife aus Hannover . . . als der Theologie Beflissener unter die Zahl der hiesigen Studirenden aufgenommen«. Nach sieben Semestern, am 15. August 1865, erhielt er sein Abgangszeugnis, das ihm die besuchten Vorlesungen bescheinigte und »hinsichtlich seines Betragens« bemerkte, »daß überall keine Beschwerde gegen ihn vorgekommen« sei. Schon nach dem sechsten Semester hatte er in Hannover das, wie wir sagen würden, erste theologische Examen bestanden, dem dann allerdings ein zweites, wenigstens ein zweites kirchliches, nie gefolgt ist.

Wie kam er zum Studium der Theologie? Zwanzig Jahre nach seiner Göttinger Immatrikulation, im April 1882, unterbreitete er dem preußischen Kultusminister von Greifswald aus seinen Entschluß, die theologische Professur niederzulegen, und schrieb in diesem Zusammenhang: »Ich bin Theologe geworden, weil mich die wissenschaftliche Behandlung der Bibel interessirte.«[2] Das war die dem Minister gegenüber gewiß angebrachte Kurzformel für einen in der Realität etwas komplizierteren Vorgang. Von ihm wissen wir aus einem älteren Dokument, dem Lebenslauf, den Wellhausen 1868 der Göttinger Fakultät bei der Bewerbung um eine Repetentenstelle am Stift einreichte[3]. Danach stand ihm anfangs vor allem das Beispiel seines Vaters vor Augen, der lutherischer Pastor gewesen war. Dazu kam eine starke Neigung zu geistlicher Dichtung und Literatur, seit früher Kindheit zum reformatorischen und nachreformatorischen Kirchenlied, in der Gymnasialzeit zu lateinischen Predigten des Mittelalters. Ein teils traditioneller, teils ästhetischer Zugang also – konnte das auf die Dauer ausreichen? Nicht von ungefähr brachte schon das erste Semester Leerlauf und Enttäuschung. Bei der Theologie, die er beinahe aufgegeben hätte, hielt ihn ein Mitstudent, der in Tübingen F. C. Baur gehört hatte und durch den er sich anregen ließ, gemeinsam mit seinem ehemaligen Schulkameraden Karl Knoke, später in Göttingen Professor der praktischen Theologie und Abt von Bursfelde, das apostolische Zeitalter zu studieren. Damit war nun in der Tat jenes »Interesse an der wissenschaftlichen Behandlung der Bibel« geweckt, dessen Folgen so weit über die Biographie des einen Mannes Wellhausen hinausreichen sollten.

Baur und das Neue Testament blieben nicht lange im Vordergrund. Entscheidend wurde vielmehr die Begegnung mit Heinrich Ewald, »mei-

---

2 Vgl. R. Smend: Wellhausen in Greifswald. Zs. f. Theol. u. Kirche 78, 1981, S. 141–176, 167f. mit Anm. 121.
3 Abgedruckt bei Schwartz, 1919 (wie Anm. 1), S. 31–33.

nem Alten«, wie er ihn privatim, dem »Lehrer ohne Gleichen«, wie er ihn öffentlich genannt hat[4], obwohl niemand die Schwächen dieses Lehrers besser kannte als er. Im zweiten Semester hörte er bei ihm Psalmen, im vierten Einleitung in die Bücher des Alten und Neuen Testaments, vor allem aber las er die Geschichte des Volkes Israel, die ihm in den Osterferien 1863 in die Hände fiel. Durch sie ließ er sich »aus dem Schlaf wecken«. Er frischte seine Hebräischkenntnisse auf und warf sich auf die Lektüre des Alten Testaments, neben der ihm für anderthalb Jahrzehnte alles andere zur Nebensache wurde.

Außer Ewald beeindruckte ihn Ritschl, aber: »ich verstand seine Dogmatik nicht. Doch schien er mir ein ganz andrer Kerl als die anderen Theologen, männlich, offen – nicht so verflucht süddeutsch.«[5] Aus Süddeutschland stammten von den sieben Ordinarien der Fakultät in jenen Jahren immerhin fünf: der Neutestamentler Wiesinger, der Kirchenhistoriker Wagenmann, der Systematiker Geß und die praktischen Theologen Schoeberlein und Ehrenfeuchter. (Die beiden übrigen, Ritschl und der Kirchenhistoriker Duncker, waren, nebenbei, auch keine Hannoveraner.) Wellhausen absolvierte das Nötige und sah sich auch sonst um; so hörte er bei Georg Waitz Deutsche Geschichte seit dem 18. Jahrhundert nach dessen Zeugnis »rühmlichst fleißig«. Ein besonderes Kapitel war sein Verhältnis zur Philosophie. Den Versuch, bei Heinrich Ritter Geschichte der Philosophie zu hören, brach er bald ab, weil ihm die dort verhandelten Probleme »ungeheuer überflüssig vorkamen«[6]. Auch ein Semester Metaphysik bei Lotze änderte nichts daran, daß er im Lebenslauf von 1868, kaum ohne ein stilles Vergnügen, resümieren mußte, er habe Philosophie »sine ordine et consilio« studiert, »multa tangens, pauca tenens«[7].

Er war ein Individualist reinsten Wassers, an »Unabhängigkeitsgefühl« nahm er es, wie Ed. Schwartz gesagt hat, »mit dem stolzesten niedersächsischen Bauer auf«[8]. Aber er liebte ungezwungene Geselligkeit und war ein treuer Freund seiner Freunde. In seinem zweiten und dritten Semester wohnte er am Stumpfebiel zusammen mit einigen Mitgliedern der Christlichen Burschenschaft Germania, wo er in heiterer Erinnerung blieb, ohne selbst beigetreten zu sein; er scheute eine Bindung dieser Art, außerdem war Bier nicht sein Lieblingsgetränk. In einen festen Kreis trat er aber bald, als er zum vierten Semester ein paar Häuser weiter ins

---

4 FRIEDRICH BLEEK: Einleitung in das Alte Testament, 4. Aufl., bearbeitet von J. Wellhausen, 1878, S. 655.
5 Aus autobiographischen Aufzeichnungen, bei Schwartz (wie Anm. 1), S. 9 bzw. 333.
6 Brief an Ed. Schwartz, 8. 1. 1911.
7 Bei Schwartz, 1919 (wie Anm. 1), S. 32.
8 Schwartz (wie Anm. 1), S. 30 bzw. 360.

Theologische Stift übersiedelte. Schon vorher hatte er mit der Bearbeitung des dort gestellten Themas »Entwicklung der messianischen Grundweissagung in 2 Samuelis 7« eine »größere Prämie« von 3 Reichstalern gewonnen und in einer öffentlichen Disputation über die These »Vaticinium Jesaiae cap. 7 esse messianicum« die Opposition vertreten. In seinem ersten vollen Stiftssemester erhielt er für eine Arbeit über Mt 11,1–19 eine zwar nur »kleinere Prämie«, die aber diesmal immerhin 5 Reichstaler betrug; er disputierte mit Karl Kayser, später Pastor an der Jakobikirche und Superintendent des 2. Göttinger Landbezirks, »über die richtige Auslegung des Gleichnisses Matth. 11, v.16«, wieder als Opponent. Diese Disputationen, meist zwei nacheinander, waren damals der öffentliche Abschluß der Stiftsübungen am Semesterende. Sie wurden eingeleitet durch eine lateinische Ansprache des Seniors des Repetentenkollegiums und schlossen mit der Bekanntgabe der Prämien für die Arbeiten. Wellhausen hat in seinem letzten Semester vor dem Examen noch einmal den Opponenten gemacht, und zwar, wie der Bericht vermerkt, »vor einem sehr zahlreichen Besuch« gegen die von Karl Knoke vertretene These: »In rebus proprie dicendis moralibus notio ›permissi‹ locum non habet.« Leider ist uns von alledem nichts Schriftliches erhalten.

Noch weniger wissen wir über das Intermezzo, das Wellhausens erste Göttinger Periode von 1865 bis 1867 unterbrach. Damals gab es für examinierte Theologiestudenten noch keine landeskirchliche Warteliste, aber mit einer baldigen festen Anstellung konnten sie nicht sicherer rechnen als heute. Zuflucht bot vielen das Dasein des Hauslehrers. So auch Wellhausen, der die Söhne eines Konsistorialrats in Hannover unterrichtete. Mitten in diese Zeit fiel der Krieg von 1866. Wellhausen war im Gegensatz zur eigenen Familientradition von vornherein preußisch gesinnt und kam dadurch in Konflikt mit seinem Arbeitgeber; es heißt, man habe ihn sogar für einen Spion gehalten[9]. Seine Rückkehr nach Göttingen im Herbst 1867 begründete er mit dem Eindruck, daß er durch dieses Lehren nicht lernte, während er doch lieber lernen als lehren wollte: ». . . quum docendo non discere mihi viderer, discere autem quam docere mallem, Gottingam reverti.«[10]

Nun begann erst seine eigentliche Studienzeit bei Ewald. Jeden Nachmittag (außer Samstag und Sonntag) saß er von zwei bis vier Uhr mit wenigen anderen, die ebensoviel Mut hatten wie er, in der Unteren Masch vor dem »Alten«, um unter dessen Anleitung, die «vorzugsweise in negativen Winken bestand«, orientalische Schriftsteller zu lesen und dabei möglichst viel von dem zwischendurch Gesagten zu weiterer Erwägung festzuhalten. Es machte ihm Spaß, Ewalds jeder normalen Pädagogik

---

9 Ebd., S. 12 bzw. 337.
10 Im Lebenslauf von 1868 (Schwartz, 1919, S. 32).

spottenden Ansprüchen zu genügen, und was er von dem Lehrer sagte: er sei »mit Leib und Seele dabei« gewesen[11], das galt auch für ihn selbst.

Es galt aber keineswegs nur für diese Veranstaltungen und galt in einem alles andere als oberflächlichen Sinn. In der frühesten Äußerung, die wir von Wellhausen besitzen, dem Gesuch um Aufnahme in das Göttinger Stift, bemerkt der 19jährige zu seiner schon erwähnten Arbeit über die messianische Weissagung, aus ihr lasse sich »hoffentlich ersehen«, daß sie »mit Liebe gemacht« sei. Von dort bis zu seinem Lebensende sehen wir ihn an seinen wissenschaftlichen Fragen und Antworten mit seiner ganzen Person beteiligt. Abstrakte oder eingebildete Probleme interessierten ihn nicht. »Sein« Historiker hieß Mommsen, nicht Ranke. Der für jedermann sichtbare subjektive Einschlag, den seine Arbeiten also haben, ist von seinen Gegnern bis heute gern benutzt worden, um ihren wissenschaftlichen Wert zu diskreditieren. Aber die Voreingenommenheit dieser Gegner war im allgemeinen erheblich größer als die des nicht nur unabhängigen, sondern auch erznüchternen Niedersachsen Wellhausen, und nur Blindheit konnte bestreiten, daß er mehr sah als alle anderen.

Wir sind damit schon bei dem eigentlichen Thema der Göttinger Jahre nach der Hannoverschen Hauslehrerzeit – einem heimlichen Thema. In dem bereits mehrfach herangezogenen Lebenslauf von 1868 sagt Wellhausen[12], er sei nach Göttingen zurückgekehrt, um bei Ewald semitische Sprachen zu studieren mit dem Zweck, daraus Nutzen für die Exegese des Alten Testaments zu ziehen. Löblich, aber nicht originell! Das gleiche gilt von der anschließend geäußerten Absicht, die syrische Literatur besser kennenzulernen. Aber dann kommt ein Satz, der aufhorchen läßt: »Verum consilio rerum gerendarum tacebo, ne ridendus fiam.« Was ist der Plan, den er verschweigt, um sich nicht lächerlich zu machen? Doch kaum nur die zwar stets kühne, aber doch auch banale Absicht, die akademische Laufbahn einzuschlagen! Nein, er wollte anderes und mehr, und das formuliere ich mit etwas starken eigenen Worten, die er selbst damals wohl nicht nur aus Angst vor Lächerlichkeit, sondern auch darum nicht gebraucht hätte, weil die Tragweite dessen, was er vorhatte, ihm erst dunkel bewußt gewesen sein dürfte: er wollte die alttestamentliche Wissenschaft auf den Kopf stellen. Am 9. Februar 1879, ein paar Monate nach dem Erscheinen der »Prolegomena zur Geschichte Israels«[13], mit

---

11 JULIUS WELLHAUSEN: Heinrich Ewald. In: Festschrift zur Feier des 150jährigen Bestehens der Königlichen Gesellschaft der Wissenschaften zu Göttingen, 1901, S. 61–81, 65; Neudruck in J. WELLHAUSEN: Grundrisse zum Alten Testament, hg. von R. Smend, 1965, S. 120–138, 122.
12 Bei Schwartz, 1919 (wie Anm. 1), S. 32.
13 Geschichte Israels I, 1878, von der 2. Ausgabe (1883) an Prolegomena zur Geschichte Israels.

denen er das in der Tat besorgte, schrieb er: »Seit zehn Jahren haben mich geschichtliche Studien ausschließlich in Anspruch genommen, Judentum und altes Israel in ihrem Gegensatze.«[14] Geht man die 10 Jahre zurück, die natürlich als runde Summe gemeint sind, dann kommt man ganz in die Nähe jener Äußerung über das consilium rerum gerendarum.

Judentum und altes Israel in ihrem Gegensatze: die Schlüsselstellung dabei hatte für den Exegeten und Historiker die Frage nach dem Alter des sog. mosaischen Gesetzes. Die jüdische und christliche Tradition sieht dieses Gesetz am Anfang der Geschichte des alten Israel überhaupt, eben als von Mose gegeben und damit alles weitere von vornherein machtvoll bestimmend. Mit dieser Tradition war der junge Wellhausen in immer größere Schwierigkeiten geraten. Hören wir den oft zitierten Bericht, den er in der Einleitung der »Prolegomena« gegeben hat: »Im Anfange meiner Studien ward ich angezogen von den Erzählungen über Saul und David, über Elias und Ahab, und ergriffen von den Reden eines Amos und Jesaia; ich las mich in die prophetischen und geschichtlichen Bücher des Alten Testaments hinein. An der Hand der mir zugänglichen Hülfsmittel glaubte ich sie zwar leidlich zu verstehen, hatte aber dabei ein schlechtes Gewissen, als ob ich beim Dache statt beim Fundamente anfinge; denn ich kannte das Gesetz nicht, von dem ich sagen hörte, es sei die Grundlage und Voraussetzung der übrigen Literatur. Endlich faßte ich einen Mut und arbeitete mich hindurch durch Exodus Leviticus und Numeri und sogar durch Knobels Commentar dazu. Aber vergebens wartete ich auf das Licht, welches von hieraus auf die geschichtlichen und prophetischen Bücher sich ergießen sollte. Vielmehr verdarb mir das Gesetz den Genuß jener Schriften; es brachte sie mir nicht näher, sondern drängte sich störend ein, wie ein Gespenst, das zwar rumort, aber nicht sichtbar, nicht wirksam wird. Wo sich Berührungen fanden, da waren Differenzen damit verbunden und ich konnte mich nicht entschließen, auf Seiten des Gesetzes das Ursprüngliche zu sehen, z. B. die Weihung Simsons oder Samuels als fortgeschrittene Stufen des mosaischen Naziräats zu betrachten; dunkel empfand ich einen allgemeinen Abstand zweier verschiedener Welten. Jedoch zu einer klaren Anschauung gelangte ich keineswegs, sondern nur zu einer unbehaglichen Confusion, die durch Ewald's Erörterungen im zweiten Bande seiner Geschichte des Volkes Israel nur vermehrt wurde. Da erfuhr ich bei einem gelegentlichen Besuch in Göttingen im Sommer 1867, daß Karl Heinrich Graf dem Gesetze seine Stelle hinter den Propheten anweise; und beinah ohne noch die Begründung seiner Hypothese zu kennen, war ich für sie gewonnen: ich durfte mir gestehen, daß das

---

14 Brief an J. Olshausen.

hebräische Altertum ohne das Buch der Thora verstanden werden könne.«[15]

Dem Jahrzehnt »ausschließlich geschichtlicher Studien« war also eine halb so lange Vorbereitungszeit vorangegangen, in der Wellhausen für sich das Alte Testament, zumindest Gesetz und Propheten oder richtiger Propheten und Gesetz, durchgearbeitet hatte. Das begann nach der Lektüre von Ewalds Geschichte des Volkes Israel 1863 und ging nach der Beendigung des Studiums in Hannover weiter[16], von wo aus Wellhausen im Sommer 1867 jenen »gelegentlichen Besuch in Göttingen« machte, der ihm die Bekanntschaft mit der Grafschen Hypothese eintrug. Er hat später auch preisgegeben[17], wer bei dieser Bekanntschaft der Vermittler war: kein anderer als Albrecht Ritschl, der die Nachricht von seinem Freunde Diestel in Tübingen haben mochte. Ist die Vermutung zu gewagt, daß Wellhausens nun sehr bald, nämlich zum Wintersemester 1867/68, erfolgte Rückkehr nach Göttingen nicht zuletzt mit dieser Nachricht im Zusammenhang stand? Es mußte ihm ja nun auf den Nägeln brennen, die Texte unter der Voraussetzung der Posteriorität des Gesetzes erneut durchzugehen und sie womöglich mit diesem Schlüssel dem geschichtlichen Verständnis zu erschließen. Wie dem auch gewesen sein mag, in den folgenden Jahren wuchs er immer mehr in diese Aufgabe hinein, wobei sich ihm in zunehmender Klarheit ein grundlegend verändertes Gesamtbild des biblischen Israel ergab. Er trat mit seinen ersten Schritten auf diesem Wege mehr, als er zunächst wußte, in die Spuren einer schon etwa ein halbes Jahrhundert alten Tradition kritischer Wissenschaft; Graf hatte Vorläufer, und die gleichzeitige Arbeit des großen Leideners Abraham Kuenen war nicht weniger wichtig als die seine. Trotzdem blieb noch genug, ja das Entscheidende zu tun, und es war kein Zufall, daß das gerade Wellhausen gelang. Er hatte die nötige Unbefangenheit, um nicht zu sagen – es ist oft gesagt worden – Genialität, er war, wie sich wohl schon aus den eben angeführten Sätzen seines Rückblicks heraushören läßt, mit und ohne und auch gegen Ewald »mit Leib und Seele dabei«. In seiner Stellung zum alttestamentlich-jüdischen Gesetz mischte sich ästhetisches Empfinden, von dem schon in anderem Zusammenhang die Rede war, mit Elementen paulinisch-lutherischer Theologie und freiheitlichem Individualismus des 19. Jahrhunderts in einer sehr persönlichen Ausprägung – dies alles gebändigt in beharrlicher Detailarbeit an einem umfangreichen, vielschichtigen, oft spröden Stoff.

Auf wie breiter Front Wellhausen vorging, zeigen die drei Einzelarbeiten, die uns aus dieser Göttinger Zeit vorliegen: die (ungedruckte) Ab-

---

15 Geschichte Israels I, S. 3f.
16 So ausdrücklich im Lebenslauf von 1868, bei Schwartz, 1919 (wie Anm. 1), S. 32.
17 Prolegomena, ²1883, S. 4.
18 De justitia dei erga singulos quid sentiat Vetus Testamentum.

handlung über die Gerechtigkeit Gottes gegen Einzelne nach dem Alten Testament, mit der er sich Anfang 1868 um die Stelle eines Stiftsrepetenten bewarb[18], die Lizentiatendissertation von 1870 über die judäischen Geschlechter und Familien nach der Chronik[19] – beide übrigens lateinisch – und schließlich das Buch über den Text der Bücher Samuelis, das 1871 erschien. Die frische Urteilskraft, mit der der junge Mann die Stoffe durchdringt, ist schon hier überall unverwechselbar – ob er, immerhin in Göttingen, gegen die gerade durch Diestel und Ritschl etablierte These über die göttliche Gerechtigkeit angeht, ob er entlegenen Namenlisten geographisch-historische Aussagen von unerwarteter Bedeutung abgewinnt oder ob er den Text eines der in dieser Hinsicht schwierigsten Bücher des Alten Testaments mit Hilfe der Septuaginta rekonstruiert und dabei nebenher Weitreichendes zu Quellenkritik und Geschichte bemerkt. Das heimliche Thema der Gesetzeskritik kommt kaum direkt zur Sprache; damit war Wellhausen noch weit vom Ziel entfernt. In der großen Summe, die er am Ende jenes Jahrzehnts, längst nicht mehr in Göttingen, im Blick auf das Gesetz und das Verhältnis zwischen Israel und dem Judentum ziehen sollte, erhielt vieles aus den frühen Studien seinen Platz; aber es war durchaus nicht darauf angewiesen und unabhängig davon wertlos. Einen gab es allerdings, der, empfindlich und mißtrauisch wie er war, jenes Ziel witterte oder auch mitgeteilt bekam und alsbald den ganzen Wellhausen danach beurteilte – und das mußte für ihn heißen: verurteilte. Der eine war Heinrich Ewald[20]. Er hatte noch einen anderen Grund, mit Wellhausen zu brechen. »Es wird erzählt«, so berichtet Ed. Schwartz[21], »daß Ewald Wellhausen, der seine Studien schon völlig beendet hatte, noch einmal zu sich bestellte und ihm in seiner feierlichen Weise eröffnete, daß er der einzige sei, der seine wissenschaftliche Mission, die für Ewald zugleich eine religiöse war, übernehmen könne; aber er werde ihm seinen Segen nur geben, wenn er den König von Preußen und Bismarck für Übeltäter und Schurken erkläre. Wellhausen weigerte sich; der Alte schob ihn, tränenden Auges, aus der Tür. Er hat sich nicht mit dem Lieblingsschüler ausgesöhnt...«

Mag diese Erzählung wahr sein oder nicht, fest steht, daß Wellhausen seine akademische Karriere ohne Ewald machen mußte – was ja vielleicht kein Nachteil war. Zwei Daten sind eben schon vorgekommen: im Frühjahr 1868 wurde er Stiftsrepetent, wofür er übrigens nicht nur die lateinische Abhandlung vorlegen, sondern auch ein regelrechtes Examen bestehen und eine Predigt halten mußte, im Sommersemester 1870, dem

---

19 De gentibus et familiis Judaeis quae 1. Chr. 2.4. enumerantur.
20 Vgl. den Brief vom 9. 2. 1879 an J. Olshausen.
21 A.a.O. (wie Anm. 1), S. 12 bzw. 337.

letzten seiner Repetententätigkeit, wurde er zum Lizentiaten promoviert und habilitierte sich anschließend, was wiederum eine Predigt erforderte. Die Prüfung im Alten Testament übernahm in Ermangelung eines Alttestamentlers der von der Basler Mission gekommene Systematiker Geß, den sehr das Problem der Inspiration bewegte[22] – da wäre man gern Mäuschen unter dem Tisch gewesen, aber es gibt nicht einmal ein Protokoll. Die Stiftsakten enthalten nur für Wellhausens erstes Repetentensemester, Sommer 1868, einen Bericht. Danach hat er ein Konversatorium über die ältere Kirchengeschichte gehalten – für das alttestamentliche Konversatorium zeichnete ein Repetentenkollege namens Schmidt verantwortlich –, außerdem eine exegetische Vorlesung über die Weissagungen des Jeremia. Beide Veranstaltungen waren ein besonderer Erfolg; bei der Vorlesung »wurde die gewöhnliche Form auf Wunsch der Theilnehmer modificirt, daß dieselben auch ihrerseits an der Interpretation sich betheiligten«. Die Vorlesungen in den beiden nächsten Semestern behandelten neutestamentliche Schriften, erst danach kam in Gestalt »einiger kleiner Propheten« wieder das Alte Testament an die Reihe. Seine Lehrtätigkeit als Privatdozent begann und beendete Wellhausen mit dem Buch Hiob, über das er im Winter 1870/71 fünfstündig (!), im Sommer 1872 immerhin noch vierstündig las. Dazwischen stand eine zweisemestrige historische Vorlesung, zunächst Geschichte des Volkes Israel (4stündig), dann Jüdische Geschichte von Cyrus bis Hadrian (3stündig). Zu bemerken ist noch, daß er in diesen Jahren zwei Kollegen zu Freunden hatte, deren Namen wie der seine in die Geschichte der Bibelwissenschaft eingehen sollten: den peniblen Konservativen Theodor Zahn, seit 1865 Privatdozent für Neues Testament, und den genialen Alttestamentler Bernhard Duhm, seit 1871 Repetent. Er vermisse die beiden, schrieb er nach seinem Weggang – sie seien »die ärgsten Gegensätze welche die Welt kennt. Aber man konnte sich so nett vom einen beim andern erholen.«[23]

Als er 1872 als ordentlicher Professor nach Greifswald ging, verabschiedete ihn die Fakultät, wie es in solchen Fällen gegenüber Lizentiaten üblich war, mit dem Ehrendoktor. Er schrieb in seinem Dankesbrief, das Göttinger Diplom komme ihm »gleichsam wie ein Heimathsschein« vor, »der mir auch äußerlich in gewissem Sinne das Recht giebt, mich noch immer zu den Ihrigen zu zählen. Über meine innerliche Zugehörigkeit zu Göttingen brauche ich allerdings keinen Schein; wie sehr ich an dieser meiner geistigen Geburtsstätte hänge, das merke ich in meiner neuen Heimath nur zu gut und zu oft. Es ist mir sehr schwer geworden, die Beziehungen zu Ihnen zu lösen. . .«

---

22 Vgl. WOLFGANG FRIEDRICH GESS: Die Inspiration der Helden der Bibel und der Schriften der Bibel, 1892.
23 Brief an P. de Lagarde, 31. 5. 1873.

II.

Obwohl an der Aufrichtigkeit dieser Sätze nicht zu zweifeln ist, kehrte Wellhausen nach zwanzig Jahren nur zögernd zurück.

In Göttingen hatte nach Ewalds erzwungenem Abgang nach Tübingen Ernst Bertheau den Michaelis-Eichhornschen Lehrstuhl für orientalische Sprachen und biblische Exegese geerbt. Als Ewald 1848 zurückkehrte, mußte der Lehrstuhl notgedrungen verdoppelt werden. Nach Ewalds zweitem Ausscheiden wurde 1869 Paul de Lagarde (»geb. Bötticher«, wie Wellhausen hinzuzufügen sich gelegentlich nicht verkneifen konnte) sein Nachfolger. Der Tod Bertheaus 1888 bot die erste Gelegenheit, Wellhausen, nach dem Greifswalder Jahrzehnt und drei Jahren Halle nunmehr gern in Marburg, wieder nach Göttingen zu holen. Die Theologen, die wegen der alttestamentlichen Ausrichtung dieses Lehrstuhls mitbetroffen waren, erklärten sich ausdrücklich einverstanden. Aber Wellhausen, seit langem überwiegend mit arabischen Studien beschäftigt, hatte unter anderem eben wegen dieser Ausrichtung keine besondere Lust, und hinzu kam Lagardes deutsches Manneswort, ergangen an Geheimrat Althoff im Ministerium zu Berlin unter dem 18. Mai 1888, »... daß ich den Prof. Wellhausen nicht vorschlagen werde, daß ich mein Haus ihm verschließen müßte, und seinen Besuch nicht einmal durch eine Karte erwidern könnte. Mit dieser Erklärung ist es mir, wie mit allem was ich sage und schreibe, Ernst.«

Wenige Jahre danach änderte Lagardes Tod die Lage schlagartig. Die philosophische Fakultät konnte nunmehr eine Berufungsliste nach Berlin schicken, bei deren Anblick jede heutige Fakultät vor Neid erblassen muß: an erster Stelle Theodor Nöldeke in Straßburg, an zweiter Stelle Wellhausen, eine im Blick auf die semitische Philologie zweifellos berechtigte Reihenfolge. Wellhausen hoffte zunächst, der Ruf würde gar nicht an ihn ergehen, nicht nur wegen des Vordermannes, sondern auch wegen »theologischer Inquisition« in Berlin. »Die Trichine«, so stellte er sich hoffnungsvoll die Überlegung des Ministers vor, »ist in Marburg eingekapselt, es wäre vermessen, sie in frisches Fleisch zu versetzen.«[24] Als der Ruf dann doch kam, lehnte er postwendend ab. »Meine Situation hier [in Marburg] ist so, daß ich mir keine bessere wünschen kann. Die Frage scheint mir eigentlich nicht die, ob ich die Pflicht, sondern ob ich das Recht habe sie aufzugeben. Für docirende Wirksamkeit, für ›wissenschaftl. Betrieb‹, für Organisirung von Arbeiten, die ich nicht selbst anfange und vollende, bin ich nicht geschaffen. Ich brauche einen stillen Winkel, wo ich con amore mir und den Musen singe. Den habe ich.«[25]

24 Brief an R. Smend, 26. 2. 1892.
25 So schon vorher (17. 1. 1892) an R. Smend.

Aber die Göttinger ließen nicht locker, und schließlich ließ er sich erweichen. Walter Bauer erzählte mir, er habe Wellhausen einmal gefragt, warum er trotz allem doch angenommen hätte. Die Antwort sei gewesen: in einem Kirchenblatt habe gestanden, wenn er nach Göttingen komme, werde es nach dem Wort gehen: »Eine wilde Sau im Weinberg des Herrn.« »Da nahm ich an.«

Zum Wintersemester 1892/93 bezog er mit seiner Frau eine Etage in der Geiststraße, 1894 einen Neubau in der Wilhelm-Weber-Straße. »In Göttingen«, sagte er, »sitzt jeder Professor in seiner Villa und hütet das zarte Pflänzchen seines Ruhms.«[26] Der erste Eindruck von der Stadt nach der Ankunft war: »freundlich und recht lebhaft, die nächste Umgebung hat sehr gewonnen seit 20 Jahren« – es war die Zeit der Bewaldung des Hainbergs durch den Oberbürgermeister Merkel. In der Universität buchte er zunächst »höchstens das« als einen Gewinn, »daß ich hier nicht mehr wie in Marburg zu den alten Leuten gehöre. Hier bin ich ein Fant und stehe unten an auf der Liste.«[27] Das Vergleichen mit Marburg betrieb er noch lange; berühmt wurde seine Formel: »In Marburg kann jeder zu seinem Kollegen sagen: Sie sind ein Schafskopf. In Göttingen trägt jeder ein großes Geheimnis mit sich umher.« Seine anfänglichen Versuche, »den Ton etwas zu verliederlichen«, indem er sich mit Kollegen regelmäßig im Ratskeller traf[28], scheinen keinen dauerhaften Erfolg gehabt zu haben. An den akademischen Geschäften beteiligte er sich loyal und gewissenhaft, aber ohne sich dabei zu verausgaben. »Die societas literaria antediluviana soll galvinisirt werden«, begann er einen Kommentar zu den damaligen Reformbemühungen in der Akademie[29], und leidenschaftlich ausgefochtene Kämpfe wie die um die Einführung des Frauenstudiums oder die Teilung der philosophischen Fakultät betrachtete er mit Gelassenheit. Lothar Perlitt hat ihn einmal einen »Gelehrten alten Stils« genannt und das mit dem Satz erläutert: »Er redete nicht überall mit, sondern vollendete seine Werke.«[30] Nicht zuletzt aus diesem Grunde genoß er in Göttingen das höchste Ansehen. Ich zitiere dazu aus einem Brief, in dem der Kurator der Universität dem Minister die Ernennung Wellhausens zum Geheimen Regierungsrat vorschlägt[31]. Er verweist auf Wellhausens wissenschaftliche Größe und seine würdige und strenge Lebensführung und fährt fort: »Ein Verlangen und Ringen nach äußerer Anerkennung ist Wellhausen ganz unbekannt. Um so mehr hat es

26 Nach WALTER BIRNBAUM: Zeuge meiner Zeit, 1973, S. 217.
27 Brief an F. Justi, 21. 9. 1892.
28 Brief an F. Justi, 5. 3. 1893.
29 Ebd.
30 LOTHAR PERLITT: Julius Wellhausen. In: Hans J. Schultz (Hg.): Tendenzen der Theologie im 20. Jahrhundert, 1966, S. 33–37, 33.
31 Am 1. 12. 1899.

die Mitglieder der Korporation gedrängt, Wellhausen ihrer dankbaren Verehrung durch eine Deputation zu versichern, als von Kollegen bekannt geworden war, daß das Königlich Sächsische Ministerium sich mit Wellhausen in Verbindung gesetzt habe um ihn für die Universität Leipzig zu gewinnen und daß Wellhausen jede Verhandlung über ein solches Vorhaben rundweg abgelehnt und seine volle Befriedigung über seine hiesige Stellung ausgesprochen habe.« »Ich«, so fügt der Kurator als sein persönliches Zeugnis hinzu, »bewundere . . . die fast kindlich zu nennende Reinheit und Milde seines Charakters.«

Er vollendete seine Werke: nach zwei Jahren Göttingen, 1894, erschien das meistgelesene unter ihnen, die Israelitische und jüdische Geschichte. Die Studien über Judentum und altes Israel, auf die er 1879 zurückblickte, waren damals nicht zum vollen Abschluß gelangt. Die Prolegomena zur Geschichte Israels lagen seitdem vor und erlebten alle paar Jahre eine neue Auflage, aber die Geschichte Israels stand noch aus; eine Skizze in der Encyclopaedia Britannica[32], etwas verändert 1884 auch deutsch erschienen[33], war nur als vorläufiger Ersatz gemeint. Sie hätte allerdings die Gegner davon überzeugen können, daß ihre Hoffnung falsch war, auf dem Fundament und mit dem Fachwerk der Prolegomena lasse sich der Bau einer Geschichte nicht errichten. Wellhausen hatte in jenen Jahren alle Hände voll zu tun, sich für den neuen Beruf als Semitist zu qualifizieren und dann diesen Beruf auszufüllen. Zudem bekam er in Marburg mit Rücksicht auf den Fachkollegen in der theologischen Fakultät sogar die Auflage, alttestamentliche Vorlesungen zu unterlassen. Aber dieser »Maulkorb«, wie er es nannte, wurde im Laufe der Zeit gelockert, und noch in Marburg trat das alte Thema wieder in den engeren Gesichtskreis. Die erste Göttinger Vorlesung, im Wintersemester 1892/93, hieß »Jüdische Geschichte seit dem babylonischen Exil« und diente unmittelbar der Vorbereitung des neuen Buches, das dann noch erheblich mehr Arbeit kostete, als Wellhausen zunächst gedacht hatte. Über die erste, die »israelitische« Hälfte, war er sich einigermaßen im klaren, hier lag in den Prolegomena die notwendige Quellenkritik so ausgiebig vor, daß er sich im wesentlichen auf die positive Darstellung beschränken konnte. Sie ist von klassischer Schönheit. Ihren Höhepunkt hat sie in den Kapiteln über den Untergang der Reiche Israel und Juda und die prophetische Predigt, die diese Ereignisse begleitete; es ist gesagt worden, diese Kapitel gehörten in eine »Chrestomathie der Weltgeschichte«. Man könnte erwarten, daß dagegen die zweite, die »jüdische« Hälfte abfallen muß: Wellhausen liebte das Gesetz nicht, er hatte hier die quellenkritischen Erörterungen wenigstens stellenweise einzubeziehen und mußte sich vor allem gegen

---

32 XIII, 1881, S. 396–431.
33 J. WELLHAUSEN: Skizzen und Vorarbeiten I, 3–102 (Neudruck 1985).

Ende nach eigenem Eingeständnis (im Vorwort) manchmal auf Gebiete begeben, auf denen er nicht zu Hause war. Aber das galt auch schon für den ersten Teil, wo ihn sein Verzicht auf eigene Beteiligung an der jungen Assyriologie doch nicht hinderte, den Untergang des alten Israel deutlicher in seiner weltgeschichtlichen Dimension zu sehen und zu zeichnen, als es bis dahin geschehen war. Und was die Quellenkritik angeht: der Rhythmus zwischen diesen Partien und der positiven Darstellung, im ersten Teil wegen der Vorausnahme der Prolegomena fehlend, macht gerade schriftstellerisch einen besonderen Reiz des Buches aus. Schließlich die Abneigung gegen das Gesetz, mit der Wellhausen bei Christen und Juden viel Beifall, aber auch erbitterten Widerspruch gefunden hat und immer noch findet. Mag sie auch übertrieben gewesen sein, so dürfte sich doch kaum zeigen lassen, daß sie grundlos war und daß Wellhausen den Apostel Paulus zu Unrecht den »großen Pathologen des Judentums« genannt hat[34]. Er war auch Historiker genug, um die positive Rolle des Gesetzes, ja seine Notwendigkeit für die Erhaltung des israelitischen Glaubens ans Licht zu stellen. Hier und sonst dachte er viel weniger einlinig und »monokausal« als in der Regel seine Gegner und, auf andere Weise, manche seiner Anhänger. Natürlich ist seiner »Geschichte« durchgehend anzumerken, daß hier ein Theologe schreibt und daß dieser Theologe ein Kind des 19. Jahrhunderts ist. Er schreibt die Geschichte eines Volkes, aber auch eines Glaubens. Das Buch hat zwei Ausgänge, das 23. Kapitel über das Evangelium und das 24. über den Untergang des jüdischen Gemeinwesens. Von der dritten Auflage an, die drei Jahre nach der ersten erschien, ist die Reihenfolge vertauscht, so daß seitdem das Kapitel am Ende steht, das mit den Worten beginnt: »Es war während der Regierung des Kaisers Tiberius, als Kaiaphas Hoherpriester, Pilatus Landpfleger in Judäa und Antipas Vierfürst von Galiläa war. Da ging ein Sämann aus, zu säen seinen Samen; sein Same war das Wort, sein Acker die Zeit.« Das Kapitel und also auch das Buch schließt nunmehr nach dem ausdrücklichsten Bekenntnis, das Wellhausen je gedruckt hat, mit der Quintessenz des Ganzen: »Die Stufen der Religion, wie die Stufen der Geschichte überhaupt, bleiben neben einander bestehn. Die öffentliche Religion braucht nicht aufzuhören. Aber Jesus hat die Kirche nicht gestiftet, der jüdischen Theokratie hat er das Urteil gesprochen. Das Evangelium ist nur das Salz der Erde; wo es mehr sein will, ist es weniger. Es predigt den edelsten Individualismus, die Freiheit der Kinder Gottes.«[35]

Wellhausens akademische Aufgabe war die Vertretung der semitischen Philologie, und so hielt er Übungen im Arabischen und Syrischen, gele-

---

34 Prolegomena zur Geschichte Israels, [6]1905 (Neudruck 1981), S. 423.
35 Beide Zitate hier nach der 7. Ausgabe 1914 (Neudruck 1981), S. 358.

gentlich auch im Äthiopischen ab, wie einst Ewald es getan hatte; die Assyriologie blieb außen vor, ebenfalls wie bei Ewald. Dazu kamen Vorlesungen, die ziemlich gleichmäßig Alttestamentlich-Jüdisches einerseits, sonstige Orientalia, vor allem Arabica andererseits behandelten; in regelmäßigen Abständen trug er eine »Übersicht über die semitischen Sprachen und Völker« vor. Natürlich waren seine Hörer zu einem guten Teil Theologen. Aber viele Hörer hatte er nicht, wollte er auch gar nicht haben. Wenn zu Semesteranfang der Hörsaal von Neugierigen voll war, die den berühmten Mann erleben wollten, erklärte er trocken: »Ich betrachte Sie wie Butter an der Sonne«, und reduzierte das Publikum binnen weniger Stunden auf ein paar wirklich Interessierte. Er setzte, schon sprachlich, einiges voraus und tat nichts, um die Gegenstände künstlich aufzuputzen; der große Schriftsteller war kein attraktiver Redner und konnte sich über das Pathos von Kollegen sehr sarkastisch äußern.

In seinen Veröffentlichungen dominierte nach dem Abschluß der Israelitischen und jüdischen Geschichte wieder die alte arabische Welt, mit der er ja schon in Halle und Marburg überwiegend befaßt gewesen war. Der Stoff war hier weit umfassender und vielseitiger als bei den Israeliten, und an kritische Bearbeitung ließ sich weniger anknüpfen als dort. So ist, was Wellhausen hier geliefert hat, zu einem erheblicheren Teil Pionierarbeit. Dabei kam ihm zustatten, daß er auch hier »mit Leib und Seele dabei sein« konnte. Sein Zauberstab brachte auch hier, nein hier erst recht, die Texte zum Reden und ließ ein fernes und fremdes Leben in seiner Buntheit und oft Wildheit wieder erstehen, wobei, wie in der Vorlesung, Trockenes trocken blieb und die Nüchternheit des Philologen – und des Niedersachsen – nie verlorenging. Die wichtigsten Titel aus den Göttinger Jahren sind: Die Ehe bei den Arabern (1893), Die alte arabische Poesie (1896), Prolegomena zur ältesten Geschichte des Islams (1899), Ein Gemeinwesen ohne Obrigkeit (1900), Die religiös-politischen Oppositionsparteien im alten Islam (1901), Die Kämpfe der Araber mit den Romäern in der Zeit der Umaijiden (ebenfalls 1901) und schließlich Das arabische Reich und sein Sturz (1902) – dies das Hauptwerk und, wie Carl Heinrich Becker, der spätere preußische Kultusminister, den einst die Lektüre der Prolegomena zur Geschichte Israels zum Studium der Orientalistik bestimmt hatte, sich ausdrückte, »für den Historiker des alten Islams zu einer Art von Bibel geworden«[36], wobei im Sinne Beckers und natürlich auch Wellhausens einzurechnen ist, daß die Bibel ja auch zur Kritik herausfordert. Die im engeren Sinne historischen Arbeiten wurden vor allem ausgelöst durch die große Leidener Edition des Annalenwerkes des Tabari, die 1879–98 erschien. In den »Prolegomena zur

---

36 C. H. BECKER: Islamstudien II, 1932, S. 475.

ältesten Geschichte des Islams« behandelt Wellhausen die Zeit der ersten Kalifen und der großen Eroberungen nach dem Tode des Propheten, das »arabische Reich«, das sich daran anschließt, ist das der Omajjaden (661–750 n. Chr.). Mit ihrem »Sturz« brach er ab, dort also, wo, wie er privatim niederschrieb, »die Araber von den Ketzerkeulen Abu Muslims, den für den Islam und das Haus des Propheten fanatisirten Iraniern, todtgeschlagen werden. Dann hört wenigstens mein Interesse auf, die Abbasiden hole der Teufel, er wird sie wol schon haben.«[37] Daß das erste der beiden Werke den Begriff Prolegomena im Titel hat, das zweite nicht, hängt mit einer Verschiebung der Quellenlage zusammen. An sich ähneln beide Werke einander und der »Jüdischen Geschichte«, indem sie die positive Darstellung mit der Untersuchung der Quellen verbinden. Wenn in starker Abkürzung eins für Wellhausens Verfahren mit den Quellen charakteristisch und zugleich problematisch genannt werden kann, dann ist es dies: er orientiert sich nicht in erster Linie an der einzelnen Nachricht, sondern am zuverlässigsten Schriftsteller, der in der Regel der älteste ist. Hat er ihn gefunden, dann gibt er ihm auch dort Kredit, wo die Kontrollmöglichkeit fehlt. Dieses Verfahren hat er mutatis mutandis auch am Alten Testament geübt, und ähnlich steht es, wiederum mutatis mutandis, bei den Arbeiten zum Neuen Testament, denen wir uns jetzt zuzuwenden haben.

Kaum war »Das arabische Reich« erschienen, begann dieses letzte große Abenteuer in Wellhausens Gelehrtenleben. »Ich habe in den Weihnachtsferien meine Nase in die Evangelien gesteckt«, berichtete er zu Silvester 1902 einem Freund und teilte ihm gleich einen Fund aus den synoptischen Anfangskapiteln mit. Aber er fügte den Seufzer hinzu: »Wenn nur nicht die vielen Exegeten wären, und die entsetzlich bunte Textüberlieferung.«[38] Die Exegeten drohten ihn auch weiter noch manchmal abzuschrecken. Er zitierte dazu aus dem Arabischen: »Die Kamele verekeln einem die Quellen«[39] und half sich, indem er die Kommentare weitgehend einfach ignorierte. Dagegen gab er sich mit der Textüberlieferung Mühe, hielt allerdings das Streben nach einem vollständigen Urtext für aussichtslos und arbeitete seinerseits z. B. so, daß er in ein Exemplar von Nestles Novum Testamentum Graece alle Varianten des Codex Bezae Cantabrigiensis eintrug, von dem er auf diese Weise ein plastischeres Bild bekam, als es durch die landläufigen Apparate der kritischen Ausgaben geschehen kann. An eigene ältere Studien konnte er hinsichtlich des aramäischen Hintergrunds der Evangelien anknüpfen; natürlich hatte er gerade hier Neues und Bleibendes zu sagen. Dazu

---

37 Brief an F. Justi, 26. 3. 1901.
38 Brief an F. Justi, 30. 12. 1902.
39 Brief an Ed. Schwartz, 5. 6. 1906.

kamen bald die Fragen nach den Quellen und ihrem Verhältnis zueinander und zur Geschichte. Die Beobachtungen seit den Weihnachtsferien 1902/03 wuchsen sich zu einer Kommentierung aus, die einen sehr Wellhausenschen Charakter hat: meisterhafte Übersetzungen des Textes, dann aber keine Paraphrasen seines Inhalts, nichts, was Wellhausen schon anderswo gelesen hatte, sondern lapidare Bemerkungen mit Substanz und Judiz. Es gibt Feinschmecker, denen kein Kommentar lieber ist als diese; anderen machen sie Beschwer, nicht nur durch ihren aphoristischen Charakter, sondern auch durch ihren unbefangenen Ton. Sie erschienen in kaum glaublicher Geschwindigkeit: Markus noch 1903, Matthäus und Lukas beide 1904. 1905 folgte als nachgeholtes Vorwort die zusammenfassende Erörterung der Hauptfragen in der »Einleitung in die drei ersten Evangelien«. Ich zitiere aus dem letzten Paragraphen, überschrieben »Das Evangelium und Jesus von Nazareth«, die drei wohl berühmtesten Sätze: »Jesus war kein Christ, sondern Jude.« Aber auch: »Man darf das Nichtjüdische in ihm, das Menschliche, für charakteristischer halten, als das Jüdische.« Und schließlich: »Wir können nicht zurück zu ihm, auch wenn wir wollten.«[40] Es ist unmöglich, diese Sätze hier sozusagen im Vorbeigehen zu kommentieren: in ihrem Zusammenhang untereinander und im Rahmen und als Konsequenz von Wellhausens Evangelieninterpretation, aber auch in ihrem kritischen Bezug zur sonstigen Jesusforschung im ersten Jahrzehnt unseres Jahrhunderts, für die ich nur die Namen W. Wrede und A. Schweitzer nenne – in ihrem kritischen Bezug übrigens auch zu Wellhausens eigener Jesusdarstellung in der Israelitischen und jüdischen Geschichte. Die Nachwirkung in der seitherigen neutestamentlichen Wissenschaft und Theologie liegt zutage, auch wo man nicht Wellhausens Namen damit verbindet.

Während der Arbeit an der »Einleitung«, 1905 also, schrieb Wellhausen an seinen Schwiegervater: »Wenn ich mit den Evangelien fertig bin, lege ich die Feder beiseite und stecke den Degen ein und pflege meine Haut oder lerne Karten spielen oder werde noch Komponist und Virtuos auf der Maultrommel und der Ziehharmonika: Compagniegeschäft.«[41] Das dürfte auf Frau Wellhausen gehen, die eine eifrige Pianistin war und bei Max Reger Stunden nahm, der in jenen Jahren in Göttingen im Hause Wellhausen abstieg. Zu dem Kompaniegeschäft kam es allerdings nicht, denn das Neue Testament ließ nicht locker. Juni 1906: »Ich sehe, daß ich das Evangelium Lucae nicht getrennt von der Apostelgeschichte hätte behandeln dürfen. Aber dann kommt das 4. Evangelium auch hinzu, und die Apokalypse hinterdrein. Da vergeht mir die Lust, zumal auch Paulus

---

40 S. 113. 114. 115.
41 Brief an H. Limpricht, 21. 5. 1905.

kaum auszuschließen ist.«[42] Die Lust kam aber bald wieder, als Wellhausen begann, bei Johannes Entdeckungen zu machen. 1907 erschienen »Erweiterungen und Änderungen im vierten Evangelium«, »Noten zur Apostelgeschichte« und »Analyse der Offenbarung Johannis«, 1908 »Das Evangelium Johannis«. Danach ging alles langsamer. Wellhausen war seit der Jahrhundertwende ohrenleidend und mußte seine Teilnahme an Sitzungen, aber auch die Sprachkurse schrittweise einstellen, weil er nicht mehr hören konnte, was die Kollegen und die Studenten sagten. Dazu kam eine sich verschlimmernde Arteriosklerose, die die Arbeitskraft immer mehr einschränkte und das Leben in den letzten Jahren zur Qual machte. Er hielt noch ein paar Vorlesungen, so im Winter 1910/11 »unter Approbation der theologischen Fakultät« über die Apostelgeschichte. »Ich erörtere den Studenten gegenüber meist allgemeine Fragen aus dem sog. apostolischen Zeitalter. Es ist nur schlimm, wenn man ihnen Probleme zu lösen sucht, auf die sie selber im Leben nicht gekommen wären und die sie darum auch in keiner Weise drückend finden. Das geht freilich anderswo auch so.«[43] Die letzte Vorlesung hielt er im Sommer 1913, in Vertretung des kranken Kollegen vom Alten Testament. Ihr Gegenstand war derselbe, über den er einst in seinem ersten Semester als Privatdozent gelesen hatte: das Buch Hiob. Zu Jahresbeginn hatte er einem jungen Freund mit zittriger Hand »ein gutes neues Jahr« gewünscht und sich selber »die Fortsetzung Ihrer gütigen Art, mich noch als lebend zu betrachten«[44]. Er lebte noch fünf Jahre. Die wichtigste Lektüre in diesen Jahren, wenn er dazu imstande war, waren die Briefe des Paulus.

Unsere Reihe heißt »Theologie in Göttingen«. Ich denke, aus dem Gesagten geht hervor, daß Wellhausen auch in seiner zweiten Göttinger Periode, also als Nichtmitglied unserer Fakultät, für die Theologie einiges getan hat und daß man sich damit vorsehen soll, ihm von hoher Warte ein tieferes Interesse an der Theologie abzusprechen. Aber wie verhielt er sich zu der hier professionell betriebenen Theologie, wie stand er mit den Mitgliedern der Fakultät, unter deren Approbation er über die Apostelgeschichte las? Zunächst: seine Freunde hatte er in der eigenen, der philosophischen Fakultät: die Gräzisten Wilamowitz und Schwartz, der eine ihm seit Greifswald nahestehend, aber wegen »hellenischer Orthodoxie«, wie Wellhausen es nannte – und gegen Orthodoxie war er immer – auch Gegenstand seines Spottes, der andere durch schnellen und scharfen Verstand als einziger imstande, mit ihm zusammenzuarbeiten, dann den Alttestamentler Smend, seit dem ersten Göttinger Repetentensemester sein engster Freund überhaupt, an dem ihm aber mißfiel, daß er ihm nie

---

42 Brief an Ed. Schwartz, 5. 6. 1906.
43 Brief an Ed. Schwartz, 8. 1. 1911.
44 Postkarte an Chr. Snouck Hurgronje, 3. 1. 1913.

widersprach, und schließlich seinen eigenen Nachfolger Littmann, der ihn durch muntere Erzählungen aus dem Orient ergötzte. Was dagegen die Theologen angeht, so trauerte er vor allem denen in Marburg nach, namentlich W. Herrmann und A. Jülicher. Beide erfreute er gelegentlich mit Bemerkungen über ihre Göttinger Kollegen, und davon seien nun noch drei angeführt, alle brieflich an Herrmann. Am 8. Dezember 1892, nach einem Vierteljahr Göttingen also: »Ich vermisse Ihren Verkehr; die hiesigen Theologen sind höchst uninteressante Waschlappen.« Am 19. April 1893: »Häring und Bonwetsch gefallen mir gut unter den hiesigen Theologen; die übrigen sind mir gleichgiltig oder unangenehm.« Und schließlich, zwanzig Jahre später und offenkundig mit einem Anflug von Altersmilde, am 1. Januar 1913: »Mit einigen . . . Theologen treffe ich Mittags im Sprechzimmer des Auditorienhauses zusammen; sie sind sehr freundlich gegen mich, aber es kommt nicht zu einer richtigen Unterhaltung. Titius ist mir sehr sympathisch, obgleich er Religionen vergleicht. Stange sieht so ernsthaft aus wie ein schwarzer Pintscher; er gefällt aber den Leuten nicht schlecht. Mirbt ist sehr liebenswürdig. . .«. ». . . obgleich er Religionen vergleicht«: da haben wir Wellhausens Gegensatz zur Religionsgeschichtlichen Schule, der Titius ja, jedenfalls im engeren Sinne, nicht einmal angehört hat. Übrigens hatte Wellhausen zu einigen ihrer Protagonisten, ich nenne Bousset und Heitmüller, durchaus freundliche Beziehungen, und großer Respekt ist ihm in ihrem Kreise trotz allem immer gezollt worden. Ich schließe mit einem Satz an den anderen Marburger, Jülicher, der ein Kompliment enthält, wie Wellhausen es den Göttinger Kollegen in der ersten unter den Fakultäten offenbar nicht zu machen imstande war; er stammt aus einem Brief vom 5. Juni 1909: »Sie sind einer von den ganz wenigen Theologen, die nicht sich vortragen, sondern die Sache, und die zugleich gründlich etwas von der Sache verstehn.« Vielleicht sollten wir Göttinger Theologen uns diesen Satz von Zeit zu Zeit durch den Kopf gehen lassen.

GERD LÜDEMANN

Die Religionsgeschichtliche Schule

Zum Andenken an Carl Andresen

I.

Der Name »Religionsgeschichtliche Schule« (= RGS) bezeichnet herkömmlich eine Gruppe junger Forscher, die um 1890 an der theologischen Fakultät der Universität Göttingen wirkten und von denen in der Folgezeit starke Impulse auf Theologie und Kirche ausgingen. Gewöhnlich werden Wilhelm Bousset, Albert Eichhorn, Hermann Gunkel, Ernst Troeltsch, Johannes Weiß und William Wrede – um die Bekanntesten zu nennen – zu ihr gerechnet. Daneben ist aber ebenfalls auf die oft übersehenen Heinrich Hackmann und Alfred Rahlfs hinzuweisen. Die Bedeutsamkeit der Arbeit dieser Gruppe kommt in unserer Zeit u. a. darin zum Ausdruck, daß einige ihrer Schriften erst kürzlich wieder neu aufgelegt sowie in fremde Sprachen übersetzt wurden[1] und daß ihr Werk in zunehmendem Maße Gegenstand akademischer Schriften[2] und wissenschaftlicher Vereinigungen[3] wird. Es erscheint daher durchaus angebracht, die RGS auch in einer der Geschichte unserer Fakultät gewidmeten Ringvorlesung darzustellen. Dabei sei von vornherein auf wichtige Differenzen hingewiesen, die die genannten Forscher zu den anderen in dieser Ringvorlesung behandelten aufweisen. Mit der Ausnahme von Rahlfs, der 1919 Ordinarius wurde, aber schon bald nach 1890 nicht mehr der Schule zugehörte (s. S. 330), bekleidete keines ihrer Mitglieder in Göttingen ein

---

1 S. die (nicht vollständige) Übersicht bei HENDRIKUS BOERS: What Is New Testament Theology?, 1979, S. 88–95.
2 Zu Gunkel vgl. WERNER KLATT: Hermann Gunkel. Zu seiner Theologie der Religionsgeschichte und zur Entstehung der formgeschichtlichen Methode, 1969; – zu Bousset vgl. ANTONIE F. VERHEULE: Wilhelm Bousset. Leben und Werk. Ein theologiegeschichtlicher Versuch, 1973 (vgl. die Besprechung von CARSTEN COLPE, Theol. Lit. Ztg (im folgenden: ThLZ) 100, 1975, Sp. 689–693); – zu Wrede vgl. HANS ROLLMANN: The Historical Methodology of William Wrede, PhD McMaster University, 1980 (erscheint in erweiterter Form in deutscher Sprache im Verlag Vandenhoeck & Ruprecht).

Ordinariat. Alle – abgesehen von Eichhorn – habilitierten sich in Göttingen und verließen es innerhalb kurzer Zeit, um auswärtige Professuren anzutreten. (Ausnahme Hackmann: s. S. 332) Ein einziger von ihnen, Wilhelm Bousset, war in Göttingen sechs Jahre als Privatdozent (1890–1896), dann zwanzig Jahre als außerordentlicher Professor tätig, bis ihn 1916 ein Ruf nach Gießen aus dieser mißlichen Lage erlöste. Das bedeutet, für die Mehrheit der Schule war Göttingen nur der Ausgangspunkt bzw. ein Durchgangsort, für Bousset freilich der Warteplatz eines »Hilfsbeamte(n) außerhalb der Fakultät«[4], bis den inzwischen Einundfünfzigjährigen vier Jahre vor seinem Tod ein Ruf auf eine ordentliche Professur erreichte. Für Göttingen war der äußere Mißerfolg eines ihrer besten Privatdozenten freilich ein Glücksfall. Überall in der Welt, wo es theologische und philosophische Fakultäten gibt, ist das Ansehen der Göttinger theologischen Fakultät auch darin begründet, daß es Wilhelm Bousset und die RGS in Göttingen gegeben hat. Sie sollen in der nächsten Stunde Gegenstand unserer Erzählung und Überlegungen werden.

Wichtige Eckdaten für die RGS sind die erst kürzlich veröffentlichten Thesen zur Erlangung der Lizentiatenwürde an der Georg-August-Universität durch die oben genannten Forscher[5] (mit der Ausnahme Eichhorns[6]), die sich in den Jahren 1883–1893 in Göttingen habilitierten. Offiziell bildete in Göttingen die Disputation über die Thesen den Abschluß der Lizentiatenprüfung, die eine Voraussetzung für die Habilitation war. Doch waren Promotion zum Lic. theol. und Habilitation eigentümlich verschränkt. In den Fällen, wo um Promotion und Habilitation zugleich nachgesucht wurde, konnte die Promotions- zugleich als Habilitationsschrift eingereicht werden[7].

---

3 Erinnert sei an die 1981 gegründete Ernst-Troeltsch-Gesellschaft.
4 Der Ausdruck »Hilfsbeamte außerhalb der Fakultät« stammt von Hugo Greßmann und bezeichnet die der RGS zugehörigen außerordentlichen Professoren, von denen Bousset nur einer war (s. Klatt [wie Anm. 2], S. 223).
5 Die Thesen Gunkels wurden von Klatt (wie Anm. 2), S. 16 Anm. 3 (Disputationsdatum 15. 10. 1888) herausgegeben, die von J. Weiß (25. 2. 1888), Bousset (15. 11. 1890), Troeltsch (14. 2. 1891), Wrede (21. 2. 1891), Rahlfs (14. 11. 1891) und Hackmann (18. 2. 1893) von Horst Renz: Thesen zur Erlangung der theologischen Lizentiatenwürde an der Georg-Augusts-Universität zu Göttingen 1888–1893. In: Horst Renz/Friedrich Wilhelm Graf, Hg.: Troeltsch-Studien. Untersuchungen zur Biographie und Werkgeschichte, 1982, S. 291–305.
6 Die Lizentiatenthesen Eichhorns wurden publiziert von Ernst Barnikol: Albert Eichhorn (1856–1926). Sein »Lebenslauf«, seine Thesen 1886, seine Abendmahlsthese 1898 und seine Leidensbriefe an seinen Schüler Erich Franz (1913/1919) nebst seinen Bekenntnissen über Heilige Geschichte und Evangelium, über Orthodoxie und Liberalismus. Wiss. Zs. Halle – Gesellsch.- u. sprachwiss. R. IX/1, 1960, S. 141–152, hier S. 144f. (ein Bildnis Eichhorns befindet sich auf S. 141).
7 Vgl. Friedrich Wilhelm Graf: Licentiatus theologiae und Habilitation. In: Troeltsch-Studien (wie Anm. 5), S. 78–102, hier S. 88–93.

Es ist nun nicht uninteressant zu sehen, wie die genannten jungen Göttinger bei der öffentlich in der Aula geführten Disputation einander sekundierten – so nämlich, daß die Opponenten in den meisten Fällen Mitglieder der RGS waren. Z. B. verteidigte Johannes Weiß seine Thesen gegen Carl Mirbt und Hermann Gunkel, Wilhelm Bousset gegen William Wrede und Ernst Troeltsch; William Wrede hatte Johannes Weiß und Heinrich Hackmann als Opponenten, Ernst Troeltsch Alfred Rahlfs und Wilhelm Bousset. Alfred Rahlfs sah sich Wilhelm Bousset und Heinrich Hackmann gegenüber, letzterer verteidigte seine Thesen gegen Alfred Rahlfs und Wilhelm Bousset.

Bei einem solchen Andrang von Habilitanden bzw. Privatdozenten (Bousset, Troeltsch, Wrede, Rahlfs habilitierten sich innerhalb von zwölf Monaten zwischen November 1890 und November 1891) konnte es nicht verwundern, daß man unter den Ordinarien von einer drohenden »kleinen Fakultät«[8] sprach und die Habilitation der Genannten nur mit einigen Verzögerungen über die Bühne ging. Troeltsch schrieb dreißig Jahre danach im Rückblick: »Ritschl war tot; aber noch hatten wir einige Freunde in der Fakultät, die es mit Mühe durchsetzten, daß wir uns habilitieren durften.«[9]

Die Göttinger theologische Fakultät bestand im Sommersemester 1889[10] aus fünf Ordinarien und einem Extraordinarius sowie ungefähr 200–250 Studenten. Die Ordinarien waren: Karl Knoke (Praktische Theologie); Hermann Reuter (Kirchengeschichte); Hermann Schultz (Systematik und Altes Testament); Johann Tobias August Wiesinger (Neues Testament) und Julius August Wagenmann (Kirchengeschichte). Extraordinarius war Gottlieb Lünemann (Neues Testament). Der ehemalige Extraordinarius Berhard Duhm hatte 1888 einem Ruf nach Basel Folge geleistet. Der Lehrstuhl Albrecht Ritschls war im Sommersemester 1889 vakant und seit dem Wintersemester 1889/90 mit Theodor Haering besetzt.

Das Zögern der Fakultät war nur allzu verständlich, denn das plötzliche Auftreten von vier Privatdozenten hätte sie möglicherweise Hörergelder und Ansehen gekostet. Nicht lange vorher, im Jahre 1878, hatten die Ordinarien einer ähnlichen Entwicklung bereits den Riegel vorschieben wollen, als die Stellen der drei Repetenten zur Position des Stiftsinspektors zusammengelegt worden waren und in einem Reglement vom 8. 6. 1878 bestimmt wurde, »daß sich der auf zwei Jahre angestellte Inspektor

---

8 Zum Ausdruck vgl. ERNST TROELTSCH: Die »kleine Göttinger Fakultät« von 1890. Christl. Welt (im folgenden: ChW) 34, 1920, Sp. 281–283, hier Sp. 282.
9 Troeltsch (wie Anm. 8), Sp. 282.
10 Vgl. JOHANNES MEYER: Geschichte der Göttinger theologischen Fakultät. Zs. d. Ges. f. nds. KG 42, 1937, S. 7–107, hier S. 78–83; Graf (wie Anm. 7), S. 82f.

als solcher nicht habilitieren dürfe. Nach den Fakultätsakten fürchteten nämlich einige Professoren, daß ihnen ein Vorlesungen haltender Inspektor durch seine Beziehungen zu den Stiftsinsassen Hörer abspenstig machen könne.«[11]

Doch fruchtete der Widerstand einiger (?) Fakultätsmitglieder nichts. Die Habilitationen gingen schließlich doch über die Bühne, und die Jahre 1888–1893 erlebten die Geburt der RGS Göttingens, eine Geburt nicht ohne Schmerzen, wie der soeben angeführte Satz von Troeltsch illustriert und wie es auch daraus deutlich wird, daß aus nicht restlos geklärten Gründen Hermann Gunkel nach nur einem Semester Lehrtätigkeit (Wintersemester 1888/89) sich von Göttingen nach Halle umhabilitieren mußte – nicht für dasselbe Fach, Neues Testament, sondern für das Alte Testament[12].

Ein wichtiger Name, der unbedingt dazugehört, wurde in diesem Abschnitt noch nicht genannt, Albert Eichhorn. Er hatte sich nicht in Göttingen habilitiert, sondern 1886 in Halle, bereitete sich aber in Göttingen wegen der Bibliothek, wie er in seinem »Lebenslauf« aus dem Jahre 1886 schreibt[13], in den Jahren 1884–1885 auf das Lizentiatenexamen vor. Während dieser Zeit sammelte sich um ihn ein Freundeskreis, der theologische und andere Tagesfragen diskutierte. Zu ihm gehörte aus der Gruppe der oben erwähnten späteren Privatdozenten Göttingens William Wrede – 1884–1886 Inspektor des Theologischen Stiftes – und Hermann Gunkel, ferner Carl Mirbt[14], Wilhelm Bornemann[15] und der Altphilologe Johannes Geffcken[16], der spätere Schwager William Wredes, sowie der Philosoph und spätere Wundt-Schüler Oswald Külpe[17]. Hugo Greßmann berichtet über die Wirksamkeit Eichhorns in Göttingen von 1884–1885 wie folgt: »Selbst die jüngeren Studenten empfingen, wie sie bezeugen, einen unauslöschlichen Eindruck von seiner Originalität in allgemein menschlicher wie in wissenschaftlicher Hinsicht und von seinem streng auf das Historische gerichteten Sinne, auch wenn sie die Bedeutung seiner Darlegungen nicht immer verstanden. Die früh Fertigen nahmen wohl Ärgernis an ihm; es war ihnen unbequem oder gar unheimlich, wenn er ihnen die zu *Ritschls* Theologie so wenig passende Frage

---

11 Meyer (wie Anm. 10), S. 73f. Vgl. Graf (wie Anm. 7), S. 82.
12 Vgl. die Darstellung des Vorgangs durch Klatt (wie Anm. 2), S. 40–42; vgl. noch KONRAD VON RABENAU: Hermann Gunkel auf rauhen Pfaden nach Halle. Ev. Theol. 30, 1970, S. 433–444.
13 Barnikol (wie Anm. 6), S. 142.
14 Vgl. RGG² IV, Sp. 29–30.
15 Vgl. RGG² I, Sp. 1201.
16 Vgl. RGG² II, Sp. 925.
17 Vgl. RGG² III, Sp. 1332.

vorlegte, ob Jesus denn nun wirklich auferstanden sei, und wenn er auf eine klare Entscheidung drängte.«[18]

In Halle haben Gunkel und Eichhorn weiter eng zusammengearbeitet[19]. Auch Wrede und Eichhorn hielten zeitlebens engen Kontakt[20]. Die enge Verbundenheit beider kommt darin zum Ausdruck, daß Wrede sein Buch »Das Messiasgeheimnis in den Evangelien«[21] Eichhorn mit folgenden Worten dedizierte: »Meinem Freunde und Lehrer Prof. Albert Eichhorn in Kiel gewidmet«. Ähnlich hatte Gunkel sechs Jahre vorher seine Arbeit »Schöpfung und Chaos«[22] »Albert Eichhorn in Freundschaft und Dankbarkeit« zugeeignet[23]. Ein Andenken Albert Eichhorns wurde noch zu dessen Lebzeiten von Hugo Greßmann geschaffen, im Jahre 1914 mit dem Büchlein »Albert Eichhorn und Die Religionsgeschichtliche Schule« (s. Anm. 18). Eichhorn selbst veröffentlichte, wohl durch Krankheit bedingt[24], wenig Neutestamentliches[25] und anderes – was er aber geschrieben hat, ist aufregend zu lesen – und wirkte vor allem als Anreger. Gegenüber der Darstellung Greßmanns[26] muß aber wohl hervorgehoben werden, daß die direkte persönliche Wirkung Eichhorns sich auf Wrede und Gunkel beschränkte[27].

Mit dieser Bemerkung sind wir bei einem wichtigen Punkt angelangt, der Differenzierungsbedürftigkeit der Beziehungen der einzelnen Mitglieder der RGS zueinander. Zu schnell wird ja – und in diesem Vortrag notgedrungen vorläufig auch – von *der* RGS gesprochen ohne Ansicht der Komplexität des Phänomens. Zusätzlich wirft der Name »RGS« zunächst mehr Fragen auf, als er Antworten gibt, z. B. die Frage, ob denn nicht

---

18 HUGO GRESSMANN: Albert Eichhorn und Die Religionsgeschichtliche Schule, 1914, S. 5.
19 Vgl. die Darstellung Gunkels in einem Brief aus dem Jahre 1913 an Greßmann; s. WERNER KLATT: Ein Brief von Hermann Gunkel über Albert Eichhorn an Hugo Greßmann. Zs. f. Theol. u. Kirche (im folgenden: ZThK) 66, 1969, S. 1–6, hier S. 4f. Die Göttinger Zeit wird in diesem Brief zugunsten der Hallenser Zeit unterschlagen (s. Klatt [wie Anm. 2], S. 20).
20 S. die Ausführungen Gunkels in dem Brief an Greßmann (Klatt, Brief [wie Anm. 19], S. 3).
21 WILLIAM WREDE: Das Messiasgeheimnis in den Evangelien. Zugleich ein Beitrag zum Verständnis des Markusevangeliums, 1901 (^{3}1963).
22 HERMANN GUNKEL: Schöpfung und Chaos in Urzeit und Endzeit. Eine religionsgeschichtliche Untersuchung über Gen 1 und ApJoh 12, 1895.
23 Zur Widmung vgl. die Erläuterungen von Klatt (wie Anm. 2), S. 52f.
24 Darüber geben die »Leidensbriefe« an seinen Schüler Erich Franz Auskunft (s. Barnikol [wie Anm. 6], S. 148f.).
25 Vgl. aber ALBERT EICHHORN: Das Abendmahl im Neuen Testament, 1898 (nach wie vor wichtig).
26 Sie fand offensichtlich die Zustimmung Gunkels und Boussets (s. Klatt [wie Anm. 2], S. 21f. Anm. 20).
27 Nebenbei: Eichhorn hat in Göttingen bei de Lagarde studiert (s. in diesem Band S. 273).

auch andere Forscher religionsgeschichtlich gearbeitet haben. Zunächst sei daher ein Blick auf das Verhältnis der jungen Göttinger untereinander geworfen.

Wir sagten soeben, Wrede und Gunkel seien von Eichhorn persönlich angeregt worden. Demgegenüber muß offen bleiben, ob Wrede und Gunkel je eng verbunden waren. Ferner verdient Boussets Verhältnis zu Gunkel eine Untersuchung für sich. Beide waren zeitlebens eng verbunden und haben in ihrer Forschungsarbeit auffällige Berührungen miteinander. Sie wirkten zusammen als Herausgeber der FRLANT (s. S. 339), und z. T. verlief die Korrespondenz über den gemeinsamen Verleger Gustav Ruprecht. Als Gunkels »Schöpfung und Chaos« beim Verleger vorlag, fragt Bousset über Ruprecht an, ob er das Manuskript einsehen dürfe, und Gunkel gibt Bousset wiederum über Ruprecht Ratschläge, was er zuerst lesen solle[28]. Bousset und Troeltsch waren seit Beginn der Studienzeit in Erlangen 1884 eng befreundet[29] und gingen zum Wintersemester 1886/87 – der eine, Troeltsch, aus Berlin kommend, der andere, Bousset, aus Leipzig – gemeinsam nach Göttingen, weil Albrecht Ritschl sie anzog[30]. Auch nach der Habilitation haben sie regelmäßig bis zu Boussets Tod im Jahre 1920 Briefe ausgetauscht, von denen erst kürzlich eine Auswahl publiziert wurde[31].

Die Stellung von Rahlfs, Hackmann und Johannes Weiß innerhalb der »Kleinen Fakultät« kann hier nur vorläufig bestimmt werden. Rahlfs scheint bald als Septuaginta-Spezialist angesehen worden zu sein, der sich fast außerhalb des Forschungsinteresses der RGS bewegte[32]. Hackmann[33] kam im Herbst 1884 nach Göttingen, legte 1886 sein erstes theologisches Examen ab und war 1890–1891 Inspektor des Theologischen Stiftes. In Göttingen studierte er vor allem bei Duhm, Ritschl sowie

---

28 S. Klatt (wie Anm. 2), S. 52.
29 HORST RENZ: Troeltschs Theologiestudium. In: Troeltsch-Studien (wie Anm. 5), S. 48–59, hier S. 57–59, zeigt, daß Bousset seit dem Sommersemester 1884 in Erlangen studierte, Troeltsch erst seit dem Wintersemester 1884/85.
30 Troeltsch (wie Anm. 8), Sp. 281 f.
31 ERIKA DINKLER-VON SCHUBERT: Ernst Troeltsch. Briefe aus der Heidelberger Zeit an Wilhelm Bousset 1894–1914. Heidelberger Jbb. 20, 1976, S. 19–52 (zu einzelnen Mängeln dieser Edition vgl. Renz, Thesen [wie Anm. 5], S. 294 Anm. 7).
32 Vgl. Troeltsch (wie Anm. 8), Sp. 283: »Rahlfs brütet als völliger Spezialist über Lagardes Septuaginta-Erbe.« Vgl. ferner den Auszug aus einem Brief von Troeltsch an Bousset vom 27. 5. 1895 bei HANS-GEORG DRESCHER: Ernst Troeltsch und Paul de Lagarde. In: Mitteilungen der Ernst-Troeltsch-Gesellschaft III, Augsburg 1984, S. 95–115, hier S. 110 Anm. 2.
33 Vgl. RGG² II, Sp. 1559, und HANS ROLLMANN: Duhm, Lagarde, Ritschl und der irrationale Religionsbegriff der Religionsgeschichtlichen Schule. Die *Vita hospitis* Heinrich Hackmanns als geistes- und theologiegeschichtliches Dokument. Zs. f. Religions- und Geistesgesch. (im folgenden ZRGG) 34, 1982, S. 276–279.

Abb. 25. Hermann Gunkel, vor 1894

de Lagarde[34] und habilitierte sich 1893. Er wurde 1894 Pfarrer der deutschen Gemeinde in Shanghai[35], nach Reisen in Ost- und Innerasien (1901–1904) 1904 Pastor der deutschen Gemeinde in London und 1913 o. Professor für allgemeine Religionsgeschichte in Amsterdam[36]. Er publizierte u. a. in der Reihe »Religionsgeschichtliche Volksbücher« (darüber s. S. 338f.) Bände über den Buddhismus und Lamaismus[37].

Die Stellung von Johannes Weiß innerhalb der »Kleinen Fakultät« wirft am meisten Fragen auf. Er hatte sich 1888 habilitiert und rückte 1890 in das durch den Weggang von Bernhard Duhm nach Basel (1888) freigewordene Extraordinariat auf[38], dessen »Patent« ihm sein Vater Bernhard Weiß, aus Berlin kommend, persönlich überreichte. Dieser schrieb in seinen Lebenserinnerungen darüber, der Minister habe an die Stelle der »Duhm-heit die Weiß-heit« gesetzt[39]. Johannes Weiß' Lizentiatenthesen verraten keinerlei Nähe zu dem Gedankengut der »Kleinen Fakultät«. Als er sie am 25. 2. 1888 gegen Carl Mirbt und Hermann Gunkel in der Gegenwart des damaligen Dekans und seines zukünftigen Schwiegervaters Albrecht Ritschl verteidigte, brachte er seine Opponenten mit These 10 sogar in arge Bedrängnis. Sie lautet: »Der Religionsunterricht auf den Gymnasien hat vor allem die Aufgabe, eine vollständige und eindrucksvolle Darstellung der christlichen Weltanschauung zu geben.«[40] Diese These erschöpft sich darin, die Absicht von Albrecht Ritschls Buch »Unterricht in der christlichen Religion« wiederzugeben, dessen Zweck es war, »dem Religionsunterricht in der Gymnasialprima zu dienen«[41] – im Klartext, nach Johannes Weiß muß der Religionsunterricht an den Gymnasien auf der Grundlage von Ritschls Buch gegeben

---

34 Vgl. LUDWIG SCHEMANN: Paul de Lagarde. Ein Lebens- und Erinnerungsbild, ³1919, S. 375–377 (»Lagardes akademische Lehrmethode. Sein letztes Kolleg« von Heinrich Hackmann).
35 Vgl. HEINRICH HACKMANN: Der schlafende Riese. Aus Shanghai. ChW 11, 1897, Sp. 327–331.
36 Vgl. seine Antrittsvorlesung: HEINRICH HACKMANN: Religionen und heilige Schriften, 1914. Die Schlußsätze zeigen ihn wie Bousset, Troeltsch und Wrede als Verehrer Carlyles und verdienen zitiert zu werden: »Thomas Carlyle hat einmal das Wort geprägt: Die Geschichte ist unsre Bibel, und er hat damit dem Empfinden unsrer Zeit einen treffenden Ausdruck gegeben. Aber wenn die Geschichte unsre Bibel ist, dann ist umgekehrt die Bibel doch auch Geschichte, gehört hinein in die Geschichte und wird mit allen andern heiligen Schriften zusammen für immer ein unendlich wertvoller Bestandteil der Geschichte bleiben« (S. 43).
37 Der südliche Buddhismus und der Lamaismus, 1905; – Der Ursprung des Buddhismus und die Geschichte seiner Ausbreitung, 1906.
38 Meyer (wie Anm. 10), S. 80.
39 BERNHARD WEISS: Aus neunzig Lebensjahren 1827–1918, hg. von Hansgerhard Weiß, 1927, S. 202.
40 Renz, Thesen (wie Anm. 5), S. 296.
41 ALBRECHT RITSCHL: Unterricht in der christlichen Religion, ²1881, Vorrede.

Abb. 26. Die »Religionsgeschichtliche Schule« – von rechts nach links:
Wilhelm Bousset, Alfred Rahlfs, wahrscheinlich Ernst Troeltsch, Heinrich Hackmann –
in einem Göttinger Gartenlokal, ca. 1890

werden⁴². Vgl. demgegenüber die 17. Lizentiatenthese von Ernst Troeltsch: »Die wichtigste praktische Aufgabe der Theologie in der Gegenwart ist die Herstellung einer unverkünstelten Methode und eines ehrlichen Lehrbuches für den Religionsunterricht an den Gymnasien.«⁴³ Es ist wohl keine Überinterpretation, in dieser These nicht nur eine Ablehnung des Ritschlschen Religionsbuches, sondern auch eine Zurückweisung der 10. Lizentiatenthese von Johannes Weiß zu sehen.

Auch in anderer Hinsicht hat sich Johannes Weiß anders als die Mitglieder der »Kleinen Fakultät« bis zum Schluß als Ritschlianer gefühlt: Sowohl in der ersten als auch der zweiten Auflage seines Buches »Die Predigt Jesu vom Reiche Gottes«⁴⁴ hält Weiß die Stellung, die Ritschl dem Reiche Gottes in der Dogmatik gegeben hat, für am meisten geeignet, »unserem Geschlecht die christliche Religion nahezubringen und, recht verstanden und recht ausgemünzt, ein gesundes und kräftiges religiöses Leben zu erwecken und zu pflegen«⁴⁵. Wichtig sei lediglich, daß sich die Dogmatik des Unterschiedes zwischen dem Reiche Gottes bei Jesus – eine hauptsächlich zukünftige Erscheinung – und in der Theologie Ritschls – eine primär gegenwärtige Größe – bewußt sei⁴⁶. Hermann Gunkel hat die erste Auflage in einer Sammelrezension besprochen und gegen eine solche Regelung protestiert⁴⁷. Ebenso hat Wilhelm Bousset seine Schrift »Jesu Predigt in ihrem Gegensatz zum Judentum«⁴⁸ gegen Johannes Weiß' Buch verfaßt (s. S. 342). Obwohl die Mitglieder der »Kleinen Fakultät« durchaus nicht zimperlich darin waren, zu- und gegeneinander in Rezensionen öffentlich Stellung zu nehmen, lassen doch die soeben aufgeführten Fakten es als zweifelhaft erscheinen, Johannes Weiß ohne weiteres dem engen Kreis der »Kleinen Fakultät« um 1890 zuzurechnen. Doch sei gleichzeitig betont, daß Troeltsch es im Rückblick aus dem Jahre 1920 tut⁴⁹ und Johannes Weiß in der Folgezeit zu einem der prominenten Vertreter der RGS wird⁵⁰.

---

42 Vgl. FRIEDRICH WILHELM GRAF: Der »Systematiker« der »Kleinen Göttinger Fakultät«. Ernst Troeltschs Promotionsthesen und ihr Göttinger Kontext. In: Troeltsch-Studien (wie Anm. 5), S. 235–290, hier S. 274f.
43 Renz, Thesen (wie Anm. 5), S. 300.
44 JOHANNES WEISS: Die Predigt Jesu vom Reiche Gottes, ¹1892, ²1900. Vgl. auch die englische Übersetzung der ersten Auflage von 1892 mit einer instruktiven, ausführlichen Einleitung: JOHANNES WEISS: Jesus' Proclamation of the Kingdom of God, edited by Richard H. Hiers and D. Larrimore Holland, 1971.
45 Weiß, Predigt² (wie Anm. 44), S. V (Vorwort).
46 Weiß, Predigt¹ (wie Anm. 44), S. 7.
47 HERMANN GUNKEL: ThLZ 18, 1893, Sp. 39–45, hier Sp. 43.
48 WILHELM BOUSSET: Jesu Predigt in ihrem Gegensatz zum Judentum. Ein religionsgeschichtlicher Vergleich, 1892.
49 Troeltsch (wie Anm. 8), Sp. 283.
50 Vgl. JOHANNES WEISS: Die Aufgaben der Neutestamentlichen Wissenschaft in der

Drei Lehrer haben in Göttingen auf die Mitglieder der »Kleinen Fakultät« gewirkt, Albrecht Ritschl, Bernhard Duhm und Paul de Lagarde. Die mächtige Persönlichkeit Albrecht Ritschls hat sie nach Göttingen gezogen. Ja, Troeltsch kann die »Kleine Fakultät« einmal sogar als »seine letzte Schule« bezeichnen[51]. Ritschl hat sie in das Studium der Bibel und der reformatorischen Quellenschriften hineingetrieben. Von ihm blieben, wie Troeltsch berichtet, Systematik, Strenge des Charaktereinflusses[52] und unter den Exegeten – das wird man wohl hinzufügen dürfen – Reserve gegenüber, ja faktische Ignorierung der Arbeiten Ferdinand Christian Baurs und der Tübinger Schule. Bernhard Duhm[53] und Paul de Lagarde begeisterten die jungen Göttinger für die Religionsgeschichte[54], die für Ritschls biblizistische Theologie kein Gegenstand war[55]. Einzelheiten des Verhältnisses jedes einzelnen Mitgliedes der »Kleinen Fakultät« zu den genannten Lehrern müssen wir hier aus Zeitgründen übergehen[56].

Ich komme jetzt zur Erörterung der Frage, wie der Name »Religionsgeschichtliche Schule« für den Kreis der jungen Göttinger entstanden sein mag. Er stammt nicht von ihren Mitgliedern, sondern ist eine Fremdbezeichnung, die unmittelbar darauf von ihnen akzeptiert worden ist. In einem Vortrag vor der XXIII. Jahresversammlung des »Allgemeinen evangelisch-protestantischen Missionsvereins« mit dem Titel »Die Mis-

Gegenwart, 1908, S. 48: »Bin ich doch ein Glied der viel verschrienen ›religionsgeschichtlichen Schule‹.«
51 Troeltsch (wie Anm. 8), Sp. 282.
52 Ebd.
53 Vgl. zu Duhm die Skizze von RUDOLF SMEND: Über einige ältere Autoren des Verlages Vandenhoeck & Ruprecht in Göttingen. Jubiläumsfeier am 15. Februar 1985, S. 15–40, hier S. 30–34.
54 Troeltsch (wie Anm. 8), S. 282.
55 Die Abkehr von Ritschl vollzog sich *zunächst* durch die Entdeckung des »Spätjudentums«, *sodann* durch die Erkenntnis der hellenistischen Religionswelt als entscheidenden historischen Voraussetzungen der neutestamentlichen Schriften. Vgl. den Rückblick von WILHELM BOUSSET: Religion und Theologie, 1919, S. 13f. (= D. WILHELM BOUSSET: Religionsgeschichtliche Studien. Aufsätze zur Religionsgeschichte des Hellenistischen Zeitalters, hg. von Anthonie F. Verheule, 1979, S. 29–34, hier S. 41). Die Schilderung der Entdeckung der hellenistischen Religionswelt in der RGS unterblieb in diesem Vortrag aus Zeitgründen und aus der Überlegung heraus, daß an ihr bereits die zweite Generation der RGS mitbeteiligt war. Wir beschränken uns hier notgedrungen auf die »Kleine Fakultät«, die erste Generation der RGS, die ein spezifisch Göttinger Phänomen ist.
56 Vgl. bes. die von Rollmann, Duhm (wie Anm. 33) edierte Vita hospitis von H. Hackmann. Zu Troeltschs Verhältnis zu Duhm vgl. die Hinweise von Graf, Systematiker (wie Anm. 42), S. 255 Anm. 58. Zu Troeltschs Beziehung zu de Lagarde s. ERNST TROELTSCH: Gesammelte Schriften Band II. Zur religiösen Lage, Religionsphilosophie und Ethik, ²1922, Vorwort. Das Buch ist de Lagarde zugeeignet (»Dem Gedächtnis Paul de Lagardes gewidmet«).

sion und die sogenannte Religionsgeschichtliche Schule«[57] spricht Bousset davon, daß »der nicht gerade sehr glückliche Name« für eine ganz bestimmte Richtung in der modernen Theologie aufgekommen sei[58]. M. E. stammt er von Alfred Jeremias, der in seinem Buch »Babylonisches im Neuen Testament«[59] mit derben Worten den Relativismus der RGS kritisiert. Dabei bezieht er sich unausgesprochen auf die Schriften von Ernst Troeltsch (»Die Absolutheit des Christentums und die Religionsgeschichte«[60]) und Hermann Gunkel (»Zum religionsgeschichtlichen Verständnis des Neuen Testaments«[61]) und will im Gegensatz zur RGS daran festhalten, »daß das Christentum auf vollkommene Einzigartigkeit Anspruch zu erheben hat, und daß ihm deshalb in der vergleichenden Religionsgeschichte nicht nur relative, sondern schlechthinnige Vollkommenheit zuzugestehen ist«[62].

Allgemein gesehen, orientierte sich der Name »Religionsgeschichtliche Schule« wohl daran, daß Mitglieder des Göttinger Kreises relativ oft den Begriff »religionsgeschichtliche Methode« benutzten und überhaupt besonders zu Anfang ein starkes Methodenbewußtsein an den Tag legten (s. S. 346 Anm. 112). Zu berücksichtigen ist ferner, daß der Göttinger Kreis in Wissenschaft und Kirche große Resonanz fand, so daß ein eigener Name für ihn ohnehin fällig war. Das war dann »Religionsgeschichtliche Schule«. Zu diesem Zeitpunkt, im Jahre 1905, umfaßte er aber nicht nur die jungen Göttinger (allerdings schien Alfred Rahlfs ihm zu dieser Zeit kaum oder gar nicht mehr zugerechnet worden zu sein, s. S. 330 Anm. 32), sondern bereits auch die zweite Generation, zu der Forscher wie Wilhelm Heitmüller, Heinrich Weinel, Hugo Greßmann, Gustav Krüger u. a. gehörten[63].

Den ersten biographischen Teil abschließend möchte ich am Beispiel *Wilhelm Boussets* noch exemplarisch die Stellung eines Mitgliedes der »Kleinen Fakultät« in Kirche und Gesellschaft der Wilhelminischen Zeit

---

57 WILHELM BOUSSET: Die Mission und die sogenannte Religionsgeschichtliche Schule, 1907.
58 Ebd., S. 3.
59 ALFRED JEREMIAS: Babylonisches im Neuen Testament, 1905. – JOHANNES HEMPEL: Religionsgeschichtliche Schule. RGG³ V, Sp. 991–994, hier Sp. 991, führt den Namen »RGS« ebenfalls auf A. Jeremias zurück. Doch nennt er nicht den Titel der Abhandlung und gibt das Jahr 1904 an.
60 ERNST TROELTSCH: Die Absolutheit des Christentums und die Religionsgeschichte, 1902 (s. u. Anm. 140).
61 HERMANN GUNKEL: Zum religionsgeschichtlichen Verständnis des Neuen Testaments, 1901; s. dazu u. S. 350 ff.
62 Jeremias (wie Anm. 59), S. 2.
63 OTTO EISSFELDT: Religionsgeschichtliche Schule. RGG² IV, Sp. 1898–1905, spricht von drei Generationen der RGS und rechnet der ersten wohl zu Unrecht Wilhelm Heitmüller zu (Sp. 1898).

behandeln, dies mit der Vermutung, daß seine Göttinger Freunde eine ähnliche Stellung zu Kirche und Politik eingenommen haben dürften wie er[64].

Die soziale Frage hatte in Wilhelm Bousset Interesse und Verantwortungsbereitschaft für die Politik geweckt. Ebenso wie für Hermann Gunkel[65] war Friedrich Naumann zeitlebens Boussets Vorbild, an dem er »mit einer Art Carlylescher Heldenverehrung gehangen hat«[66]. Naumann gab ab Dezember 1894 das Wochenblatt »Die Hilfe« heraus, das u. a. durch Bürgschaften aus Professorenkreisen abgesichert wurde[67], und versuchte sich im Oktober 1896 auch in der Publikation einer Tageszeitung »Die Zeit, Organ für nationalen Sozialismus auf christlicher Grundlage«, für die Bousset in einer der ersten Nummern einen werbenden Aufsatz schrieb[68]. Auf einer Tagung in Erfurt vom 23.–25. 11. 1896 wurde eine eigene Partei mit dem Namen »Nationalsozialer Verein« gegründet, deren Ziel eine kräftige nationale Außenpolitik und Gerechtigkeit für die Arbeiter war[69]. Doch hatte die Partei bei den Reichstagswahlen 1898 und 1903 keinen Erfolg[70]. Daher wurde sie auf dem Parteitag vom 29.–30. 8. 1903 in Göttingen aufgelöst und eine Fusion mit der linksliberalen »Freisinnige(n) Vereinigung«, einer der drei linksliberalen Parteien im damaligen Reichstag, eingegangen[71], der Bousset und auch sein Bruder Hermann beitraten[72]. Nun wurde Naumann 1907 im Wahlkreis Heilbronn als liberaler Einzelkandidat in den Reichstag gewählt[73]. Er blieb in den Jahren 1907–1919 mit einer kurzen Unterbrechung (1912–1913) Mitglied des Reichstages und hat sich in dieser Zeit als Abgeordneter und als Publizist in seinem Wochenblatt »Die Hilfe« unermüdlich für die Einheit der zersplitterten Freisinnigen eingesetzt[74]. Ebenso Bousset. Er erwarb sich ein großes Verdienst darin, daß im Jahre 1910 eine Vereinigung mit dem Namen »Fortschrittliche Volkspartei« zustande kam[75]. Bei den

---

64 Vgl. zum Folgenden bes. Verheule (wie Anm. 2), S. 21–43.
65 Zu Gunkels Verehrung von Naumann vgl. Klatt (wie Anm. 2), S. 265f.
66 RICHARD REITZENSTEIN: Wilhelm Bousset. Nachr. d. Ges. d. Wiss. in Göttingen, Geschäftl. Mitteilungen aus dem Jahre 1920, 1920, S. 84–96, hier S. 85. Vgl. noch WILHELM BOUSSET: Thomas Carlyle. Ein Prophet des neunzehnten Jahrhunderts. ChW 11, 1897, Sp. 249–253. 267–271. 296–299. 324–327.
67 THEODOR HEUSS: Friedrich Naumann. Der Mann, das Werk, die Zeit, ³1968, S. 113f. Zu den Darlehensgebern gehörten Adolf Harnack und Johannes Weiß (ebd.).
68 Verheule (wie Anm. 2), S. 26. Das Blatt stellte bereits 1897 sein Erscheinen ein, s. Heuss (wie Anm. 67), S. 142. 178.
69 Verheule (wie Anm. 2), S. 26.
70 Vgl. Heuss (wie Anm. 67), S. 142.
71 Ebd., S. 194f.
72 Verheule (wie Anm. 2), S. 27.
73 Heuss (wie Anm. 67), S. 272.
74 Verheule (wie Anm. 2), S. 27.
75 Ebd., S. 27f.

Reichstagswahlen im Jahre 1912 erhielt die neue Partei 12,3% der Stimmen und 42 Mandate. Eine politische Rede, die Bousset am 13. 12. 1909 in Göttingen für den »Verein der entschieden Liberalen« gehalten hatte und in der er sich unter harter Kritik am Zentrum und der konservativen Reaktion für ein Zusammengehen von Sozialdemokraten und Liberalen ausgesprochen hatte, war sogar der Grund, daß die preußische Regierung beim Kurator der Universität, Dr. E. Osterrath, Auskunft über Boussets politische Haltung erbat. Doch folgte keine weitere Aktion, weil der Kurator sich schützend vor Bousset stellte[76].

Neben diese politische Tätigkeit Boussets trat eine rastlose populärwissenschaftliche Arbeit, bei der es ihm darum zu tun war, Gebildete und vor allem Lehrer für die Kirche wiederzugewinnen. Am klarsten hat er sich darüber auf der Hannoverschen Synode geäußert, der er 1905 (und später 1912) als Vertreter des Kirchenkreises Osnabrück, und zwar als nichtgeistliches Mitglied, angehörte[77]. Gegenüber dem Vorwurf, er und seine Gesinnungsgenossen gefährdeten die Kirche durch ihre populären Schriften und Vorträge[78], sagt er folgendes: »Die diesen Vorwurf erheben, sind sich des Ernstes der Lage nicht ganz bewußt. Sie wissen nicht oder wollen nicht wissen, wie weite Kreise an den bisherigen Formen des christlichen Glaubens irre geworden sind, oder mit diesem gebrochen haben. Ich brauche hier ja nur hinzuweisen auf die Entfremdung der Arbeitermassen gegenüber Kirche und Religion. Diese Not hat uns hinausgetrieben aus dem akademischen Beruf, dessen Stille wir wahrlich ungern verließen.«[79] Über die Volksschullehrer sagt Bousset: »Weiß man denn wirklich nicht, welche Geister in diesem Kreise ihren Einfluß ausüben, Darwin und Haeckel oder Delitzsch und Kalthoff? ... Es haben viele von ihnen zwar nicht gebrochen mit Christentum und Religion, aber inmitten der neuen modernen Anschauungen erscheint ihnen die gegenwärtige Form des Glaubens als eine Ruine.«[80].

Aus Boussets Vortragstätigkeit, namentlich für die Lehrer, ist das Unternehmen »Religionsgeschichtliche Volksbücher« mitentstanden[81]. Boussets Bruder Hermann war Geschäftsführer des Verlages Gebauer-Schwetschke in Halle an der Saale. Hier erschienen 1903 Wilhelm Bous-

---

76 Ebd., S. 28f.
77 Aktenstücke der 7. ordentlichen Landessynode der evangelisch-lutherischen Kirche Hannovers 1905–1906, Aktenstück Nr. 1, S. 3.
78 Aktenstücke (wie Anm. 77), Nr. 31, S. 1. Die Resolution wurde mit vier Gegenstimmen angenommen, s. Protokolle der 7. ordentlichen Landessynode der evangelisch-lutherischen Kirche Hannovers, 1905, S. 528.
79 Protokolle (wie Anm. 78), S. 455.
80 Ebd., S. 512.
81 Das Folgende nach Verheule (wie Anm. 2), S. 34f.

sets Vorträge über »Das Wesen der Religion«[82] und ab 1904 die dann offiziell von Michael Schiele herausgegebenen »Religionsgeschichtliche(n) Volksbücher«, die 1906 vom Verlag J. C. B. Mohr (Paul Siebeck) übernommen wurden. Ihnen war ein unerhörter Erfolg beschieden. Von Boussets 1904 veröffentlichtem Jesusbuch[83] wurden bis 1907 zwanzigtausend Exemplare verkauft, ähnlich erfolgreich war das 1904 publizierte Büchlein Wredes über Paulus[84].

Teil der populärwissenschaftlichen Tätigkeit Boussets war auch die Gründung der Zeitschrift »Theologische Rundschau« im Jahre 1898. Im Vorwort zum ersten Heft dieser allein von Wilhelm Bousset in Verbindung mit anderen Fachgelehrten herausgegebenen Zeitschrift heißt es: Die Theologische Rundschau hat die »Aufgabe, die grosse Kluft, die sich allmählich zwischen der theologischen Wissenschaft und dem praktischen Amt aufgethan hat, soweit als möglich zu überbrücken«[85], denn »es würde sowohl für die Kirche wie für die theologische Wissenschaft von unberechenbarem Schaden sein, wenn sie in ihrer gegenwärtigen Schärfe fortbestehen oder gar sich noch weiter entwickeln würde«[86].

Neben die ursprünglich mehr populärwissenschaftlich orientierte »Theologische Rundschau« tritt wenige Jahre später die eher fachwissenschaftlich ausgerichtete, zusammen von Bousset und Gunkel herausgegebene Monographienreihe »Forschungen zur Religion und Literatur des Alten und Neuen Testaments« (FRLANT)[87], die mit der Arbeit von Hermann Gunkel »Zum religionsgeschichtlichen Verständnis des Neuen Testaments« eingeleitet wurde (s. dazu S. 350 ff.).

II.

Mit diesen Andeutungen bin ich schon beim zweiten Teil des Vortrags angelangt, der der Einzeldarstellung von ausgewählten Arbeiten von Mitgliedern der »Kleinen Fakultät« gewidmet ist.

Die oben bereits erwähnte Schrift von *Johannes Weiß*, »Die Predigt Jesu vom Reiche Gottes« (1892), ist lt. eigener Aussage als Ergebnis eines den Verfasser bedrängenden Konfliktes entstanden: »In der Schule Albrecht Ritschls habe ich mich von der ungemeinen Bedeutung des systematischen Gedankens vom Reiche Gottes, welcher den organischen Mittel-

---

82 WILHELM BOUSSET: Das Wesen der Religion dargestellt an ihrer Geschichte, 1903.
83 WILHELM BOUSSET: Jesus, ^{3}1907 (21.–30. Tausend).
84 WILLIAM WREDE: Paulus, ^{2}1907 (11.–20. Tausend). Bousset schrieb zur zweiten Auflage nach dem Tode des Verfassers ein instruktives Vorwort (S. 3–10).
85 Theol. Rundschau (im folgenden: ThR) 1, 1898, S. 1.
86 Ebd.
87 Vgl. das Geleitwort zu Klatt (wie Anm. 2), S. 5f.

punkt seiner Theologie bildet, überzeugt. . . Aber schon früh beunruhigte mich die deutliche Empfindung, daß Ritschls Gedanke vom Reiche Gottes und die gleichnamige Idee in der Verkündigung Jesu zwei sehr verschiedene Dinge seien.«[88] Das Buch sei ein Ertrag seiner Göttinger Lehr- und Arbeitsjahre von 1884–1895[89]. Im einzelnen verfährt Weiß in dieser nur 76 Seiten starken Schrift exegetisch. Nach einem kurzen Überblick über die Verwendung des Begriffes »Reich Gottes« in der Dogmatik und Ethik sowie in der Predigt (S. 5–7) und nach einigen einschränkenden Bemerkungen zu den in Frage kommenden Quellen (S. 8–11) setzt Weiß mit einer Analyse derjenigen synoptischen Stellen ein, die eine Gegenwartsaussage über das Reich Gottes zu machen scheinen (Mt 11,11; 21,31; Mk 4,26–29; 4,30–32; Mt 13,33; Lk 17,21). Doch gebe keine der genannten Stellen das Recht, »das Reich Gottes in irgend einem Sinne mit dem Jüngerkreise zu identificieren oder in ihm verwirklicht zu denken« (S. 17), und besonders die zweite Bitte des Vaterunsers (»Dein Reich komme«) und etwa Lk 12,31 (»sucht sein Reich, dann wird euch dies hinzugefügt werden«) schlössen die Vorstellungen eines innerweltlichen Wachsens des Reiches Gottes aus (S. 17). Auch wird »man auf den Wechsel des griechischen Verbums (sc. ἔφθασεν/ἤγγικεν) eine Unterscheidung der Anschauungen vom Herannahen und bereits Gegenwärtigsein nicht . . . gründen können« (S. 13; vgl. S. 21). Jesu gelegentliche Rede von der Gegenwart des Reiches Gottes (vgl. Mt 12,28/Lk 11,20; Lk 17,21) sei auf dem Hintergrund jüdisch-apokalyptischen Denkens zu verstehen, nach dem alles, was auf Erden geschieht, seine Parallele im Himmel habe. »Und nun kommt es vor, dass im Himmel ein Ereignis nicht blos schon beschlossen, sondern bereits inscenirt ist, während es auf Erden erst langsam sich zu vollziehen beginnt. Ein classisches Beispiel hierfür ist Apok. 12,7ff.« (S. 18). Auch sei die Bezeichnung Jesu als Gründer und Stifter des Gottesreiches exegetisch abzulehnen, denn »es ist aus einer ganzen Reihe von Stellen zu sehen, dass Jesus die Errichtung der βασιλεία τοῦ θεοῦ lediglich durch einen übernatürlichen Eingriff Gottes vermittelt denkt« (S. 24). Jesus habe »anfangs die Reichserrichtung zu erleben gehofft, gewinnt . . . (sc. aber) allmählich die Gewissheit, dass er vorher den Todesweg beschreiten und durch seinen Tod zur Errichtung des Reiches auch in Israel beitragen müsse. Dann wird er zur Reichserrichtung wiederkehren auf den Wolken des Himmels und zwar noch zu Lebzeiten der Generation, welche ihn verworfen hat« (S. 62).

---

88 Weiß, Predigt[2] (wie Anm. 44), S. 11.
89 Ebd., S. VI (Vorwort). Die zweite Auflage trägt die Zueignung: »Der hochwürdigen Theologischen Facultät zu Göttingen in Verehrung und Dankbarkeit gewidmet« (S. III). – Nachweise der Seiten aus Weiß, Predigt[1] werden im folgenden im Text in Klammern gegeben.

Die Arbeit von Johannes Weiß bewegt sich primär im neutestamentlichen Rahmen und gewinnt von hier aus das o. g. Ergebnis. Doch zeigen manche Ausführungen deutlich, daß ein Studium der Texte des intertestamentarischen Judentums[90] mit dazu beigetragen hat, den übernatürlich-apokalyptischen Charakter des Gottesreiches zu erkennen (vgl. auch die oftmalige Heranziehung der Apk). In der zweiten Auflage aus dem Jahre 1900 wird Weiß dann jenem religionsgeschichtlichen Mangel abhelfen und dem Ganzen einen Überblick über alttestamentliche und jüdische Vorbilder der Idee des Reiches Gottes voranstellen[91], ohne sich in seiner apokalyptischen Interpretation des Reiches Gottes beirren zu lassen[92].

Eine Konsequenz aus der exegetischen Arbeit für die Dogmatik zieht Weiß nicht. Im Gegenteil. Wie oben bereits erwähnt wurde, hält er die Ritschlsche Verarbeitung der Idee des Reiches Gottes dogmatisch für richtig. Es liegt ihm nur daran, den Dogmatiker zur Einsicht in die Differenz der Reich-Gottes-Vorstellung bei Jesus und in der gegenwärtigen Dogmatik aufzufordern.

Eine andere Schrift aus dem Jahre 1895[93] zeigt, wie Weiß dennoch die Verkündigung Jesu bzw. Teile von ihr für die Gegenwart fruchtbar machen kann. Habe für Jesus selbst auch die messianisch-eschatologische Wirksamkeit im Vordergrund gestanden, so enthielten die Evangelien gleichwohl auch noch ein anderes historisches Bild von Jesu unmittelbar persönlicher Tätigkeit, die ganz am Individuum orientiert sei. Bei dieser nämlich nehme Jesus sich abgesehen von der eschatologischen Predigt und dem mit ihr eng verbundenen ethischen Rigorismus[94] »der einzelnen Seele um ihrer selbst willen an... (sc. spreche) Worte ... über sittliche Fragen und über Geheimnisse des Glaubens, Worte von ewig bleibendem Gehalt, an denen keine Spur von nur zeitgeschichtlicher Farbe haftet. Zwar im Rahmen seiner Wirksamkeit sind dies nur sozusagen Nebendinge, *da ihm* zweifellos das Messianisch-Eschatologische im Vordergrund gestanden hat, *für uns* dagegen sind diese Brosamen, die von seinem Tische fielen, das Allerwertvollste.«[95] Für die Predigt der Gegenwart sei

---

90 Weiß, Predigt¹ nennt S. 40 AssMos, S. 33 IV Esr.
91 Weiß, Predigt², S. 1–35.
92 Die im Vorwort (S. V) zur zweiten Auflage erwähnten Studien zur Geschichte der Reich-Gottes-Vorstellung beziehen sich auf JOHANNES WEISS: Die Idee des Reiches Gottes in der Theologie, 1901.
93 JOHANNES WEISS: Die Nachfolge Christi und die Predigt der Gegenwart, 1895 (die Widmung lautet: »Meinem lieben Schwager und treuen Freunde Otto Ritschl in dankbarer Erinnerung an unseren Vater und Lehrer«).
94 Weiß, Nachfolge (wie Anm. 93), S. 160–164.
95 Ebd., S. 19. Weiß gibt bezeichnenderweise nirgends eine Zusammenstellung oder Analyse der Worte Jesu, an die er denkt. – Zur Kritik an einer derartigen Verwendung der Predigt Jesu für die Gegenwart vgl. Gunkel, ThLZ (wie Anm. 47), Sp. 43. – ROLF

der Erhöhte maßgeblich, »von dem wir glauben, daß er, wenn er heute unter uns wäre, sich an unsere Spitze stellen würde, um die Welt nach den Ideen umzugestalten, welche Gott uns durch die Geschichte offenbart«[96]. Freilich sei die angemessene Vorstellung des Erhöhten oft an dem *historischen* Christus orientiert[97]. Die Bedingungen heutigen Jünger-Seins seien erfüllt, »wenn wir mit ganzer Entschiedenheit Genossen der Gemeinschaft des Reiches Gottes sein wollen, welche seit Christi Wirken innerhalb der Menschheit besteht, wenn wir in seinem Sinne mitarbeiten an der Befestigung und Ausbreitung der Herrschaft Gottes in uns und an anderen und von der Stellung der Kinder unsres königlichen Vaters in seinem Sinn den rechten, ehrfürchtigen, demütigen, vertrauenden Gebrauch zu machen entschlossen sind.«[98] Weiß ist sich dabei bewußt, daß er die Reich-Gottes-Idee in gegensätzlicher Weise zur Verkündigung Jesu verwendet, wo »Welt und Reich Gottes absolut unvereinbare Gegensätze«[99] sind.

Noch im *selben* Jahr der Publikation von Weiß' »Die Predigt Jesu vom Reiche Gottes« erscheint ebenfalls im Verlag Vandenhoeck & Ruprecht *Wilhelm Boussets* Schrift »Jesu Predigt in ihrem Gegensatz zum Judentum. Ein religionsgeschichtlicher Vergleich«, deren unmittelbarer Anlaß das soeben genannte Buch von Johannes Weiß ist[100]. Der Untertitel dieser Schrift Boussets sagt Wesentliches über ihre Vorgehensweise aus. Sie will in der Jesusforschung einen neuen Weg bahnen, der »in der Forderung einer konsequent... angewandten Heranziehung der religiösen Gedanken- und Stimmungs-Welt des Spätjudentums[101] zum Verständnis der

---

SCHÄFER: Das Reich Gottes bei Albrecht Ritschl und Johannes Weiß. ZThK 61, 1964, S. 68–88, hier S. 76f. Vgl. ferner FRIEDEMANN REGNER: Johannes Weiß: »Die Predigt Jesu vom Reiche Gottes«. Zs. f. Kirchengesch. 84, 1973, S. 82–92.

96 Weiß, Nachfolge (wie Anm. 93), S. 164.
97 Ebd., S. 166. Weiß verweist hier auf das Kreuz.
98 Ebd., S. 168 (bei Weiß gesperrt).
99 Ebd.
100 Vgl. Bousset, Predigt (wie Anm. 48), S. 5f. Anm. 2. Die Nachweise der Zitate aus diesem Buch werden im folgenden im Text in Klammern gesetzt. – Zur Reaktion des Angegriffenen vgl. Weiß, Nachfolge (wie Anm. 93), S. 19* und S. 34*. Sie ist alles andere als freundlich und bestätigt das oben S. 332ff. zur Stellung von J. Weiß innerhalb der »Kleinen Fakultät« Gesagte.
101 »Spätjudentum« bezeichnet das Judentum aus der Zeit zwischen den Religionsverfolgungen unter Antiochus Epiphanes (Mitte des zweiten vorchristlichen Jahrhunderts) und dem zweiten jüdischen Krieg (132–135 n. Chr.). Auf wen die abwertende Bezeichnung »Spätjudentum« zurückgeht, ist unklar. Das Adjektiv »spätjüdisch« erscheint im Jahre 1891 zuerst bei William Wrede (s. Renz, Thesen [wie Anm. 5], S. 301: »Ein Lexikon zum N.T. genügt dem wissenschaftlichen Bedürfnis nur dann, wenn es nach rückwärts die spätjüdische Literatur, nach vorwärts die apostol. Väter mitumfasst«[= 9. Lizentiatenthese von W. Wrede]), ist aber wohl älter und inhaltlich längst vorbereitet.

geschichtlichen Erscheinung Jesu (sc. besteht). Es wird die Aufgabe gestellt, die Persönlichkeit Jesu . . . von dem Boden aus zu begreifen, auf dem sie erwachsen ist, vom Boden des Spätjudentums« (S. 6). Mit diesem Programm sei gewährleistet, daß man mit Hilfe der literarkritischen Methode nicht »immer wieder von neuem denselben Umkreis von Problemen mit denselben Mitteln zu bearbeiten unternimmt, hier wird ein frisches Stück Land urbar gemacht. Es ist die realistische Geistesströmung unserer Zeit, die sich auch auf diesem Gebiet theologischer Arbeit geltend gemacht hat« (S. 5).

Die Darstellung des »Spätjudentums« ist vor allem Julius Wellhausens »Abriss der Geschichte Israels und Juda's«[102] verpflichtet[103]. Folgende »spätjüdische« Quellen werden von Bousset herangezogen: Dan, Jub, aethHen, I Makk, II Makk, AssMos, syrBar, IV Esr. Sie lassen folgende Charakterisierung zu: Die Frömmigkeit des »Spätjudentums« ist ins Jenseits gesteigert und »hat in sich keinen Halt und keine Lebensfähigkeit, hat die Möglichkeit einer geschichtlichen Wirkungskraft nur besessen in jener sonderbaren Versetzung mit Zügen der alten unreinen massiven irdischen nationalen Frömmigkeit. Sobald jene zu einem einigermassen lebendigen Gebilde verschmolzenen Elemente sich zu lösen beginnen, geht die letzte Periode israelitischer Volksfrömmigkeit ihrem unaufhaltsamen Verfall entgegen« (S. 38). Jenes »Spätjudentum« sei mit dem Pharisäismus zu identifizieren, von dessen Frömmigkeit sich die Verkündigung Jesu wohltuend abhebe, ja im Gegensatz zu ihr stehe. Die Antithese der Predigt Jesu zum Judentum sei ein ordnendes Prinzip, »das uns die synoptische Quellenkritik nicht an die Hand zu geben vermag« (S. 40). Den *Ausgangspunkt* der Verhältnisbestimmung der Lehre Jesu zum Judentum bildete der Satz Wellhausens aus dem erwähnten »Abriss der Geschichte Israels und Juda's«: »Das Evangelium entwickelt verborgene Triebe des Alten Testaments, aber es protestiert gegen die herrschende Richtung des Judentums.«[104] Diese These kann nach Bousset an Jesu Gottvaterglauben demonstriert werden, der dem Judentum mit seinem transzendenten, abstrakten Gottesbegriff entgegengesetzt sei. »Den Gottvaterglauben hat das Spätjudentum nicht, weder dem Namen noch der Sache nach« (S. 43)[105]. Ihm entspreche das Kindbewußtsein Jesu, nicht

---

102 JULIUS WELLHAUSEN: Abriss der Geschichte Israels und Juda's. Skizzen und Vorarbeiten. Erstes Heft, 1884, S. 3–102, bes. S. 86–102. Übrigens verwendet Wellhausen m. W. niemals den Begriff »Spätjudentum«.
103 Vgl. Bousset, Predigt (wie Anm. 48), S. 10 Anm. 1: »Der wunderbaren und grossen Darstellung W's in diesem Abriss verdanke ich von allen einschlägigen Schriften weitaus das meiste.«
104 Wellhausen, Abriss (wie Anm. 102), S. 98, zitiert bei Bousset, Predigt (wie Anm. 48), S. 41 Anm. 1 und S. 130 als Schlußsatz (diesmal ohne Angabe des Ortes).
105 Vgl. ähnlich in neuerer Zeit ausgerechnet JOACHIM JEREMIAS: Neutestamentliche Theologie. Erster Teil: Die Verkündigung Jesu, 1971, S. 67–73, dem die Nähe zu

»jene athemlose Sehnsucht, jenes krankhafte Heimweh nach dem Jenseits, das uns ... in den späteren jüdischen Apokalypsen entgegentritt« (S. 44). Andererseits vollziehe sich in Jesu Predigt darin eine Erneuerung der alten prophetischen Predigt, daß bei ihm »Gottesdienst und Nächstenliebe wieder in die unmittelbarste engste, durch nichts gestörte Verbindung« (S. 50) treten. Demgegenüber könne keine einzige »wirklich fruchtbare originale Anregung auf sittlichem Gebiet« (S. 51) aus der umfangreichen Literatur des »Spätjudentums« gegeben werden, »leicht dagegen (sc. falle) der Beweis, dass fast in jedem Worte Jesu eine solche enthalten ist« (ebd.). Überhaupt sei »bei Jesus alles zunächst unmittelbares Leben und That, fast nichts Lehre und Theorie« (ebd.). Jesus sei »ein Mensch, dem das Leben keine zwecklose Tretmühle war, sondern eine Wirklichkeit mit wirklichen ernsten Aufgaben, kein Scheinleben mit apokalyptischer Rechnerei und müssigen Schulfragen« (S. 54). Ein solcher Ansatz bei Jesu Gegensatz zum Judentum führe zu einem *vollen* Verständnis der ganzen Gestalt Jesu und sei dem bei der Eschatologie Jesu (Johannes Weiß)[106], wo Jesu Gottvaterglaube ein völliges Rätsel bleibe, vorzuziehen (S. 67). Letzterer Ansatz orientiere sich nämlich an der Schale statt am Kern und nehme nicht genügend die veränderte Grundstimmung, das neue Leben zur Kenntnis. Der von Weiß und anderen herausgearbeitete apokalyptische Hintergrund der Verkündigung Jesu sei daraus zu erklären, daß kein schöpferischer Genius sich eine völlig neue Sprache bilden könne, »die ganz das ausdrückt, was er meint, im innern lebt und fühlt... Und alles wahre neue Leben der Frömmigkeit ... ist eben zunächst Leben und nicht Theorie (sc. wie die des Jesus von Johannes Weiß, zum Menschensohn erhöht zu werden), Stimmung und nicht Weltanschauung« (S. 79).

Boussets Buch ist so, wie ich es Ihnen vorgestellt habe. Detailforschung wird nicht betrieben, die Belege fehlen oft, es ist überhaupt etwas schnell geschrieben. Genauso, wie er Gegnern vorhält, über das literarkritische Detail das Ganze zu übersehen, kommt Bousset oft auf das Ganze, ihm wichtig Erscheinende zu sprechen, ohne die Einzelheiten zu diskutie-

---

Bousset in diesem Punkt aber kaum bewußt gewesen sein dürfte, und die zutreffende Kritik an einer solchen These von EMIL SCHÜRER: Besprechung von Bousset, Predigt (wie Anm. 48). ThLZ 17, 1892, Sp. 444–447, hier Sp. 445. Inhaltlich pflichtet Schürer in dieser Besprechung dem antijüdischen Grundanliegen Boussets aber bei.
106 Vgl. noch WILHELM BALDENSPERGER: Das Selbstbewusstsein Jesu im Lichte der messianischen Hoffnungen seiner Zeit, ²1892. Weiß, Predigt¹ (wie Anm. 44), S. 50f. Anm. 1 hebt hervor, wieviel er Baldensperger, Selbstbewusstsein verdankt (ähnlich Bousset, Predigt [wie Anm. 48], S. 5 Anm. 2). Zu Baldensperger vgl. OTTO MERK: Wilhelm (Guillaume) Baldensperger. In: Hans Georg Gundel u. a. Hg.: Gießener Gelehrte in der ersten Hälfte des 20. Jahrhunderts, 1982, S. 17–28.

ren[107], und erfaßt so in der Tat das Lebendige als Lebendiges und – man muß es hinzufügen – das Tote als etwas Totes.

Alle Arbeiten Boussets zum Judentum aus der nachfolgenden Zeit sind direkt oder indirekt an dieser seiner Gegenschrift zu Johannes Weiß' Buch aus dem Jahre 1892 orientiert. Drei Jahre später veröffentlicht Bousset die Schrift »Der Antichrist«[108], eine Vorarbeit zu seiner später in der Meyerschen Kommentarserie erscheinenden Analyse der Offenbarung des Johannes[109]. In dem Buch über den Antichristen ist Boussets Ausgangsproblem, daß Apk 11,7 unvermittelt ein Tier aus dem Abgrund hervorkommt, um die beiden Zeugen zu töten, aber quellenkritisch nicht als sekundär auszuscheiden sei (S. 11 f.). Es entspreche der Gestalt des Antichristen in 2Thess 2,6 sowie Mt 24,15 (sic!) und sei zusammen mit jenen Stellen nur Bruchstück einer viel älteren zusammenhängenden Anschauung über die letzten Dinge, die sich in der Literatur der alten Kirche erhalten habe und schon im vorchristlichen, ja vordanielischen Judentum unter Anlehnung an den altbabylonischen Drachenmythos ausgebildet worden sei (S. 8)[110]. Entsprechend dem Grundsatz der Entwicklung solcher apokalyptischen Bilder sei die Überlieferung des Mythos vom Antichristen durch Jahrhunderte fast unverändert auf dem Wege einer mündlichen Geheimtradition von einer Generation zur anderen vor sich gegangen (S. 14–19). Als Beweismittel bietet Bousset christliche bis ins Mittelalter reichende Belege auf sowie jüdische und außerchristliche Zeugnisse – mithin Quellen, die sich insgesamt über fast ein Jahrtausend hin erstrecken (S. 20–75). In einem zweiten Teil zeichnet er dann die Geschichte der Tradition vom Antichristen in 21 Stufen (von den Vorzeichen bis hin zum Weltgericht) (S. 76–169). Sein exegetisches Ergebnis zu Apk 11,7 – im Verlauf der Untersuchung eher beiläufig gewonnen – lautet: Die dortige Deutung des Tieres auf das Römerreich sei bereits eine Abwandlung der Tradition vom Antichristen, die ursprünglich eine römerfeindliche Deutung nicht kannte; so sei z. B. in 2Thess 2,6 τὸ κατέχον das Römerreich, welches das Kommen des Antichristen gerade aufhalte (S. 16).

---

107 Zu dieser gelegentlichen Schwäche der Arbeiten Boussets vgl. den ansonsten so positiv gehaltenen Nachruf von Reitzenstein (wie Anm. 66), S. 87 f. und S. 90. Verheule (wie Anm. 2) geht darauf ebensowenig ein wie der ansonsten gut orientierende Artikel von OTTO MERK: Wilhelm Bousset. In: Hans Georg Gundel u. a., Hg.: Gießener Gelehrte (wie Anm. 106), S. 105–120. Dankbare Schülerschaft zeigt sich doch auch in der Kritik.
108 WILHELM BOUSSET: Der Antichrist in der Ueberlieferung des Judentums, des neuen Testaments und der alten Kirche. Ein Beitrag zur Auslegung der Apocalypse, 1895. Die Nachweise der Zitate aus diesem Buch werden im folgenden im Text in Klammern gesetzt.
109 WILHELM BOUSSET: Die Offenbarung des Johannes, 1896 (^{2}1906).
110 Bousset bezieht sich hier auf Gunkel, Schöpfung (wie Anm. 22).

In der Einleitung (S. 1–11) hatte Bousset ausgeführt, daß seine Arbeit die Berechtigung der religionsgeschichtlichen Forschung gegenüber der Literarkritik erweise, belege sie doch ein weiteres Mal die Stabilität mythologisch-eschatologischer Anschauungen[111]. Freilich führten diese Forschungen in die inneren Dinge nicht hinein. »Denn der Kern und das Mark einer jeden Religion liegt in dem ihr eigentümlichen, nicht in dem, was eine Nation und eine Religion von der andern überkommen hat, liegt in den originalen Schöpfungen von Persönlichkeiten... Zum Verständnis der Apokalypse brauchen wir eine Fülle eschatologischen und mythologischen Wissens, beim Verständnis des Evangeliums können wir diese zum allergrössten Teil entbehren« (S. 10). Eine solche Arbeit sei freilich doch aus zwei Gründen wichtig: »Sie macht bescheiden und demütig... Sie schärft aber auch... den Blick für das ursprüngliche... sie zeigt uns mittelbar, wo die Quellen des lebendigen Lebens fliessen« (S. 10f.).

Aus den letzten Sätzen wird der innere Zusammenhang des Buches über den Antichristen mit der Schrift »Jesu Predigt in ihrem Gegensatz zum Judentum« deutlich. Bousset hatte sich demnach in seinem Buch über den Antichristen ausschließlich mit der Schale der Apokalyptik beschäftigt, ohne diesmal das sich davon abhebende Evangelium zu thematisieren, und dieser Arbeitsweise ein weiteres Mal den Namen religionsgeschichtliche Methode[112] gegeben.

Boussets Interesse für die Schale der Apokalyptik und ihre Vorstellungen blieb auch in der Folgezeit konstant. Sie schlug sich vor allem nieder in seinem 1903 in erster Auflage erschienenen großen Werk »Die Religion des Judentums im neutestamentlichen Zeitalter«[113]. Erinnern wir uns: In seinem Buch »Jesu Predigt in ihrem Gegensatz zum Judentum« hatte Bousset das »Spätjudentum« als Gegensatzpol der Predigt Jesu eruiert.

111 Bousset, Antichrist (wie Anm. 108), S. 8 unter Hinweis auf Gunkel, Schöpfung (wie Anm. 22).
112 ADOLF JÜLICHER: Besprechung von Bousset, Antichrist (wie Anm. 108), ThLZ 21, 1896, Sp. 375–379, schreibt: »außer dem, der das gesammte Material selbständig durchgearbeitet hat, wird wohl Niemand sich in diesem Gewirre von Mittheilungen zurechtfinden« (Sp. 376). In der Tat ist auch dieses Buch recht schnell geschrieben. Doch bestätigt Jülicher Bousset: »B. zeigt, daß die neutestamentliche Exegese und Kritik sehr zu ihrem Schaden sich in unserm Jahrhundert von kirchengeschichtlichen Studien ganz fernzuhalten gewöhnt hat; außer reichen Belehrungen und Anregungen im Einzelnen zeigt er (sc. Bousset) uns trotz seiner scheinbaren Schwärmerei für die richtige ›Methode‹, daß man auch im N.T. nicht bloß Methode und nicht bloß Scharfsinn und nicht bloß den Muth zu neuen Hypothesen braucht, sondern gründliche Gelehrsamkeit« (Sp. 379).
113 WILHELM BOUSSET: Die Religion des Judentums im neutestamentlichen Zeitalter, 1903 (^{2}1906). Die dritte, von Hugo Greßmann herausgegebene Auflage trug einen neuen Titel: Die Religion des Judentums im späthellenistischen Zeitalter, ^{3}1926. Die Nachweise der Zitate aus der ersten Auflage werden im folgenden im Text in Klammern gesetzt.

In seinem neuen Werk von 1903 unternimmt er es nun, die Religion des Judentums dieses Zeitabschnittes in ihren Entwicklungstendenzen zu zeichnen. Obgleich nämlich das Spätjudentum nur als ein Nachtrieb Israels anzusehen sei, sei es doch geschichtlich von höchster Bedeutung, denn auf seinem Boden entstand das Evangelium (S. 1). Wir beobachten vorläufig also an diesem Werk eine stärkere historische Orientierung als in seinem Jesusbuch. *Primäre* Quellen der Darstellung sind Bousset die in seinem Jesusbuch genannten alttestamentlichen Apokryphen und Pseudepigraphen, *Sekundär*quelle die rabbinische Literatur, die erst ab dem Ende des 2. Jahrhunderts fließt (S. 6–48). Für die äußere Geschichte benutzt Bousset Josephus sowie römische und griechische Historiker, für die Zeichnung des hellenistischen Judentums primär natürlich Philon (ebd.).

Bousset entdeckt – u. a. wieder in Anlehnung an Wellhausen[114] – in den Quellen einander widerstrebende Tendenzen universaler und nationaler Art. Doch hätten alle einen gemeinsamen Zug darin, daß sie eine Religion reflektieren, das Spätjudentum, das im Begriff sei, den Übergang von einer nationalen kultischen Religion zur universalen geistigen zu vollziehen. Dieser Prozeß sei aber nie voll verwirklicht worden, weil mit dem Gesetz der nationale Charakter in der Form der Sitte im Zentrum der jüdischen Frömmigkeit erhalten bleibe. Aus einer national-kultischen Religion werde das Judentum eine Religion der Observanz. Es gelinge ihr aber nicht, den nationalen Partikularismus abzustreifen. Der nationale Charakter des Judentums konzentriere sich vielmehr in der Zukunftshoffnung. Und wieder zeige das Gebilde der jüdischen Zukunftshoffnung ein doppeltes Gesicht. Einerseits sei sie spezifisch national ausgerichtet, auf der anderen Seite zeige sie ein weit darüber hinausgehendes universales und kosmologisches Interesse. Die beiden mannigfach ineinanderliegenden, in sich verschlungenen Gedankenkreise werden daher von Bousset in seiner Darstellung nebeneinander betrachtet. Diesen Prozeß der Ausbildung der Kirche, der auf dem halben Wege steckenbleibt und der nach den jüdischen Kriegen von 70 und 132 in einer Abkapselung des Judentums gegenüber seiner Umgebung endet, schildert Bousset in folgenden Kapiteln: I Die Quellen (S. 6–48), II Die Entwickelung der jüdischen Frömmigkeit zur Kirche (S. 54–184), III Die nationale Bedingtheit der jüdischen Religion (Behandlung der messianischen Hoffnung und der Apokalyptik) (S. 185–276), IV Der individuelle Glaube und die Theologie (S. 277–404), V Nebenformen der jüdischen Frömmigkeit (Darstellung Philons und der Essener) (S. 405–447). Der Schlußteil VI (S. 448–493) wendet sich dem religionsgeschichtlichen Problem zu. Da nach

---

114 JULIUS WELLHAUSEN: Israelitische und jüdische Geschichte, ³1897, ⁴1901, S. 193–213. 275–294.

Bousset das »Spätjudentum« keine genuine Weiterentwicklung der alttestamentlichen Religion sei, sondern sich fremdreligiösen Einflüssen geöffnet habe (vgl. Auferstehung, Dämonenlehre, Angelologie, Lehre vom Weltenbrand usw.), legt Bousset im Schlußteil den Einfluß besonders der persischen Religion auf das Judentum dieser Zeit dar. Erst durch das Evangelium sei dann eine Neubildung des gärenden Chaos spätjüdischer Frömmigkeit erfolgt (S. 493).

Boussets Buch wurde Gegenstand einer scharfen Kontroverse mit dem Breslauer Felix Perles, der noch im selben Jahr Boussets Arbeit einer scharfen Kritik unterzog[115], die dieser postwendend beantwortete[116]. Der Gegenstand der Kontroverse ist folgender: Zum einen wirft Perles Bousset vor, das Judentum absichtlich dunkel gezeichnet zu haben, um das Christentum davon umso heller abheben zu können. D. h. er habe Geschichte geschrieben mit heimlicher theologischer Absicht. Zum anderen moniert Perles, die Darstellung mit ihrer Bevorzugung der pseudepigraphischen vor der rabbinischen Literatur beruhe auf einer irreführenden Quellenauswahl. Die normativen Quellen für die Darstellung des Judentums seien nun einmal Mischna und Talmud, und mit diesen habe Bousset, wie Perles an vielen Beispielen zeigen kann, keine Vertrautheit. Bousset gesteht in seiner Gegenschrift letzteres zu, beharrt aber darauf, daß seine Quellenbenutzung zu Recht bestehe. Mischna und Talmud reflektierten ein Judentum, das von dem von ihm dargestellten zu unterscheiden sei. Zum Vorwurf der absichtlich negativen Zeichnung des Judentums äußert sich Bousset eigentlich nicht, zeigt sich aber in der zweiten Auflage von 1906 bemüht, einzelne Werturteile[117] abzumildern, und fügt z. B. einen Abschnitt über das Gebet im Judentum hinzu[118].

In der Folgezeit hat die Kontroverse mit Perles dem Werk Boussets besonders im Ausland geschadet. Repräsentativ ist George Foot Moores berühmter Aufsatz »Christian Writers on Judaism«[119], der Boussets Werk in die Geschichte antijüdischer christlicher Arbeiten einreiht und

---

115 FELIX PERLES: Bousset's Religion des Judentums im neutestamentlichen Zeitalter kritisch untersucht, 1903.
116 WILHELM BOUSSET: Volksfrömmigkeit und Schriftgelehrtentum, 1903.
117 Zu beachten ist, daß bereits Bousset, Religion¹ (wie Anm. 113), S. 52 Bousset, Predigt (wie Anm. 48) wie folgt kritisiert: »Eine Charakterisierung der Gesamtfrömmigkeit des Spätjudentums habe ich in der ›Predigt Jesu in ihrem Gegensatz zum Judentum‹ (1892, S. 10–41) versucht, bin aber dabei in den Fehler ... einer zu einseitigen Hervorhebung des Gegensatzes der jüdischen gegen die evangelische Frömmigkeit verfallen.«
118 Bousset, Religion² (wie Anm. 112), S. 417–428. Zu der verschiedenen Disposition des Stoffes in der zweiten gegenüber der ersten Auflage vgl. Bousset, Religion², S. VII f.
119 GEORGE FOOT MOORE: Christian Writers on Judaism. Harvard Theol. Rev. 14, 1921, S. 197–254, hier S. 241–248.

selbst in seinem dreibändigen Klassiker »Judaism«[120] die jüdische Religion der ersten drei Jahrhunderte (einschließlich des neutestamentlichen Zeitalters) auf der Primärbasis der tannaitisch-rabbinischen Quellen zu schreiben unternimmt. Erst die Schule Jacob Neusners hat sich seit Anfang der siebziger Jahre die Aufgabe gestellt, die rabbinische Literatur form- und traditionsgeschichtlich zu analysieren. Hier neigt man wieder dazu, die Mischna im Kontext des zweiten nachchristlichen Jahrhunderts zu interpretieren und Moores Ansatz zu verwerfen, ohne freilich das Anliegen Boussets erneut zu bedenken[121]. Jedenfalls bleibt Boussets »Religion des Judentums« als historisch-religionsgeschichtlicher Wurf durchaus diskutabel und ist bis heute noch durch kein anderes Werk ersetzt, sosehr die Nachwirkungen seiner 1892 zuerst ausgesprochenen negativen theologischen Werturteile bei der Lektüre immer zu berücksichtigen sind (vgl. aber auch S. 348 Anm. 117).

Doch war Boussets zweite Auflage der »Religion des Judentums« nicht sein letztes Wort zum Thema. Damit ihm hier geschichtlich Gerechtigkeit widerfährt, sei auf seine späteren diesbezüglichen Äußerungen hingewiesen, die nicht Eingang in sein Lehrbuch fanden. In einer Sammelbesprechung in der »Theologischen Rundschau« aus dem Jahre 1915 finden sich folgende Sätze: »Es wird sich eben doch darum handeln, ... das Spätjudentum in ganz anderer Weise als bisher in seiner positiv vorbereitenden Wirkung für das Christentum zu würdigen und zu betonen. Bisher haben sich uns mehr die Abstände und Höhenunterschiede zwischen Pharisäismus und christlicher Frömmigkeit herausgestellt ... jetzt aber wird es auch gelten, energisch die Kehrseite zu betonen. Das Evangelium Jesu ist doch nicht einfach ein Rückgang auf die Frömmigkeit der Propheten und Psalmisten und eine Weiterführung dieser Frömmigkeit; es ist zum Teil auch das, aber es hat daneben die reichen Schätze der Weiterentwicklung, welche die Synagoge dem ganzen großen Geschehen hinzugefügt hat. . . Es ist in dem Sinne gemeint, daß die ganze Frömmigkeit der Synagoge, sagen wir einmal ruhig: des Pharisäismus nach seiner guten Seite, als der Mutterboden anzusehen ist, in den das Christentum einen Teil seiner Wurzeln senkte.«[122]

In enger Verbindung mit der endgültigen Revision des einseitigen Urteils über den Protest Jesu gegen den Pharisäismus steht die Zurücknahme der anderen These, daß das Judentum nach 70 bzw. 135 sich von

---

120 GEORGE FOOT MOORE: Judaism in the First Centuries of the Christian Era. The Age of the Tannaim I–III, 1927–1930.
121 Vgl. JACOB NEUSNER: Judaism. The Evidence of the Mishnah, 1981 (Lit.). Zur Kritik an der Methode Moores vgl. FRANK C. PORTER: Judaism in New Testament Times. Journal of Rel. 8, 1928, S. 30–62.
122 WILHELM BOUSSET: Altes Testament. Literatur und Religion des Judentums. II. Religion. ThR 18, 1915, S. 115–131, hier S. 123.

der Umwelt abgeschlossen habe. Denn seit seiner Arbeit »Eine jüdische Gebetssammlung im siebenten Buch der apostolischen Konstitutionen«[123] aus dem Jahre 1915 steht für Bousset fest, daß die in den ApConst verarbeiteten jüdischen Gebete Zeugnis für ein weltoffenes Judentum auch nach 70 und 135 n. Chr. ablegten.

Diese beiden Beispiele zeigen doch: Unter dem Gewicht des historischen Befundes hat sich Bousset nicht gescheut, seine historischen Vorurteile zum antiken Judentum aufzugeben und die Entstehung des Christentums im Schoß des Judentums positiv zu würdigen. Eigentlich sollte es daher selbstverständlich sein, daß diese Revisionen die Richtlinien bei unserer Verwertung des Buches Boussets über »Die Religion des Judentums im neutestamentlichen Zeitalter« seien, obwohl sie weder von Greßmann in der Neuherausgabe aus dem Jahre 1926 noch von den gelehrten Benutzern des Buches bis hin zur Weiterverwendung der Vokabel »Spätjudentum« berücksichtigt wurden.

Ich breche hier den Bousset-Teil vorläufig ab und möchte noch darauf hinweisen, daß Bousset Verfasser anderer, ebenfalls richtungsweisender Studien war, die hier aus Zeitgründen nicht behandelt werden konnten[124].

Wir kommen nun zu *Hermann Gunkel*s Arbeit »Zum religionsgeschichtlichen Verständnis des Neuen Testaments«, die 1903 die von Bousset und Gunkel herausgegebene Reihe »FRLANT« eröffnete. Es ist die Spitzenthese dieses Buches, »dass die neutestamentliche Religion bei ihrer Entstehung und Ausbildung in wichtigen, ja in einigen wesentlichen Punkten unter entscheidendem Einfluss fremder Religionen gestanden hat und dass dieser Einfluss zu den Männern des Neuen Testamentes durch das Judentum hindurchgekommen ist«[125]. Einen Anhaltspunkt für die Herleitung wesentlicher Inhalte der christlichen Religion aus orientalischen Religionen (und nicht aus der griechischen Religion) hatte Gunkel bereits 1895 in seinem großen Werk »Schöpfung und Chaos«[126] gewonnen, in dem er u. a. Apk 12 den babylonischen Mythos von der Geburt des in einem Orakel verkündeten siegenden Gottes Marduk, welchem der Chaosdrache Tiamat zur Verhinderung des Eintreffens des Orakels nachstellt, und dem schließlichen Sieg des herangereiften Marduk verarbeitet

---

123 WILHELM BOUSSET: Eine jüdische Gebetssammlung im siebenten Buch der apostolischen Konstitutionen. Nachr. d. Ges. d. Wiss. in Göttingen. Phil.-hist. Kl. 1915, S. 435–489 (= Bousset, Studien [wie Anm. 55], S. 231–285).
124 Besonders seien genannt: Hauptprobleme der Gnosis, 1907; Kyrios Christos. Geschichte des Christusglaubens von den Anfängen des Christentums bis Irenaeus, 1913 (^{6}1967); Jüdisch-Christlicher Schulbetrieb in Alexandria und Rom.Literarische Untersuchungen zu Philo und Clemens von Alexandria Justin und Irenäus, 1915.
125 Gunkel, Verständnis (wie Anm. 61), S. 1 (bei Gunkel gesperrt gedruckt).
126 S. o. Anm. 22.

sieht[127]. In seinem Buch »Zum religionsgeschichtlichen Verständnis des Neuen Testaments«[128] bemüht sich Gunkel nun um die Erhellung weiterer mythischer Elemente der christlichen Religion wie des Buches mit den sieben Siegeln (S. 60–63), der Jungfrauengeburt (S. 65–70), der Höllenfahrt (S. 72), des Sonntags (S. 73–76), der Auferstehung des Christus (S. 76–82) und der Christologie (S. 89–95) und führt sie getreu seinem Programm auf orientalische Religionen zurück, die bereits durch das Judentum rezipiert worden seien (S. 1–38). Besondere Aufmerksamkeit wendet Gunkel den beiden christlichen Zentralvorstellungen von Auferstehung und Christologie zu. Bezüglich der Auferstehung weist er auf ihre unlösbare Verflechtung mit der Angabe »nach drei Tagen«, bzw. »am dritten Tag«, welche selbst mannigfache Parallelen in anderen Überlieferungen habe, so in der Jonaerzählung, bei Daniel, in Apk 11 f.: »In allen diesen Fällen handelt es sich um verwandte Traditionen: Drei oder genauer Dreieinhalb ist die Zeit, da das Böse Macht hat, die Zeit des Frevels und des Todes, da das Gute noch verborgen heranwächst, da es vom Bösen verschlungen zu sein scheint, bis es aufersteht und das Böse besiegt... Von hier aus also gibt es eine Erklärung der wunderbaren Zahl der drei Tage für Jesu Auferstehung; und diese Erklärung würde wiederum sein, *dass es schon vor Jesus einen Glauben an Tod und Auferstehung des Christus* in jüdisch-synkretistischen Kreisen gegeben hat« (S. 82). Das eigentliche Problem der Erklärung der Auferstehung Jesu sei demnach, »wie es möglich gewesen ist, den Glauben an die Auferstehung *auf die Person Jesu*, des schimpflich am Kreuz hingerichteten Jesu zu übertragen« (S. 82 f.).

Gunkel verweist diejenigen, die die Gedanken als zu kühn empfinden, auf Paulus' Taufanschauung, nach der der Täufling Christi Tod und Auferstehung erlebt. Diese sei vom Alten Testament oder vom Evangelium Jesu überhaupt nicht zu erklären. Doch habe sie Parallelen in der ägyptischen Religion, in der der Glaube vorhanden ist, »dass man durch den Tod zum ewigen Leben gelangen könne, wenn man der Verbindung mit dem Gotte (sc. Osiris), der selbst gestorben und erstanden ist, teilhaftig geworden ist« (S. 84). »Der große Unterschied aber zwischen der alten ägyptischen Lehre und der neutestamentlichen ist, dass es dort nur darauf ankommt, dem Menschen die Unsterblichkeit zu geben, während er im übrigen derselbe bleibt... Im N.T. aber wird von dem Gewinnen eines Lebens gesprochen, das gegenüber dem fleischlichen in jeder Beziehung ein *neues* ist« (S. 85). Ebenso, wie die Lehre von der Auferstehung keine Neubildung sei, so auch nicht die Christologie, sei sie doch bereits im Judentum vorhanden gewesen. Zwar existiere von dem Christusglauben

---

127 Vgl. Gunkel, Schöpfung (wie Anm. 22), S. 385–391.
128 Die Seitenzahlen aus diesem Buch (wie Anm. 61) werden im folgenden im Text in Klammern gesetzt.

des Judentums so gut wie kein literarisches Zeugnis, doch sei er zum Verständnis des Neuen Testaments zu postulieren. »Die Herzen glaubten schon an einen *göttlichen* Offenbarer, ein *göttlich-menschliches* Tun, an eine Versicherung durch *Sakramente*« (S. 93). »Als dann Jesus erschien in seiner übermenschlichen Hoheit, als er die Herzen für sich gewann und seine Jünger glaubten, dass er der Christ sei, da hat dann seine *begeisterte Jüngerschaft das Grösste, was das Judentum zu sagen wusste, von ihm ausgesagt*. Aber nicht sowohl, um das Geheimnis seiner Person zu ergründen, als ob Jesus das Prius wäre und die Christologie das Sekundäre, ist diese Christologie gebildet worden; sondern die Gemüter, die sich nach Gottesnähe sehnten, die eines vom Himmel erschienenen Gottessohnes bedurften, übertrugen auf ihn die Ideale ihres Herzens. So ist die neutestamentliche Christologie doch ein allgewaltiger Hymnus, den die Geschichte auf Jesus singt« (S. 94). Unmittelbar nach Jesu Tod seien diese fremden religiösen Elemente wie Auferstehung und Christologie in die Gemeinde Jesu aus den o. g. Gründen eingeströmt. Das Christentum sei daher ebenso wie das vorausgehende Judentum als synkretistische Religion[129] zu bezeichnen. Von diesem Synkretismus sei freilich das Evangelium Jesu, wie es aus den Synoptikern deutlich wird, zu unterscheiden. Nicht dieses, nur jenes Christentum sei als synkretistisch zu bezeichnen (S. 95f.).

Gunkels Arbeit ist mit derjenigen von Bousset nahe verwandt. Beide fassen ihre religionsgeschichtlichen Untersuchungen als Analyse dessen auf, was die Massen dachten, und heben diese von den großen Persönlichkeiten ab. Beide erschließen aus isoliert vorkommenden religiösen Vorstellungen einen zusammenhängenden Mythos und postulieren eine jüdisch-orientalische Gnosis, die dem Christentum vorgelagert war. Beide pochen auf die Überlegenheit des christlichen Mythos über den der Umwelt, Gunkel mit einer etwas vagen Vorstellung von der Vorsehung Gottes[130], Bousset durch den historischen Erweis der Überlegenheit des Christentums gegenüber dem Judentum. Für beide ist schließlich die unmythisch vorgestellte Predigt der großen Persönlichkeit Jesus der Höhepunkt der Religionsgeschichte.

Man kann Gunkel vieles vorwerfen, so etwa, daß er nicht zwischen Analogie und Genealogie unterscheide[131], daß er ferner nicht genügend

---

129 Die Bezeichnung des Christentums als einer synkretistischen Religion war unter den Mitgliedern der »Kleinen Fakultät« umstritten; vgl. die Übersicht bei GERHARD WOLFGANG ITTEL: Die Hauptgedanken der »Religionsgeschichtlichen Schule«. ZRGG 10, 1958, S. 61–78, hier S. 69f. Vgl. zur Verwendung des Synkretismus-Begriffes in der Religionswissenschaft die Arbeit von ULRICH BERNER: Untersuchungen zur Verwendung des Synkretismus-Begriffes, 1982.
130 Vgl. Gunkel, Verständnis (wie Anm. 61), und dazu die wichtigen Überlegungen von Klatt (wie Anm. 2), S. 97–99.
131 Vgl. MAX REISCHLE: Theologie und Religionsgeschichte, 1904, S. 30f., und die Ant-

Abb. 28. Johannes Weiß

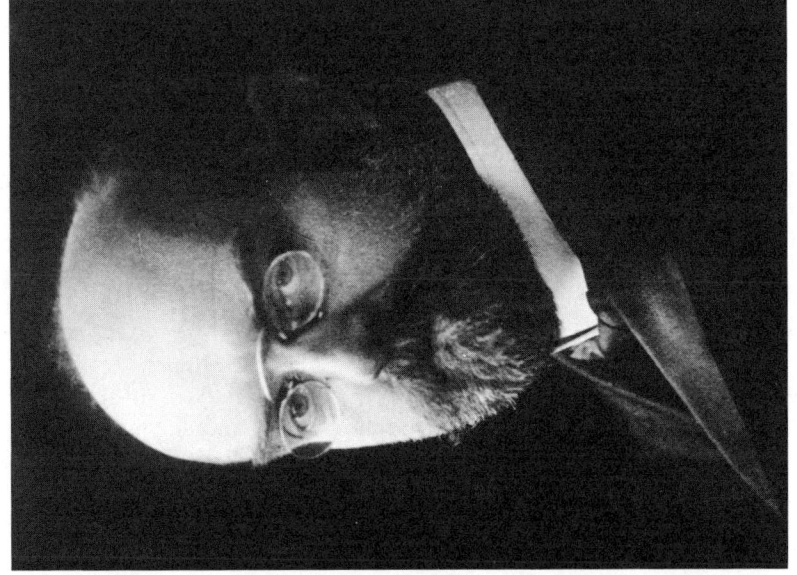

Abb. 27. William Wrede

das Verhältnis von historischem Jesus und mythischem Christus bedenke, daß die jüdisch-orientalische Gnosis ein reines Postulat sei, daß er die Kategorie »Einfluß« überstrapaziere und nicht in ausreichender Weise mit Eigenbildungen rechne – man muß ihm aber eines bescheinigen: Er hat entschlossen die Fremdheit der neutestamentlichen Vorstellung in den Kontext der Religionsgeschichte des vorderen Orients hineingestellt und die Fruchtbarkeit des hermeneutischen Prinzips illustriert, daß »es nur eine Erkenntnis im Zusammenhange gibt und daß eine Erscheinung nur verstanden werden kann, wenn man sie mit einer anderen verwandten vergleicht«[132].

Ich wende mich nun der Schrift *William Wredes*[133] zu: »Über Aufgabe und Methode der sogenannten Neutestamentlichen Theologie«[134]. Die Schrift atmet denselben Geist wie die im vorigen referierten Arbeiten von Bousset und Gunkel. Sie betont die Lebendigkeit des Neuen Testaments bzw. der urchristlichen Religion, insistiert auf dem Wesentlichen und wirft der herrschenden Richtung vor, langweilig zu sein und sich mit Quisquilien zu beschäftigen. »Man kann die neutestamentliche Theologie mit einigem Recht die Wissenschaft der Minutien und bedeutungslosen Nuancen nennen. Und das ist schlimm. Denn es bedeutet, daß die Hauptsachen verdunkelt werden. Zugleich bedeutet es, daß die neutestamentliche Theologie eine dürre und langweilige Wissenschaft wird. Und ebenso bedeutet es, daß die Gedanken des Neuen Testaments nicht in der Lebensfrische vor uns erstehen, die ihnen zugehört« (S. 97).

Ebenso wie bei Gunkel und Bousset wird die Literarkritik aufs Korn genommen. Ihre einseitige Handhabung habe zu einer Ignorierung des allen Christen vertrauten Gemeinbesitzes geführt. »Vor allem ist sie aufs tiefste in der Meinung befangen, daß urchristliche Wendungen, Formeln, Gedanken ganz überwiegend durch literarische Kanäle von einem zum andern gelangt seien. Und doch folgt aus der Natur der Sache, daß damals gerade wie heute ein reicher ungeschriebener Gemeinbesitz im weitesten und wieder im engeren Kreise bestanden hat, aus dem auch den schriftstellernden Christen ein überaus großer Teil ihrer Ideen und ihres

---

wort von HERMANN GUNKEL: Besprechung von Reischle, Theologie. Dt. Lit.-Ztg. 25, 1904, Sp. 1100–1110, hier Sp. 1105f.

132 HERMANN GUNKEL: Reden und Aufsätze, 1913, S. 4.
133 Zu Wrede vgl. GEORG STRECKER: William Wrede. Zur 100. Wiederkehr seines Geburtstages. ZThK 57, 1960, S. 67–91 (= ders.: Eschaton und Historie, 1979, S. 335–359); – HANS ROLLMANN: *Paulus alienus*: William Wrede on Comparing Jesus and Paul. In: Peter Richardson und John C. Hurd, Hg.: From Jesus To Paul. Studies in Honour of Francis Wright Beare, 1984, S. 23–45 (Lit.).
134 WILLIAM WREDE: Über Aufgabe und Methode der sogenannten Neutestamentlichen Theologie, 1897 (= Georg Strecker, Hg.: Das Problem der Theologie des Neuen Testaments, 1975, S. 81–154 – nach diesem Neudruck werden im folgenden die Seitennachweise im Text in Klammern gesetzt).

religiösen Sprachguts zufließen mußte, und der es ohne weiteres als selbstverständlich erscheinen läßt, daß zahlreiche Ähnlichkeiten und Berührungen sich finden« (S. 100).

Und schließlich betont Wrede ebenso wie Gunkel und Bousset, daß Sache und Eigenart der neutestamentlichen Schriften es gebieten, die Religion und nicht den Lehrbegriff der Schriften des Neuen Testaments zu erfassen. »Was suchen wir eigentlich? Letztlich wollen wir doch jedenfalls wissen, *was* in der Urzeit des Christentums *geglaubt, gedacht, gelehrt, gehofft, gefordert und erstrebt worden ist*, nicht aber, *was bestimmte Schriften* über Glauben, Lehre, Hoffnung usw. *enthalten*. Identisch wäre beides nur, wenn die Vorführung des Gehalts von Schriften bzw. der Anschauungen von Schriftstellern der einzige oder doch der beste Weg wäre, uns die Geschichte des Glaubens und der Lehre selbst anschaulich zu machen« (S. 109). Dabei sei der soziale und politische Kontext der urchristlichen Religion voll zu berücksichtigen – dies im Gegensatz zu den üblichen biblisch-theologischen Erörterungen, die meist den Eindruck erwecken »als seien die urchristlichen Anschauungen rein durch die Macht des Gedankens erzeugt, als schwebe die Welt der Ideen ganz als eine Welt für sich über der äußeren Geschichte« (S. 129).

Es ist nun nicht verwunderlich, daß Wrede es strikt ablehnt, die neutestamentliche Theologie innerhalb der Grenzen des Kanons darzustellen. Diese Forderung sei nur so lange sinnvoll gewesen, als das alte Inspirationsdogma Geltung hatte. Seit dem Aufkommen der historischen Kritik sei es aber erledigt (S. 84 f.)[135]. Aber auch der Name »Neutestamentliche Theologie« sei verfehlt, da die neutestamentlichen Dokumente primär nicht Theologie, sondern Religion entspringen. Daher müsse die Disziplin »Neutestamentliche Theologie« ersetzt werden durch die rein historisch zu fassende »Geschichte der urchristlichen Religion und Theologie« (S. 108). Der Aufbau des so neu konzipierten Werkes sei folgendermaßen:

Einleitung: Hauptzüge spätjüdischer Religion und Theologie
I: Die Predigt Jesu
II: Der Glaube der Urgemeinde
III: Paulus
IV: Der Glaube und die Theologie auf heidenchristlichem Boden
V: Die johanneische Theologie

Die Darstellung schließe etwa ab mit den Apologeten, denn die Zeit danach bilde einen Einschnitt.

Uns waren bereits bei der Darstellung auf Schritt und Tritt die Entsprechungen zu Boussets und Gunkels Gedanken aufgefallen. Wredes Programm geht über das seiner Gesinnungsgenossen freilich noch darin

---

135 Vgl. ähnlich GUSTAV KRÜGER: Das Dogma vom neuen Testament, 1896.

hinaus, daß er erstmalig einen systematischen Vorschlag zur Behandlung der Schriften des Urchristentums vorlegt, der ihrem Inhalt entspricht und der an der dogmatischen Verwendung des Neuen Testaments orientierten Theologie der Lehrbegriffe den Boden unter den Füßen entzieht. Wohltuend ist besonders im Unterschied zu Gunkel der Verzicht auf jegliches religiöse Pathos und die nüchterne Beschränkung auf das Notwendige. Hervorzuheben ist, daß Wrede durch die Darstellung des Glaubens der Urgemeinde *vor* dem Paulusteil seine Erkenntnis des sozialkultischen Kontextes der frühchristlichen Religion auch äußerlich zum Ausdruck bringt. Schließlich fällt auch auf, daß Wrede es wagt, von der Theologie des Paulus (und des Johannes) zu sprechen, statt nur von ihrer Religion (hier spricht der gewissenhafte Exeget, der unleugbar vorhandene theologische Reflexionen bei beiden Schriften anerkennen muß). Es muß hier schließlich gesagt werden, daß Wredes Programm nie widerlegt[136] und – das ist genauso merkwürdig – eigentlich nie ausgeführt wurde[137].

Ich breche hier das Einzelreferat von ausgewählten Schriften der Mitglieder der »Kleinen Fakultät« ab und komme zur Frage nach der Systematik der RGS:

Es ist weithin üblich geworden, *Ernst Troeltsch* als *den* Systematiker der RGS zu bezeichnen. Anlaß dafür ist die Tatsache, daß von der »Kleinen Fakultät« vor allem er sich mehrmals über die systematischen Aspekte der religionsgeschichtlichen Arbeit geäußert und selbst in einem einflußreichen Aufsatz »Die Dogmatik der ›religionsgeschichtlichen Schule‹« darauf Bezug genommen hat, daß er als Systematiker und Dogmatiker dieser Richtung gelte[138]. Die Frage bedarf einer differenzierten Behandlung, zunächst was die historische Arbeitsweise der RGS angeht:

In seinem bekannten Aufsatz »Ueber historische und dogmatische Methode in der Theologie«[139] bezeichnet Troeltsch die historische und die dogmatische Methode als einander ausschließende Gegensätze. Die eine sei dem Supranaturalismus verhaftet, die andere mit ihren Kategorien der Analogie, der Korrelation und der Kausalität dem geschichtlichen Denken verpflichtet. Damit ist formal zweifellos der historische Standpunkt der RGS beschrieben, aber nicht nur ihr Standpunkt, son-

---

136 Vgl. aber die Anfragen von Boers (wie Anm. 1), S. 56–60.
137 Vgl. aber immerhin Bousset, Kyrios (wie Anm. 124). – PAUL WERNLE: Die Anfänge unserer Religion, ²1904 (Bousset gewidmet). – HEINRICH WEINEL: Biblische Theologie des Neuen Testaments, 1911.
138 ERNST TROELTSCH: Die Dogmatik der »religionsgeschichtlichen Schule«. In: ders.: Gesammelte Schriften Band II (wie Anm. 56), S. 500–524, hier S. 500. Vgl. noch Graf, Systematiker (wie Anm. 42), S. 235–239.
139 ERNST TROELTSCH: Ueber historische und dogmatische Methode in der Theologie. In: ders.: Gesammelte Schriften Band II (wie Anm. 56), S. 729–753.

dern eigentlich auch der der kritischen Theologie des 19. Jahrhunderts seit F. C. Baur überhaupt. Es wäre daher nur bedingt richtig, von diesem Aufsatz als dem systematisch-historischen Programm der RGS zu sprechen.

Bezüglich der theologischen Systematik wird oft auf Troeltschs Schrift »Die Absolutheit des Christentums und die Religionsgeschichte«[140] als Programm der RGS verwiesen. Zu ihrem Inhalt: Troeltsch hält den Begriff einer absoluten Religion für ein irreführendes Erbe des alten kirchlichen Supranaturalismus. »Die Konstruktion des Christentums als der absoluten Religion ist von historischer Denkweise aus und mit historischen Mitteln unmöglich« (S. 45). Wohl aber könne gesagt werden, daß das Christentum Höchstgeltung beanspruchen kann, weil es der Konvergenzpunkt aller erkennbaren Entwicklungsrichtungen der Religion sei, und »daher im Vergleich zu den übrigen als die zentrale Zusammenfassung und als die Eröffnung eines prinzipiell neuen Lebens bezeichnet werden« (S. 90) dürfe. Denn das Christentum »ist in der Tat unter den großen Religionen die stärkste und gesammeltste Offenbarung der personalistischen Religiosität« (S. 88).

Ich nehme im folgenden noch einen Gedanken Troeltschs aus seinem Vortrag »Die Bedeutung der Geschichtlichkeit Jesu für den Glauben«[141] hinzu, um die historischen Konkretionen des Christentums nach Troeltsch zu beleuchten. Historisch sei die Wirklichkeit der christlichen Idee nur in Verbindung mit Gemeinschaft und Kult zu denken: »So wird es auch keine kräftige Wirklichkeit der christlichen Idee geben ohne Gemeinschaft und Kult... Solange es ein Christentum in irgendeinem Sinne überhaupt geben wird, wird es mit der kultischen Zentralstellung Christi verbunden sein. Es wird nur so sein oder es wird nicht sein. Das beruht auf sozialpsychologischen Gesetzen, die ganz die gleiche Erscheinung auch auf anderen Religionsgebieten hervorgebracht haben und sie im Kleinen tausendfach wiederholen bis heute...«[142]

Überblicken wir diese Äußerungen Troeltschs zur Absolutheit des Christentums und dessen historischer Konkretion und vergleichen sie mit den Prinzipien, die den Arbeiten von Johannes Weiß, Bousset, Gunkel, Wrede zugrunde liegen, so fällt eine Fülle von Gemeinsamkeiten auf:

1. Alle Forscher bekennen sich zu einer Auffassung von Religion, die in Religionen eine Offenbarung von Wahrheit sieht.

---

140 S. S. 336 Anm. 60; Neudruck: ERNST TROELTSCH: Die Absolutheit des Christentums und die Religionsgeschichte und zwei Schriften zur Theologie, 1969, S. 11–162. Nach diesem Neudruck werden im folgenden die Seitennachweise im Text in Klammern gesetzt.
141 ERNST TROELTSCH: Die Bedeutung der Geschichtlichkeit Jesu für den Glauben, 1911 (= in: Troeltsch, Absolutheit [wie Anm. 140], S. 132–162 [hiernach wird zitiert]).
142 Troeltsch, Bedeutung (wie Anm. 141), S. 149f.

2. Alle gehen bei freilich unterschiedlicher Reflektiertheit im einzelnen von einer Höchstgeltung des Christentums aus (s. noch sofort zu Bousset).
3. Alle schreiben der Persönlichkeit Jesu eine besondere Bedeutung zu.
4. Alle haben dem Supranaturalismus den Abschied gegeben.

Das sind wesentliche Übereinstimmungen, doch müssen wir sofort hinzufügen: In ihnen dürfte sich die Mehrzahl der kritischen Forscher am Ende des 19. Jahrhunderts von Heinrich Julius Holtzmann[143] bis hin zu Adolf Jülicher[144] wiedergefunden haben. Daher ist auch hinter die These ein Fragezeichen zu setzen, daß Troeltsch *der* theologische Systematiker der RGS gewesen sei. Sie wird zusätzlich umso fraglicher, als Bousset selbst ein eigenes, von Troeltsch abweichendes systematisches theologisches Programm in Ansätzen ausgebildet hat.

Nach Bousset ist Troeltschs Behauptung der Höchstgeltung des Christentums eine Unmöglichkeit. Zu festen Normen könne der historische Vergleich überhaupt nicht führen, der aus der Fülle der Erscheinungen allmählich die allgemeingültigen apriorischen Elemente herausschälen will. Denn da die Fülle der Erscheinungen prinzipiell unendlich sei, sei konsequenterweise die Aufgabe prinzipiell unendlich; »was wir hier brauchen ist ein absolutes Apriori und demgemäss feste Beurteilungsnormen für die religiöse Einzelerscheinung«[145]. Zu dem absoluten Apriori verhalf Bousset eine durch den Göttinger Philosophen Leonhard Nelson vermittelte und im Kontakt mit dem Göttinger Rudolf Otto[146] vertiefte Beschäftigung mit der Philosophie des Kant-Schülers Jakob Friedrich Fries[147], der den Zwiespalt zwischen theoretischer und praktischer Vernunft in der Philosophie Kants wieder aufgehoben hatte, indem er die religiösen Ideen als notwendigen Bestandteil der einen und gleichen Vernunft erweisen

---

143 Vgl. WALTER BAUER: Heinrich Julius Holtzmann. In: ders.: Aufsätze und Kleine Schriften, hg. von Georg Strecker, 1967, S. 285–341. Holtzmann hat positiv auf die RGS reagiert, vgl. nur DENS.: »Neutestamentler« und »Religionsgeschichtler«. Prot. Monatshefte 10, 1906, S. 1–16.
144 Vgl. HANS-JOSEF KLAUCK: Adolf Jülicher – Leben, Werk und Wirkung. In: Georg Schwaiger, Hg.: Historische Kritik in der Theologie, 1980, S. 99–150.
145 WILHELM BOUSSET: Kantisch-Friessche Religionsphilosophie und ihre Anwendung auf die Theologie. ThR 12, 1909, S. 419–446. 471–488, hier S. 432.
146 Rudolf Otto war 1895 Stiftsinspektor in Göttingen, 1898 Privatdozent und von 1906–1915 a. o. Professor in Göttingen, bis er 1915 in Breslau eine o. Professur übernahm. Er studierte in Göttingen auch bei de Lagarde (s. in diesem Band S. 371 ff.). Zu seiner Zusammenarbeit mit Bousset vgl. HANS-WALTER SCHÜTTE: Religion und Christentum in der Theologie Rudolf Ottos, 1969, S. 40–44. 127 f; vgl. ferner Graf, Systematiker (wie Anm. 42), S. 268 f.
147 Vgl. bes. JAKOB FRIEDRICH FRIES: Wissen, Glauben und Ahndung, 1805 (= 1905); – DERS.: Julius und Evagoras. Ein philosophischer Roman, neu hg. und mit einer Einleitung versehen von Wilhelm Bousset, 1910.

wollte[148]. In einem Vortrag[149] Boussets vor dem fünften Weltkongreß für »Freies Christentum und Religiösen Fortschritt« in Berlin 1910 verläuft die Argumentation wie folgt: Da erkenntnisgemäß die Sicherheit und der Inhalt unseres Glaubens nicht rein im Historischen begründet werden könne, weise die Historie über sich selbst hinüber und zwinge uns, ein anderes Fundament außerhalb ihrer zu suchen, die Ratio. »Gegenüber allem einseitigen Historismus richten wir also den Grundsatz auf: Religion sei etwas dem menschlichen Wesen ureigenes, aus der Notwendigkeit seiner Vernunft-Anlage zu begreifendes... Religion ist ein ursprüngliches Vermögen des Menschen, das sich in der Geschichte immer nur entfaltet, aus dumpfen ersten Anfängen zu immer größerer Klarheit gestaltet. Aber die Geschichte entwickelt nur, was uranfänglich vorhanden war. Was uranfänglich vorhanden war, soll sich durch die Reflexion hindurch zu steigender Klarheit vor dem Bewußtsein entfalten. Und dabei handelt es sich doch um einen wirklichen Fortschritt.«[150] Damit behauptet Bousset nichts weniger als die durch die Friessche Philosophie legitimierte Einheit von Vernunft und Religion, für die das Historische nur Illustration und für die die historische Existenz Jesu – so ausdrücklich Bousset – nicht allerletzte Notwendigkeit ist[151].

Troeltschs briefliche Reaktion zu der systematisch-theologischen Position seines Freundes Bousset spricht für sich selbst: »Ich bleibe historisch-psychologisch beeinflußt... Deine Position ist (die) eines Rationalismus, dem das Historische mehr oder minder zufällige Annäherungen und Beispiele des An-Sich-Wesen und Giltigen ist. Das gibt natürlich eine von der Historie unabhängige Position und ist insofern sehr verlockend. Allein einmal geht damit nun doch die Christlichkeit der Religion verloren. Es ist ein vorübergehender Zufall, der die rationalen Wahrheiten mit der Person Jesu verknüpft, und sowie diese Objekt schwieriger Geschichtsforschungen wird, lässt man sie ganz fallen... Das bedeutet den Verzicht auf Anschluss an die kirchliche Vergangenheit, die Herauslösung einer Vernunftsreligion aus dem überkommenen Christentum und den Verlust aller Mittel, Frömmigkeit, Kult, Phantasie und Gefühl am Konkretpersönlichen zu entwickeln und zu beschäftigen.«[152]

---

148 Bousset, Religionsphilosophie (wie Anm. 145), S. 472. S. noch GEORG WEISS: Die neufriesische Schule in der Theologie. Rudolf Otto und Wilhelm Bousset. ChW 25, 1911, Sp. 729–732 (Lit.).
149 WILHELM BOUSSET: Die Bedeutung der Person Jesu für den Glauben. Historische und rationale Grundlage des Glaubens, 1910.
150 Ebd., S. 10f.
151 Ebd., S. 17.
152 Dinkler-von Schubert (wie Anm. 31), S. 46 (Brief Troeltschs vom 14. 12. 1909 als Reaktion auf Bousset, Religionsphilosophie [wie Anm. 145]).

Es wäre nun noch lohnend, die Position des Göttingers Rudolf Otto dem Konflikt zwischen Bousset und Troeltsch zuzuordnen, hatte doch auch er die Frage des religiösen Apriori ebenso wie Bousset und Troeltsch ausführlich behandelt[153]. Doch fehlt uns hierzu die Zeit. Es kam im obigen nur auf den Beweis an, daß Troeltsch nicht ohne weiteres *der* Systematiker der RGS genannt werden darf.

Wir fassen zusammen: »RGS« – ursprünglich eine Fremdbezeichnung – ist der Name eines Kreises junger Theologen, die, »Kleine Fakultät« genannt, sich zwischen 1888 und 1893 in Göttingen habilitierten und z. T. in Kontakt mit Albert Eichhorn von 1884–1885 in Göttingen studierten. Die Schule entstand als innertheologische Bewegung in Auseinandersetzung mit den bibelwissenschaftlichen Grundlagen der Theologie Albrecht Ritschls und zeichnet sich diesem gegenüber durch einen ungemeinen Drang nach Erfassung des Wirklichen, des Historischen in der Bibel aus. Religionsgeschichtliche Methode hieß für diese Gruppe zunächst Beschäftigung mit der Gestalt und Geschichte der eigenen Religion, so wie sie durch Albrecht Ritschl dargeboten wurde. Angeregt wurde man in Göttingen ferner durch Duhm und de Lagarde, ansonsten von Wellhausen und Harnack. Publikationen sowie eine ungewöhnlich intensive popularwissenschaftliche Tätigkeit der Mitglieder dieses Kreises führten zu Gegenangriffen bis hin zu offiziellen kirchlichen Verurteilungen. Doch verstärkte der Widerspruch das Zusammengehörigkeitsgefühl (besonders sichtbar in dem oftmals vorkommenden »Wir« in Büchern, Rezensionen und Vorträgen) und ließ den Sympathisanten- bzw. Mitgliederkreis der Schule recht schnell anwachsen, so daß diese geradezu eine Bewegung wurde.

Eine besondere Methode bildete die RGS nicht aus, obwohl sie zu Beginn ein starkes Methodenbewußtsein an den Tag legte[154]. Vielmehr zeichnet sie sich durch eine äußerst radikale Handhabung der in der historischen Kritik geübten Methoden an den Grundquellen des christlichen Glaubens Alten und Neuen Testaments aus, die – wissenschaftsgeschichtlich geurteilt – an die Arbeiten der Tübinger Schule anknüpft. Die Geschichte meldete sich trotz der Lösung Albrecht Ritschls wieder zu Wort. Der Drang nach Erkenntnis des Wirklichen, des Lebendigen führte zur Einschränkung der Literarkritik und zur Ausbildung traditionsgeschichtlicher Arbeit, ferner zu einer scharfen Trennung von Religion und Theologie, die als rationale Ausdrucksform des historisch-psychologischen Phänomens Religion verstanden wurde[155]. Der radikale historische

---

[153] Vgl. ANSGAR PAUS: Religiöser Erkenntnisgrund. Herkunft und Wesen der Aprioritheorie Rudolf Ottos, 1966.
[154] Vgl. o. S. 346.
[155] Vgl. Rollmann, Duhm (wie Anm. 33), S. 276.

Ansatz führte zur Erkenntnis der breiten Masse bzw. der Gemeinde als des Ursprungs weiter Teile der urchristlichen Literatur sowie des Kults als des Mittelpunktes religiösen Lebens überhaupt und zur Entdeckung des mit fremdreligiösen Elementen durchsetzten Judentums als entscheidender Vorstufe urchristlichen Glaubens. Daneben blieb – davon seltsam abgesetzt – die Hochschätzung der einzelnen Persönlichkeiten, besonders der Persönlichkeit Jesu. Die Mitglieder der RGS fühlten sich zeit ihres Lebens als Söhne ihrer Kirche und meinten, die strenge wissenschaftliche Untersuchung sei die beste Verteidigung der Kirche der Reformation[156]. Sie rangen mit dem alles verschlingenden Naturalismus und Psychologismus um »die praktische Lebensfrage nach dem Recht der religiösen Lebensposition«[157] und scheuten sich nicht, auch in der Öffentlichkeit dieses Recht zu verteidigen. Ihr wissenschaftliches und religiöses Ethos kann als Wahrhaftigkeit[158] bezeichnet werden, das sie mit den besten Geistern des 19. Jahrhunderts teilten. Sie rangen zeit ihres Lebens mit den Problemen von Geschichte und Glaube. Eine einhellige Bestimmung des Glaubens gelang ihnen dabei nicht. Bousset nahm schließlich zu einem Rationalismus Zuflucht, Troeltschs Theologie ist von einer irrationalen Bejahung des Lebens getragen[159], Gunkel sehnte sich nach seinem Kinderglauben zurück[160], während Johannes Weiß den Widerspruch zwischen Ritschls Theologie und den religionsgeschichtlichen Ergebnissen in seinem religiösen Gemüt aushielt[161]. Die Bearbeitung des in der RGS ungeklärt gebliebenen Verhältnisses von Glaube und Geschichte bzw. von Offenbarung und Geschichte unter Beachtung der Forderung nach Wahrhaftigkeit wird einer jeden Theologengeneration neu aufgegeben sein.

156 Vgl. nur Weiß, Aufgaben (wie Anm. 50), S. 55.
157 ERNST TROELTSCH: Meine Bücher. In: ders.: Gesammelte Schriften Band IV. Aufsätze zur Geistesgeschichte und Religionssoziologie, ²1925, S. 3–18, hier S. 5.
158 Vgl. die 21. Lizentiatenthese von Wilhelm Bousset: »Was die Unverbrüchlichkeit des Naturgesetzes für die Sicherheit der Menschen in der Beherrschung der Natur ist, dasselbe ist die gegenseitige Wahrhaftigkeit für das Vertrauen der Menschen unter einander. Daher hat das Gebot der Wahrhaftigkeit etwas von der Härte eines Naturgesetzes an sich und ruft, da es mit dem Anspruch der Unverbrüchlichkeit auftritt, notwendig Gewissenskonflikte hervor« (Renz, Thesen [wie Anm. 5], S. 298).
159 Vgl. Troeltschs Äußerung bei Dinkler-von Schubert (wie Anm. 31), S. 46: »Ich neige eben stark zu einer antirationalistischen Bejahung des Lebens, die mit den rationalistischen Zügen meines und jedes Denkens zu vereinen allerdings eine sehr grosse Schwierigkeit ist« (Brief vom 14. 12. 1909).
160 Vgl. Klatt (wie Anm. 2), S. 99 Anm. 51.
161 Wrede hat sich zu der hier verhandelten Frage kaum in Publikationen geäußert. Über seine Haltung verspricht die oben Anm. 2 genannte Arbeit von Hans Rollmann erschöpfend Auskunft zu geben. – Zu A. Eichhorn demnächst die vorzügliche Monographie von H. RENZ, die mir durch die Freundlichkeit des Autors schon vorab zugänglich wurde.

WOLFGANG TRILLHAAS

Der Einbruch der Dialektischen Theologie in Göttingen und Emanuel Hirsch*

Literaturhinweise

Der Student der Theologie, der anfangs der zwanziger Jahre nach den ersten Semestern an seiner Heimatuniversität sich nach einem neuen Studienort umsah, ging kaum nach Göttingen. Dem »Lutheraner« – was immer das bedeuten mochte – war der Weg nach Leipzig, Erlangen oder Rostock gewiesen. Trug er Verlangen nach dem Biblizismus oder gar nach ein paar Tropfen pietistischen Öles, so gesellte er sich zu den großen Hörerscharen, die sich in Tübingen unter den Lehrkanzeln von Karl Heim oder Adolf Schlatter sammelten. Wollte er aber Theologie im Lichte der kritischen Historie und vollends in der Nachbarschaft weltlicher Bildung erleben, so nahm er seine Fahrkarte nach Berlin.

---

* Über meine eigene Beteiligung an den hier geschilderten Vorgängen habe ich in *meinem* Buch: Aufgehobene Vergangenheit. Aus meinem Leben, Göttingen 1976, und hier bes. im 9. Kapitel berichtet. Vgl. ferner: Karl Barth in Göttingen, in: W. TRILLHAAS: Perspektiven und Gestalten des neuzeitlichen Christentums, Göttingen 1975, S. 171 ff. Zitierte Briefstellen K. Barths bei: ED. THURNEYSEN, Hg.: Karl Barth – Eduard Thurneysen. Briefwechsel 1921–1930 (= Karl Barth. Gesamtausgabe V, Briefe, Band 2, Zürich 1974.) – Zitierte Briefe Emanuel Hirschs in meinem Besitz. – HANS MARTIN MÜLLER, Hg.: Christliche Wahrheit und neuzeitliches Denken. Zu Emanuel Hirschs Leben und Werk, Tübingen und Goslar 1984. In diesem Band mein Beitrag: Emanuel Hirsch in Göttingen, S. 37–59 (= Zs. f. Theologie u. Kirche 81, 1984, S. 220–240).

Eine Darstellung der Geschichte der Theologischen Fakultät in der Zeit des sog. Dritten Reiches stößt auf besondere Schwierigkeiten und überschreitet die Grenzen, welche dem vorliegenden Beitrag gesetzt sind. Das muß eine Beschränkung auf drei wichtige Dokumentationen erklären: ROBERT P. ERICKSEN: Theologians under Hitler. Gerhard Kittel, Paul Althaus and Emanuel Hirsch. Yale University Press, New Haven & London 1985. – Die ebenso materialreiche wie temperierte Geschichte des Kirchenkampfes in Hannover von EBERHARD KLÜGEL: Die lutherische Landeskirche Hannovers und ihr Bischof 1933–1945, Berlin und Hamburg 1964, gibt sorgfältig belegte Auskünfte über die politischen Eingriffe in die theologische Ausbildung, insbes. die Prüfungsordnungen. – Wesentliche Anteile an der Geschichte der »Theologie in Göttingen« in jenen Jahren hatte die Studentengemeinde und ihr Studentenpfarrer Adolf Wischmann. Hierfür verweise ich wenigstens auf: HANS HEINRICH HARMS, Hg.: Die Wischmann-Briefe 1939–1945, Stuttgart 1973.

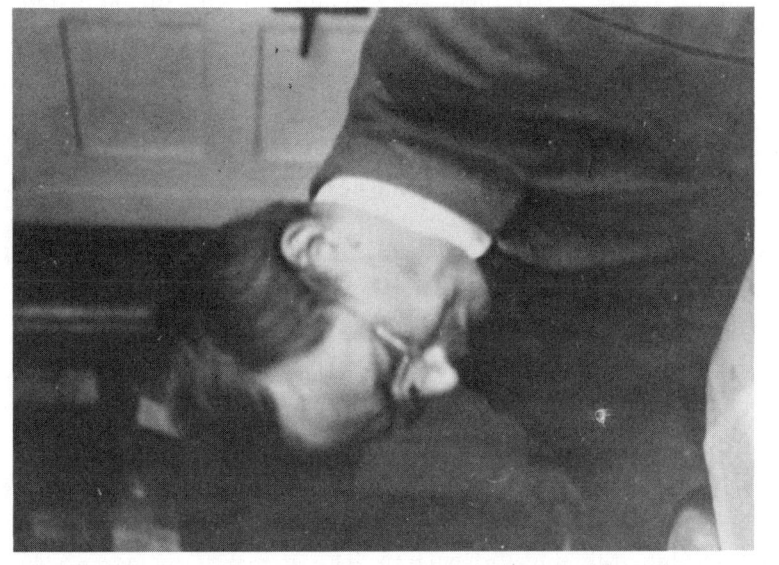

Abb. 29 und 30. Karl Barth in Göttingen

Aber er ging kaum nach Göttingen. Dieser Ort war in jenen Jahren ohne weithin sichtbare Laternen. Die »Religionsgeschichtliche Schule« hatte hier nach Ritschls Tod nur wenige Jahre geblüht, eigentlich überhaupt nur ihren Startplatz gehabt; denn die großen Namen, welche hier zu leuchten begonnen hatten, verliehen anderen Fakultäten ihren Glanz oder waren überhaupt schon zur Geschichte geworden. Der große Wellhausen war am 7. Januar 1918 gestorben.

Aber dieses Bild der Göttinger Theologie ist ungerecht. Die Septuaginta-Forschung lag bei Alfred Rahlfs oben am Friedländer Weg in unermüdlichen Händen. Der liebenswürdige Walter Bauer überholte mit seiner nüchternen philologischen Kritik und in seinem unbestechlichen Sammlerfleiß sozusagen schon vorweg das spätere Kittelsche Wörterbuch zum Neuen Testament, eine Arbeit, von welcher den Hörern der Vorlesung nur Brosamen, leicht spöttisch serviert, zuteil wurden. Vor allem verwaltete Alfred Bertholet die alttestamentliche Wissenschaft wie ein vornehmer Basler Museumsdirektor die seiner Verantwortung übertragene Abteilung einer religionsgeschichtlichen Sammlung. Aller damaligen Professoren muß in Ehren gedacht werden, des selbstbewußten Carl Mirbt ebenso wie des vielgewandten modern-positiven Carl Stange. Aber es wird im Rahmen eines historischen Berichts zu rechtfertigen sein, wenn ich sage: Diese Fakultät war doch ohne Strahlungskraft für Studenten, und selbst die hannoversche Landeskirche bezog ihr Salz – sofern davon überhaupt die Rede sein konnte – aus weiter entfernten Quellen.

Das änderte sich nun schlagartig mit dem Jahre 1921, genauer gesagt, zum Winter-Semester 1921/22. Zu diesem Termin kamen gleichzeitig Emanuel Hirsch und Karl Barth nach Göttingen: Hirsch, 33 Jahre alt, Privatdozent in Bonn, als Ordinarius der Kirchengeschichte in der Nachfolge von Nathanael Bonwetsch, Karl Barth, 35 Jahre alt, bislang Landpfarrer im Aargau, weder promoviert noch habilitiert, als Honorarprofessor für Reformierte Theologie »extra facultatem«. Beide Berufungen wirkten – mehr oder weniger – wie Einbrüche in die bisherige Kontinuität der Theologischen Fakultät.

Das zeigt sich bei Hirsch schon bei seiner Berufung. Ursprünglich stand sein Name nämlich an dritter Stelle auf der Berufungsliste hinter G. Anrich und Hans Frhr. von Soden. Er war also im herkömmlichen Sinne aussichtslos plaziert. Allerdings lag ein Sondervotum für Hirschs Vorrang bei: Just die konservativsten Mitglieder des Ordo, nämlich Johannes Meyer und Nathanael Bonwetsch, schlugen Hirsch für die erste Stelle auf der Berufungsliste vor. Und dazu kam dann noch eine kleine Pikanterie auf der Hintertreppe der Hochschulpolitik. In Berlin war der Rechtsphilosoph Rudolf Stammler von Hirschs Schrift »Deutschlands Schicksal« aufs tiefste beeindruckt worden und wandte sich unmittelbar an den zuständigen Referenten im preußischen Kultusministerium, den in seiner

Weise berühmten Repräsentanten liberaler Universitätspolitik Werner Richter, und forderte kategorisch für den Verfasser dieser Schrift einen Lehrstuhl. So daß Hirsch sicherlich in Göttingen nicht als das Wunschkind der Fakultät begrüßt wurde.

Karl Barth war dann vollends ein Fremdkörper. Er war zwar selbst ein Professorensohn und hatte sich überdies in der akademischen Welt gründlich umgetan. Aber er kam nun – horribile dictu – unmittelbar aus dem Pfarramt. Er war zwar der Verfasser eines berühmten Buches (viele meiner Generation sind nach dessen Studium zum Theologiestudium entschlossen gewesen), nämlich der Erklärung des Römerbriefes (1919, 2. Aufl. 1922), aber was wog das in dem Urteil der Fachgenossen? Doch sicher nicht mehr als im Urteil der professionellen Historiker Oswald Spenglers »Untergang des Abendlandes«, das ungefähr gleichzeitig in zwei Bänden erschienen war. Barths Berufung als Professor für Reformierte Theologie entsprach dem schon seit einiger Zeit anhaltenden Drängen des Reformierten Bundes auf die Etablierung des Faches in Göttingen. Dieser Bund stand sogar für die Finanzierung ein, was die Fremdheit dieser Professur in der Universität noch unterstrich...

Es ist also kaum zuviel gesagt, wenn ich von einem Einbruch spreche. Das Neue kam in beiden Fällen von außen, jedenfalls nicht aus der Göttinger Tradition. E. Hirsch war zwar kurze Zeit hier als Stiftsinspektor tätig gewesen, aber er hatte keine Göttinger Lehrer, und daß A. Titius seine Fichtearbeit zur Promotion betreut hat, war wirklich beiläufig. Beide Neulinge vertraten hier unbekannte Elemente. E. Hirsch war in der idealistischen Philosophie zuhause, insbesondere bei Fichte und dann in der Folge bei Hegel, und begründete von daher seine Idee der schicksalhaften Umformung des christlichen Denkens in der Neuzeit – und erst in zweiter Linie mit der historischen Kritik überhaupt. Barths Interessen entstammten der Frage nach dem Sinn von »Theologie« im wörtlichsten Sinne: »Rede von Gott« – ist das überhaupt möglich? Und wie kann unsere Predigt, wie kann die Exegese dem gerecht werden? Der hier erwachsende Radikalismus richtete sich gegen die bislang so selbstbewußte »moderne Theologie«, aber ebenso gegen die Kurzschlüssigkeit der Religiösen Sozialisten, von denen er selber ja herkam, und dann schließlich auch die »Positiven«, die ja der »Sache« in keinem Betracht näher waren, wie sie sich einbildeten.

Zwei Neulinge also, die in ihrer Situation wie in ihrem Willen zur Radikalität gewiß vergleichbar waren, ebenso auch in ihrer Leidenschaft für die rechte Predigt, die aber andererseits nach Charakter und Herkommen verschiedener kaum gedacht werden konnten. Doch bevor wir uns der Entwicklung ihrer Beziehung zuwenden, ein Wort über den einen wie über den anderen vorweg.

Also zunächst *Karl Barth*! Denn seinetwegen kamen ja in den frühen zwanziger Jahren die zahlreichen Neulinge unter den Studenten hierher. Sie stammten weitgehend aus der Jugendbewegung, die damals in Göttingen in dem Pädagogen und Philosophieprofessor Herman Nohl einen besonderen Freund und Patron besaß. Diese Studenten fügten sich in ihrem Lebensstil bruchlos mit dem selber erst im Werden begriffenen Meister zusammen, und der junge und doch schon berühmte Professor hatte mit den Studenten meist vertrauteren Umgang als mit den sich entfernt haltenden etablierten Kollegen. Es kam im Enthusiasmus jener Jahre dazu, daß sich Barths Schüler oft wie eine Clique, um nicht zu sagen wie eine Meute um den Meister sammelten. Zu dem berühmten Vortrag Barths in Halberstadt am 17. Mai 1925 über die dogmatische Prinzipienlehre Wilhelm Herrmanns, die zu einer frontalen Auseinandersetzung mit dem freien Protestantismus geriet, begleiteten ihn bis dreißig seiner Studenten, was fast dem Stil der Zeit entsprach; denn Rudolf Bultmann brachte zu seinem Vortrag über das Problem einer theologischen Exegese des Neuen Testamentes am 6. Februar 1925 ebenfalls eine nach Rang und Zahl ansehnliche Schar von Schülern mit, unter ihnen Heinrich Schlier – das Theologische Stift am Stumpfebiel wurde zu einem Massenquartier. Unter den damaligen Schülern Barths finden sich Namen, die bis heute in Kirche und Theologie Ansehen und Geltung besitzen. Manche sind seither, schon nach den Göttinger Semestern, andere Wege gegangen, wie sich umgekehrt andere, selbst in Göttingen, noch fernhielten, welche hernach für den Begriff des Barthianers zu Norm und Vorbild werden sollten wie Ernst Wolf und sehr viel später, allerdings auf einem weiten Umweg, Otto Weber.

Bedenken wir wohl: Wir fragen nach dem jungen Karl Barth. Also nach dem Karl Barth, in dessen Horizont – wie übrigens auch in dem unsrigen damals – noch kein »Drittes Reich« sichtbar war, von dem noch keine Leitformeln für das Bestehen des Kirchenkampfes ausgegangen waren. Hat der überhaupt für uns heute noch eine Bedeutung? Aber man kann auch umgekehrt die Erfahrung machen, daß sich in den Anfängen einer großen geschichtlichen Gestalt auch das Ursprüngliche ihrer Intentionen reiner, unverdeckter und unverbildeter kundgeben kann, als es dann hernach noch der Fall ist. Denn er war ein großer Mann, und das kam in den zwanziger Jahren, also vor dem Beginn des ihn ins weite Licht des öffentlichen Interesse stellenden Dramas nur um so unmittelbarer heraus. Wir fragen also nach dem jungen Barth.

Die Studenten, welche sich seiner Führung anvertrauten, wurden in einen schwer zu beschreibenden Strudel hineingezogen. Seine offene, allem Neuen und für ihn Unerwarteten zugewandte Menschlichkeit war faszinierend. Wie konnte er bei der Einweihung des Kriegerdenkmals vor dem Auditorium die Gestalt Hindenburgs anstaunen, wie konnte er sich

Abb. 32. Karl Barth inmitten von Göttinger Theologiestudenten

Abb. 31. Karl Barth mit dem Studenten Wolfgang Trillhaas am Göttinger Bahnhof, 1925

über den Lebensstil der deutschen Professoren, und dann wieder über den Grafen (Hermann) Keyserling, den Gründer der »Schule der Weisheit« in Darmstadt lustig machen, der anläßlich einer Vortragseinladung nach Göttingen zur Bedingung seines Kommens gemacht hatte, bei dem berühmten Karl Barth wohnen zu dürfen (und der Barth dann auch noch auf einer Postkarte mitteilte, welche Weine er zu trinken pflege)! Barths Künstlertum war offenkundig: Wie konnte er singen, wie genoß er sich selber als Briefschreiber! Die Verse saßen ihm locker. Er hat sich selber wohl gelegentlich als einen Romantiker bezeichnet. Aber das alles ist ja noch keine »Dialektische Theologie«. Wie kam es dazu?

Man muß sich ihre Vorgeschichte vergegenwärtigen. Sie zeigt einen eigentümlichen Rhythmus von kühnem Ausgreifen, zielsicherem Vordringen und dann wieder fast schüchternem Innehalten, Selbstkorrekturen. Der Sohn des konservativen Neutestamentlers in Bern, Fritz Barth, emanzipiert sich aus dieser Tradition, er wird Schüler von Adolf von Harnack und dann vollends von Wilhelm Herrmann, er wird »Marburger« durch und durch und dort zuletzt Hilfskraft in der Redaktion der »Christlichen Welt« bei Martin Rade. Der zarte Faden dorthin ist auch später nicht abgerissen. War das nun liberale Theologie? Diese Frage mag offenbleiben. Die im Hause und im Dienste Martin Rades verbrachte Zeit vermittelte ihm nicht nur den authentischen Zugang zur liberalen Theologie, sondern Gelegenheit zu nahem Umgang mit den wichtigsten Persönlichkeiten der damaligen Theologie. Aber dann, gleichsam auf der Schwelle zur akademischen Existenz, geht er zurück in die Schweizer Heimat und wird 1911 Pfarrer in der Aargauer Arbeitergemeinde in Safenwil. Er taucht ein in die normalen Aufgaben des kirchlichen Dienstes, er stellt sich in besonderer Radikalität der Not des Predigtgeschäftes. Schon in der veränderten Sicht dieser Aufgabe trennt er sich von den Liberalen: Nicht »wie«, sondern »was« haben wir eigentlich zu predigen? Da half die liberale Theologie nicht weiter, zumal auf dem »religiösen Jahrmarkt« dort und damals alles Mögliche angeboten wurde, alles wichtiger genommen wurde als »Gott selbst«.

Und es kam zugleich zu einer zweiten Emanzipation, nämlich zu dem Ausbruch aus der bürgerlichen Christlichkeit – angesichts der sozialen Lage der Fabrikarbeiter in seiner Gemeinde: Barth wurde praktizierender Sozialdemokrat, was in der damaligen Situation mehr bedeutete als ein theoretisches Engagement und in den engen Verhältnissen einer kleinen Gemeinde zu größeren Schwierigkeiten führte als heute üblich. Er unternahm das freilich im Bunde mit guten und bewährten Freunden und wurde »religiöser Sozialist«. Unter diesen Freunden ragte schon damals und bis zuletzt Eduard Thurneysen hervor, Barths amicissimus. Aber dieser nicht allein. Im Hintergrund standen die großen Gestalten des schweizer religiösen Sozialismus: Leonhard Ragaz, der im Konflikt mit der Kirche seine Züricher theologische Professur niedergelegt hatte, und der leidenschaftliche Hermann Kutter, der im Drängen auf das anbrechende Reich Gottes die Theologie beseite schob – sie waren Barth und Thurneysen wirklich ganz nahe, ja sie waren so etwas wie Leitfiguren für den einen wie den anderen und hatten doch keinen überzeugenden Rat, zumal rings um die friedliche Schweiz herum der erste Weltkrieg in vollem Gange war. Und doch erwies sich ein Rat als der entscheidende, nämlich der Hinweis auf den jüngeren Blumhardt in Bad Boll, und der wies auf die Bibel hin. Hier und nicht in der Radikalität des Gedankens ist nach »Gott selber« zu suchen, hier, und doch auch wieder in einem anderen, unmittelbareren Sinne, als sich die historisch-kritische Exegese mit ihrem Text beschäftigt. Das nahm Barth ernst, zumal es sich mit seinen Predigtproblemen Sonntag für Sonntag zusammenschloß, und so kam es zu der alles verändernden Arbeit am Römerbrief. Die erste Fassung der dann alsbald berühmt gewordenen Auslegung erschien 1919, und sie radikalisierte sich zur zweiten Auflage 1922.

Das waren also die ungewöhnlichen Voraussetzungen für eine Berufung als Professor nach Göttingen. Man spürte in diesem ja keineswegs geradlinigen Weg und Werdegang unmittelbar beides: die geradezu nachtwandlerische Folgerichtigkeit eines Weges, dessen Ziel dem, der ihn geht, kaum deutlich bewußt ist, auf dem das »sic et non« sich ständig abwechselt, Zugriff und Zurückhaltung, liebevolle und oftmals fast neugierige Annäherung an die »Sache« und dann wieder das instinktive »Das ist es nicht«; sicheres Selbstwertgefühl und zugleich tiefe, bis zur Selbstironie reichende Bescheidenheit erfüllen ihn ständig. An dieser nervösen Bewegtheit hatten die Studenten des von seiner Aufgabe überwältigten Professors vollen Anteil. Die Einsicht in die Lücken seines Wissens nimmt ihn in die Zucht eines unvergleichlichen Fleißes, so daß er dann in Münster als ein Ausbund der Gelehrsamkeit gelten wird. In den acht Göttinger Semestern hielt er – auch wegen seiner geminderten Rechtsstellung in der Fakultät – noch kein Seminar, aber das unterschwellige Mißtrauen der etablierten Kollegen gegen seine Wissenschaftlichkeit reizte ihn, die Fleißprüfungen im Stil mehrstündiger Klausuren abzuhalten. An die Stelle des noch ausstehenden förmlichen Seminars traten die berühmten Offenen Abende, in denen Barth unter seinen Studenten ganz zum älteren Studenten wurde und doch, ganz und gar Gastgeber, mit dem Übergewicht einer von keinem anderen Professor erreichten Autorität waltete; ein mehr als alle anderen Professoren noch Suchender und zugleich seines Themas, seiner Sache unvergleichlich sicherer Lehrer, ein immer noch Werdender und zugleich seiner Generation Vorauseilender.

Seine damaligen Kritiker in Kirche und Theologie machten ihm gewiß viel zu schaffen, sie sind heute der Erwähnung kaum noch wert. Aber es standen ein paar andere kritische Wächter an seinem Wege. Da war

Barths alter Lehrer Adolf von Harnack, der ihm seine Sorge um die Erhaltung der Wissenschaftlichkeit der Theologie mitteilte. Und gewiß hatte Barth an dem, was die sich für wissenschaftlich haltende Theologie damals trieb, wenig Interesse; also an allem, was sich aufs Gefühl, aufs »Erlebnis«, auf »Frömmigkeit«, ja sogar auf »Christentum« berief oder was im Gewande der Psychologie einherkam. Wenig Interesse freilich auch – und damit nähern wir uns dem wirklich kritischen Punkt – am »Historischen« überhaupt. Es ereignete sich in der Tat etwas ganz Seltsames: die ganze religiöse Szene geriet in Verwirrung; d.h. das, was im religiösen Liberalismus lebendig war, rückte mit dessen Gegnern, den vermeintlich Konservativen, den »Positiven« oder noch besser den »Modern-Positiven« bis zur Verwechselbarkeit zusammen. Nein, damit hatte Barth nichts im Sinn. Dennoch drangen Harnacks Sorgen bei Barth in tiefere Schichten ein. Und auch andere hielten das Anliegen der anspruchsvollen Wissenschaftlichkeit lebendig: Erik Peterson, der Unvergeßliche, und dann eben – Emanuel Hirsch, von dem nun gleich mehr zu sagen sein wird.

Vorerst aber war nun Barth von seinem Amt für die Wissenschaft in Pflicht genommen. Da das Seminar noch ausgespart blieb, war er bis in die Nächte hinein fleißig für die Vorlesung. Es waren zwei große Themenkreise, mit denen sich die Vorlesungen in Göttingen beschäftigten, beide wiesen überdies in die Vorgeschichte zurück. Es war einmal die Fortsetzung dessen, was er ja schon in seinem Römerbriefkommentar geleistet hatte, er betrieb »Theologische Exegese des Neuen Testaments«. Er legte in den ersten Semestern am neuen Ort den Epheserbrief, den Jakobusbrief, den 1. Korintherbrief und den 1. Johannesbrief aus. Daß damals gewiß aus der falschen Ecke die teils beifällige, teils kritische Rede von der »pneumatischen Exegese« aufkam, zeigt nur, mit welchem Strudel von Mißverständnissen Barth ständig zu kämpfen hatte. Aber hier erwuchs nun Barth ein unerwarteter Zeuge, der ihn in seiner Absicht bestätigte, daß die Auslegung neutestamentlicher Texte eben von deren »Sache« und nicht von deren Entstehung oder religionsgeschichtlicher Beurteilung zu handeln habe, und das war Rudolf Bultmann. Er trat damals in dem schon erwähnten Göttinger Vortrag Barth an Ort und Stelle zur Seite, wie er dann freilich späterhin durch die hermeneutische Problematik das Gespräch in ganz andere Dimensionen verlagerte.

Neben der »Theologischen« Exegese forderte freilich noch ein zweiter Problemkreis eine Fortsetzung der Arbeit, eine Antwort auf Anfrage und kritische Stimmen. Es waren die alten Autoritäten der Religiösen Sozialisten, Leonhard Ragaz und, ihm an Rang und Tiefe weit überlegen, Hermann Kutter, deren Verkündigung des »Reiches Gottes« in Theologie und Kirche kein Genüge fand. Sie nahmen Anstoß daran, daß ihr eben zu öffentlichem Ansehen und zu einer gewissen Autorität gelangter jüngerer Gesinnungsgenosse, der doch erst in ihren Reihen mitmarschiert war, nun »Theologie« trieb. Und in der Tat: Indem Barth auf die Mitte, auf die schon in dem Namen der Theologie bezeichnete »Sache« der Theologie hinwies, so daß diese Theologie ihren Namen verdiente, blieb ihm keine andere Wahl, als eben – keine Allotria, sondern – »Theologie« zu treiben. Und so war es die Existenzfrage für den Professor der Theologie, wie eine sachgemäße »Rede von Gott« überhaupt möglich sein könne. Er half sich zunächst dadurch, daß er sich auf seinen Lehrauftrag berief, also »Reformierte Theologie« zu treiben. Und so kam er an seine ersten Themen, an die Vorlesungen über den Heidelberger Katechismus, über Calvin, dann die zu einiger Enttäuschung führende über Zwingli, ferner über die reformierten Bekenntnisschriften und über Schleiermacher, der ja auch ein »Reformierter« war oder jedenfalls sein wollte.

Das waren ja nun in der Tat – es läßt sich nicht leugnen – historische Themen. In ihnen berührte Barth sozusagen das Glockenseil, so daß die Glocke Töne gab zur wirklichen Dogmatik. Denn wenn die Theologie die auch für uns kompetente Wahrheit aussagen sollte, dann kann sie nur im Präsens gelten und sprechen. Und so entstand in den letzten drei Semestern Karl Barths in Göttingen der erste Entwurf seiner Dogmatik: Prolegomena, erster und zweiter Teil – der Schluß, die Eschatologie, wurde dann in Münster vorgetragen. Die Ankündigung stieß auf den Widerstand der Ordinarienfakultät, welche dem Honorarprofessor eine Überschreitung seiner Kompetenzen zum Vorwurf machte. So kündigte Barth seine Vorhaben in gezielter Anspielung an ein großes Vorbild an als »Unterricht in der christlichen Religion«. Vom ersten Satz dieser Vorlesung an bewies Barth seine unvergleichliche Lehrgabe, jeder gebildete Theologe genießt bis heute ihre Früchte. Unmißverständlicher konnte man kaum sagen, was »Theologie des Wortes Gottes« bedeuten solle, als in der Rede von der dreifachen Gestalt des Wortes Gottes. So seien hier nur drei Bemerkungen zu diesem Entwurf seiner Dogmatik gestattet.

Barths Verhältnis zur Geschichte war ganz unbestreitbar, er erreichte, nicht nur über eine Leidenschaft für Biographien, die unerwartetsten Details. Barth erging sich, darin eben ein Romantiker, im Garten blühender Individualitäten. Aber Barth dachte nicht »historisch«. Die Theologie und ihre »Sache« suchte er immer quer durch alle historischen Brechungen hindurch in einer Unmittelbarkeit, die durch keinen »historischen Zeddel« gestört war. Dafür war dann die Predigt sozusagen der Spitzenbegriff; denn in ihr spricht »Gott selber«, nach dem von Barth immer wieder zitierten Dictum Bullingers: »praedicatio verbi divini est verbum divinum.«

Zweitens: Das Studium für die Vorlesungen führte Barth zur Überraschung seiner Gegner, aber mehr noch seiner Freunde und seiner selbst zur Entdeckung der altprotestantischen Orthodoxie. Und mehr als das: er entdeckte die Orthodoxen nicht als die religiösen Metaphysiker, als welche sie in der Kirchengeschichte verstanden wurden, sondern als exemplarische Dialektiker. An ihnen konnte Barth geradezu veranschaulichen, was denn das Dialektische in aller sachgemäßen Theologie sei.

Und noch ein Drittes: Im Zusammenhang mit der ursprünglichen »Gestalt« des Wortes Gottes taucht nun – wenn ich mich nicht sehr täusche: erst jetzt – der Begriff auf, welcher in der Theologie der Reformatoren noch gar nicht vorkommt und von nun an in der neueren Theologie allerdings eine geradezu schicksalhafte Rolle spielen wird: der Begriff der Offenbarung. Gewiß, dieser Schlüsselbegriff war von vorneherein exklusiv gemeint, er meinte die Christus-Offenbarung. Aber er konnte seine theologiegeschichtliche Herkunft aus dem Supranaturalismus und der Aufklärung nicht verleugnen, und er bot eine Kategorie an, welche den Gegnern Barths willkommen war und alsbald im Kirchenkampf in vielen Variationen – als Offenbarung in der Geschichte, in der Natur usw. – eine verwirrende Rolle spielen sollte.

Mit dem Ende des Sommersemesters 1925 endete aber nun nicht nur die Dogmatikvorlesung, sondern Barths Wirksamkeit in Göttingen überhaupt. Mit unerwarteter Beschleunigung eröffnete sich Barth seine Berufung nach Münster. Die dortige Fakultät hatte ihn schon zu Beginn seiner Göttinger Zeit zum Ehrendoktor gemacht. Nun sollte er dorthin gehen, zunächst als persönlicher Ordinarius, dann, nach Wehrungs Übergang nach Tübingen, ins volle Ordinariat. Das bedeutete für Barth nicht nur (endlich) finanzielle Sicherheit, sondern auch volle akademische Rechte. Der erste Promovend dort war Wilhelm Niesel, alsbald folgte Eduard Ellwein. Die konfessionelle Einschränkung des Lehrauftrages fiel weg. Die Schülerschaft vermehrte sich weiterhin und geriet überdies in den Seminaren in eine strenge Zucht, sie wurde »auf Vordermann gebracht«, wie sich überhaupt eine gewisse Exklusivität ankündigte; auch die alten Schüler wurden mehr und mehr, wenn auch am entfernten Ort, mit einem kontrollierenden Blick begleitet. Als in den ersten Wochen in Münster Adolf von Harnack zu einem Vortrag erschien, fragte ihn Barth wegen der Dogmatik um Rat: solle er sie schon veröffentlichen oder noch zuwarten? Harnack riet ihm: nicht mehr warten!

Aber das Bild jener Epoche der Göttinger Theologie wäre entstellt, würde man nicht mit ähnlicher Gründlichkeit von *Emanuel Hirsch* sprechen. Der um zwei Jahre Jüngere war gleichzeitig mit Barth in die Göttinger Fakultät eingetreten. Man kann sich keine entgegengesetzteren Charaktere vorstellen als diese beiden. Aber wie es sich auch immer damit verhalten mag, welche Freude wäre es, von diesem »anderen« zu erzählen, wäre nicht sein Bild verfremdet und die Erinnerung an ihn von den düsteren Schatten der Ereignisse im sog. »Dritten Reich« überlagert!

Abb. 34. Emanuel Hirsch, 1931

Abb. 33. Emanuel Hirsch als Bonner Privatdozent, ca. 1920

Welches unbelastete Interesse müßte nicht im Rahmen einer Darstellung der Göttinger Theologiegeschichte die Begegnung mit dem größten Historiker unserer Wissenschaft für die Neuzeit seit Ernst Troeltsch auf sich ziehen, wäre nicht in ihm die deutsche Katastrophe jener Jahre wie bei kaum einem anderen bis in die persönliche Tragik hinein gesteigert!

Aber wir befinden uns hier bei unserer Erinnerungsarbeit noch in den zwanziger Jahren. Es begegnen sich da also zwei noch verhältnismäßig junge Professoren, beide erfüllt von einer unvergleichlichen Leidenschaft für die Theologie und dadurch in ein Gespräch verwickelt, das sich bei der Verschiedenheit der Gesprächspartner nur immer wieder umso heftiger erneuert, das aber durch die zwischeneinkommenden Gegensätze, die nur unzureichend als »politisch« zu bezeichnen sind, mitunter für gemessene Zeiten ganz verstummt. Die Unterschiede der beiden zeichnen sich schon beim ersten Blick auf ihre Vorgeschichte deutlich ab.

Emanuel Hirsch hat nur in Berlin studiert, wo er bekanntlich der vorzüglichste Schüler Karl Holls war. Von früh an war das akademische Lehramt sein Lebensziel. »Pfarrer« bedeutete für ihn im Grunde immer nur einen zweiten Rang, und die Kirche war für ihn, wenn man es hart ausdrücken darf, eigentlich nur ein notwendiges Hilfsmittel, aber doch mehr ein Fremdkörper im Christentum. Aber die Theologie war für Hirsch immer im Präsens wichtig, mit ganzer Überzeugung versenkte er sich in die Wichtigkeit der Predigtaufgabe, aber er faßte sie dann doch anders auf als Barth. Predigt – das war für ihn nicht das Wort Gottes an uns, sondern ein mannigfach vermitteltes Zeugnis, »wie Gott in der Bibel an den großen Gottesmännern handelt und wie diese Männer in einem bestimmten Verhältnis zu Gott stehen. Das wird uns mithin zur Norm, an der wir Gottes Handeln mit uns verstehen, und über das rechte Verhältnis, in dem wir zu Gott stehen. . .« Das ist ein wörtlicher Ausschnitt aus den Thesen, an denen Barth und Hirsch am 24. und 25. Februar 1922 die sie gemeinsam bewegenden Anliegen diskutiert haben. Wenn der Fernerstehende diese 11 Thesen und Barths Gegenthesen heute liest, dann wird er erstaunt darüber sein, wie nahe die beiden offenbar im Grunde beisammen waren. Was hat sie da eigentlich überhaupt getrennt?

Ihre unaufhebbaren Gegensätze verwickelten sie ins Gespräch. Was war das Problem dieser Gegensätze? Hirsch konnte sich das Handeln Gottes nie ohne seine Einkleidung in die Geschichte denken. Er stand unter dem Eindruck des Schicksalhaft-Historischen, was sich dann bei E. Troeltsch zum Schicksal des Historismus, allerdings dann auch zu dem damit verbundenen Relativismus verstärkte. »Gott selber« – wenn ich es einmal so ausdrücken darf – zog sich im einen Fall in die Verborgenheit zurück, aus der den Menschen nur noch eine indirekte Mitteilung erreichen konnte, im anderen Falle aber in jene Verborgenheit, die vom

mystischen Geheimnis umhüllt ist. Barth hingegen war fasziniert von der
– dann wiederum auch nicht mehr wissenschaftlich realisierbaren – Überzeugung, im »Wort« der Bibel und nicht minder im »Wort« der Predigt
Gottes Wort und das keines anderen zu vernehmen: praedicatio verbi
divini est verbum divinum. Hier standen sich also zwei radikale Positionen gegenüber, die sich einander das letzte Wort schuldig bleiben
mußten.

Beide hatten zur Geschichte ein völlig verschiedenes Verhältnis. Bei
der schon erwähnten Halberstadter Tagung des »freien Protestantismus«
warf Martin Rade Barth und seinen zahlreich vorhandenen Schülern vor,
in Göttingen würde keine Dogmengeschichte studiert. Aber Barth war
tatsächlich übervoll von historischem Wissen und historischem Interesse
und ließ auch seine Schüler daran teilnehmen. Ich habe sr. Zt. auch dem
alten Ferdinand Kattenbusch in Halle, der den Mangel des historischen
Interesses bei Barth beklagte, davon erzählt. Aber es war bei Barth mehr
das Interesse am historischen »Stoff«, am konkret Biographischen, an der
»Geschichte zum Anfassen«. Barth hat bei einem Besuch in den USA
auch das Gelände der Schlacht von Gettysburg vom 1.–3. Juli 1863
besucht und seinen Gastgebern den Verlauf dieser Schicksalsstunde in
den Sezessionskriegen genau erklärt. Und er hat in Münster die Geschichte der protestantischen Theologie mit dem ganzen Charme, aber gewiß
auch mit dem Subjektivismus des späten Romantikers in Biographien
erzählt. Sie ist erst 1947 als Buch erschienen. Und doch war er gegenüber
dem Historischen mißtrauisch, es berührte ihn nicht im Zentralen. Bei
einem Besuch bei Emanuel Hirsch in den fünfziger Jahren – er hatte eben
seine fünfbändige »Geschichte der neuern evangelischen Theologie« herausgebracht – gestand mir Hirsch auf Befragen, daß er die Theologiegeschichte Barths gar nicht kannte. Ich lieh sie ihm, mehr auf meine
Initiative als auf seinen Wunsch hin – aber er brachte sie mir schon nach
acht Tagen mit abwertenden Bemerkungen wieder zurück. Will man das
die beiden – jedenfalls damals – Trennende auf eine knappe Formel
bringen, so kann man sagen: Für Hirsch gab es kein Vernehmen des
»Wortes«, der Kundgabe des Willens Gottes, das nicht durch die Geschichte hindurch gegangen und auch gebrochen, das dann aber auch in
der Tiefe des Herzens, im Gewissen aufgenommen und bestätigt worden
wäre. Für Barth hingegen unterlag die Betonung des historischen Interesses an einem historischen Text oder auch und mehr noch an seiner
psychologischen Vermittlung immer dem Verdacht, hier könne von der
Sache, auf die es eigentlich ankommt, abgelenkt werden. Für Hirsch war
das Historische demgegenüber immer unvermeidbar und unausweichlich, freilich auch nie ein Hindernis für die »Zwiesprache auf dem Wege
zu Gott«, um mich dieses späten Titels von 1960 zu bedienen. »Man ist
den Tiefen der Wahrheit im Erschauen echten geschichtlichen Lebens

sogar weit näher als in den Dogmatiken und Gesellschaftstheorien« (Christliche Wahrheit, S. 213). So kommt bis zuletzt, aber eben auch schon in der Frühzeit der ersten Begegnungen zu dem einen Streitpunkt des Historischen immer zugleich und untrennbar der andere, zweite Streitpunkt hinzu, die Bedeutung und der Anspruch der Subjektivität. Ihr hat Hirsch dann in seiner großangelegten deutschen Kierkegaard-Ausgabe einen unübersehbaren Maßstab gesetzt. Man kann den Gegensatz zwischen Barth und Hirsch auf zwei harte Sätze bringen, die keine Zitate sind, sondern als Interpretamente verstanden werden wollen: Im einen Falle, in der Frage des Historischen, kann man sagen: *Es gibt keine absolute Theologie.* Das will sagen: Es gibt keine vom Historischen und den damit gesetzten Bedingtheiten befreite Theologie. Und im anderen Fall kann man sagen: *Es gibt keine objektive Theologie*, also keine, die sich an der Erfahrung oder am Erlebnis, jedenfalls am Gewissen vorbeischleichende Theologie, die dann noch diesen Namen verdienen würde. Im Grunde hat das ja auch Barth dadurch bestätigt, daß er den Rang der kompetentesten Aussage von Gott eben der Predigt zugesprochen hat.

Nun, das alles geht schon weit über den unsere Betrachtung begrenzenden Zeitraum der »zwanziger Jahre« hinaus. Wir befinden uns noch ganz im Vorläufigen, wenn man an die späteren Entscheidungsjahre denkt. »Was wir jetzt treiben, ist alles noch Geplänkel«, schrieb Barth am 20. 3. 1924 an Thurneysen. Und doch ist das Wesentliche schon sichtbar und noch unvermengt mit den später hinzukommenden Abgrenzungen und auch Verschärfungen. Es ist vor allem bei Barth ein seltsames Ineinander von höchstem Selbstbewußtsein und tiefer Bescheidenheit, von sicherem Urteil über die Situation und Überraschung darüber, was ihm im Fortschreiten auf seinem Wege, im Beginn der Arbeit an der Dogmatik begegnet. Z. B.: »daß ich unter viel Kopfzerbrechen und Staunen schließlich der Orthodoxie doch fast in allen Punkten recht geben muß und mich selber Dinge vortragen höre, von denen ich mir weder als Student noch als Safenwiler Pfarrer je hätte träumen lassen. . .« (Rundbrief am 7. Juni 1925). Und der Hinweis auf die Vorläufigkeit bedeutet vor allem: das ist alles noch vor dem Kirchenkampf gesagt und geschrieben, noch vor dem »Dritten Reich«. Alsbald werden auch – nicht mehr in der Göttinger Zeit – auf der Bühne die Personen wechseln: »Zwischen den Zeiten« stellt nach dem elften Jahrgang sein Erscheinen ein, Friedrich Gogarten und Georg Merz treten in den Hintergrund, Ernst Wolf und andere betreten den Schauplatz, neue Schüler und Freunde werden zu Mitstreitern und Genossen, wie Karl Gerhard Steck und Helmut Gollwitzer. Umso wichtiger ist es, die damalige Situation in ihrem eigenen Gewicht, unverfälscht und unverstellt zu begreifen.

Es mag uns heute erstaunen, wie nahe sich Barth und Hirsch damals waren, trotzdem ihre tiefen Gegensätze schon deutlich erkennbar waren.

Am 11. Februar 1922 schreibt Barth im Anschluß an eine etwas kritischironische Äußerung über Hirsch: »Aber er ist mir sichtlich sehr zugetan, zeigt beharrlichen Willen, Gemeinschaft mit mir zu pflegen, und ist also nicht mit einem Prrr! abzuschütteln, wie ich anfänglich beabsichtigte. Gogarten mag er nicht leiden; ich werde mir das Vergnügen machen, die beiden morgen bei einem Tee zu konfrontieren.« Störungslos war das Verhältnis auf die Dauer sicher nicht, und gelegentlich heißt es dann in einem Brief (am 18. Mai 1923): »Über Emanuel Hirsch muß die Geschichte diesmal insofern schweigen, als ich ihn wegen der abgebrochenen diplomatischen Beziehungen . . . nur einmal gesehen habe.« Der Grund? Barth hatte Anlaß, ihm gegenüber grob zu werden, nämlich von einem gänzlich ans Preußentum verratenen Christentum, von einer Paraphrase zu Ludendorffs Kriegserinnerungen und dergl. zu reden. Schon zuvor berichtet er von einer »fürchterlichen Szene« mit Hirsch. Sie ereignete sich im Gefolge einer Studentenversammlung, in der ein heftiger Streit darüber entbrannt war, ob und ggf. wie der Weihnachtsgruß französischer Theologiestudenten beantwortet werden solle, der gerade während der Besetzung des Ruhrgebietes eingetroffen war. Namentlich aufgezählt, hatten sich Bauer, Stange und Hirsch gegen, Barth und Otto Piper für eine Antwort ausgesprochen. – Aber halten wir hier inne. Es ist heute – nach sechzig Jahren schwierig genug – nötig, die ineinanderliegenden Verwirrungen zu entzerren. Diese Verwirrungen sind zu einem Teil begründet in dem heute kaum noch nachfühlbaren verletzten Nationalgefühl nach dem ersten Weltkrieg, das die Atmosphäre an den Universitäten vergiftete, zu einem Teil in der Mentalität der Studenten, dann aber auch in den sich ankündigenden Spannungen, die sich im alsbald folgenden Kirchenkampf steigerten und schließlich unheilbar wurden.

Weder der eine noch der andere wollten damals (und wohl auch später) diesen schweren Gegensätzen Endgültigkeit zugestehen. Am 18. Juni 1970 schrieb mir E. Hirsch: ». . . möchte ich noch bemerken, daß die Briefe Barths an Thurneysen aus der Göttinger Zeit, was meine Person und ihr privates Verhalten zu Barth anlangt, eine der Wahrheit und Lauterkeit entbehrende Karikatur darbieten und es gänzlich verhüllen, wie viel Karl Barth in seinen Göttinger Jahren mir an Freundlichkeit und Hilfe in allerlei Lagen verdankt. . .« Nun, das gehört zu den persönlichen Verwirrungen, und es ist wichtig, zu bemerken, daß der eine wie der andere sie nicht mehr wahrhaben, oder soll man besser sagen: sie ungeschehen machen wollte. Unübersehbar sind Barths mehrfache Versöhnungsgesten nach Kriegsende. Unrichtig erscheint es mir aber und eine verhängnisvolle Harmlosigkeit, die damals und später immer wieder zum Streit führenden Gegensätze als »politisch« zu bezeichnen. Sie rührten in jedem Falle an die Mitte des christlichen Glaubens und der christlichen Praxis. Barth hat – sicher zu Recht – an den Deutschen immer das

Sensorium für das wirklich Politische, für den Willen zum Kompromiß und das Verständnis für die Interessen der »anderen« vermißt. –

Aber die Thematik dieser Vorlesung ist auf die »zwanziger Jahre« begrenzt. Der alte Emanuel Hirsch, blind und in nachdenkliche Einsamkeit versunken, sagte mir einmal in rätselhafter Selbstironie: »Sie wissen ja, damals reichten die Gegensätze von ›Schwarz-Weiß-Rot‹ und ›Schwarz-Rot-Gold‹ tiefer als die alten theologischen Gegensätze von Liberal und Positiv.« Wie tief hing er selber noch an den vormaligen Leidenschaften und Sorgen? Der Sammelband »Christliche Wahrheit und neuzeitliches Denken« (Tübingen 1984) enthält späte und bis dahin noch unveröffentlichte Texte von Emanuel Hirsch; sie geben Kunde von einem Denken, das seither weit über die Positionen der »zwanziger Jahre« hinweg geschritten war.

Zu Beginn des W.S. 1925/26 verließ Barth überraschend schnell Göttingen, um seine neue Professur in Münster anzutreten. Der »fahrende Platzregen« war über Göttingen hinweggegangen. Barth nahm seine Schüler, soweit sie nicht zum Studienabschluß an ihre Heimatorte zurückkehrten, allesamt an den neuen Ort mit, wo er sich immer deutlicher als das mächtige, wirkungsvolle und unnachsichtige Schulhaupt entwickelte. Die alten Schüler, die jungen Freunde erhielten nun auch in zunehmender Weise ihre Zensuren. – In Göttingen blieb E. Hirsch in der altbekannten Szene, ihm zur Seite die älteren Kollegen, die nacheinander den Schauplatz räumten. Emanuel Hirsch war nun auf dieser Bühne immer mehr die beherrschende Figur, wissenschaftlich respektiert, mit dem nach wenigen Jahren heraufziehenden »Dritten Reich« mehr und mehr gefürchtet und gemieden. Erst als sich fünfzehn Jahre später die Katastrophe vollendet hatte, und nachdem er ins Niemandsland der Schuldigen abgeschoben war, wurden seine inzwischen gereiften großen Leistungen sichtbar, aber nur noch ganz wenigen Kennern – bis zum heutigen Tage.

Unser Thema setzt dem, was hier vorzutragen ist, Grenzen, vor allem durch die Beschränkung auf das dritte Jahrzehnt. Was ist das Erbe jener Jahre, die, für die damaligen Studenten jedenfalls, die »jungen Jahre« waren, die aber auch für Karl Barth und Emanuel Hirsch die »jungen Jahre« ihrer Laufbahn als theologische Lehrer gewesen sind? Es waren Jahre einer unvergleichlichen Nähe der beteiligten Studenten zu ihren jungen Lehrern: Wir fanden uns bei Karl Barth als Mitstudierende, als Mit-Streiter, Mit-Entdecker, und so wurde der Gewinn, freilich auch das unseren Blicken Entzogene, um nicht zu sagen das unserem Interesse Verbotene zum Schicksal unserer Studentenjahre in Göttingen. Emanuel Hirsch war – obschon der jüngere von beiden – viel mehr als Karl Barth »Lehrer«, überlegener Gelehrter und strenger Erzieher, aber auch er der

Begleiter, der an unserer Vorgeschichte interessiert war und das Gespräch mit dem einzelnen suchte. Noch einmal: Was ist von alledem geblieben?

Es sind die großen Themen, die wie Säulen für uns aus jenen Tagen in der Erinnerung hervorragen; für Barth seine Dogmatik, zunächst mit dem Übergewicht der protestantischen Orthodoxie, und die Schlüsselstellung der Predigt, welche alle Theologie sozusagen zum Offenbarungseid zwingt; und was dann Hirsch anbelangt, das Problem der Unausweichlichkeit des geschichtlichen Wandels und der historischen Kritik, welche diesen Wandel sichtbar macht; aber dann die Überzeugung, die er an Kierkegaard festgemacht hat: Die Subjektivität ist die Wahrheit. Bemerkenswert ist freilich auch, daß die Position der vormaligen »Lehrer« im Verhältnis zu ihren ehemaligen Schülern sich im Laufe der Zeit grundlegend wandelte: Barth geriet mehr und mehr in die Rolle des Großinquisitors und auch des Gefangenen seiner Vorurteile und seiner Grenzen, wozu der Kirchenkampf natürlich erheblich mitwirkte. Bei Hirsch verlief für die ihm näher Stehenden die Entwicklung entgegengesetzt. Zunächst brachen – ebenfalls in der Folge des Kirchenkampfes – die Beziehungen völlig ab. Dann wurde er, wenn man in den späteren Jahren die Mauer seiner Vereinsamung durchbrechen konnte, – er, der an strittiger Auseinandersetzung immer sein Vergnügen hatte, zum unerschöpflichen kollegialen Gesprächspartner. Aber wie auch immer – was war nun letztlich das Erbe jener frühen Jahre?

Es waren die Probleme. Und es ist für jeden echten Studenten, der diese Bezeichnung verdient, die Schicksalsfrage, was er aus diesen Problemen für sich selber macht. Der nicht weiter wachsende Student will Antworten haben, und er wird sie erhalten. Er kann sich dabei auch begnügen, und diese Antworten sind dann die Früchte seines Studiums. Für den anderen wachsen aus den ihm widerfahrenden Problemen neue und bestätigen insofern die Lebendigkeit der gewonnenen Einsichten. So haben uns jedenfalls die Probleme jener Semester auf den Weg gebracht und immer von neuem in Bewegung gesetzt. Es gibt aber auch Probleme, die eines Tages überholt oder unwichtig geworden sind oder auch schlicht veraltet. Und dann gibt es Probleme, von denen der nachdenkliche Schüler im Rückblick verwundert fragt: »Warum hat der Meister sie eigentlich nie entdeckt?« Aber auch dann noch, und »wie auch immer«: Das Gedenken an diese Lehrer leuchtet: »Qui autem docti fuerint, fulgebunt quasi splendor firmamenti« (Dan 12,3).

Abb. 35. Mitglieder der Theologischen und der Juristischen Fakultät der Universität Göttingen am 3. Mai 1933

Eduard Lohse

Theologiestudent in Göttingen 1946–1950

Geschichtliche Daten, die sich im vergangenen Jahr zum vierzigsten Mal jährten, boten mehrfach Anlaß, sich auf das Ende des zweiten Weltkrieges und den mühsam gewonnenen Neuanfang der damaligen Zeit zu besinnen. Im Laufe eines menschlichen Lebens vermag man die Spanne von 40 Jahren im Rückblick so weit zu übersehen, daß Erinnerung hinlänglich deutlich wiederzugeben weiß, was sich mehr als eine Generation zuvor ereignet hat. Wie das Volk Israel 40 Jahre durch die Wüste zog und beim Weg in das gelobte Land immer wieder der Erlösung aus der Gefangenschaft zu gedenken hatte, so hat unsere Generation aufs neue sich daran zu erinnern, wie unter den Schrecken des zu Ende gehenden Weltkrieges die Fesseln zersprangen, die freier geistiger Entfaltung angelegt worden waren. Unter namenlosen Leiden vollzog sich die Befreiung von einer Zwangsherrschaft, die große Teile unseres Volkes sich selbst auferlegt hatten. Zeiten verbreiteter Verblendung und tiefer Demütigung gingen zu Ende. Und als die Augen geöffnet wurden, um wahrzunehmen, was wirklich geschehen war, mußten sie voller Entsetzen erkennen, daß in deutschem Namen unendliches Leid über viele Völker – die Juden zuerst –, nicht zuletzt auch über das eigene gebracht worden war. Wie sollte es möglich sein, nach diesen von Schrecken und Tod erfüllten Zeiten einen Neubeginn ins Werk zu setzen?

Auch Göttingen hatte Zeiten schmachvoller Erniedrigung erlitten, die in großem Maß Studenten und Professoren der eigenen Universität zugefügt hatten. Gelehrte, die ihrer Abstammung oder ihrer Gesinnung wegen vom System des sog. Dritten Reiches verfemt worden waren, hatten Göttingen verlassen müssen. Der Marschtritt der braunen Bataillone hatte Göttingens Straßen erfüllt und das 200jährige Jubiläum der Universität 1937 zu einem Ereignis werden lassen, bei dem Beschämung und Trauer viele Herzen beklemmend erfassen mußte.

Mit den anderen Fakultäten war auch die Theologische Fakultät durch Jahre der Bedrückung, aber auch verhängnisvoller Selbsttäuschung gegangen. Worte und Erklärungen waren laut geworden, in denen man sich des geschichtlichen Zusammenhanges, der den Ursprung des Christentums mit dem Volk Israel verbindet, meinte schämen zu müssen. Gelehrte, die einer Verfälschung der Geschichte oder einer Verschiebung des theologischen Urteils, durch das man sich der herrschenden Ideologie zu beugen bereit war, widersprachen, waren verdrängt oder in ihrer Wirksamkeit behindert worden. In der Theologischen Fakultät Göttingen gab es in den Jahren des Dritten Reiches nur zwei Professoren, die Mitglieder der Bekennenden Kirche waren, Hermann Dörries und Joachim Jeremias. Sie sind meine verehrten akademischen Lehrer gewesen. Joachim Jeremias sprach später nur selten von den bitteren Erfahrungen dieser Jahre. Aber was ich von ihm hierüber gelegentlich erfuhr, hat sich dem Gedächtnis eingeprägt. Sein und seiner Kollegen unermüdlicher Einsatz galt von 1945 an der Neugestaltung der Fakultät, die die ihr wieder geschenkte Freiheit von Forschung und Lehre in der ihr obliegenden kirchenleitenden Verantwortung aufs neue zu nutzen und zu wahren hatte.

Als nach dem Zerbrechen der Zwangsherrschaft des Dritten Reiches der Spuk einer zwölfjährigen Verblendung verflogen war, konnten beherzte und tatkräftige Göttinger Professoren alsbald Vorkehrungen treffen, um die unzerstört gebliebenen Institute und Einrichtungen der Universität zu neuer Lehrtätigkeit nutzbar zu machen. Der international angesehene und durch die Integrität seiner Person über jeden Zweifel erhabene Gelehrte Rudolf Smend nahm als erster Nachkriegsrektor der Universität deren Geschicke in die Hand und trug dafür Sorge, daß in mühsamen Verhandlungen mit der britischen Besatzungsmacht die Universität schon zum Wintersemester 1945/46 ihren Lehrbetrieb wiedereröffnen konnte. Göttingen wurde zum Zufluchtsort für viele Menschen, die im Osten Deutschlands ihre Heimat verloren hatten und eine neue Stätte ihres Lebens und Wirkens suchten. So kamen aus Berlin und anderen Universitäten des Ostens Gelehrte von hohem Rang nach Göttingen – unter ihnen Nicolai Hartmann, Hans Heinrich Schaeder und andere –, die dazu beitrugen, das akademische Ansehen der Georgia Augusta zu mehren. In der britischen Besatzungszone, die die heutigen Bundesländer Schleswig-Holstein, Hamburg, Bremen, Niedersachsen und Nordrhein-Westfalen umfaßte, war Göttingen die einzige Universitätsstadt, die nahezu ohne Zerstörung den Krieg überdauert hatte. So wurde es möglich, daß Göttingen sich alsbald zu einem Mittelpunkt geistigen Lebens in Norddeutschland entwickeln und eine neue Blüte akademischer Freiheit entfalten konnte.

Die äußeren Bedingungen waren freilich gezeichnet durch die harten Lebensumstände, die Krieg, Zusammenbruch und Folgen der Zerstörung überall in Deutschland heraufgeführt hatten. Karge Lebensmittelrationen, eng bemessener Wohnraum, fehlende Feuerung für den Winter, ständig sich wiederholende Sperren von Gas und elektrischem Strom und mancherlei Mangelerscheinungen prägten das Bild des Alltags. Gleichwohl stand im Vordergrund die Dankbarkeit dafür, daß gelehrte Arbeit und intensives Studium von neuem begonnen werden konnten.

In der Theologischen Fakultät waren mehrere Lehrstühle vakant; die Professoren Walter Bauer und Carl Stange waren emeritiert; Emanuel Hirsch hatte sich unmittelbar nach Kriegsende aus der Mitverantwortung für Universität und Fakultät zurückgezogen. So mußte durch überlegte Berufungen dafür Sorge getragen werden, daß die Fakultät so bald als möglich vervollständigt und instand gesetzt wurde, den vielen neuen Anforderungen entsprechen zu können, die an sie gestellt wurden. Durch kluge und umsichtige Entscheidungen wurde die alte Göttinger Tradition fortgeführt, bei parallelen Lehrstühlen diese möglichst so zu besetzen, daß unterschiedliche Forschungsrichtungen, aber auch auseinandergehende Meinungen, bisweilen sogar gegensätzliche Standpunkte in der Fakultät vertreten sein sollten. Es gelang, hervorragende Gelehrte für Göttingen zu gewinnen und so alsbald sämtliche Lehrstühle der Fakultät auf das beste zu besetzen. Für die alttestamentliche Wissenschaft wurde Gerhard von Rad, der bis Kriegsende in Jena gelehrt hatte, berufen. Im Neuen Testament trat an die Seite von Joachim Jeremias der aus Bethel nach Göttingen herüberkommende Günther Bornkamm. In der Kirchengeschichte übernahm Ernst Wolf einen der beiden Lehrstühle, für die Systematische Theologie trat Hans-Joachim Iwand die Nachfolge von Carl Stange an, so daß drei Vertreter des Faches nebeneinander wirkten: Otto Weber als reformierter Theologe, Friedrich Gogarten und Hans-Joachim Iwand als Ordinarien für Systematische Theologie. Für das Fach der Praktischen Theologie kam Wolfgang Trillhaas von Erlangen nach Göttingen. Damit waren alle theologischen Hauptdisziplinen durch hervorragende Fachvertreter besetzt, und der Lehrbetrieb konnte mit reichhaltigem Angebot aufgenommen werden.

Studenten, die dem Kriege entronnen waren, fanden sich in Göttingen zusammen. Sie waren meist in abgerissene Uniformen gekleidet, in denen sie nach Hause gekommen waren. An Büchern, Schreibmaterial und allen äußeren Arbeitshilfen bestand größter Mangel. In vielen Arbeitsstunden, zu denen jeder Student vor der Immatrikulation verpflichtet war, wurden die ausgelagerten Bücherbestände der Universitätsbibliothek wieder in ihre Regale zurückgebracht. Indem jeder dazu beitrug, daß der akademische Unterricht seine unentbehrlichen äußeren Voraussetzungen finden konnte, wurde es möglich, wieder einen geordneten Studienbetrieb durchführen zu können. In selten glücklicher Zusammenarbeit halfen sich Professoren und Studenten, um nach entbehrungsreichen Zeiten die geistige Arbeit aufzunehmen und miteinander darüber nachzudenken, welches denn die Aufgabe der Theologie ist.

Meine eigenen Erfahrungen in der Göttinger Fakultät reichen nicht in das erste Jahr nach dem Kriege zurück, sondern beginnen mit dem

Wintersemester 1946/47. Die beiden ersten Studiensemester nach dem Kriege hatte ich mit einem Kreis von Freunden in der Theologischen Schule in Bethel verbracht. Von diesem Beginn sind zwei Ereignisse besonderer Erwähnung wert. Der Anfang wurde am Reformationstag 1945 im Kreis von etwa 120 Studenten gemacht. Pastor Friedrich von Bodelschwingh, der wenige Monate danach starb, begrüßte uns, indem er durch die Reihen der Studenten ging, jedem die Hand reichte, ihn mit seinen klaren, leuchtenden Augen anblickte und dadurch Ermutigung sowohl der ganzen Gemeinde wie auch jedem einzelnen vermittelte. Solche Ermutigung zu finden, war keine einfache Sache. Denn wie sollte nach den unbeschreiblichen Schrecken des Krieges von neuem akademische Arbeit begonnen und durchgeführt werden? Und wie konnte es möglich werden, nach allem Zerbrechen, Verbrechen und Leiden neue geistige Orientierung zu finden? Eine Antwort auf die bohrenden Fragen gab uns damals in unvergeßlicher Weise Martin Niemöller, der im November 1945 zu uns kam. Wir hatten erste, fragmentarische Nachricht von der Erklärung erhalten, die der neugebildete Rat der Evangelischen Kirche in Deutschland bei einer Begegnung mit Vertretern des Ökumenischen Rates der Kirchen abgegeben hatte. Noch vermochten wir nicht zu begreifen, welches Ausmaß an Schuld unser Volk, aber auch seine Christenheit belastete. Martin Niemöller gelang es, uns die Augen zu öffnen und die Herzen zu gewinnen. Er sagte uns, er könne sich deutlich entsinnen, wie er nach dem ersten Weltkrieg voller Zorn einen Gottesdienst in der Zionskirche verlassen habe, als dort in der Predigt von deutscher Schuld die Rede gewesen sei. Er könne gut verstehen, daß wir Schwierigkeiten und Hemmungen hätten, ein Eingeständnis deutscher Schuld uns zu eigen zu machen. Aber er müsse uns als Brüdern und Schwestern in Christus sagen, daß neues Beginnen nur dann werde möglich sein, wenn in ehrlichem Bekenntnis ausgesprochen werde, was an Schuld in deutschem Namen geschehen ist: »Wir klagen uns an, daß wir nicht mutiger bekannt, nicht treuer gebetet, nicht fröhlicher geglaubt und nicht brennender geliebt haben. Nun soll in unseren Kirchen ein neuer Anfang gemacht werden.«

Unter der befreienden Kraft dieses Bekenntnisses wurde der Neubeginn theologischer Arbeit in den Ausbildungsstätten, die ihre Tore wieder öffnen konnten, ermöglicht. Als ich nach einem in Bethel verbrachten Studienjahr im Herbst 1946 nach Göttingen kam, stieß ich beim ersten Betreten des Aulagebäudes auf die ausgehängte Urkunde der Ehrenpromotion von Martin Niemöller. Sein Name steht zusammen mit anderen Sprechern der Bekennenden Kirche für den neuen Anfang, um den sich Kirche und Theologie – wenn auch mit schwachen Kräften und gewiß nicht in jeder Hinsicht zureichendem Erfolg – mühten. Unseren akademischen Lehrern, die uns das Verständnis der biblischen Schriften, die

Zusammenhänge der Geschichte der Kirche, die Grundzüge der Dogmatik und eine Einführung in die Praktische Theologie vermittelten, haben wir Studenten von damals dafür zu danken, daß – von eigenwilligen Ausnahmen abgesehen – in ihrer Lehre das Erbe der Bekennenden Kirche entfaltet wurde. Die in der Barmer Theologischen Erklärung zusammengefaßten Einsichten und die Neuorientierung, wie die werdende Evangelische Kirche in Deutschland sie in Stuttgart beschrieben hatte, hatten Zeichen gesetzt und damit den Weg abgesteckt, den wir in Theologie und Kirche zu gehen hatten.

Der akademische Lehrbetrieb verlief in einer streng gefügten Ordnung. Dabei war es für die Fakultäten nicht leicht, für Vorlesungen und Lehrveranstaltungen die äußeren Voraussetzungen zu schaffen; denn das Vorlesungsgebäude im Auditorium und manche anderen Häuser und Gebäude in Universität und Stadt waren von der britischen Besatzungsmacht beschlagnahmt worden, die für ihre studierenden Soldaten einen eigenen Unterrichtsbetrieb einrichtete. So mußten andere Institute, aber auch Kirchen und Gemeindehäuser herangezogen werden, um Vorlesungen und Seminare abhalten zu können. Die überschaubare Zahl der Studenten – durch die Besatzungsmacht waren strenge Grenzen eines Numerus clausus gezogen – fand sich fast vollzählig in der ersten Vorlesung ein, mit der Gerhard von Rad von 8–9 Uhr alttestamentliche Exegese im Institut für Metallkunde vortrug. Im Sommersemester las er meist schon von 7–8 Uhr und hielt diese asketische Regel selbst im Jahr 1947 ein, als die Besatzungsmacht eine doppelte Sommerzeit eingeführt hatte. Nahezu alle Studenten der Theologie waren zu fast nächtlicher Stunde um sein Katheder versammelt. Daran schlossen sich die neutestamentlichen Kollegs – in der Regel von 9–10 Uhr – an; Joachim Jeremias las mehrere Semester in der Albanikirche, wo die Vorlesungen oft mit Lied und Gebet eingeleitet wurden. Die Kirchenhistoriker nutzten die Zeit von 10–11 Uhr; von 11–12 Uhr folgten die dogmatischen Vorlesungen; und von 12–13 Uhr machte die Praktische Theologie den Schluß. Hans-Joachim Iwand hielt in der Regel mittwochs und samstags je zweistündige Kollegs. Dieses gedrängte, aber überaus reichhaltige Angebot wurde intensiv genutzt. In den Pausen – vor allem vor der ersten Vorlesung von Gerhard von Rad – fanden im Hörsaal von der Studentengemeinde veranstaltete Andachten statt, an denen nahezu alle Hörer der Vorlesung teilnahmen. Daß Gottesdienst, Vorlesung und Unterricht in einen engen Zusammenhang hineingehören, war damals selbstverständlich für jedermann. Als Otto Weber wegen der vorhandenen Raumknappheit zu seiner Vorlesung in die reformierte Kirche einladen mußte, ließ er jede seiner Kollegstunden durch einen Choralgesang eröffnen. Diese Sitte, am Anfang einen Choral zu singen, blieb für die Vorlesungen von Otto Weber noch auf lange Zeit üblich – auch dann, als diese nicht mehr in der Kirche

Abb. 36. Friedrich Gogarten

Abb. 37. Hermann Dörries

Abb. 38. Hans Joachim Iwand

Abb. 39. Joachim Jeremias

Abb. 40. Gerhard von Rad

Abb. 41. Ernst Wolf

Abb. 42. Otto Weber

Abb. 43. Wolfgang Trillhaas

Abb. 44. Günther Bornkamm

Abb. 36–44. Göttinger Theologieprofessoren in
Photos der ersten Jahre nach dem Zweiten Weltkrieg

abgehalten werden mußten. Die Verbindung von Lied, Gebet, solider wissenschaftlicher Arbeit und von allen empfundener kirchlicher Bindung zeichnete den Lehrbetrieb der ersten Nachkriegsjahre in besonderer Weise aus.

Da es an Möglichkeiten der Zerstreuung außerhalb des akademischen Unterrichts nahezu nichts gab, wurde von allen Studenten konzentriert gearbeitet – hatte man doch das Empfinden, soweit als irgend möglich verlorene Jahre des Kriegsdienstes einholen und den Zugang zu Theologie und Kirche zielbewußt suchen zu wollen. Die Seminargruppen waren – die Zahl der Studenten in Göttingen war um ein Vielfaches geringer als heute – durchweg überschaubar. Unsere Lehrer boten durch Aufgaben, die zu Referaten und Seminararbeiten verteilt wurden, Gelegenheit, in jedem der Seminare und auch in den Übungen sogleich Anteil an der gemeinsamen Erarbeitung der jeweils aufgegebenen Thematik zu nehmen. So bin ich in meinem dritten Studiensemester durch Joachim Jeremias in einer Weise an die neutestamentliche Arbeit herangeführt worden, die für meinen theologischen Lebensweg entscheidend wurde. Jeder Teilnehmer des Seminars hatte ein Kurzreferat zu übernehmen und in einer der Sitzungen, die einem wohlgeordneten Plan folgten, vorzutragen. Und jeder mußte einmal in die Sprechstunde des Professors kommen, um ein Thema für eine Seminararbeit zu verabreden. Hatte man diese Arbeit gegen Ende des Semesters abgeliefert, so erhielt man sie alsbald mit genauen Korrekturen zurück und wurde in einer mündlichen Besprechung mit deutlicher Kritik, aber auch vorwärtsweisender Ermutigung versehen.

Die Freude aller, die nach der bitteren Kriegszeit ihr Studium beginnen oder nach oft langjähriger Unterbrechung wieder aufnehmen konnten, war groß und beflügelte das Tagewerk, das sich oft bis in späte Nachtstunden hineinzog. Studieren zu dürfen, wurde als beglückendes Geschenk nach dem Dunkel der Kriegsjahre empfunden. Konnten wir doch nicht die vielen Altersgenossen vergessen, die ihr Leben verloren hatten oder noch in Gefangenschaft festgehalten wurden. Die uns gegebene Zeit bedeutete daher Verpflichtung für die Zukunft. Praktische Hinweise und Ratschläge, die unsere Lehrer uns in Seminaren und Übungen zuteil werden ließen, trugen dazu bei, um alsbald Erfahrungen in der Lektüre und Auswertung der zur Verfügung stehenden Bücher zu gewinnen. Auf eigene Bücher konnte man sich kaum stützen, da die Regale in den Buchhandlungen leergefegt waren, das Geld keine Kaufkraft besaß und eigener Besitz nicht vorhanden war. Mein gesamtes Eigentum konnte ich in einem alten Rucksack und einem ausgedienten Soldatenkoffer unterbringen. Da sich alle in ähnlicher Lage befanden, half man sich bereitwillig aus. Die im theologischen Seminar vorhandenen Bücher gingen von Hand zu Hand, und es bedurfte mancher Rücksichtnahme, damit jeder auch instand gesetzt wurde, die ihm aufgetragenen Arbeiten durchführen zu können.

Jeder unserer akademischen Lehrer beeindruckte uns durch seinen Vortrag wie auch durch persönliche Glaubwürdigkeit. Gerhard von Rads morgendliche Vorlesungen bildeten Auftakt und Höhepunkt jeden Tages. Sie waren durch künstlerische Gestaltung und kraftvolle Darbietung der alttestamentlichen Theologie ausgezeichnet, die er vom Christusbekenntnis her zu verstehen und zu entfalten wußte. Daß das Alte Testament den größeren Teil der Bibel der Christenheit ausmacht und vom Neuen Testament her als Bekenntnis des Gottesvolkes zu begreifen ist, wußte er sowohl in der Interpretation der Genesis, prophetischer Schriften und der Psalmen wie auch in der Einleitung und der Theologie des Alten Testaments zu zeigen. Die Faszination seiner Sprache, die bis ins letzte durchdachte Gestalt seines Vortrags und die unmittelbare Anrede, die in jeder seiner Vorlesungen an seine Hörer erging, machten diese Stunde für Stunde zu einprägsamen Begegnungen mit den Überlieferungen und dem Bekenntnis Israels. Daß das Alte Testament nicht in sich geschlossen ist, sondern über sich hinausweist auf eine kommende Erfüllung, wußte von Rad immer wieder auszuführen und dadurch den unaufgebbaren Zusammenhang zwischen den beiden Testamenten einprägsam darzulegen.

Sorgfalt wissenschaftlicher Arbeit zeichnete alle exegetischen Vorlesungen aus – so auch die der beiden Neutestamentler Günter Bornkamm und Joachim Jeremias. Jeremias hatte schon seit 1935 in Göttingen lehren können. Seine große Erfahrung wußte er mit didaktischer Konzentration zu verknüpfen; er gewann dadurch starken Einfluß auf seine Hörer. Kein Tag ohne Studium des griechischen Neuen Testaments – mit diesen Worten pflegte er Semester für Semester seine Studenten zu begrüßen. In umsichtig überlegter Anleitung wies er ihnen den Weg zu selbstverantworteter exegetischer Arbeit. Je spezieller und präziser dabei eine Aufgabe gefaßt werde – das war sein Rat –, um so eher bestehe Aussicht, zu einem Beitrag zu gelangen, der die Erkenntnis bereichert. Die prägende Kraft, die von Jeremias' Unterricht ausging, war so stark, daß wir im Seminar die gemeinsame Arbeit auch dann fortsetzten, als unser Lehrer für längere Zeit erkrankt war. Unsere Gemeinschaft blieb beisammen; und die Kommilitonen ermunterten mich, sie in derselben Weise zur Übersetzung der Texte anzuhalten und zur Exegese zu befragen, wie es Jeremias zu tun pflegte.

Das wissenschaftliche Lebenswerk von Joachim Jeremias war von dem Ansatz geleitet, den er in jungen Jahren empfangen und sich in bewußter Bejahung zu eigen gemacht hatte. Ein lutherisch geprägter Pietismus, der dem Zinzendorfschen Erbe verpflichtet ist, verband sich in seiner Person mit meisterhafter Handhabung der historisch-kritischen Bibelwissenschaft. Dabei stand die Verkündigung Jesu im Mittelpunkt seiner Forschung wie auch seiner Lehre. Sie sei der Ruf, auf den alle anderen Stimmen, die im Neuen Testament laut werden, Antwort geben. In Jesu Wort, nicht erst im Bekenntnis der christlichen Gemeinde werde die entscheidende Botschaft laut, daß sein Tod die endzeitliche Erlösung wirkt. Der Menschensohn – darauf läuft die Darstellung neutestamentlicher Theologie durch Jeremias hinaus – spricht und handelt kraft einer unvergleichlichen Vollmacht. Damit nahm Jeremias in der neutestamentlichen Wissenschaft eine Position ein, die die theologische Diskussion bis heute nachhaltig beeinflußt.

In den kirchenhistorischen Vorlesungen wußte Hermann Dörries in feinsinniger Beschreibung auch manche Details anschaulich zu machen, während Ernst Wolf sowohl in seiner Darbietung der Reformationsgeschichte wie auch im Kolleg über die Dogmengeschichte die geschichtlichen Zusammenhänge mit systematischer Reflexion zu durchdringen verstand. In der unterschiedlichen Art ihrer Lehre – hier die historische Forschung dominierend, dort die systematische Fragestellung als zusammenhaltende Klammer – boten beide Gelehrte je auf ihre Weise reichhaltige Anregungen für die Studenten dar.

Unter den systematischen Theologen war Otto Weber besonders geschätzt durch die kompakte Darbietung des dogmatischen Lehrstoffs, so daß die meisten angehenden Pfarrer der lutherischen Landeskirche ihre dogmatischen Grundbegriffe bei einem reformierten Theologen erlernten, ohne dabei eine spürbare konfessionelle Differenz zu empfinden. Weber verstand es, das gewaltige Gefüge der Barthschen Dogmatik in handliche Münze umzuprägen und zu praktischem Gebrauch weiterzureichen. Unter dem Einfluß von Karl Barth stand auch Hans-Joachim Iwand, war dabei jedoch entscheidend geprägt von Luthers Theologie. In dem ihm eigenen Temperament bot er systematisch-theologische Zusammenhänge, vor allem der reformatorischen Theologie dar und flocht dabei immer wieder kirchenpolitische Überlegungen in die Ausführungen ein. Denn mehr als alle anderen akademischen Lehrer der damaligen Zeit war er von dem unruhigen Feuer erfaßt, wie und auf welche Weise die evangelische Christenheit das Erbe der Bekennenden Kirche verantwortlich weitertragen könnte.

In großer Eigenständigkeit und bisweilen Eigenwilligkeit vertrat Friedrich Gogarten die von ihm ausgeformte Gestalt dialektischer Theologie. Aufgrund der von ihm entfalteten Lehre vom Gesetz, das auch in geschichtlichen Erfahrungen begegnet, war es Anfang der dreißiger Jahre zum Bruch der Gemeinschaft gekommen, die sich um die Zeitschrift »Zwischen den Zeiten« zusammengefunden hatte. Gogarten hatte nicht den Weg zur Bekennenden Kirche gefunden, sondern war aufgrund seiner Neigung, einer Rede vom sog. Volksnomos zuzustimmen, zeitweise in bedenkliche Nähe zu den Deutschen Christen geraten, ohne sich freilich an deren kirchenpolitischen Machenschaften zu beteiligen. Sich hierzu herzugeben, entsprach nicht seinem ausgeprägten Individualismus, den er später mit dem Satz zu beschreiben wußte, in Göttingen sei es ohnehin üblich, daß ein jeder seinen eigenen Garten und seinen eigenen Ruhm zu pflegen habe. Seine akademische Lehre setzte er nach Kriegsende fort, als wäre jene dunkle Zeit der verhängnisvollen Jahre nicht dazwischengetreten. Als aber Karl Barth zum ersten Mal wieder nach Göttingen kam, fand keine Begegnung zwischen Gogarten und ihm statt – einstige Freundschaft war unheilbar zerbrochen.

Als theologischer Denker, der vor allem bei Paulus, Augustin, Luther und Kierkegaard in die Schule gegangen war, wirkte Gogarten auf seine Hörer in hohem Maße anregend und vermittelte Anstöße zu eigener kritischer Besinnung. In seiner dialogischen Art hielt er uns dazu an, über christliche Rede verantwortlich nachzudenken und sich nicht mit fromm klingenden Vokabeln zu begnügen, die nur allzu leicht dazu angetan sind, Unklarheiten zu verdecken. Was es heißt, den christlichen Glauben in der modernen, mündig gewordenen Welt so zur Sprache zu bringen, daß gerade Intellektuelle zu begreifen vermögen, daß es darum geht, Gott Gott und die Welt Welt sein zu lassen, wußte er eindrucksvoll vorzutragen. Sowohl in den Gesprächen, die er mit Vertretern anderer akademischer Disziplinen führte, wie auch in den anspruchsvollen Lehrpredigten, die er in der Universitätskirche hielt, meditierte er diese Thematik seines theologischen Denkens immer wieder in mannigfachen Variationen durch.

Den mit reicher Erfahrung gesättigten praktisch-theologischen Vorlesungen von Wolfgang Trillhaas hat die damalige Studentengeneration zu danken, daß sie nicht unter einem Hiatus zwischen akademischer Lehre und künftiger beruflicher Verantwortung zu leiden hatte, sondern den unmittelbaren Zusammenhalt theologischer Lehre mit dem Leben der Kirche anschaulich vermittelt bekam. Wer bei Trillhaas im homiletischen Seminar, aber vor allem auch in den katechetischen Übungen dabeigewesen ist, wird nicht vergessen, wie er selbst immer wieder konkretisierte, wie der biblische Text umzusetzen ist in heute gültige Rede und Anrede. Jedesmal, wenn das Gleichnis vom Pharisäer und Zöllner auszulegen ist, steht mir vor Augen, wie unser Lehrer in der Albanikirche der versammelten Kinderschar und den Studenten dramatisch darzustellen wußte, in welcher Haltung auf der einen Seite der Pharisäer, auf der anderen aber der Zöllner sein Gebet verrichtete.

Mit dem Emeriti kamen wir nur selten in Berührung. Carl Stange, der mit Freude und Stolz das Amt des Abtes von Bursfelde versah, konnte alljährlich zum Himmelfahrtstag einer großen Gemeinde in der alten Klosterkirche eine – meist recht ausführliche – Predigt halten. Und zu

Walter Bauer führten mich hin und wieder Botengänge, um Bücher oder Dissertationen zu ihm zu bringen. Dann pflegte er seine Arbeit, die er unermüdlich an der Neuauflage seines Wörterbuches verrichtete, zu unterbrechen und sich für einige Minuten dem Boten zuzuwenden. Junger Mann, was treiben Sie eigentlich – fragte er. Auf einen kurzen Bericht entgegnete er mit Kopfschütteln: Wollen Sie wirklich noch mehr Dreck zusammenkehren, als Billerbeck schon gesammelt hat? Ich will Ihnen etwas sagen: Das Neue Testament ist griechisch geschrieben. Griechische Texte müssen Sie lesen. Was die Kollegen zusammenschreiben, das kann man sich schon denken. Aber Quellen müssen Sie sich vornehmen, die gilt es zu studieren!

Studenten und Professoren lebten in enger Gemeinschaft zusammen und arbeiteten miteinander. Voller Respekt und Bewunderung ist besonders hervorzuheben, mit welch selbstlosem Einsatz unsere Lehrer ihre Vorlesungen unter manchen äußeren Entbehrungen vorbereiteten und stets zur Stelle waren – auch dann, wenn der elektrische Strom für Stunden ausgefallen war, das Studierzimmer nicht geheizt werden konnte und die Kinder um den Schreibtisch herum gespielt hatten. Niemals wurde eine Vorlesung abgesagt oder versäumt, jede Stunde wurde intensiv genutzt.

Der Unterrichtsbetrieb wurde ergänzt durch Universitätsgottesdienste, in denen die Professoren predigten, besonders aber durch die wöchentlichen Bibelstunden, zu denen die Evangelische Studentengemeinde an jedem Donnerstagabend einlud. Woche um Woche war die Albanikirche bis auf den letzten Platz gefüllt, wenn einer der Professoren der Theologie einen biblischen Text für die Gemeinde aus Hörern aller Fakultäten auslegte. Die Besatzungsmacht hatte zunächst noch keine anderen studentischen Vereinigungen und Gruppierungen zugelassen. So konnte die Evangelische und die Katholische Studentengemeinde als erste studentische Vereinigung ein reiches und vielgestaltiges Leben entfalten, an dem in großer Zahl Studenten aller Fakultäten, aber auch Professoren aus der ganzen Universität teilnahmen. Wann immer wir als für die Studentengemeinde verantwortliche Studenten akademische Lehrer um einen Beitrag, eine Bibelstunde oder eine Vorlesung baten, fanden wir bereitwilliges Gehör und tatkräftige Mitarbeit. Persönliche Begegnungen mit Ludwig Raiser, Carl Friedrich von Weizsäcker und anderen bedeutenden Gelehrten führten uns in Veranstaltungen der Evangelischen Studentengemeinde zusammen und begründeten freundschaftliche Kontakte für alle folgenden Jahre. Als wir Studenten einmal Volkmar Herntrich aus Hamburg zu einem Vortrag eingeladen hatten, aber nicht wußten, ob er bei den schlechten Verkehrsverhältnissen rechtzeitig zur Stelle sein könnte, erklärte sich Wolfgang Trillhaas bereit, sich mit einem Manuskript in der Jakobikirche einzufinden, um im Notfall einzuspringen. Dann war Herntrich tatsächlich pünktlich eingetroffen, Trillhaas aber blieb wie selbstverständlich in der Gemeinde und nahm dann sein Manuskript wieder heim.

Anfänglich war es wegen der äußeren Schwierigkeiten nahezu unmöglich, theologische Publikationen herauszubringen. So mußte für den akademischen Unterricht auf um Jahre zurückliegende Veröffentlichungen zurückgegriffen werden. Um dem allgemeinen Mangel ein wenig abzuhelfen, verbanden sich die Professoren der Fakultät zu gemeinsamer Arbeit an den Göttinger Predigtmeditationen, die zunächst von Wolfgang Trillhaas, dann von Hans-Joachim Iwand herausgegeben und vom Verlag Vandenhoeck und Ruprecht gedruckt wurden. Die Meditationen, zu denen jeder Professor seine Beiträge lieferte, folgten der Regel: vom Text zur Predigt. Ausgegangen wurde jeweils von einer präzisen Interpretation dessen, was geschrieben steht, um dann die Frage zu bedenken, wie das biblische Wort so durchdacht und zur Sprache gebracht werden kann, daß es hier und jetzt seine unmittelbare Anrede entfaltet. Das Erbe des damals begründeten Weges wird bis heute in den Göttinger Predigtmeditationen – wenn auch nicht mehr in gleicher Geschlossenheit wie einst – fortgesetzt. Damit wird ein Vermächtnis aus der damaligen Zeit weitergeführt, das sich heute in einer bunter gewordenen Vielfalt homiletischen Angebots zu behaupten hat. Damals waren die Göttinger Predigtmeditationen für manche Pfarrer, die durch Kriegseinwirkung oder Flucht nahezu alle Bücher verloren hatten, oft die einzige Hilfe, die ihnen zur Vorbereitung ihrer Predigten zur Verfügung stand. Indem die Göttinger Theologische Fakultät ihnen diese Hilfe zu erweisen bereit war, trug sie dazu bei, Theologie und Verkündigung in fester Verbundenheit zu halten.

Die theologische Arbeit der ersten Nachkriegssemester war von behutsamer Aneignung historisch-kritischer Exegese und nachdenkendem Nachsprechen kirchlicher Lehre geleitet, wie sie durch das Erbe der Bekennenden Kirche geprägt war. In diese relative Eintracht des Neubeginns brach eine erste, nachhaltig wirkende kritische Frage ein, als Rudolf Bultmanns Vorlesung, mit der er einer Entmythologisierung des Neuen Testamentes das Wort redete, bekannt wurde. Der berühmte Vortrag, den Bultmann auf Einladung der Gesellschaft für evangelische Theologie während des Krieges gehalten hatte, wurde zunächst nur in mit Schreibmaschine gefertigten Abschriften bekannt und von Hand zu Hand weitergereicht. Alsbald erhob sich ein heftiger Streit der Auseinandersetzung in pro und contra zu Bultmanns kritischen Anfragen. Lebhafte Diskussionen und lange Gespräche zogen sich oft bis in späte Abendstunden hinein – sowohl in offenen Abenden in den Häusern der Professoren wie auch in Debatten unter uns Studenten. Wie sollte geurteilt werden? Welche Aufgabe war mit der Suche nach einer sachgemäßen Hermeneutik des Neuen Testamentes gestellt?

Eines dieser vielen Gespräche führten wir unter merkwürdigen Umständen. Günther Bornkamm hatte sich bereit erklärt, mit einer Gruppe zu einer Freizeit der Studentengemeinde zu fahren. Als der überfüllte Zug im Bahnhof Göttingen eintraf, blieb keine andere Möglichkeit, als zunächst den etwas ratlos dastehenden Professor durch ein offenes Fenster in den Zug hineinzuheben und dann auch uns in den Zug hineinzudrängen. In dieser gequetschten Enge fand dann während der Eisenbahnfahrt ein intensives Gespräch über Bultmanns Programm der Entmythologisierung statt, bei dem unser Lehrer mit verhaltener Freude feststellte, daß nicht nur Widerspruch, sondern auch engagierte Zustimmung und Bereitschaft zu kritischem Mitdenken unter uns Studenten vorhanden war. Zu wirklicher Klärung konnte diese Thematik freilich nicht gebracht werden. Sie begleitete uns vielmehr die ganze Studienzeit und hat um ihrer bis heute gültigen Dringlichkeit willen das eigene Nachdenken nicht zur Ruhe kommen lassen. Eine Gastvorlesung, die einige Zeit später Rudolf Bultmann in Göttingen hielt, führte alle Professoren und Studenten zusammen. Deutlich entsinne ich mich, wie bei der sich anschließenden Diskussion unsere akademischen Lehrer in respektvollem Schweigen und aufmerksamer Beobachtung verharrten, während wir Studenten, die wir etwas unbekümmerter empfanden, einige gewiß unzulängliche Fragen zu formulieren suchten, die Bultmann mit souveräner Überlegenheit Punkt für Punkt beantwortete. Dabei spürten wir deutlich, wie die Anfangsgründe theologischen Denkens, über die wir noch nicht hinausgekommen waren, uns kaum in die Lage versetzten, mit diesem Meister der Theologie ein angemessenes Gespräch zu führen.

Auch andere Gelehrte von hohem Rang kamen nach Göttingen, als sich die Tore nach Deutschland allmählich wieder öffneten. Unvergeßlich ist mir eine Gastvorlesung von Paul Tillich, in der er eine Verbindung abendländischen theologischen Denkens mit modernen amerikanischen Fragestellungen vortrug, die uns anfänglich fremd erschien. Da das Evangelium nicht direkt in gesellschaftliches und politisches Handeln umgesetzt werden könne, seien von ihm einige Grundsätze abzuleiten, die als mittlere Axiome allgemein einsichtig gemacht und zur Wirksamkeit im öffentlichen Leben gebracht werden könnten. Diese pragmatischen Erwägungen muteten uns recht amerikanisch und nicht überzeugend an. Aber in einem kleinen Kreis, der in das gastliche Haus eines früheren Studienfreundes von Paul Tillich eingeladen wurde, hörte er in bewundernswerter Geduld unseren Fragen zu, ging mit behutsamem Gespür auf jeden, wenn auch ungeschickt vorgebrachten Einwand ein und wußte auch stammelnde Worte so aufzunehmen, daß er das vermutlich Gemeinte und die eigentliche Sachfrage dann mit seinen Worten so zum Ausdruck zu bringen verstand, daß wir ihm folgen konnten.

Daß akademische Lehrer, die Deutschland während der nationalsozialistischen Herrschaft hatten verlassen müssen, wieder zu kürzeren oder längeren Besuchen nach Deutschland kamen, bedeutete für uns Zeichen starker Ermutigung. Neben Paul Tillich ist hier besonders Eduard Heimann zu nennen, der als religiöser Sozialist und Paul Tillich verbundener Religionssoziologe und Philosoph eine denkwürdige Vorlesungsreihe über Karl Marx vortrug, die uns dessen geistige Welt zum ersten Mal erschloß. Besucher von amerikanischen Kirchen, Gäste aus der Ökumene und manche Hilfssendungen, die uns allmählich erreichten, trugen dazu bei, uns begreifen zu lassen, daß die Christenheit in aller Welt ungeachtet mancher Trennungen zusammengehört. Ausländische Studentenvereinigungen halfen dazu, neue Verbindungen zu knüpfen. Zum Wintersemester 1947/48 richtete die Vereinigung der Theologiestudenten in den Niederlanden eine Einladung an die Evangelischen Studentengemeinden, eine Delegation zu einer ersten Begegnung nach dem Kriege zu entsenden und unter Anleitung holländischer Professoren vier Wochen lang zusammen theologisch zu arbeiten. Mit einigen Kommilitonen konnte ich damals zum ersten Mal wieder ins Ausland fahren. Unsere niederländischen Freunde sprachen deutsch mit uns. Aber wenn wir uns in der Öffentlichkeit bewegten, redeten wir englisch; man hätte damals noch nicht wagen können, unsere Sprache offen zu verwenden. Ein Wochenende konnte ich auf Einladung einer jüdischen Familie in deren Haus verbringen. Beide Eheleute hatten ihre Eltern in Konzentrationslagern verloren, aber nun baten sie einen deutschen Theologiestudenten zu sich, um in langen Gesprächen miteinander zu bedenken, wie Versöhnung an die Stelle von Haß und Feindschaft treten könnte. Wenig später traf in Göttingen der erste Schweizer Student ein, um hier zu studieren und mit uns zu leben – er hieß Lukas Vischer und wurde uns ein lieber Freund, mit dem uns jahrzehntelange Gemeinschaft in der Verantwortung für die ökumenische Zusammenarbeit der Kirchen verbindet.

In der ersten Zeit vollzog sich die theologische Arbeit noch fast ohne Kenntnis der internationalen Diskussion, da wir kaum Nachrichten aus der übrigen Welt erhielten. Wissenschaftliche Probleme, die sich neu stellten, wurden oft mit erheblicher Verspätung bekannt. So drangen zwar erste Nachrichten über überraschende Handschriftenfunde zu uns, die am Ufer des Toten Meeres gemacht worden waren. Es vergingen jedoch viele Monate, bis wir schließlich auch in Göttingen erfahren konnten, welch bedeutende Texte in Qumran entdeckt worden waren. Kaum war ein erster Zugang zu diesen Texten möglich, da begann ein intensives Studium, das durch Karl Georg Kuhn, Joachim Jeremias und einen Kreis von Studenten betrieben wurde, der sich zu einer engen Arbeitsgemeinschaft verband.

Der Rückblick auf jene Jahre wäre unvollständig, wenn nicht ausdrücklich erwähnt würde, wie die Professoren und ihre Familien ihre damals äußerst beengten Häuser und Wohnungen den Studenten öffneten und sie zu Gesprächen und offenen Abenden zu sich luden. Die Frauen der Professoren gestalteten mit bescheidenen Mitteln diese Abende als hilfsbereite Gastgeber, die ein warmes Getränk oder Speisen anboten, die erfindungsreich aufgetrieben und bereitet waren. Frau Jeremias lud das ganze Seminar ihres Mannes zum Abendessen ein, und Frau von Rad beköstigte die Studenten, die zum Gespräch in ihr Haus kamen. An diesen Abenden wurde entweder ein bestimmtes Thema verhandelt oder im Gespräch miteinander bedacht, wie der künftige Weg der evangelischen Kirche Gestalt gewinnen sollte.

Zeitungen gab es anfänglich kaum, und nur allmählich wurde es möglich, Nachrichten und Informationen über das Weltgeschehen zu erhalten. Die schmerzhaften Verletzungen, die die leidvolle Geschichte des Dritten Reiches uns allen zugefügt hatte, hatten eine tiefe Aversion gegen jede Art von Politik zur Folge. Von dem, was gewesen war, wollte man möglichst nichts mehr wissen. Diese Distanzierung ging so weit, daß niemand sich noch zu denen rechnen wollte, die einst den Parolen des sog. Dritten Reiches gefolgt waren. Ich entsinne mich, wie eines Tages ein Offizier der britischen Besatzungsmacht sich an den evangelischen Studentenpfarrer mit der Bitte wandte, ob er ihm dazu helfen könnte, einmal einen wirklichen Nationalsozialisten zu treffen. Er habe sich vergeblich darum bemüht, einen echten Nazi ausfindig zu machen, es sei ihm nicht gelungen. Auch die erbetene Vermittlung war nicht imstande, den vorgetragenen Wunsch zu erfüllen. Weder unter Professoren noch unter Studenten war auch nur einer zu finden, der sich noch als Nationalsozialist hätte zu erkennen geben wollen – auch nicht unter denen, in deren Äußerungen man es vor Tische hatte anders lesen können.

Dieser Abstand, der der jüngsten Vergangenheit gegenüber eingenommen wurde, führte erst allmählich dazu, daß von neuem Interesse an politischen Fragen sich zu regen begann und die Bereitschaft zu eigener politischer Betätigung sich bildete. Nur soweit es die akademische Selbstverwaltung erforderte, waren Studenten zum Einsatz innerhalb der studentischen Vertretung zu gewinnen. Fachschaft und Studentengemeinde arbeiteten auf das engste zusammen und bestimmten das studentische Leben. Wie gesellige Veranstaltungen aussehen sollten und ob man etwa eine Tanzveranstaltung planen dürfte, war anfangs durchaus strittig. Mit einigen Freunden teilte ich die Auffassung zurückhaltender Skepsis. In der damaligen Fachschaftsvertretung setzte sich jedoch eine tatkräftige Initiative durch, daß man trotz großer äußerer Schwierigkeiten unmittelbar nach der Währungsreform im Sommer 1948 zu einem Theologenball nach Geismar einladen sollte. Wir tranken Leitungswasser aus Biergläsern, weil niemand Geld hatte, um etwas anderes zu bestellen; aber wir feierten eines der schönsten Feste, die wir je erlebten. Die überzeugende

Erfahrung dieser gelungenen Veranstaltung löste dann eine Kette geselliger Veranstaltungen aus, die wieder Lebensfreude Platz greifen ließ und dafür Sorge trug, daß nicht nur die rabies theologorum unsere Tage bestimmte.

Das Studium rasch und konzentriert durchzuführen, war jeder durch Knappheit der äußeren Mittel und Möglichkeiten genötigt. Spätestens nach acht Semestern wurde Examen gemacht, um dann den Weg in die kirchliche Praxis zu gehen. Aus den Erfahrungen, die durch intensiven akademischen Unterricht gewonnen worden waren, erwuchs ein Verständnis der Theologie, in dem sich sorgfältige Exegese der biblischen Schriften mit systematischer Reflexion verband. Für diese Bestimmung der Aufgabe, der die Theologie zu dienen hat, war und blieb Luthers berühmte Definition bestimmend, die er in einer Auslegung des 51. Psalms so beschrieben hatte: Sache und Aufgabe aller Theologie sei der vor Gott angeklagte und verlorene Mensch und der rechtfertigende Gott, der den sündigen Menschen freispricht. Was immer außerhalb dieses Themas der Theologie an Fragen gestellt und zur Diskussion gebracht werde, sei letztlich nichts anderes als verderblicher Irrtum (WA 40 II, 328). Diese reformatorische Bestimmung der Aufgabe der Theologie wurde uns nicht nur in der Darbietung der Geschichte der Reformation und der Lehre der Kirche, sondern auch in der exegetischen Arbeit immer wieder nahegebracht.

Das Neue Testament enthält im Hebräerbrief die bekannte Mahnung: »Gedenkt an eure Lehrer, die euch das Wort Gottes gesagt haben; ihr Ende schaut an, und folgt ihrem Glauben nach« (Hebr 13,7). Die akademischen Lehrer, die damals vor uns standen, führten uns in eindrucksvoller Weise vor Augen, daß das Wort, das sie sprachen, nicht nur gedankliche Reflexion darbot, sondern zugleich auch von ihrer Person und ihrem Lebensvollzug gedeckt war. Daß Kirche und Theologie, Theologie und Kirche auf diese Weise zusammenhängen, indem das gelehrte Wort und die eigene Existenz in eine unlösliche Einheit zusammengebunden sind, haben unsere Lehrer uns vor Augen geführt und als bleibendes Vermächtnis auf den Weg gegeben. Ihrer – der Verstorbenen wie der wenigen noch unter uns Lebenden – uns in großer Dankbarkeit zu erinnern, bleibt vornehme Verpflichtung.

Abbildungsverzeichnis

Für ihre Mithilfe bei der Beschaffung und Erklärung der Abbildungen ist der Herausgeber außer den Autoren folgenden Damen und Herren herzlichen Dank schuldig: Dr. Ernst Berneburg (Loccum), Elisabeth Bornkamm (Heidelberg), Marianne Bultmann (Göttingen), Prof. Dr. Carsten Colpe (Berlin), Dr. Ulrich Hunger (Göttingen), Dr. Werner Klatt (Göttingen), Prof. Dr. Karl Michaelis (Göttingen), Hans Otte (Hannover), Luise v. Rad (Heidelberg), Dr. Horst Renz (Obergünzburg), Prof. Dr. Dietrich Ritschl (Heidelberg), Prof. Dr. Hans Ritschl (Oberried), Prof. Dr. Friedrich Schaffstein (Göttingen), Prof. Dr. Klaus Schwarzwäller (Göttingen), Anita Weber (Göttingen), Sabine Wiggers (Göttingen).

Abbildung 1 – Seite 25:

Johann Lorenz von Mosheim (1693–1755) als Kanzler der Universität Göttingen, mit freiherrlichem Wappen und (unrichtigem) Geburtsdatum. Stich von Georg Daniel Heumann (1691–1759), Zeichner und Kupferstecher aus Nürnberg, der seit der Gründung der Universität als Universitätsstecher und »kurf. hannöverscher und kgl. englischer Hofkupferstecher« in Göttingen tätig war. Circa 1751. Städt. Museum Göttingen.

Abbildung 2 – Seite 27:

Die erste Universitätskirche, die Paulinerkirche, bei der Feier der Übergabe des Prorektorats in Gegenwart des Königs Georg II., 1. August 1749. Kupferstich (Originalformat 23:33 cm) von Georg Daniel Heumann aus dem oben S. 26 Anm. 84 genannten Buch. Auf der Bühne unterhalb der Kanzel sind der ausscheidende und der antretende Prorektor, Georg Heinrich Riebow (Prof. der Theologie) und Georg Ludwig Böhmer, sowie als Kanzler der Universität J. L. v. Mosheim gezeigt. Staats- u. Univ.-Bibl. Göttingen.

Abbildung 3 – Seite 43:

Christoph August Heumann (1681–1764). Stich von Johann Jakob Haid, Augsburg (1704–1767), nach einem Bildnis des Braunschweiger Malers Ludwig Wilhelm Busch (1703–1772). 1740. Staats- u. Univ.-Bibl. Göttingen.

Abbildung 4 – Seite 69:

Johann David Michaelis (1717–1791). Kupferstich von 1790 von Johann Gottfried Schmidt (1764–1803) nach einem Bild (1761) von Johann Georg Ziesenis (1716–1776), der ab 1760 als Hofmaler Georgs II. in Hannover wirkte. Sammlung L. Perlitt.

Abbildung 5 – S. 69:

Johann Gottfried Eichhorn (1752–1827). Kupferstich (um 1790) von Johann Gottfried Schmidt nach einem Bild des bedeutenden Portraitmalers Anton Graff (1736–1813). Schmidt stach eine größere Anzahl solcher kleinen Rundbildnisse deutscher Theologen, meist nach Vorlagen bemerkenswerter Gemälde, für J. R. G. Beyers 1789–1796 in Leipzig erscheinendes »Magazin für Prediger«. Sammlung L. Perlitt.

Abbildung 6 - S. 97:

Immanuel Kant (1724—1804). Miniatur des in Königsberg lebenden, jung verstorbenen Bildnismalers C. Vernet (Lebensdaten unbekannt; nicht zu verwechseln mit den Franzosen Carle V., 1758—1836, oder Claude J. V. - Vater und Großvater des berühmten Horace V.!). Dieses Kant-Portrait ist in mehreren Fassungen bekannt, die 1793—95 entstanden sind. Die Miniatur zeigt Kant im Alter von etwa 70 Jahren, also zur Zeit seines Briefwechsels mit den Göttinger Theologen. Es handelt sich bei dem hier mit freundlicher Erlaubnis des Herrn Präsidenten der Georg-August-Universität wiedergegebenen Bild um eine Leihgabe der Altertumsgesellschaft Insterburg/Ostpr. an die Gesellschaft der Freunde Kants in Göttingen (1949); es befindet sich heute im Besitz des Präsidiums der Universität. Photo K. Schwarzwäller, Göttingen.

Abbildung 7 - Seite 97:

Johann Georg Hamann (1730—1788).

Der abgebildete Stich ist tief mit Hamanns Lebensgeschichte verflochten. Er geht auf das Ölgemälde eines unbekannten Malers zurück, von dem sich der 35jährige Hamann 1765 – drei Jahre nach Erscheinen der »Kreuzzüge« und gerade zur Zeit des Briefwechsels mit Herder über den »Göttingischen Prediger« – für seinen Vater malen ließ (ZH [wie oben S. 84 Anm. 10] 2,338 u. 3,68). Das Bild stellt ihn, für das gemeinsame Schlafgemach bestimmt (ZH 3,68 u. 198), im Nachtgewand mit einem Kopftuch dar, das er seit seiner Hautkrankheit in der Jugend (N [wie oben S. 84 Anm. 7] 2,17) um den fast kahlen Kopf zu wickeln pflegte: als »Macht auf dem Haupte«, wie er hintergründig mit 1.Kor. 11,10 gern sagt (ZH 3,68). Später war das intime Ölbild lange Zeit im Kanterschen Buchladen in Königsberg aufgehängt: »wo sich alle Welt über den armen Sünder im Hemde mit verbundenem Kopfe aufhält« (ZH 3,68). Hamann konnte 1773/74 Fr. C. v. Moser dazu veranlassen, das Bild des »Ecce!« aufzukaufen, was durch seine eigene Vermittlung geschah (ZH 3,68f u. 70). Es kam später an Hamann zurück. Durch v. Moser bekam Lavater Zugang zu diesem Bild (ZH 3,201) – auch Herder besaß eine Ölkopie –, der sich 1775 durch Johann Heinrich Lips (1758—1817) in Zürich den hier wiedergegebenen Stich davon machen ließ.

Als Hamann im Juli 1775 diesen Stich zu Gesicht bekam, verstrickte er sich in den gereizten Verdacht, er sei auf karikierende Weise mit Eselohren dargestellt. Der Kupferstecher Lips hat gegenüber dem Ölbild (vgl. dessen Abbildung bei Nadler [wie oben S. 82 Anm. 1] S. 160f.) eigenmächtig die rückwärtigen langen Zipfel des Kopftuches betont hinzugefügt. Zu dieser tragikomischen Situation vgl. die erregten Briefe an Herder und Kant ZH 3,195f., 198f., 204. 1776 erscheint der Stich im zweiten Teil von Lavaters »Physiognomischen Fragmenten« mit einer enthusiastischen Würdigung Hamanns durch Herder. Jener wurde in einem Augenblick der Depression am 14. Juli zutiefst davon überrascht (ZH 3,240), und er fühlte sich von Lavater wie von einem »Engel, der mit einem Kelch vom Himmel erschienen«, wieder aufgerichtet (ebd. 241, vgl. ZH 4,7).

Hier ist der Kupferstich nach Lavaters »Fragmenten«, 2. Theil, S. 285 wiedergegeben.

Abbildung 8 - Seite 124:

Johann Friedrich Christian Graeffe (1754—1816). Stich des zwischen 1792 und 1805 in Berlin tätigen Kupferstechers Harry John Penningh, 1796, nach einem Bildnis des Göttinger Malers Johann Schulz. Aus dem zu Abb. 5 genannten »Magazin für Prediger«.

Abbildung 9 - Seite 129:

Gottlieb Jakob Planck (1751—1833). Lithographie, datiert 1835, von Heinrich Burkart Lödel (1798—1861, nach 1840 Universitätskupferstecher in Göttingen) nach einem Gemälde des bekannten Göttinger Malers und Professors der Kunstgeschichte Carl Wilhelm Friedrich

Oesterley (1805—91, zuletzt Hofmaler des Königs von Hannover) von 1825. Mit Faksimile der Handschrift Plancks nach F. Lücke, Dr. Gottlieb Jacob Planck. Ein biographischer Versuch, 1835.

Abbildung 10 – S. 141:

Friedrich Lücke (1791—1855). Kopie eines kurz nach 1843 gemalten Ölbildes von Carl Oesterley (wie zu Abb. 9), von diesem selbst im Jahr 1863 für Lückes Schwiegersohn, den Göttinger Professor der Orientalistik Ernst Bertheau (1812—1888), angefertigt. Heute im Besitz der Theologischen Fakultät. Photo K. Schwarzwäller, Göttingen.

Abbildung 11 – Seite 161:

Heinrich Ewald: der junge Gelehrte. Lithographie aus dem Entscheidungsjahr 1837 von Paul Rohrbach (in Göttingen tätig ca. 1835—38; Geburtstag gegen Thieme-Becker u. a. weit früher als 1817), veröffentlicht von Friedrich Eduard Ritmüller (1805—69), der 1831 die erste Lithographische Anstalt in Göttingen begründet hatte. Sammlung L. Perlitt.

Abbildung 12 – S. 205:

Heinrich Ewald: der alte ›Politiker‹. Photographie um 1870 von Bernhard Petri in Göttingen. Den auf Ismael bezogenen Satz aus 1. Mose 16,12 (»Seine Hand gegen Jedermann und Jedermanns Hand gegen ihn«) schrieb Julius Wellhausen »für Rudolf Smend« (1851—1913) unter die Photographie. Original im Besitz von R. Smend, dem Enkel des Empfängers.

Abbildung 13 – Seite 225:

Ludwig Adolf Petri (1803—73). Photogravüre von H. Riffarth, Berlin, nach E. Petri, D. Ludwig Adolf Petri, Weiland Pastor zu St. Crucis in Hannover. Ein Lebensbild, 1888.

Abbildung 14 – Seite 225:

Gerhard Uhlhorn (1826—1901) als hannoverscher Konsistorialrat (zwischen 1860 und 1863). Photographie von Karl Wunder, Hannover. Landeskirchliches Archiv Hannover.

Abbildung 15 – Seite 242:

Johann Lorenz (von) Mosheim (1693—1755), Institutiones Historiae Ecclesiasticae.
   Mosheim ersetzte seine »Institutiones Historiae Ecclesiasticae Novi Testamenti« (Frankfurt/Leipzig 1726) nach der Zwischenausgabe von 1737/41 durch die abschließende Ausgabe von 1755 (von J. P. Miller 1764 um Tabellen vermehrt erneut zum Druck besorgt). Zwei deutsche Übersetzungen folgten: Johann Lorenz von Mosheims vollständige Kirchengeschichte des Neuen Testaments, aus den gesamten lateinischen Werken frey übersetzt, mit Zusätzen vermehrt, herausgegeben von Johann August Christoph von Einem, Leipzig 1769—1778 (9 Bände). Bd. 5 erschien auch separat unter dem Titel: Johann Lorenz von Mosheims Geschichte der Kirchenverbesserung im sechzehnten Jahrhundert, herausgegeben von ..., 1773. Bd. 7—9 wurden unter dem Titel Versuch einer vollständigen Kirchengeschichte des achtzehnten Jahrhunderts von Johann August Christoph von Einem in 3 Bänden (Leipzig 1776—1778) auch gesondert ausgegeben (2te verbesserte und vermehrte Ausgabe Leipzig 1782/3 in 2 Bänden); dafür benutzte er Nachschriften von Mosheims Vorlesungen, die aber naturgemäß nur bis 1755 reichten. – Eine zweite Übersetzung: Johann Lorenz von Mosheim/vollständige Kirchengeschichte des Neuen Testaments, aus dessen gesammten größern Werken und anderen bewährten Schriften mit Zusätzen vermehret und bis auf die neuern Zeiten fortgesetzt, Heilbronn/Rothenburg 1770—

1780, in 4 Bänden (Bd. I 1 wurde 1786 nachgedruckt). Erst in Bd. IV nennt der Übersetzer seinen Namen: Johann Rudolf Schlegel. Bd. V, VI 1 und VI 2 wurden auch ausgegeben: Johann Rudolf Schlegels Kirchengeschichte des achtzehnten Jahrhunderts (Heilbronn 1784—1788). Nach Aufzeichnungen von Schlegel brachte Joh. Jakob Fraas posthum einen abschließenden Bd. VII = 3. Bd. (1796) zum Druck. Schlegel bemerkt als anonymer Übersetzer in seiner Vorrede zum 1. Bd: »Der Herr Pastor von Einem hat blos für Ungelehrte geschrieben, und eben deswegen fast alle Anführung der Beweisstellen, worauf sich die Zuverläßigkeit der Erzählungen gründet, alle kritische Untersuchungen der Systeme der Irrlehrer und der chronologischen Zweifelsfragen weggelassen, selbst hie und da die Abschnitte von der Geschichte der Gelehrsamkeit und den Ketzern, das ist, die Theile des Werks, wo *Mosheim* vornehmlich als *Mosheim* erscheinet, abgekürzt, und dafür in den mosheimischen Text nicht nur Stücke aus den größern mosheimischen historischen Werken, sondern auch seinen Predigten, aus den *cramerischen, millerischen* und andern Schriften eingewoben. Sein Buch ist also nicht mehr eigentlich *Mosheims* Werk, sondern mosheimische Gedanken mit den Gedanken anderer durchflochten, und, wegen der vielen eingerückten Lebensbeschreibungen, zur Helfte Biographie, und zur Helfte Kirchenhistorie.« Im 4. Band seiner Ausgabe (1772) reagiert v. Einem darauf mit der Beifügung von Mosheims wissenschaftlichem Apparat und der Anmerkungen von A. Maclaine zur englischen Übersetzung.

Abbildung 16 – Seite 242:

Christian Wilhelm Franz Walch (1726—84), Entwurf einer vollständigen Historie der Kezereien, Spaltungen und Religionsstreitigkeiten.
Zehn Teile erschienen in regelmäßigen Abständen bis 1782; einen elften Teil gab L. Spittler nach dem vorhandenen Manuskript posthum 1785 heraus. J. G. Herder schrieb über Walch, betreffend den ersten Teil über die Gnostiker: »Der beste Schriftsteller der Kirchengeschichte, ohngeachtet er den wahren historisch=genetischen Grund und Verfolg noch nicht sahe, wie tief hat er nicht schon gesehen! Welche Haufen von Wirrung und Hirngespinnst, mit einer Ordnung, Genauigkeit und kritischem Fleiße behandelt, wies fast nur in der Dämmerung, auf dem Bodenlosen Abgrunde möglich: die ersten Latten zum Boden des Ursprungs sind gezogen: was könnte der gelehrte, in der Kirchengeschichte fast Einige Mann mit Verfolg dieser Arbeit läutern, sondern, ordnen! – Und er wirds!« (Aelteste Urkunde des Menschengeschlechts, 1774. Herders Sämmtliche Werke, hg. v. B. Suphan, 6. Bd., Berlin 1883, S. 477).

Abbildung 17 – Seite 242:

Ludwig Timotheus Spittler (1752—1810), Grundriß der Geschichte der christlichen Kirche.
Eine »zweyte verbesserte Auflage« erschien 1785 im gleichen Verlag wie auch die dritte (1791) und vierte Auflage (1806). In die »Sämmtlichen Werke« (1827—1835) übernahm der Herausgeber Karl Wächter als 2. Band den Text der 4. Auflage. Die fünfte Auflage besorgte G. J. Planck (Göttingen 1812; nachgedruckt Reutlingen 1814); ihr ist der 1811 erschienene Separatdruck »Ueber Spittler als Historiker« angefügt. Planck hat Paragraphen hinzugefügt; er benennt sie in seinem Vorwort. An die zweite Auflage hatte Spittler Mühe gewandt und seinen Text erweitert, danach offenbar nicht mehr. Auffällig ist der neue Schlußabsatz, der mit Verweis auf die Wirkung der Schriften von Spalding, Herder und Döderlein für die Kirche eine Wendung zum Besseren erwartet; Planck streicht übrigens die Namen, was die Veränderung zwischen 1785 und 1812 beleuchtet.

Abbildung 18 – Seite 243:

Gottlieb Jakob Planck (1751—1833), Geschichte der protestantischen Theologie.
Unter dem Titel der rechten Seite mit Bd. I (1781), II (1783), III 1 (1788) und III 2 (1789) behandelte Planck die Zeit bis zum Augsburger Religionsfrieden 1555. Von diesem Teil erschien

von 1791–1798 eine »zweyte verbesserte Auflage«, die eine zusätzliche Titelseite erhielt: »Geschichte der Bildung, der Schicksale, und der Befestigung der protestantischen Kirche vom Anfang der Reformation bis zu dem Religionsfrieden vom J. 1555«. Als er die Arbeit mit dem 4. (1796) bis 6. Band (1800) fortführte, gab er die linke Titelseite der Abbildung bei, schreibt aber im Vorwort des 4. Bandes (S. X/XI), daß er sich zu einer reinen Geschichte der Lehre nicht habe entschließen können, da »zu einem vollständigen unpartheyischen Urtheil über den Wehrt und über die Wichtigkeit des *bestrittenen* und des *erstrittenen*« auch die Kenntnis des persönlichen Interesses der streitenden Parteien gehöre.

Abbildung 19 – Seite 243:

Johann Carl Ludwig Gieseler (1792–1854), Lehrbuch der Kirchengeschichte.
    Das Werk erschien mit Band 1 in Darmstadt 1824, es folgten die Bände 2 Abt. 1 u. 2 (Bonn 1826); diesen Teil hat Gieseler mehrmals verbessert (4., neu durchgearbeitete Auflage 1844–1848). Bd. 2, 3. Abt. erschien 1829 und erhielt eine »neu durchgearbeitete Auflage« 1849, während die 4. Abteilung (1835) ohne weitere Auflage blieb wie auch die beiden Abteilungen des 3. Bandes (1840 bzw. 1853). Aus dem Nachlaß gab E. R. Redepenning noch die »Kirchengeschichte des 18. Jahrhunderts« (= 4. Bd. des Lehrbuchs, 1857) und »Kirchengeschichte der neuesten Zeit« (= 5. Bd., 1855) heraus, ebenfalls als ergänzenden 6. Band »Die Dogmengeschichte« (1855).

Abbildung 20 – Seite 243:

Hermann Reuter (1817–89), Augustinische Studien (Gotha 1887, Neudruck Aalen 1967).
    Das Buch enthält sieben Studien, von denen fünf zuerst in der Zeitschrift für Kirchengeschichte 4–8 (1880–1884) erschienen. Der Band ist gewidmet »Den einstigen Jüngern, den lieben Freunden« Theodor Brieger (Leipzig), Theodor Kolde (Erlangen) und Paul Tschackert (Königsberg; später, ab 1890, Reuters Nachfolger in Göttingen).

Abbildung 21 – Seite 259:

Albrecht Ritschl (1822–89). Gemälde seiner Schwiegertochter Eveline Ritschl, geb. Dieterichs (1867–1943), gemalt nach einer Vorlage sowie nach ihrer Erinnerung nach dem Tode Albrecht Ritschls und ihrer Eheschließung mit Otto Ritschl im Jahre 1889. Das unveröffentlichte Bild befindet sich im Besitz von Prof. Dr. Hans Ritschl, Oberried im Breisgau.

Abbildung 22 – Seite 275:

Paul de Lagarde (1827–91). Photographie aus dem Herbst 1885.

Abbildung 23 – Seite 275:

Das Grab Paul de Lagardes auf dem Göttinger Stadtfriedhof. Dazu S. 274. Photographie von Uwe Quast, Göttingen.

Abbildung 24 – Seite 307:

Julius Wellhausen (1844–1918). Photographie von ca. 1895. Atelier Ad. Kolle, Göttingen.

Abbildung 25 – Seite 331:

Hermann Gunkel (1862–1932) als Göttinger oder Hallenser Privatdozent (zwischen 1888 und 1894). Staats- und Univ.-Bibl. Göttingen, Handschriftenabteilung.

Abbildung 26 – Seite 333:

Die »Religionsgeschichtliche Schule« in einem Göttinger Gartenlokal, ca. 1890. Auf der Photographie (aus dem Besitz des Troeltsch-Archivs Augsburg) sind eindeutig zu erkennen Wilhelm Bousset (1865–1920; rechts), Alfred Rahlfs (1865–1935; zweiter von rechts) und Heinrich Hackmann (1864–1935; links). Der zweite von links dürfte Ernst Troeltsch (1865–1923) sein. Die vier fast gleichaltrigen Freunde, zusammen mit William Wrede und Johannes Weiß die »Kleine Fakultät« jener Jahre, fungierten bei den Licentiaten-Promotionen gegenseitig als Opponenten – am 15. 11. 1890 Wrede und Troeltsch bei Bousset, am 14. 2. 1891 Rahlfs und Bousset bei Troeltsch, am 21. 2. 1891 Weiß und Hackmann bei Wrede, am 14. 11. 1891 Bousset und Hackmann bei Rahlfs, am 18. 2. 1893 Rahlfs und Bousset bei Hackmann.

Abbildung 27 – Seite 353:

William Wrede (1859–1906). Universitätsarchiv Göttingen.

Abbildung 28 – Seite 353:

Johannes Weiß (1863–1914). Universitätsarchiv Göttingen.

Abbildung 29 und 30 – Seite 363:

Karl Barth (1886–1968) in der Göttinger Zeit.

Abbildung 31 – Seite 367:

Vor der Abreise zu dem Halberstädter Vortrag Barths über Wilhelm Herrmann, der am 17. 5. 1925 stattfand. Neben Karl Barth die Studenten Käthe Thorens und Wolfgang Trillhaas.

Abbildung 32 – Seite 367:

Karl Barth (mit Hut) inmitten von Göttinger Theologiestudenten in Halberstadt.

Abbildung 33 – Seite 373:

Emanuel Hirsch (1888–1972) als Bonner Privatdozent, ca. 1920.

Abbildung 34 – Seite 373:

Emanuel Hirsch in Göttingen. Photo von 1931.

Abbildung 35 – Seite 380:

Mitglieder der Theologischen und der Juristischen Fakultät der Universität Göttingen. Das Photo ist wahrscheinlich vor der Inaugurationsfeier am 3. Mai 1933 aufgenommen, nachdem der Zug der Professoren von der Universitätskirche her die Aula am Wilhelmsplatz erreicht hatte. Zu erkennen sind in der vorderen Reihe von links nach rechts die Theologen Johannes Meyer (1869–1957), Carl Stange (1870–1959), Hans Duhm (1878–1946; als »nichtbeamteter außerordentlicher Professor« nicht im Talar), Emanuel Hirsch (1888–1972), Alfred Rahlfs (1865–1935), Johannes Hempel (1891–1964), Johannes Behm (1883–1948) und Walter Bauer (1877–1960). Sodann beginnt, vor der Lücke, die Reihe der Juristen mit Franz Gutmann (Wirtschaftliche Staatswissenschaften), es folgen, rechts von der Lücke, Wolfgang Kunkel, unbekannt, Herbert Kraus (?), Julius von Gierke (mit Hallenser Talar), zwei Unbekannte, Herbert Meyer.

Abbildung 36–44 – Seite 386–387:

Göttinger Theologieprofessoren in Photos der ersten Jahre nach dem Zweiten Weltkrieg.

36: Friedrich Gogarten (1887–1967)
37: Hermann Dörries (1895–1977)
38: Hans Joachim Iwand (1899–1960)
39: Joachim Jeremias (1900–79)
40: Gerhard von Rad (1901–71)
41: Ernst Wolf (1902–70)
42: Otto Weber (1902–66)
43: Wolfgang Trillhaas (*1903)
44: Günther Bornkamm (*1905)

Register

Biblische Namen sowie moderne Autoren der Sekundärliteratur sind nicht aufgenommen. Ein Stern bezeichnet Namensnennung in einer Anmerkung, eine Klammer Erwähnung der Person ohne Namensnennung.

Adolf August, Erbprinz von Holstein-Sonderburg-Plön 14*
Albrecht, Wilhelm Eduard 151. 167. 168*
Alexander, Fürst von Bulgarien 274. 286
Alexander III., Papst 252 f.*
Althoff, Friedrich 279*. 284*. 316
Ammon, Christoph Friedrich von 101. 107–110
Andreae, Jacob 246
Andreae, Valentin 221 f.
Anrich, Gustav 364
Arnd, Johann 221 f.
Arndt, Ernst Moritz 211*
Arnold, Gottfried 20 f.*
Arnswaldt, Karl Friedrich Alexander Frhr. von 151
Astruc, Jean 67*. 77
August Wilhelm, Herzog von Braunschweig-Wolfenbüttel 14*
Augustin 51. 98. 253 f. 391

Bach, Johann Sebastian 12. 287. 302
Bacon, Francis 89. 94 f.*
Baldensperger, Wilhelm 344*
Bahrdt, Carl Friedrich 60
Barth, Fritz 368
Barth, Karl 56. 70. 261. (265). 266 f.* 362–379. 390 f.* 403
Bauer, Bruno 137
Bauer, Walter 316. 358*. 364. 377. 380. 383., 392. 403
Baumgarten, Siegmund Jacob 36. 237
Baur, Ferdinand Christian 147 f.* 156. 177. 185*. 188–192*. 198. 251. 256 ff. 260. 308. 355. 357
Becker, Carl Heinrich 320*
Behm, Johannes 380. 403
Benfey, Theodor 160
Bengel, Johann Albrecht 89*
Berger, Anna s. Lagarde, Anna de
Bernhard von Clairvaux 263

Bernheim, Ernst 292
Bertheau, Ernst 157 f.* 168. 178 f.* 197*. 278*. 316. 400
Bertholet, Alfred 364
Biester, Johann Erich 84
Billerbeck, Paul 392
Bismarck, Otto von 157. 174*. 200*. 208 f. 282*. 292. 314
Bleek, Friedrich 164*. 309*
Blumenbach, Johann Friedrich 80. 100*
Blumhardt, Christoph, d. Ä. 263
Blumhardt, Christoph, d. J. 369
Bodelschwingh, Friedrich von, d. Ä. 228
Bodelschwingh, Friedrich von, d. J. 384
Böhmer, Eduard 282*
Böhmer, Georg Ludwig 398
Böhmer, Justus Henning 28*
Boetticher, Hans Adam 282*
Boetticher, Joachim 282
Boetticher, Luise, geb. Klebe 276
Boetticher, Paul Anton s. Lagarde, Paul Anton de
Boetticher, Wilhelm 276
Böttiger, Carl August 70*
Bohlius, Johann Christoph 96*
Bonwetsch, Nathanael 324. 364
Bopp, Franz 160
Bordier, Henri 281*
Bornemann, Wilhelm 328
Bornkamm, Günther 383. 387. 389. 394. 404
Borowski, Ludwig Ernst 101 f.* 106 f.*
Bossuet, Jacques-Bénigne 216
Botzenhart, Erich 296*
Bousset, Hermann 337 f.
Bousset, Wilhelm 324–327. 329 f.* 332–339. 342–350. 352. 354. 356–361. 403
Bouterwek, Friedrich 73. 100*
Brandt, Heinrich von 272
Bretschneider, Karl Gottlieb 147*
Brieger, Theodor 255*. 402
Brugsch, Heinrich 277

Bruno, Giordano 302*
Buber, Salomon 294
Buddeus, Johann 45. 53. 55. 120*
Bürger, Gottfried August 70f.* 100*
Büsching, Anton Friedrich 84
Bugenhagen, Johannes 213*
Buhle, Johann Georg 100
Bullinger, Heinrich 371
Bultmann, Rudolf 366. 370
Bunsen, Karl Josias Frhr. von 139. 272
Busch, Ludwig Wilhelm 398
Butzer, Martin 55

Calixt, Georg 18*. 45. 49*. 215–217. 219. 223
Calvin, Johannes 22. 214*. 230. 236. 371
Campe, Johann Heinrich 115*
Carlyle, Thomas 332*. 337*
Caselius, Johannes 215
Ceriani, Antonio Maria 282
Chrysostomus 247*
Chytraeus, David 55
Claproth, Johann Christian 10f.* 17. 28
Clemens von Alexandria 350*
Comenius, Johann Amos 111
Conring, Hermann 49*
Cotta, Johann Friedrich 44
Cramer, Johannes Andreas 401
Cruse (Crusius), Magnus s. Kruse

Dahlmann, Friedrich Christoph 145f. 151f.* 165–169*. 210f.* 260
Dante 302*
Darwin, Charles 338
Davies, T. Witton 158*. 162*. 164*. 166*. 204*
Delitzsch, Franz 177. 183f.* 192*. 297. 338
Demosthenes 18
Diederichs, Johann Christian Wilhelm 86*
Diestel, Ludwig 266ff.* 313
Dieterich, Johann Christian 99
Dietericus, Cunradus 120*
Dillmann, August 157ff.* 164*. 193*. 211
Döderlein, Johann Christoph 401
Dörries, Hermann 382. 386. 404
Dominicus 249
Dorner, Isaak August 179. 219. 227. 256
Duhm, Bernhard 315. 327. 330*. 332. 335*. 360*
Duhm, Hans 380. 403
Dukes, Leopold 158*
Duncker, Ludwig 232. 251*. 309

Ehrenfeuchter, Friedrich August Eduard 122*. 156*. 180. 309
Eichhorn, Albert 273. 325f.* 328ff.* 361
Eichhorn, Johann Gottfried 58–81. 104. 108*. 158ff.* 172. 316. 398
Eichhorn, Karl Friedrich 80. 144
Einem, Johann August Christoph von 400f.
Elisabeth I., Königin von England 52
Elisabeth Christine, Königin von Preußen 26
Elisabeth Sophie Marie, Herzogin von Braunschweig-Wolfenbüttel, Prinzessin von Holstein-Sonderburg-Norburg 14*. (23)
Eisenhut, Hans Erich 296*
Ellwein, Eduard 372
Endemann, Samuel 101*
Engel, Johann Jakob 93
Erasmus von Rotterdam 18. 90*. 305
Ernesti, Johann August 55
Ernst August, König von Hannover 137. 151. 166. 180
Euseb von Caesarea 139
Everett, Edward 73
Ewald, Heinrich Andreas 157
Ewald, Heinrich August 67*. 80*. 151. 157–212. 272. 278–281*. 308–314. 316. 320. 400
Ewald, Minna, geb. Gauß 165

Falk, Adalbert 281*
Feder, Johann Georg Heinrich 100*
Feuerbach, Ludwig 137. 190*
Feuerlein (Feuerlinus), Jakob Wilhelm 28f.* 44. 54
Fichte, Johann Gottlieb 138. 303*. 365
Fiorillo, Johann Dominicus 73
Fleischer, Heinrich Leberecht 160
Förtsch, Paul Jakob 85
Forkel, Johann Nicolaus 73
Fraas, Johann Jakob 401
Francke, August Hermann 33*. 111f.* 115. 138
Franklin, Benjamin 59
Franz von Assisi 21*. 249f.*
Franz, Erich 326*. 329*
Freudenthal, Jakob 292
Friedrich I. Barbarossa, Kaiser 253
Friedrich II., Kaiser 238
Friedrich II., d. Gr., König von Preußen 26. 84. 93*
Friedrich Wilhelm II., König von Preußen 102*
Friedrich Wilhelm IV., König von Preußen 137. 272

Fries, Jakob Friedrich 358 f.*
Frisch, Johann Friedrich 120*
Fritsch, Theodor 295*

Gabler, Johann Philipp 79*. 108 f.*
Garve, Christian 100*
Gatterer, Johann Christoph 39
Gauß, Karl Friedrich 144. 165*. 167
Gebauer, Georg Christian 45*. 52 f.*
Geffcken, Johannes 328
Geiger, Abraham 298
Georg II., König von England, Kurfürst von Hannover 26 f.* 52. 398
Georg III., König von England, Kurfürst von Hannover 106*
Georg, Prinzregent (später als Georg IV. König von England und Hannover) 74
Georg V., König von Hannover 206 f. 221
Gerhard, Johann 53. 56
Gerlach, Ernst Ludwig von 207*
Gervinus, Georg Gottfried 145 f. 151. 170. 199*
Gesenius, Wilhelm 74*. 80. 138. 158*. 162 f.* 181. 183*
Gesner (Geßner), Johann Matthias 23 f.* 31. 39. 84
Geß, Wolfgang Friedrich 256. 264. 309. 315*
Gierke, Julius von 380. 403
Gieseler, Johann Carl Ludwig 145 f. 218 f.* 231. 243. 247–251* 253 f.* 402
Gmelin, Johann Friedrich 73. 130*
Goethe, Johann Wolfgang von 58. 66. 72. 75*. 83. 86*
Götten, Gabriel Wilhelm 57*
Gogarten, Friedrich 376. 383. 386. 390 f. 404
Gollwitzer, Helmut 376
Gossler, Gustav von 292*
Gottsched, Johann Christian 18*. 23 f*. 31*. 34*
Gottschick, Johann 268*
Gräffe, Johann Friedrich Christoph 117*. 120. 122–128*. 134. 399
Graetz, Heinrich 298
Graf, Karl Heinrich 171*. 176*. 192. 194. 312 f.
Graff, Anton 398
Gregor VII., Papst 250
Gregor IX., Papst 238
Greßmann, Hugo 326*. 328 f.* 336. 346*
Grimm, Jacob 145 f. 151 f.* 164–167*. 199. 210. 280
Grimm, Wilhelm 145 f. 151 f.* 165*. 167*

Grotius, Hugo 51
Gruber, Johann Daniel 28*
Grüninger, Carl 199*
Güdemann, Moritz 294*
Gunkel, Hermann 273. 325–332*. 334*. 336 f.* 339. 341*. 345 f.* 350 ff.* 354 f.* 357. 361. 402
Gutmann, Franz 380. 403

Hackmann, Heinrich 273*. 325 ff.* 330*. 332 f.* 335*. 403
Haeckel, Ernst 338
Händel, Georg Friedrich 12
Hänlein, Heinrich Carl Alexander von 108*
Häring, Theodor von 324. 327
Haid, Johann Jacob 398
Haller, Albrecht von 26. 55*. 60. 84
Hamann, Johann Georg 82–100. 102. 399
Harenberg, Johann Christoph 42*
Harnack, Adolf von 253 ff.* 337*. 360. 368. 370. 372
Hartknoch, Johann Friedrich 102*
Hartmann, Nicolai 382
Hassenkamp, Johann Gerhard 59*
Heeren, Ludwig Arnold 73. 160*. 165*
Hegel, Georg Wilhelm Friedrich, 137 f. 247. 289. 365
Heilmann, Johann David 85. 87*. 92*. 101*
Heim, Karl 362
Heimann, Eduard 395
Heine, Heinrich 80 f.*
Heinichen, Johannes 45
Heinrich d. Löwe 74
Heinrich Julius, Herzog von Braunschweig-Wolfenbüttel 215
Heitmüller, Wilhelm 324. 336*
Hempel, Johannes 380. 403
Hengstenberg, Ernst Wilhelm 187 f.* 192. 265. 274. 280
Heraklit 269
Herbart, Johann Friedrich 134. 168*
Herder, Johann Gottfried von 67. 72. 79. 82–87*. 90*. 92 f.* 102*. 104. 139. 146. 159. 171 f. 399. 401
Herntrich, Volkmar 392
Herrmann, Wilhelm 269*. 306*. 324. 366. 368. 403
Heumann, Christoph August 13. 33*. 35*. 41–57. 85–89 f.* 219*. 232. 398
Heumann, Georg Daniel 398
Heumann, Maria Catharina, geb. Winicker 41

Heyne, Christian Gottlieb 49*. 57–60*. 72. 78ff. 84. 100
Hieronymus 285
Hilgenfeld, Adolf 178. 190*. 272*
Himly, Carl 123*
Hindenburg, Paul von 366
Hippolyt von Rom 251*
Hirsch, Emanuel 363–380. 383. 403
Hitzig, Ferdinand 196*
Hogarth, William 106*
Holl, Karl 374
Holtzmann, Heinrich Julius 358*
Homer 78
Horaz 93*
Hübschmann, Johann Heinrich 277
Hugo, Gustav 130*
Humboldt, Alexander von 59*. 62*. 71*. 73. 78*
Humboldt, Wilhelm von 95*. 164*
Hume, David 105f.
Hunnius, Aegidius 53
Hupfeld, Hermann 164*. 178. 184ff.* 192*
Hurgronje, Snouck 306*. 323*
Hyperius, Andreas 120*

Innozenz I., Papst 238
Innozenz III., Papst 249
Innozenz IV., Papst 239
Irenäus 251. 350*
Iselin, Isaac 26*. 36*
Iwand, Hans-Joachim 383. 385f. 390. 393. 404

Jachmann, Johann Benjamin 100*
Jachmann, Reinhold Bernhard 102*
Jakob, Heinrich 100*
Jeremias, Alfred 336*
Jeremias, Gertrud 396
Jeremias, Joachim 382f. 385f. 388ff. 395. 404
Jerusalem, Johann Friedrich Wilhelm 36
Josephus 347
Jülicher, Adolf 306*. 324. 346*. 358*
Julius, Herzog von Braunschweig-Wolfenbüttel 214. 246
Justi, Ferdinand 317*. 321*
Justinus Martyr 350*

Kästner, Abraham Gotthelf 73. 100*
Kalthoff, Albert 338
Kant, Immanuel 79*. 82f.* 93*. 97. 99–110. 127. 131. 134. 219. 227. 247. 358. 399
Kattenbusch, Ferdinand 375
Kayser, Karl 310

Keil, Karl Friedrich 178
Kennicot, Benjamin 87
Keyserling, Hermann Graf von 368
Kierkegaard, Søren 379. 391
Kittel, Gerhard 362f.
Klenze, Clemens August Carl 169*
Klettenberg, Susanne von 86*
Klug(e), Johann Daniel 28*
Knapp, Georg Christian 138
Knobel August Wilhelm 312
Knoke, Karl 308. 310. 327
Knutzen, Martin 83*. 85*
Köhler, Johann Bernhard 85
Kolde, Theodor 255*. 402
Konrad IV., Kaiser 239
Koppe, Johann Benjamin 85*
Kraus, Christian Jakob 84*
Kraus, Herbert 380, 403
Kraus, Karl 293
Krüger, Gustav 336. 355*
Kruse, Magnus 29. 33*. 44
Külpe, Oswald 328
Kuenen, Abraham 313
Kuhn, Karl Georg 395
Kunkel, Wolfgang 380. 403
Kurtz, Johann Heinrich 192
Kutter, Hermann 369f.
Kypke, Georg David 85f.

Lachmann, Karl 139. 273. 280
Lagarde, Anna de, geb. Berger 193*. 211*. 271*. 276*
Lagarde, Ernestine de 271
Lagarde, Paul Anton de 193*. 199*. 211*. 271–306*. 315f.* 329*. 331f.* 335*. 360. 402
Lasso, Orlando di 287
Lavater, Johann Caspar 399
LeClerc, Johann 75
LeCourayer, Pierre François 48
Lehmann, Johann Heinrich Immanuel 100*. 107*
Leibniz, Gottfried Wilhelm 216
Leß, Gottfried 83. 85. 87*. 107. 122
Lessing, Gotthold Ephraim 17*. 22. 75. 79. 82. 93f. 269
Lichtenberg, Georg Christoph 60*. 71. 100*. 106*
Liebner, Theodor Albert 145
Limpricht, Heinrich 322*
Lindner, Johann Gotthelf 87*. 93*. 96*. 99
Lips, Johann Heinrich 399

Littmann, Enno 324
Lödel, Heinrich Burkart 399
Loofs, Friedrich 255*
Lotze, Hermann 309
Lowth, Robert 67*. 83. 88*. 90*. 92f.*
Ludendorff, Erich 377
Ludwig XIV., König von Frankreich 216
Lücke, Friedrich 130*. 134-156*. 219-222*. 226f. 233*. 251. 260. 265. 400
Lünemann, Gottlieb 327
Luthardt, Christoph Ernst 256
Luther, Martin 18. 20*. 39. 46*. 49f. 53. 66. 89ff.* 108*. 142. 150. 156. 195. 213. 221ff. 227. 229f.* 245. 254. 264. 269*. 290. 298. 300. 305. 390f. 397

Maclaine, Archibald 401
Marcion 257
Marheineke, Philipp Konrad 252
Marx, Karl 137. 395
Masius, Gottfried Leberecht 121
Meier, Ernst 185*
Meiners, Christoph 84*. 100
Melanchthon, Philipp 17. 47ff. 142. 156. 213. 215
Mendelssohn, Moses 84. 93*. 96. 298
Merkel, Georg 281f.* 317
Merz, Georg 376
Meuschen, Johann Gerhard 112*
Meyer, Heinrich August Wilhelm 218*. 220
Meyer, Herbert 380. 403
Meyer, Johannes 364. 380. 403
Michaelis, Caroline s. Schelling, Caroline
Michaelis, Christian Benedict 59. (64). 65
Michaelis, Johann David 58-81. 84-96*. 98f., 101-104*. 108*. 158*. 180*. 316. 398
Michaelis, Johann Heinrich 59. 64*
Miller, Johann Peter 12. 83. 85. 116*. 122. 400f.
Mirbt, Carl 255*. 324. 327f. 332. 364
Mohammed 98
Mommsen, Theodor 279. 293*. 311
Monboddo, Robert 83
Montaigne, Michel de 89
Montesquieu, Charles de Secondat, Baron de 66
Montessori, Maria 118
Morus, Thomas 230
Moser, Carl Friedrich von 86*. 399
Mosheim, Johann Lorenz von 9-40. 44. 57*. 85. 101*. 114-121*. 217*. 223. 232-237*. 240f. 244. 248ff. 253. 398. 400f.

Mühler, Heinrich von 207. 265*
Müller, Johann Georg 62*
Müller, Julius 145. 152. 257
Müller, Karl Otfried 144/45. 151
Münchhausen, Gerlach Adolf Frhr. von 10. 28ff.* 35f.* 42*. 44-47*. 49. 51. 56f.* 60. 216. 219*
Musaeus, Johannes 55

Napoleon, I., Kaiser 293
Napoleon, III., Kaiser 281. 295
Naumann, Friedrich 337*
Neander, August 139f. 142. 247*. 250ff.*
Nelson, Leonhard 358
Neuhof, Theodor, Baron von 281
Neumann, Karl Johannes 277f.*
Newton, Isaac 76
Nicolai, Christoph Friedrich 84. 90
Nicolovius, Friedrich 107*
Niebuhr, Barthold Georg 63*
Niebuhr, Karsten 93*
Niemeyer, August Herrmann 121*
Niemöller, Martin 384
Niesel, Wilhelm 372
Nietzsche, Friedrich 191*. 269*. 271. 283. 291. 295*. 304f.*
Nitzsch, Carl Immanuel 143. 146. 150*. 257
Nöldeke, Theodor 162. 193f.* 277f. 316
Nohl, Herman 366

Oesterley, Carl Wilhelm Friedrich 399f.
Oettingen, Alexander von 263
Olshausen, Justus 182f.* 186*. 306*. 312*. 314*
Oporinus, Joachim 29. 33*. 44
Origenes 108*. 251*
Osiander, Friedrich Benjamin 123*. 130*
Osterrath, Ernst 338
Otto, Rudolf 273. 358ff.*
Overbeck, Franz 26*. 189*. 194. 261*. 282*. 304f.*

Palestrina, Giovanni Pierluigi da 287
Pastor, Ludwig von 302*
Paul, Jean 75*
Paulus, Heinrich Eberhard Gottlob 143f.*
Penningh, Harry John 399
Perles, Felix 348*
Pestalozzi, Johann Heinrich 115*
Peterson, Eric 370
Petri, Ludwig Adolf 220f.* 223-227*. 400
Pfaff, Christoph Matthäus 28*. 36

Philo von Alexandrien 347. 350*
Piper, Otto 377
Pius IX., Papst 209
Planck, Gottlieb Jakob 85. 101*. 106 ff.* 120. 128−134*. 138. 145. 232 f.* 240*. 243− 247*. 253. 399 ff.
Planck, Heinrich Ludwig (145). 159*
Planck, Max 130*
Poiret, Pierre 48
Pott, David Julius 145. 159*
Pütter, Johann Stephan 39. 84

Rad, Gerhard von 383. 385 f. 389. 404
Rad, Luise von 396
Rade, Martin 368. 375
Ragaz, Leonhard 368. 370
Rahlfs, Alfred 272 ff.* 285. 306*. 325 ff.* 330*. 333. 336. 364. 380. 403
Raiser, Ludwig 392
Rambach, Johann Jacob 28*. 34*. 111−114. 120. 125
Ranke, Leopold von 173. 311
Redepenning, Ernst Rudolf 248*. 402
Reger, Max 322
Rehbock, Anna S. (261)
Reimarus, Hermann Samuel 48*
Reinhard, Franz Volkmar 106*
Reinhold, Carl Leonard 101*
Renan, Ernest 273*
Reuß, Eduard 171*. 176*
Reuß, Jeremias David 130*
Reuter, Hermann 232. 243. 251−255*. 327. 402
Rhegius, Urbanus 55*
Richter, Werner 365
Riebow, Georg Heinrich 398
Ringelnatz, Joachim s. Boetticher, Joachim
Ritmüller, Friedrich Eduard 400
Ritschl, Albrecht 223. 226 ff. 252 ff.* 256−270. 287−291*. 297*. 301. 313. 327 f. 330*. 332*. 334 f. 342*. 360 f. 364. 402
Ritschl, Eveline, geb. Dieterichs 402
Ritschl, Friedrich Wilhelm 269*
Ritschl, Georg Karl Benjamin 256. (258*)
Ritschl, Ida, geb. Rehbock 261
Ritschl, Otto 341*. 402
Ritter, Heinrich 139. 151. 309
Rohrbach, Paul 400
Rosen, Friedrich 160
Rosenkranz, Karl 100*
Rosenmüller, Ernst Friedrich Karl 172*
Rosenmüller, Johann Georg 108*

Rothe, Richard 257. 260. 262
Rousseau, Jean Jaques 115*
Rückert, Friedrich 271. 280*
Ruprecht, Gustav 330

Sack, August Friedrich 54
Salzmann, Christian Gotthilf 115*
Sauppe, Hermann 279
Scaliger, Joseph Justus 284
Schaeder, Hans Heinrich 277 f.* 282 f.*
Scheffner, Johann Georg 84*
Schelling, Caroline, geb. Michaelis, gesch. Schlegel 59
Schelling, Friedrich Wilhelm Joseph 138. 140
Schemann, Ludwig 271*. 273*. 281*. 295*. 302*. 332*
Schenkel, Daniel 146. 156
Schernhagen, Johann Andreas 71*
Schiele, Michael 339
Schiller, Friedrich von 72. 181*
Schlatter, Adolf 362
Schlegel, Caroline s. Schelling, Caroline
Schlegel, Johann Rudolf 401
Schleiermacher, Friedrich 38*. 136−140. 142. 146−150*. 154*. 219. 221 f. 251. 257. 265 f. 276 f. 305. 371
Schleußner, Johann Friedrich 106*
Schlier, Heinrich 366
Schlözer, August Ludwig 39. 68. 72. 84. 92*
Schmidt, Johann Gottfried 398
Schmidt, Richard 315
Schöberlein, Ludwig Friedrich 264. 309
Schöne, Richard 279
Schönerer, Georg Ritter von 296*
Schröckh, Johann Matthias 101*. 240*
Schürer, Emil 344*
Schütz, Heinrich 287
Schultens, Johann Albert 65. 74 f.
Schultz, Hermann 263. 327
Schulz, David 59*
Schulz, Johann 399
Schwartz, Eduard 306*. 308−311*. 313 f.* 321*. 323*
Schweitzer, Albert 322
Seckendorff, Veit Ludwig von 35. 217
Semisch, Carl 156*
Semler, Johann Salomon 47*. 60*. 65. 70. 76. 84. 105*. 237 f.
Servet, Michael 22. 236
Sextro, Heinrich Philipp 122. 124*
Sieber, Ludwig 282*
Simon, Richard 75

Simonis, Johannes 74
Smend, Rudolf (1851–1913) 282*. 316*. 323. 400
Smend, Rudolf (1882–1975) 382
Soden, Hans Frhr. von 364
Sokrates 94. 115. 117 ff.*
Spalding, Johann Joachim 84. 401
Spener, Philipp Jakob 55. 221 f.
Spengler, Oswald 365
Spitta, Philipp 224
Spittler, Ludwig Timotheus von 85. 130*. 232*. 238–242. 244. 249 f. 401
Stähelin, Johann Jakob 159*
Staël-Holstein, Anne Louise Germaine, Baronne de 40*
Stäudlin, Carl Friedrich 101*. 104–110*. 130*. 138. 159*. 232
Stammler, Rudolf 364
Stange, Carl 324. 364. 377. 380. 383. 391. 403
Stanley, Arthur Penrhyn 158*
Starck, Johann August 91*. 93*. 103*
Steck, Karl Gerhard 376
Steindorff, Georg 292
Storr, Gottlob Christian 110*
Strauß, David Friedrich 79. 103. 137*. 147 f.* 189*. 191*. 198 f. 264. 289

Teller, Wilhelm Abraham 84
Tertullian 51
Thikötter, Julius 269*
Tholuck, August 147*. 257
Thomasius, Christian 117*. 216
Thorens, Käthe 403
Thukydides 87*
Thurneysen, Eduard 265 f.* 362. 368 f. 376 f.
Ticknor, George 73
Tieftrunk, Johann Heinrich 105*
Tillich, Paul 394 f.
Titius, Artur 324. 365
Toland, John 15
Treitschke, Heinrich von 166 f.* 170*. 293
Trillhaas, Wolfgang 383. 387. 391 ff. 403 f.
Troeltsch, Ernst 301*. 325–328*. 330* 332–336. 356–361*. 374. 403
Tschackert, Paul 251*. 255* 402
Twesten, August Detlev Christian 150
Tychsen, Theodor Christian 67*. 158 ff.* 165*

Uhlhorn, Gerhard 155. 219. 225. 227–230* 400
Ulfilas 285
Ullmann, Carl 143

Umbreit, Friedrich Wilhelm Carl 143. 163*
Unger, Johann Friedrich Gottlieb 84*

Vatke, Wilhelm 163*. 173 f.* 289
Vercellone, Carlo 282
Vernet, C. 399
Vischer, Lukas 395
Vollmoeller, Karl 283*
Voltaire, François-Marie Arouet 83

Wächter, Karl 401
Wähner, Andreas Georg 68*
Wagenmann, Julius August 232. 251*. 309. 327
Waitz, Georg 309
Walch, Christian Wilhelm Franz 28*. 83. 85. 232. 237–242. 244. 401
Walch, Johann Georg 120*
Waldeck, Franz Leo Benedict 280
Warburton, William 83. 103*
Warnstedt, Adolf von 180 f.* 203. 206 ff. 281*
Weber, Otto 366. 383. 385. 387. 390. 404
Weber, Wilhelm 151. 202. 210
Wegener, Wilhelm Gabriel 59*
Wehrung, Georg 372
Weinel, Heinrich 336. 356*
Weiß, Bernhard 332*
Weiß, Johannes 325 ff.* 330. 332. 334*.337*. 339–342*. 344 f.* 353. 357. 361*. 403
Weizsäcker, Carl Friedrich Frhr. von 392
Wellhausen, Julius 68*. 80*. 158 f.* 162*. 164 ff.* 172–176*. 182*. 184*. 186*. 188 f.* 191. 210 ff.* 271 f.* 290*. 297. 305–324. 343*. 347*. 360. 364. 400. 402
Wellhausen, Marie, geb. Limpricht (317). 322
Wette, Wilhelm Martin Leberecht de 79 f.* 139. 142. 158*. 174*. 176. 181 f.* 184
Wichern, Johann Hinrich 155. 219
Wieland, Christoph Martin 17
Wiesinger, Johann Tobias August 229. 309. 327
Wilamowitz-Moellendorff, Ulrich von 273 f.* 276. 323
Wilhelm I., Kaiser 274*. (284*). 285. 314
Wilhelm IV., König von England und Hannover 150. 166
Wilhelm I., König von Württemberg 170
Windheim, Christian Ernst von 15*. 21*. 116*
Wischmann, Adolf 362
Wöllner, Johann Christoph 106
Wolf. Ernst 366. 376. 383. 387. 390. 404
Wolff, Christian 88*

Wrede, William 322. 325–330*. 332*. 339. 342*. 353–356*. 403
Wundt, Wilhelm 328

Young, Thomas 59

Zachariä, Gotthelf Traugott 83. 95*
Zahn, Theodor 315

Zeller, Eduard 258
Ziesenis, Johann Georg 398
Zimmermann, Gustav 168*
Zinzendorf, Nikolaus Ludwig Graf von 263. 389
Zuckermandel, Moses Samuel 292
Zunz, Leopold 294*
Zwingli, Ulrich 214*. 230. 371